PICASSO ET LES MAÎTRES

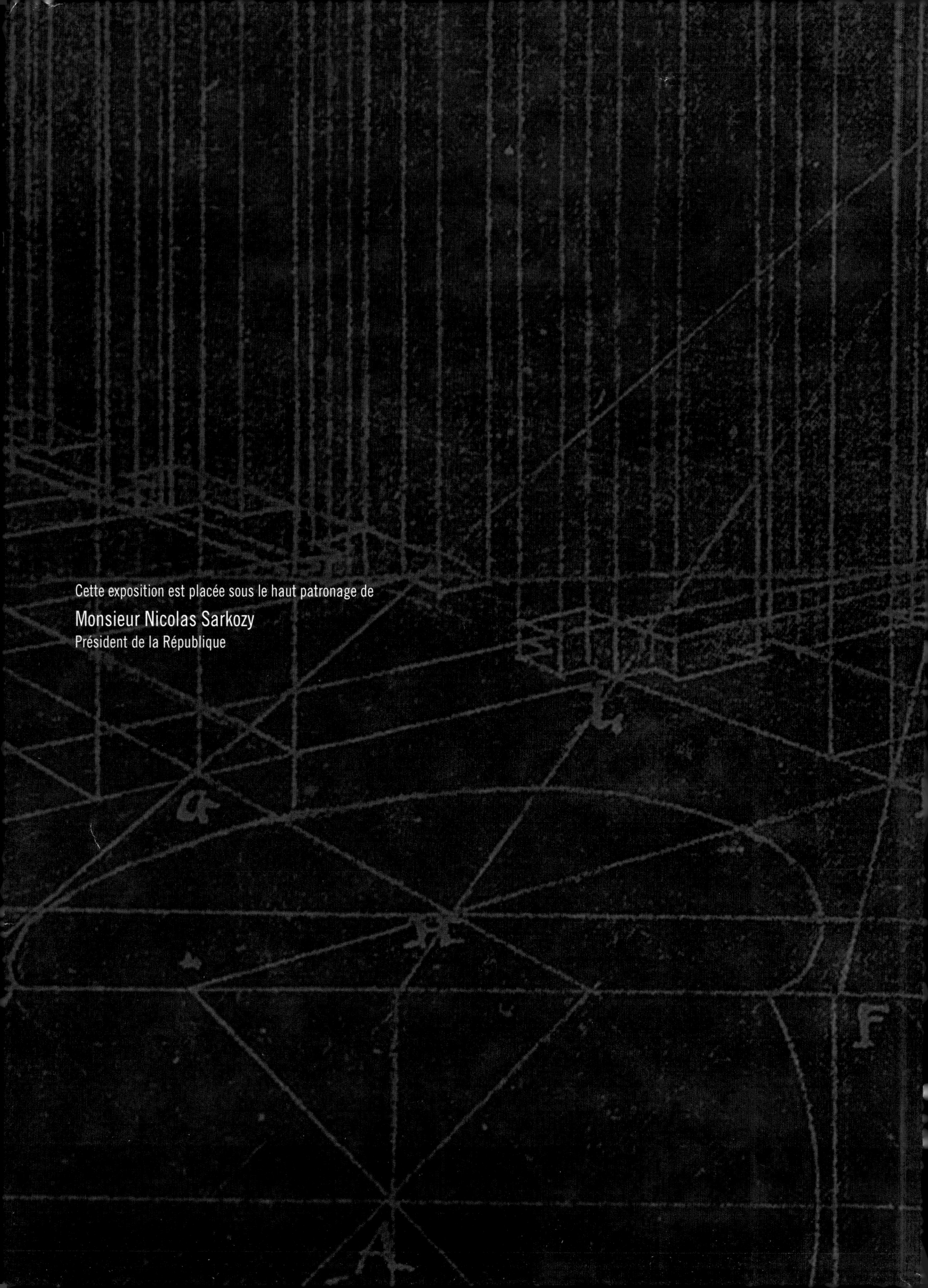

Cette exposition est placée sous le haut patronage de

Monsieur Nicolas Sarkozy

Président de la République

PICASSO ET LES MAÎTRES

rmn

Cette exposition est organisée par
la Réunion des musées nationaux, le musée national Picasso, le musée du Louvre et le musée d'Orsay
et avec la participation de la National Gallery de Londres.

Elle est présentée à
Paris, Galeries nationales du Grand Palais, du 8 octobre 2008 au 2 février 2009
Paris, musée du Louvre, du 9 octobre 2008 au 2 février 2009
Paris, musée d'Orsay, du 8 octobre 2008 au 1er février 2009
Londres, The National Gallery, du 25 février au 7 juin 2009

L'exposition bénéficie du concours exceptionnel du Museo National del Prado de Madrid
et du Museu Picasso de Barcelone.

Cette exposition est réalisée grâce au soutien
de LVMH / Moët Hennessy . Louis Vuitton

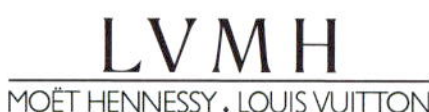

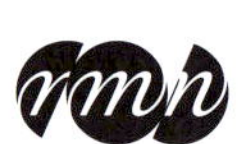

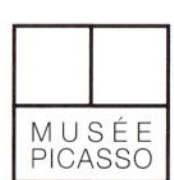

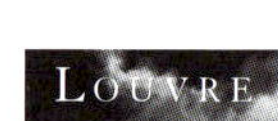

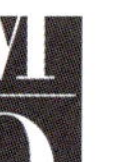
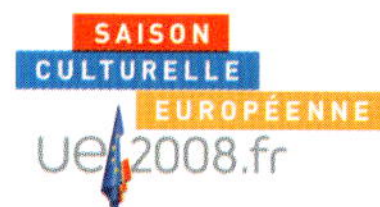

Coordination générale et organisation
Réunion des musées nationaux

Direction du développement culturel

David Guillet
Directeur

Marion Mangon
Chef du département des expositions

Marion Tenbusch
Chef de projets d'exposition

Isabelle Mancarella
Coordinatrice du mouvement des œuvres

Magali Sicsic
Administratrice des Galeries nationales du Grand Palais

**Direction de la Communication,
des relations publiques et du mécénat**

Françoise Pams
Directrice

Cécile Vignot
Chef du service promotion et partenariats média

Gilles Romillat
Chargé de communication

Cécile Debray
*Conservateur, chargée de mission
auprès de l'Administrateur général*

Scénographie
Jean-François Bodin et Marc Vallet,
agence Bodin et associés

Signalétique
Béatrice Bodin et Yan Stive, FBI

Couverture : Pablo Picasso, *Les Ménines d'après Velázquez* (détail), Cannes, 19 septembre 1957,
Barcelone, Museu Picasso. © Museu Picasso. Barcelona/Gasull Fotografia

49, rue Etienne-Marcel - 75039 Paris cedex 01

ISBN : 978-2-7118-5524-7
EC 10 5524

Comité d'honneur

Marie-Christine Labourdette
Directrice des musées de France

Jean-Ludovic Silicani
Président du Conseil d'administration de la Réunion des musées nationaux

Thomas Grenon
Administrateur général de la Réunion des musées nationaux

Anne Baldassari
Directrice du musée national Picasso

Henry Loyrette
Président-Directeur du musée du Louvre

Guy Cogeval
Président de l'établissement public du Musée d'Orsay

Miguel Zugaza Miranda
Directeur du Museo Nacional del Prado, Madrid

Josep Serra
Directeur du Museu Picasso, Barcelone

Nicholas Penny
Directeur de la National Gallery, Londres

Commissariat

Anne Baldassari
Conservateur général du Patrimoine, directrice du musée national Picasso

Marie-Laure Bernadac
Conservateur général du Patrimoine, chargée de l'art contemporain au musée du Louvre

Assistées par
Anaïs Bonnel

Remerciements

Nous voulons tout d'abord saluer chaleureusement la Succession Picasso et son représentant Claude Ruiz-Picasso pour son constant et important soutien tout au long de la réalisation de ce projet exceptionnel.
Que soient également vivement remerciés les membres de la famille Picasso qui ont contribué par leurs généreux et importants prêts au succès de cette exposition :

Mme Françoise Gilot, Mme Christine Ruiz-Picasso, Mme Maya Widmaïer–Picasso, M. Claude Ruiz-Picasso, Mme Paloma Ruiz-Picasso, Mme Marina Ruiz-Picasso, M. Bernard et Almine Ruiz-Picasso, Mme Catherine Hutin-Blay, Mme Marianne Vilató, Mme Adela Vilató, M. Xavier Vilató et M. Olivier Widmaïer-Picasso.

De même, notre profonde reconnaissance s'adresse aux prêteurs privés, ceux qui ont préféré conserver l'anonymat comme ceux mentionnés ici, pour les œuvres qu'ils nous ont obligeamment confiées :

Ernst Beyeler, Fondation Beyeler, Riehen/Bâle
Libby Howie, Londres
Jan Krugier et Marie-Anne Krugier-Poniatowski, Genève
Quentin Laurens, Galerie Louise Leiris, Paris
Vicky y Marcos Micha, Mexico
Helly Nahmad, Londres
David Nahmad, Londres
Jacques Ranc (courtesy)
Angela Rosengart, Lucerne
Fundación Almine et Bernard Ruiz-Picasso para el Arte, Madrid

Nous voudrions exprimer toute notre gratitude à tous ceux qui nous ont manifesté leur amical et généreux soutien :

M. Placido Arango
M. Bernard Arnault
M. Antonin Baudry
M. Loic Bégard
M. Olivier Berggruen
M. Nicolas Berggruen
M. et Mme de Beistegui
M. Claude Blanchemaison
M. Jean-Luc Blouet
M. Rupert Burgess
M. Laurent Burin des Roziers
M. Antón Castro
M. Philippe de Chaisemartin
M. Nicolas Chibaeff
M. Jean-Paul Claverie
M. Bruno Delay
M. Urs V. Fischer
Mme et M. Hegewisch
M. Robert Landau
M. Serge Lemoine
M. César Antonio Molina Sánchez
M. Charles Moffett
M. Philip Niarchos
Mme Catherine Pegard
M. Marc Porter
Mme Vérane Tasseau
Mme Wildenstein

Nous tenons à remercier tout particulièrement les présidents, directeurs, conservateurs et leurs équipes des collections publiques suivantes pour leur engagement décisif et leur important soutien dans la réalisation de cette ambitieuse exposition:

ALLEMAGNE

Berlin
Prof. Dr. Peter-Klaus Schuster,
Bernd Wolfgang Lindemann, Dieter Scholz
Staatliche Museen zu Berlin, Nationalgalerie,
Museum Berggruen
Staatliche Museen zu Berlin, Gemäldegalerie

Cologne
Prof. Kaspar König, Dr. Stephan Diederich
Musée Ludwig

Hambourg
Prof. Hubertus Gassner, Jenns E. Howoldt
Hamburger Kunsthalle

Munich
Prof. Reinhold Baumstark, Joachim Kaak
Bayerische Staatsgemäldesammlungen,
Neue Pinakothek

Stuttgart
Sean Rainbird
Staatsgalerie Stuttgart

BELGIQUE

Liège
Francine Guidi de la Rosa-Dawans
Musée d'Art moderne et d'Art contemporain
de la Ville de Liège

DANEMARK

Humlebaek
Poul Erik Toejner, Kirsten Degel
Louisiana Museum of Modern Art

ESPAGNE

Barcelone
Maria Teresa Ocaña i Gomà
Museu nacional d'art de Catalunya

Josep Serra, Sònia Villegas
Museu Picasso

Madrid
Manuel Borja-Villel
Museo Nacional Centro de Arte Reina Sofia

Miguel Zugaza Miranda, Lorena Casas Pessino
Museo Nacional del Prado

Séville
Antonio Alvarez Rojas
Museo de Bellas Artes

ÉTATS-UNIS

Boston
Malcom Austin Rogers
Museum of Fine Arts

Columbus
Nannette V. Maciejunes
Columbus Museum of Art

Detroit
Graham W.J. Beal
Detroit Institute of Arts

Hartford
Susan Lubowsky Talbott, Linda H. Roth,
Eleanor Lamont Cunningham
Wadsworth Atheneum Museum of Art

Los Angeles
Michael Govan, Nancy Thomas
Los Angeles County Museum of Art

Milwaukee
Daniel T. Keegan, David Gordon
Milwaukee Art Museum

New York
Philippe de Montebello, Gary Tinterow, Dorothy Kellett
The Metropolitan Museum of Art

Glenn D. Lowry, John Elderfield, Cora Rosevear,
Lisa Cain, Ann Temkin, Delphine Huisinga
The Museum of Modern Art

Thomas Krens, Lisa Dennison, Carmen Giménez,
Nancy Spector, Susan Davidson
Solomon R. Guggenheim Museum

Philadelphie
Anne d'Harnoncourt (†)
Philadelphia Museum of Art

Saint Louis
Sabine Eckmann
Mildred Lane Kemper Art Museum
Washington University in St. Louis

San Francisco
Neal Benezra
San Francisco Museum of Modern Art

Washington (D.C.)
Jan Ziolkowski, Gudrun Buehl
Dumbarton Oaks Museum

Earl A. Powell III
National Gallery of Art

FRANCE

Agen
Marie-Dominique Nivière
Musée des Beaux-Arts

Albi
Danièle Devynck
Musée Toulouse-Lautrec

Angers
Patrick Le Nouëne
Musées d'Angers

Arles
Michèle Moutashar
Musée Réattu

Castres
Jean-Louis Augé
Musée Goya

Fontainebleau
Bernard Notari
Musée national du château de Fontainebleau

Grenoble
Guy Tosatto
Musée de Grenoble

Lille
Alain Tapié
Musée des Beaux-Arts

Lyon
Sylvie Ramond
Musée des Beaux-Arts

Marseille
Marie-Paule Vial
Musée des Beaux-Arts

Nancy
Claire Stoullig
Musée des Beaux-Arts

Paris
Bruno Racine, Sylvie Aubenas
Bibliothèque nationale de France

Alain Seban, Alfred Pacquement,
Isabelle Monod-Fontaine, Olga Makhroff
Centre Pompidou, musée national d'Art moderne/
Centre de création industrielle

Fabrice Hergott, Sophie Krebs
Musée d'Art moderne de la Ville de Paris

Marie-Hélène Lavallée, Pierre Georgel
Musée de l'Orangerie

Guy Cogeval
Musée d'Orsay

Henry Loyrette, Vincent Pomarède,
Jean-Luc Martinez, Marie-Laure Bernadac
Musée du Louvre

Anne Baldassari
Musée national Picasso

Gilles Chazal, Isabelle Collet
Petit Palais, Musée des Beaux-Arts de la Ville de Paris

Saint-Etienne
Lorand Hegyi
Musée d'Art moderne Saint-Etienne Métropole

Strasbourg
Dominique Jacquot
Musée des Beaux-Arts

JAPON

Hakone
Kazuhiko Ueno, Taizan Nagai, Miki Yoda
The Hakone Open-Air Museum

PAYS-BAS

Amsterdam
Ed de Heer
Museum Het Rembrandthuis

Axel Rüger, Leo Jansen
Van Gogh Museum

RÉPUBLIQUE TCHÈQUE

Prague
Prof. Milan Knížák
Národní galerie v Praze

ROYAUME UNI

Londres
Nicholas Penny
The National Gallery

Sir Nicolas Serota, Caroline Collier
Tate

RUSSIE

Moscou
Irina Antonova
Musée d'État des Beaux-Arts Pouchkine

Saint-Pétersbourg
Mikhail Piotrovski
Musée national de l'Ermitage

SUÈDE

Stockholm
Lars Nitve
Moderna Museet

SUISSE

Bâle
Dr. Bernhard Mendes Bürgi
Kunstmuseum Basel

Zurich
Lukas Gloor
Stiftung Sammlung E.G. Bührle

Les commissaires remercient

MUSÉE PICASSO

Fabien Docaigne
Thomas Esbach

Véronique Balu
Claire Bergeaud
Emilie Augier Bernard
Franck Besson
Hubert Boisselier
Anaïs Bonnel
Evelyne Cohen
Marie-Christine Enshaïan
Pierrot Eugène
Sylvie Fresnault
Thomas Galifot
Vidal Garrido
Francette Girault
Béatrice Hatala
Emmanuelle Hincelin
Nadège Horner
Philippe Saunier
Jeannick Straub Eozénou
Jeanne Sudour
Annabelle Ténèze
Elsa Vigouroux

MUSÉE DU LOUVRE

Didier Selles
Hervé Barbaret
Catherine Sueur
Juliette Armand
Jean-Marc Terrasse

Marie-Bénédicte Astier
Claire Bernardi
Malika Bouabdellah
Aline Cymbler
Guillaume Danet
Camille Excoffon
Côme Fabre
Aline François-Colin
Pauline Guelaud
Ariane Guéroult
Soraya Karkache
Elisabeth Lebreton
Aggy Lerolle
Marcella Lista
Amanda Lopez
Carole Manzano
Sébastien Née
Camille Palopoli
Marcel Perrin
Laurence Roussel

MUSÉE D'ORSAY

Thierry Gausseron
Hélène Flon
Olivier Gabet
Stéphane Guégan
Amélie Hardivillier
Laurence Madeline
Caroline Mathieu
Odile Michel
Sylvie Patry
Marc Plocki
Anne Roquebert
Olivier Simmat

NATIONAL GALLERY DE LONDRES

Mary Hersov
Karine Hocking
Chris Riopelle
Anne Robbins
Miranda Stacey

RMN

Cécile Debray
David Guillet
Marion Mangon
Françoise Pams
Pierre Vallaud
Élodie Ziegler-Perthuisot

Hugues Charreyron
Nicolas Chirat
Consuelo Crulci
Josseline Grimoin
Stéphanie Hussonnois
Isabelle Mancarella
Alix de la Marandais
Catherine Marquet
Emilia Philippot
Ariane Rabenou
Guillaume Robic
Annick Roger
Gilles Romillat
Marion Tenbusch
Marie-Dominique de Teneuille
Cécile Vignot

GNGP

Magali Sicsic
Cendrine Borzycki
Elisabeth Gracy
Sébastien Jamesse
Jean-Jacques Le Blastier
Jean Naudin

GRAPHISTES ET ARCHITECTES

Anne-Lou Bissière
Béatrice Bodin
Jean-François Bodin
Sophie Boehly
Florent d'Heilly
Bernard Lagacé
Yan Stive
Marc Vallet

ADMINISTRATION PICASSO

Tatyana Franck
Florence Half-Wrobel
Christine Pinault
Dominique Rossi

AINSI, LE MAÎTRE A EU DES MAÎTRES. ÉVÈNEMENT EXCEPTIONNEL, L'EXPOSITION « PICASSO ET LES Maîtres » organisée par la Réunion des musées nationaux, le musée du Louvre, le musée d'Orsay, le musée national Picasso et la National Gallery de Londres, nous permet pour la première fois d'établir la filiation artistique de celui qui a dominé l'art du XXe siècle.

Avant d'être le génie que nous admirons tous et de marquer l'histoire de l'art par la puissance de son œuvre, Pablo Picasso a d'abord été un étudiant studieux, féru des œuvres qu'il découvrait au fil de ses visites au Prado et au Louvre. Sculpteurs de la Grèce hellénistique et de la Rome antique, peintres des écoles française et espagnole classiques, impressionnistes : c'est à leur contact que le jeune Pablo Ruiz Picasso est devenu Picasso.

Mais c'est par la rupture cubiste que l'héritier respectueux et inspiré de l'harmonie et de la perfection accède à son tour au rang de maître. Celui qui aimait tant se représenter en Minotaure, le mythe anthropophage par excellence, a commencé par se nourrir avec humilité, de Vélasquez, El Greco, Goya, Poussin, Delacroix, Ingres, Corot, Manet, Renoir, Toulouse-Lautrec, Gauguin, Cézanne, Courbet, pour mieux les déconstruire et les interpréter. Le choc de la découverte n'est qu'une entrée en matière, qui annonce un dialogue fécond et sans fin.

Picasso, le compagnon de route du siècle, mêle tradition et révolution tout au long d'une œuvre rythmée par des périodes successives et ainsi perpétuellement renouvelée. Au delà des changements de styles, il crée (il recrée ?) comme ses maîtres, avec les mêmes gestes, les mêmes outils, la même matière, la même toile, dans toute l'amplitude d'un génie accompli. Dans une filiation revendiquée et aboutie, pétri d'innombrables mélanges et influences, le fils de l'Antiquité et de l'Europe classique devient celui de l'Afrique. Cultures et civilisations se mêlent tout au long d'une œuvre ancrée dans le métissage, la modernité et l'intemporalité. Picasso est le plasticien du monde.

Parfois violent, toujours génial, au-delà des frontières artistiques connues, Picasso exprime sa puissance et sa force à travers tous les motifs et tous les thèmes. Aucun code ne vaut pour l'homme de toutes les libertés. Le génie, de Picasso abolit les frontières du temps et de l'espace. Les affrontements ou les scandales ne brident jamais celui qui fût, au gré de ses sentiments et de ses instincts, l'artiste flamboyant et le peintre de toutes les douleurs.

Incarnation d'un siècle bouleversé, Picasso se situe pourtant dans la lignée des maîtres qu'il a toujours aimés et admirés. Il y a donc bien un « Mystère Picasso », celui qu'Henry-Georges Clouzot a filmé en 1956. L'exposition exceptionnelle du Grand palais nous aide à mieux le saisir.

Nicolas Sarkozy

NOUS SOMMES TRÈS HEUREUX QUE, GRÂCE AU SOUTIEN DE LVMH / MOËT HENNESSY . LOUIS VUITTON, Paris accueille cet automne « Picasso et les Maîtres », l'une des expositions majeures de ces dernières années. Picasso est assurément le plus grand artiste du XXe siècle, ce qui justifie l'implication de notre groupe auprès de la Réunion des musées nationaux, du musée du Louvre et du musée d'Orsay pour faire vivre ce face-à-face fulgurant entre Pablo et ses maîtres et croiser ainsi son regard captivé avec celui de chacun d'entre nous. Sous la conduite enthousiaste d'Anne Baldassari, Directrice du musée Picasso, et de Marie-Laure Bernadac, sont ici éclairés d'un jour nouveau et surprenant plus de cinq siècles d'histoire de l'Art, fondement de la modernité la plus éclatante, celle du XXe siècle, celle de Picasso.

Par son mécénat, LVMH a voulu la réalisation de cette spectaculaire manifestation, la 32e des expositions nationales que nous aurons soutenues depuis plus de quinze ans, la troisième consacrée à l'œuvre de Picasso après « Picasso et le portrait » en 1996 et « Matisse/ Picasso » en 2002.

Car le message que nous lègue aujourd'hui Picasso va bien au-delà de la seule peinture. Par l'éclatement des conventions, par l'incessante invention de formes nouvelles, par sa conscience engagée des êtres et du monde, Picasso ouvre tout un passage vers le futur. Il jette les bases de la création la plus contemporaine, paradoxalement sans jamais rompre avec un passé dont son œuvre s'est perpétuellement nourrie, de Vélasquez à Delacroix, de Goya à Poussin, du Greco à Manet .... , pour Picasso, « il n'y a pas de passé ni d'avenir en art ».

Aussi, je me risquerais à dire que cette vision géniale, qui invente sans rompre, inspire à leur tour nos propres créateurs – de Dior à Louis Vuitton, de Guerlain à Chaumet, de Moët & Chandon à Hennessy... –, qui s'appuient sur une tradition et un patrimoine de savoir-faire et de haut artisanat uniques pour faire naître des lignes, des formes, des couleurs, des saveurs si audacieuses qu'elles marquent notre civilisation et en expriment, en ce début de XXIe siècle, un art de vivre partagé sur tous les continents.

Enfin, je souhaiterais souligner l'une des priorités de notre action de mécénat : la transmission à la jeunesse de toutes les formes de culture, de savoir et de création par une action spécifique en faveur de l'enseignement artistique et par l'aide aux nouveaux talents. Parce que Picasso est un exemple pour les vocations artistiques naissantes, LVMH organise à l'occasion de cette exposition, dans toutes les écoles d'art en France et dans 15 pays dans le monde, le 16e Prix LVMH des Jeunes Créateurs ainsi que, pour les enfants des classes primaires, les « Classes LVMH – Découverte et Pédagogie ».

Alors qu'en cet automne 2008 Paris assume la Présidence de l'Union européenne, LVMH / Moët Hennessy . Louis Vuitton est fier d'offrir à des milliers de visiteurs français, européens et du monde entier une rencontre riche d'émotions et de connaissance, par un dialogue avec Pablo Picasso et les artistes majeurs de l'histoire de l'Art qui l'ont si magnifiquement inspiré, bouleversant ainsi notre propre vision du monde.

Bernard Arnault
Président de LVMH / Moët Hennessy . Louis Vuitton

L'EXPOSITION « PICASSO ET LES MAÎTRES » QUI OUVRE AUJOURD'HUI AUX GALERIES nationales du Grand Palais, dans le salon de Denon du musée du Louvre et les salles Moreau et Nélaton du musée d'Orsay, constitue la première manifestation consacrée en France à cette question majeure pour la compréhension de l'art picassien. L'objectif de cet exceptionnel bilan est de réunir autour de l'œuvre de Picasso, les principaux artistes qui furent à la source de son art.

La tenue simultanée de l'exposition « Picasso et les Maîtres » dans trois lieux majeurs de la culture muséale française, constitue en soi un évènement et témoigne de l'approche transversale et originale inhérente à son projet. Les Galeries nationales du Grand Palais avec la présentation de 210 numéros, accueillent le principal corpus d'œuvres de la manifestation. Confrontant passé et présent au-delà des ruptures stylistiques et des innovations formelles, l'exposition décline les thèmes et sujets génériques de l'expression artistique : autoportraits, portraits, nus, natures mortes, peintures d'histoire, scènes de genre ou mythologiques. On y rencontre au gré de la peinture de Picasso et en la prenant pour seul guide : Greco, Ribera, Zurbarán, Velázquez, Mazo, Murillo, Meléndez, Goya, Dubois, Poussin, Le Nain, Chardin, Ingres, Delacroix, Courbet, Puvis de Chavannes, Manet, Degas, Cézanne, Renoir, Le Douanier Rousseau, Gauguin, Toulouse-Lautrec, Titien, Cranach, Rembrandt, Van Gogh. Espagnols, français, italiens, allemands, flamands ou hollandais, ces peintres comme autant de protagonistes d'une cordée élective, participent d'une intimité native, essentielle à son œuvre.

Croisant fils thématique et chronologique, ce parcours permet d'appréhender dans son ampleur et son accomplissement le dialogue ininterrompu que Picasso entretînt avec les maîtres anciens et modernes, tout au long de sa vie, de son œuvre. En 1900, Picasso, âgé de 19 ans, expose dans la sélection officielle espagnole de l'Exposition Universelle lors de l'inauguration du bâtiment. C'est là, au sein des manifestations décennales et centennales, que lui sont révélées les grandes figures de l'art ancien et contemporain. L'exposition « Picasso et les Maîtres » veut évoquer par sa muséographie l'architecture et les décors composites du Grand Palais tels que les découvrît alors le jeune peintre. Symbole de modernité technologique comme de style Beaux-arts, de transparence, de vastitude, de foule, de débat virulent sur l'art, le Grand Palais constitue un élément historique à part entière de la relation de Picasso aux maîtres.

Le Musée du Louvre reçoit dès ce voyage inaugural de 1900, la visite assidue de Picasso. Il y reviendra à chacun de ses séjours puis après son installation définitive à Paris en 1904, pour y étudier les collections de peinture française et étrangères. C'est au Louvre qu'il découvre notamment, à l'hiver 1905, la statuaire primitive ibérique issue des Fouilles d'Osuna à l'origine de la révolution cubiste. Le musée d'Orsay, enfin, conserve aujourd'hui les œuvres de Manet, des impressionnistes et postimpressionnistes qui bouleversèrent, entre 1900 et 1906, les conceptions picturales de Picasso. C'est ainsi que le musée du Louvre et le musée d'Orsay ont choisi de présenter des expositions consacrées plus spécifiquement à la période des *Variations* durant laquelle l'artiste prend comme sujet de prédilection des œuvres emblématiques de leurs collections respectives comme de l'histoire de l'art. Au Louvre, sont rassemblées autour d*es Femmes d'Alger* d'Eugène Delacroix (1834), quelque 26 toiles, dessins et gravures (1954-1955) qui restituent la dynamique de cette toute première expérience des *Variations.* Au musée d'Orsay, c'est *Le Déjeuner sur l'herbe* d'Edouard Manet (1863), qui forme le centre d'une importante relecture réunissant 46 œuvres témoignant des recherches menées par Picasso entre 1960 et 1965.

Pour réaliser un tel projet, l'exposition « Picasso et les Maîtres » se devait de transgresser les frontières historiques, artistiques, nationales et institutionnelles. Initiée en collaboration par le musée national Picasso, le musée du Louvre et la Réunion des musées nationaux, bientôt rejoints par le musée d'Orsay puis par la National Gallery de Londres, l'exposition a bénéficié de la pleine implication de ce puissant réseau de partenariat scientifique, institutionnel et logistique. La mise en œuvre de l'exposition doit bien évidemment beaucoup au musée national Picasso qui a mobilisé son équipe et toutes ses ressources pour conduire à bien ce projet et dont les prêts constituent près de la moitié des œuvres exposées sur les trois sites. L'exceptionnel et très généreux engagement du Museo National del Prado a contribué à conférer, par un ensemble de prêts majeurs, un statut historique à cette manifestation. De même, le soutien apporté au projet par le Museu Picasso de Barcelone, a permis d'évoquer pour la période de jeunesse la place tenue par les maîtres dans la genèse de l'art picassien.

L'exposition « Picasso et les Maîtres » a bénéficié en France comme à travers le monde, du très amical concours des principales grandes collections muséales qui se sont mobilisées pour enrichir l'exposition de nombreux et significatifs prêts.

Le cercle de la famille française et espagnole de Picasso s'est engagé avec ferveur dans ce projet depuis son origine et lui a apporté par des prêts d'œuvres souvent inédites une contribution essentielle. Les plus importantes collections particulières et fondations privées internationales ont accordé leur généreux appui à la réalisation de l'exposition « Picasso et les Maîtres ».

Enfin, avec l'engagement de LVMH / Moët Hennessy. Louis Vuitton, le montage de cet ambitieux projet a reçu l'actif et généreux soutien d'un très grand mécène de la scène culturelle internationale.

Nous voulons exprimer à tous notre gratitude, pour nous avoir aidé à former, grâce aux œuvres rassemblées dans ces trois expositions, le prisme artistique qui permettra au plus large public de saisir dans toute sa richesse et sa complexité la nature de la singulière relation qui opposa et unit Picasso à ses maîtres : « Je peins contre les tableaux qui comptent pour moi et avec *ce qui leur manque* aussi[1]. »

1. Malraux (André), *La Tête d'obsidienne*, Paris, Gallimard, 1974, p.124.

Thomas Grenon
Administrateur général de la Réunion des musées nationaux

Anne Baldassari
Directrice du musée national Picasso

Henry Loyrette
Président-Directeur du musée du Louvre

Guy Cogeval
Président de l'établissement public du Musée d'Orsay

AUTEURS DES ESSAIS

Anne Baldassari
Conservateur général du Patrimoine,
directrice du musée Picasso

Marie-Laure Bernadac
Conservateur général du Patrimoine,
chargée de l'art contemporain au musée du Louvre

Susan Grace Galassi
Conservateur Frick Collection, New York

Francisco Calvo Serraller
Professeur en histoire de l'art,
Universidad Complutense de Madrid

Pierre Daix
Écrivain

Pr. Dr. Carsten-Peter Warncke
Professeur en histoire de l'art,
Georg-August-Universität Göttingen

Sommaire

ESSAIS

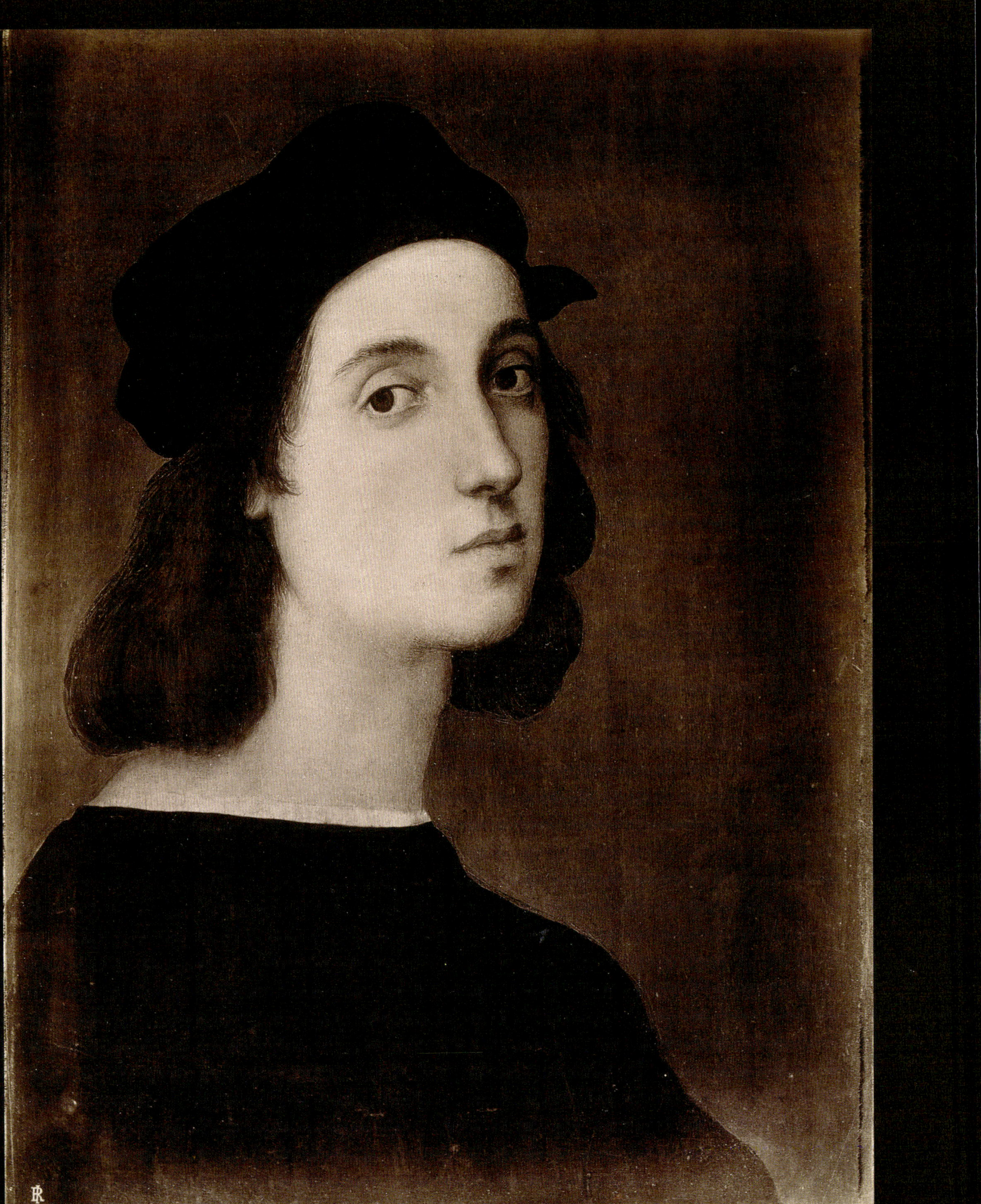

LA PEINTURE DE LA PEINTURE

ANNE BALDASSARI

« Pour moi, il n'y a pas de passé ni d'avenir en art. Si une œuvre d'art ne peut vivre toujours dans le présent, il est inutile de s'y attarder. L'art des Grecs, des Égyptiens et des grands peintres qui ont vécu à d'autres époques n'est pas un art du passé ; peut-être est-il plus vivant aujourd'hui qu'il ne l'a jamais été[1]. »

Académies

« Ce sont nous, les peintres, les vrais héritiers, ceux qui continuent à peindre. Nous sommes les héritiers de Rembrandt, Vélasquez, Cézanne, Matisse. Un peintre a toujours un père et une mère, il ne sort pas du néant[2]... »

La formation artistique de Picasso débute dès sa petite enfance, avec l'apprentissage que lui dispense son père, José Ruiz-Blasco, peintre de fleurs et d'animaux, professeur de dessin à l'école des Arts et Métiers et conservateur du musée municipal de Málaga. Comme le raconte Jaime Sabartés dans la biographie de l'artiste, *Portraits et souvenirs*[3], Picasso voue à son père une adoration exclusive et s'approprie, à l'occasion, ses crayons, pinceaux et même les pigeons servant de modèles à ses tableaux. Très jeune, il commence à l'assister dans leur réalisation : « Mon père coupait les pattes d'un pigeon mort, il les clouait avec des épingles sur une planche, dans la position qui convenait, et je les copiais minutieusement jusqu'à ce qu'elles lui plaisent[4]. » L'univers de l'atelier du musée où Don José restaure les œuvres de la collection, et où il se retire pour peindre ses propres toiles, est emblématique de la vision native de Picasso, baignant dans la vie fantomatique des œuvres, entre passé et présent, peinture ancienne et peinture en train de se faire. Il apprend les techniques d'atelier associant dessins et découpages de papiers pour l'étude des compositions dont il fera un usage inédit dans ses papiers découpés (1903), collages (1908) et papiers collés (1912-1914). En 1893-1894, Picasso rédige un petit journal humoristique *Azul Y Blanco*[5], prenant pour modèle la revue littéraire et artistique *Blanco Y Negro*[6]. C'est là, dans ces premières reproductions photographiques de tableaux, qu'il peut étudier les toiles des grands maîtres[7]. Il y découvre les œuvres du Greco, Zurbarán, Vélasquez, Ribera, Murillo, Morales comme de multiples scènes de genre et types pittoresques qui lui servent à l'évidence de modèle pour ses premiers tableaux[8].

À l'âge de douze ans, Picasso s'engage dans des études d'art qu'il mènera au terme d'un cursus de huit années (1892-1899) dans les écoles des Beaux-Arts de La Corogne (1893-1894), de la Lonja (1895-1896), puis en 1897-1898 à l'académie San Fernando à Madrid. Cours de dessin d'ornement, figure, copie de plâtre d'après l'antique, peinture et copie d'après nature forment la base de cet enseignement. Durant ces années de prime formation, Picasso se soumet sans grande conviction aux règles de la pratique académique, principalement centrée sur une peinture conformiste, un réalisme bourgeois. Compositions historiques, épiques ou religieuses, scènes de genre, peinture noire, bitumeuse, grandes machines de concours forment le quotidien et l'horizon de cet apprentissage dont l'objectif avoué est la perpétuation d'un art officiel. Mais cette formation s'ancre aussi pour lui dans la tradition humaniste dont la poésie et la peinture des maîtres lui révèlent la voie. Par inclination personnelle autant que par vocation familiale, Picasso devient ainsi « peintre » dès son plus jeune âge, et la peinture constitue pour lui le seul univers de référence. Pourtant, l'oppression ressentie par le jeune artiste virtuose, qui ne dessina jamais comme un enfant mais eut immédiatement à se confronter à Michel-Ange et Raphaël, nourrira pour longtemps l'irrépressible désir de liberté et de subversion qui le conduisit aux plus radicales des innovations plastiques. C'est dans cette tension dialectique avec la tradition académique comme avec la peinture des maîtres que se bâtit la singulière posture de Picasso, à la fois brillant spécimen, médaillé dès l'âge de seize ans et acharné destructeur des formes établies. Il dira plus tard en opposant le peintre académique Dufayel aux maîtres du Louvre : « On disait : "il y a le Louvre, et il y a Dufayel". C'était notre façon de juger la peinture qu'on regardait. On disait : "ça, non, ça c'est encore le Louvre... Mais là, là, il y a un tout petit peu de Dufayel[9] !" » Cette tension n'est pas, dans son cas, un simple reflet de l'époque en pleine mutation comme on peut l'observer pour tout artiste de sa génération, elle est un élément moteur qui deviendra constitutif de sa démarche picturale. Picasso fera de ce dialogue avec les maîtres, antiques, anciens et modernes, l'axe d'une dynamique productive dont témoigne l'ensemble de sa peinture dès 1896, depuis ses premiers portraits noirs à la Greco jusqu'aux « tarots » géants empruntant leurs masques de mousquetaires, musiciens et matadors à Rembrandt et Vélasquez. Une dynamique récurrente, parfois sourde et souterraine mais toujours agissante sous-tend ainsi tout son œuvre dont la période des *Variations* d'après Delacroix, Vélasquez, Manet, David ou Poussin, dominant les années 1950-1960, forme simplement l'épisode le plus explicite.

Un cannibalisme pictural sans précédent serait à l'œuvre dans sa démarche qui érige en effet, en système, *la peinture de la peinture*. Picasso rompt ici avec les procédés académiques de transmission et de reproduction de la tradition — copie, paraphrase, citation — pour articuler une méthodologie nouvelle plaçant la peinture au cœur de la connaissance du monde. Pour lui « la peinture est un langage » et aucune des modalités d'inscription, transcription, traduction, lecture et interprétation n'est étrangère à son art. À travers lui, ce principe fécondera le *modus operandi* de la création moderne et contemporaine en la tirant du côté d'un mimétisme hypertélique, « trompe-l'esprit » plutôt que trompe-l'œil, de l'ironie et du pastiche érigés en hommage tant aux grands maîtres qu'aux icônes de la culture populaire.

L'impureté des sources

« En peinture, les choses sont des signes ; nous disions des emblèmes, avant la guerre de 14... Qu'est-ce que serait, un tableau, si ce n'était pas un signe ? Un tableau vivant ? Ah, bien sûr, si on était artiste-peintre ! Mais quand on est seulement Cézanne, ou le pauvre Van Gogh, ou Goya, alors on peint des signes[10]. »

Dans cette stratégie du regard picassien règne la mixité des sources, la contamination des domaines artistiques, la polysémie des images. Pour lui, expert en « étude » et « copie » comme le préconise l'école des Beaux-Arts, le retour aux sources s'effectue principalement par la multiplication des modèles de la statuaire ou de la peinture copiés à travers des duplications dédiées à l'usage scolaire[11]. Dans ce processus de transmission *par copie de copie* qui forme l'essentiel de cet appareil didactique s'opèrent des phénomènes d'usure voire de dénaturation des modèles qui en transforment profondément la nature. La question de la prééminence des modes de médiatisation sur la restitution de l'original, au centre de la pensée moderne, apparaît ainsi chevillée aux méthodes même du système académique.

Le travail de relecture de la tradition picturale s'effectue ainsi pour Picasso à travers celles données par ses prédécesseurs. La peinture de Manet ou d'Ingres, les fresques de Puvis de Chavannes, les transcriptions iconoclastes de Cézanne forment quelques-unes des clés lui permettant d'en décrypter et actualiser les principaux apports. Picasso regarde Manet regardant Goya regardant Vélasquez. Picasso regarde Manet regardant les gravures de Raimondi regardant Raphaël[12]. Picasso regarde Greco peintre d'icônes regardant Titien. Picasso regarde Ingres regardant Poussin et Raphaël et des photographies de studio. Picasso regarde Cézanne regardant Poussin et Greco et des photographies de modèles nus. Picasso regarde Van Gogh regardant Rembrandt. Picasso regarde Poussin et David et Delacroix. Picasso regarde le Douanier Rousseau regardant des albums d'images. Picasso les regarde tous à travers les images dont il fait collection.

Leurs œuvres ont en effet contribué à reconstruire et médiatiser une « iconologie » où les genres du portrait, nature morte, scène de genre ou compositions à caractère historique, religieux et mythologique, non seulement deviennent des *images génériques* ressassées jusqu'à la disparition, mais s'effilochent vers le territoire des non sujets, des sujets composites entrelaçant leurs motifs dans des montages atypiques et protéiformes. Picasso, n'ignorant rien de ces ressources stylistiques, thématiques, de l'Histoire de l'art comme le prouvent les multiples références décelables dans sa peinture, peut très délibérément en jouer. Mais son intérêt prend aussi une forme plus *évasive* en se nourrissant d'un faisceau d'images « dégradées » d'œuvres des maîtres telles que les divulguent les albums de clichés artistiques, la presse illustrée, les cartes postales.

En effet, si Picasso fréquenta bien tout au long de sa vie les galeries des musées pour y apprendre directement de la peinture des maîtres, l'essentiel de sa démarche d'assimilation et d'appropriation à leur égard opère à travers la photographie. Un portfolio, retrouvé dans ses archives, rassemble des épreuves anciennes sur papier albuminé consacrées à des œuvres espagnoles, italiennes aussi bien que flamandes et françaises[13]. On y trouve notamment des clichés des œuvres de Greco, Giotto, Botticelli, Uccello, Léonard de Vinci, Mantegna, Raphaël, Pérugin, Pollaiolo, Canaletto, Memling, Holbein, Van Eyck, Bruegel, Van Dyck, Clouet, Boucher, Delacroix.

Les ateliers photographiques comme Alinari à Florence, Braun à Paris, Laurent à Madrid ou Anderson à Rome éditent et diffusent à la fin du XIXe siècle, ces clichés sur tout

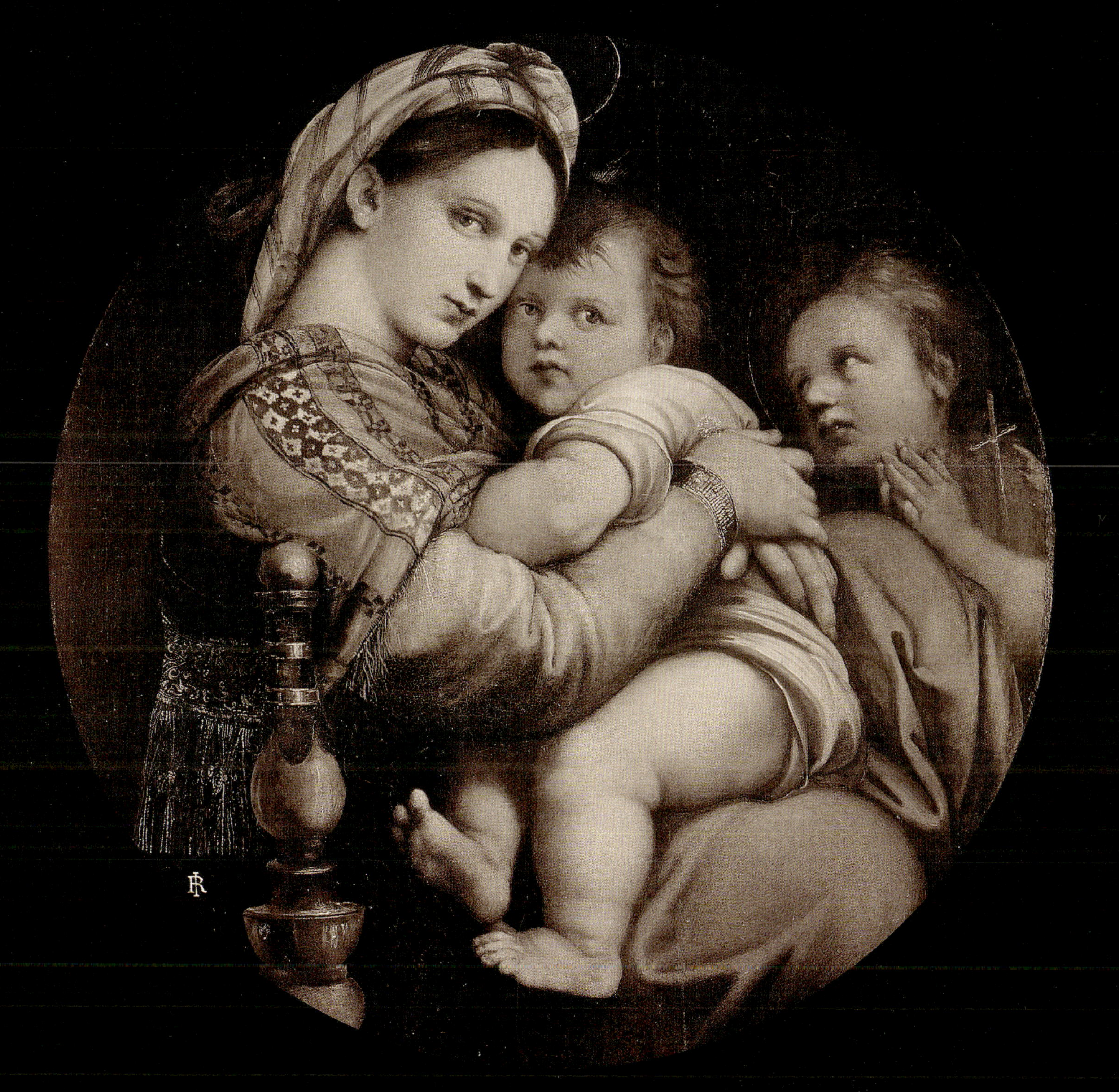

FIG. 2 **RAPHAËL (RAFFAELLO SANZIO, DIT)**
Vierge à la chaise
Florence, Palazzo Pitti
Paris, musée Picasso, archives Picasso

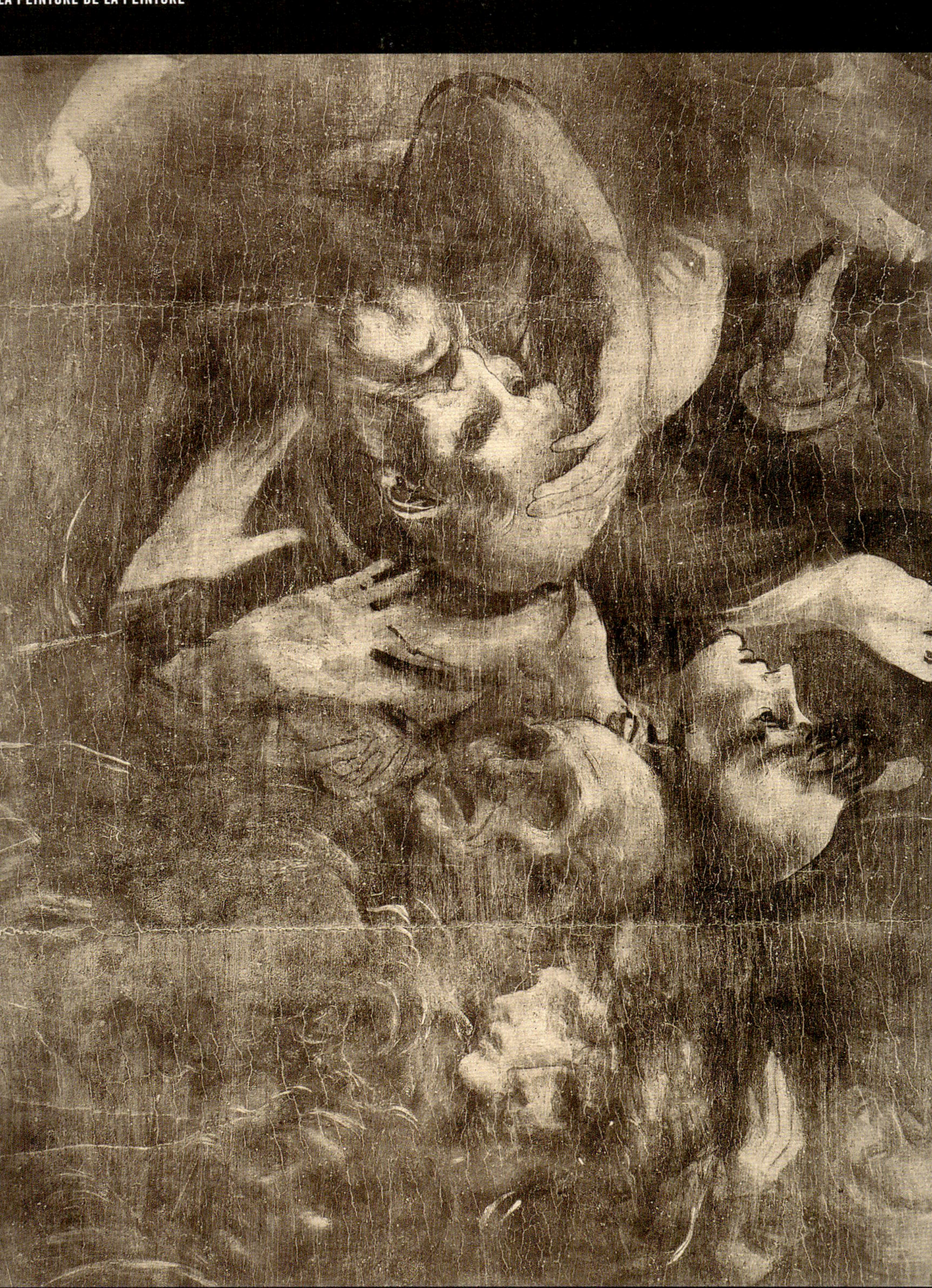

931 *Musée du Louvre. — Massacre de Scio, par Delacroix.* *X. Phot.*

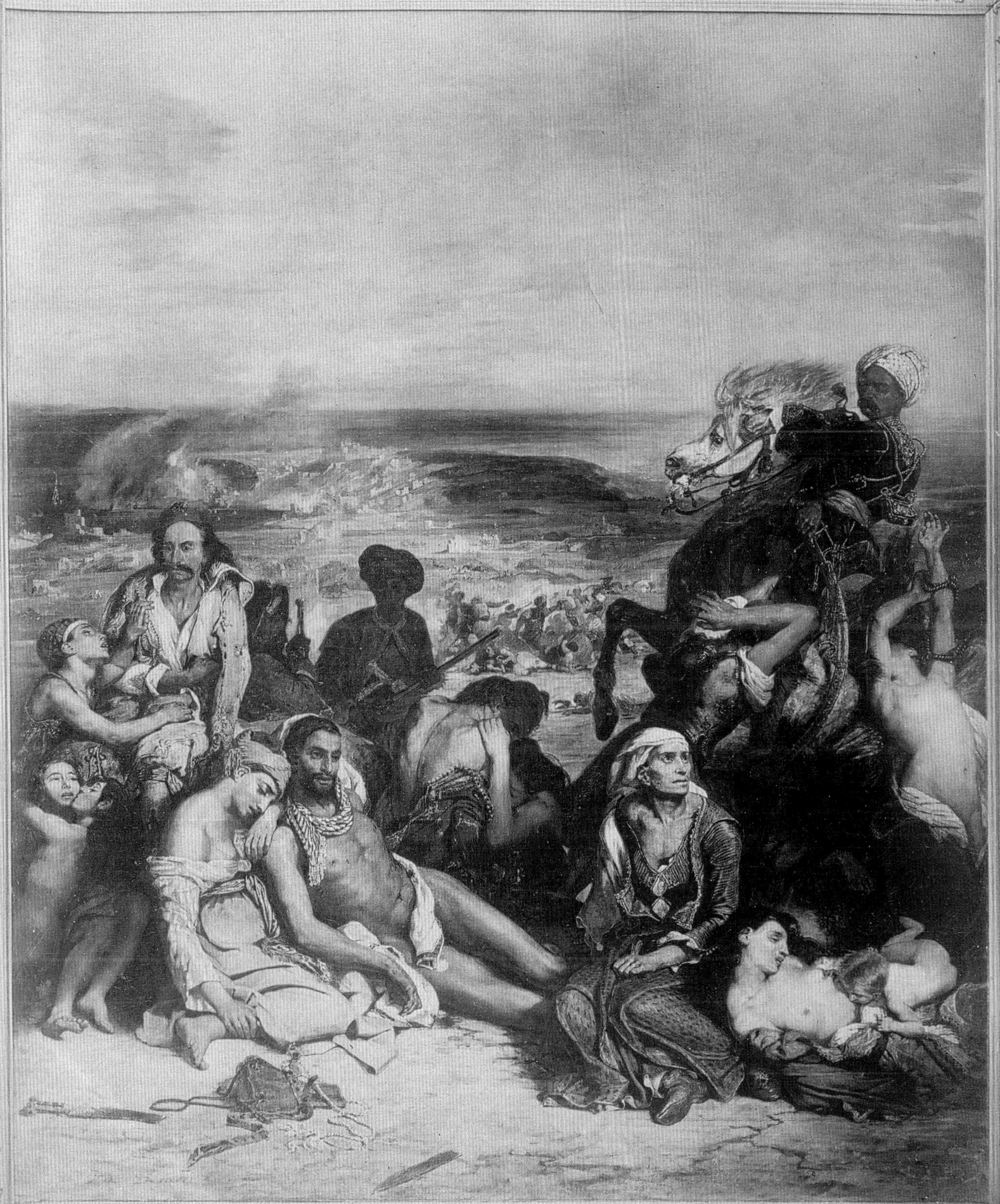

le continent. Ils se vendent généralement à l'unité, selon le choix des amateurs, qui en constituent librement des albums. L'inventaire de celui constitué par Picasso est une indication précieuse des intérêts qu'il porte aux grands maîtres alors qu'il engage un combat pictural où, selon ses propres mots, « il doit s'arracher la peau ».

En rassemblant cette collection de fragiles tirages, Picasso sacrifie à un usage culturel qui avait été celui de l'élite des amateurs d'art à partir des années 1870[14]. Autant qu'à son intérêt pour les tableaux représentés, le regard de l'artiste y est sollicité par les modalités déjà obsolètes de leur réification photographique. Si les tableaux y perdent substance, échelle et couleur, « l'ici et le maintenant de l'œuvre d'art[15] », l'*aura* paradoxale s'attachant à l'unicité multiple de ces images provoque une désublimation de la peinture qui suscite chez lui une intense excitation créatrice. Ouvrant un intervalle *trouble* entre l'original et son double, la photographie engendre des interférences qui modifient substantiellement la perception des œuvres.

En s'attachant à ces images dont un nombre significatif a été retrouvé dans ses archives, Picasso semblerait se préoccuper des modalités de leur démultiplication, de leur déteinte, autant que de leurs sujets. Changement d'échelle, uniformisation des formats, cadrage et recadrage, bichromie, détails, légendes, mise en page, environnement typographique, *apparatus* de la présentation en album viennent en effet parachever le travail de réinvention des œuvres originales opéré par le code photographique et en transformer très extensivement le sens[16]. Dans un tel répertoire de thèmes et de références stylistiques, la peinture ne se donne à voir que par l'entremise puissante d'un mode de reproductibilité technique où les tableaux deviennent *images*.

Prosaïquement piqués sur le montant du chevalet, ces clichés participent comme par contiguïté à la peinture en train de se faire. « Papiers épinglés » avant la lettre, images placées en abîme dans un dispositif circulaire de production picturale, ils deviennent partie prenante du tableau qui, tout à la fois, peut leur emprunter motifs, composition, chromatisme, rapports des ombres et lumières ou au contraire vient les consigner à la périphérie de son champ, comme des avènements de la signifiance, *cœurs noirs* d'une densité sémantique creusant profondément l'espace où se déploie le procès de peinture.

Au début du siècle, la diffusion massive de la carte postale et des éditions illustrées élargit encore cet usage. Gustave Coquiot, qui organisa la première exposition Picasso aux Galeries Vollard, en 1901, témoigne de cette pratique : « Comme il s'est épris soudainement du Greco, qu'il a placé les photographies des tableaux de ce Maître tout autour de sa chambre, il innove la "période bleue[17]". » On peut aussi vérifier l'engouement de ces installations iconographiques dans un cliché de 1906, pris à Barcelone, où se trouvent réunis dans l'atelier de Joan Vidal-Ventosa, *El Guayaba*, Picasso, Fernande Olivier et Ramon Reventos. Derrière le groupe, en une frise serrée faisant le tour de la pièce, de nombreuses cartes postales fixées au lambris, reproduisent des œuvres de Botticelli, de Léonard de Vinci, Cranach ou Rubens côtoyant des paysages impressionnistes et un portrait de studio de Cléo de Mérode. Les ateliers successifs de Picasso tels qu'il les photographie lui-même, témoignent d'une telle prégnance de l'imagerie de la grande peinture voisinant avec les toiles en cours d'exécution, les poèmes et les notes, les objets pittoresques. Le cyanotype *Portrait de Ramon Surinach i Senties (Jeune homme à l'éventail)*, pris vers 1900, montre ainsi la vignette d'une *Dolorosa*. Dans *L'Atelier bleu* (1902), une reproduction du *Penseur* de Rodin constitue l'épicentre du cliché. Sur le cliché de l'atelier du boulevard de Clichy où posent Apollinaire, Daniel-Henry Kahnweiler, Max Jacob ou Ramon Pichot et Picasso lui-même en 1910, apparaissent l'une au-dessous de l'autre, une reproduction de *La Grande Odalisque* d'Ingres et sa transcription cubiste[18]. Mais c'est véritablement par centaines qu'on peut compter, dans les archives photographiques de Picasso, les cartes postales reproduisant des œuvres des grands maîtres[19]. Certaines, criblées de percements de punaises, angles arrachés, bords délavés, usés, portent les marques d'un long compagnonnage artistique, tel *L'Enterrement du comte d'Orgaz* du Greco, un *Nu* d'Ingres ou le *Portrait de madame Cézanne* par Cézanne.

Comme William Rubin le souligna dans *Modernisme et primitivisme*, « l'accessibilité simultanée à toutes les sources historiques qui distingue la période moderne de toutes les autres, s'incarne dans l'œuvre de Picasso[20] ». Il est en effet à noter que Picasso ne se limite pas à un examen direct ou indirect des œuvres de l'Égypte ancienne, de l'Antiquité, la Renaissance, des âges classique ou baroque, mais il porte également une vive curiosité à l'imagerie contemporaine à caractère pittoresque ou ethnographique qui traite des mondes méditerranéen, africain, américain, océanien comme autant de territoires nouveaux d'une altérité irréductible. Odalisques de bazar, indigènes en costume et parure, « types » tribaux et régionaux, paysages des confins viennent ainsi *informer* plus amplement sa peinture. En croisant les images issues de ces univers *a priori* antagoniques, Picasso enrichit, complexifie la peinture des maîtres de références contemporaines. Fernande Olivier, sa compagne des années 1904-1912, a pu évoquer la fascination de Picasso pour l'art populaire, sa fréquentation des brocantes ou marchés aux puces parisiens et ses « manies de collectionneur pour toutes sortes de petites choses[21] ». Elle décrit ainsi le nouvel atelier du boulevard de Clichy où l'artiste s'installe en 1909-1910 : « Les murs s'ornaient diversement de vieilles tapisseries, de masques nègres, d'instruments de musique voisinant avec un petit Corot qui représentait une jolie figure de femme[22]. » Cet inventaire rebâtit un monde délibérément éclectique croisant mobilier Louis XIV, tapisseries de Beauvais, art tribal, peintures de maître et « frais chromos encadrés de paille » qui eussent « été à leur aise dans une loge de concierge[23] ». Fernande Olivier témoigne enfin de la diversité de ses intérêts en matière d'art pour la période 1907-1909 durant

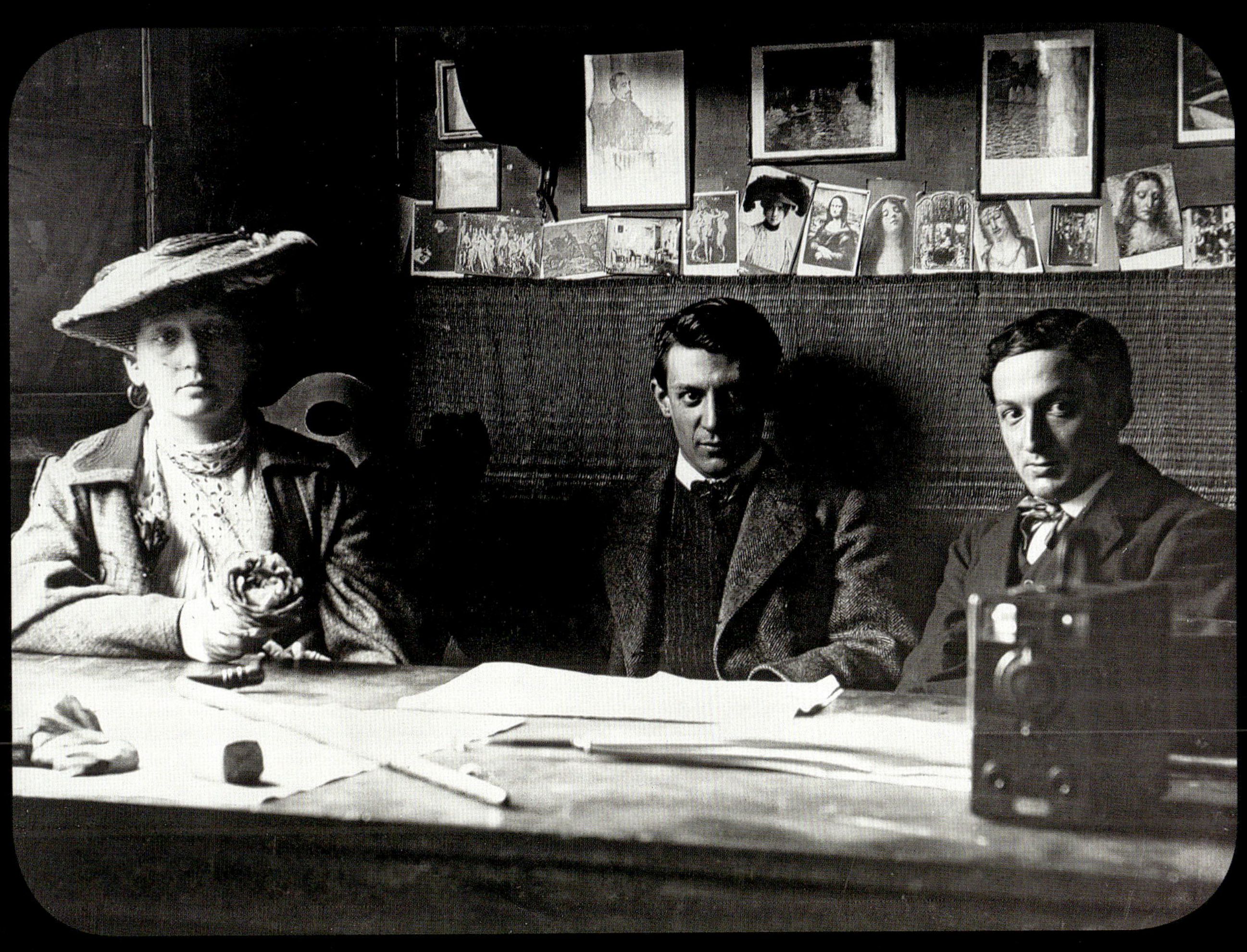

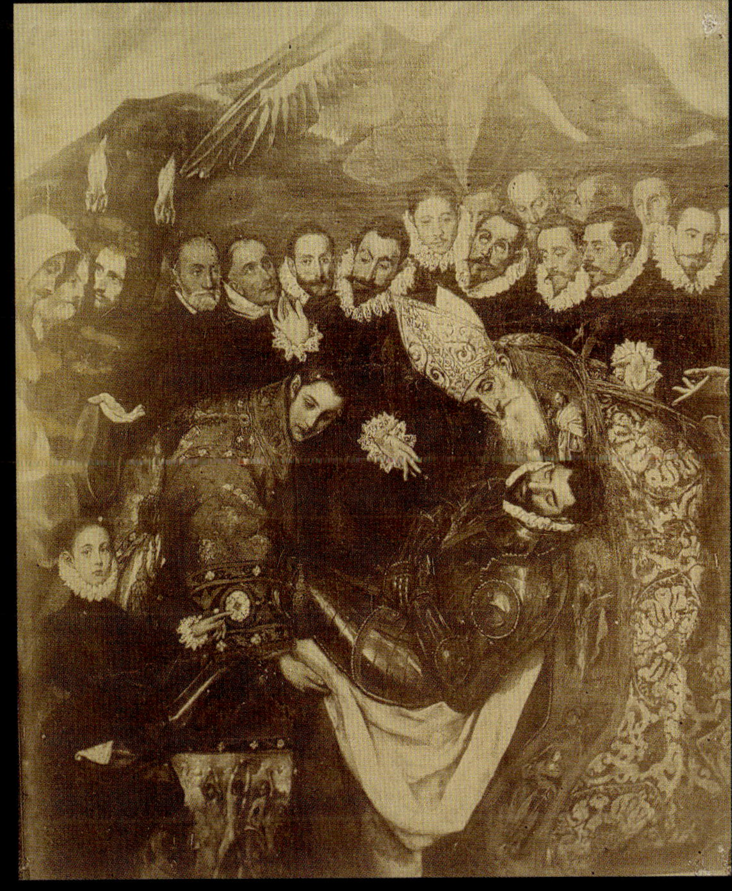

FIG. 5 **JOAN VIDAL VENTOSA**
Portraits de Fernande Olivier, Pablo Picasso et Ramón Reventós dans l'atelier de ce dernier, El Guayaba, Barcelone, 1906,
Épreuve gélatino-argentique
H. 15,5 cm ; L. 20,5 cm, Paris, musée Picasso, ancienne collection Dora Maar, archives Picasso

FIG. 6 **EL GRECO (DOMÊNIKOS THEOTOKOPOULOS, DIT)**
L'Enterrement du comte d'Orgaz (détail),
Tolède, église de Santo Tome.
Paris, musée Picasso, archives Picasso

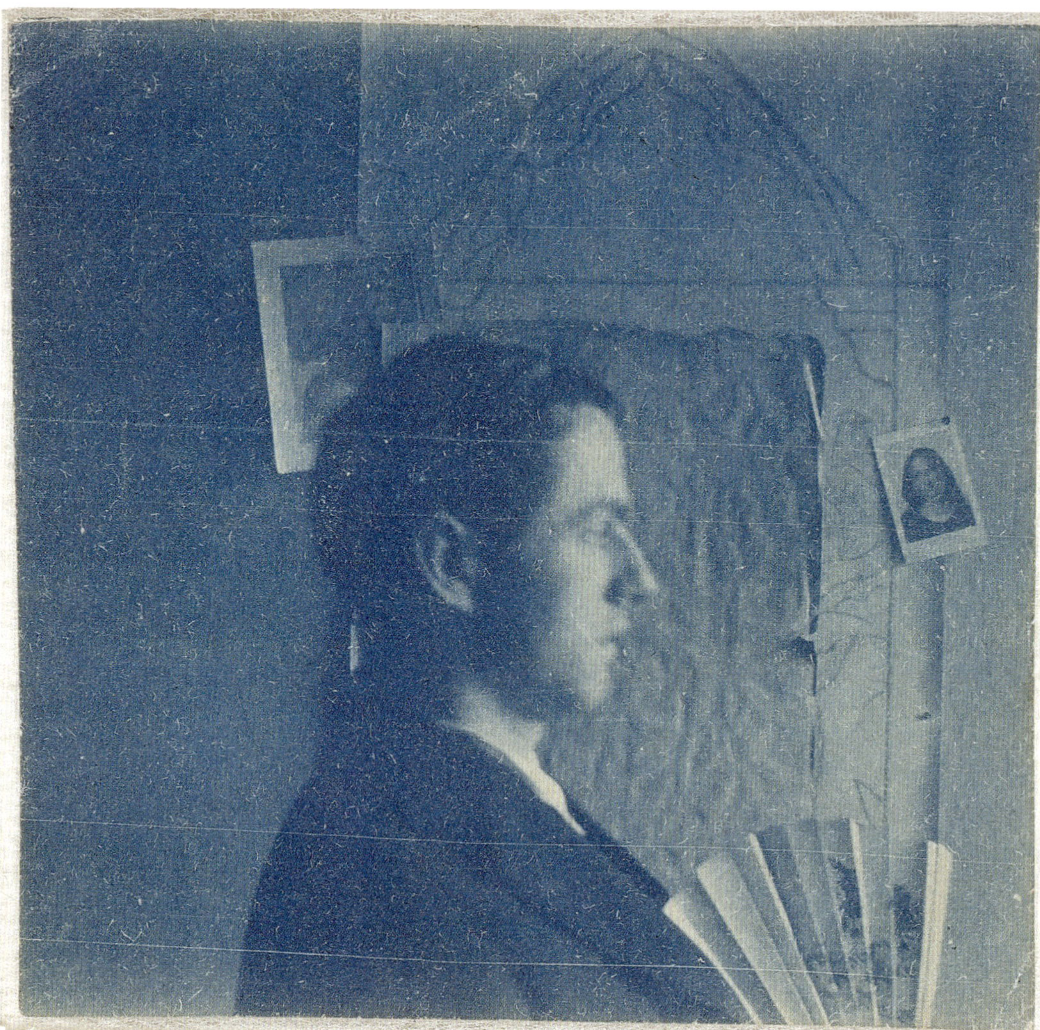

laquelle s'élaborent proto-cubisme et cubisme : « En peinture, ses goûts d'alors le portaient vers Le Greco, Goya, les Primitifs, et surtout vers Ingres, qu'il se plaisait à aller étudier au Louvre[24]. »

Il n'y a donc pas lieu de se surprendre que voisinent, dans ses archives photographiques, tirages anciens à l'albumine, cartes postales coloriées, repeintes ou brodées, albums artistiques, dépliants touristiques, vignettes publicitaires, illustrations de presse et chromos. Leurs commentaires bavards ordonnent sans hiérarchie œuvres des maîtres, clichés ethnographiques, nus académiques, imagerie populaire... Mais il ne s'agirait pas simplement là pour Picasso d'une recherche d'images « surprenantes » tel que le goût romantique pour l'exotisme en avait développé la pratique depuis le début du XIXe siècle. Non. Plutôt des *variations*, des rythmes de la pensée représentative, des déformations de la figure et de la figuration. Elles constituent pour lui un prisme de la fonction imageante puisant à l'hétérogénéité des cultures vernaculaires ou extra-européennes. En effet, en croisant ces documents aux références canoniques de la haute culture, comme aux reproductions de la peinture des maîtres, Picasso semble vouloir multiplier les voies de l'interprétation et cette polysémie des sources serait de sa part une stratégie véritable pour revitaliser et re-contextualiser les œuvres-clefs peuplant son imaginaire des formes. Par-là même, l'Antiquité comme la grande peinture reprennent vie et diffusent leur substance iconographique comme leur *ethos* dans les plis d'un « usage partagé » profondément transformé par l'esthétique inhérente aux nouveaux médias émergeants.

Ensemble, les chefs-d'œuvre, les copies et les reproductions forment un syntagme génétique de l'art picassien. La grande classification des beaux-arts, de la haute culture et de la culture populaire, de l'exceptionnel et du banal, du beau et du laid, s'effondrerait ainsi pour laisser entrevoir ce qui dans sa conception de la peinture vient miner le terrain référentiel et ouvre le champ à cet intense travail de corruption des signes qui fonde l'art moderne.

Infortunes critiques

« Oui, tous ces artistes se reconnaissent à leur profond air de famille ; sous de superficielles influences, c'est leurs grands ancêtres qu'ils subissent ; et cela est très bien. Mais particulièrement Goya, le génie âcre et douloureux. Chez Picasso, par exemple, ce brillant dernier venu. [...] On démêle aisément, outre les grands ancêtres, mainte influence probable, Delacroix, Manet (tout indiqué lui, qui vient un peu des Espagnols), Monet, Van Gogh, Pissarro, Toulouse-

FIG. 7 **PABLO PICASSO**
Jeune homme à l'éventail, Barcelone, 1899-1900,
Cyanotype
H. 5,3 cm ; L. 5,6 cm
Paris, musée Picasso, archives Picasso

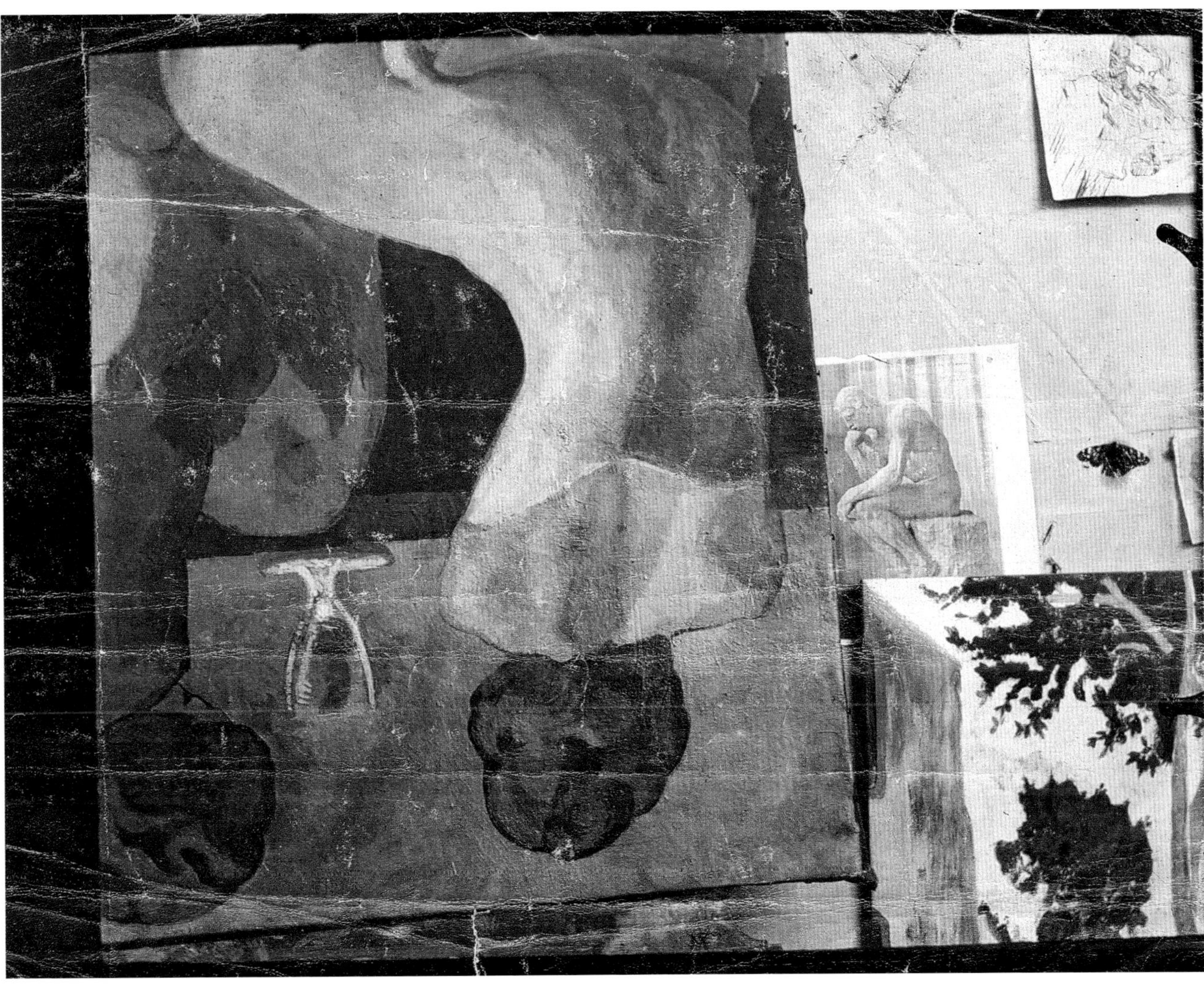

Lautrec, Degas, Forain, Rops peut-être... Chacune passagère, aussitôt envolée que captée : on voit que son emportement ne lui a pas laissé le loisir encore de se forger un style personnel ; sa personnalité est dans cet emportement, cette juvénilement impétueuse spontanéité (on conte qu'il n'a pas vingt ans, et qu'il couvrit jusqu'à trois toiles par jour)[25]. »

Dès sa première exposition parisienne, aux galeries Vollard (1901), Picasso reçoit ainsi du critique Félicien Fagus un hommage ambigu en raison des références multiples aux maîtres anciens ou contemporains qui se manifestent dans son œuvre. Ce qui semble choquer est qu'ils soient cités là tous à la fois, en dépit des disparités stylistiques et des clivages d'écoles. Car s'il est bien admis par la règle académique qu'un jeune peintre puise aux sources de ses prédécesseurs pour se forger son style propre et inscrive sa démarche dans une perspective « d'école », il est moins fréquent de les convoquer tous, anciens et modernes, majeurs et mineurs. Dans la mise en garde de la célèbre *Revue blanche*, Fagus est néanmoins le premier à pressentir une stratégie toute picassienne où « sa personnalité » s'exprimerait dans « l'emportement » mis à assumer simultanément les influences apparemment les plus contradictoires : espagnole, française, hollandaise. Et ce qui sera pour longtemps considéré par la critique d'art comme la preuve de son manque de génie propre prendrait ici le caractère particulier d'un *projet pictural* voulant absorber, actualiser et poursuivre *toute* la peinture. C'est ce que constate autrement Gustave Coquiot dans le catalogue de l'exposition : « Tout autre est l'exposition juvénile, abondante, variée, "parisienne" de M. Pablo Ruiz Picasso. Dans ce lot d'œuvres, chacun je crois, s'il n'est un mystique ou un gothique, pourra trouver le sujet qu'il affectionne. Les filles, les enfants, des intérieurs, des paysages, des cafés-concerts, des dimanches aux courses, aux bals publics, etc., etc., voilà les "sujets" généralement représentés[26]. » Un tel répertoire de « sujets », relève de la part de l'artiste du défi, sinon de la dérision. Pour ce faire, Picasso passe au crible non seulement la « manière » des maîtres anciens et modernes, mais traque aussi leurs sujets d'élection, leurs manies, leurs marques de fabrique. Là encore, il se saisit de tous les possibles, stylistiques ou thématiques, pour « épater le bourgeois » comme il l'affirmait crânement, en s'appropriant les moyens de la peinture dans ses visées de reconnaissance sociale ou commerciale et mieux prendre ses distances avec ces valeurs et ces codes. La peinture « à la manière de » et « de sujet » fonctionnerait ainsi comme une tactique d'appropriation où le jeune peintre sensé être « sous influence » imposerait à ses maîtres sa règle prédatrice. Dans ce projet double,

FIG. 8 **PABLO PICASSO**
Dans l'atelier de Picasso, Paris ou Barcelone, 1902,
Épreuve gélatino-argentique
H. 13,1 cm ; L. 11,8 cm
Paris, musée Picasso, archives Picasso

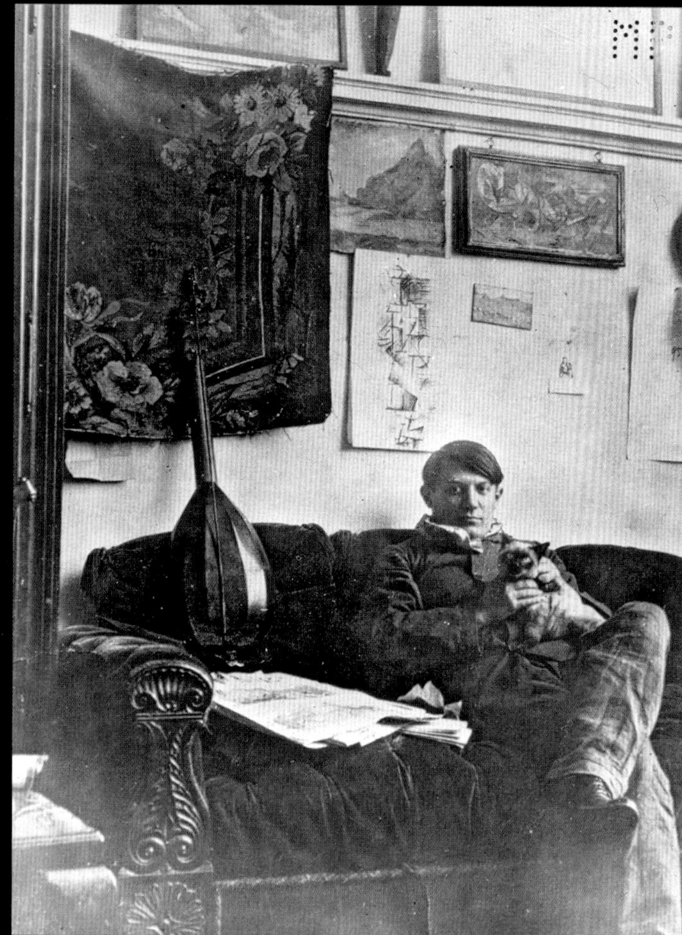

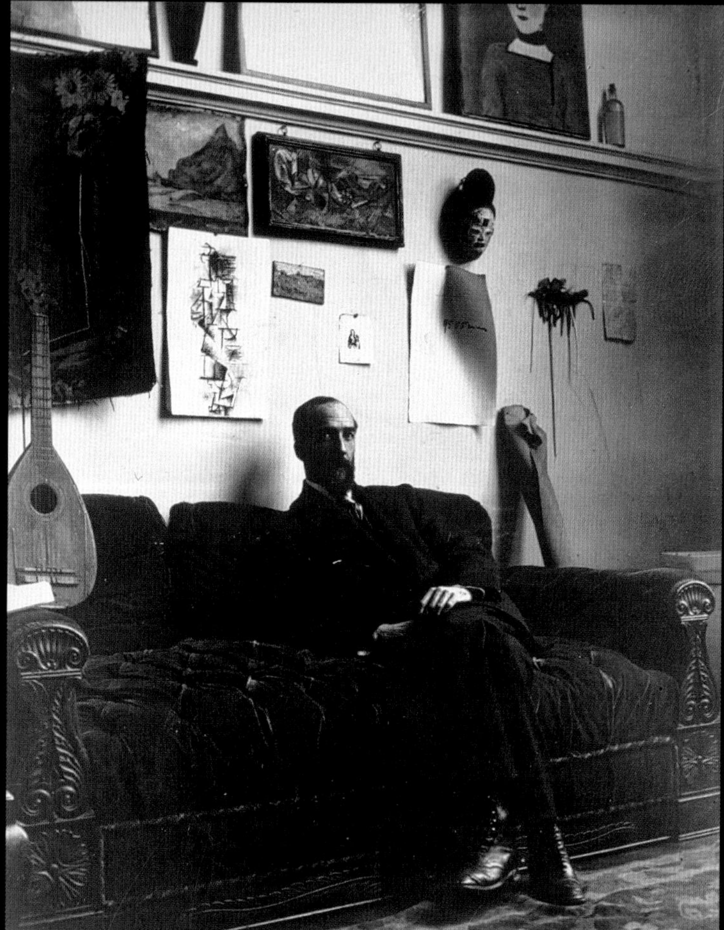

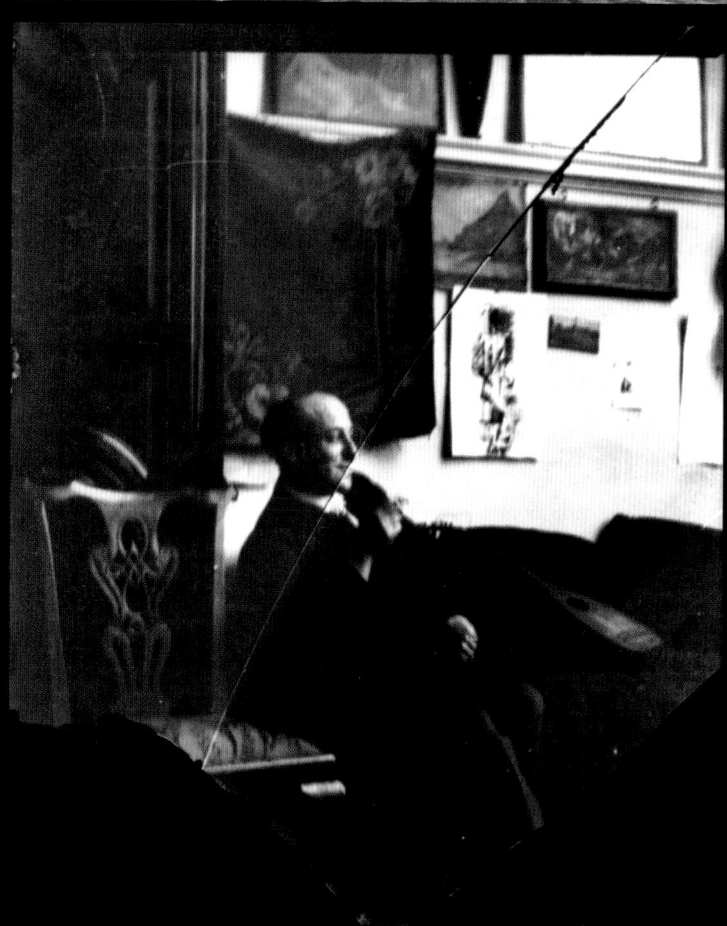

FIG. 9 **PABLO PICASSO**
Autoportrait,
Paris, atelier du 11, bd de Clichy, décembre 1910,
Épreuve gélatino-argentique
H. 14,7 cm ; L. 11,6 cm
Paris, musée Picasso, archives Picasso

FIG. 10 **PABLO PICASSO**
Portrait de Ramón Pichot,
Paris, atelier du 11, bd de Clichy, automne-hiver 1910,
Épreuve gélatino-argentique
H. 29,9 cm ; L. 24 cm
Paris, musée Picasso, archives Picasso

FIG. 11 **PABLO PICASSO**
Portrait de Max Jacob,
Paris, atelier du 11, bd de Clichy, automne-hiver 1910,
Négatif verre n° 59, H. 12 cm ; L. 9 cm
Paris, musée Picasso, archives Picasso

entre emprunt et emprise, manifeste dès 1896, s'improvise le principe qui guidera l'œuvre picassien, celui d'une active dialectique avec la tradition picturale.

Au même moment, la revue *Pel & Ploma*[27], dans un article consacré à son exposition à la Sala Parés à Barcelone, se félicite de son surnom français de « Petit Goya » et veut y voir une double reconnaissance, celle de l'art espagnol comme celle de Picasso. Le titre « L'Invasion espagnole : Picasso », donné par Fagus à son article soulève la question sous-jacente des domaines d'influence des écoles nationales et annonce la position de Charles Morice commentant, en 1905, l'exposition Picasso de la Galerie Serrurier : « J'ai déjà eu l'occasion de parler de Picasso, de dire les dons extraordinaires de ce très jeune artiste et de déplorer l'orientation négative de son effort vers la tristesse stérile et vers l'aspect caricatural des êtres et des choses. [...] Ce n'est pas que rien n'y persiste de sa primitive vision sombre. [...] Ce n'est plus le goût du triste, du laid pour eux-mêmes[28]. » Goya serait-il à la source de cette « vision sombre » qui marque l'appartenance de Picasso à une tradition picturale perçue comme baroque, piétiste, funèbre ? Morice se réjouit d'ailleurs de voir Picasso avec ses Arlequins changer de manière, s'approcher de la « clarté » et du « salut », en bref, de *la manière française*. Guillaume Apollinaire, ami et exégète du peintre, conclut ainsi son commentaire poétique de l'exposition, publié dans *La Plume* : « Plus que tous les poètes, les sculpteurs et les autres peintres, cet Espagnol nous meurtrit comme un froid bref. Ses méditations se dénudent dans le silence. Il vient de loin, des richesses de composition et de décoration brutale des Espagnols du dix-septième siècle. [...] Son insistance dans la poursuite de la beauté l'a dirigé sur des chemins. Il s'est vu latin moralement, plus arabe rythmiquement[29]. »

En 1905, avant même que Picasso ne se soit élancé après sa découverte au Louvre des fouilles d'Osuna, à la recherche d'un ibérisme primitif qui le conduira aux *Demoiselles d'Avignon*, tout est en quelque sorte joué. Il est irrémédiablement cantonné par ses amis comme par ses détracteurs à une extranéité dans l'espace comme dans le temps, relevant autant de son statut culturel et linguistique d'étranger que des modèles esthétiques régissant son art. Les uns y verront le signe de son originalité, les autres de sa duplicité. Dans leurs commentaires, la laideur s'y oppose à la beauté, la tradition espagnole à la française, le style baroque au classique, le monde arabe au latin. Une simplification et une outrance qui vont verrouiller pour longtemps toute analyse impartiale de son art, de son œuvre.

Picasso, dès lors, aura pour règle de ne pas exposer. Il est l'absent légendaire des Salons des indépendants et d'automne qui rythment la vie artistique durant les cruciales années 1906-1910 de l'invention du cubisme. Il veut soustraire sa peinture au cadre de production codifié de la monstration mondaine et ne livre son travail qu'à ses proches, amateurs, peintres et poètes, dans le secret de l'atelier. Quand Vollard présente, à la fin de 1910, une exposition de son œuvre ancien, le schéma critique ressurgit, inchangé, renforcé : « M. Picasso après avoir donné plus que des promesses, se mit un jour à abdiquer totalement sa personnalité. Il imita ces maîtres espagnols et d'autres, et il se voulut l'humble continuateur des Primitifs. Ce qu'il nous offre aujourd'hui accuse des déformations volontaires qui parviennent parfois au grotesque et à la laideur. Académies soignées ; gestes, attitudes pris à des peintres et des sculpteurs fameux ; anatomies apparentes, à dessein, sous le pli des étoffes ; disproportion exagérée [...] ça sent l'étude tout simplement[30]. » Simultanément, André Salmon, ami de longue date de l'artiste, signe dans *Paris Journal* un article « élogieux » : « Voici les gueux bariolés, vieux de douze ans : l'influence de Toulouse-Lautrec y est évidente ; voici les mendiants, les stropiats, les suppliantes, tous peints en bleu et blanc, douloureux, tragiques et qui font penser au Greco ; voici les Arlequins, les saltimbanques, les baladins mystiques qui révélèrent la vraie nature de Picasso[31]. »

Avec l'approche de la première guerre mondiale préfigurée par les événements des Balkans, le débat se durcit et s'obscurcit entre les défenseurs d'un art s'inscrivant dans une « tradition française » pouvant inclure à l'occasion modernistes, voire cubistes, s'ils font preuve d'allégeance formelle ou intellectuelle aux ancêtres de l'école classique, et ceux pour qui modernité et cosmopolitisme sont les deux faces d'une seule et même révolution culturelle. Ce débat n'en finira plus de miner la critique artistique dans la période qui suivit. Louis Vauxcelles attaque l'ouvrage publié par Salmon en 1912, *La Jeune Peinture française*, au moment même où les positions anti-cubistes se font si virulentes — on demande l'exclusion des cubistes du Grand Palais où se tient le Salon d'automne, sous prétexte que les palais de la République ne sauraient abriter des artistes révolutionnaires — que la question doit en être évoquée à la Chambre des députés[32]. Dans sa critique du *Gil Blas*, Vauxcelles moque le cubisme en recourant à une terminologie xénophobe : « Je ne voudrais pas davantage invoquer l'argument nationaliste, et soutenir à mon tour que toute cette agitation vient de l'étranger. Passe pour les prestidigitateurs milanais : aussi bien le ravioli futuriste n'est-il pas agréable à l'estomac de nos algébristes. Qu'il y ait un peu trop d'Allemands et d'Espagnols dans l'affaire fauve et cubiste et que Matisse se soit fait naturaliser berlinois, et que Braque ne jure plus que par l'art soudanais et que le marchand Kahnweiler ne soit pas précisément compatriote du père Tanguy, et que ce paillard de Van Dongen soit natif d'Amsterdam, ou Pablo de Barcelone, cela n'a guère d'importance en soi. Van Gogh aussi était hollandais[33]. » Ce commentaire fait reproche à Salmon, tenant du cosmopolitisme, de consacrer tout un chapitre de *La Jeune Peinture française* à Picasso « l'Espagnol ». Ainsi Salmon y argumente l'impact de l'art tribal sur le fauvisme et le cubisme en se référant notamment aux propos de Gauguin et de Charles Morice : « Cet art, c'est l'art vrai, celui qui apparente le Mexique à l'Égypte, les Cambodgiens aux Gothiques, les Grecs archaïques aux Primitifs italiens, flamands et français, aux Japonais et aux Chinois, et Giotto à Puvis de Chavannes. C'est l'art qui fait l'unité variée et constante des races et des siècles, l'art qui est l'expression humaine de la nature. C'est l'art ancien[34]. »

Mais cet éclectisme artistique, dont l'œuvre composite de Picasso serait l'emblème, fait l'objet des critiques véhémentes de Gustave Coquiot dans son ouvrage *Cubistes, fauvistes, passéistes*[35], publié en 1914. Il y reprend son texte sur Picasso datant de 1901 et lui ajoute un épilogue : « Je le répète, c'est le moment pour lui des *sujets variés*. [...] Il se fatigue lui-même ; et de Steinlen, il passe à Lautrec. [...] Il ruse, d'ailleurs. Ainsi ses clowns, ses arlequins de cette époque-là ont un air emprunté à d'autres peintres. [...] À un autre moment, Picasso a copié Puvis de Chavannes ; je connais aussi des amateurs pour cette période-là. Mais c'est la période bleue, je l'avoue, qui l'emporte. [...] Puis vient la "période rouge" [...] C'est alors qu'il tombe sur une sculpture nègre et que, d'un bond, il se lance dans la peinture nègre. [...] Les amateurs ahuris s'étonnent, se secouent ; puis ils s'interrogent entre eux. Est-ce du génie ou de la fumisterie ? Alors, voici le coup brutal qui tombe. Picasso leur laisse à peine le temps de se reconnaître ; et il leur jette au nez le "cubisme" — enfant de la sculpture nègre. [...] Aussi, [Picasso] songe aujourd'hui à une totale transformation du cubisme, déjà commencée par le collage de véritables morceaux d'objets : journal, étoffe, cheveu, bout d'ongle, etc., etc[36]. »

La diatribe de Coquiot à l'encontre de Picasso servira non seulement de modèle aux futurs détracteurs de l'artiste mais diffusera son message plus largement, pour disqualifier les recherches dites du « cubisme décoratif », « photographiques », « ingresques », « classiques », « surréalistes » ou « engagées » qui marqueront l'entre-deux-guerres. Pour chacune d'entre elles, le faisceau des sources et influences convoquées par le travail de création chez Picasso sera dénoncé comme la preuve nouvelle d'autant de dérives, de régressions, de trahisons. En 1923, dans une interview donnée à Marius de Zayas, Picasso répond à ceux qui dénoncent alors ses oscillations stylistiques entre géométrisme et figuration : « Quand j'entends les gens parler de l'évolution de l'artiste, il me semble que c'est comme s'ils le voyaient entre deux miroirs placés l'un en face de l'autre, miroirs qui répètent son reflet un nombre innombrable de fois, et comme s'ils considéraient la série des images du premier miroir comme son passé et les images du second miroir comme son avenir, alors que lui-même aurait pour eux la valeur du présent. Ils n'ont pas l'idée que tout cela ce sont les mêmes images, seulement sur des plans différents[37]. » Cette métaphore vise à exposer la coexistence dans son œuvre de *styles* diamétralement antagoniques, comme à dépasser la dichotomie entre cryptage moderniste, cubisme « pur » et figuration. Durant la période 1915-1920, où s'opposent anticubistes et propagandistes au « retour à l'ordre » du classicisme et du goût antique, Picasso, qui s'essaye à une relecture complexe et souvent violemment ironique de Le Nain, Ingres ou Raphaël, déclare à son amie l'écrivain Gertrude Stein : « Ils disent que je peux dessiner mieux que Raphaël et probablement ils ont raison ; peut-être je dessine mieux. Mais si je dessine aussi bien que Raphaël, je crois que j'ai au moins le droit de choisir mon chemin et ils doivent me reconnaître ce droit[38]. »

Durant les années 1920 à 1940, la présence des sources picturales dans l'œuvre picassien gagnera en force et en évidence. Ingres, Renoir, Cézanne, Corot, Seurat, Le Nain, Manet, Raphaël, le Primatice, Van Gogh, Puvis de Chavannes, Grünewald, Goya, Fouquet, Murillo, Titien, Courbet, Zurbarán, fresques pompéiennes, peinture aborigène, manuscrits médiévaux, sculpture néolithique, bronzes ibériques, décoration arabe ou gréco-romaine seront, tour à tour et souvent simultanément, convoqués pour mener les combats du peintre. Il faudra attendre les années 1950-1960 et la vieillesse de l'artiste pour que ses détracteurs atténuent leurs attaques contre l'aventurier moderniste et que, symétriquement, les théoriciens des avant-gardes modèrent la chronique acide de ses supposés revirements. Le peintre paya cette nouvelle liberté du prix d'une solitude accrue. À partir de 1954, la série des *Variations* d'après les maîtres, Delacroix, Vélasquez, Manet puis David, Poussin, Rembrandt, Cranach ou Degas, sera sa façon de revendiquer explicitement un principe productif essentiel au développement de son œuvre. Ainsi, les *Variations* font des sources de la peinture, leur « sujet ». Cette dernière période se confond avec la volonté réitérée de l'artiste de faire de cet intense dialogue avec les maîtres l'espace même de sa création.

Confrontations.

« Je peins contre les tableaux qui comptent pour moi, mais aussi avec *ce qui leur manque*[39]. »

L'exposition « Picasso et les Maîtres » constitue de fait la première réévaluation de cette question centrale pour la compréhension de l'œuvre picassien. Deux épisodes légendaires qui se sont déroulés en sa présence anticipent cette confrontation. En 1947, à la suite de la donation par Picasso au tout nouveau musée national d'Art moderne d'un ensemble de dix toiles importantes[40] dont les deux « grandes machines » emblématiques, *L'Atelier de la modiste* (1926), et *L'Aubade* (1942), le directeur du Louvre improvise, un jour de fermeture du Louvre, leur accrochage dans les galeries du musée. Il invite Picasso à superviser l'expérience : « Vous serez le premier artiste vivant à voir vos toiles au Louvre[41]. » Picasso en accepte le défi comme en témoigne ici Françoise Gilot : « En arrivant aux salles d'exposition, Picasso indiqua : "Portez-les près du Zurbarán." Nous sommes parvenus jusqu'au *Saint Bonaventure dans sa bière*, qui représente le saint entouré de ceux qui sont venus lui rendre un dernier hommage. [...] Il regarda attentivement les gardiens soulever chacune de ses toiles et les tenir à côté du Zurbarán. Puis il demanda de les faire voisiner avec *La Mort de Sardanapale*, *Le Massacre de Scio* et *Les Femmes d'Alger* de Delacroix. Il m'avait souvent parlé de faire une interprétation libre des *Femmes d'Alger*. Après cette confrontation avec Delacroix, nous avons fait porter les toiles auprès des Courbet entre *L'Atelier* et *L'Enterrement à Ornans*. Georges Salles demanda à Pablo s'il voulait comparer une de ses œuvres à des toiles de l'École italienne. Il réfléchit un instant : "J'aurais aimé voir une de mes toiles cubistes à côté de *La Bataille de San Romano* d'Uccello. Mais comme nous n'avons pas de toile cubiste ici, je crois que c'est assez pour aujourd'hui" [...] Je lui ai demandé ce qu'il pensait des Delacroix. Ses pupilles se sont rétrécies : "Le salaud, dit-il, quel peintre[42] !" » Comme le révèlent ces mots à Roland Penrose, « Vous voyez, c'est la même chose ! C'est la même chose ! », Picasso put aussi s'enthousiasmer d'une expérience qui lui permettait pour la première fois de librement mesurer ses toiles aux œuvres des maîtres[43].

En 1971, à l'occasion du quatre-vingt-dixième anniversaire de Picasso, deux grandes expositions lui furent consacrées au Grand Palais et au Petit Palais. Le Louvre fit également un hommage au vieux maître moderne en présentant huit de ses œuvres issues des collections publiques[44] dans la Grande Galerie où son *Arlequin*[45] de 1923 voisinait avec le *Gilles*[46] de Watteau. Cet événement qui consacrait la reconnaissance « historique » de Picasso jouit d'un immense succès public. On se pressait pour voir de ses propres yeux l'investiture, *de son vivant*, du pourfendeur des valeurs de la tradition picturale, par l'institution du Louvre.

Prenant ses distances d'avec une institution bien tardive à le reconnaître, il moqua la situation : « Parle-moi avec respect, je vais m'accrocher au Louvre ! Tu sais aujourd'hui ils me mettraient même au Panthéon[47] ! ».

Mais c'est après la mort de Picasso que se situe l'ultime épisode d'une confrontation nous permettant de mieux saisir la nature du rapport complexe du peintre à *ses* maîtres. Ce fut à l'occasion de la réception de la donation[48] posthume faite par l'artiste à l'État français de sa collection personnelle de maîtres anciens, modernes et contemporains. Dans *La Tête d'obsidienne*, publiée en 1974, André Malraux, l'inventif penseur du « musée imaginaire », ouvrier de cette donation, donne une description émue de la découverte de cet ensemble de toiles, rassemblé et conservé par Picasso, au sein de son dernier atelier du mas Notre-Dame-de-Vie, à Mougins : « Retournés contre le mur, dans la lumière, une cinquantaine de tableaux. Posés sur les tranches des châssis, deux tout petits portraits du Douanier Rousseau, une figure de Derain ; au-dessus, grandeur nature, la tête de la *Yadwiga* du Douanier Rousseau dépasse. [...] Brun aussi, un petit Le Nain superbe : séparé d'un groupe, paysanne debout, irréelle mais d'un poids de cariatide. Un *Château noir* de Cézanne, clair, poreux, mat comme un pastel. [...] Les Cézanne sont beaux, mais Picasso les a sans doute aimés parmi d'autres. Alors que la grande toile de Renoir est un Renoir particulier, apparenté aux femmes massives de la période romaine, la figure de Corot dont la place de la tête est restée vide n'a pas de sœur, le petit Le Nain non plus ; ce sont les cornes des taureaux de Picasso, qui donnent son sens au Courbet[49]... »

Ces tableaux enchâssés dans leur aura de poussière, supportés par l'architecture des toiles invisibles et encore

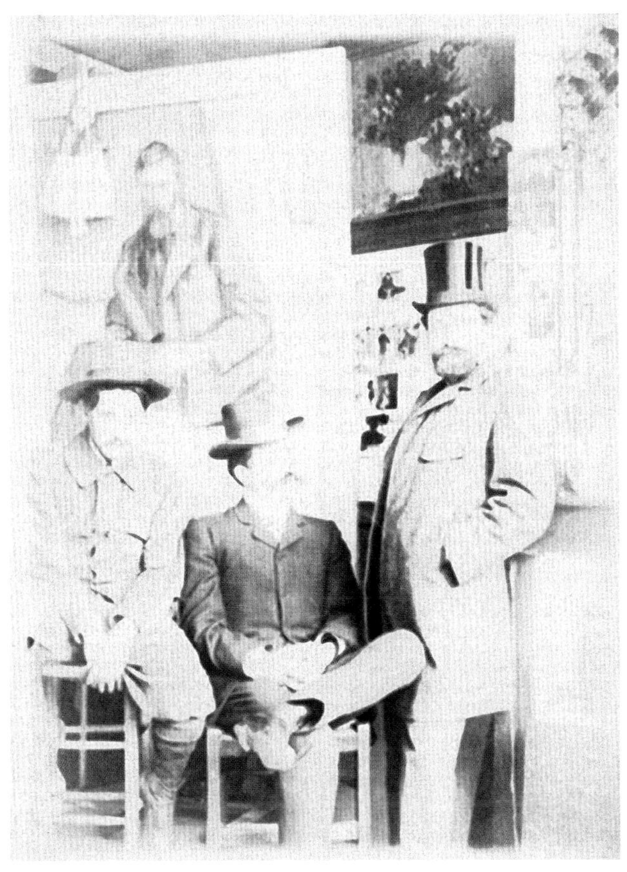

FIG. 12 **PABLO PICASSO**
Picasso, Manach, Torres Fuentes devant un portrait d'Iturrino,
Paris, atelier du 130 ter, bd de Clichy, 1901,
Épreuve gélatino-argentique
H. 12 cm ; L. 8,3 cm
Paris, musée Picasso, archives Picasso

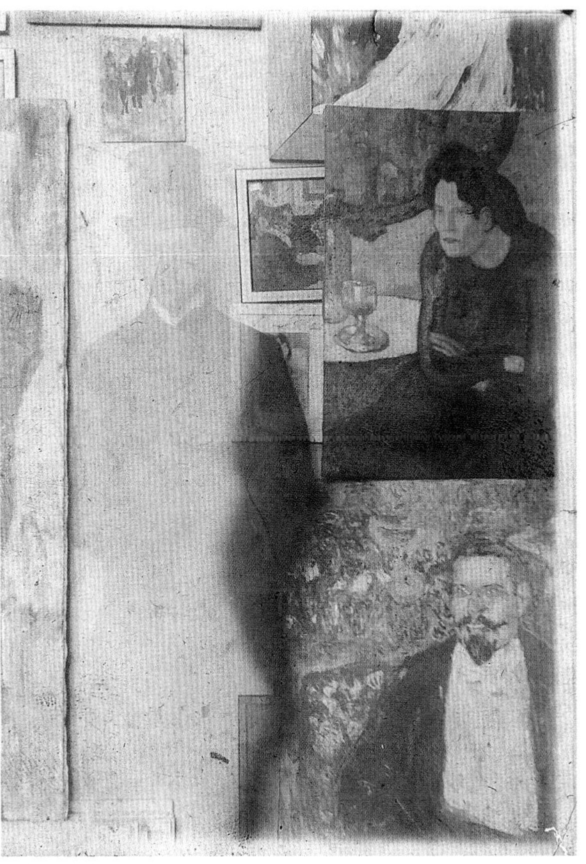

FIG. 13 **PABLO PICASSO**
Autoportrait dans l'atelier, Paris, 1901-1902,
Épreuve gélatino-argentique
H. 12 cm ; L. 9 cm
Paris, musée Picasso, archives Picasso

vives de Picasso, en forment comme le singulier recto. Dans cet improbable collage, châssis contre châssis, aux deux extrémités d'une histoire de la peinture, le grand « numérateur » comme le qualifiait Apollinaire, vient rejoindre entre tension et contradiction la cohorte de ses anciens maîtres et amis. Il faut bien les resituer là, ces tableaux, au cœur des ateliers légendaires de l'artiste, pour mesurer leur puissance, leur effet retour, dans l'œuvre picassien. Onde de choc dans la peinture d'une relecture critique, attendrie et jalouse de ceux qu'il aima et avec lesquels il mena un long et intime dialogue sur les moyens de la peinture.

Lors de sa présentation au public en 1978[50], la nature de la collection personnelle de Picasso, objet de tous les fantasmes depuis la publication des photographies de Brassaï illustrant ses « Conversations avec Picasso[51] » ou celles de David Douglas Duncan parues dans la grande presse illustrée[52], déchaîne une violente polémique. On y met en cause l'intérêt patrimonial de la collection comme l'authenticité des œuvres. Certains sont aussi tentés d'y voir une ultime provocation de Picasso à l'égard du Louvre, de la France, de la grande peinture, de l'histoire de l'art ! Une mise en cause qui réveille une fois encore le procès latent en sorcellerie et supercherie — « fumisterie », disait Coquiot — dont l'artiste avait été, de longue date, victime[53]. De quoi s'agit-il pourtant dans ces supposées « copies », toujours anciennes, de Louis Le Nain, Chardin ou Corot qui défrayent alors la chronique ? À nouveau, de *peintures de la peinture* qui en gardent vif le sens, le signe malgré le passage du temps et la déteinte des codes picturaux. Ainsi, comme le souligne Malraux qui mesure bien le travail souterrain de décantation à l'œuvre dans la collection de Picasso : « Le seul Chardin que la poussière fasse ressembler à Goya, c'est bien le sien ! » Pour Picasso, il semble, on l'a vu, que les phénomènes de mutation inhérents au procès de lecture, de transcription, de copie permettent de mieux percevoir les innovations apportées par leurs modèles. À travers l'usure de la répétition s'éprouve la capacité de *résistance* des principes constructifs à la racine de l'active révolution incarnée par chacune de ces œuvres.

« Qu'est-ce que, au fond, un peintre ? C'est un collectionneur qui veut se constituer une collection en faisant lui-même les tableaux qu'il aime chez les autres[54]. » Il ne s'agit pas pour Picasso d'opérer dans cette collection des choix et des hiérarchies entre « écoles » car il ne pense pas *scolairement*, académiquement. Au contraire, à travers l'étude de cet ensemble d'œuvres, apparaît une stratégie toute picassienne dont le projet serait d'établir des filiations productives inédites entre œuvres et entre artistes. Les sauts chronologiques (on va de Le Nain, à Chardin à Courbet), les nombreuses lacunes en partie liées à l'inaccessibilité de certaines œuvres sur le marché de l'art (absence de Greco, de Goya, d'Ingres, de Manet, de Van Gogh), les inégalités de nature et de qualité présentées par les œuvres (coexistence de grands tableaux et de simples pochades, d'originaux et de copies) forment les paramètres de cette grille de lecture où les critères usuels sont pris en défaut pour laisser place à des congruences thématiques et des miscégénations stylistiques où Picasso nourrit et reconnaît sa propre recherche.

Ainsi, Picasso collectionneur de maîtres anciens, modernes et contemporains, se tient à distance de ses œuvres de compagnie. Il pratique l'élision, l'allitération et se passionne pour les effets métamorphiques de la peinture de la peinture. « J'en suis arrivé au moment, voyez-vous, où le mouvement de ma pensée m'intéresse plus que ma pensée elle-même[55] », aime-t-il à dire alors de son œuvre propre. Dans le motif crypté de sa collection composite se manifeste ce mouvement incident d'une peinture à l'autre. L'approche toujours différée de l'*essence* de la peinture se voit ainsi saisie dans les ressacs, les échos, les réfléchissements et réflexions fluctuant d'œuvres en œuvres et d'artistes en artistes.

C'est à la description de cet écart génésique entre la peinture et le peintre que veut s'attacher l'exposition « Picasso et les Maîtres ». Il ne s'agit pas là simplement de la célébration de Picasso, grand génie du XXe siècle présenté dans son panthéon de maîtres, mais de l'intime dialogue qui le lie et l'oppose à ses pères, à ses pairs. Secrets d'ateliers, tragédies des existences vouées à la peinture, thématiques obsessionnelles, expériences inédites, échecs, bégaiements, réussites plastiques si flamboyantes que rien ne les atteint plus... Ici, Picasso fraye son exigent chemin à travers la substance même de la peinture.

1. Propos de Picasso cités par Marius de Zayas, *Picasso speaks*, interview de Picasso *in The Arts*, New York, mai 1923, vol. III and n° 5, p. 315-326.
2. Propos de Picasso cités par Guillén (Mercedes), *Picasso*, Madrid, Ediciones Alfaguara, 1973, p. 154.
3. Sabartés (Jaime), *Picasso, portraits et souvenirs*, Paris, Louis Carré et Maximilien Vox, 1946.
4. *Ibid.*, p. 38.
5. Picasso (Pablo), *Azul Y Blanco*, 28 octobre 1894; crayon graphite, Paris, musée Picasso, MP 403.
6. Sabartés, *op. cit.*, p. 37. Y est mentionnée pour la première fois l'existence de ces petits journaux illustrés. La revue *Blanco Y Negro* fut publiée à Madrid à partir de 1890 et recourait assez souvent à la reproduction photographique.
7. Baldassari (Anne), *Picasso, Works on Paper*, Londres, Merell, 2000; *id.*, *Picasso, papiers journaux*, Paris, Tallandier, 2003, p. 9-35.
8. *Le Vieux Pêcheur*, peint en 1895, s'inspire notamment de la toile *Sin Trabajo* de José Garnelo y Alba que l'on peut y voir reproduite.
9. Propos de Picasso cités par Parmelin (Hélène), *Picasso dit...*, Paris, Gonthier, 1966, p. 40-41.
10. Propos de Picasso cités par Malraux (André), *La Tête d'obsidienne*, Paris, Gallimard, 1974, p. 110.
11. La collection du Museu Picasso de Barcelone conserve notamment des études d'après des plâtres de l'*Ilissos* du Parthénon (Z. VI, 125) et du *Moscophore* de Madrid, et le musée Picasso de Paris un dessin exécuté à la Corogne en 1893-1894 peut être d'après un moulage du *Doryphore* de Polyclète (Z. VI, 1; MP 405). Voir Frontisi (Claude), « Le Dessin de Pablo Ruiz à Picasso », *in Picasso, jeunesse et genèse. Dessins 1893-1905*, catalogue d'exposition, Paris, Réunion des musées nationaux, 1991.
12. Sur les emprunts du *Déjeuner sur l'herbe* à la gravure de Marcantonio d'après *Le Jugement de Pâris* de Raphaël, voir Cachin (Françoise) et Moffett (Charles S.), *Manet*, Paris, Réunion des musées nationaux, 1983, p. 168.
13. Baldassari (Anne), « Picasso, 1901-1906, Painting in the Mirror of the Photograph », *The Artist and the Camera, Degas to Picasso*, cat. exp., Dallas Museum of Art, New Haven et Londres, Yale University Press, 1999.
14. De même, Picasso conservait un millier de portraits *carte de visite* du siècle dernier, matériau visuel anonyme, générique, qui, à plusieurs reprises jusque dans les années 1920, fut pour lui source d'invention plastique.
15. Benjamin (Walter), « L'Œuvre d'art à l'ère de sa reproductibilité technique », 1936; réédité *in Essais 2, 1935-1940*, Bibliothèque Médiations, Denoël-Gonthier, Paris, 1971, p. 90.
16. Sur les utilisations par Picasso des reproductions photographiques des maîtres anciens, voir Baldassari, *in* « Picasso, 1901-1906, Painting in the Mirror of the Photograph », *art. cit.*
17. Coquiot (Gustave), *Cubistes, futuristes, passéistes*, Paris, Bibliothèque d'Art, 1914, p. 135.
18. Picasso (Pablo), *Femme couchée*, Paris, printemps 1910, Japon, collection particulière, DR 353.
19. Cette collection de cartes postales présente deux provenances. La première se rapporte aux envois faits à Picasso par ses amis, la seconde réunit des cartes plus anciennes, constitue une collection faite par l'artiste lui-même. Cette dernière collection a fait l'objet de publications: Baldassari (Anne), *Picasso photographe, 1900-1916*, Paris, Réunion des musées nationaux, 1994; *Picasso et la photographie, « À plus grande vitesse que les images »*, Paris, Réunion des musées nationaux, 1995; *Picasso, Sources photographiques. Le miroir noir*, Paris, Réunion des musées nationaux, 1997.
20. William Rubin, « Modernist primitivism, An Introduction », *in « Primitivism » in 20th Century Art*, New York, The Museum of Modern Art, 1985, p. 10.
21. Olivier (Fernande), *Picasso et ses amis*, Paris, Stock, 1933, p. 171.
22. *Ibid.*, p. 169. Le tableau de Corot, *La Petite Jeannette*, vers 1848 (Paris, musée Picasso, RF 1973-1978), serait celui offert à Picasso par Wilhelm Udhe en échange du portrait que l'artiste fit de lui, *Portrait de Wilhelm Udhe*, 1909-1910, Z. II.1. 217.
23. Olivier, *op. cit.*, p. 171-172.
24. *Ibid.*
25. Fagus (Félicien), *Gazette d'Art*; « L'Invasion Espagnole: Picasso », *in La Revue blanche*, 15 juillet 1901, p. 464-465.
26. Coquiot (Gustave), *Exposition de tableaux de F. Iturrino et de P.-R. Picasso*, catalogue d'exposition, 25 juin – 14 juillet 1901, Galeries Vollard, 1901.
27. Pincell, « Pablo R. Picasso », *Pel & Ploma*, n° 77, Barcelone, 14-17 juin 1901, illustré d'un portrait de Picasso par R. Casas et de dessins de Picasso: « Café concert de Malaga », « La Balladora », « Croquis ».
28. Morice (Charles), *Art moderne, Exposition d'œuvres de MM. Traschel, Gérardin, Picasso*, Paris, Mercure de France, 15 mars 1905, p. 291-292.
29. Apollinaire (Guillaume), « Les Jeunes, Picasso, peintre », *in La Plume*, n° 372, 15 mai 1905.
30. Guilbeaux (Henri), « Exposition Pablo Picasso (Vollard, rue Laffitte) », *in Les Hommes du jour*, 7 janvier 1911, p. 9.
31. La Palette (André Salmon), « Pablo Picasso », *in Paris Journal*, 21 septembre 1911.
32. Phéline (Christian), « Marcel Sembat et la Crise du Salon d'automne », 1912, *in Entre Jaurès et Matisse, Marcel Sembat et Georgette Agutte à la croisée des avant-gardes*, Paris, Archives nationales / Somogy, 2008.
33. Vauxcelles (Louis), *Les Arts*; *« La Jeune Peinture française », in Gil Blas*, 21 octobre 1912.
34. Salmon (André), *La Jeune Peinture française*, Paris, Société des Trente, 1912, p. 22.
35. Coquiot 1914, *op. cit.*
36. *Ibid.*, p. 135-137.
37. Propos de Picasso cités par De Zayas (Marius), « Picasso Speaks », *in The Arts*, New York, vol. III, n° 5, 1923.
38. Stein (Gertrude), *Picasso*, Paris, Floury, 1938, p. 61.
39. Propos de Picasso cités par Malraux, *op. cit.*, p. 124.
40. *L'Atelier de la modiste*, 1926 (AM 2725 P); *La Muse*, 1935 (AM 2726 P); *Figure*, 1927 (AM 2727 P); *Nature morte au citron et aux oranges*, 1936 (AM 2728 P); *Nature morte aux cerises*, 1943 (AM 2732 P); *Portrait de femme (Dora Maar)*, 1938 (AM 2729 P); *L'Aubade*, 1942 (AM 2730 P); *Le Rocking-chair*, 1943 (AM 2731 P); portrait de Dora Maar : *Femme en bleu*, 1944 (AM 2733 P); *La Casserole émaillée*, 1945 (AM 2734 P).
41. Gilot (Françoise) et Lake (Carlton), *Vivre avec Picasso*, Paris, Calmann-Lévy, 1965, p. 192.
42. *Ibid.*, p. 193.
43. Propos de Picasso cités par Penrose (Roland), *Picasso*, trad. par Jacques Chavy et Paul Peyrelevade, Paris, Flammarion, 1982, p. 466.
44. Il s'agissait de: *Nu assis* (AM 3306 P), *Femme assise* (AM 4391 P), *Fillette au cerceau* (AM 4312 P), *Arlequin* (AM 4313 P), *Nature morte à la tête antique* (AM 2596 P), *Confidences* (AM 4210 P), *Le Rocking-chair* (AM 2731 P), *La Casserole émaillée* (AM 2734 P).
45. Pablo Picasso, *Arlequin*, Paris, 1923, Paris, Centre Pompidou, musée national d'Art moderne , legs de la Baronne Gourgaud.
46. Watteau (Antoine), *Gilles*, Paris, 1718-1719, Paris, musée du Louvre.
47. Propos de Picasso cités par Parmelin (Hélène), *Voyage en Picasso*, Paris, Robert Laffont, 1980, p. 62-63.
48. Arrêté ministériel du 16 mai 1978. La donation de la collection personnelle de Picasso à l'État a été consentie par Jacqueline Picasso, par l'épouse et les enfants de Paul Picasso, Christine Ruiz-Picasso, Marina et Bernard Ruiz-Picasso, par la fille de Marie-Thérèse Walter, Maya Widmaier, par les enfants de Françoise Gilot, Claude et Paloma Ruiz-Picasso. La collection personnelle de Picasso fait partie intégrante des fonds du musée national Picasso, Hôtel Salé, Paris.
49. Malraux, *op. cit.*, p. 7-27.
50. Exposition de la Donation Picasso, Paris, musée du Louvre, Pavillon de Flore, mai 1978.
51. Brassaï (Georges), *Conversations avec Picasso*, Paris, Gallimard, 1964, rééd. 1986, p. 33-35 (portfolio photographique des ateliers de Picasso avec notamment les Douanier Rousseau collectionnés par Picasso).
52. Les photographies de David Douglas Duncan dataient de 1959. Elles avaient été prises au Château de Vauvenargues peu après que Picasso aille « vivre chez Cézanne » et furent publiées dans le *Paris-Match*, n° 12577, 9 juin 1973, p. 77-81.
53. Voir notamment la fameuse polémique autour de la fausse confession de Picasso par Giovanni Papini dans *Le Livre noir*, trad. par Julien Luchaire, Paris, Flammarion, 1953 (*Il Libro nero*, 1952), où l'auteur publiait une suite d'interviews imaginaires avec l'artiste. Ce texte connut de nombreuses republications notamment en Espagne et en URSS qui visaient à discréditer Picasso.
54. Propos de Picasso cités par Kahnweiler (Daniel-Henry), « Huit entretiens avec Picasso », *Le Point*, Mulhouse, n° XLII, octobre 1952, p. 22-30.
55. Propos de Picasso cités par Gilot et Lake, *op. cit.*, p. 116.

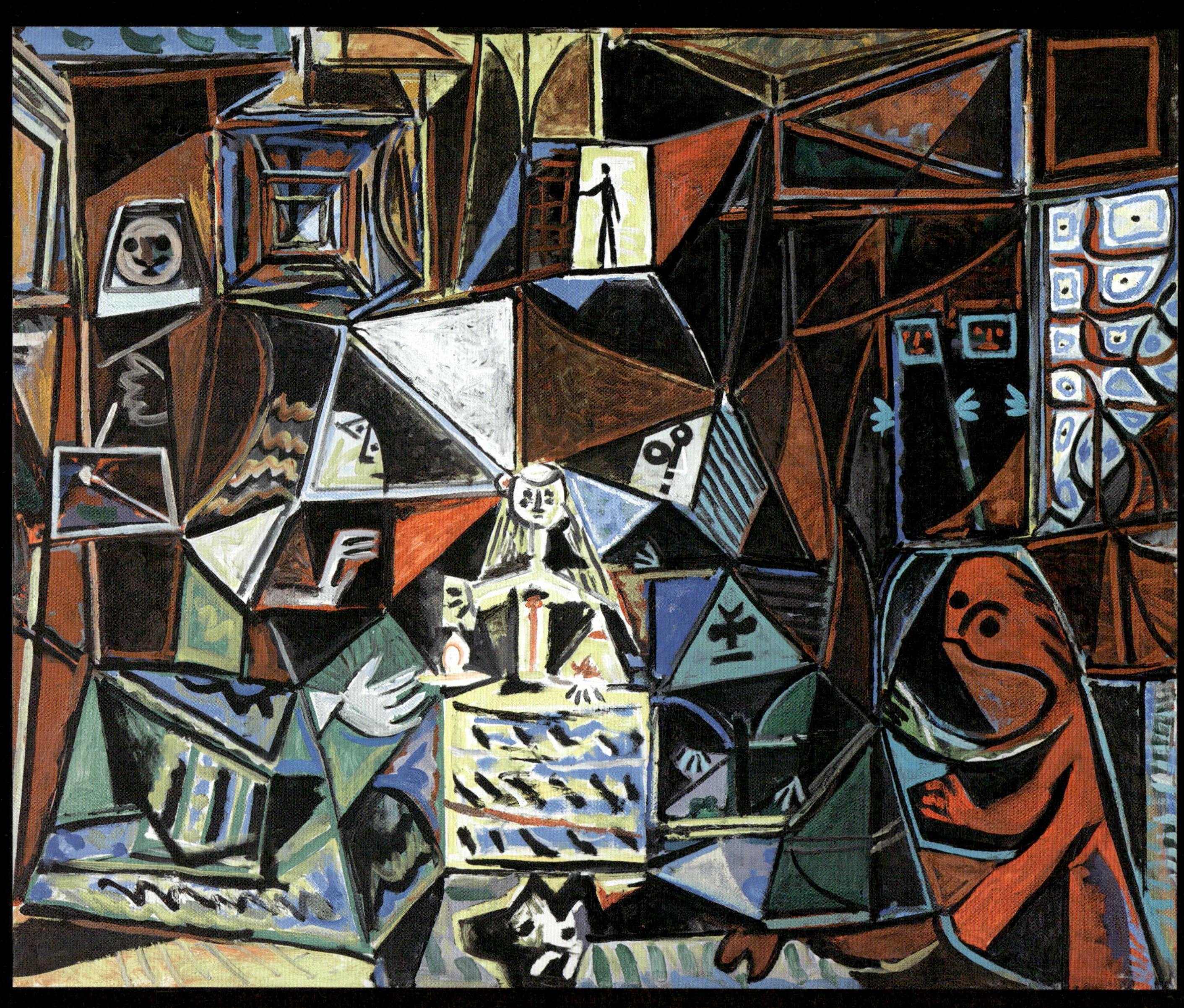

FIG. 1 **PABLO PICASSO**
Les Ménines, fond rouge, Cannes, 18 septembre 1957
Huile sur toile, H. 129 cm ; L. 161 cm
Barcelone, Museu Picasso

PICASSO CANNIBALE. DECONSTRUCTION-RECONSTRUCTION DES MAÎTRES

MARIE-LAURE BERNADAC

La relation que Picasso entretient tout au long de sa vie avec la tradition, avec les peintres du passé est, à plus d'un titre, exceptionnelle et significative de sa position singulière dans l'histoire de l'art du xxe siècle. Position qui confirme, à des moments précis (les années vingt et les années cinquante) son refus de l'abstraction, son « indéfectible attachement au monde extérieur (de l'objet)[1] », qui témoigne de sa double culture espagnole et française, de ses rapports avec ses pères et ses contemporains, et enfin de son désir de s'inscrire dans la lignée de la grande peinture occidentale. Le cycle des variations des années cinquante d'après Delacroix, Vélasquez et Manet, doit-il ainsi être considéré comme l'aboutissement de sa démarche vis-à-vis des maîtres anciens amorcée dès 1900, ou bien comme un travail de deuil, une étape charnière qui le conduit à la fin des années soixante à l'invention d'une nouvelle manière de peindre, celle du style tardif d'Avignon, si décriée à l'époque, et qui s'est révélée dans les années quatre-vingt comme une référence majeure pour le devenir de la peinture contemporaine ? Tout se passe comme si ces « meurtres des Pères » successifs, l'avaient enfin libéré du passé, et lui avaient permis de s'abandonner totalement, instinctivement à la force de la peinture. « La peinture est plus forte que moi, écrit-il en 1963, elle me fait faire ce qu'elle veut[2]. » Son rapport avec les peintres du passé tient plus du cannibalisme, de l'iconophagie, que du pastiche ou de la paraphrase. Il ne s'agit pas uniquement d'un rapport de tableau à tableau, mais d'un dialogue de peintre à peintre, d'une véritable identification, quasi affective, aux artistes qu'il admire[3] et qui forment son panthéon artistique.

On sait que Picasso « aime et détruit ce qu'il aime[4] », et l'on verra que ce pouvoir destructeur qui le conduit à « manger les choses pour les rendre vivantes[5] », s'applique non seulement aux objets quotidiens de la réalité, à la figure humaine, mais aussi aux œuvres du passé. Cette digestion sans précédent de l'histoire de l'art et la dialectique constante entre tradition et avant-garde sont sans doute le moteur essentiel de sa démarche créatrice. Les exercices de style qu'il expérimente sur les œuvres anciennes viennent-ils confirmer ce qu'on a désigné comme son absence de style[6], ou plutôt affirmer une pluralité de styles ? Le terme de *variations* n'est pas un hasard, et l'on verra que l'enchaînement de ces séries est proche de la composition musicale, avec ses préludes, ses reprises, ses études, ses thèmes essentiels et ses variantes. Le processus de la variation qui le pousse à donner plusieurs versions d'un même sujet, peut être perçu, entre autres, comme une conséquence des multiples points de vue inaugurés avec le cubisme. On le retrouve d'ailleurs dans nombre de ses poèmes. D'un même texte de départ, Picasso écrit et récrit de nombreuses variantes[7] : « de nombreux états, reprises successives du même lambeau de texte, comportant d'une version à l'autre des éléments en majorité les mêmes, mais rangés dans un ordre différent, comme si leur manipulation offrait un éventail de possibilités qu'il y avait tout lieu d'essayer », écrit Michel Leiris à propos de ses poèmes[8].

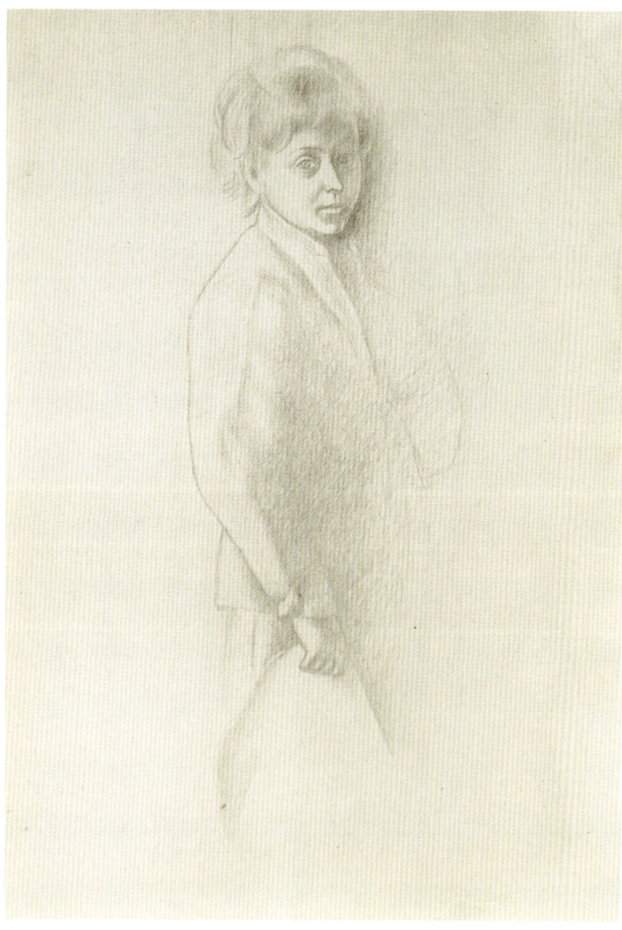

Cette polyphonie visuelle, qui manipule pour les faire rentrer dans son propre langage pictural les chefs-d'œuvre du passé, pose plusieurs problèmes à l'historien d'art. En quoi cette opération se différencie-t-elle de celle de ses prédécesseurs ? De quelle façon introduit-elle le principe de l'art sur l'art, de la citation, de la reprise, du *remake*, autant de termes qui sont devenus les fondements esthétiques de la post-modernité ? S'agit-il d'une « fin de parcours », d'un testament artistique ? D'un point final mis à une histoire de la peinture qui irait de la Renaissance à Picasso, en passant par les figures incontournables de la modernité que sont pour lui Greco, Goya, Vélasquez, Poussin, Ingres, Manet, Cézanne ? Ou bien du processus cyclique de l'éternel retour qui le conduit sur le tard à relire la grande peinture pour la faire sienne et lui redonner une dernière chance de survie ? « Qu'est-ce qu'elle fera la peinture quand je ne serai plus là ? Il faudra bien qu'elle me passe sur le corps ! Elle ne pourra pas passer à côté, non[9] ? »

Le principe même de la variation, qui confère le statut d'œuvre à l'ensemble du processus plus qu'au tableau unique, va de pair avec son intérêt pour l'inachèvement, et relève d'une philosophie du temps et de la vérité, paradoxalement plus conceptuelle que proprement picturale. En effet l'analyse de ces variations nous amène à penser que contrairement à ce que proclame l'artiste, et à ce qu'en ont dit la plupart des commentateurs, ces tableaux des années cinquante ne peuvent pas tous être mis sur le même plan. Un regard attentif et distancié nous oblige à admettre que certains tableaux sont plus aboutis que d'autres et que le principe de l'évolution formelle, pourtant décrié par l'artiste, conduit à des différences de statut entre études, exercices de style et œuvres « finies » ou considérées comme telles.

La peinture de la peinture

La période de 1950 à 1963 est toute entière placée sous l'emblème de la peinture du passé, du recensement de ses propres ressources picturales, ainsi que de celles de ses contemporains, Matisse et Braque. Picasso analyse, déconstruit et reconstruit les chefs-d'œuvre des autres, les digère pour les faire siens. Pourquoi à ce stade de son évolution artistique, ressent-il le besoin de ce retour aux maîtres, à la tradition ? Les causes sont multiples, mêlant raisons d'ordre biographique, politique et formel. Hasard d'une ressemblance, suggestion d'un lieu, mais surtout nécessité de se confronter à la grande peinture, défi lancé à l'Histoire, conscience d'un devoir à accomplir, d'un héritage à assumer et à dépasser pour relancer la peinture sur d'autres voies. Ce sont les motivations personnelles. Il faut aussi prendre en compte le contexte historique : celui de l'apogée de l'abstraction, à laquelle Picasso résiste depuis toujours, même s'il l'a en partie fomentée, et surtout la disparition de Matisse en novembre 1954, l'ami, le rival, avec lequel il entretenait depuis le début du siècle un dialogue ininterrompu et fructueux. Picasso se retrouve désormais seul à porter le devenir d'une peinture issue de la Renaissance, révolutionnaire à l'aube du XXe siècle, puis obstinément figurative.

Préludes : Le Nain, Poussin, Grünewald, Cranach…

Si l'on excepte les copies de jeunesse, les œuvres de la période bleue et rose, les œuvres cubistes et particulièrement *Les Demoiselles d'Avignon* qui sont, au-delà (ou malgré) des innovations formelles, autant de références indirectes à des tableaux anciens, la première véritable interprétation, car intitulée comme telle, d'après un maître du passé est le *Retour du Baptême* (appelé aujourd'hui la *Famille heureuse*) d'après Le Nain (figs. 3 et 5). L'œuvre fut achetée par Paul Jamot, conservateur et spécialiste du peintre en 1923, et ne rentre dans les collections qu'à partir de 1939. Picasso aurait pu la voir soit dans une galerie ou chez un collectionneur, car il n'en existait pas de reproduction. Il réalisera en 1921 un dessin réaliste qui assimile l'attitude de l'enfant à gauche qui vous regarde fixement à celle d'un jeune torero avec sa cape (fig. 2). Son intérêt pour les frères Le Nain est confirmé par l'achat qu'il fit en 1919 à son marchand Paul Rosenberg de *La Halte du Cavalier* (fig. 4), puis en 1923 d'une copie, anciennement attribuée à Louis Le Nain, *La Procession du bœuf gras*. Intérêt également confirmé par ses propres déclarations. Ce tableau est un pastiche à double sens : Picasso ne se contente pas d'emprunter le sujet, il fait également une citation du style pointilliste. Cette technique néo-impressionniste faite de points de couleurs vives n'est pas nou-

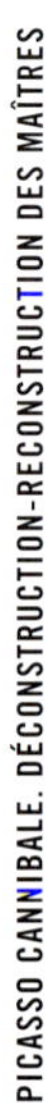

FIG. 2 **PABLO PICASSO**
Jeune garçon au chapeau
(d'après Louis Le Nain), 1921
Dessin au graphite, H. 31 cm ; L. 21 cm
Paris, musée Picasso

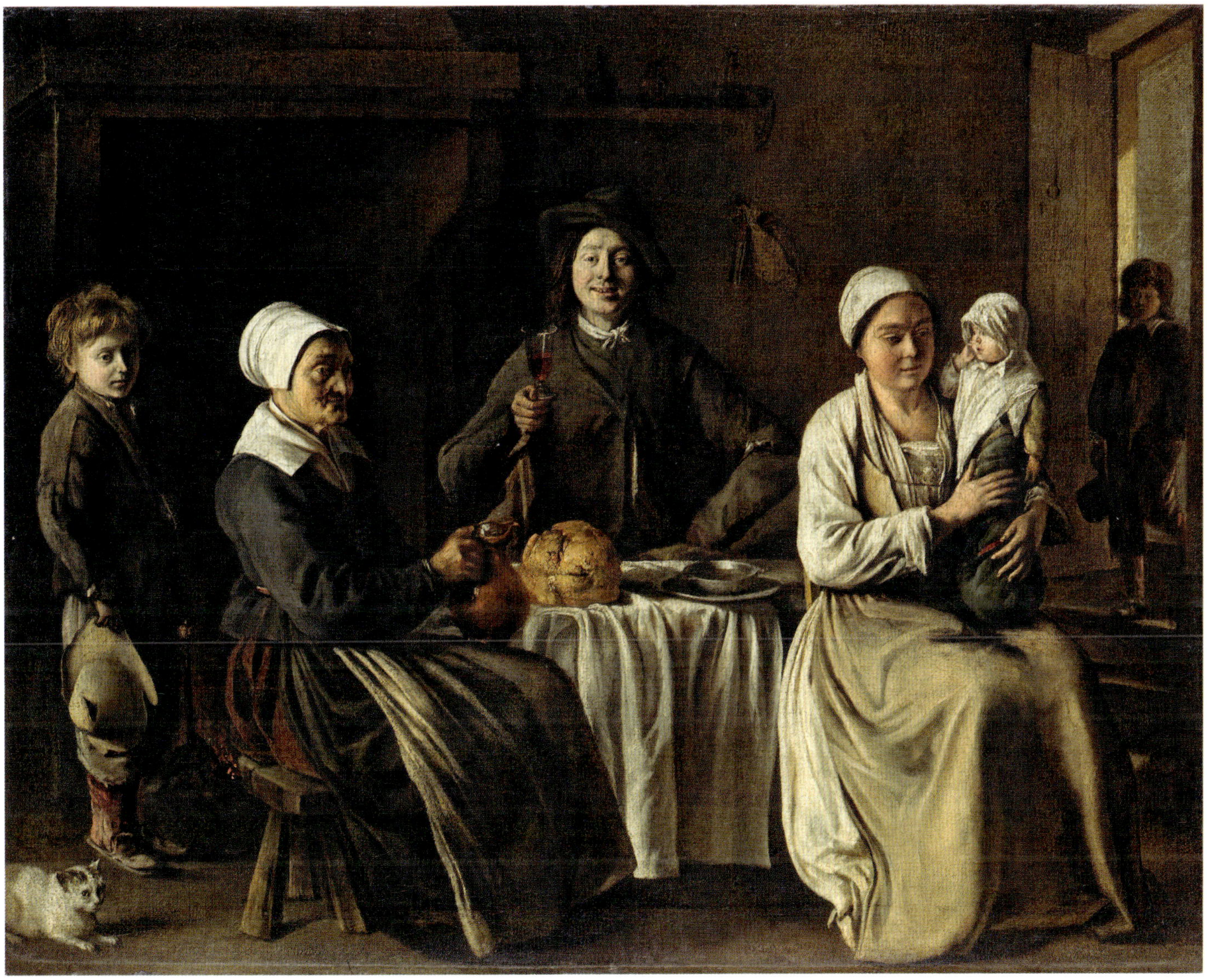

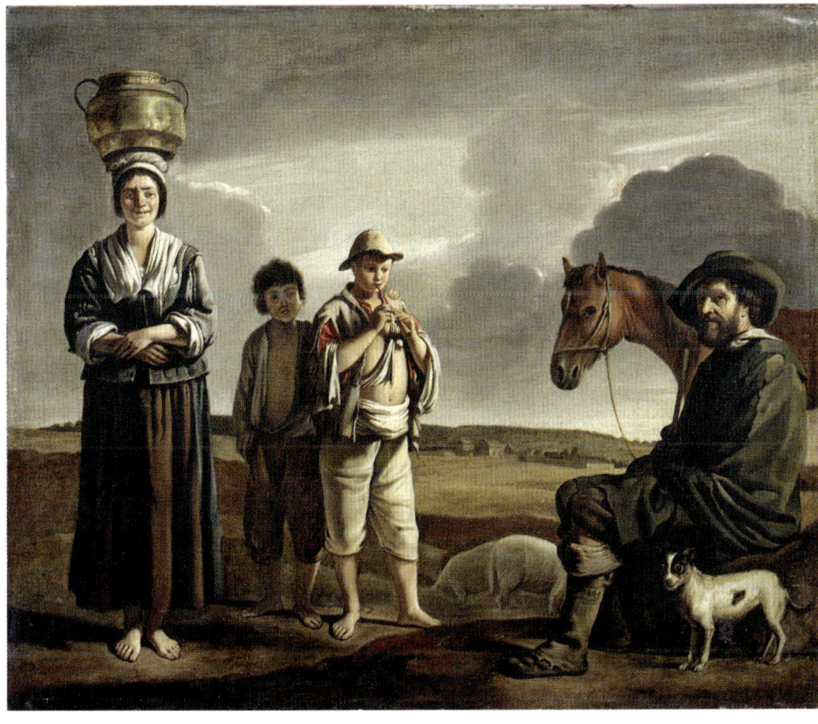

FIG. 3 **LOUIS LE NAIN**
La Famille heureuse ou *Le Retour du baptême*, 1642
Huile sur toile, H. 61 cm ; L. 78 cm
Paris, musée du Louvre

FIG. 4 **LOUIS LE NAIN**
La Halte du cavalier, XVIIe siècle
Huile sur toile, H. 57 ; L. 67 cm
Paris, musée Picasso

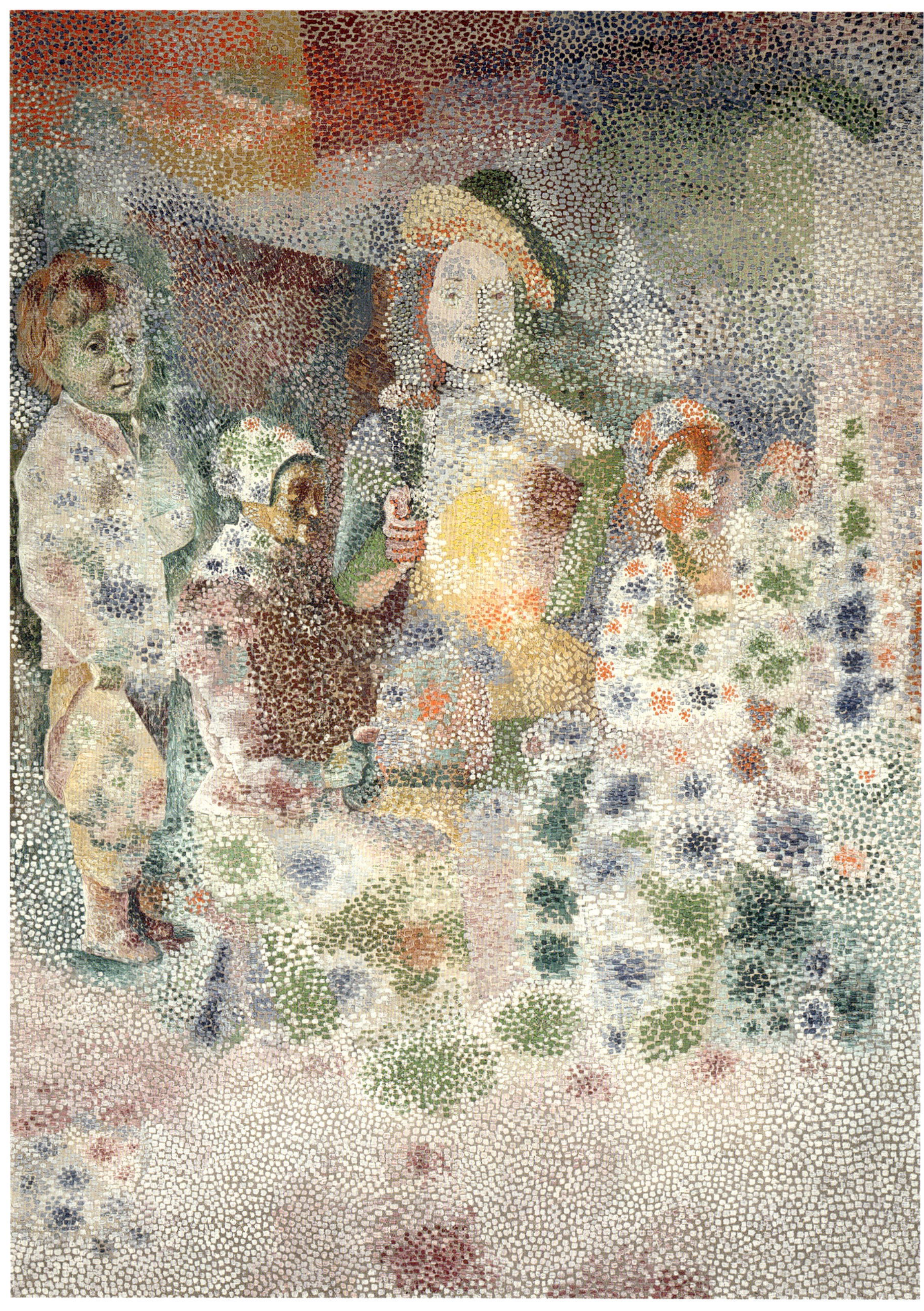

FIG. 5 **PABLO PICASSO**
Le Retour du baptême (*La Famille heureuse*), Paris, automne 1917
Huile sur toile, H. 162 cm ; L. 118 cm
Paris, musée Picasso, dation Pablo Picasso 1979

velle pour l'artiste; il l'a déjà utilisée, de façon partielle, dans les tableaux cubistes de 1914, et on la retrouve dans un autre de la même époque, la *Femme à la mantille*, la *Salchichona*[10] (fig. 6). Cette œuvre date de son retour à Paris, en novembre 1917, après le voyage à Barcelone au cours duquel il présente à sa mère sa future épouse, Olga Kokhlova, danseuse des Ballets russes. Le choix d'un peintre réaliste très français et de ce tableau s'inscrit dans le contexte politique du patriotisme et du nationalisme de la guerre franco-allemande. Une lettre d'Apollinaire du 20 mars 1918 encourage d'ailleurs l'artiste dans cette voie classique: « Je voudrais te voir peindre de grands tableaux comme le Poussin, quelque chose de lyrique comme ta copie des Le Nain[11]. » Picasso se cherche des racines françaises et populaires, ce sont donc les « maladresses » de ces peintres paysans qui l'attirent, ainsi que les scènes de genre mettant en scène des personnages humbles et pauvres qui rappellent ses tableaux de jeunesse; peut-être aussi, comme le suggère Susan Grace Galassi[12], le thème de la famille, puisqu'il s'apprête à en fonder une, ou encore celui du baptême, puisqu'il sera le parrain de Max Jacob. À cette coloration idéologique annonçant le retour à l'ordre des années vingt, s'ajoute l'emprunt à Seurat que Picasso admirait et dont il possédait des dessins[13]. Du tableau original, Picasso n'a conservé que les personnages centraux: l'homme au verre de vin, le père, la femme assise au bonnet de gauche et l'enfant au chapeau qui fixe le spectateur. La femme à l'enfant de droite disparaît sous la mosaïque des touches. Le format horizontal est devenu vertical. D'une scène sombre et recueillie aux couleurs d'automne, Picasso fait une sorte de fête printanière exubérante, niant la profondeur avec le semis *all-over* de la surface.

Après cet exemple isolé, la première véritable variation s'opère à partir de *La Crucifixion* de Mathias Grünewald (voir fig. 1, p. 86) et elle est composée de 13 dessins à l'encre réalisés à Boisgeloup entre le 17 septembre et le 23 octobre 1932. Dans son désir de revitaliser la tradition picturale, il était logique que Picasso se trouvât confronté un jour à ce sujet majeur de la peinture religieuse occidentale, d'autant plus que ce thème de la Crucifixion le hante depuis 1902[14], car il lui permet d'exprimer ses préoccupations personnelles sur la tauromachie et le sacrifice de l'artiste. Après avoir peint, en 1930, le petit panneau sur bois de *La Crucifixion*, Picasso ajoute ce post-scriptum en paraphrasant le célèbre tableau du retable d'Issenheim. Il transpose le corps nu du Christ, déjà quasi squelettique, en chapelet d'os, ce qui correspond à l'écriture picturale et sculpturale de la période de Boisgeloup. C'est la première fois qu'il teste sur le même sujet la diversité des ses écritures graphiques: négatif-positif, dessin curvilinéaire ou sculptural[15].

Un second exemple d'interprétation d'une œuvre ancienne apparaît en 1944, c'est celui de *La Bacchanale* d'après le *Triomphe de Pan* de Poussin (voir fig. 7, p. 58). Pierre Daix[16] et Susan Grace Galassi[17], justifient là encore le choix du peintre et du thème par le contexte historique de l'euphorie de la Libération et le besoin que ressent Picasso périodiquement de s'ancrer dans une autre forme de réalisme, celui de la tradition française. Poussin est, comme le montre Pierre Daix, une figure maîtresse pour Picasso, tant dans sa version classique que dans sa version baroque, et il représente aussi le lien avec Cézanne qui voulait « faire du Poussin d'après nature ».

Afin d'élargir sa cartographie artistique franco-espagnole, et après le choix de Grünewald, Picasso revient en 1947 vers le grand peintre de la Renaissance allemande, Lucas Cranach, dans une série de gravures réalisées d'après *David et Bethsabée* (voir figs. 6, 7, 8, 9, 10, p. 90) et *Vénus et l'Amour* (voir fig. 15, p. 94). Son intérêt pour Cranach se poursuit en 1958 avec *Portrait de femme*, une série de linogravures, faite d'après le tableau du Kunsthistorisches Museum de Vienne (voir fig. 13, p. 93). On imagine aisément ce qui a pu l'attirer dans ces thèmes et dans le choix de ce peintre: le voyeurisme, le nu féminin, l'aspect graphique et précis des œuvres de l'artiste allemand, le réalisme minutieux des détails et, bien sûr, la possibilité de rivaliser avec les grands maîtres de la gravure. D'où le recours aux multiples variations permises par les états successifs des lithographies qui passent du noir au blanc, et les simplifications formelles qui reflètent le nouveau style de Picasso, correspondant avec la rencontre avec Françoise Gilot, la femme fleur, dont les motifs cachés dans la composition se révèlent au fur et à mesure du travail.

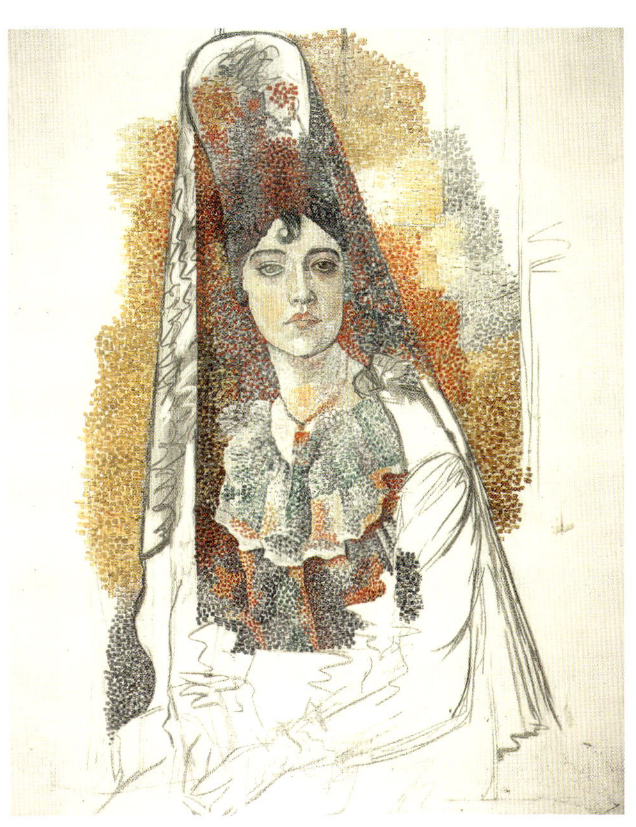

FIG. 6 **PABLO PICASSO**
Femme à la mantille (La Salchichona), 1917
Huile sur toile, H. 116 cm ; L. 89 cm
Barcelone, Museu Picasso

Thèmes: Greco, Courbet, 1950

S'il faut distinguer les interprétations uniques d'un tableau, des variations qui sont multiples, on ne peut cependant séparer les deux tableaux, réalisés en 1950 d'après les maîtres anciens, des séries à venir. Picasso pose en effet, avec les deux paraphrases d'après Greco et Courbet, les jalons des grands cycles à venir. Un peintre espagnol et un français, pour affirmer sa double culture et son double héritage. D'un côté une forme d'autoportrait, d'affirmation du métier de peintre, de l'autre, un tableau de deux femmes du maître du naturalisme qui fit scandale. Le *Portrait d'un peintre* est à la fois un hommage au peintre de Tolède qu'il admire depuis ses débuts et un double autoportrait déguisé qui renvoie autant à son propre père Don José qu'au Greco[18]. Ce portrait, qui fut longtemps considéré comme un autoportrait du Greco, s'est avéré en fait être celui du fils du peintre, lui-même peintre, Jorge Manuel Theotocopoulos (p. 119). Jorge Manuel est représenté en page dans l'*Enterrement du comte d'Orgaz* (voir fig. 1, p. 60). L'hommage au père apparaît bien comme un leitmotiv de sa relation avec les maîtres. Les premiers portraits d'homme de 1901, inspirés du Greco, ressemblaient à ceux de Don José[19], et Picasso reconnaît avoir eu un intérêt particulier pour les portraits du Greco: « Ce que j'aime chez lui, confie-t-il à Kahnweiler, ce sont ses portraits, ces messieurs avec des barbes en pointe[20]... » Avec Courbet, il se positionne comme l'héritier du réalisme social et engagé du fondateur de la peinture moderne, bien qu'il ne choisisse pas un thème politique. Le thème des deux femmes rejoint ses nombreuses représentations de femmes endormies. Picasso adopte une écriture picturale nerveuse et serrée, faite de traits noirs au sein d'une bande blanche. Ce graphisme de points et lignes avait été inauguré avec l'illustration du *Chant des morts* de Pierre Reverdy (1948). Le cloisonnement et l'entrelacs des festons évoquent la technique du vitrail ou de la linogravure. Dans le *Portrait d'un peintre*, les couleurs brunes et noires rappellent le cubisme et évoquent les tonalités de la peinture espagnole. Dans l'hommage à Courbet, on retrouve une palette saturée, des couches épaisses de peinture, des harmonies de bleu et de vert. Le tableau d'après Greco, donnera naissance aux *Gentilshommes du Siècle d'or* qui dominent la dernière période. Celui des *Demoiselles* de Courbet ouvre la voie au travail sur le *Déjeuner sur l'herbe* d'après Manet.

Variations

Les trois séries d'après Delacroix, Vélasquez et Manet, qui se succèdent dans les années cinquante permettent à Picasso d'aborder des compositions à plusieurs figures, de traiter des scènes d'intérieur (harem, atelier) et une scène de plein air, et surtout de régler leur compte à des peintres qu'il admire depuis longtemps, et à des chefs-d'œuvre incontournables de l'histoire de la peinture. Picasso pénètre, comme par effraction, dans l'espace pictural des tableaux des autres, aménage l'endroit pour qu'il soit plus vivable et fait « comme chez lui », comme l'écrit Michel Leiris[21].

Le choix des thèmes est comme nous le verrons fortement conditionné par les ateliers, les « lieux de peinture » et par des événements biographiques ou politiques. *Les Femmes d'Alger* (1954-1955) sont réalisées dans l'atelier des Grands Augustins à Paris, et coïncident avec la rencontre avec Jacqueline, la mort de Matisse et le début de l'insurrection algérienne (fig. 7). Les *Ménines* (1957), sont peintes dans l'atelier de la Californie, et permettent ainsi à l'artiste d'intégrer des éléments extérieurs, en étant à la fois dans et en dehors du tableau. Et les *Déjeuners* (1959-1961) sont commencés à Vauvenargues, lorsque Picasso décide de « se mettre au vert », c'est-à-dire au plein air. Dans la première série, la plus courte, le motif de départ, malgré les variations stylistiques et les modifications des personnages, est toujours reconnaissable. Dans celle des *Ménines*, la plus importante en tableaux et sans dessins, on verra que Picasso, tout en partant très fidèlement de la composition d'origine, transforme complètement le sujet et l'espace, s'éloigne du modèle et invente de nouveaux styles picturaux. Enfin dans le *Déjeuner*, la plus longue série dans le temps, et celle qui comporte le plus de dessins, Picasso semble s'acharner sur les figures et se libérer du tableau, qui donne finalement naissance à des sculptures.

Le travail sur *Les Femmes d'Alger*[22] a permis à Picasso de tester ses ressources picturales sans se préoccuper du sujet (fig. 8, 9, 10, 11 et dans ce catalogue le chapitre *Variation Delacroix*, p. 202), et de concevoir son œuvre comme un tout, un ensemble, et non une succession de tableaux singuliers. Ce qui l'intéresse, c'est ce qui se passe d'une version à l'autre, les modifications, les métamorphoses, les allers et retours, les constances. Il pense toujours au tableau du lendemain, en se demandant comment il serait: « Vous comprenez, dit-il à Daniel-Henry Kahnweiler, ce n'est pas le temps retrouvé, mais le temps à découvrir[23]. »

En fait, *Les Femmes d'Alger* ne sont qu'un hommage iconographique à Matisse, car elles sont dans leur vocabulaire plastique totalement picassiennes. L'hommage pictural se fera dans la série suivante sur un thème matissien par excellence, celui de l'Atelier.

Les Ateliers

Entre les deux cycles de variations d'après les maîtres, Picasso réalise une série d'*Ateliers de La Californie* (fig. 12), au sein de laquelle il intercale les post-scriptum aux *Femmes d'Alger* que constituent les *Jacquelines assises en costume turc* (p. 216-217). L'une nue, avec un bonnet, l'autre vêtue. Des versions colorées et sinueuses, d'autres géométriques et grises. « Jacqueline a le don de devenir peinture à un degré inimaginable », dit Picasso[24]. Cette ponctuation iconographique et la façon de passer d'un sujet à un autre sont révélateurs de l'esprit d'escalier et des associations libres que pratique Picasso dans sa démarche créatrice. Certains tableaux d'Atelier font en effet figurer des tableaux de *Jacqueline en costume turc* qui sont comme un rappel du travail antérieur. Le thème est matissien, mais dans la série on trouve quelques tableaux d'influence espagnole. Les

FIG. 7 **PABLO PICASSO**
Les Femmes d'Alger,
Paris, 21 décembre 1954
Encre de chine sur papier,
H. 34,5 cm ; L. 43,5 cm
Paris, musée Picasso

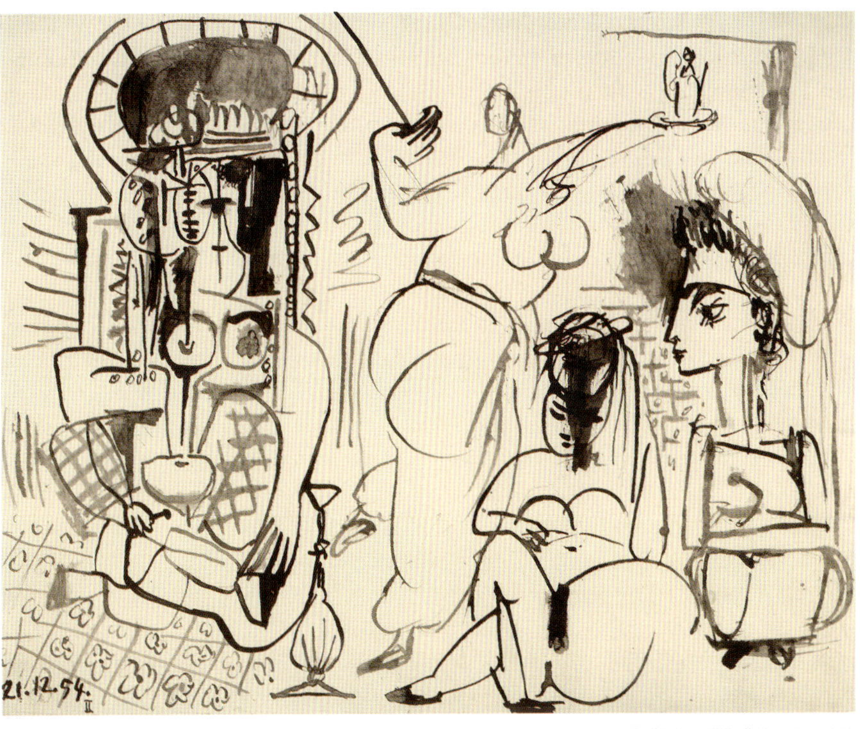

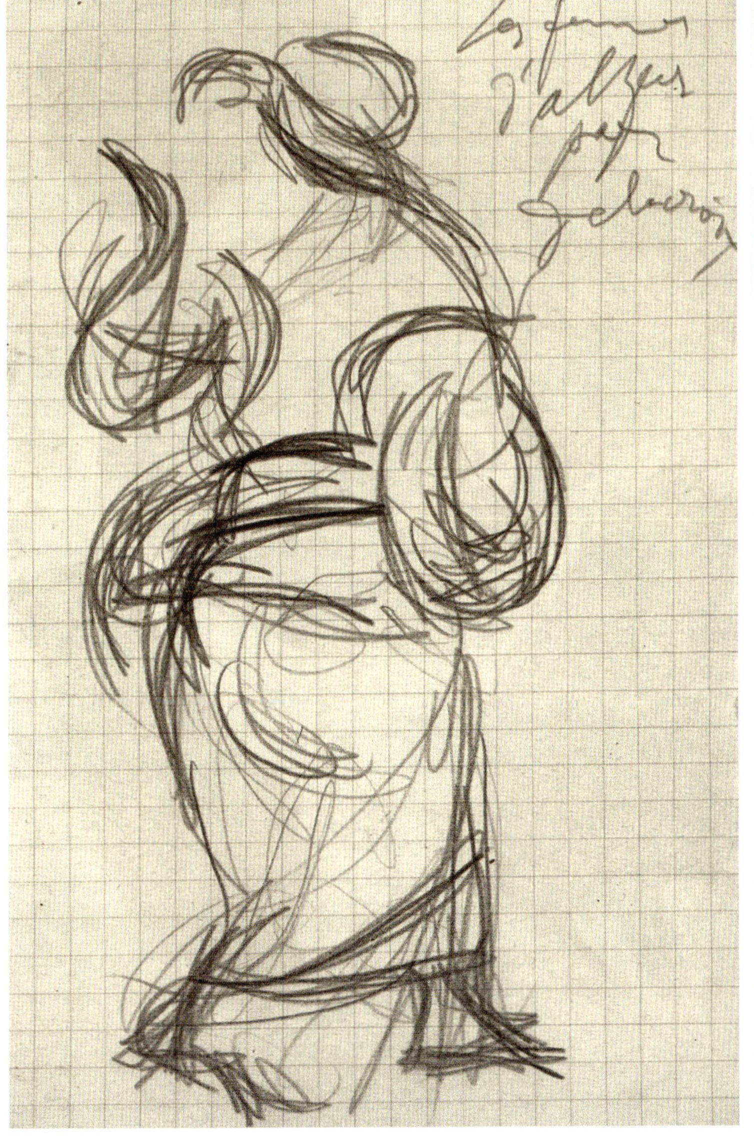

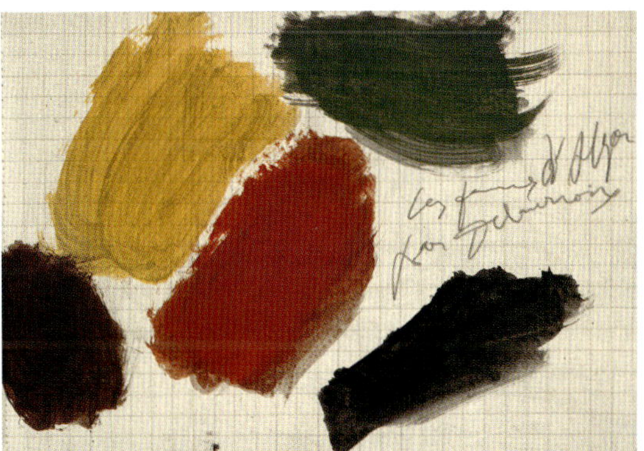

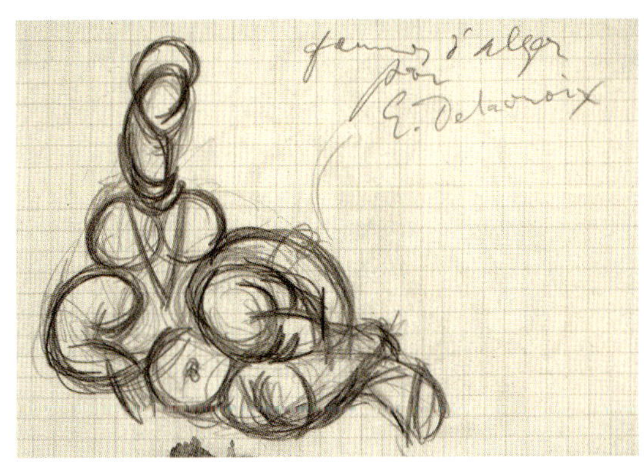

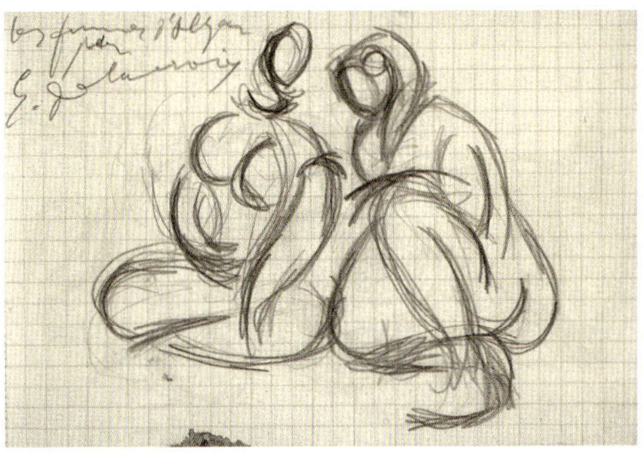

FIG. 8, 9, 10 et 11 **PABLO PICASSO**
Carnet *Les Femmes d'Alger*
Royan, 10 janvier – 26 mai 1940
Folios 3 r°, 4 r°, 5 r°, 6 r°
H.17,5 cm; L. 10,5 cm
Paris, musée Picasso

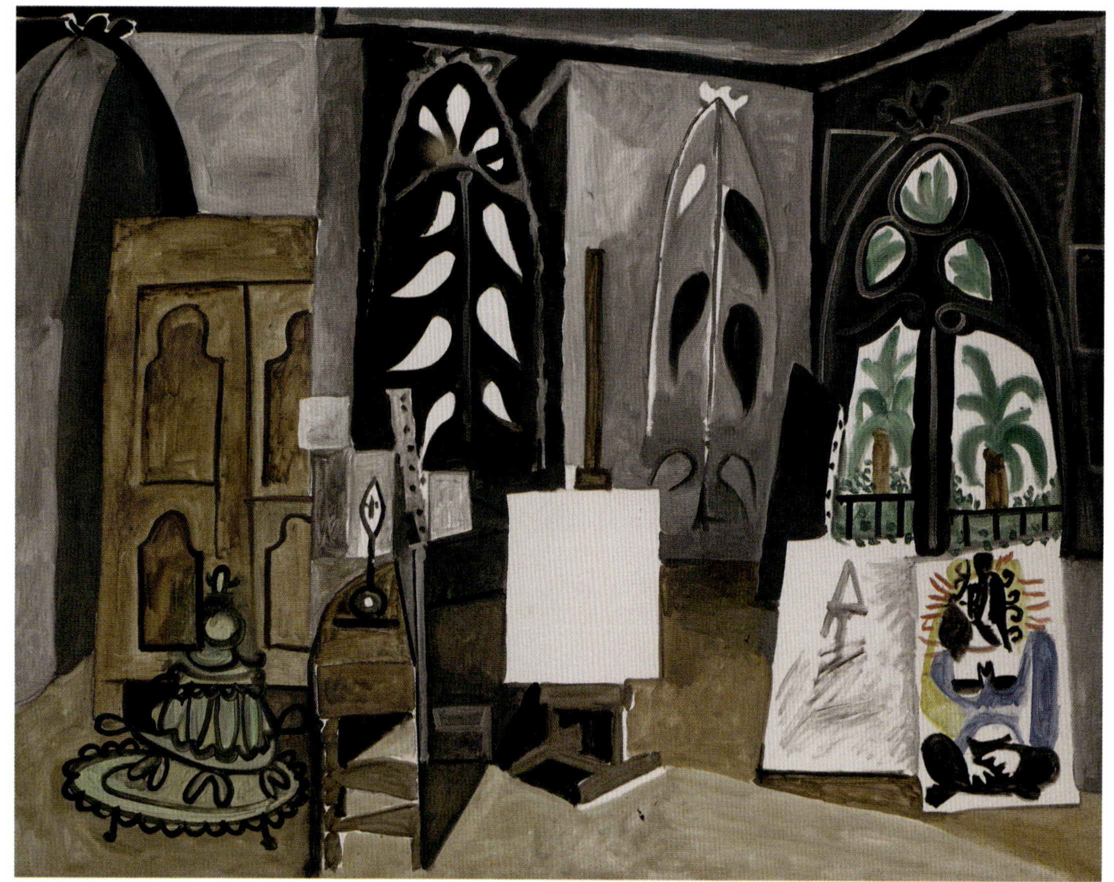

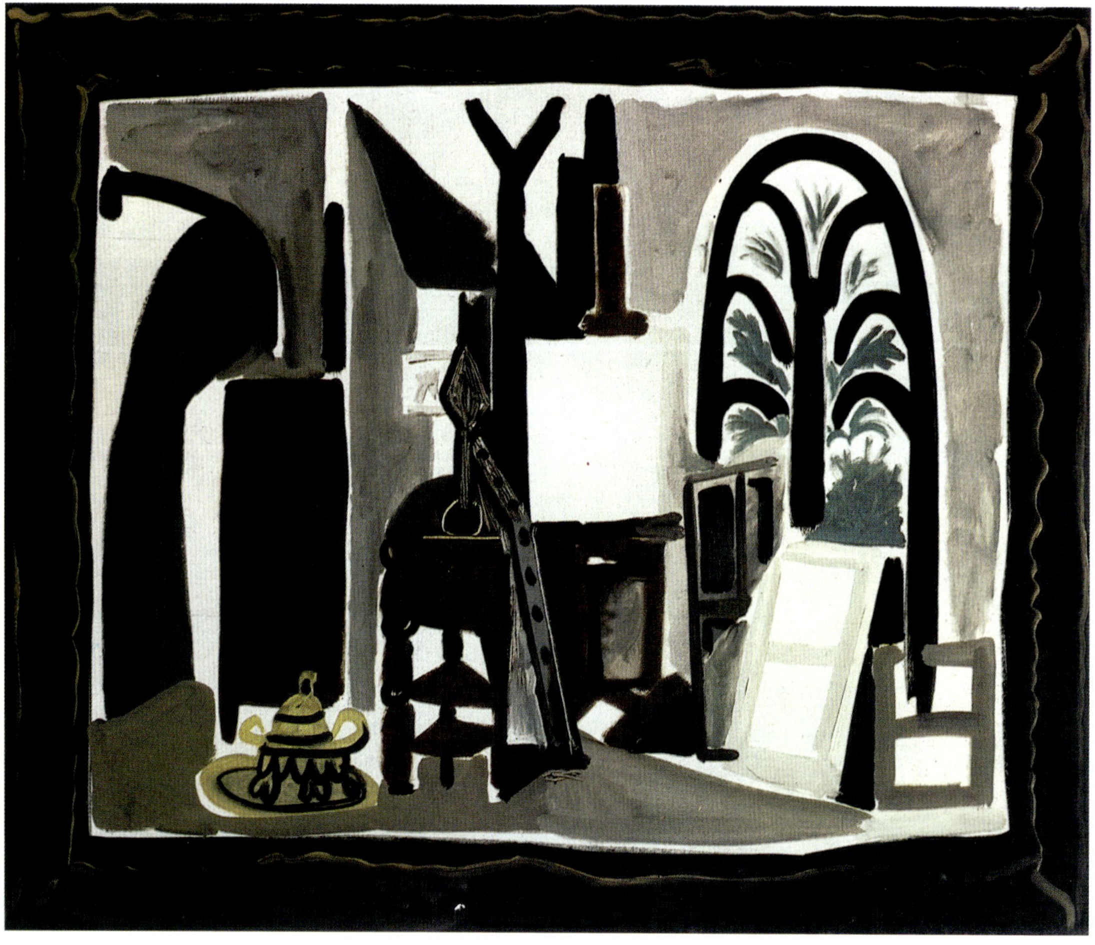

FIG. 12 **PABLO PICASSO**
L'Atelier de la Californie,
Cannes, 30 mars 1956
Huile sur toile, H. 114 cm ; L. 146 cm
Paris, musée Picasso

FIG. 13 **PABLO PICASSO**
L'Atelier, Cannes, 2 avril 1956
Huile sur toile
H. 88,8 cm ; L. 115,8 cm
New York, The Museum of Modern Art

couleurs virent au brun et noir, à l'ocre et au gris : « chapelle mozarabe », dira Antonina Vallentin ; « Vélasquez », dit Picasso à Alfred Barr (fig. 13). « Les vrais Vélasquez étaient en fait les "Intérieurs d'atelier" que j'ai peints l'année dernière. Si les gens comprenaient, ils verraient que ces tableaux, ce réalisme sont proches de Vélasquez[25]. »

La transition entre les séries s'opère donc tout naturellement grâce à cet espace de l'atelier de peinture. Les couleurs des derniers ateliers opèrent le passage pictural et le thème de l'atelier permet de faire rentrer la figure du peintre. Et pas n'importe quel peintre...

Velázquez : *Les Ménines*

« Vélasquez, première classe », écrit Picasso en 1897 à un ami[26]. Nous verrons, comme le montre fort bien Francisco Calvo Serraller, que Vélasquez est en effet la référence absolue de la peinture pour Picasso et que, bien qu'il l'admire dès le début, ce n'est pas un hasard si l'hommage à son compatriote espagnol ressurgit à l'époque de la maturité. Pas n'importe quel tableau non plus, car Picasso s'attaque au chef-d'œuvre absolu, au tableau le plus troublant de l'histoire de la peinture, véritable « théologie picturale » qui dévoile le secret de ses fondements : *Les Ménines*. Tableau miroir, tableau piège, jeu de reflets, inversion des rôles, des regardés et du regardant, cette toile ne pouvait que fasciner le peintre de la peinture. Picasso, en peignant ses propres Ménines, s'inscrit en fait comme le dernier reflet du jeu de miroirs mis en place par Vélasquez (fig. 14 et fig. 15). Il fait le tableau d'un tableau représentant un tableau vide de ceux qui sont peints (le roi et la reine) et plein de ceux qui sont de l'autre côté (le peintre, les ménines). Ambiguïté de la réalité extérieure et de la réalité picturale, coexistence de deux mondes, celui de l'art et de la vie. Dans son travail, Picasso interprètera à sa manière ce double jeu en intégrant dans sa série des vues de l'extérieur, la fenêtre de l'atelier de La Californie, avec les pigeons, la mer et des éléments de la réalité quotidienne comme son chien Lump, qui remplacera le noble chien espagnol, puis à la fin Jacqueline. Les Ménines représentent également un premier retour à l'Espagne du Siècle d'or, qui s'accentuera pendant la période de Vauvenargues pour triompher avec les *Tarots*, de la période d'Avignon. Il s'agit de nouveau, comme dans *Les Femmes d'Alger*, d'une composition à plusieurs figures dans un intérieur. Une façon pour lui de vérifier l'espace cubiste, la profondeur, travail préparé par la série des *Ateliers*, le « castelet de rectangles » formé par les tableaux, les fenêtres et les plans rectilignes.

Un détail renvoie d'ailleurs d'une série à l'autre, celui de la porte du fond qui apparaissait déjà dans *Les Femmes d'Alger* et que l'on retrouve avec la silhouette du peintre dans *Les Ménines*.

Ce portrait du peintre dans l'embrasure de la porte, ou de l'ombre dans le miroir, est le symbole de plusieurs peintres réunis à la fois dans le tableau et dans les poèmes. En effet, juste avant le travail sur les Ménines, Picasso commence à écrire le long poème intitulé : *L'Enterrement du*

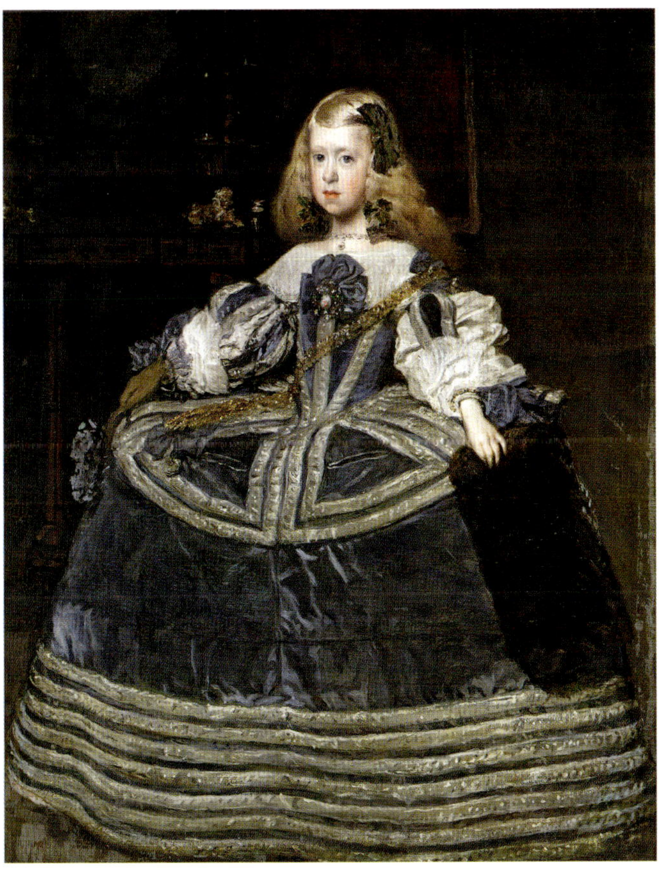

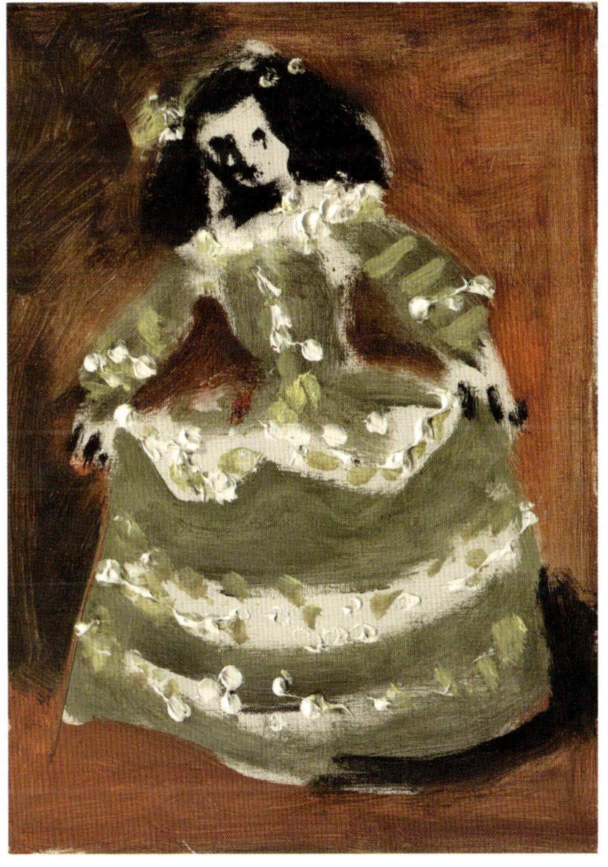

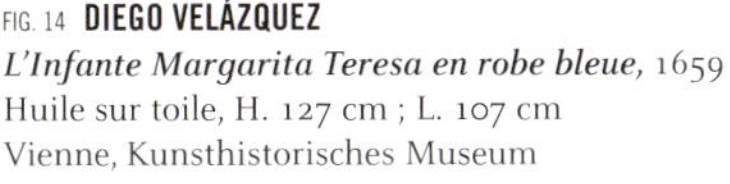

FIG. 14 **DIEGO VELÁZQUEZ**
L'Infante Margarita Teresa en robe bleue, 1659
Huile sur toile, H. 127 cm ; L. 107 cm
Vienne, Kunsthistorisches Museum

FIG. 15 **PABLO PICASSO**
Isabel de Velasco, Cannes, 30 décembre 1957
Huile sur toile, H. 33 cm ; L. 24 cm
Barcelone, Museu Picasso

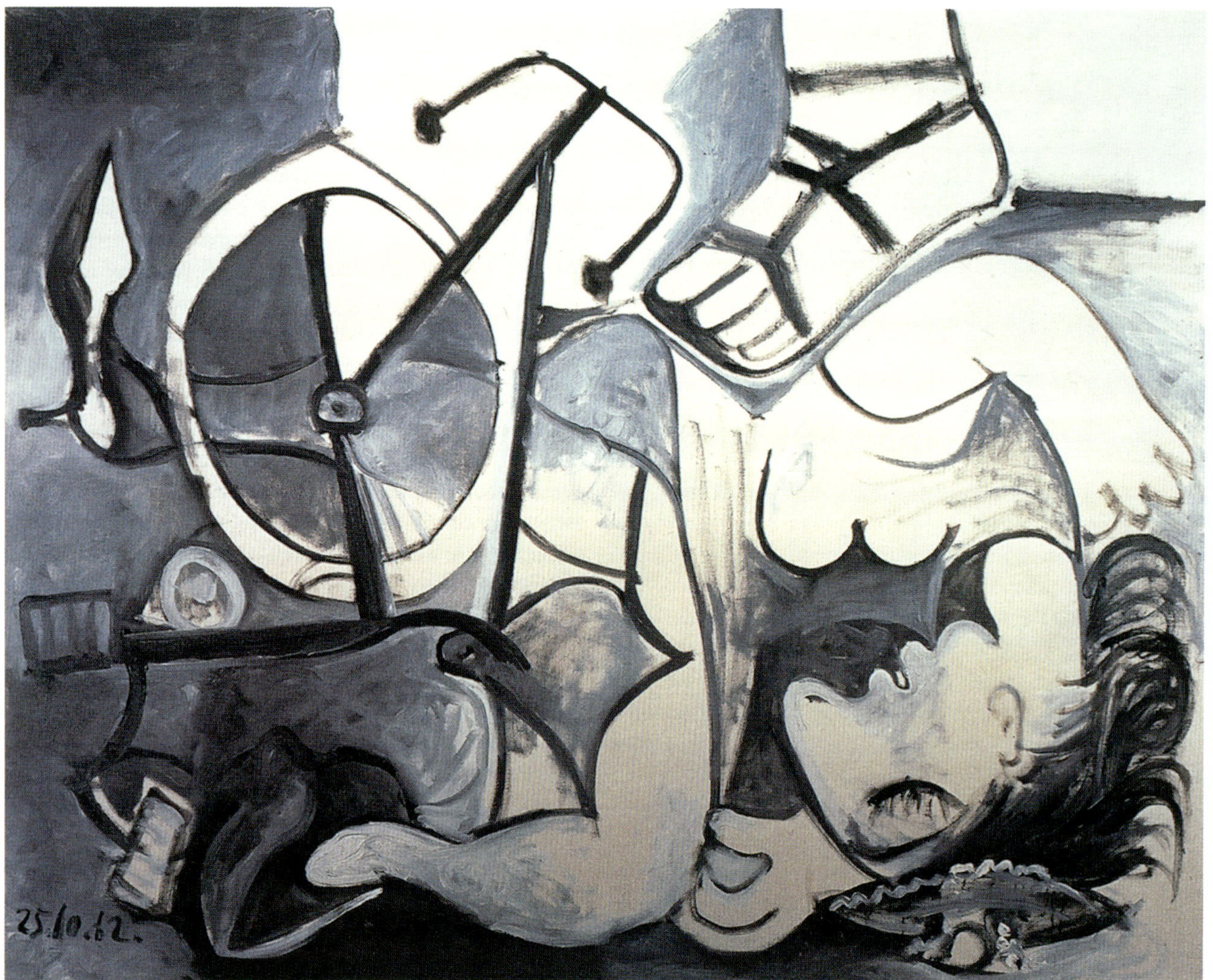

tielles et le dit dans une peinture éblouissante de lumière et de couleur, malgré le drame de la vieillesse. De l'autre côté, un enfant, armé de son pinceau. Identification à tous les peintres et retour cyclique vers l'enfance : « Quand j'avais leur âge, je dessinais comme Raphaël, mais il m'a fallu toute une vie pour apprendre à dessiner comme eux[44]. » C'est à dire se libérer de la peinture savante, et de la maîtrise.

Picasso, « peintre du Temps »

Une des caractéristiques de cette période est le recours à la répétition comme mode de création. Picasso a souvent, dans sa démarche, privilégié la série et les variations par rapport au chef-d'œuvre, unique et achevé. Avec les variations sur les maîtres anciens, il systématise le procédé : l'œuvre est pour lui l'ensemble des toiles sur le même thème, et chacune doit être perçue comme le maillon de la chaîne, un moment suspendu de la création. Ce qui l'intéresse dit-il, « c'est le mouvement de la peinture, l'effort dramatique d'une vision à l'autre, même si l'effort n'est pas poussé jusqu'au bout... J'en suis arrivé au moment où le mouvement de ma pensée m'intéresse plus que la pensée elle-même[45] ». Ce vagabondage de l'esprit, ce refus de la fixité de l'achèvement, qui se traduit par la célèbre formule : « finir une œuvre, c'est l'achever, la tuer, lui enlever son âme, lui donner la *puntilla* comme au taureau[46] », est significatif de son rapport au temps, à la durée. « Le rôle de la peinture, dit-il encore[47] [...] c'est d'arrêter le mouvement. » « La vitesse, écrit Octavio Paz, lui permet d'être à deux endroits à la fois, d'appartenir à tous les siècles sans lâcher le lieu et l'instant présents. Il n'est pas le peintre du mouvement dans la peinture, il est plutôt le peintre du mouvement devenu peinture. Il peint par nécessité urgente et surtout ce qu'il peint, c'est l'urgence. Il est le peintre du Temps[48]. » La répétition, signe d'un art conceptuel qui s'intéresse plus au mécanisme de la création qu'au résultat, est aussi pour lui une recherche de la perfection, une façon, en explorant la pluralité des styles, d'atteindre la vérité : « Si je cherche la vérité dans ma toile, je peux faire cent toiles avec cette vérité[49]. » « Je fais cent études en quelques jours, tandis qu'un autre peintre peut passer cent jours sur un seul tableau. En continuant, j'ouvrirai des fenêtres. Je passerai derrière la toile et peut-être quelque chose se produira[50]. » Picasso considère le tableau comme

FIG. 19 **PABLO PICASSO**
L'Enlèvement des Sabines, 25 octobre 1962
Huile sur toile, H. 114 cm ; L. 146 cm
Collection particulière

un miroir, miroir reflétant tous les tableaux antérieurs sur le même thème, rassemblant tous les fragments d'images qu'il a assimilées, digérées, et tous les tableaux qu'il peint. La répétition est enfin une extrapolation dans l'espace et dans la durée du cubisme. À la vision simultanée d'un objet sous toutes ses faces succède la multiplicité des toiles sur le même sujet.

Cette peinture de la peinture pratiquée par Picasso est, nous l'avons dit, une forme de cannibalisme. Dans ses poèmes Picasso écrit : « avez-vous jeune homme réfléchi et léché les digestions de vos pères » (juillet 1937). Comme tout anthropophage Picasso pense que l'on s'approprie le pouvoir d'une personne, en la mangeant. D'où cet appétit vorace qui l'incite à dévorer ses maîtres. Ce cannibalisme destructeur qui s'assimile le pouvoir d'un autre, est-il compatible avec la présence d'un autre qui l'accompagne lorsqu'il se met à peindre ? « Au début de chaque tableau, dit-il, il y a quelqu'un qui travaille avec moi. Vers la fin, j'ai l'impression d'avoir travaillé sans collaborateur[51]. » L'« autre peintre » est donc une figure paternelle protectrice, un ami, un double fantomatique, qui le suit comme son ombre.

Il faut cependant distinguer dans l'œuvre de Picasso, les citations assimilées, digérées, mélangées, les interprétations directes d'après une œuvre et les variations. Comme l'écrit Michel Leiris, « Partir d'un tableau de Manet, de Greco, de Cranach, de Courbet ou de Poussin pour en faire autre chose, est-ce vraiment une autre démarche que l'invention constante de signes nouveaux pour la transfiguration de mêmes objets, et reprendre à son compte l'œuvre d'un peintre plus ancien, n'est-ce pas la traiter comme une chose intégrée à la vie qu'on ne peut pas laisser dormir et qu'il faut en quelque sorte amener à accomplir son évolution naturelle[52] ? »

Ces propos confirment qu'il s'agit bien de la même opération de métamorphose. Picasso est passé de l'appropriation réelle, matérielle, celle qui en 1912 permet d'intégrer un morceau de toile cirée dans un tableau, à l'appropriation virtuelle des modèles de la grande peinture.

Faut-il considérer, par ailleurs, ces variations comme l'annonce des citations à venir dans l'art des années soixante ? Toute image est un palimpseste, qui contient une autre image plus ancienne, elle-même venant d'une autre, etc. ? « Qui n'imite point, n'invente point », dit le philosophe Alain. Parlant de ses interprétations des maîtres, Picasso dit que cela devient « autre chose » et qu'en même temps c'est la « même chose[53] ». C'est dans ce mince écart entre répétition et changement, entre tradition et innovation, que se définissent le style et l'invention.

L'héritage Picasso

Après avoir tracé l'arbre généalogique de l'artiste, il est naturel de se poser la question de ses héritiers. Si Picasso a tant digéré la peinture des autres, qu'a-t-il, lui-même, transmis ? La peinture de Picasso ne renvoie qu'à la peinture, à lui-même et au pouvoir créateur. Prise au piège de ce jeu de miroirs et de masques, d'auto-intoxication par indigestion de peinture, la sienne et celle des autres, sa démarche suscita dans les années soixante de sévères remises en cause, tant des critiques formalistes, Clement Greenberg[54], que des structuralistes : « C'est une œuvre qui apporte moins un message original qu'elle ne se livre à une sorte de trituration du code de la peinture. Une interprétation au second degré, un admirable discours pictural beaucoup plus qu'un discours sur le monde », écrit Claude Lévi-Strauss[55]. L'analyse de la dernière période 1953-1973, des variations jusqu'aux « Tarots » montre qu'en fait Picasso n'est pas seulement Cronos dévorant ses enfants afin d'arrêter le temps, ni Prométhée enchaîné, puni pour avoir dévoré le feu divin, mais plutôt, tel le Phénix qui renaît éternellement de ses cendres, puisant son énergie créatrice dans un processus de déconstruction-reconstruction du Père, de mort et de résurrection. « L'on est à soi-même son propre Prométhée, à la fois celui qui dévore et qui est dévoré », dit-il à Hélène Parmelin[56].

Le véritable testament artistique de Picasso fut l'exposition du Palais des Papes à Avignon en 1973. Après une période de Purgatoire, il laissait ainsi à la génération des années quatre-vingt, la possibilité d'une autre peinture et le pouvoir renouvelé de l'image peinte : invention d'une nouvelle écriture picturale fondée sur la liberté, la spontanéité et l'éclectisme, expression d'un univers fantasmatique et obsessionnel, mythologie personnelle et universelle, esthétique brutale, sauvage, primaire du mal-peint et du non fini, citations picturales et mise à nu de la matérialité de la peinture. Autant de ressources exploitées par nombre

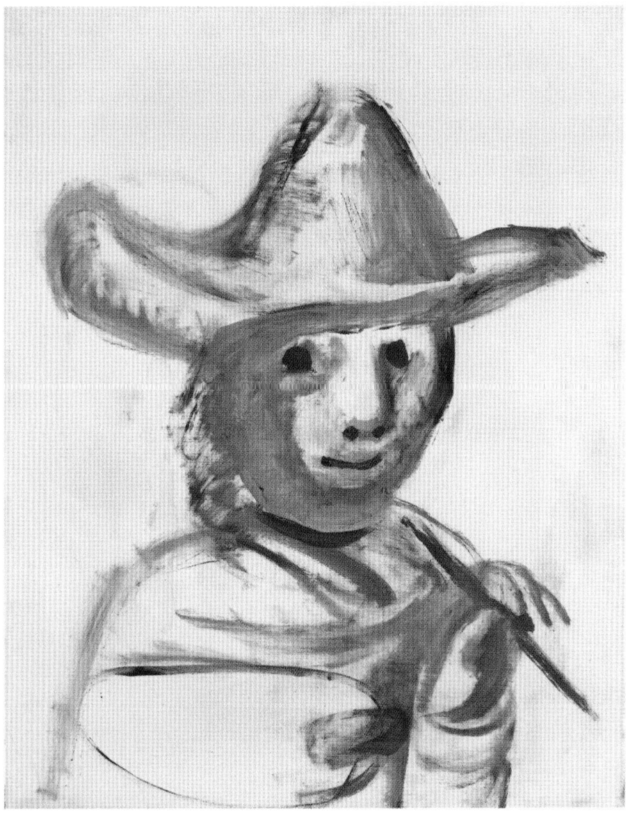

FIG. 20 **PABLO PICASSO**
Le Jeune Peintre, Mougins, 14 avril 1972
Huile sur toile, H. 91 cm ; L. 72,5 cm
Paris, musée Picasso

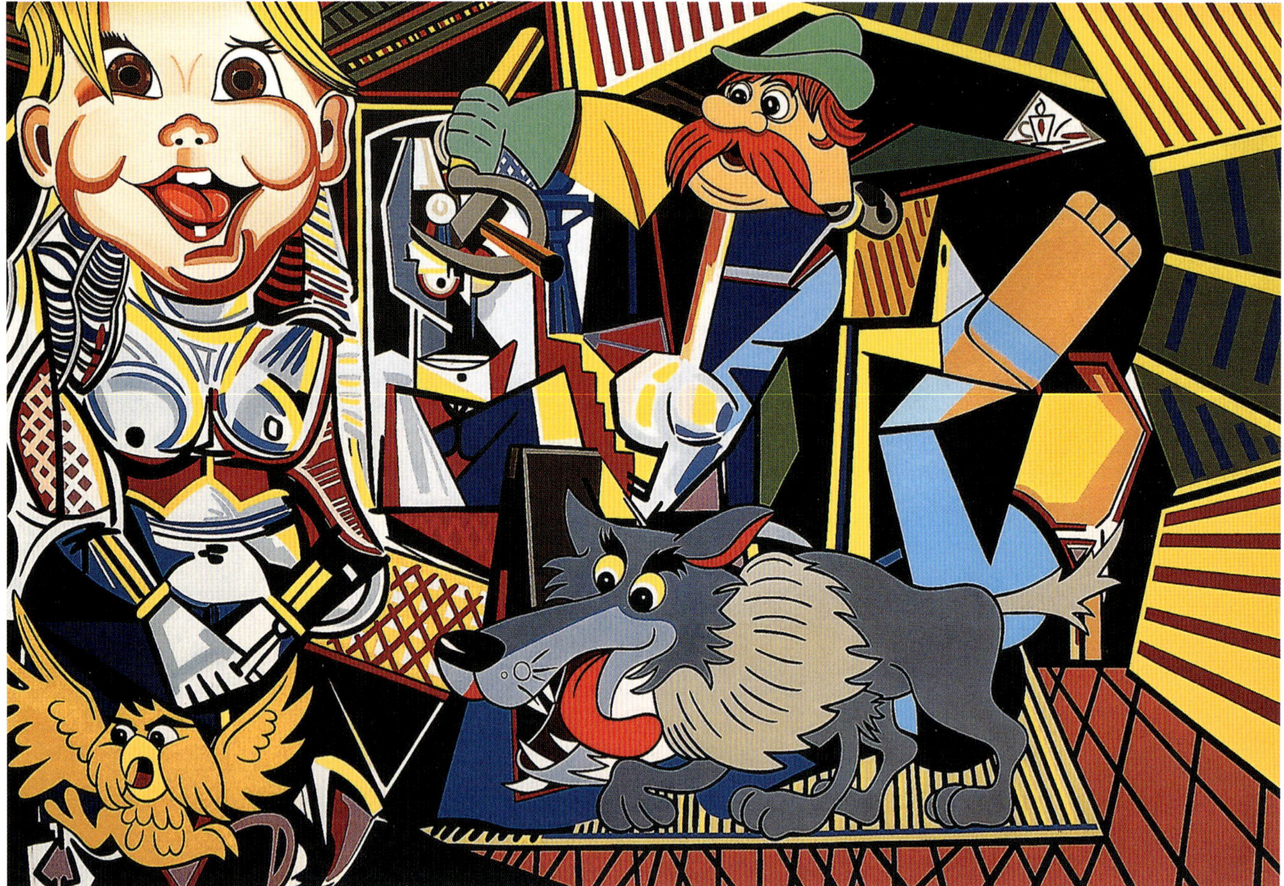

de peintres aujourd'hui, et qui contredisent ainsi le sévère verdict de Roger Caillois : « Je ne le vois, disait-il en 1975, à l'origine de rien. » Picasso laisse ainsi un double héritage, celui d'une peinture absolue, qui sera la source du renouveau pictural de la fin du siècle, et une iconographie puisée dans l'histoire de l'art, procédé qui sera largement exploité par les peintres des années soixante.

Tout en voulant faire table rase, les artistes pop américains, les nouveaux réalistes, puis les artistes de la nouvelle figuration ne cesseront d'intégrer dans leurs œuvres des références aux œuvres de Picasso qui devient ainsi, dans les tableaux de Roy Lichtenstein, Jasper Johns, Arroyo ou Errò (fig. 21), l'arroseur arrosé... Nul doute que la transformation de ses propres œuvres en icônes de l'art moderne, et ce statut de maître qui lui est de fait concédé, aient plu au « génie sans piédestal[57] » qui, au-delà de la reconnaissance de la postérité, y aurait décelé la part de jeu et d'iconoclasme subversif, toujours à l'œuvre dans ces opérations de réappropriation de l'œuvre des autres. Entre l'affirmation de son identité de peintre, concrétisé dans le portrait *Yo, Picasso* (p. 107), et la dépendance vis-à-vis des maîtres du passé, Picasso a assumé avec brio ce grand écart, cette posture paradoxale[58], et donné à la peinture une cure d'enthousiasme, de rajeunissement et de vitalité.

FIG. 21 **ERRÒ**
Big Fox, 1962-1963
Huile sur toile, H. 130 cm ; L. 200 cm
Collection de l'artiste

1. Breton (André), « 80 carats... mais une ombre », *in Combat*, 1961, *Le Surréalisme et la Peinture*, 1979, p. 116-118.
2. Carnet du 10 au 21 février 1963, Paris , musée Picasso, MP 1886, sur 3e page de couverture.
3. « Je n'ai pas de vrais amis, je n'ai que des amants ! Sauf peut-être Goya et surtout Van Gogh », Malraux (André), *La Tête d'obsidienne*, Paris, Gallimard, 1974, p. 25.
4. Voir une analyse graphologique faite par Paul Éluard, 1942.
5. Voir *Picasso, Écrits*, Paris, Gallimard – RMN, 1989 ; 18 avril 1935, p. 9.
6. « Fondamentalement, je suis peut-être un peintre sans style. Le style enferme le peintre dans la même vision, la même technique, la même formule. » Picasso à André Verdet, *in Picasso*, musée de l'Athénée, 1963, cité par Galassi (Susan Grace), *Picasso's Variations on the Masters. Confrontations with the Past*, New York, Henry H. Abrams Publishers, 1996, p. 14.
7. Voir *Picasso, Écrits, op. cit.*, texte du 28 novembre au 25 décembre 1935, p. 46, 53 et 76.
8. Leiris (Michel), « Préface », *ibid.*, p. 7.
9. Cabanne (Pierre), *Le Siècle de Picasso*, Paris, Denoël, 1975, t. IV, p. 411.
10. Barcelone, Museu Picasso.
11. Caizergues (Pierre) et Seckel (Hélène) [éds.], *Picasso – Apollinaire. Correspondance*, Paris, Gallimard – Réunion des musées nationaux, 1992, p. 180.
12. Galassi, *op. cit.*
13. Paris, musée Picasso, MP 3612 à MP 3616.
14. Voir *Crucifixion*, 1902 (MP 415), *Crucifixion et cheval*, 1903 (MP 477), *Crucifixion*, 1915-1918 (MP 772), *La Crucifixion*, 1938 (MP 1210).
15. Voir dans ce catalogue Warncke (Carsten-Peter), « Prise de position. Picasso et ses maîtres allemands », p. 88.
16. Voir dans ce catalogue Daix (Pierre), « Picasso et la Tradition française », p. 72.
17. Galassi, *op. cit.*, p. 90-97.
18. *Ibid.*, p. 119-121.
19. « À chaque fois que je peins un homme , dit Picasso, c'est à mon père que je pense... », *in* Bernadac (Marie-Laure) et Michaël (Androula) [éds.], *Picasso. Propos sur l'Art*, Paris, Gallimard, collection « Art et Artistes », 1998, p. 113.
20. Kahnweiler (Daniel-Henry), « Entretiens avec Picasso au sujet des Femmes d'Alger », *Aujourd'hui art et architecture*, n° 4, 1955. Cité dans Bernadac et Michaël, *op. cit.*, p. 70.
21. Leiris (Michel), « Picasso et *les Ménines* de Vélasquez », *in Picasso : les Ménines 1957*, Paris, Galerie Louise Leiris, 1959.
22. 15 tableaux numérotés de A à O et de nombreux dessins, réalisés entre décembre 1954 et février 1955.
23. *Picasso. Propos sur l'Art, op. cit.*, p. 72.
24. Parmelin (Hélène), *Picasso dit...*, Paris, Gonthier, 1966, p. 80.
25. *Picasso. Propos sur l'Art, op. cit.*, p. 96.
26. Cité par Ashton (Dore), *Picasso on art*, Londres, Thames and Hudson, 1972, p. 105.
27. *L'Enterrement du comte d'Orgaz*, 6 janv 1957 – 20 août 1959, Gili (Gustavo) [éd.], Barcelone, 1969 ; publié en français, Paris, Gallimard, 1978.
28. Voir *Picasso, Écrits, op. cit.*, p. 354.
29. L' Enterrement du Comte d'Orgaz, *ibid.*
30. *Ibid.*, p 347.
31. Voir dans ce catalogue Calvo Serraller (Francisco), « Picasso et l'école espagnole », p. 61.
32. Archives du musée Picasso.
33. Zervos, XVI, 478, 479.
34. Krauss (Rosalind E.), *L'Inconscient optique*, traduit par Michèle Veubret, Paris, Au même titre, 2002, p. 312-315.
35. Cooper (Douglas), *Pablo Picasso. Les Déjeuners*, Paris, Cercle d'Art, 1962.
36. Baer (Brigitte), « Sept années de gravure, le théâtre et ses limites », *in Le Dernier Picasso*, Centre Pompidou, musée d'Art moderne, 1987, p. 76-106.
37. Leiris (Michel), « Le Peintre et son modèle », *in Au verso des images*, Montpellier, Fata Morgana, 1980, p. 50.
38. Gallwitz (Klaus), *Picasso Laureatues*, Lausanne, La Bibliothèque des Arts, 1971, p. 70.
39. Geelhaar (Christian), « Themen 1964-1972 », *in Picasso. Das Spätwerk*, Bâle, Kunstmuseum, 1981.
40. Parmelin (Hélène), *Picasso sur la place*, Paris, René Julliard, 1966, p. 111.
41. Malraux, *op. cit.*, p. 110.
42. Parmelin (Hélène), *Voyage en Picasso*, Paris, Robert Laffont, 1980, p. 82-83.
43. Cité par Calvo Serraller (Francisco), *in* cat. exp., *Picasso : Tradicion y vanguardia*, Madrid, Museo Nacional del Prado, Museo Nacional Centro de Arte Reina Sofia, 2006, p. 339.
44. Picasso à Roland Penrose, *in* Bernadac et Michaël, *op. cit.*, p. 160.
45. Cité par Gallwitz, *op. cit.*, p. 166.
46. Penrose (Roland), *Picasso*, traduit par Jacques Chavy et Paul Peyrelevade, Paris, Flammarion, 1982, p. 561.
47. Parmelin, *Picasso dit..., op. cit.*, p. 41.
48. Paz (Octavio), *Marcel Duchamp on the Castle of Purity*, Londres, Cape Galiard Press, 1970.
49. Parmelin, *Picasso dit..., op. cit.*, p. 83.
50. Penrose, *op. cit.*, p. 47.
51. Conversations avec Christian Zervos, 1935.
52. Leiris, (Michel), « Picasso et la Comédie humaine ou les Avatars de Gros Pied », *in Verve*, 1954 ; reproduit *in* Leiris (Michel), *Un génie sans piédestal et autres écrits sur Picasso*, Paris, Fourbis, 1992, p. 53.
53. « Vous voyez c'est la même chose ! C'est la même chose ! », propos de Picasso à Roland Penrose, *in* Penrose, *op. cit.*, p. 466.
54. « Picasso after 45 », *in Artforum*, 1966.
55. *In Arts*, n° 60, 1966, p. 40-41.
56. Parmelin, *Picasso dit..., op. cit.*, p. 120.
57. Leiris (Michel), Préface du catalogue *Le Dernier Picasso*, 1987, *op. cit.*
58. Structure dialectique que Rosalind Krauss assimile au syndrome freudien de « réaction formation ». Voir Picasso pastiche *in Picasso papers*, Cambridge, MIT Press, 1999, p. 110-111.

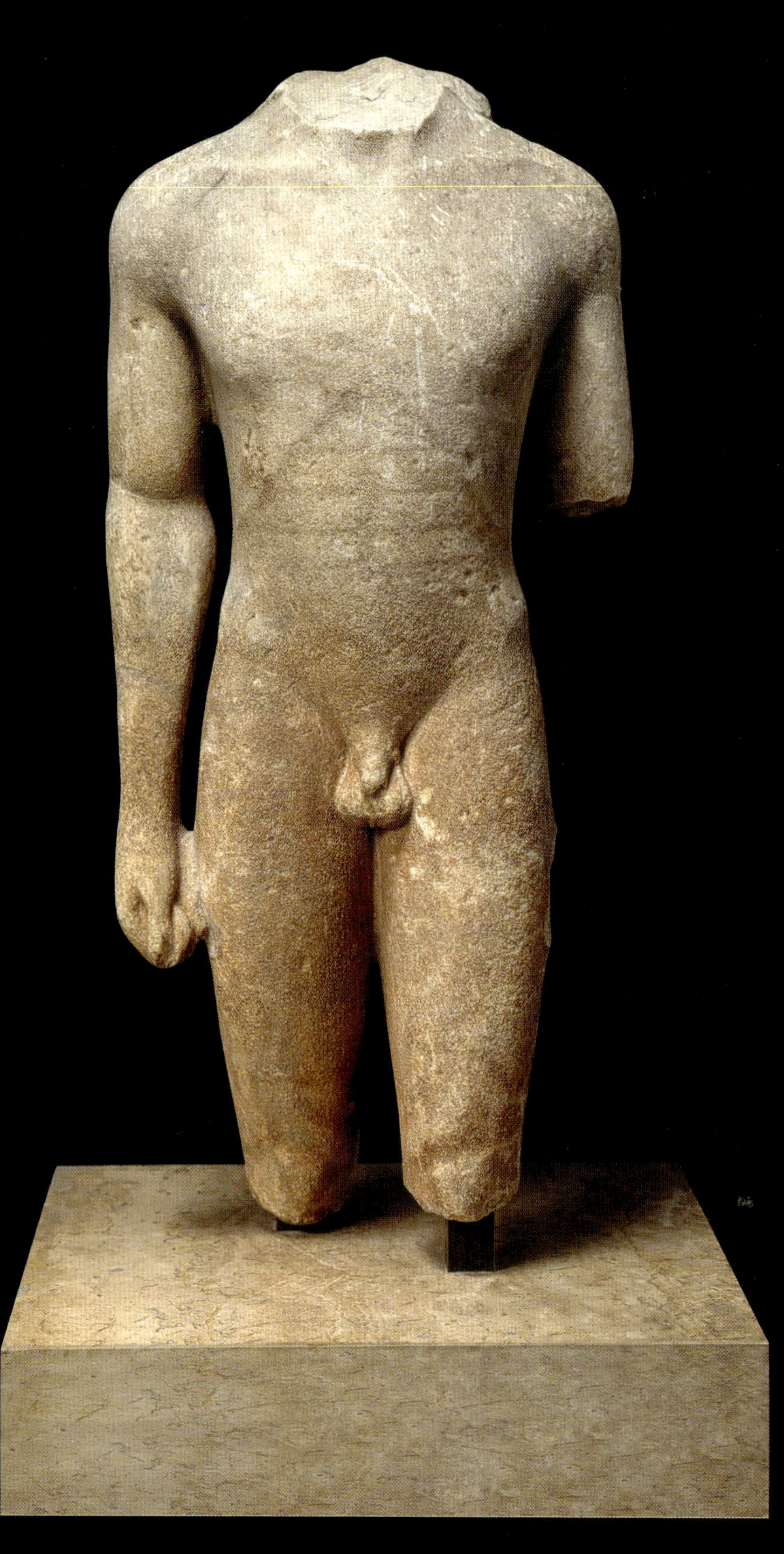

FIG. 1 ***Torse de kouros***, 570 av. J.-C.
Marbre grec
Paris, musée du Louvre

Braque me dit un jour :
« En fait, tu as toujours aimé la beauté classique. »
C'est vrai. Même aujourd'hui, c'est encore vrai.
On n'invente pas un nouveau type de beauté tous les ans.

PICASSO À RENATO GUTTUSO, 1964

PICASSO COURTISANT SA MUSE. L'ANTIQUITÉ

SUSAN GRACE GALASSI

Picasso s'est toute sa vie profondément intéressé à des œuvres d'art appartenant au passé, se confrontant à celles-ci, les transposant librement et les intériorisant. Les maîtres qui faisaient partie de son « cercle » artistique étaient de différents siècles, courants artistiques et nationalités. Mais derrière ce choix de maîtres se cachait une seule véritable maîtresse : la tradition classique, cette continuelle source d'inspiration à laquelle il puisa toute sa vie et qui fut pour lui une muse se renouvelant constamment. L'héritage de l'Antiquité, que Picasso ne cessa d'explorer, donna une impulsion fondamentale à son art qui, en retour, fit refleurir l'Antiquité à une époque avancée.

Ayant maîtrisé assez tôt le langage de l'art classique, Picasso se mit à l'étudier et à en extraire la quintessence – tout en développant ses propres idiomes – dans des œuvres s'inspirant d'époques très diverses : de la période préclassique aux courants néoclassiques qui s'étaient succédé du XVIIe au début du XXe siècle, en passant par l'Antiquité romaine et la Renaissance. En faisant sien l'esprit du classicisme, il affirma son enracinement dans le patrimoine classique méditerranéen, revenant, en s'extrayant du cercle d'artistes qui l'entourait, à quelque chose de plus intemporel et universel. Ce fut en fait souvent par l'intermédiaire de grands maîtres – de Raphaël à Cézanne – que Picasso parvint à cerner le plus clairement l'esprit de l'Antiquité. Dans cette exposition, les œuvres illustrant son rapport au classicisme au cours de trois phases de sa vie – pendant sa formation académique et son adolescence, au cours des premières années passées à Paris, puis au moment du premier après-guerre – témoignent de la place centrale que celui-ci occupe dans son art.

La tradition académique – l'étudiant passionné

Picasso découvrit l'art classique au travers de pâles reflets, à savoir des lithographies et des moulages en plâtre utilisés à des fins pédagogiques dans les écoles d'art qu'il fréquenta entre 1892 et 1897 à La Corogne, Barcelone et Madrid. En Espagne, comme en France, dessiner ces reproductions de la sculpture antique ou Renaissance faisait partie des programmes d'enseignement[1]. Cet exercice apprit à Picasso non seulement à maîtriser la perspective et le clair-obscur mais aussi à rendre la vigueur de la figure humaine. Il fit preuve, au cours de cette période de formation artistique, d'une rapidité d'assimilation et d'une précision remarquables ; il allait retenir à vie les leçons tirées de l'enseignement reçu.

Dans une étude de pied (p. 130, *Étude de pied*, 1894, collection particulière), Picasso, alors âgé de treize ans, sut rendre l'incidence du poids et du mouvement du corps

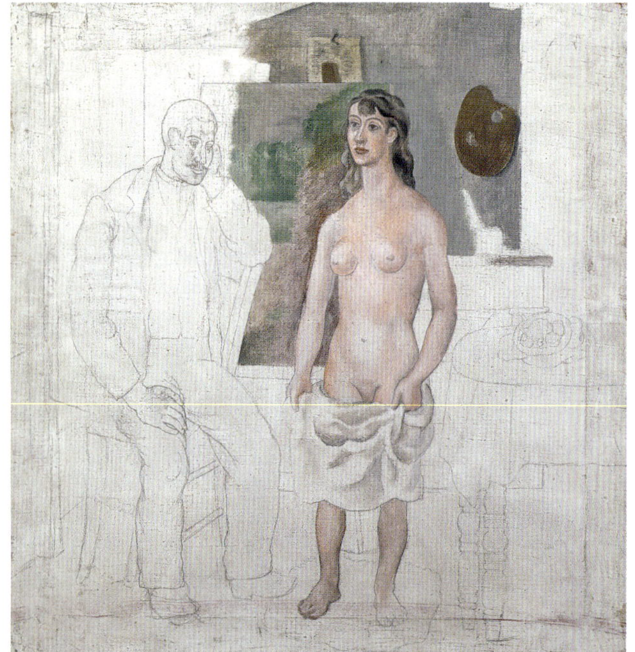

non représenté. Grâce à son pouvoir d'observation et à des effets de lumière spectaculaires, il réussit à donner étrangement vie au fragment de plâtre[2]. Dans un dessin, le torse d'une figure masculine allongée faisant partie du fronton ouest du Parthénon (p. 129, MPB 110.886), Picasso réussit à rendre de manière encore plus subtile l'élasticité de la chair et les ondulations de la musculature sollicitée. Dans une autre œuvre, le buste d'un homme aux cheveux frisés (p. 132, MPB 110.873) fut le point de départ d'un exercice portant sur l'expression du visage, une expression dont Picasso a accentué la dimension dramatique en contrastant fortement le clair et l'obscur et en ombrant les yeux au regard vide de manière à donner l'impression qu'ils fixent quelque chose. La place qu'occupe ce dessin dans la feuille montre que Picasso tentait d'explorer, un peu à la manière de Pygmalion, la limite ténue entre la représentation d'un buste sculpté et celle d'une vraie figure, une question qui allait l'intriguer toute sa vie.

Rien n'est jamais perdu dans l'art de Picasso : les fragments sculpturaux dessinés par l'artiste réapparurent, faisant alors figure d'emblèmes des arts, dans diverses natures mortes et dans le monumental *Guernica*. Ces fragments inscrivaient ainsi les nouvelles œuvres dans la continuité de l'humanisme classique sans pour autant perdre le caractère troublant qu'ils présentaient dans les dessins exécutés par l'artiste du temps où il était étudiant. Picasso conserva ses morceaux d'académie toute sa vie. C'est en se pliant à cette discipline qu'il avait pris conscience de sa virtuosité de dessinateur, un don qui le mettait mal à l'aise, comme il allait le confier plus tard à son ami Brassaï en lui montrant ses premiers dessins : « Leur minutie, leur exactitude m'effraient[3]... » Avec ses modèles – des répliques en plâtre d'œuvres grecques connues au travers de copies romaines –, Picasso se trouva pour la première fois confronté à la dimension créatrice de l'imitation. Comme l'ont noté Beard et Henderson, « les deux mondes constitués respectivement par la Grèce hellénistique et la Rome antique prisèrent, développèrent et repensèrent les mêmes canons en matière d'œuvres d'art et de répertoires stylistiques, trouvant leurs propres espaces d'expression à l'intérieur du labyrinthe de la reproduction[4] ». Picasso mit ce principe en application dans les dessins qu'il fit précisément de ces objets, allant au-delà de l'imitation apparemment recherchée et exerçant sa propre créativité dans le cadre même de la copie, comme il allait le faire par la suite dans ses variations sur des œuvres de maîtres anciens[5].

Ce fut aussi la découverte précoce de quelques-uns des artistes de son Espagne natale qui permit à Picasso de trouver son propre rapport à la tradition classique. Admis à la prestigieuse Académie royale de San Fernando à Madrid en 1897, il ne tarda pas à trouver les cours académiques limitatifs ; il passa alors le plus clair de son temps à dessiner d'après modèle vivant et à copier des tableaux au musée du Prado. Vélasquez, El Greco et Goya avaient tous été formés dans la tradition classique mais, comme Jonathan Brown l'a noté, ils ne l'avaient utilisée qu'à des fins d'expressivité et s'en étaient sinon affranchis, développant leur art dans des directions en rupture avec les critères de beauté et les thèmes nobles du classicisme[6]. L'exemple libérateur de ces maîtres ayant réagi au classicisme inspira à Picasso un profond respect pour l'école espagnole et lui fit entrevoir la liberté avec laquelle il allait pouvoir continuer à appréhender la tradition classique, subvertissant ses codes tout en les conservant, et se débarrassant des rigidités de l'Académie tout en mettant au point des langages formels personnels.

La première période classique de Picasso : archéologie, fouilles et interprétation

Le classicisme était dans l'air du temps dans les premières années du XXe siècle tant à Paris qu'à Barcelone, et notre jeune Espagnol, qui vécut dans l'une et l'autre de ces deux villes de 1900 à 1904, y fut sensible. Au cours de ses premières années passées à Paris, Picasso eut pour la première fois l'occasion de mesurer tout l'impact de l'art antique grâce aux originaux exposés au musée du Louvre, qui était alors non seulement un des plus grands dépositaires d'antiquités mais aussi l'épicentre du développement de l'archéologie puisque le musée finançait des fouilles et présentait les pièces mises au jour[7]. Dans ses galeries, Picasso découvrit des objets d'une variété et d'une fraîcheur prodigieuses – reliefs, stèles funéraires, pièces de monnaie, peintures murales et statues –, originaires de tout le pourtour méditerranéen et datant de l'ère préclassique à l'époque romaine. L'artiste Ardengo Soffici allait par la suite se rappeler avoir souvent vu Picasso, au Louvre, dans la section des antiquités, « où il allait et venait à grands pas, parcourant les salles des antiquités égyptiennes et phéniciennes tel un chien de chasse ayant flairé du gibier[8]... »

L'amitié de Picasso pour le poète Guillaume Apollinaire, dont il fit la connaissance à la fin de 1904 ou au début

FIG. 2 **PABLO PICASSO**
Le Peintre et son modèle, 1914
Huile et crayon sur lin
H. 58 cm ; L. 56 cm
Paris, musée Picasso

de 1905, lui permit d'entrer en relation avec le cercle plus vaste des peintres, sculpteurs et figures littéraires d'avant-garde qui, tant à Paris qu'à Barcelone, cherchaient également à renouer avec la tradition latine du monde méditerranéen tout en créant, pour le XXe siècle, un nouvel art universel[9]. Picasso entra en contact, par l'intermédiaire d'Apollinaire, avec le poète et critique Jean Moréas, chef de file de l'école romane, un mouvement qui prônait un retour au classicisme, en grande partie en réaction au symbolisme. Le nouveau venu dans la capitale mondiale de l'art fut par ailleurs sensible à la peinture intemporelle des post-impressionnistes et des symbolistes, qui avait ses règles mais aucun relent d'académisme. À la galerie Vollard et aux nombreuses éditions du Salon des indépendants et du Salon d'automne de 1904 à 1907, Picasso s'imprégna des évocations poétiques d'un âge d'or perdu dues à Puvis de Chavanne, des arcadies tahitiennes de Gauguin, des nus monumentaux de la période tardive de Renoir, et des baigneuses et baigneurs de Cézanne. Les œuvres de l'artiste néo-classique Ingres, présentées dans une grande rétrospective au Salon d'automne de 1905, furent également une révélation pour Picasso et sa génération. Ingres, dont l'art était souvent d'un pur classicisme à la limite de l'académisme, avait avec beaucoup de subtilité fait fi des règles du dessin classique, allongeant les membres de ses figures et jouant avec les proportions pour plus d'expressivité. L'exemple d'Ingres, bousculant les principes du classicisme tout en y adhérant allait avoir une profonde influence sur Picasso, notamment sur le développement de son œuvre cubiste et de son néoclassicisme d'après-guerre, une influence que préfigure cette première période.

Picasso participe alors au dialogue sur le classicisme au travers d'un tableau audacieux, *Garçon conduisant un cheval* (1905-1906, p. 135). Ce jeune adolescent nu se rattache, par son hiératisme et la teinte ocre de sa peau, à la nouvelle vogue de l'art archaïque, et fait spécifiquement référence au *kouros* grec, dont Picasso devait avoir vu plusieurs exemplaires au Louvre (fig. 1). La superposition de plusieurs autres références est caractéristique de l'artiste. *Le Grand Baigneur* de Cézanne de 1885 est souvent cité comme une des sources d'inspiration que les contemporains de Picasso devaient être en mesure d'identifier[10]. Picasso semble par ailleurs s'être tourné vers *Saint Martin et le Mendiant* d'El Greco (p. 134) pour la disposition des quatre pattes du cheval et des deux jambes du jeune garçon[11]. L'œuvre composite de Picasso qui, en dehors de ses références explicites à la statuaire archaïque et à Cézanne, fait aussi subtilement écho à El Greco, s'avère être une déclaration d'intention : une figure héroïque, dans le plus simple appareil, s'engage d'un pas affirmé dans un vaste territoire inexploré.

Si le *Garçon conduisant un cheval* semble annoncer le début d'une aventure esthétique en terrain inconnu, les tableaux que Picasso peignit à l'été 1906, au cours des dix semaines idylliques qu'il passa loin de tout dans le village pyrénéen de Gósol, font davantage penser à un aboutissement. Une parfaite harmonie émane d'un nu féminin monumental (p. 141, *Le Grand Nu debout*), dans lequel on passe sans heurt de l'idéalisation des formes à la spécificité du modèle, la muse de l'artiste dans la vie réelle et son premier grand amour, Fernande Olivier, qui fut sa compagne à Gósol. L'aspect schématique du visage dépersonnalise le modèle et le fait apparaître intemporel, tandis que certains traits, comme la longueur du nez, ou la couleur auburn des cheveux permettent au contraire de l'identifier. Le *contrapposto* et la position des mains, que cette femme tient modestement croisées devant elle, la transforment en une *Venus pudica*, à la fois sensuelle et ingénue. Formes et sentiments convergent dans une œuvre qui transcende ses sources tant antiques que modernes. La lueur rosée du fond est un hommage rendu par l'artiste à la terre rouge de son paradis terrestre, mais aussi à sa déesse sur terre, qui incarne l'atmosphère du lieu.

Suite à la découverte de plus en plus d'aspects de la culture matérielle du monde antique, le goût pour le haut classicisme et l'hellénisme, depuis longtemps en vogue, recula de plus en plus au profit de l'élémentarité des formes et de l'immédiateté du message de l'art archaïque. Avant de partir pour Gósol, Picasso avait été très frappé par des objets qui, récemment mis au jour, étaient exposés au Louvre. Il s'agissait de sculptures des VIe et Ve siècles av. J.-C. provenant d'Osuna et du Cerro de los Santos, deux sites proches de Málaga, sa ville natale[12]. Les vestiges de l'âge du fer découverts en Andalousie offraient à sa peinture en continuelle évolution des racines encore plus anciennes. Picasso allait par la suite reconnaître que l'influence de l'art ibérique antique ne fut pas étrangère à son orientation vers un art plus abstrait, plus conceptuel, qui atteignit son paroxysme en 1907 avec son œuvre charnière, *Les Demoiselles d'Avignon*[13].

Pour *La Coiffure* (p. 137), une œuvre commencée avant le séjour de Picasso à Gósol et achevée après son retour à Paris en août 1906, l'artiste se détourna de sa gracieuse muse attique, lui préférant une cousine provinciale plus âgée et originaire de la péninsule : ses formes ingénues coïncidaient avec le désir de Picasso de redonner vie au

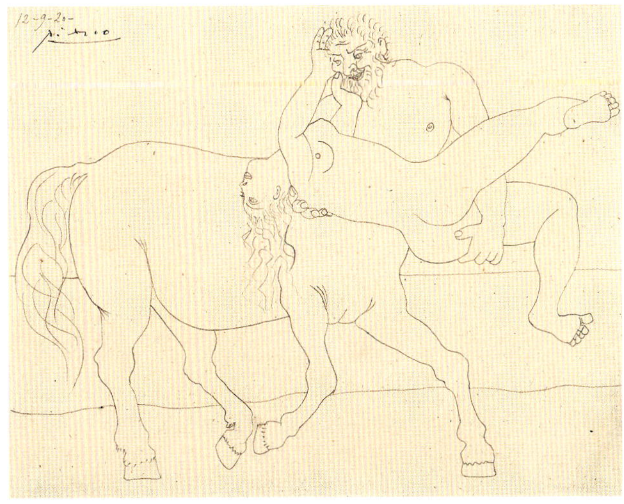

FIG. 3 **PABLO PICASSO**
Nessus et Déjanire, 9 septembre 1920
Mine de plomb sur papier
H. 21 cm ; L. 26 cm
New York, Museum of Modern Art, leg Lillie P. Bliss

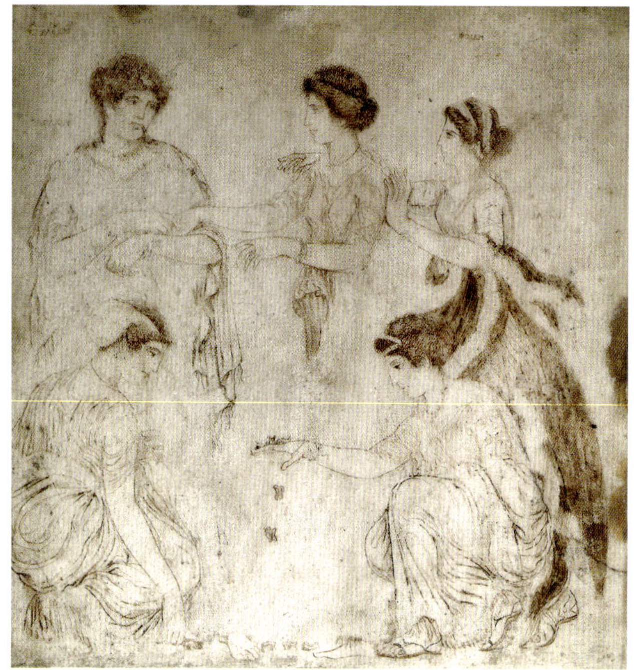

naturalisme. Le thème de ce tableau, récurrent dans l'œuvre de Picasso (voir, par exemple, *Femmes à la toilette* de 1956), est lié à celui de la toilette de Vénus et remonte à l'Antiquité et à la Renaissance. Si Picasso acheta dans les années 1930 *La Coiffure* de Renoir (1900-1901, p. 136), ce fut sans aucun doute en raison de son attachement à ce sujet et de l'admiration qu'il vouait à cet artiste[14]. Dans la toile de Picasso, la femme assise et la servante debout, qui portent des vêtements de campagnarde, semblent tout droit sorties du *Bain turc* d'Ingres[15] (voir fig. 1, p. 72). Le petit garçon nu fut ajouté ultérieurement pour les besoins de la traditionnelle composition pyramidale (peut-être doit-on y voir un Cupidon jouant à côté d'une Vénus en habit de paysanne). Le visage de la servante, semblable à un masque, rappelle vaguement des exemples de sculpture antique ibérique, tandis que le profil de la femme assise, dénué de traits, le bourrelet lui tenant lieu d'oreille, son cou épais et court, son dos massif et le bloc que forme sa main sont, de la part de l'artiste, autant de tentatives créatives visant à s'approprier le style antinaturaliste de ses lointains ancêtres. La facture abrupte de Picasso fait écho à l'absence de raffinement de leurs œuvres, qui constitue leur marque d'authenticité. *La Coiffure* reflète l'intérêt porté par Picasso au jeune mouvement catalan du noucentisme, visant à renouveler l'art dans l'esprit du classicisme. Pour les artistes et écrivains noucentistes, l'image de cette femme du terroir, très robuste, finit par symboliser, comme McCully l'a noté, la culture catalane dans son ensemble[16].

Les leçons que Picasso tira du classicisme français et de l'anticlassicisme espagnol, associées à la connaissance qu'il avait de l'art occidental classique et préclassique mais aussi de l'art non occidental, l'amenèrent, au cours des huit années suivantes, à effectuer sur le plan créatif de gigantesques bonds, qui se traduisirent par une succession de phases artistiques : de l'art africanisant au collage en passant par le cubisme analytique puis synthétique. Il se mit même à analyser et à recréer la dimension illusoire de l'art figuratif. Et pourtant, Picasso percevait ces idiomes, en dépit de leur radicalité, comme fondamentalement liés à la manière dont il avait été formé : « Le cubisme s'est maintenu dans les limites et les limitations de la peinture, sans jamais prétendre aller au-delà. Le cubisme comprend et utilise le dessin, la composition et la couleur dans le même esprit et de la même manière que toutes les autres écoles[17]. »

Des témoignages de l'Antiquité

Lorsque la première guerre mondiale éclata, le cubisme était devenu la *lingua franca* de l'avant-garde, mais Picasso n'avait nullement envie de devenir le chef de file d'une école. Tout en continuant dans la veine du cubisme synthétique, il chercha de nouvelles voies et, à la grande consternation des artistes d'avant-garde, revint curieusement au naturalisme. Ce retour fut annoncé par *Le Peintre et son modèle* (fig. 2), une œuvre créée par l'artiste au cours des cinq mois passés à l'été et l'automne 1914 à Avignon, en Provence, avec sa compagne Eva Gouel[18]. Cézanne (natif d'Aix-en-Provence, non loin d'Avignon), semblable à ces hommes du Midi qu'il a peints en fumeurs ou joueurs de cartes dans ses tableaux, y est représenté assis dans l'atelier du peintre. Le bleu du mur, le paysage posé sur le chevalet et peut-être même la nature morte, constituée d'une coupe de fruits et d'une nappe, peuvent être perçus comme autant d'allusions à cet artiste. La forme sculpturale et la pose conventionnelle du nu féminin de robuste constitution – inspiré de la compagne de l'artiste –, confirment la filiation, via Ingres, avec la *Vénus de Milo*, que Picasso avait découverte au cours de ses études au travers d'une réplique en plâtre (p. 128, MPB 110.876). C'est avec ce tableau, dans lequel il partage un atelier avec Cézanne – dont il disait : « il est comme notre père à nous tous[19] » –, que Picasso revint aux racines classiques et modernes de son art. Pourtant, la distance tant psychologique que stylistique entre les figures dans le sacro-saint espace de l'atelier semble suggérer le désarroi de Picasso au moment où, en pleine période de bouleversement, il se tournait de nouveau vers d'anciennes valeurs.

Entre les deux guerres, Picasso produisit une grande diversité d'œuvres de style classique, révélant la place de plus en plus importante que prit l'Antiquité pendant toute sa période de maturité. Il adopta une approche libératrice, souvent humoristique, inventant, dans des œuvres s'inspirant de sources antiques ou Renaissance très diverses, des styles tout aussi variés, autrement dit un classicisme « typiquement moderne[20] », pour reprendre l'expression d'Otto Brendel. La démarche qui avait consisté, au cours de sa première période classique, à aller fouiller jusque dans les fondations de l'art, cédait alors la place à un intérêt plus vaste porté à la cohésion de l'art, de l'Antiquité à nos jours.

Le classicisme de Picasso du premier après-guerre dut en grande partie sa forme à une connaissance directe des vestiges de l'Antiquité et de la Renaissance acquise dans

FIG. 4 **APOLLONIOS D'ATHÈNES**
Les Joueurs d'astragales, Début du Ier siècle apr. J.-C.
Marbre peint d'Herculanum
Naples, Museo Archeologico Nazionale

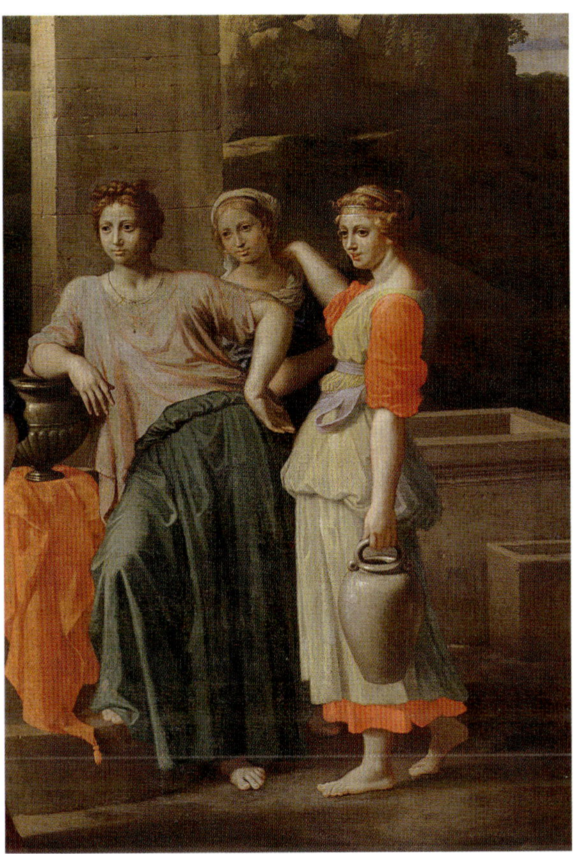

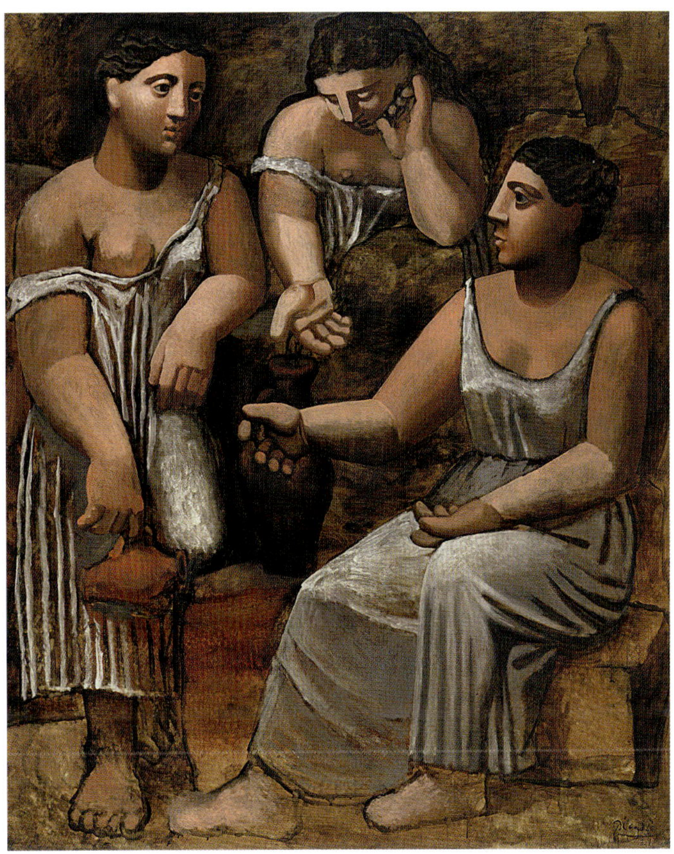

divers villes et musées, ainsi que sur les sites archéologiques de Rome, Florence, Pompéi, Herculanum et Naples lors d'un premier séjour en Italie à l'hiver et au printemps 1917. À cette époque, Picasso fut aussi sensible au grand « retour à l'ordre » qui fit suite en France au désordre de la guerre, ainsi qu'à la violente réaction conservatrice qui, dans son désir de combattre les excès d'expérimentation dans le domaine de l'art, visait tout particulièrement le cubisme[21]. Parmi les autres raisons souvent invoquées pour expliquer le néoclassicisme d'après-guerre de Picasso figurent : le vif intérêt que son nouveau marchand d'art, Paul Rosenberg, portait à la tradition classique française et la préférence qu'il accordait aux œuvres figuratives de l'artiste ; la participation de Picasso aux représentations des Ballets russes de Serge de Diaghilev en tant que décorateur et costumier ; son mariage en 1918 avec la ballerine russe Olga Khokhlova et l'influence du profil classique de cette femme ; ses liens d'amitié avec l'écrivain André Gide et le poète Jean Cocteau ainsi qu'avec les musiciens Erik Satie et Igor Stravinsky, qui cherchaient à insuffler à leurs œuvres modernes expérimentales la clarté et l'ordonnance du classicisme, et ce, souvent par le biais de pastiches ; ses contacts permanents, enfin, avec des artistes et des écrivains du mouvement catalan noucentiste[22].

Les séjours fréquents de Picasso sur la côte méditerranéenne, où il pouvait respirer l'air de l'Antiquité, nourrirent aussi son classicisme d'après-guerre. Dans *Nessus et Déjanire* (fig. 3), un des six dessins inspirés d'un des récits des *Métamorphoses* d'Ovide que Picasso exécuta lors de vacances à Juan-les-Pins avec Olga, les lignes sont d'une fluidité rappelant les décors des vases grecs ou ceux gravés au revers des miroirs étrusques. Une ligne de contour rend à elle seule la voluptueuse rotation du corps de la nymphe. Pour la tête de Nessus, Picasso semble s'être inspiré des traits du satyre Silène prêtés à Socrate dans le célèbre buste du philosophe[23]. Contrastant avec le regard lascif du centaure et parodiant le détachement lisible sur les visages dans l'art classique, la mine totalement dénuée d'expression de Déjanire produit un effet comique. Dans une peinture exécutée le même été (*Baigneuses regardant un avion*, 1920), Picasso adopta un mode sculptural. Les baigneuses nues ont voyagé dans le temps, passant du confinement du *Bain turc* d'Ingres à la Côte d'Azur. Leurs disproportions sont une allusion aux libertés que ce maître du néoclassicisme prenait avec l'anatomie et font songer aux figures plus primitives des *Cinq baigneuses* de Cézanne, un tableau auquel *Les Demoiselles d'Avignon* de Picasso (fig. 2, p. 62) doivent beaucoup[24].

Après la mort de Renoir en 1919, Picasso peignit souvent des nus massifs comme s'il cherchait, dans un esprit collégial, à poursuivre l'œuvre du maître. La *Baigneuse assise dans un paysage* de Renoir connue sous le nom d'*Eurydice* (p. 146), que Picasso acheta à Paul Rosenberg vers 1920, semble avoir été le point de départ de sa *Grande baigneuse de 1921*[25] (p. 147). Dans celle-ci, Picasso élimina cependant la touche visible de Renoir, le décor naturel et les références à la Renaissance vénitienne, transformant la figure en un colosse des temps lointains. Sa chair prend

FIG. 5 **NICOLAS POUSSIN**
Éliézer et Rébecca (détail), 1648
Huile sur toile
H. 118 cm ; L. 199 cm
Paris, musée du Louvre

FIG. 6 **PABLO PICASSO**
Trois femmes à la fontaine, Fontainebleau, été 1921
Huile sur toile
H. 203,9 cm ; L. 174 cm
New York, The Museum Of Modern Art

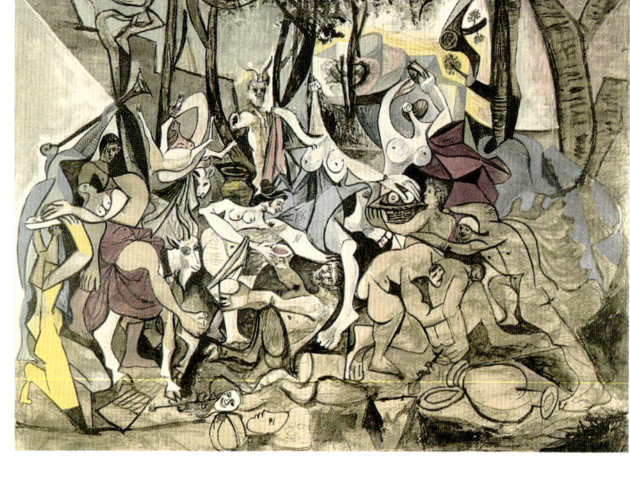

l'aspect moulé et le fini mat de la terre cuite sous l'effet même de sa monumentalisation (les sculptures du fronton est du Parthénon et les peintures murales de Pompéi pourraient aussi avoir servi de sources d'inspiration[26]). Les parties disproportionnées du corps et le cadrage très serré de la figure contribuent à donner l'impression qu'elle va repousser les limites du tableau. Mais Picasso n'affirme-t-il pas un peu trop haut et fort la vitalité de la tradition classique ? On sent dans ses visions grandioses de l'Antiquité un peu de l'ennui de celui qui est arrivé trop tard, un ennui qui n'est pas sans rappeler *Le Désespoir de l'artiste devant la grandeur des ruines antiques*, l'œuvre d'Henry Fuseli de 1799 représentant un artiste qui, assis devant une main et un pied colossaux, se tient la tête d'une main.

Une atmosphère élégiaque règne dans la première des deux versions de *Trois femmes à la fontaine*[27] (p. 145), une œuvre extraordinaire exécutée à la sanguine sur une toile de grande dimension. Le dessin fait partie d'un groupe de chefs-d'œuvre « de style antique » réalisés par Picasso au cours de l'été 1921, que l'artiste passa à Fontainebleau avec Olga Khokhlova et leur tout jeune fils Paulo. La composition triadique, le vêtement classique et les poteries plantent le décor qui n'est autre que le monde antique. La forme presque carrée des figures et leur teinte d'un riche brun – qui ressort sur le fond blanc – rappellent une scène de la vie quotidienne peinte sur un marbre du Ier siècle apr. J.-C. découvert à Herculanum (fig. 4), que Picasso devait avoir vu au musée archéologique de Naples. Les formes sculpturales et les gestes figés des lourdes figures de Picasso sont cependant plus proches de l'esprit des stèles funéraires grecques et romaines[28]. On pense généralement que l'œuvre ayant directement servi de source d'inspiration à Picasso pour ces *Trois femmes* (fig. 6) fut la célèbre toile de Poussin *Éliézer et Rébecca* (fig. 5), qu'Ingres et d'autres artistes admiraient beaucoup[29]. Picasso a extrait trois figures de la moitié droite de cette peinture composée comme une frise, et les a recréées dans le style des reliefs antiques dont s'inspirait précisément l'art classicisant de Poussin. Le thème biblique de l'original a été écarté par Picasso au profit d'un sujet classique intemporel, celui de femmes prenant de l'eau à une fontaine[30], et les formes harmonieuses des figures de Poussin ont été soumises à un traitement moderne plus discordant. Entre la sanguine de Picasso et ses sources d'inspiration antiques plane le fantôme des moulages d'après l'antique de l'époque où il était encore étudiant.

Lorsqu'il acquit son château à Boisgeloup en 1930, Picasso accrocha ce chef-d'œuvre dans son atelier, où sa présence peut être mise en relation avec le grand projet sculptural commencé en 1931. En mêlant tous les âges au sien et en créant des interactions entre la sculpture, la peinture et le dessin, Picasso affirmait dans cette œuvre magnifique la vitalité de la tradition classique, ce langage qui, à la base de l'art figuratif, n'a cessé d'évoluer au fil du temps.

Épilogue

Au cours des jours de liesse ayant fait suite à la Libération de la France en août 1944, Picasso se tourna de nouveau vers l'Antiquité au travers de Poussin, utilisant cette fois l'une de ses bacchanales – *Le Triomphe de Pan* (p. 253) – comme point de départ d'une variation cubiste biomorphe (fig. 7). Dans cette gouache, il a exhumé la dimension dionysiaque de la tradition classique en écho à l'euphorie ayant brusquement fait irruption sous ses fenêtres. Au milieu de cette exaltation, une bacchante à la longue chevelure onduleuse – Françoise Gilot – marque le rythme en frappant sur un tambourin. Comme d'autres auparavant, le nouvel amour de Picasso devient l'incarnation vivante de la tradition classique, son éternelle muse et maîtresse[31].

Traduit de l'anglais par Lydie Echassériaud.

FIG. 7 **PABLO PICASSO**
Bacchanale d'après « Le Triomphe de Pan » de Poussin, 24-28 août 1944
Gouache et aquarelle sur papier
H. 30,5 cm ; L. 40,5 cm
Localisation inconnue

1. Pour en savoir plus sur le sujet, voir Staller (Natasha), *A Sum of Destructions : Picasso's Cultures and the Creation of Cubism*, New Haven et Londres, Yale University Press, 2006, p. 83-105. Voir aussi une étude qui, consacrée aux sources d'inspiration antiques de Picasso, fait aujourd'hui autorité : Mayer (Susan), *Ancient Mediterranean Sources in the Works of Picasso, 1892-1937*, thèse de doctorat, Institute of Fine Arts, New York University, 1980, chapitre II, p. 29-41.
2. Staller, *op. cit.*, p. 92.
3. Brassaï (Georges), *Conversations avec Picasso*, Paris, Gallimard, 1964, p. 107.
4. Beard (Mary) et Henderson (John), *Classical Art : from Greece to Rome*, Oxford, Oxford University Press, 2001, p. 100.
5. À propos de l'imitation comme processus créatif, voir Brendel (Otto J.), « The Classical Style in Modern Art », *in* Oates (Whitney) [éd.], *From Sophocles to Picasso : The Present-Day Vitality of the Classical Tradition*, Bloomington, Indiana University Press, 1962.
6. Voir Brown (Jonathan), « Picasso and the Spanish Tradition of Painting », *in* Brown (Jonathan) [éd.], *Picasso and the Spanish Tradition*, New Haven et Londres, Yale University Press, 1996.
7. Voir Barber (Robin), « Classical Art: Discovery, Research and Presentation, 1890-1930 », *in* Cowling (Elizabeth) et Mundy (Jennifer) [dir.], *On Classic Ground : Picasso, Léger, De Chirico and the New Classicism 1910-1930*, Londres, Tate Gallery, 1990.
8. Ardengo Soffici, texte cité dans McCully (Marilyn), *Picasso : The Early Years, 1892-1906*, Washington DC, National Gallery of Art, 1997, p. 49. Texte original dans Soffici (Ardengo), *Ricordi di vita artistica e letteraria*, Florence, Vallecchi, 1942.
9. Voir Blunt (Anthony) et Pool (Phœbe), *Picasso : The Formative Years*, Londres, Studio Books, 1962, p. 23. Pour en savoir plus sur les liens entre les deux hommes, voir Read (Peter), *Picasso & Apollinaire : The Persistence of Memory*, Berkeley, University of California Press, 2008.
10. En octobre 1906, soit peu après l'exécution de cette œuvre par Picasso, Cézanne mourut ; une grande rétrospective lui fut consacrée au Salon d'automne de 1907.
11. Voir Richardson (John) et McCully (Marilyn), *Vie de Picasso. 1881-1906*, traduit de l'anglais par William O. Desmond, Paris, Le Chêne, 1992, p. 427.
12. Richardson précise, dans son ouvrage de 1991 (*op. cit.*, p. 428), que les pièces mises au jour furent exposées au Louvre entre 1902 et 1906. Voir aussi Barber, *in* Cowling et Mundy, *op. cit.*
13. Voir Sweeney (James Johnson), « Picasso and Iberian Sculpture », *The Art Bulletin*, vol. XXIII, n° 3, septembre 1941, p. 191-198.
14. Seckel-Klein (Hélène), *Picasso collectionneur*, Paris, Réunion des musées nationaux, 1998, p. 208, n. 20, mentionne l'existence d'une photographie qui date de février 1937 et dans laquelle la sanguine apparaît dans l'atelier de Picasso. Je remercie Marilyn McCully de m'avoir fourni cette indication.
15. Daix (Pierre), Boudaille (Georges) et Rosselet (Joan) [éds.], *Picasso 1900-1906. Catalogue raisonné de l'œuvre peint*, Neuchâtel, Éditions Ides et Calendes, 1988, p. 274.
16. McCully (Marilyn), « Mediterranean Classicism and Sculpture in the Early Twentieth Century », *in* Cowling et Mundy, *op. cit.*, p. 330. Pour en savoir plus sur ce mouvement et le positionnement de Picasso par rapport à celui-ci, voir cet essai dans son intégralité.
17. Bernadac (Marie-Laure) et Michael (Androula) [éds.], *Picasso. Propos sur l'Art*, Paris, Gallimard, collection « Art et Artistes », 1998, p. 20.
18. Voir Cowling (Elizabeth), *Picasso : Style and Meaning*, Londres, Phaidon, 2002, p. 268.
19. Voir Brassaï, *op. cit.*, p. 99.
20. Brendel, *op. cit.*, p. 73.
21. Voir à ce sujet Silver (Kenneth), *Esprit de corps : The Art of the Parisian Avant-Garde and the First World War, 1914-1925*, Princeton, Princeton University Press, 1989 ; et Green (Christopher), *Art in France : 1900-1940*, New Haven, Yale University Press, 2000.
22. Voir, entre autres, Blunt et Pool, *op. cit.* ; Mayer, *op. cit.* ; Cowling et Mundy, *op. cit.* ; et Richardson, *op. cit.*, vol. II et III.
23. Osborne (Robin), *Archaic and Classical Greek Art*, Oxford, Oxford University Press, 1998, ill. p. 239.
24. À propos de l'acquition par Picasso en 1957 des *Cinq baigneuses* de Cézanne (1877-1878), voir Seckel-Klein, *op. cit.*, p. 78.
25. *Ibid.*, p. 202-204.
26. Cowling 2002, *op. cit.*, p. 421, mentionne en particulier, sur le fronton est du Parthénon, les statues massives de Léto et Dioné, que Picasso devait avoir vues au British Museum lors d'un voyage à Londres en 1919.
27. La seconde version, plus connue, est l'huile sur toile conservée au Museum of Modern Art, à New York.
28. Hélène Lassalle donne l'exemple d'une œuvre conservée au Louvre dans un texte intitulé « Picasso et le Mythe antique », *in Antiquités imaginaires : la référence antique dans l'art moderne de la Renaissance à nos jours*, actes de la table ronde du 29 avril 1994, Paris, Presses de l'École normale supérieure, 1996, p. 227, ill. p. 228.
29. Selon Christopher Green, cette œuvre fut une des sources d'inspiration du *Grand déjeuner* peint en 1921 par Fernand Léger. Voir Green, *op. cit.*, p. 208.
30. Comme l'a noté Lassalle (*op. cit.*, p. 227). Voir aussi Silver (*op. cit.*, p. 278), qui établit un lien entre *Trois femmes à la fontaine* et *La Source*.
31. J'aimerais remercier Marie-Laure Bernadac et Anne Baldassari de m'avoir invitée à participer à ce projet et Nicolas Chirat de ses conseils. Je remercie mon collègue Colin B. Bailey de son chaleureux soutien, et Marilyn McCully de ses remarques judicieuses. Je remercie tout particulièrement Joanna Sheers, conservatrice adjointe, de ses précieuses recherches et suggestions ainsi que de l'attention qu'elle a apportée à la relecture de ce texte.

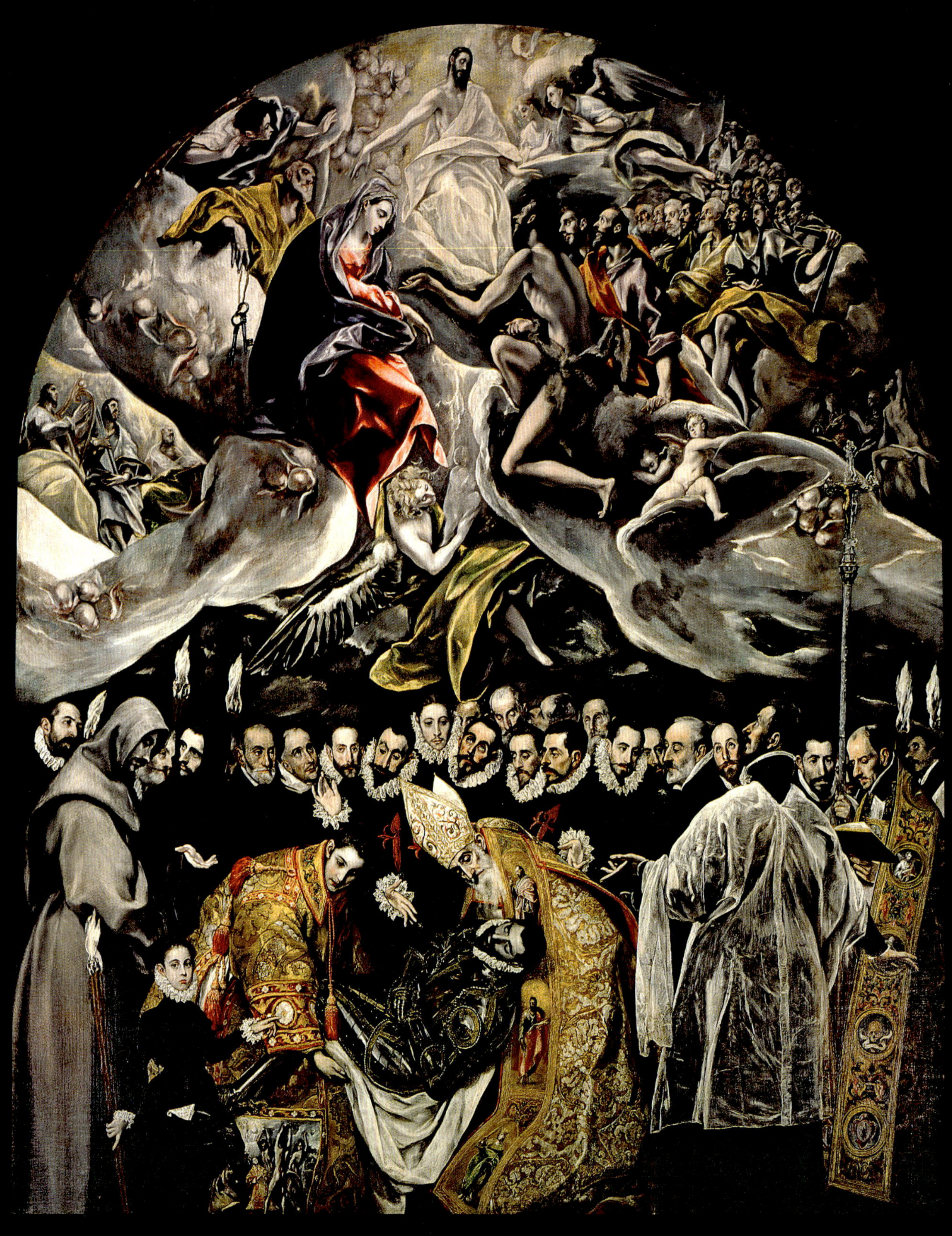

FIG. 1 **EL GRECO (DOMÊNIKOS THEOTOKOPOULOS, DIT)**
L'Enterrement du comte d'Orgaz, 1586
Huile sur toile
H. 480 cm ; L. 360 cm
Tolède, église de Santo Tome

PICASSO ET L'ÉCOLE ESPAGNOLE

FRANCISCO CALVO SERRALLER

À l'appui de l'histoire

Cent vingt-sept ans, c'est à dire plus d'un siècle, se sont écoulés depuis la naissance de Pablo Picasso, et environ trente cinq ans depuis sa mort, à quatre-vingt douze ans, à Mougins. Ce laps de temps offre une perspective suffisante non seulement pour mieux apprécier l'importance et le sens de son ample production artistique mais aussi pour juger de la nature révolutionnaire de celle-ci, et surtout de son caractère exemplaire de rupture au sein de l'avant-garde historique du XXe siècle, dont il est le chef de file incontesté.

En fait, jusqu'à une date très récente, Picasso a été considéré comme le plus illustre modèle de champion de l'avant-garde contemporaine. Non seulement parce qu'il a forgé aux côtés de Georges Braque le cubisme, courant qui ouvrit les portes d'une transformation complète du langage artistique occidental hérité tout d'abord de la Renaissance, elle-même issue de l'ancienne tradition classique vieille de vingt-cinq siècles d'histoire, mais aussi parce qu'il n'a cessé lui-même de changer de style, parfois même simultanément.

Ce tourment novateur, cette inquiétude créatrice qui caractérisèrent Picasso furent logiquement perçus par ses différents contemporaisns comme une irrépressible furie destructrice de la tradition artistique. Il n'est donc pas étonnant que ce personnage inquiétant soit considéré depuis les perspectives les plus diverses, outre les perspectives artistiques, comme le prototype de la dévastation moderne.

Cependant, au fil du temps, cette vision unilatéralement réductrice de l'action corrosive de Picasso et de tout ce qu'elle représentait en général a peu à peu changé bien même avant sa mort à un âge avancé et enviable.

En ce sens, il n'existe pas à ma connaissance de jugement critique qui remette en question sa vitalité créatrice et destructrice ou, si l'on préfère, son pouvoir ou sa capacité de changement et d'innovation avant la deuxième moitié du XXe siècle, alors que Picasso était déjà septuagénaire, ce qui montre combien sa trajectoire fut déconcertante.

Si jusqu'au milieu des années soixante, personne, dans les rangs des critiques d'avant-garde, n'osa publier un article négatif ou réticent sur Picasso concernant l'œuvre produite au cours de la longue étape finale de sa vie, la mort de l'artiste en 1973 trancha la question et commença alors une « remythification » retentissante qui dure encore aujourd'hui. Quoi qu'il en soit, à partir des grandes rétrospectives organisées pour célébrer le centenaire de l'artiste en 1981, un changement de perspective s'imposa. En effet, après la mort du créateur, il devenait impossible de dresser des bilans uniquement en termes d'histoire ou de chronique du passé. Par ailleurs, à l'époque du décès de l'artiste, on assista à la crise définitive du modèle canonique de l'avant-gardisme artistique, conçu comme une succession linéaire de mouvements novateurs. Cela se traduisit dans la dérive incontrôlée, erratique, de la nouvelle pratique artistique, prise en tenaille qui plus est entre le marché et les institutions. Il fallut par conséquent repenser et réorganiser tout le paysage de l'histoire de l'art de

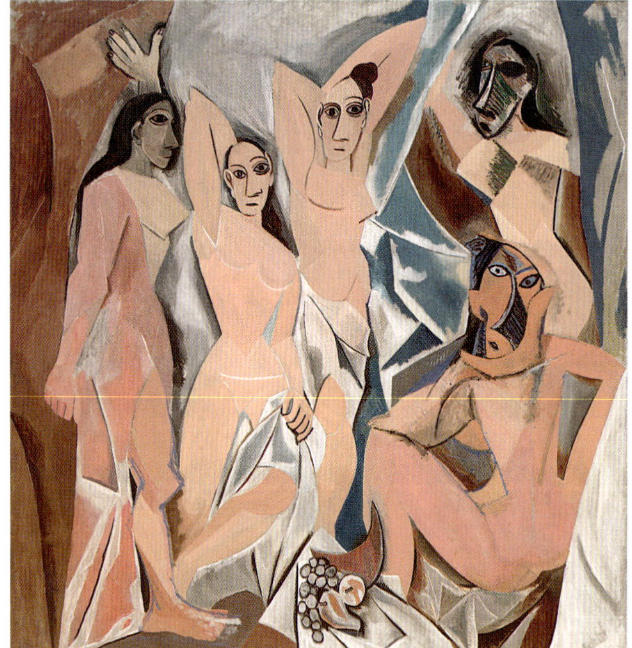

notre époque que plus personne n'accepte d'enfermer dans les « ismes ». Bien que ce changement de perspective n'ait pas pour le moment affecté l'appréciation de l'œuvre de Picasso dans son ensemble, il a profondément modifié la façon de l'aborder. La principale nouveauté dans ce domaine a consisté à analyser sa trajectoire d'un point de vue historiciste. D'une certaine façon, la mise en perspective historique a toujours été inévitable pour juger l'œuvre de Picasso. Sinon, comment et par rapport à quoi aurait-on pu reconnaître sa capacité d'innovation ? Cependant, paradoxalement, de son vivant et tant qu'il fut le chef de file indiscutable de l'avant-garde, il fut soumis à une analyse que nous appellerons « transversale » par rapport à la production de ses contemporains alors qu'à la fin de sa vie et surtout après sa mort, la révision historique et critique de son œuvre est devenue peu à peu « verticale », c'est à dire puisant racines et ancrages dans l'histoire de l'art avant lui. En un mot, dans la relation dichotomique entre tradition et avant-garde, Picasso est de plus en plus considéré depuis le passé, entres autres choses parce qu'il en est désormais indissociable. De plus, cette perspective a toujours été, est et sera la destinée de tout créateur et de tout mortel. Bien que ce travail historiographique ait commencé assez longtemps avant la mort de Picasso, je pense que dans une certaine mesure, il culmina avec la double exposition « Picasso, tradition et avant-garde » qui s'est tenue en 2006 simultanément au musée du Prado et au Museo Nacional Centro de Arte Reina Sofía de Madrid. L'intérêt de ces expositions était la confrontation directe entre presque toutes les étapes de la longue et féconde œuvre de l'artiste et celles des maîtres qui l'ont précédé. À mon avis, ces expositions ont permis de prouver qu'aucune étape novatrice dans l'œuvre de Picasso à peu près à partir de la « période bleue » ne se fit sans que l'on puisse y trouver un précédent direct ou indirect.

Quoi qu'il en soit, il est intéressant de souligner que ce changement de perspective dans la façon d'analyser la trajectoire de Picasso (d'une analyse transversale à une analyse longitudinale ou verticale) connut un point d'inflexion à partir de la réalisation de *Guernica*, le tableau monumental qui fit sensation pour différentes raisons : le lieu d'exposition qui le rendait accessible à un large public (le tableau fut présenté dans le Pavillon espagnol à l'Exposition internationale de 1937 à Paris), ses dimensions spectaculaires, sa quasi monochromie et, naturellement, sa signification. La polémique et la confusion causées par cette œuvre troublèrent le public à un tel point qu'elle donna lieu tout d'abord à un nombre incalculable d'interprétations symboliques puis à une avalanche ininterrompue jusqu'à ce jour d'analyses formelles et d'attribution de sources possibles. Il est vrai que dès le début des années 1930, Picasso avait mis au défi le discernement critique des spécialistes en ouvrant la voie à l'élaboration des répliques explicites de grandes œuvres de l'histoire de l'art avec la série consacrée à la *Crucifixion* de Grünewald (voir dans ce catalogue Warncke (Carsten-Peter), « Prise de position. Picasso et ses maîtres allemands », p. 88). Une voie qu'il poursuivit jusqu'à la fin de sa vie. Mais quoi qu'il en soit et outre le caractère explicite des références de l'artiste à des maîtres antérieurs très différents, l'examen attentif des racines historiques de chacune des pièces de ce qui était désormais une sorte de puzzle devint un passage obligé. De plus, il va sans dire que, comme nous l'avons souligné auparavant, après la mort de Picasso, c'est bien ce point de vue qui l'a emporté : l'analyse de la figure historique comme telle, c'est-à-dire depuis l'histoire.

L'invention : le Greco

Pablo Picasso reçut sa formation artistique en Espagne et celle-ci fut des plus soignées. En effet, il était non seulement le fils d'un peintre et professeur de dessin reconnu mais il connaissait aussi très bien les deux villes espagnoles artistiquement les mieux dotées à l'époque : Madrid et Barcelone. Il put donc avoir un accès direct aux meilleurs exemples artistiques de la tradition et approcher l'avant-garde internationale. Si on laisse de côté ce qu'ont pu lui apporter les institutions muséales et académiques de l'Espagne d'alors, il faut tenir compte du fait qu'en suivant les déplacements de son père dans sa carrière professionnelle, il parcourut d'un bout à l'autre la péninsule ibérique et cela à une époque où les plateformes artistiques se multipliaient en Espagne. D'autre part, il eut aussi accès aux ressources iconographiques de plus en plus nombreuses sous forme de reproductions photographiques dans les livres et les publications périodiques. De sorte qu'avant sa première visite à Paris au début du XXe siècle, les connaissances aussi bien en art ancien que moderne acquises par Picasso étaient très complètes. C'est grâce à cela qu'il sut où il devait se diriger pour s'informer des dernières innovations en cours. Comme d'autres jeunes artistes de sa génération, venant de pays jouissant d'une tradition cultu-

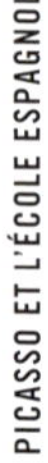

FIG. 2 **PABLO PICASSO**
Les Demoiselles d'Avignon, 1907
Huile sur toile
H. 243,9 cm ; L. 233,7 cm
New York, The Museum of Modern Art

relle semblable, il n'arriva pas à Paris sans savoir mais au contraire suffisamment instruit pour s'épargner le traditionnel passage obligé par Rome.

Ce « Picasso avant Picasso » comme le critique A. Cirici Pellicer appela la jeunesse espagnole de l'artiste, était confronté à une certaine idée de la valeur de l'École espagnole empreinte dans la conscience nationale. Il est indiscutable que des aspects de l'œuvre de Goya suscitaient de la méfiance en Espagne. J'en veux pour preuve la réticence avec laquelle le musée du Prado traita le legs des *Peintures noires* que le baron Frédéric d'Erlanger fit à l'institution en 1881, année de la naissance de Picasso. En effet, elles ne furent exposées que sous la menace de rétrocession brandie par l'un des héritiers du mécène. Peut-être que ce manque d'enthousiasme ou au moins de diligence de la part des responsables de l'institution n'était dû qu'à une simple négligence mais il y a de bonnes raisons de penser que l'impressionnant ensemble de quatorze peintures qui avaient orné les murs des deux étages de la Quinta del Sordo, propriété proche du fleuve rio Manzanares acquise en 1819 par Goya, provoquaient encore étonnement ou méfiance plus d'un demi-siècle après leur réalisation. Il ne faut pas oublier non plus que le baron d'Erlanger décida de faire don à l'État espagnol des *Peintures noires* si controversées après avoir constaté le manque d'intérêt qu'elles suscitèrent à Paris où il les fit exposer après que le restaurateur du musée du Prado, Salvador Martínez-Cubells, les eut transférées sur toile en 1874. Quoi qu'il en soit, les *Peintures noires* si universellement admirées aujourd'hui n'obtinrent la consécration définitive qu'au début du XXe siècle. Mais en marge de cet épisode dont nous ignorons les répercussions sur Picasso, deux faits marquants le touchèrent profondément : d'une part la célébration en 1899 du tricentenaire de la naissance de Vélasquez et d'autre part, sans que l'on puisse dater l'événement plus précisément qu'entre la fin du XIXe et le début du XXe siècle, la redécouverte du Greco.

En ce qui concerne Vélasquez, il est bon de rappeler que sa renommée internationale fut tardive. En effet, avant le XIXe siècle, il n'existait presque aucune œuvre de l'artiste hors d'Espagne et cette situation ne se modifia que très lentement. En réalité, ce n'est qu'après la visite de Manet au musée du Prado en 1865 que Vélasquez fut intronisé comme la figure capitale de l'art espagnol. Quant au Greco, la situation fut très différente. Avec sa mort à Tolède en 1614, son prestige s'évanouit et la légende au sujet de la folie qui l'atteignit à la fin de sa vie et l'extravagance artistique dont on qualifiait ses dernières œuvres ne furent pas remises en question avant la fin du XIXe siècle. De sorte que la hiérarchie établie par Manet au sein de l'École espagnole fondée sur la supériorité du Greco, de Vélasquez et de Goya que personne n'a remis en cause à ce jour, était loin de faire l'unanimité pendant la jeunesse espagnole de Picasso. Entre-temps, à cette époque-là, les nouveaux et ardents défenseurs du Greco, parmi lesquels se trouvaient Picasso et ses amis, ne se privèrent pas de faire l'éloge de celui-ci au détriment de Vélasquez.

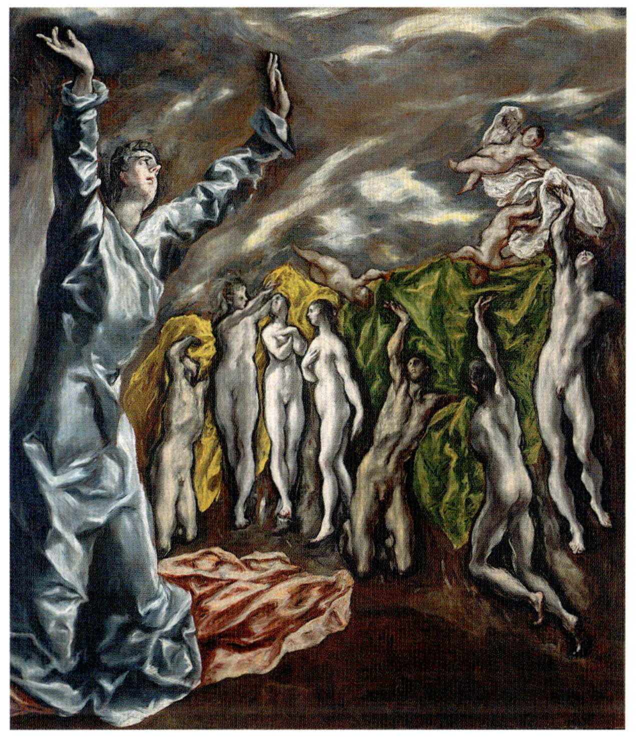

Ainsi, bien que le prestige international de l'École espagnole débuta puis se développa grâce au romantisme tout au long du premier tiers du XIXe siècle, l'appréciation critique tout à la fois de sa complexité, de sa valeur et de sa signification était encore en voie d'élaboration pendant la jeunesse de Picasso. Et l'un des paradoxes de ce processus est qu'il se produisit dans l'ordre chronologique inverse du déroulement historique des faits car le premier maître reconnu fut Goya, le deuxième, Vélasquez, et enfin le troisième, le Greco. Il est certain que ce paradoxe s'accorde bien avec la dynamique particulière « primitiviste » de l'avant-garde dont chacune des innovations renvoie à une revendication d'un passé de plus en plus éloigné. Mais cette norme universelle n'efface pas la particularité de son interprétation espagnole. Il ne faut pas oublier que la plupart des intellectuels et artistes espagnols de la fin du XIXe et du début du XXe siècle, regroupés en Espagne dans le courant de la « Génération de 98 », se sont interrogés avec beaucoup de gravité sur l'interprétation de l'identité espagnole. Bien sûr, Picasso connut ce débat et s'y impliqua. Cependant, l'analyse établissant jusqu'à quand et dans quelle mesure l'écho de ce débat influença l'immense œuvre postérieure de l'artiste reste à faire.

Lorsqu'il visita pour la première fois le musée du Prado, au cours du printemps 1895, à l'âge de quatorze ans, Picasso s'intéressa surtout à Vélasquez, comme le montrent les dessins qu'il consacra au bouffon Juan de Calabazas et au nain El Niño de Vallecas. Au cours des visites suivantes entre 1897 et 1898 dont nous avons la trace grâce à celui qui l'accompagnait alors, le peintre argentin Francisco Bernareggi, son intérêt s'était significativement déplacé vers le Greco et ce à une époque où ce dernier « était considéré comme une menace ». Au cours

FIG. 3 **EL GRECO (DOMÊNIKOS THEOTOKOPOULOUS, DIT)**
Le cinquième sceau de l'Apocalypse, 1608-1614
Huile sur toile
H. 222,3 cm ; L. 193 cm
New York, The Metropolitan Museum of Art

des années qui suivirent, cette passion de Picasso pour le peintre de Candie (Domênikos Theotokopoulos dit El Greco naquit non loin de la ville de Candie, l'actuelle Héraklion, sur l'île de Crète) non seulement s'accrut mais prit une tournure de plus en plus personnelle au fil de ses explorations révolutionnaires à la recherche du cubisme. Dans une déclaration à Romuald Dor de la Souchère, Picasso dit notamment que « nous devons rechercher les influences espagnoles chez Cézanne » et qu'il faut observer « l'influence du Greco sur son œuvre », celui-ci étant « un peintre vénitien, mais cubiste dans la construction ». Bien qu'il s'agisse d'une déclaration tardive, de nature rétrospective, elle est d'une densité significative étonnante. En effet, non seulement elle reconnaît l'influence du Greco dans la genèse du cubisme mais elle la place avant celle de Cézanne, jusqu'alors considéré comme le jalon décisif dans l'invention et le développement de cette avant-garde révolutionnaire. Aujourd'hui personne ne conteste que Cézanne comme Degas s'intéressèrent à l'œuvre du peintre de Candie qui troubla aussi le sagace Manet comme nous l'avons déjà souligné, mais la remarque de Picasso est d'autant plus intéressante qu'elle permet de s'interroger sur la façon dont l'avant-garde parisienne du XXe siècle apprécia ensuite le sens moderne ou modernisateur de l'École espagnole. Dans ce sens, c'est comme si Picasso s'était rendu compte à Paris et à travers son expérience avant-gardiste, non pas du prestige mais du potentiel révolutionnaire des anciens maîtres espagnols.

La création de la Galerie espagnole du Louvre marqua plusieurs générations d'écrivains et d'artistes français même si elle ne resta ouverte que quelques années (de 1838 à 1848) Le propos n'est pas ici d'approfondir la question passionnante de l'« image romantique de l'Espagne » mais il me parait nécessaire de distinguer trois étapes artistiques critiques : la première, au milieu du XIXe siècle revendique le naturalisme de l'École espagnole pour son anti-classicisme ; la deuxième, dans le sillage de Manet, explore les valeurs formelles de ce même naturalisme à travers Vélasquez ; et la troisième, entre 1890 et 1920 qui découvre à travers le Greco, et de façon paradoxale, le sens premier anti-naturaliste du naturalisme espagnol. Manet pressentit que ces trois mouvements constituaient un même processus, et donc les clefs critiques de la modernité de l'École espagnole. Il déclara non seulement que les points de référence essentiels de celle-ci étaient fondés sur le Greco, Vélasquez et Goya, mais il comprit que le troisième avait intensément observé le deuxième et celui-ci le premier. Pour autant, il n'alla pas jusqu'à expliquer le potentiel révolutionnaire de l'artiste crétois et il est évident que ce travail fut accompli par la génération de Picasso. Mais peut-être ce dernier fut-il le seul, parmi le nombre croissant des admirateurs du Greco en cette fin de siècle à l'observer avec autant d'attention, un peu comme ce fut le cas de Manet avec Vélasquez. Il est très révélateur que Picasso ait associé le Greco à Cézanne. En effet, non seulement il reliait un maître ancien à une référence immédiate et reconnue mais, aux côtés des autres sources du cubisme comme celle de l'art nègre ou ibérique que l'on considérait encore à peine comme des manifestations de l'art, il reçut aussi l'influence d'un maître comparativement plus récent, Ingres, considéré encore par la majorité comme un peintre de l'arrière-garde académique. Le Greco de Picasso n'eut donc rien à voir avec le Greco de Zuloaga, par exemple, pas plus qu'avec le Greco exalté par de grands écrivains comme Barrès ou Rilke. Si nous cherchons des antécédents au cubisme, on ne peut nier la contribution de Cézanne, Gauguin, Toulouse-Lautrec, de l'art des peuples dits primitifs, de certains modèles préhistoriques mais d'un point de vue analytique, les jalons décisifs furent Ingres et le Greco.

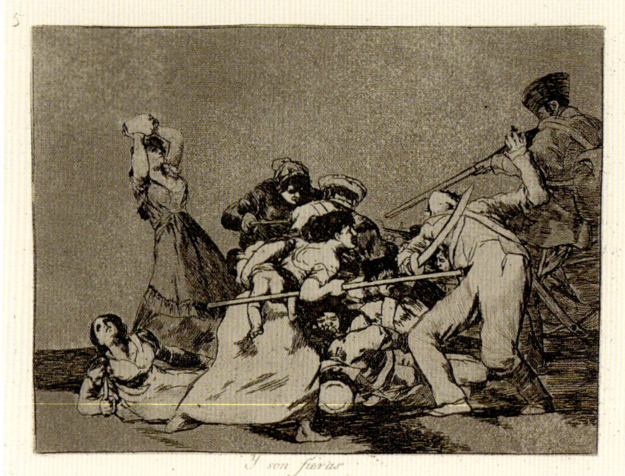

Il ne s'agit pas ici d'établir le lien entre Picasso et le Greco par le recensement des dessins dans lesquels le premier parodie ou rend explicitement hommage au second. Il n'est pas non plus question d'identifier les possibles influences formelles du peintre crétois cachées derrière certaines images peintes par le Malaguène au cours de la première décennie du XXe siècle. Il s'agit plutôt de comprendre comment l'exemple du Greco l'encouragea sur le chemin révolutionnaire de la destruction de la perspective héritée de la Renaissance : décoloration, annulation de l'espace, allongement des figures et enfin, confusion ou mélange délibéré des plans (fig. 2 et fig. 3). Bien que Picasso restât fidèle au Greco jusqu'à la fin, le rapport opérant avec ce dernier s'atténua jusqu'à disparaître ou, tout au plus, se manifesta de façon indirecte ou secondaire à partir de 1920 environ. Le contraire se produisit avec Vélasquez qu'il ne rejeta jamais mais laissa de côté pendant le premier quart du XXe siècle. C'est également ce qui se passa, non certes de façon aussi réglée, dans sa relation avec Goya avec lequel il converse presque toujours à travers Manet.

Dans une de ses analyses critiques les plus lumineuses sur l'art espagnol, Théophile Gautier affirma que ce fut le tourment novateur de Goya qui lui révéla l'Espagne éternelle. C'est ce qui arriva à Picasso lorsque il découvrit à Paris tout le potentiel révolutionnaire et novateur de l'École espagnole, qui le faisait aller du plus proche au plus éloigné, du futur au passé.

FIG. 4 **FRANCISCO DE GOYA**
Les Désastres de la Guerre, Y son fieras, XIXe siècle
Eau-forte, H. 15,4 cm ; L. 20 cm
Zaragosse, Museo del Grabado de Goya

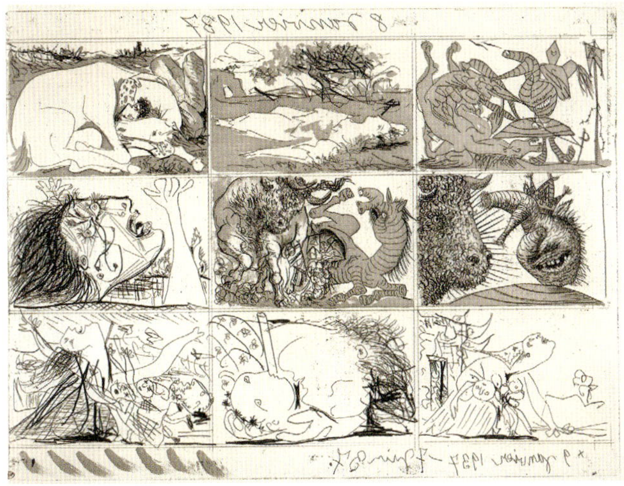

FIG. 5 **PABLO PICASSO**
Songe et mensonge de Franco, (planche II), Ve état A, 8 janvier 1937
Eau-forte, aquatinte au sucre et grattoir sur cuivre
H. 38,7 cm ; L. 56,4 cm
Paris, musée Picasso, dation Pablo Picasso 1979

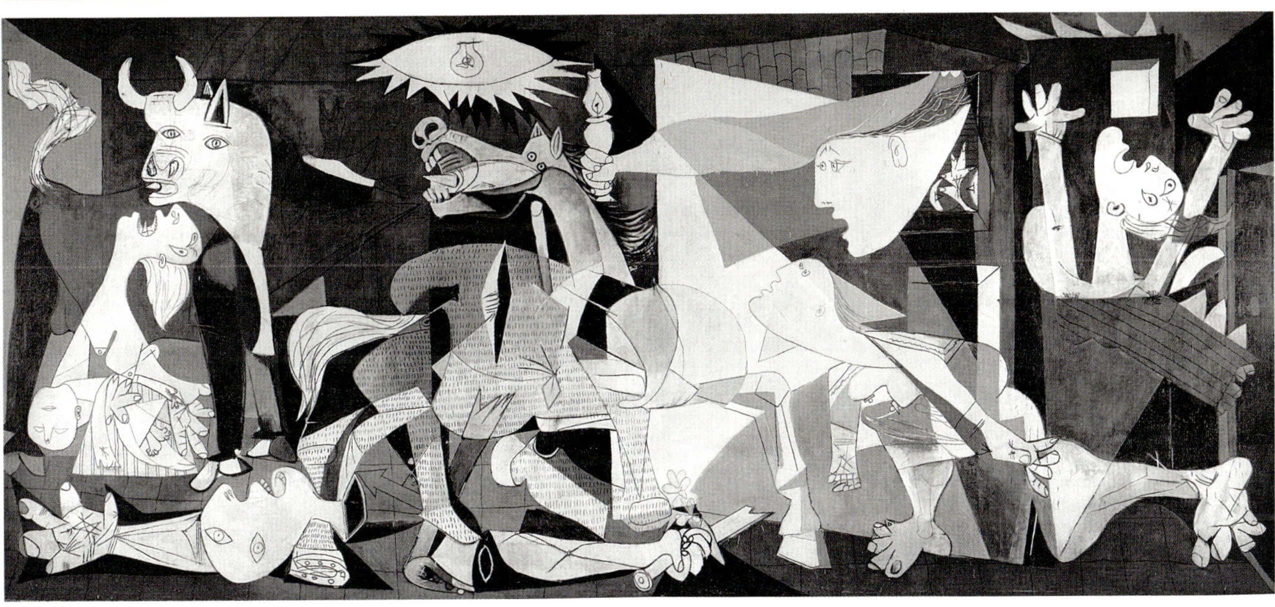

FIG. 6 **PABLO PICASSO**
Guernica, 1937
Huile sur toile
H. 349,3 cm ; L. 776,6 cm
Madrid, Museo Nacional Centro de Arte Reina Sofia

Le choc : Goya

Si la bataille d'avant-garde que mena Picasso au cours du premier quart du XXe siècle fut essentiellement formelle et s'ancra dans l'œuvre espagnole du Greco, sa trajectoire personnelle et artistique changea profondément à partir de 1925, une date qui correspond de façon significative à l'émergence au grand jour du surréalisme. D'un point de vue personnel, Picasso, désormais quadragénaire, atteignait la maturité, avait fondé une famille qu'il représenta de façon conventionnelle sous les traits caractéristiques de la traditionnelle icône méridionale, et hispanique, de la Sainte Famille et surtout, à tous points de vue, il « triomphait ». Il semblait tout posséder : la richesse, le prestige social, la reconnaissance critique et même l'admiration de la nouvelle génération de radicaux qui occupèrent la scène artistique de cette époque qui finit par être connue sous le terrible nom de « entre-deux-guerres ». Sa situation fut véritablement exceptionnelle car presque aucun de ses anciens camarades avant-gardistes de ce premier quart de siècle n'échappa à la purge ou au laminage mené de façon implacable par les surréalistes. Cependant, malgré tous ces succès, Picasso présenta bientôt des signes d'inquiétude et de non-conformisme. Il est vrai que la pression des événements extérieurs ne tarda pas à montrer que la frénétique joie de vivre des années vingt n'était qu'une trêve passagère. Les symptômes d'anxiété de Picasso furent antérieurs au développement inquiétant des faits historiques les plus alarmants. Même si entre 1917 et 1925 Picasso se laissa en quelques sorte porter par la douceur de vivre et le « retour à l'ordre », il ne s'accommoda jamais vraiment de cette situation et, vers 1925, il montra à nouveau son visage le plus perturbateur et iconoclaste. Ce fut l'époque par exemple de ses explorations de « dessin dans l'espace », selon la formule de Julio González avec lequel il partagea l'expérience importante de la sculpture en fil de fer. Mais aussi le moment de la brutale régression instinctive de Dinard. Quoi qu'il en soit, le Picasso de la fin des années vingt était très différent de celui du début de cette décennie. C'est pourquoi on peut dire que la série de cataclysmes des années trente ne le prit pas au dépourvu du point de vue artistique. Dans ce sens, même si nous connaissons les penchants anarchistes du jeune Picasso à l'époque où il n'avait pas encore quitté l'Espagne, jusque dans les années trente il ne fut pas précisément prodigue en déclarations

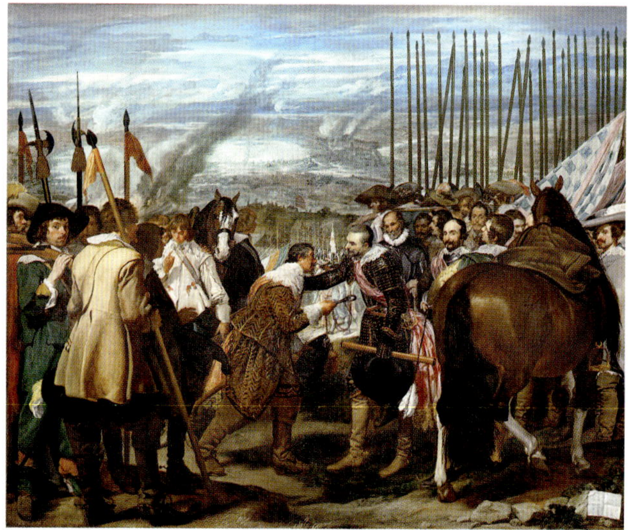

politiques. En réalité, il fallut la guerre civile espagnole pour que Picasso prenne parti sans équivoque. Et compte tenu de la gravité des faits qu'il eut à vivre par la suite, il n'est pas étonnant que dès lors il ne renonçât jamais à se situer politiquement. Il me semble cependant, pour être tout à fait honnête, que son adhésion définitive au parti communiste après la deuxième guerre mondiale lui servit en grande partie de sauf-conduit. Il ne s'agit pas de mettre en doute sa sincérité mais c'était la meilleure façon d'assumer, une fois pour toutes, le rôle exemplaire qu'il dut jouer jusqu'à la fin de ses jours.

Ces considérations ont pour but d'expliquer la relation privilégiée que le Picasso de l'entre-deux-guerres établit avec Francisco de Goya, un artiste qui lui était si proche et pour tant de raisons différentes qu'il n'avait pas besoin de souligner cette relation par des mots. Il y a d'abord le Goya éclairé par Manet, c'est à dire doublement moderne, auquel Picasso ne put renoncer dans aucune des étapes de sa vie d'homme et d'artiste. Mais le Goya auquel se raccroche le Picasso de l'entre-deux-guerres est un Goya menaçant et donc éthique. Le Goya des *Désastres de la guerre* (fig. 4) ou le chroniqueur épique de la guerre d'Indépendance ne fut pas seulement un pourvoyeur d'images efficace pour les événements que dut affronter Picasso surtout de 1930 à 1945, mais ils vécurent tous deux avec une semblable stupeur et ambivalence des événements historiques qui les dépassèrent (fig. 5). En ce qui concerne Goya, il ne faut pas oublier dans quelles contradictions il vécut l'invasion napoléonienne de son pays, lui, l'homme éclairé, le libéral et selon la terminologie espagnole de l'époque, l'« afrancesado » (personne de culture et de goûts français au XVIIIe siècle en Espagne et partisan de Napoléon Bonaparte pendant la guerre d'Espagne). Songeons aussi à sa noble incapacité à prendre parti face à l'horreur guerrière déchaînée tant chez ses compatriotes que chez les français. Songeons enfin au choix d'un Goya vieillissant de vivre et de mourir en France, comme une sorte d'exilé politique. Les coïncidences entre Goya et Picasso sont nombreuses et, même si elles sont visibles tout au long de la carrière de ce dernier, elles prirent une tournure insistante et clairement publique entre 1935 et 1945.

L'empathie fondamentale et constante du Picasso de cette époque pour Goya s'explique parce qu'il a l'intuition que, comme lui, non seulement il s'est senti vaincu par l'histoire mais que la question morale cruciale du monde contemporain est d'illuminer éthiquement la défaite. Là où l'influence de Goya sur Picasso resplendit le mieux et le plus intensément c'est paradoxalement dans la part de l'œuvre où ses traces formelles sont les moins explicites. Je veux parler de *Guernica* (fig. 6). Même de façon sommaire, voyons pourquoi. Lorsqu'on remonte aux sources espagnoles, on cite souvent, non sans raison, *La Reddition de Breda* (fig. 7), de Vélasquez. Quoique l'aimable geste conciliant de Ambrosio de Spínola, général à la tête des troupes espagnoles engagées dans la guerre aux Pays-Bas, renvoie plutôt à la courtoisie chevaleresque des tournois médiévaux, en accord avec l'esprit archaïque de l'empire espagnol des Habsbourg sur son déclin, ce geste n'a rien de moderne sauf si sa modernité réside dans son caractère manifestement ancien. Goya en tant qu'auteur du *Tres de mayo* (fig. 8) est cependant novateur et d'une modernité insolite. On ne peut nier qu'il existait un précédent immédiat : celui de *Marat assassiné*, de Jacques-Louis David où la victime, transformée en *Ecce Homo*, devient un vainqueur moral exhibant les stigmates de son corps massacré et indiquant avec une discrétion retentissante la supériorité de la plume sur le couteau, réunis de façon significative en bas de la composition. Je suis absolument persuadé que Goya vit et comprit le tableau de David et, même si ce n'était pas le cas, dans le fond le fait que l'on atteste cette vision importe moins que d'en partager la signification. Cependant, Goya complète cet illustre précédent en rendant anonyme le geste moral et vainqueur des vaincus dont le héros inconnu à la lumineuse chemise blanche ouvre les bras en croix pour recevoir la mort en un glorieux martyre. Comment alors ne pas se rendre compte que Picasso, au-delà des multiples précédents formels attribués à son tableau monumental, franchit avec *Guernica* un pas de plus vers Goya ? En effet, chez lui, les victimes victorieuses ne sont plus le simple peuple, mais les femmes, les enfants et les animaux, qui deviennent les véritables victimes non belligérantes de cette « fête » de la belligérance qu'est la guerre. Pour écarter un doute éventuel, il suffit de constater combien, dans *Massacre en Corée* (fig. 10), l'influence de Goya et de Manet (fig. 9) émerge de façon beaucoup plus explicite dans la représentation du groupe des fusillés formé de femmes enceintes et de jeunes enfants.

Mais la référence à Goya ne s'arrête pas là. Et il ne pouvait en être autrement car Picasso vaincu par la guerre civile espagnole est aussitôt à nouveau vaincu par l'occupation allemande. Il ne s'agit pas seulement de deux défaites objectives, implacables dans leur succession, mais de défaites que je qualifierais d'« intimes » et donc de déchirantes. Le caractère intime ou intérieur

FIG. 7 **DIEGO VELÁZQUEZ**
La Reddition de Breda, 1634-1635
Huile sur toile
H. 307 cm ; L. 367 cm
Madrid, Museo Nacional del Prado

FIG. 8 **FRANCISCO DE GOYA**
Tres de Mayo, 1814
Huile sur toile
H. 264 cm ; L. 343 cm
Madrid, Museo Nacional del Prado

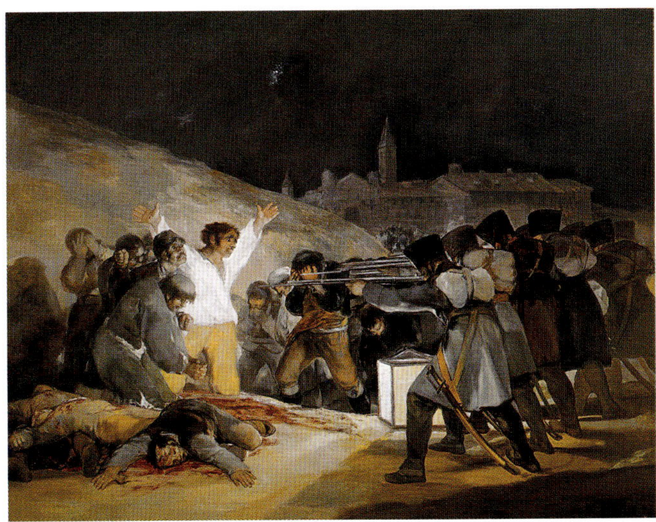

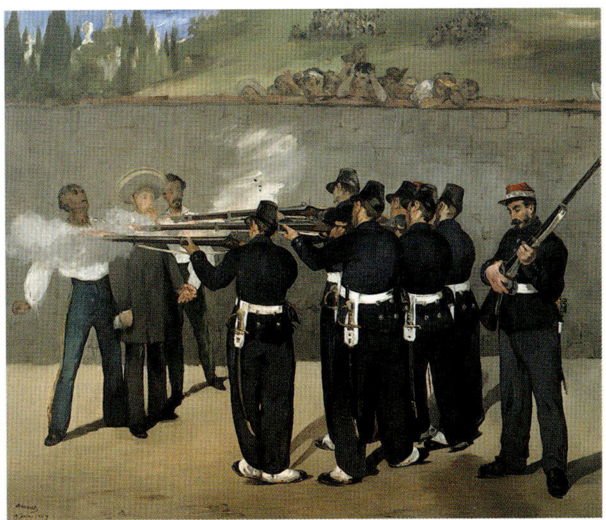

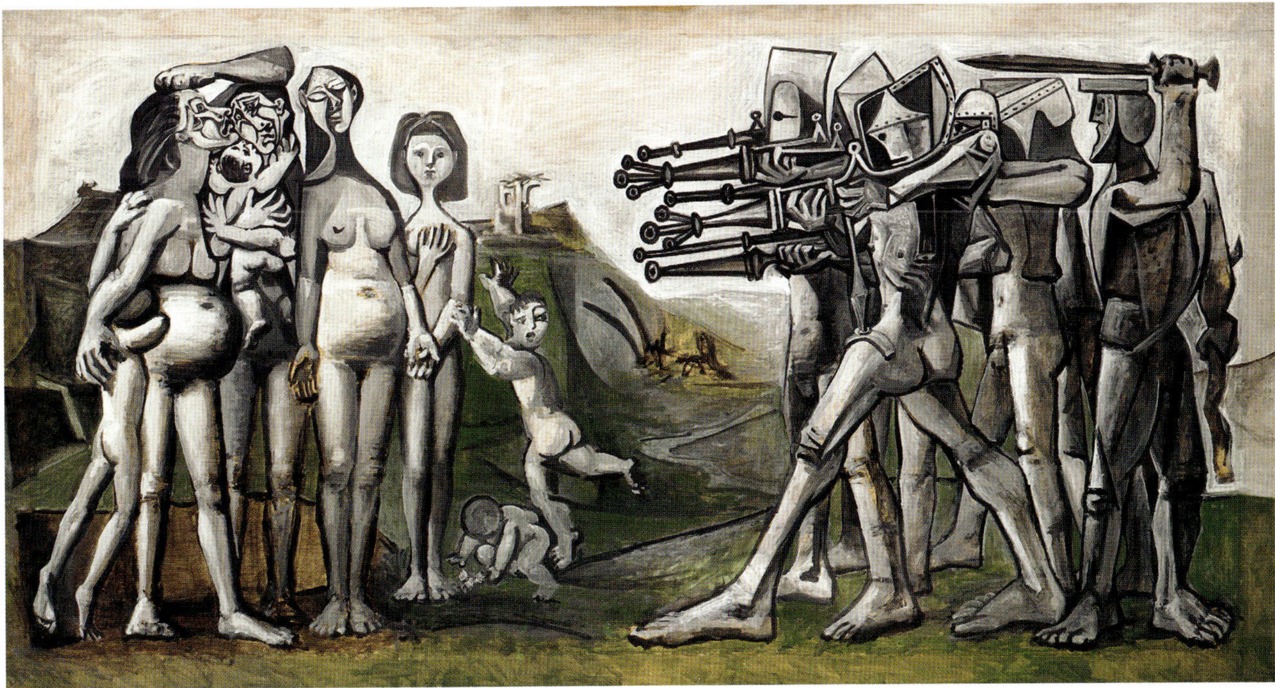

de ces défaites n'est pas dû à l'échec des idées politiques de Picasso mais au fait que le lieu des massacres se situe dans ses deux « patries » que sont à l'évidence l'Espagne et la France. N'est-il pas significatif qu'en 1939 justement, Picasso peigne des natures mortes directement inspirées de celles de Goya qui donneront le ton de celles qu'il continuera à peindre pendant l'occupation allemande en France ? (voir dans ce catalogue le chapitre *Formes et symboles*, p. 256). Outre les modèles goyesques que je viens de citer, peut-on nier à *Guernica* ce caractère de nature morte monumentale ?

De plus, avant et après ces années tragiques, l'ombre de Goya protégea Picasso à maintes reprises. Ils avaient beaucoup de choses en commun outre le fait d'avoir appartenu à un même pays excentré et isolé au cours de siècles décisifs dans le processus de modernisation de l'occident, ce dont ils étaient très conscients tous les deux. Même s'il conviendrait de faire un inventaire exhaustif des coïncidences formelles, la littérature critique ne manquant pas à ce sujet, l'essentiel, à mon avis, est de souligner que le rapprochement le plus étroit entre Goya et Picasso se produisit dans les années trente et en partie dans les années quarante, et qu'il eut lieu au plan épique et moral. De plus, l'obsession de Picasso pour le thème de la *Maja desnuda* (p. 325) fut importante, même si interviennent d'autres dimensions concurrentes qui nous renvoient d'abord à Manet puis à Ingres. Ces influences complexes ne sont pas nouvelles dans l'histoire de l'art. Rappelons, par exemple, la fascination commune de Goya et de Picasso pour Vélasquez et Rembrandt. Ce point nous mène à une autre question qui prend toute son ampleur dans la période postérieure de la vie et de l'œuvre de Picasso et qui correspond à la dernière étape de sa longue existence, entre 1945 et 1973.

FIG. 9 **ÉDOUARD MANET**
L'Exécution de l'Empereur Maximilien, 1868
Huile sur toile
H. 252 cm ; L. 305 cm
Mannheim, Kunsthalle

FIG. 10 **PABLO PICASSO**
Massacre en Corée, 18 janvier 1951
Huile sur contreplaqué
H. 110 cm ; L. 210 cm
Paris, musée Picasso, dation Pablo Picasso 1979

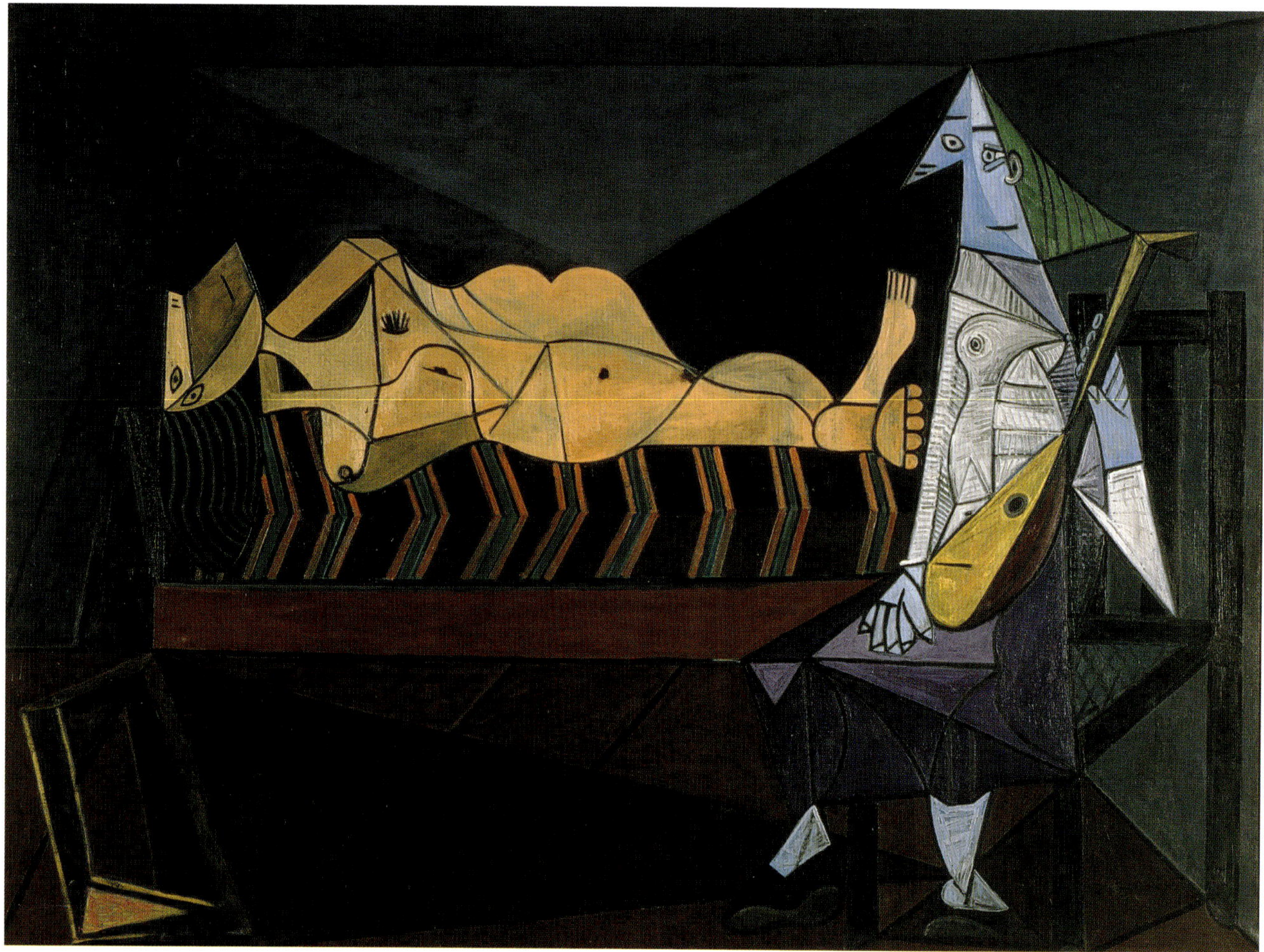

La réplique et le repli : Vélasquez

Après être devenu l'artiste de référence du Paris libéré et pour d'autres raisons être parvenu au sommet de l'Olympe, Picasso cherche à se retirer dans le sud. Il ne s'agit pas seulement d'une indispensable recherche de la solitude mais du sentiment qu'il doit mettre de la distance entre lui et la célébrité toujours dangereuse. Après la seconde guerre mondiale, alors que son image de génie est exacerbée médiatiquement, il perçoit les premiers signes de détachement sur ce qui le touche le plus. Personne ne remet en question son rôle historique mais les réticences critiques face à ses dernières œuvres se font jour alors qu'il va avoir soixante-cinq ans. Il décide de se retirer, non pas pour se reposer mais, pour la première fois, choisir les membres de son cercle intime qui font désormais pour la plupart d'entre eux partie du passé artistique. À partir des années cinquante, il entame des séries de conversations avec les maîtres anciens auxquels il donne la « réplique ». La réplique est une sorte de repli : c'est une façon de faire en double, de répéter mais c'est aussi une façon de « se retirer », du moins dans l'usage réflexif du verbe en espagnol. Et il ne s'agit pas nécessairement de fuir même s'il y a un peu de cela dans « se replier vers le passé, l'histoire », mais surtout de se retirer en soi pour mieux répondre devant l'Histoire. Défilent alors Rembrandt, Poussin, David, Ingres, Delacroix, Manet sans oublier Vélasquez. C'est une rencontre historique hors du temps. Cette attitude de Picasso s'annonçait déjà au début des années trente mais pas sous la forme qu'il pratique maintenant : c'est-à-dire de façon directe et avec de nombreuses variations.

Outre ces variations sur un thème central, Picasso continue aussi à se livrer à des emprunts. Il emploie sa méthode de réplique indirecte par laquelle, exploitant le sens équivoque des citations, un auteur est vu depuis l'autre. C'est ce qu'il fait, par exemple, avec un sujet qui l'a toujours obsédé : celui de la femme nue, couchée, un sujet largement traité dans l'histoire et très fréquenté par les modernes. En 1942, il peint *L'Aubade* (fig. 11) et le *Nu couché*, de la Nationalgalerie de Berlin, qui sont comme la face et le revers d'un même sujet et d'un état d'esprit. Picasso a déclaré au sujet de *L'Aubade*, qu'elle représentait « simplement un nu et un musicien ». Sans doute fit-il cette déclaration pour contrecarrer les nombreux commentaires critiques qui recherchaient le sens caché de cette toile peinte en pleine occupation allemande de Paris. Cependant, le titre lui-même qui fait allusion à l'aube prometteuse, le calme sensuel des deux figures, l'une étirée avec indolence et l'autre assise jouant du luth, ne semblent pas indiquer une situation de menace ou d'angoisse, même si la gamme chromatique est très estompée et le fond de la pièce qu'el-

FIG. 11 **PABLO PICASSO**
L'Aubade, Paris, 4 mai 1942
Huile sur toile, H. 195 cm ; L. 265,4 cm
Paris, Centre Pompidou, musée national d'Art moderne, dation Pablo Picasso 1947

les occupent très aplani. Nul n'est besoin de mentionner à nouveau les multiples antécédents historiques que rappelle cette composition qui selon moi est directement liée à *Odalisque avec une esclave* (fig. 12) de Ingres, sauf que Picasso a fait disparaître le jardin mauresque à l'arrière-plan du tableau. Cette allusion à Ingres ne nous empêche pas naturellement de nous référer aux nombreuses Vénus couchées se livrant aux plaisirs de la musique. Quoi qu'il en soit, les courbes aplanies de la femme allongée sont une référence ingresque essentielle. D'autre part, même si Picasso parle de « musicien », il est évident que le torse que découvre le prétendu garçon semble féminin, de même que sa coiffure et ses jambes. Quant au *Nu couché* déjà mentionné, peint quatre mois après le précédent, même si on ne peut nier son intention érotique, sa gamme chromatique n'a rien de sensuel et l'aplanissement de l'espace donne un sentiment de claustrophobie, sans compter les angles cruels qui ont déformé le corps féminin. Il est intéressant de noter que, parmi les nombreux exemples sur ce thème, Picasso semble s'être essentiellement inspiré du nu de la bacchante endormie de la *Bacchanale* de Titien du musée du Prado, même si le détail des jambes croisées nous renvoie aux baigneuses et aux odalisques de Ingres. Maintenant, comparons ces deux tableaux avec celui que peint Picasso sur le même sujet, vingt-deux ans plus tard, en 1964. Je veux parler du *Grand nu* de la collection de la Kunsthaus de Zurich (fig. 13). Il est difficile de reconnaître Jacqueline Roque dans le modèle. Le tableau est d'une sensualité perturbatrice car il reflète l'angoisse pathétique du peintre neuf ans avant sa mort. Ici la source d'inspiration semble bien être la *Maja desnuda* de Goya avec, à nouveau, la variante des jambes croisées, cette référence à Ingres qui permet d'offrir la vision simultanée du sexe et du fessier. Je pense que l'on ne doit pas écarter le lien entre ce nu et celui qui apparaît au bord inférieur droit du *Bain turc* de Ingres (voir fig. 1, p. 72). D'autre part, le titre du tableau, *Grand nu*, peut être interprété comme un indice supplémentaire du sens classique de l'artiste mais aussi comme un nouveau clin d'œil à la *Grande odalisque* de Ingres. En un mot, c'est là le filtre à travers lequel Picasso regarde les artistes du passé, un point important pour comprendre le sens de ses conversations avec les maîtres anciens au cours de cette longue période finale.

Pendant les quinze dernières années de son existence, au cours desquelles Picasso s'est plongé dans un dialogue intemporel avec ses ancêtres, il ne choisit qu'un peintre espagnol et qu'une œuvre pour donner libre cours à ses répliques : *Les Ménines*, de Vélasquez. Cette rencontre fructueuse se produisit alors que Picasso avait soixante-quinze ans et le résultat en fut la réalisation d'une des séries les plus amples (fig. 14). Avant de la commenter, il convient de souligner la chose suivante : la relation générique entre Vélasquez et Picasso, sur laquelle les épisodes artistiques et les anecdotes sont nombreuses tout au long de la vie de ce dernier, n'est pas exactement la même chose que la confrontation spécifique du Malaguène avec le Sévillan à travers le « tableau des tableaux » que représente *Les Ménines*, œuvre que dès le XVIIe siècle Luca Giordano qualifiait de « théologie de la peinture ». On ne peut manquer d'être ému à l'idée de Picasso essayant de gloser par la peinture un tableau considéré, avec raison, comme l'une des premières manifestations les plus accomplies de la peinture en tant que conscience représentative. Ou si l'on préfère, à l'idée de Picasso glosant le tableau zénithal de l'ordre classique, alors même qu'il s'employa à le détruire de façon systématique. Face à ce défi, Picasso s'est littéralement « enfermé » dans son atelier improvisé de l'étage supérieur de *La Californie* comme il ne l'avait fait auparavant que pour la rapide exécution de *Guernica*, à la différence qu'il n'autorisa cette fois aucune visite. Il se laissa absorber par son travail pendant quatre mois pour terminer une série de presque soixante tableaux, la plupart d'entre eux centrés sur l'œuvre de Vélasquez à l'exception de quelques uns consacrés aux colombes qu'il voyait tandis qu'il réalisait ses répliques des *Ménines*. L'importance que Picasso accorda à cette série apparaît dans le fait qu'il data la progression de son interprétation et qu'il fit don de l'ensemble au musée Picasso de Barcelone en 1968, juste après la mort de son ami et secrétaire Jaime Sabartés. Comme il est fréquent dans les séries que Picasso consacra à d'autres

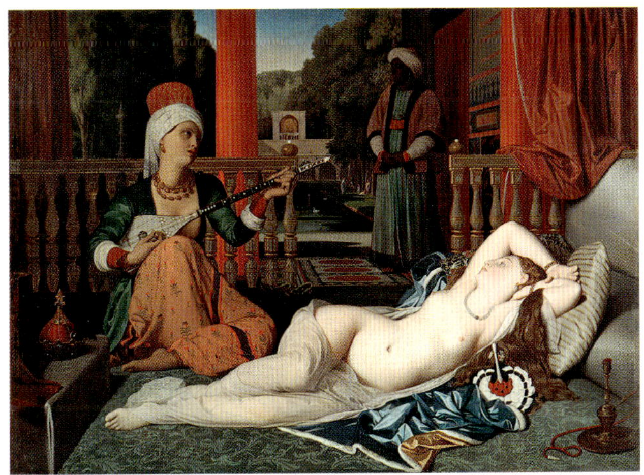

FIG. 12 **JEAN AUGUSTE DOMINIQUE INGRES**
Odalisque avec une esclave, 1839-1840
Huile sur toile,
H. 72 cm ; L. 100,3 cm
Baltimore, Walters Arts Gallery

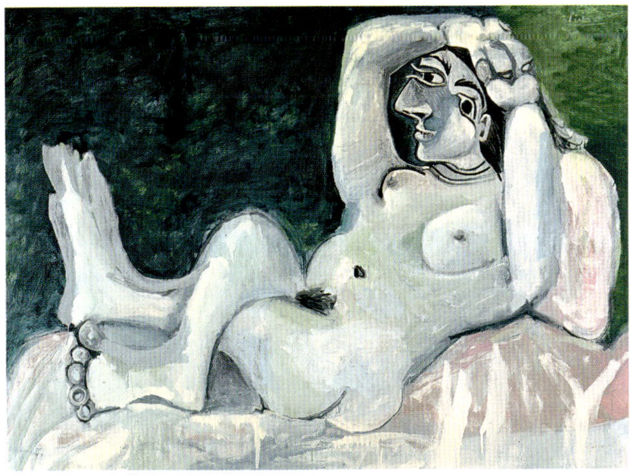

FIG. 13 **PABLO PICASSO**
Grand nu, 20-22 février-5 mars 1964
Huile sur toile
H. 140 cm ; L. 195 cm
Zurich, Kunsthaus

œuvres exceptionnelles de maîtres précédents, le peintre, si l'on me permet cette métaphore taurine, agit dans ce cas-là comme un torero qui jauge l'arène au moyen d'une étude puis qui se laisse emporter par la frénésie de la *faena* ou du travail. L'axe fondamental est formé par un Vélasquez démesuré et par l'infante Margarita, vue comme un réceptacle de lumière dont Picasso inverse la brillance, traitant à sa guise les reflets lumineux de l'original. Dès le début de la série, même s'il se modère encore, Picasso prend des libertés énormes, ce que l'on apprécie mieux en observant les détails redimensionnés et « requalifiés ». Quoi qu'il en soit, sans commenter cet aspect qui a déjà été largement traité, on peut affirmer que personne n'a consacré autant d'attention au chef d'œuvre de Vélasquez.

De plus, bien que la relation active entre Picasso et Vélasquez remonte à son adolescence, même s'il fallut compter avec l'irruption avant-gardiste du Greco, il n'en demeure pas moins certain qu'à partir de 1920, Picasso ne cessa jamais d'affirmer que pour lui Vélasquez avait été le meilleur maître espagnol de tous les temps. Outre ses déclarations publiques à ce sujet, il existe un nombre incalculable de références à Vélasquez dans l'œuvre de Picasso même si elles n'ont jamais eu le caractère explicite, systématique et même obsessionnel que dans la série des *Ménines* qui représente sa façon de rechercher le secret de l'illusion artistique et de le partager au moyen de la confrontation. Il est très significatif que la carrière de Picasso a débuté et s'est achevée avec Vélasquez.

Question en suspens

Il est rare de trouver un regard aussi avide et pénétrant que celui de Picasso. Difficile aussi de trouver un artiste qui ait tant vécu avec dès son plus jeune âge l'art à sa portée. D'autre part, comme nous l'avons déjà dit, le passé artistique auquel se frotta Picasso n'avait jamais été auparavant aussi largement accessible. Les emprunts de Picasso sont innombrables et leur étude critique est loin d'être achevée. Il ne faut pas l'oublier avant d'aborder le dernier point concernant la relation de Picasso avec les maîtres espagnols. Comme nous l'avons dit tout au long de cet article, il est clair que Picasso eut une relation comparativement plus étroite et féconde avec le Greco, Vélasquez et Goya. Cependant, l'artiste eut de nombreuses relations privilégiées avec d'autres peintres espagnols, comme Ribera ou Zurbarán dont il fut très proche. On relève aussi des points de contact avec les Andalous Murillo et Pedro de Mena. Il existe encore certaines analogies formelles avec les natures mortes de Luis Meléndez. Enfin, il ne faut pas négliger ses contemporains, même si leur influence sur Picasso précède son installation à Paris. C'est pourquoi j'insiste sur l'idée de ce « Picasso avant Picasso ». La seule exception à la règle générale qui me vienne à l'esprit pourrait être celle de Juan Gris, mais il s'agit d'un élément ponctuel et limité à la période entre 1915 et 1920.

Une autre façon d'envisager la question est de la renverser. C'est-à-dire envisager l'écrasante influence de Picasso sur ses collègues espagnols contemporains et postérieurs. Bien que ce ne soit pas le sujet qui nous occupe ici, la totale et inconditionnelle adhésion des artistes espagnols du XXe siècle à l'œuvre de Picasso est très significative. Non seulement il fut le collègue espagnol le plus célèbre au monde et donc le modèle le plus fiable, mais il fut considéré par tous comme le plus authentiquement espagnol, et c'est le plus remarquable. L'attitude ne fut pas la même avec d'autres artistes d'avant-garde espagnols dont l'œuvre eut aussi un retentissement international comme Miró ou Dalí. Mais c'est avec Juan Gris que le contraste est le plus frappant puisqu'il fut presque unanimement considéré par ses collègues espagnols contemporains comme peu ou pas espagnol. Pour les Espagnols, le modèle authentique de l'artiste espagnol fut sans aucun doute Picasso. De sorte que l'identité historique conflictuelle et originale de l'art moderne espagnol, vue d'Espagne, finit par coïncider avec l'identité internationale. Elle est marquée par ces quatre figures majeures que sont le Greco, Vélasquez, Goya et Picasso. C'est le socle de l'histoire de l'art espagnol et la trame dans laquelle s'organisent les nœuds et les fils de son tissu particulier.

Traduit de l'espagnol par Véronique Patard.

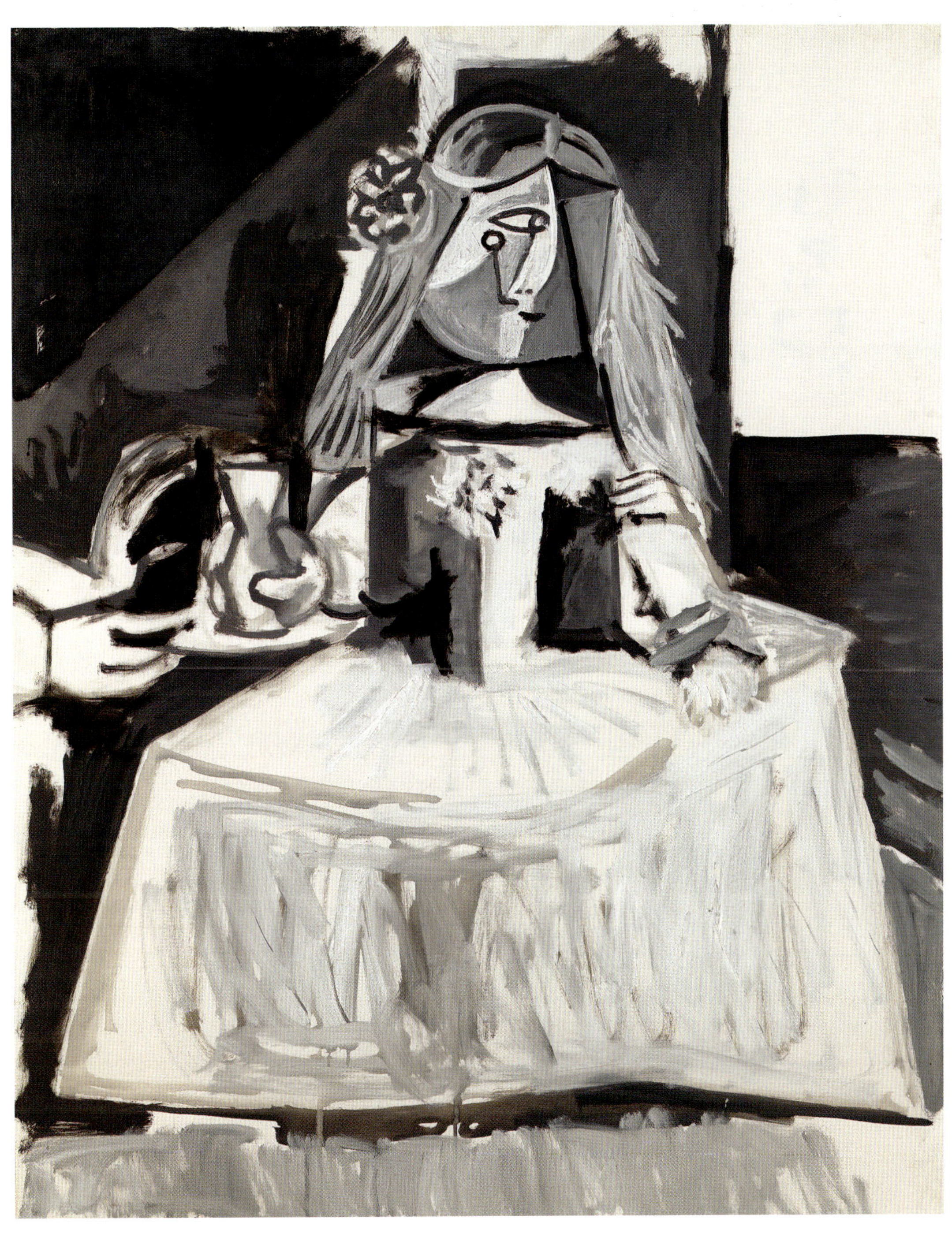

FIG. 14 **PABLO PICASSO**
L'Infante Marie Marguerite, Cannes, 21 juillet 1957
Huile sur toile, H. 100 cm ; L. 81 cm
Barcelone, Museu Picasso

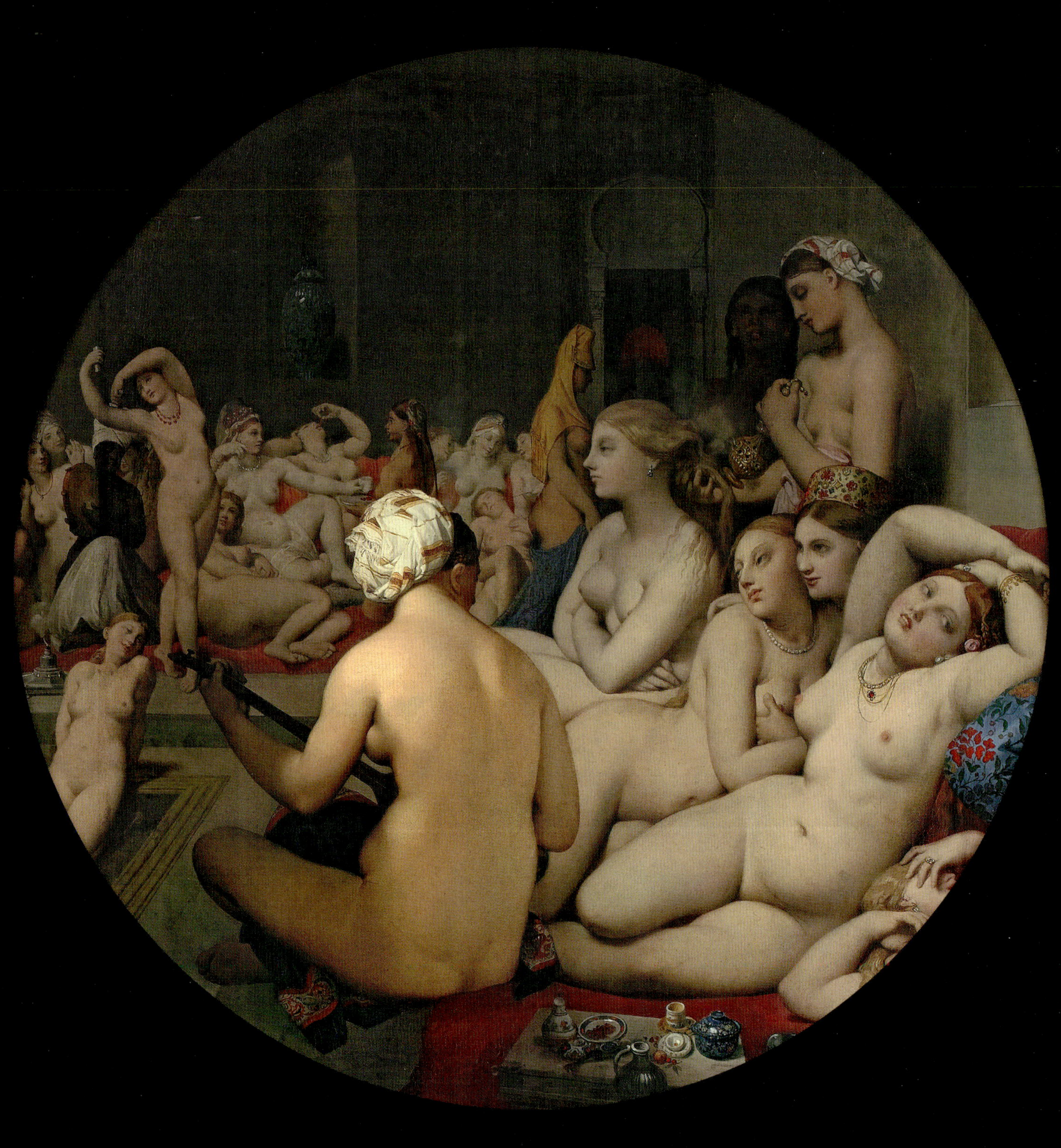

FIG. 1 **JEAN AUGUSTE DOMINIQUE INGRES**
Le Bain turc, 1862
Huile sur toile
H. 108 cm ; L. 110 cm
Paris, musée du Louvre

PICASSO ET LA TRADITION FRANÇAISE. UN HISTORIQUE

PIERRE DAIX

Des découvertes au hasard des rencontres. Toulouse-Lautrec

Ce que nous savons des rencontres du jeune Picasso avec la tradition française est révélé uniquement par ce qu'il en a retenu dans des dessins et des peintures, car les témoignages sont d'autant plus rares qu'il est apparu à tort, jusqu'à la période qu'on dit « ingresque » en 1918-1923, comme un iconoclaste vis-à-vis des traditions. En fait, on ignorait à Paris qu'il possédait, outre une formation classique, une bonne base espagnole, connaissant le Prado depuis ses quatorze ans et surtout depuis son séjour à Madrid pour ses seize ans. Barcelone lui apporta, outre ses « modernistes », une information plus ouverte qu'à Paris sur des nouveautés de l'art en Europe, particulièrement à Munich. Il y vit aussi des gravures de Munch, des dessins de presse de Steinlen, des affiches de Toulouse-Lautrec que ses aînés ramenaient de Montmartre[1].

Sa véritable rencontre avec l'art français se situe à l'automne 1900, lors de son premier séjour à Paris. Elle a été préparée dès mai, parce que son aîné Miguel Utrillo a célébré l'événement, dans une conférence à Barcelone en saluant la présence, dans la « rétrospective centennale » de l'Exposition universelle de 1900, pour la première fois, des impressionnistes: Manet, Monet, Renoir, Pissarro, Sisley. Il y même trois Cézanne et deux Degas.

Picasso y a donc rencontré aussi, puisque la rétrospective couvre un siècle, David, Ingres, Delacroix et Courbet, mais on ne sait ce qu'il en a retenu alors. Deux de ses dessins le montrent avec sa bande de copains espagnols tournant le dos, tous très excités, aux courbes et volutes de fantaisie du palais de l'Électricité. La réponse enregistrable aux nouveautés françaises, dans ses travaux d'alors, est sa reprise dans ses pastels des effets de finesse et de légèreté obtenus dans ce médium par Degas.

Ce défi est venu de sa fréquentation des galeries parisiennes, comme le modernisme de sa première saisie du Montmartre canaille, son tableau *Moulin de la Galette*[2] (p. 288), thème repris du tableau de Renoir, avec les halos d'éclairage où passe quelque chose de la *Salle de danse à Arles* de Van Gogh[3] et, en plus dur, du *Moulin rouge*[4] de Lautrec. Picasso s'inspire fortement de l'affiche de Lautrec : *Troupe de Mlle Églantine* dans son pastel de *Cancan*, signé « P-R Picasso », ce qui le renvoie aussi à 1900[5].

Le plus important à long terme, lors de ce premier séjour, tient à sa rencontre avec le céramiste basque de Gauguin, Paco Durrio (1868-1940) qui le couve en bon aîné et continuera lors de son second séjour en 1901, avant de lui céder en 1905 son atelier au Bateau-Lavoir. Picasso soulignera l'importance de cette découverte par un dessin de Tahitienne nue en décembre 1903[6], quand il apprend la mort de Gauguin.

Toutefois, ce qu'il a emmagasiné dès lors à Paris et qui transforme sa peinture au printemps 1901 est ailleurs, même si ce qu'il a déjà vu de Van Gogh dans les galeries et surtout de Gauguin chez Durrio a pu y contribuer : c'est le choc de la couleur, de l'emploi en aplat de la couleur pure. Ce choix éclate dès ses peintures pour son exposition chez Vollard, encore réalisées avant mai 1901 en Espagne, comme *Pierreuse la main sur l'épaule* ou bien *La Naine*[7]. Pluies de larges touches franches, multicolores, pour le fond et le chapeau, surtout plage rouge vif pur pour la robe. La rupture venue de Paris est là. Qu'avait-il vu qui a déclenché cette liberté ? Outre Gauguin et Van Gogh, les Nabis ?

On ne sait, car on ne s'est pas posé la question avant que les ektachromes ne révèlent dans tout leur éclat les hardiesses de la « période Vollard ». Quand je les ai découvertes en réalisant mon catalogue de sa jeunesse avec lui, après 1963, Picasso mettait l'accent non sur ses sources, mais sur ce qu'il y avait anticipé du « fauvisme », comme le vert dans le visage de son Autoportrait *Yo, Picasso*[8] (p. 107), révélé seulement en 1969 quand le tableau battit un premier record de prix à New York. Il disait qu'il en avait eu « vite assez » et soulignait sa rupture brusque avec cet éclat des couleurs qui l'avait conduit à la monochromie de la « période bleue ».

J'ai écrit dans la seconde édition du catalogue : « Ce n'est sûrement pas un hasard si cet autoportrait *Yo, Picasso* fait penser à celui de Poussin au Louvre. » C'est en effet dans l'intervalle que Picasso m'a dit un jour, devant la reproduction en couleurs de son tableau, seulement connue en 1969 : « À Paris, je suis tout de suite allé au Louvre. J'ai vu les Poussin. » Ce fut donc, entre ce contemporain de Vélasquez et lui, un dialogue de toute la vie. L'été 1901 lui apporte la révélation de Daumier grâce à une exposition à l'école des Beaux-Arts. Il en sort la gouache des *Fugitifs*[9] d'après le bas-relief des *Émigrants*.

La mort de Toulouse-Lautrec, en septembre 1901, provoque sa véritable « période Lautrec », fort brève, où il reprend, comme dans *L'Hétaïre*[10], des thèmes du printemps avec la distance nouvelle de la ligne « coup de fouet » et des couleurs plates. Il cite l'affiche de Lautrec *May Milton* dans sa toile *Le Tub*[11]. Gauguin apparaît ainsi d'abord par un dessin parodique en 1902-1903 du *Manao Tupapau*[12] où c'est Picasso qui a pris la place de l'Esprit des morts et veille sur la femme nue[13]. Ensuite, il se décrit avec son ami Junyer-Vidal, nus tous deux, de chaque côté d'une *Olympia* de Manet (p. 324) devenue négresse dessinée en bleu, plus sagement allongée, qui hérite, en plus du chat, du petit chien de la *Vénus d'Urbin* du Titien[14]. Rien là d'étonnant. *Olympia* est alors au musée du Luxembourg, mais il n'est bruit que du refus du Louvre de l'accepter. Elle n'y entrera, comme on sait, qu'en 1907. Le jeune Picasso prend ses repères.

Il est possible que certains thèmes de la période bleue comme *Les Adieux du pêcheur* aient été influencés par Puvis de Chavannes que Torres Garcia tenait, comme le milieu de Barcelone que fréquentait le jeune Picasso, en haute estime. Anthony Blunt et Phœbe Pool rapprochent de lui le thème initial de *La Coiffure* en 1905-1906 du Metropolitan Museum of Art[15] (p. 137).

1905-1906. Manet. Premiers dialogues avec Ingres en passant par Gauguin

Tout va changer dans le rapport de Picasso avec les classiques français, à l'automne de 1905, dix-huit mois après son installation durable à Paris. D'abord, il a rencontré des intercesseurs, Apollinaire, certes, mais, par son intermédiaire, Derain qui compte tout autrement pour sa découverte de la peinture française, parce qu'il est un peintre de

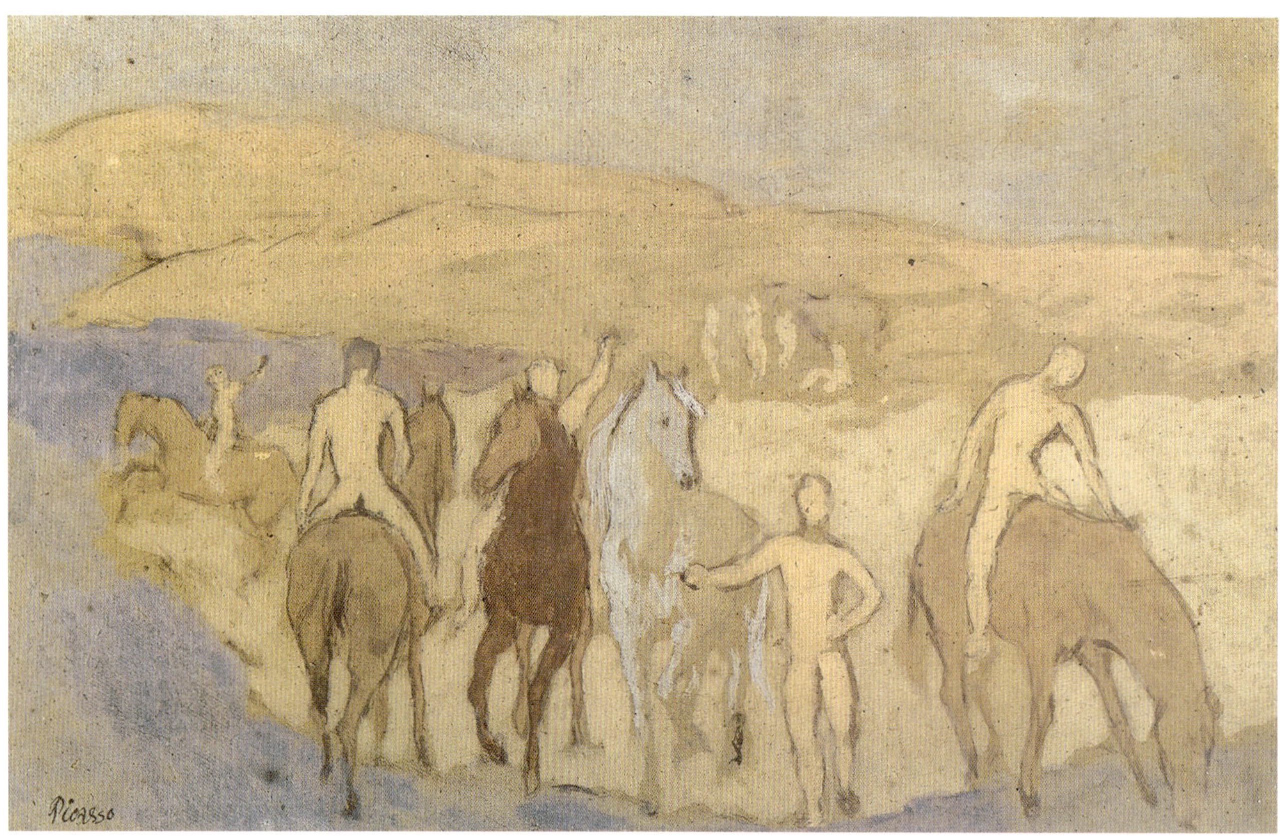

FIG. 2 **PABLO PICASSO**
Chevaux au bain, Paris, début 1906
Gouache sur carton
H. 37,7 cm ; L. 57,9 cm
New York, The Metropolitan Museum of Art

son âge, audacieux et bon connaisseur des classiques. En même temps, le 3e Salon d'automne, s'il offre le scandale de la « Cage aux Fauves », apporte à Picasso pour ses vingt-quatre ans, deux chocs de premier ordre dans la pénétration de l'héritage français: une rétrospective Manet, accrochée par Matisse, et la révélation du *Bain turc* d'Ingres (fig. 1). Manet le fascine, d'autant qu'une toile comme *Le Vieux Musicien*[16] intervient par son thème dans l'errance de sa *Famille de saltimbanques*[17] et il en tient compte en mettant la dernière main à son grand tableau.

Le possesseur du *Bain turc* voulait faire entrer la toile au Louvre où l'on s'offusquait de ses nudités. C'est l'événement, car l'œuvre a été enfermée, depuis son achèvement quarante ans plus tôt, dans des collections inaccessibles. Elle est montrée avec neuf études qui révèlent les audaces du peintre, la liberté comme la maîtrise du dessinateur. De même que le Fauvisme liquide les bienséances, le *Bain turc* sort Ingres de l'académisme.

L'effet de *tondo* chasse tout remplissage et la modernité tient à ce que ce soient les nus eux-mêmes qui composent la peinture. L'espace se crée par les contrastes de formes et d'arabesques de leurs rythmes charnels. Alors que Picasso tend à se sortir du trop de perfection de ses *Arlequins*, voilà qu'il tombe sur un dessinateur qui peut lui en remontrer par la sûreté d'un trait capable d'exprimer la sensualité d'un corps de femme en créant son modelé, son propre espace, le tout peint dans des couleurs franches. Matisse (qu'il vient de rencontrer) et Derain sont autant frappés que lui par cette révélation et vont en reprendre des éléments dans *Le Bonheur de vivre* et dans *L'Âge d'or*. Picasso retourne au Louvre et attaque le *Portrait de Gertrude Stein*[18], dont il vient de faire la connaissance avec son frère Leo, en lui donnant la pose du *Portrait de M. Bertin*.

De là un premier « ingrisme » chez lui, douze ans avant celui officiellement reconnu, ingrisme d'autant plus mal perçu que la chronologie en a été faussée par le premier catalogue de Zervos en 1932 qui a confondu 1905 et 1906. Cet ingrisme part de l'automne 1905, mais s'épanouira en effet à Gósol le printemps suivant. Le *Nu à la chevelure tirée* qui ravira par ses formes voluptueuses Gertrude Stein est issu de l'étude pour le *Bain turc* où la femme nue assise offre deux positions de son bras droit.

On note, dans l'intervalle, à la mi-avril, un retour à Gauguin parce que Leo Stein a conduit Picasso chez Gustave Fayet qui en est le grand collectionneur[19]. Ce qui provoque un projet épuré où revient l'évasion des grands espaces espagnols avec une foule de chevaux conduits par des garçons nus comme dans *Les Cavaliers sur la plage* de Gauguin, montant à cru dans la grande gouache *L'Abreuvoir*[20] (fig. 2). Picasso reprend en grand le jeune homme debout de face dans la partie centrale de la gouache avec le *Meneur de cheval nu*[21], la toile majeure du printemps 1906. Jointe à *La Toilette* de Gósol dans la même veine, ces deux œuvres ont fait dire à Alfred Barr que « de telles compositions offrent une noblesse sans prétention et naturelle d'ordre et d'attitudes qui fait que les gardiens officiels de la tradition "grecque", tels Ingres et Puvis de Chavannes, semblent vulgaires ou pâles[22] ».

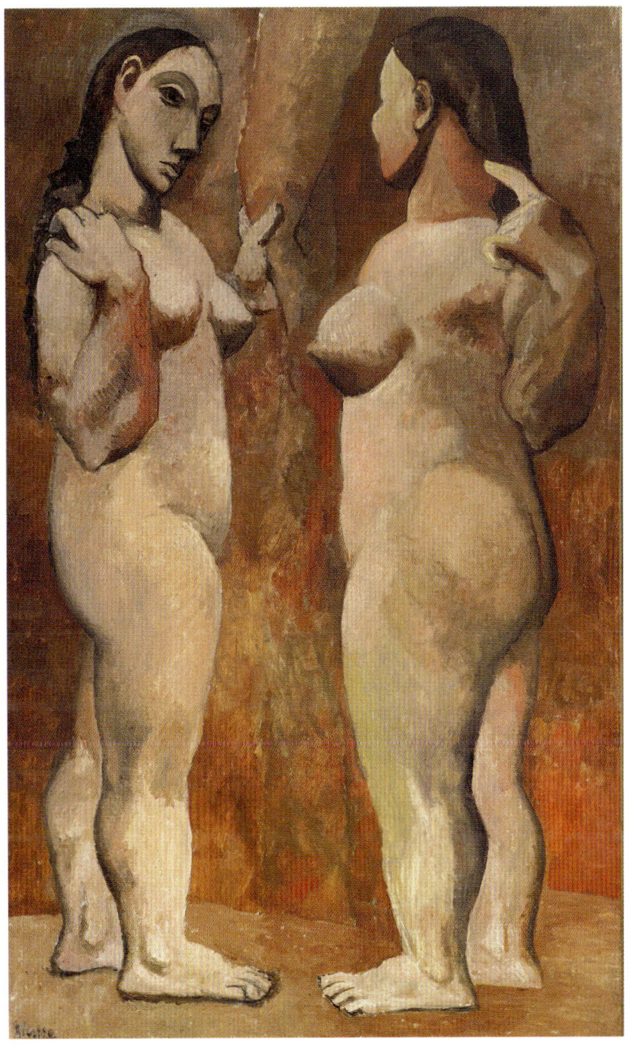

Picasso n'aurait probablement pas été d'accord, au moins en ce qui concerne Ingres, car, dans ces œuvres de 1906, le contour ingresque joue son rôle, comme, à Gósol, dans *Les Adolescents*[23] avec le profil perdu de la jeune fille qu'il reprend dans le visage de *Torse de jeune fille*. Il pense aussi au dessin d'Ingres dans la perfection du *Nu aux mains serrées*. S'il va rompre avec cet ingrisme, c'est d'abord par la recherche d'une expressivité « primitive » qui élimine toute mièvrerie en réduisant le visage de Fernande à son masque, son corps à ses volumes, le tout peint à plat dans le *Grand nu debout*[24] (p. 141). Il l'écrit aussitôt dans une lettre à Max[25]: « Je suis très content. Je ai fait un tableau où il n'y a pas de trou [...] Je veux dire que les trous n'y ont pas une valeur perspective, sont seulement des couleurs. C'est une femme nue. » Les contours y sont en effet réduits à des signes pour la main devant le pubis, le visage et la chevelure. Ailleurs, ils sont atténués au possible.

L'autre rupture, à l'inverse, tient, à l'intrusion d'une vulgarité avec la maquerelle qui rappelle *La Célestine* bleue (1904), en fond des filles nues du *Harem*[26] (p. 142) et le casse-croûte vulgaire du gardien. Cette vulgarité se

FIG. 3 **PABLO PICASSO**
Deux nus, Paris, fin 1906
Huile sur toile, H. 151,3 cm; L. 93 cm
New York, The Museum of Modern Art

modernise dans les *Trois nus*[27] qui fument la cigarette, ce qui annonce, en 1907, *Le Bordel d'Avignon*.

Picasso puise en égal ce qui l'intéresse chez les maîtres, en se moquant au besoin de leurs règles ou de leur bon ton. Outre les critiques de l'évasion par la vulgarité du sujet, la fin du séjour à Gósol révèle chez lui la crise ouverte par la recherche d'un archaïsme, si ce n'est déjà un primitivisme, qui l'avait probablement aiguillé vers ce village perdu de haute Catalogne à l'écart de toute modernité. Cette crise met en relief deux rencontres qui l'avaient marqué avant son départ de Paris : celle de l'exposition Matisse chez Druet qui contenait des gravures et de sculptures primitivistes ; celle de Derain, retour de Londres où celui-ci avait été bouleversé par la découverte des « nègres » au British Museum. Quand Picasso les retrouve à son retour à Paris, à la fin de l'été, Matisse et Derain ont chacun acquis leur premier objet nègre. Mais tous trois sont confrontés à la première rétrospective Gauguin au Salon d'automne, 256 numéros. Le grand disparu les interpelle au présent, dans ce primitivisme qu'ils viennent de reconnaître.

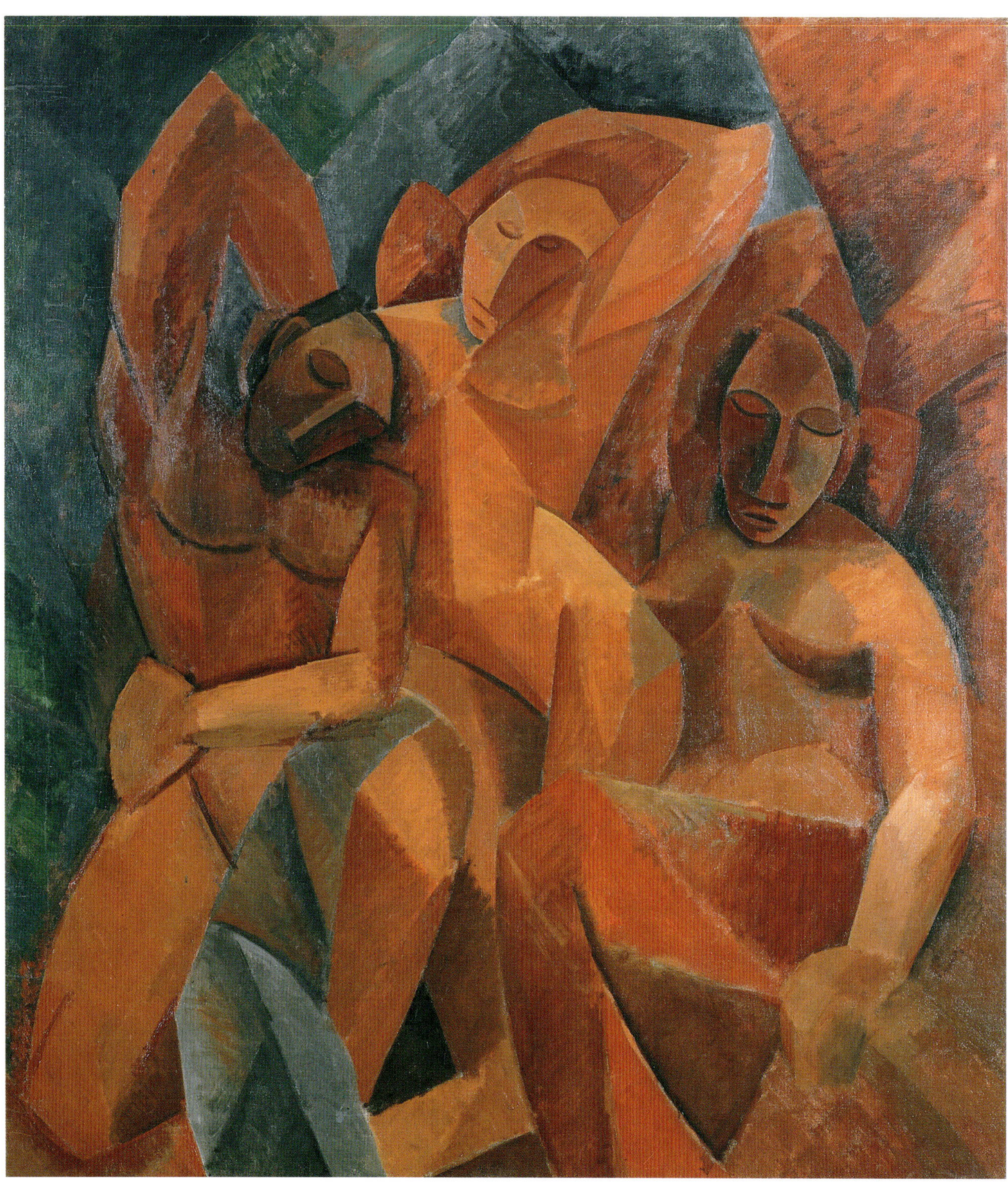

FIG. 4 **PABLO PICASSO**
Trois femmes, 1908
Huile sur toile, H. 200 cm ; L. 178 cm
Saint Pétersbourg, The State Hermitage Museum

Gauguin. Cézanne du cézannisme en groupe à l'aventure avec Braque

On sait beaucoup mieux, depuis que ses lettres ont été sorties des archives Matisse par Rémi Labrusse en 1999[28], à quel point Derain a été bouleversé pour avoir découvert au British Museum des « statues de la Nouvelle Zélande en quantité ». Nul doute qu'il l'a communiqué oralement à Picasso, puisqu'ils sont ensemble à Paris lors de son retour en mars et jusqu'au 21 mai 1906. Nul doute, non plus, qu'à cette rétrospective Gauguin fait encore davantage, pour eux deux et Matisse, figure de pionnier par sa pénétration de l'art océanien.

Picasso construit en réponse de multiples femmes nues. Elles aboutissent à un manifeste de son propre primitivisme où il fusionne la solidité qui vient des Tahitiennes finales de Gauguin comme *Te nave nave fenua*, avec ce qui le retient dans les photos de femmes noires prises par Fortier en Afrique qu'il vient d'acquérir comme l'a montré Anne Baldassari[29]. Ce manifeste est les *Deux femmes nues*[30] (fig. 3). À droite, le profil perdu du visage, si cher à Ingres, que Picasso fait donc participer à ces outrances dans les volumes qui nient son élégance, tandis que le bras en raccourci hors norme vient, lui, d'une photo de Fortier. L'expressivité massive de l'ensemble rompt avec tout ce qui s'est peint. Fusion et transformation des emprunts.

La grande nouvelle, en cet automne, est la mort de Cézanne le 22 octobre. Elle bouleverse Matisse et Derain qui sont tous deux des cézanniens affirmés – Matisse a acheté très tôt *Les Trois Baigneuses*, Derain une reproduction des *Cinq baigneuses* –, mais aussi sûrement Leo Stein, autre connaisseur. Or Picasso est plus proche des Stein que jamais depuis qu'il vient de donner à Gertrude son portrait. Ajoutons, comme cézannien, Vollard qui s'est rapproché de lui et a acheté son atelier au printemps. Même si, jusque là, Picasso ne semble pas avoir particulièrement réfléchi au Maître d'Aix, le voilà plongé parmi ceux qui le révèrent. Comme l'a bien montré John Golding, il va s'établir chez lui une convergence entre ce qu'il cherche de structural dans le primitivisme et l'art de Cézanne[31]. Mais c'est un processus qui va s'étaler sur deux ans, être marqué par la rencontre, l'amitié, la collaboration avec un autre peintre cézannien, Georges Braque.

L'Autoportrait à la palette[32] (p. 113) qu'une étude permet de dater désormais du tout début 1907[33] est une réponse à *L'Autoportrait à la palette*[34] de Cézanne (p. 112) qui en dit long sur le changement chez Picasso et sur le défi qu'il lance avec son visage simplifié par le primitivisme ibérique. Très peu après, il va puiser, dans *Les Trois Baigneuses* et *Les Cinq Baigneuses* de Cézanne qui sont à sa portée, des attitudes pour les premières compositions de ce qui va devenir *Les Demoiselles d'Avignon* (voir fig. 2, p. 62). Il met en somme des baigneuses de Cézanne, avec aussi des femmes du *Bain turc*, au bordel[35]. Hommage dans l'irrespect.

Visiblement impressionné par les rythmes graphiques de Cézanne qui construisent l'espace, Picasso en conteste brutalement l'évasion. Le défi cézannien réapparaît dans

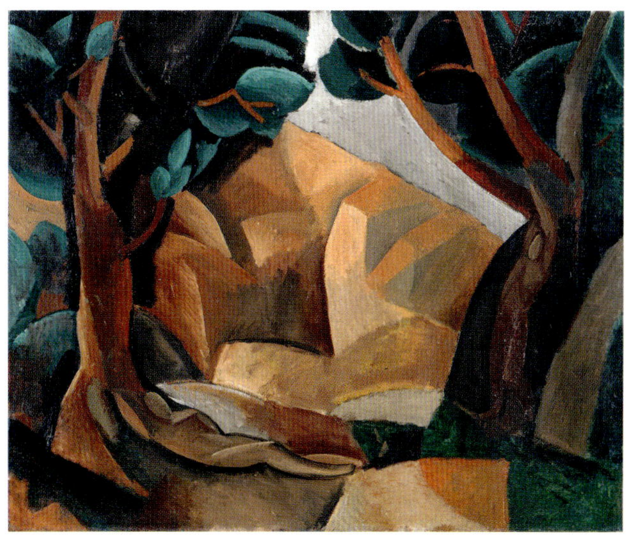

la brève incursion, par des gros plans brutalement simplifiés, dans des natures mortes en mai, entre les deux périodes de travail sur la grande toile. Parmi ces natures mortes, *Cruche, bol et citron* (p. 265) sera choisi par Matisse quand ils échangeront des peintures à l'automne. Cézanne est présent, directement, dans l'idée même de la grande toile *Trois femmes*[36] (fig. 4), qui oublie et conteste le bordel pour un lieu de nature, sans doute dès l'automne 1907. Si bien que Picasso va directement passer à des *Baigneuses* primitivisées (comme *Le Nu à la serviette* et *L'Amitié*).

Notons tout de même qu'Ingres n'est pas oublié, s'il est caricaturé quand la petite table portant un délicat service à thé du *Bain turc* se retrouve en bas des *Demoiselles* porteuse d'un *porrón* de vin rouge comme dans *Le Harem* et de fruits pour les clients. D'autant qu'au même moment, Picasso peint, dans les simplifications énergiques du moment, une *Odalisque d'après Ingres*[37], qui lui sert de tremplin pour les premières études horizontales de l'autre grande toile de cet été *Le Nu à la draperie*[38], où se lit, contrairement aux *Demoiselles*, une source « nègre ».

Mais Cézanne est l'interlocuteur. Le *Nu à la serviette*, *L'Amitié*[39], en dépit de leur primitivisme accentué seraient incompréhensibles si Picasso n'avait pas déjà étudié comment Cézanne se servait des contrastes d'attitudes de ses *Baigneuses* pour construire ses peintures. Et ce que nous pouvons, grâce aux photos qu'il a prises de son atelier, deviner des *Trois Femmes* initiales, également. Il garde Cézanne en ligne de mire, mais veut en faire « autre chose » comme il aimait à dire.

L'important dans ce processus, c'est que, très tôt après son retour à Paris, à la fin de novembre ou au début de décembre 1907, contrairement à Derain et Matisse, Braque intervient directement dans le travail de Picasso. Il nous en reste le dessin *La Femme*[40], en fait trois femmes, qu'il a donné au journaliste américain Burgess et que nous connaissons par sa reproduction dans *Architectural Record*. Or ce dessin intervient, dans la multiplication des études de Picasso sur le thème des *Trois femmes*, comme une leçon de cézannisme : les contrastes de volumes

FIG. 5 **PABLO PICASSO**
Paysage aux deux figures, Paris, automne 1908
Huile sur toile, H. 60 cm ; L. 73 cm
Paris, musée Picasso, dation Pablo Picasso 1979

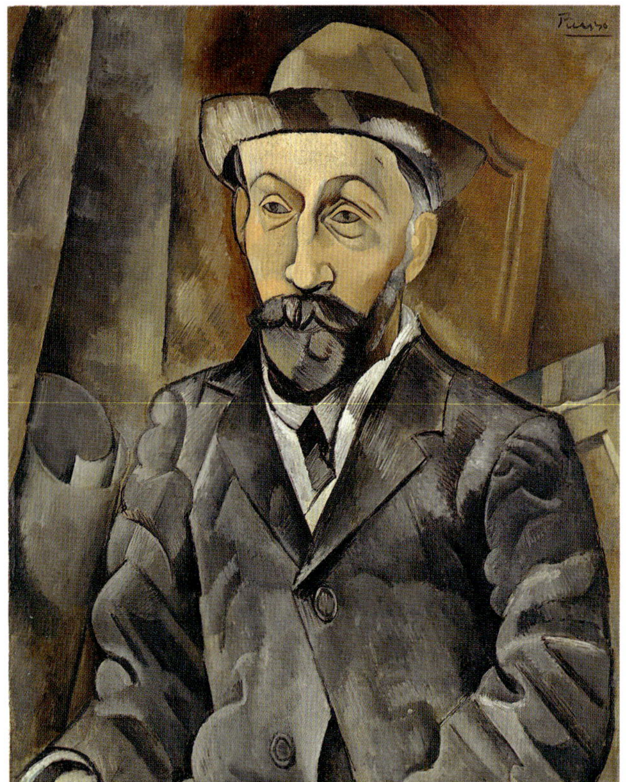

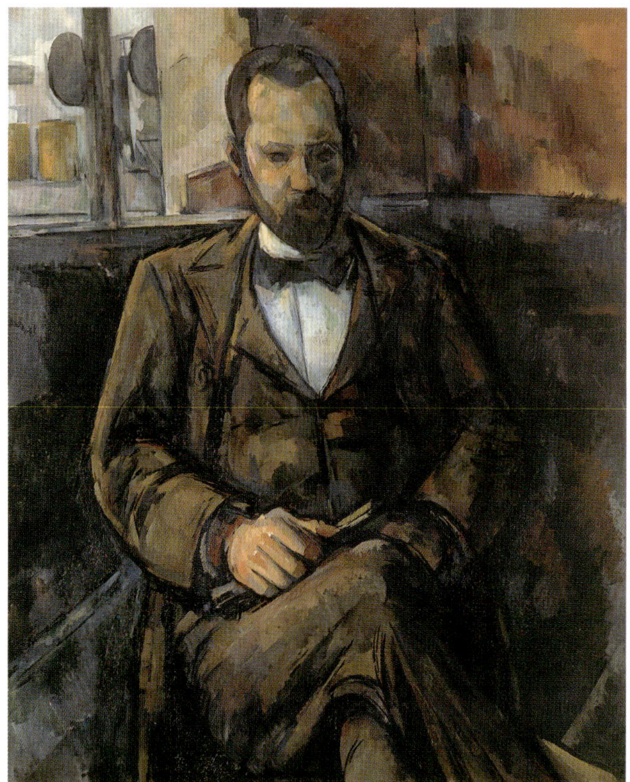

et d'attitudes entre les trois femmes y sont dégagés par des hachures qui donnent les volumes et construisent le rythme d'ensemble. Du Cézanne réduit à l'essentiel, à son constructivisme modernisé, sans les outrances primitivistes que Picasso poursuit.

Malheureusement, il ne nous reste rien de la toile que Braque a exposée aux Indépendants de 1908 qui représentait, comme on le sait en analysant les comptes rendus du Salon, plusieurs femmes nues, si bien que Fernande et Gertrude Stein en dirent, chacune de leur côté, que Picasso y avait « exposé grâce à Braque ». Ajoutons-y sa toile le *Grand nu* qui reprend, en la couchant, la femme de gauche du dessin reproduit par Burgess. Les gradations cézanniennes de la couleur font tourner les volumes puissamment marqués du corps et assurent son rayonnement dans l'espace. Ajoutons-y encore *Les Baigneuses* contemporaines de Derain dont il ne nous reste que la photographie de *La Toilette*.

Le cézannisme est bien alors une aventure collective dans le groupe autour de Picasso, à qui il faut ajouter les *Baigneuses à la tortue*[41] de Matisse, achevées ce même printemps 1908, où il débarrasse ses baigneuses des outrances de celles de Picasso. Picasso se retrouve seul en juin quand il écrit aux Stein le 15 : « Le grand tableau [*Les Trois Femmes*] avance mais avec quels efforts [...]. Tous ces peintres indépendants sont partis au midi[42]. » Entendez Braque, Derain et Matisse. Sans doute la période est-elle troublée par le suicide au Bateau-Lavoir du jeune peintre allemand Wiegels que Picasso a dépendu. « À cette époque, rappelle Fernande, nous fumions de l'opium et cela aurait pu nous devenir néfaste sans la mort de Wiegels qui arrêta net ces pratiques[43]. »

Ce qui est observable, c'est que Picasso, dans sa solitude, passe de sa peinture de paroxysmes à une remise en ordre marquée par une séquence de paysages imaginés qui trahissent de nouvelles réflexions sur Cézanne, non seulement sur ses compositions, mais aussi sur ses couleurs. Le règne des arbres dans les contrastes de rythmes gouverne le *Paysage avec deux figures*[44] (fig. 5), les figures étant associées, l'une, horizontale, avec les racines au sol, l'autre à un tronc. Il passe alors à des natures mortes dépouillées et dramatisées, peut-être déclenchées par sa vue de l'atelier qu'on appelle *Composition à la tête de mort*[45].

Cette remise en ordre, pour solitaire qu'elle soit, rapproche Picasso de ce que fait, sans qu'il le sache, Braque qui, retourné à l'Estaque, dira plus tard à Georges Duthuit pour s'expliquer : « On ne saurait rester toujours dans le paroxysme. » Picasso part fin juillet se reposer avec Fernande à La-Rue-des-Bois, un village sans charme particulier à soixante kilomètres au nord de Paris, près de la belle forêt d'Halatte qui concrétise ses rêves dessinés. Il est bien possible que ce soit pour se désintoxiquer de l'opium. N'écrit-il pas aux Stein le 14 août :« J'ai été malade très nerveux et le médecin me ha dit à me en aller passer quelque temps ici. » Là, Picasso nettoie le motif, jusqu'à le ramener à des cubes, des contrastes de rythmes entre la géométrie des maisons et les formes naturelles des arbres qu'il réduit aussi à leur structure.

Ces paysages sont sans air. La nouveauté, c'est que les contrastes entre géométrie et rythmes naturels retrouvent les béances dans les formes qu'on appelle des « passages » chez Cézanne. Peu après son retour à Paris, en

FIG. 6 **PABLO PICASSO**
Portrait de Clovis Sagot, été 1909
Huile sur toile, H. 82 cm ; L. 66 cm
Hambourg, Hamburger Kunsthalle

FIG. 7 **PAUL CÉZANNE**
Portrait d'Ambroise Vollard, 1899
Huile sur toile
H. 101 cm ; L. 81 cm
Paris, musée du Petit Palais

septembre, une découverte bouleverse Picasso. Braque ramène de son séjour à l'Estaque des paysages que le jury du Salon d'automne (où figure Matisse) va refuser. Or ils simplifient et géométrisent le « motif » naturel exactement comme les siens, mais on note deux différences : la palette est plus cézannienne et surtout, comme Cézanne, Braque a appris à faire chatoyer une atmosphère qui sculpte les volumes par de fines vibrations colorées.

C'est dans leur communion avec Cézanne que commence alors l'aventure à deux qui va les conduire au cubisme. Comme l'a fait remarquer William Rubin : « Il est très difficile, dans les années 1908 et 1909, de distinguer dans quelle mesure c'est Braque ou c'est Picasso le responsable du changement. Je pense qu'on peut dire que le plus extraordinaire en cette affaire est que des éléments tel que l'africanisme, c'est à dire le type d'art tribal que Picasso apporte au cubisme d'une part et Cézanne de l'autre, pourraient sembler totalement impossibles à mélanger. Et cependant les deux fusionnent d'une certaine façon dans le creuset de ses peintures de 1908[46]. »

L'aboutissement cézannien du début de la cordée avec Braque se manifeste au printemps de 1909. Même si les deux photos de face et de profil de Clovis Sagot révélées et analysées par Anne Baldassari dans *Picasso photographe, 1901-1916*[47] y jouent leur rôle, le *Portrait de Clovis Sagot*[48] (fig. 6) est le plus cézannien des portraits peints par Picasso. Contre les essais de découpages en facettes de son cubisme contemporain, il éclaire la ressemblance du visage de son marchand avec la photographie de face, fait jouer en fines stries la lumière sur les bords du chapeau, la barbe et le col, les ondes des manches de la veste.

Même si les relations sont plus indirectes, la série de paysages que Picasso rapporte de Horta de Ebro, en particulier *Le Réservoir* où souffle un air de Gardanne, mais aussi *Maisons sur la colline*[49] et les contrastes de perspective de *L'Usine*[50], témoignent de ses réflexions sur Cézanne. De fait, Cézanne reste sous-jacent dans bien des gageures de ce que nous appelons le cubisme analytique. La toile *Le Chapeau de Cézanne* au début de 1909 ou le projet de *Carnaval au bistrot*, le retour d'*Arlequin*[51] sans rien de sentimental en témoignent. Les prouesses des découpages du *Portrait d'Ambroise Vollard*[52] de 1910 (p. 174), où Picasso reprend la position de la tête du *Portrait d'Ambroise Vollard* de Cézanne en 1890 le soulignent (fig. 7).

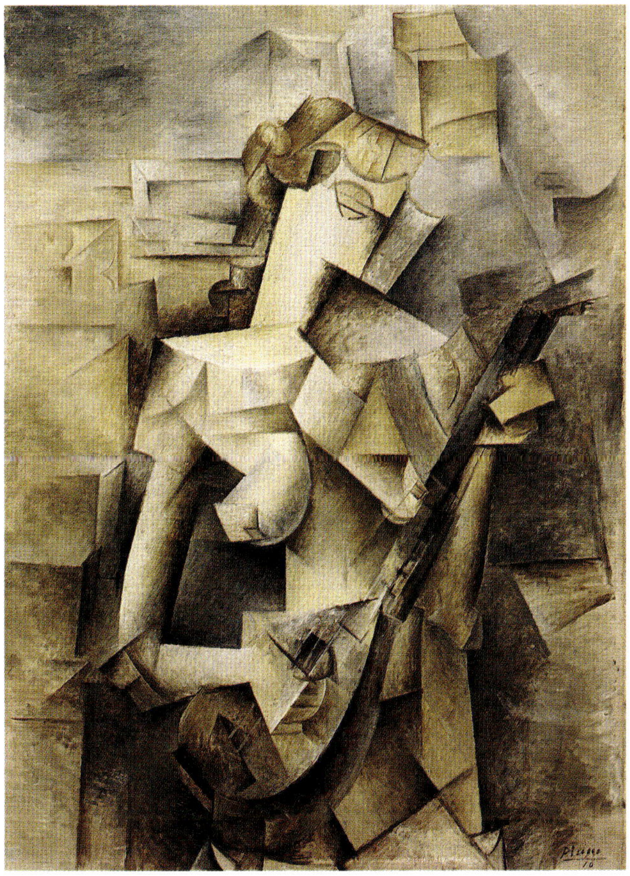

FIG. 8 **PABLO PICASSO**
Jeune fille à la mandoline, Paris, 1910
Huile sur toile, H. 100,3 ; L. 73,6 cm
New York, The Museum of Modern Art

Clins d'œil vers Corot et Ingres pendant le cubisme

À l'étonnement de Fernande, en 1909, Picasso continuait à aller au Louvre, et si engagés que Braque et lui l'eussent été dans leur révolution cubiste de la peinture, nous savons que tous deux furent passionnés par l'exposition « Figures de Corot » au Salon d'automne 1909. John Richardson, dans son *Georges Braque*, a fait remonter à cette découverte « le penchant cubiste pour les figures avec un instrument de musique[53]. » De fait, ses deux *Femme tenant une mandoline* sont contemporaines en 1910 de celles de Picasso, la *Femme à la mandoline* ovale qui dialogue avec elles et surtout la *Jeune fille à la mandoline* qui apporte une rupture d'un autre ordre.

Qu'est ce qui retenait Braque et Picasso dans ce qu'un des plus récents commentateurs de Corot, Vincent Pomarède[54] appelle ses « figures de fantaisie » par opposition à ses portraits ? Je crois que l'on peut dire : leur côté instantané, sans pose, saisi dans leur espace, si net dans *La Lecture interrompue*. Il se retrouve dans la *Femme à la toque* surprise en train de jouer de la mandoline que Rubin retenait comme un modèle possible[55]. Sans doute reste-t-il encore moins de Corot dans la *Jeune fille à la mandoline*[56] (fig. 8) que du modèle Fanny Tellier qui posa nue, mais l'ensemble des transformations dans la peinture depuis *Les Demoiselles d'Avignon* conduit à mettre l'accent sur l'impulsion reçue à partir du prédécesseur et non sur la copie. En outre, une fois de plus, on vérifie ce que j'appelle le temps d'incubation nécessaire à Picasso, car la *Jeune fille* est du début du printemps 1910.

Là, Picasso se libère de la réduction, par le découpage, des formes à leur structure. Il s'autorise à garder les ondes de la chevelure, le schéma d'un regard, le trouble d'un sein. Les formes courbes appelées par l'instrument de musique ou la beauté naturelle de la jeune fille. Porté par le mouvement même de sa figure, il rabat le profil caché du visage en avant sur le plan de la toile. Ce profil crée alors une nouvelle sorte de « passage » avec le contenant spatial, tellement hors de la vision classique que la peinture en a

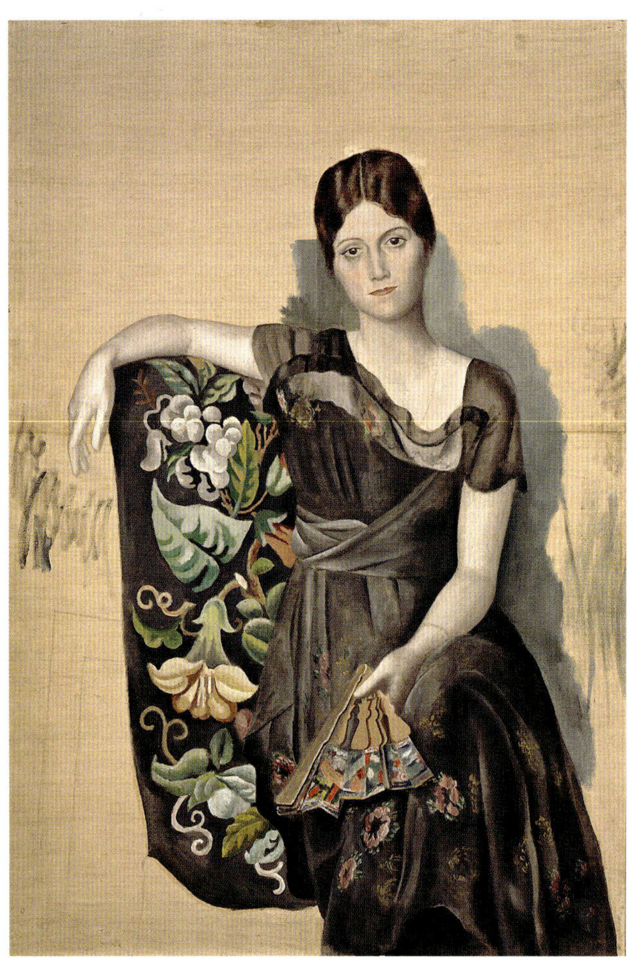

passé, à tort, pour inachevée. Corot a seulement servi de tremplin, mais Picasso le retrouvera dans la grande révision de la figure classique qui suivra chez lui la découverte de la peinture de Pompéi en 1918.

À partir des innovations de ce que nous appelons cubisme synthétique où compta la formation de Braque comme peintre en bâtiment (lettres au pochoir, « faux-bois » avec des peignes spéciaux, faux marbre, sablages, plâtrages, intrusion de la laque Ripolin, collages), les remplois de cet art de base dans le « grand art » ont supplanté chez les deux amis les recours à la tradition. Cependant, à la fin de juin 1913, au cœur des « synthèses », nous découvrons que, rentrant de Céret, dans le trouble qui a suivi la mort de son père, Picasso décide de passer par le musée des Augustins à Toulouse et par le musée Ingres à Montauban. Pas de traces immédiates dans sa peinture. Se posait-il déjà le problème de l'intégration de la figuration classique dans l'espace cubiste qu'il dessinera à l'automne avec le visage d'Eva dans deux études pour la *Femme en chemise dans un fauteuil* et un dessin[57] ?

Quand on suit Picasso pas à pas, on est toujours frappé par le contraste entre ses réactions à l'événement, parfois à la vitesse de la foudre, et le lent cheminement de sa réflexion, de la maturation des bouleversements dans son art. On a découvert après sa mort que l'aboutissement, commencé par des dessins au printemps 1914, de cette recomposition du portrait dans l'espace cubiste était la peinture *Le Peintre et son Modèle*[58] à l'été de 1914. Cette problématique des formes naturelles, révolutionnaire par rapport au cubisme, revient, publiquement cette fois, au début de 1915 avec le *Portrait de Max Jacob*[59]. Picasso y reprend les synthèses cubistes qui lui ont appris à traiter les différentes parties d'un tableau de façon indépendante, mais aussi, comme Ingres, il « pousse » le dessin de la tête, du col et des mains et laisse le reste à l'état d'esquisse. Tous traits qu'on retrouvera dans le *Portrait de Vollard*[60], de 1915 et dans celui de *Madame Wildenstein* à Biarritz en 1918. On ne peut sans doute pas isoler d'une pensée vers Ingres les dessins que Picasso fait en 1917 de la villa Médicis qu'il voit de son hôtel à Rome. Je veux dire qu'il sait alors voir ce qu'Ingres a vu[61].

De Pompéi à Poussin, sans oublier Ingres, ni Corot

Le choc reçu par Picasso à la découverte des peintures de Pompéi n'a été vraiment mis en valeur que récemment, en particulier avec l'exposition « Picasso 1917-1924[62] ». Comme l'a écrit Giovani Carandente : « Tout ce qui avait constitué l'univers pompéien était conservé sur le site ainsi qu'au Museo Archeologico de Naples [...]. Dans sa singularité, cet univers contribua à enrichir le patrimoine culturel de Picasso de quelque chose de plus vivant, de plus frémissant que ce que ses visites de musées [italiens] lui avaient donné jusqu'alors. Il aimait tout particulièrement la concision des peintures[63]. » Ajoutons que c'était là pour lui, en quelque sorte, la découverte des débuts de la peinture qui faisait écho à ce qu'il avait trouvé pour la sculpture chez les Ibériques et chez les « nègres ». Que ce choc soit présent dans ce qui va le ramener vers Poussin amoureux de l'Antiquité classique est probable, avec, bien sûr, une pensée au « il faut faire du Poussin sur nature » de Cézanne, mais, là aussi, la maturation sera longue.

Un retour à Barcelone nous vaut un premier portrait d'*Olga à la mantille*, tout de force purement picassien, mais qui aide à mesurer les transformations des portraits qui vont suivre. Palau i Fabre souligne : « Il y a comme un refus de la mantille à encadrer ce visage, ou du visage à accepter la mantille [...]. Je vois ici quant à moi les traits d'une paysanne slave imprégnée d'une certaine sauvagerie primitive[64]. » Signes qu'on retrouvera dans les déformations d'après 1927. Mais qu'à cela ne tienne, Picasso veut sa fiancée en Espagnole.

Contraste total, le célèbre *Portrait d'Olga dans un fauteuil*[65] de l'automne à Paris reconstruit au contraire Olga en modèle de Monsieur Ingres. La raie centrale qu'Olga a adoptée souligne une parfaite régularité, à présent, du visage, avec l'accroissement, à partir du nez, du rythme des sourcils comme dans le portrait de *Mademoiselle Rivière*. Picasso annule les repères de perspective, mais laisse démonstrativement inachevé tout le fond, jouant en virtuose des contrastes entre la robe noire et la somptuosité décorative du fauteuil. Pour comble, il donne aux bras les rythmes

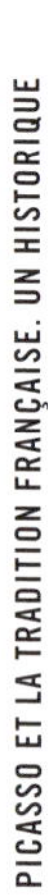

FIG. 9 **PABLO PICASSO**
Portrait d'Olga dans un fauteuil, Montrouge, automne 1917
Huile sur toile, H. 130 cm ; L. 88,8 cm
Paris, musée Picasso, dation Pablo Picasso 1979

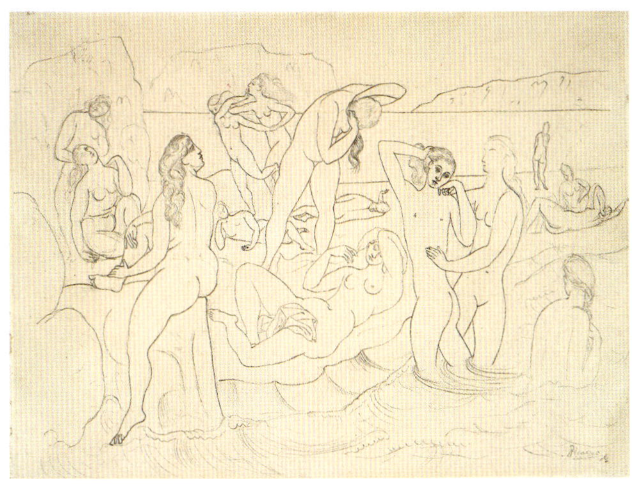

délicats et cette douceur si singulière, cette caresse incomparable du pinceau sur la mollesse de la chair qui signait l'émoi d'Ingres. La peinture arrache Olga au présent inconfortable de fiançailles découpées entre l'atelier à Montrouge et un appartement à l'hôtel Lutétia.

La mère de Picasso avait prévenu Olga que son fils ne serait jamais marié qu'à la peinture. Picasso va plus loin. Il demande à la peinture l'épouse telle qu'il la conçoit, si bien d'ailleurs que, lorsqu'il annonce à Gertrude Stein son mariage le 12 juillet 1918, c'est une photo non d'Olga, mais du *Portrait d'Olga dans un fauteuil* (fig. 9) qu'il lui envoie.

Dans l'intervalle, on voit une incursion de Picasso chez Le Nain – une lettre d'Apollinaire permet de la dater d'avant le 20 mars 1918[66] –, peintre qui le retenait par ce qu'il appelait ses « maladresses ». Il réinterprète en pointillisme à la Seurat *Le Retour de Baptême*[67], bouscule à l'extrême les proportions des personnages. Histoire de voir comment le tableau fonctionne.

La grande découverte vécue par Picasso cet été-là, pendant sa lune de miel, c'est une plage à la française, la plage chic de Biarritz où, si loin du front, les femmes s'offrent sans gêne au soleil avec des maillots fort réduits par rapport à l'Espagne. Il dessine un ensemble de *Baigneuses*[68] (fig. 10), ce qui lui permet une confrontation directe avec le *Bain turc,* les nus d'Ingres libérés dans l'harmonie et le plein air de la plage avec ses rochers reconnaissables. À gauche, à peine effleuré de la pointe du crayon, le groupe des deux femmes se coiffant, comme une signature de l'emprunt, vu de trois-quarts face, mais avec toutes les libertés conquises depuis 1906. Emplissant la feuille, treize autres jeunes femmes nues, en des postures qui découvrent, à la Matisse, de leurs volumes bien plus que nous n'en devrions voir. L'une même, au premier plan, a le buste de face sur un corps de dos. Picasso se sent assez fort et assuré pour nettoyer Monsieur Ingres de tout ce qui le gênait aux entournures.

Ces clins d'œil manifestes vers *Le Bonheur de vivre* et le *Nu bleu souvenir de Biskra* affirment bien que c'est lui seul désormais qui peut aller plus loin qu'Ingres. Et il le montre par une petite toile époustouflante de *Baigneuses sur la plage* qu'il a toujours conservée, où il pousse à leur comble disproportions et distorsions maniéristes dans une frénésie de rythmes colorés. La baigneuse debout exacerbe le mouvement de la femme debout à gauche du *Bain turc,* tandis que la baigneuse centrale répète la femme affalée au premier plan. Comme le dit Pierre de Champris, « Picasso court les risques que Monsieur Ingres ne pouvait assumer. Il le libère du complexe de Raphaël. » Ce qui n'empêche nullement Picasso, comme je l'ai déjà signalé, de revenir au dessin d'Ingres en poussant le seul visage de *Madame Wildenstein.*

Biarritz a été l'avant-goût de la paix ; même si la guerre se rappelle à lui avec la mort d'Apollinaire emporté par le grippe espagnole, Picasso emprunte aux classiques de l'harmonie pour dire par son art ce monde nouveau qui l'attend. En ce début de 1919 avec une *Femme au pichet* (appelée aussi *L'Italienne à la cruche,* fig. 11), par exemple, resurgit un autre interlocuteur familier, Corot, le Corot de *La Bohémienne rêveuse* ou de *L'Italienne à la cruche*[69]. « Ainsi, note Pierre de Champris, en prêtant à Ingres la tendresse de Corot et à Corot la superbe de Monsieur Ingres, en allant au-delà de la volonté de l'un et du sentiment de l'autre, [Picasso apporte-t-il] à leurs certitudes ou à leurs doutes une conclusion inattendue, car il a pour eux l'idée de ce qu'ils auraient pu ou dû faire, s'ils avaient eu l'impossible privilège de mieux voir à la fois en eux-mêmes et hors d'eux-mêmes[70]. »

Excellente définition de la conscience par Picasso de sa modernité, des chances et des devoirs qu'elle entraîne. Rappelons-nous qu'il avait noté en plein cubisme : « C'est

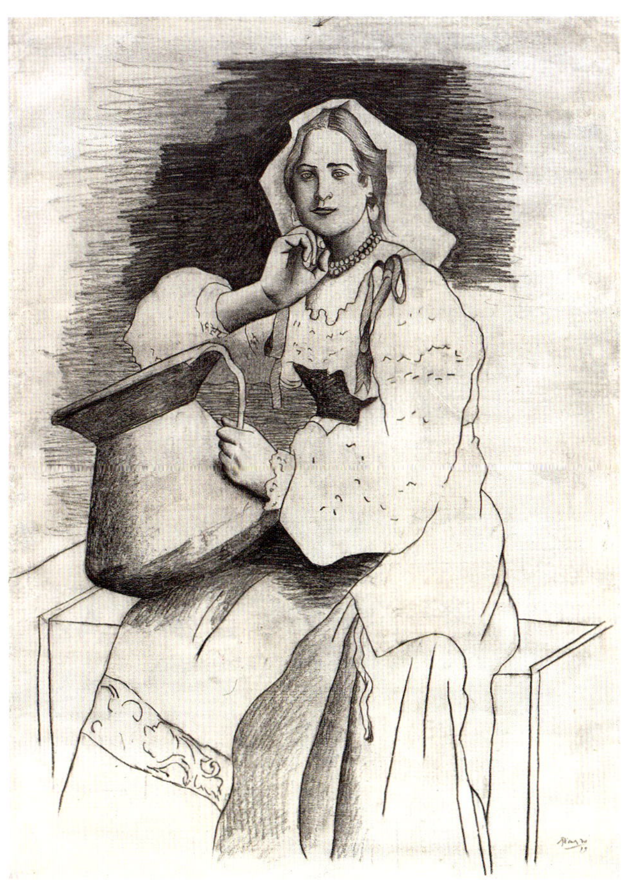

FIG. 10 **PABLO PICASSO**
Les Baigneuses, 1918
Crayon graphite sur papier
H. 23 cm ; L. 31.9 cm
Harvard University Art Museums, Fogg Art Museum

FIG. 11 **PABLO PICASSO**
L'Italienne à la cruche, 1919,
Crayon sur papier, H. 66 cm ; L. 48 cm
Berlin, Nationalgalerie, Museum Berggruen

dans la nature que les peintres ont toujours cherché la réalité, mais la recherche est dans la peinture. Ce n'est que par elle que la réalité nous apparaîtra alors évidente dans la nature. » Ce n'est que par la peinture que se révélera la nouveauté de l'art.

Dans une de ses dernières lettres, Guillaume Apollinaire lui avait écrit : « Je voudrais te voir faire de grands tableaux comme le Poussin, quelque chose de lyrique comme ta copie de Le Nain[71]. » Ce qui laisse penser à des discussions entre eux sur le classicisme, précisées, dans la dernière lettre d'Apollinaire du 11 septembre par : « Qu'y a-t-il de plus neuf, de plus moderne, de plus dépouillé, de plus lourd de richesses que Pascal ? Tu le goûtes je crois et avec raison[72]. » Ce qui nous rappelle à juste titre que chez Picasso, on ne voit, avec la peinture, que la partie émergée de ses réflexions et, dans ce cas, de ses conversations avec Apollinaire qui a joué dans sa découverte de l'héritage français, particulièrement classique, un tout autre rôle que Max Jacob.

Le « retour à l'ordre » et le dialogue avec Poussin

Avant que Poussin ne s'impose, il faudra une découverte inattendue : celle de la Côte d'Azur. En fait, d'abord la côte varoise avec Saint-Raphaël. La lumière méditerranéenne inonde 167 dessins et peintures où le cadre cubiste explose soudain au grand air de la perspective ouverte par la fenêtre sur la mer. Picasso brise les murs invisibles qui le retenaient jusqu'ici d'ouvrir l'espace cubiste au grand air. Ce mariage entre la révolution cubiste et la perspective de la Renaissance, mis à l'essai au printemps de 1914 dans *Le Peintre et son modèle*, va être consommé en public le 20 octobre 1919 chez Paul Rosenberg, sous le titre *Les Balcons*. On notera que Picasso y place l'horizon de la mer très haut. Même s'il n'a acquis, auprès de Max Pellequer, *La Mer à l'Estaque* qu'en 1952, *Les Balcons* attestent que le maître d'Aix était présent dans cette ouverture sur la Méditerranée. Dans l'intégration des formes naturelles à l'espace cubiste, il y a, en arrière-plan, des règles cézanniennes qui vont le reconduire sous peu à Poussin.

L'année qui suit, cette ouverture est renouvelée à Juan-les-Pins. En 1920, c'est un lieu encore sauvage, un quasi-désert inimaginable dans l'urbanisation d'aujourd'hui. Picasso est bouleversé. Il dira, un quart de siècle plus tard, à Antonina Vallentin « qu'il a eu la prémonition de Juan-les-Pins en imaginant un paysage à Paris. J'en étais stupéfait et c'est alors que j'ai compris que ce paysage était à moi[73] ». C'est là qu'il retrouve l'horizontale pure de la mer comme, en son enfance, à Malaga. Et, tout à trac, cinq dessins, une gouache et une aquarelle traitent du rapt de Déjanire, la fiancée d'Hercule par le centaure Nessus. Les hardiesses sexuelles magnifiées par les déformations ne sont qu'à lui, mais c'est déjà un retour au monde de Poussin qui incarne décidément pour lui la distance classique. Un quart de siècle plus tard, quand Dor de la Souchère lui ouvrira le château Grimaldi à Antibes, Picasso lui dira : « Chaque fois que je viens à Antibes[74], je suis repris par l'Antiquité[75]. » Il a fallu ce truchement d'une Méditerranée qu'il peut rêver antique entre le voyage en Italie et la peinture de la paix à Paris pour que Poussin supplante Ingres chez lui, avec sa façon d'intégrer un ordre antique vivant à sa peinture.

Rappelons que Poussin est arrivé dans les réflexions de Picasso par son *Autoportrait* du Louvre dès le printemps de 1901, qu'il reviendra plus tard au moment de la Libération de Paris en août 1944 par une *Bacchanale d'après Poussin*[76] (voir fig. 7, p. 58), toutes preuves d'une longue conversation avec la discipline du maître français.

Dans le même temps, la veine qu'on peut dire classique, attestée en 1919 par *L'Italienne d'après Raphaël*, s'est constamment poursuivie par des dessins comme le *Couple Sisley d'après Renoir*[77] où il analyse au trait en un hommage le tableau de Renoir. Dans *Portrait d'Auguste Renoir d'après une photographie*[78], Picasso met comme jamais à l'épreuve les pouvoirs de son trait pour recréer les valeurs de l'espace photographique. On le voit multiplier les portraits au trait sur le vif dans *Le Salon d'Olga rue La Boëtie*, avec Cocteau, Satie, Clive Bell et Olga[79] ; ceux de ses musiciens : Éric Satie encore, Stravinsky, De Falla. Ajoutons le splendide portrait peint au trait de *Madame Errazuriz*, le portrait de sa première marchande Berthe Weill.

Dans l'intervalle, une exposition d'œuvres de Braque, en mars 1919, chez Léonce Rosenberg où se raffine le cubisme méticuleux qu'il pratiquait en 1914, provoque un jeune peintre et critique Bissière à constater que le cubisme de Braque « aura ramené la peinture à ses moyens traditionnels dont nous nous étions écartés depuis cinquante ans. Il nous aura rappris le respect de la manière et du métier de peindre [...]. Le cubisme, un *rappel à l'ordre* qui a sauvé l'art moderne[80] ». Ces cinquante ans éliminent le dernier Manet, les révolutions de Cézanne, de Van Gogh, de Gauguin. La réponse vient avec une toile d'un baroque exacerbé *Les Amoureux*[81] sous l'inscription *Manet*, manifeste de Picasso contre un cubisme ossifié en « rappel à l'ordre ».

Jean Laude et André Fermigier ont eu raison de souligner toute l'importance du « retour à l'ordre » en ces années-là dans la génération artistique de 1920 en France, qui ne paraît, selon Fermigier, « soucieuse que d'inventorier un héritage classique et littéraire [...]. Il faut relever les décombres, et les peintres que les critiques de l'époque présentent comme des modèles, des exemples d'endurance intellectuelle et de vertu nationale sont tous des constructeurs : Fouquet, Le Nain, Poussin, Courbet, Seurat et, bien sûr, Cézanne ». Picasso, comme nous l'avons vu, n'a pas attendu ce « rappel à l'ordre » pour réviser certains de ces constructeurs à la lumière d'un monde qu'ils ne pouvaient prévoir et il continue de ne peindre qu'à sa tête, poursuivant son cubisme, le niant, simplifiant, inventant, reconstruisant. Nul doute aussi qu'il entend affirmer sa propre continuité et son indépendance.

Ainsi en va-t-il de cette nouvelle reprise du monde de Cézanne en ce qu'il a de plus intime avec la *Nature morte sur une commode* (fig. 12), hommage au compotier mais avec le trompe-l'œil cubiste, toujours conservée par lui comme la *Nature morte au pichet*[82], révélée seulement après sa mort, où

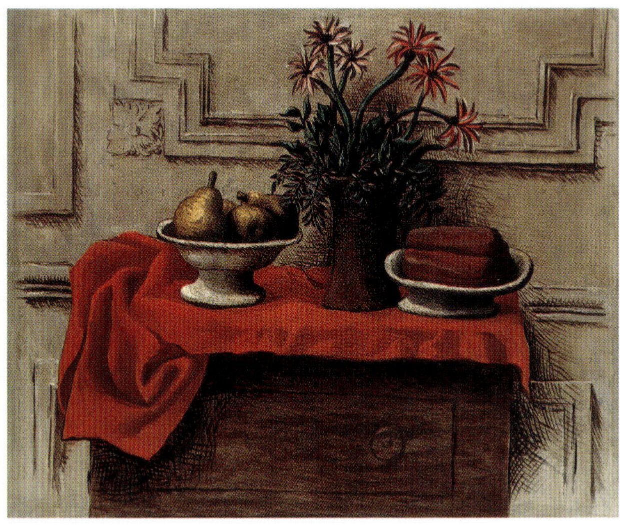

le mariage du pichet avec une assiette de pommes, sur une commode avec deux pommes, détourne la rigueur du monde cézannien dans un ailleurs surréaliste avant la lettre.

Picasso a tout cela en tête quand, à l'été 1921, dans le calme d'une villa de Fontainebleau – son fils bébé ne supporterait pas la chaleur de la Côte d'Azur –, il s'attaque, en même temps qu'à un testament cubiste : *Les Trois Musiciens*, à Poussin. Plutôt à ce que Poussin lui transmet en peinture de l'ordre antique, ici des rythmes des drapés de la statuaire grecque. Les rapprochements opérés par Pierre de Champris entre la version peinte des *Trois femmes à la fontaine*[83] (voir fig. 5, p. 57) et le trio des jeunes compagnes de Rébecca à droite de l'*Éliézer et Rébecca* de Poussin (voir fig. 6, p. 57) au Louvre d'une part, les drapés de la frise est du Parthénon de l'autre, sont parlants. Mais le thème lui même n'est pas sorti du tableau de Poussin : c'est une longue méditation partie de contrastes de baigneuses nues au printemps, d'un thème de femme versant l'eau d'une amphore, puis de trois femmes devant un puits qui va se concrétiser dans les *Trois femmes*. Dans leurs versions finales, elles sont sculpturales, puissantes, intemporelles. Les contrastes des mains y effacent la grâce des jeunes filles de Poussin, tandis que leurs courbes répondent aux géométrisations brutales des *Trois femmes* de 1908.

Susan Grace Galassi a relevé la ressemblance de position entre le père endormi de *Famille au bord de la mer*, peint à Dinard à l'été 1922, et Narcisse dans *Écho et Narcisse* de Poussin au Louvre[84]. Picasso emprunte, mais traduit une scène mythologique de mort (douce il est vrai, mais de mort quand même) en tendresse vivante de la paternité. Il est vrai, comme il le dira plus tard à Françoise Gilot, qu'il sait n'avoir rien de commun avec l'homme Poussin, le monde de Poussin, mais la communion dans la continuité des pouvoirs de la peinture l'emporte.

Le dialogue avec l'Antiquité va reprendre à l'été de 1923 au Cap d'Antibes avec l'horizontale de la mer et des baigneuses nues, provoquées par la présence d'une belle Américaine, Sarah Murphy, qui garde sur la plage son collier. Dans les variations intervient un jeune joueur de flûte de Pan. La grande toile des *Flûtes de Pan*, toujours conservée par Picasso, a valeur de sommet de la période classiciste. Devant l'horizon de la mer, très haut dans la toile, le groupe des deux adolescents, celui qui joue de la flûte de Pan et celui qui écoute, témoigne d'une nostalgie de la sensualité libre des thèmes traités durant l'été. La présence féminine manque ici. Pourquoi Picasso a-t-il toujours conservé cette œuvre alors que son thème n'a plus rien d'intime ? William Rubin, dans « *The Pipes of Pan* » : *Picassos aborted Love Song to Sara Murphy*[85], a fait l'hypothèse qu'au départ il y avait une présence féminine. Ce qui se voyait dans la séquence de dessins avec le joueur de flûte de Pan, où le jeune homme nu tend un miroir à la femme au collier[86]. Comme l'écrivait André Fermigier : « Les *Flûtes de Pan* sont en fait l'œuvre la plus cézannienne que Picasso ait jamais réalisée ; voilà bien "un Poussin d'après nature[87]". »

C'est pratiquement la fin des rêveries classiques, même si quelques petits paysages de Juan-les-Pins à l'été 1924 dans leurs simplifications et libertés cubistes dialoguent encore avec la rigueur de Poussin[88].

De la violence surréaliste à l'intrusion de la guerre

Le seconde partie des années 1920 voit chez Picasso un déchaînement surréaliste où, si références extérieures il y a, elles sont plutôt à chercher dans les arts océaniens, à une exception près, la toile de la *Crucifixion*[89] où, comme Golding l'a souligné[90], Picasso a sans doute puisé dans *L'Apocalypse de Saint-Sever* de Beatus de Liebana dont la revue *Documents* de Georges Bataille avait publié en 1929 des illustrations, mais Picasso a pu voir l'original à la Nationale, ce qui expliquerait la tonalité de sa *Crucifixion*. C'est la seule incursion repérable de ce type.

Kahnweiler, qui voyait vers 1933 en Picasso « l'homme le plus apolitique que j'aie connu », a aussi retenu cependant qu'il évoquait alors « une peinture qui devait exprimer les grands sentiments » et pensait au *Serment des Horaces* de David[91]. En fait, Picasso avait toujours été contre la guerre depuis son adolescence et su éviter l'Espagne de la dictature de Primo de Rivera. Le début des années 1930 est le moment où il se trouve le plus proche du mouvement surréaliste, violemment politisé. Et le tournant dans son art, après l'émeute du 6 février 1934 à Paris et le massacre de ses opposants par Hitler, voit surgir des dessins de *Meurtre* d'une extrême violence pour illustrer *La Mort de Marat* de Benjamin Péret. Retour seulement de thème avec le tableau de David. La violence n'est qu'à Picasso. Durant toute la période qui s'ouvre, s'il est hanté par la guerre et ses désastres, dans ses dialogues avec lui même ou les maîtres du passé, la nouveauté, c'est qu'il va aussi avoir à faire avec l'interprétation politique de la peinture par les communistes français, y compris de la sienne.

La guerre d'Espagne fait évidemment passer Goya au premier plan de ses références, mais, dans les premiers dessins pour *Guernica*, le thème de la femme brandissant

FIG. 12 **PABLO PICASSO**
Nature morte sur la commode, Paris, 1919
Huile sur toile
H. 81 cm ; L. 100 cm
Paris, musée Picasso, dation Pablo Picasso 1979

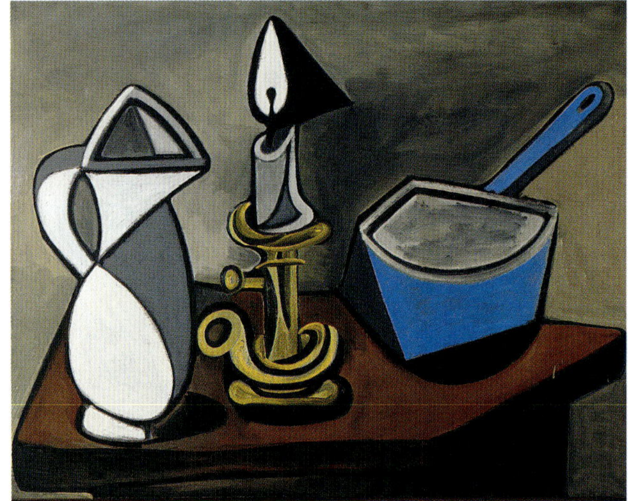

le fanal rappelle le tableau de Prud'hon, *La Justice et la Vengeance éclairant le crime*, preuve qu'il continue d'aller au Louvre. Picasso mobilise toutes les inventions de sa peinture et de l'art qu'il peut connaître pour faire front. Comme il le dit en annonçant *Guernica*, à ses yeux : « La guerre d'Espagne est la bataille de la réaction contre le peuple, contre la liberté. Toute ma vie d'artiste n'a été qu'une lutte continuelle contre la réaction et la mort de l'art. » C'est bien l'enjeu désormais. Picasso va de plus en plus se penser, durant toutes les années de la guerre, comme l'héritier des maîtres du passé qui entre dans ses préoccupations, mais pour dire un monde de souffrances et d'inhumanité moderne qui n'était pas de leur époque. Seul Goya apparaît, encore comme interlocuteur mais rarement. Quand la France entre en guerre, les chefs-d'œuvre des musées sont mis en lieu sûr à cause des bombardements, et Picasso fait de même avec sa propre collection. Cela n'empêche nullement la consultation de reproductions. Ni bien sûr sa mémoire visuelle. Mais on peut dire que son énorme production des années de l'occupation nazie n'est pour l'essentiel qu'à lui.

La Libération et Poussin. Confrontations avec Delacroix et Courbet

Symboliquement, dans les jours mêmes de la libération de Paris, Picasso prend pour modèle *Le Triomphe de Pan* de Poussin entré au Louvre avec la Donation Jamot en 1939 qu'il transpose en *Bacchanale d'après Poussin*[92] (voir fig. 7, p. 58). Sans doute, il le refait en homme du XXe siècle et avec des moyens plastiques qui lui sont propres, aquarelle et gouache sur papier pour la rapidité, mais, jamais il n'a suivi autant dans le détail un modèle. Ce qu'il expliquera au poète anglais, alors aviateur, John Pudney venu lui rendre visite : « Un art plus discipliné, une liberté hors des contraintes sont à un moment comme celui-ci pour l'artiste sa défense et sa sauvegarde... Très probablement pour un poète le moment d'écrire des sonnets. Certainement, ce n'est pas le moment pour un homme qui crée de céder, de se refermer sur soi, de cesser de travailler. » Il ajoute que la *Bacchanale* a été « un exercice, un acte d'auto-discipline[93]. » À Mougins, jusqu'à sa mort, il la gardera sur la table de la salle de séjour comme un repère.

S'il conserve la composition de Poussin, il en accélère les rythmes, nettoie et rehausse les couleurs, mettant largement à nu les Bacchantes dans un orgie libre et gaie. C'est déjà le Picasso qui rêve son retour à la Méditerranée (et à la lumière de l'Antiquité) qu'il va réaliser à Antibes en 1946, puis avec sa poterie à Vallauris à partir de 1947. La *Bacchanale* signe la paix et une nouvelle vie à commencer. Il est significatif que ce soit en libérant Poussin de ce qui le gênait aux entournures, traitement, on s'en souvient, qu'il avait déjà fait subir à Ingres en 1918.

Un événement significatif se produit avec la réouverture du musée d'Art moderne en 1947. Sollicité par Jean Cassou, Picasso choisit d'abord *L'Atelier de la modiste* de 1926 et *L'Aubade* de 1942, une des peintures les plus cruelles de l'Occupation. Il les compléta par des natures mortes, des portraits de Dora et *La Casserole émaillée bleue* (fig. 13), Dix tableaux en tout, pas une anthologie, mais un choix sans concession à qui que ce soit. Georges Salles avait fait porter les toiles ainsi réunies au Louvre. Françoise Gilot raconte : « Il voulait faire une expérience, en disposant les toiles à divers endroits pour les regarder à côté de chefs-d'œuvre d'autres époques [...]. Les gardiens soulevèrent les tableaux de Picasso et nous les suivions [...]. En arrivant aux salles d'exposition, Picasso indiqua : "Portez-les près du Zurbaran." Nous sommes parvenus jusqu'au *Saint Bonaventure dans son tombeau* [...]. Puis il demanda de les faire voisiner avec *La Mort de Sardanapale*, *Les Massacres de Scio* et *Les Femmes d'Alger* de Delacroix. Après cette confrontation, nous avons fait porter les toiles près des Courbet entre *L'Atelier* et *L'Enterrement à Ornans*. Georges Salles demanda à Pablo s'il voulait comparer une de ses œuvres à des toiles de l'École italienne. Il réfléchit un instant : "J'aurais aimé voir une de mes toiles cubistes à côté de la *Bataille de San Romano* d'Uccello. Mais, comme nous n'avons pas de toiles cubistes ici, je crois que c'est assez pour aujourd'hui[94]." »

En 1947 donc, Picasso se confronte à Delacroix et à Courbet. Ce n'est toutefois qu'à la fin de 1954 pour le premier et au début de 1950 pour le second qu'il passera à une confrontation directe. Cette rétrospection parut alors tellement inattendue (le passé de Picasso étant alors encore des plus mal connus) que les critiques ont taxé les deux confrontations d'être des « paraphrases », mot qui n'a que deux sens : commentaire verbeux ou fantaisie sur un air connu. Or il s'agit chez Picasso de tout autre chose : il met ses dernières recompositions des figures et de l'espace *à l'épreuve* de chefs-d'œuvre qui sont pour lui des références. Cela donne, pour nous en tenir à 1950, le *Portrait d'un peintre d'après le Greco* (p. 118) et *Les Demoiselles des bords de la Seine d'après Courbet* (p. 312).

Le débat avec Courbet ne saurait être isolé du fait que les théoriciens soviétiques du réalisme socialiste célèbrent alors en Courbet l'ultime représentant de la « grande pein-

FIG. 13 **PABLO PICASSO**
La Casserole émaillée, 16 février 1945
Huile sur toile, H. 82 cm ; L. 106,5 cm
Paris, Centre Pompidou, musée national d'Art moderne, donation Pablo Picasso, 1947

ture française réaliste avant sa dégénérescence bourgeoise », ce qu'Aragon codifiera de son côté avec son livre *L'Exemple de Courbet* en 1952. Picasso va se charger de leur rappeler que ce qu'ils veulent voir chez Courbet comme « réalisme » le châtre en fait de sa sensualité. Sans parler de ses provocations sexuelles (*L'Invention du monde* ne réapparaîtra chez le Dr Lacan qu'en 1954). Dans cet ordre d'idées, Picasso choisit de rajeunir une des toiles majeures de son prédécesseur qu'il aime, *Les Demoiselles des bords de la Seine* (p. 313), toile sans connotation politique aucune.

Il réduit la hauteur de sa toile des 2/5 par rapport à Courbet afin d'écraser l'espace sur ces deux femmes couchées. Il accentue leur havre de tranquillité, empli de feuillages et de fleurs accompagnées par les ornements de la robe et des jupons de la jeune femme brune au premier plan. Elle s'abandonne le plus librement, le plus sensuellement du monde au sommeil, dans une attitude d'assouvissement. Par contraste, l'autre femme qui a gardé ses gants, rêve en étreignant un bouquet de fleurs des champs.

Derrière l'arbre chez Courbet, l'on distingue, sur le bateau qui les a amenées là, le chapeau de l'homme qui a ramé afin de les conduire. Picasso élimine cette anecdote et s'occupe du seul contraste entre les deux femmes, afin de refermer la composition sur le poids des feuillages. Il fragmente, remodèle les robes comme les visages, tout en soulignant par un double profil la bouche en quête d'un baiser dont Courbet avait doté la dormeuse, mais aussi l'appel de ses mains dont les doigts se tendent vers une étreinte. Les entrelacs et les ronds au centre de la frondaison semblent suggérer un ou deux visages de voyeurs.

Le transfert au XXe siècle tient à l'expressivité des rythmes, soulignés par des contours doublés comme dans les corridas violentes de 1934. Picasso a nettoyé Courbet, en sublimant cette grotte de feuillages où les souffles de l'air semblent tièdes dans le parfum des fleurs du printemps, en orchestrant les rêves d'étreinte de la femme éveillée et de celle qui dort, rêves que le XXe siècle peut regarder sans détourner les yeux.

La toile d'après Courbet sera d'abord connue par sa reproduction dans *Verve* en 1951 (avec l'ensemble du travail à Vallauris), puis révélée au printemps de 1954 à Paris dans une exposition-manifeste qui sera peu appréciée de ses camarades du parti communiste. Personne ne pensera a garder en France cette confrontation qui sera achetée en 1955 par le Kunstmuseum de Bâle.

Après les dialogues avec *Les Femmes d'Alger* et *Le Déjeuner sur l'herbe*, retour à Poussin et David dans la crainte d'une guerre mondiale

Va s'ouvrir chez Picasso le temps des grandes confrontations avec les classiques, *Les Femmes d'Alger* de Delacroix, *Les Ménines* de Vélasquez, *Le Déjeuner sur l'herbe* de Manet qui sont traités par ailleurs.

Un an après la fin du dialogue avec Manet, à la fin d'octobre 1962, ce qu'on appelle désormais « la crise des fusées », après la découverte de fusées soviétiques à Cuba, provoque une mobilisation des États-Unis qui menace le régime de Castro. La paix du monde est brusquement en jeu. En bon Espagnol, Picasso n'a jamais pardonné aux États-Unis leur guerre de 1898 et leur conquête de Cuba. La révolution cubaine lui tient à cœur. Le voilà, à quatre-vingts ans passé, soudain replongé dans les conséquences de la guerre de 1898 qui l'a marqué pour toute sa vie.

Alors reviennent les crustacés de la guerre de 1940, puis, entre le 23 octobre et le 1er novembre – il a eu ses quatre-vingt-un ans le 25 –, avec un chat aussi agressif que celui qui broyait l'oiseau en 1939[95]. Picasso passe alors carrément à un thème de bataille et de fureur qui reprend en même temps *Les Sabines* de David et le *Massacre des Innocents* de Poussin[96] (p. 249 et p. 255), ce que ses classiques lui offrent de mieux dans la violence mise en scène par la peinture. Peu après, il peint le 2 novembre, un guerrier à cheval, brandissant un glaive, qui piétine des femmes. Le 4, c'est la grande toile pleine de bruit et de fureur meurtrière, *L'Enlèvement des Sabines*. Il a convoqué une fois de plus Poussin et David contre la menace d'une troisième guerre mondiale, mais c'est un très fort Picasso.

Il revient, l'alerte passée, sur le thème par une nouvelle grande toile *L'Enlèvement des Sabines* qui résume la tragédie – deux guerriers s'affrontent, l'un nu à pied, l'autre à cheval, une femme piétinée, une fillette hurlante. Commencée le 9 janvier 1963, elle ne sera achevée que le 7 février[97].

Ce seront ses derniers tableaux de guerre.

Ingres libéré par mai 1968 conduit à Degas

En janvier 1968, des nageuses nues autour d'une piscine récapitulent les multiples aspects du thème de leur liberté qui obsède Picasso depuis 1918. Ingres n'est pas directement cité, mais on le devine dans les pensées de Picasso. Le 28 janvier, voici revenir le *Bain turc* dans une piscine de nos jours. Le dessin semble alors passer en revue les directions à partir desquelles la gravure va prendre un nouvel élan entre le 16 mars et le 5 octobre. Femme nue, mousquetaire et entremetteuse, dans toutes les combinaisons imaginables, puis des écuyères achèvent le prologue. Il y aura au bout du compte 347 gravures.

Il y passe aussi des peintres. Un peintre mousquetaire, le 19 et le 26 juin 1968, peint directement le modèle bien en chair. Et surtout voici le jeune Raphaël, sorti tout droit non pas du tableau d'Ingres, *Raphaël et la Fornarina* (p. 334), dans lequel Raphaël ne regarde que sa propre toile sous les caresses de son modèle et dont, au surplus, Picasso n'a sans doute pu voir aucune des versions qui se trouvent aux États-Unis, mais d'un autre tableau d'Ingres, *Paolo et Francesca* qui lui offre l'ardeur du jeune homme et le thème du voyeur. La version au musée d'Angers est la plus déchaînée. Il connaissait par Vollard l'existence du dessin d'étude pour l'ange de droite du *Vœu de Louis XIII* qui le présente en femme tout à fait sexuée[98] et trouvait en somme légitime de libérer une fois pour toutes Ingres de la répression de son époque qui avait pesé sur son érotisme.

D'emblée, dès les premières gravures, Raphaël ne se contente pas de tenir la Fornarina sur ses genoux, mais s'apprête à lui faire l'amour. Picasso ne nous omet aucun des préparatifs et amène le voyeur dans l'atelier qui devient bientôt le pape en personne. Le peintre se ressaisit, reprend sa palette, mais la volupté est la plus forte, même si le peintre ne lâche ni palette ni pinceau. Il arrive une fois qu'à la place du pape ce soit Piero Crommelynck, son graveur, le voyeur qui tient les rideaux. Ce n'est qu'aux ultimes étreintes que le peintre devient simplement un homme.

Ce roman en vingt-cinq épisodes est un des sommets de l'art érotique de Picasso. Toutefois, en dépit de mai 1968, à la fin de l'année, quand l'ensemble fut révélé à la galerie Louise Leiris, il n'était encore montré que dans une salle séparée, fermée à clé. Il a fallu attendre 1983 pour que certaines des gravures soient exposées à Paris, lors de l'hommage à Raphaël, pour le cinq centième anniversaire de sa naissance. J'en ai fait passer une à la télévision dans l'émission *Désir des Arts* sans problème, ce qui eût sans doute enchanté Picasso.

Quand William Rubin viendra en 1970 pour négocier l'échange de la *Guitare en tôle* de 1912 contre un Cézanne, Picasso s'amusera à lui montrer des gravures de la série de Raphaël et sortira, pour la comparaison, les monotypes de Degas pour illustrer *La Maison Tellier* qu'il avait achetés. La série allait rester dans l'atelier jusqu'à ce que la gravure prenne Degas à son tour en voyeur, comme si Raphaël lui avait passé le relais.

Le finale ne verra que des dialogues entre Picasso et lui-même, le seul intervenant est alors Rembrandt.

1. Voir Blunt (Anthony) et Pool (Phœbe), *Picasso : The Formative Years*, Londres, Studio Books, 1962, p. 9. Les auteurs mettent à bon droit l'accent sur la présence à Barcelone, dans le milieu que fréquentait Picasso, des journaux lestes ou satiriques illustrés de Paris comme *Le Rire*, *La Vie parisienne*, *Gil Blas*. Il connaîtra *L'Assiette au beurre* à sa fondation en 1901 et y collaborera.
2. New York, Guggenheim Museum (les œuvres citées sans référence sont dans des collections privées).
3. Contrairement à ses futurs amis Derain et Matisse, il n'a pu voir en 1901 la première rétrospective Van Gogh chez Bernheim-Jeune, étant déjà reparti pour l'Espagne.
4. The Philadelphia Museum of Art, mais la peinture à l'époque est très célèbre à Montmartre.
5. Voir Daix (Pierre), Boudaille (Georges) et Rosselet (Joan) [éds.], *Picasso 1900-1906. Catalogue raisonné de l'œuvre peint*, Neuchâtel, Éditions Ides et Calendes, 1988. D-B.II, 16.
6. Palau i Fabre (Josep), *Picasso vivant : 1881-1907*, traduit du catalan par Robert Marrast et Joël Guyot, Paris, Albin Michel, 1981 (nouv. éd. 1990).
7. *Op. cit.*, D-B. V.11 et D.B.IV, 2, Barcelone, Museu Picasso.
8. *Ibid.*, D-B. V.2.
9. *Ibid.*, D-B.VI.1.
10. Los Angeles County Museum. Pour la comparaison D-B, p. 41.
11. Washington, The National Gallery.
12. Le musée du Luxembourg avait refusé la toile qui se trouvait chez Vollard en 1901-1903. Il en existait aussi une lithographie.
13. *Op. cit.*, D-B/D/IV.5, Barcelone, Museu Picasso.
14. *Ibid.* D.B.IV,7.
15. Blunt et Poole, *op. cit.*, p. 169.
16. Washington, The National Gallery. Alors prêté par Durand-Ruel. Voir Daix (Pierre), *Picasso*, Paris, Tallandier, 2007, p. 84.
17. Washington, The National Gallery.
18. New York, The Metropolitan Museum of Art.
19. Voir la chronologie dans cat. exp. *Matisse-Picasso*, Paris, Centre Pompidou – Réunion des musées nationaux, 2003, p. 369.
20. New York, The Metropolitan Museum of Art.
21. H. 221 cm ; L. 130 cm. Achetée d'abord par Vollard. New York, The Museum of Modern Art, William S. Paley Collection.
22. Dans cat. exp. *Picasso, Fifty Years of his Art*, New York, The Museum of Modern Art, 1946, p. 42 (traduction de l'auteur). Blunt et Pool, *op. cit.*, n° 161, 162, soulignent la ressemblance entre le bras droit du garçon debout dans *Les Deux Adolescents* de la collection Cheter Dale, peints à Gósol, et un *Kouroï* du Louvre. Je pense qu'ils ont raison. La découverte de la sculpture ibérique par Picasso fin 1905 l'avait déjà orienté vers l'archaïsme, ce qu'avait renforcé Derain après sa découverte des « nègres » au British Museum.
23. Collection Jean Walter – Paul Guillaume, Paris, musée de l'Orangerie. Ne pas confondre avec *Les Deux Adolescents* de la note précédente.
24. New York, The Museum of Modern Art.
25. Exposée dans Madeline (Laurence) [éd.], *Les Archives de Picasso*, Paris, musée Picasso, 2003, p. 65-66.

26. The Cleveland Museum of Art.
27. New York, The Alex Hillman Family Foundation.
28. Labrusse (Rémi), *Matisse, la Condition de l'image*, Paris, Gallimard, 1999, p. 50-68.
29. « L'Humanité féminine », *in* cat. exp. *Le Miroir noir : Picasso, sources photographiques 1900-1928*, Paris, musée Picasso – Réunion des musées nationaux, 1997, p. 69-118.
30. New York, The Museum of Modern Art.
31. Voir Daix 2007, *op. cit.*, p. 131 et Golding (John), *Cubism an History and an Analysis, 1907-1914*, Londres, Faber and Faber, 1968, p. 69.
32. The Philadelphia Museum of Art.
33. Baldassari (Anne), *Picasso, papiers journaux*, Paris, Tallandier, 2003, p. 44-45.
34. Zurich, Fondation Bührle.
35. Voir Daix (Pierre), « Historique des *Demoiselles d'Avignon* révisé à l'aide des carnets de Picasso », *in Les Demoiselles d'Avignon*, t. II, Paris, musée Picasso, 1988, p. 489-543.
36. Saint-Pétersbourg, musée de l'Ermitage.
37. Paris, musée Picasso.
38. Tout de suite achetée par Gertrude Stein avec toutes les études, puis vendue à Chtchoukine en 1913, elle ne sera vue et publiée en couleurs en Occident qu'en 1954. Saint-Pétersbourg, musée de l'Ermitage.
39. Saint-Pétersbourg, musée de l'Ermitage.
40. Braque (Georges), *Catalogue de l'œuvre de Georges Braque*. vol. VII. *Braque, le cubisme : fin 1907-1914*, Paris, Maeght, 1982, n°3.
41. The Saint Louis Art Museum.
42. Madeline (Laurence) [éd.], *Correspondance Gertrude Stein, Pablo Picasso*, Paris, Gallimard, 2005, p. 57.
43. Olivier (Fernande), *Souvenirs intimes*, Paris, Calmann-Lévy, 1988, p. 228.
44. Paris, musée Picasso.
45. Saint-Pétersbourg, musée de l'Ermitage.
46. *Lecture on Braque and Picasso Pioneering Cubism*, inédit (traduit par l'auteur).
47. Dans cat. exp. Paris, musée Picasso, 1994, p. 98 à 103.
48. Hambourg, Kunsthalle.
49 New York, The Museum of Modern Art.
50. Saint-Pétersbourg, musée de l'Ermitage.
51. Daix (Pierre) et Rosselet (Joan), *Le Cubisme de Picasso, catalogue raisonné de l'œuvre peint 1900-1906*, Neuchâtel, Éditions Ides et Calendes, 1979. D-R 215 à 220 et 258 à 261.
52. Moscou, musée Pouchkine.
53. Richardson (John), *Georges Braque*, Londres, Penguin Books, 1959, p. 11 (traduit par l'auteur).
54. Pomarède (Vincent), *Corot*, Paris, Flammarion, 1996
55. Dans cat. exp. *Picasso in the Collection of the Museum of Modern Art*, New York, The Museum of Modern Art, 1972, p. 205. Chronologiquement, par sa facture, rien ne s'oppose à ce que la *Jeune fille à la mandoline* soit contemporaine du *Portrait de Wilhelm Uhde* et donc que Picasso soit en possession de *La Petite Jeannette* de Corot que Uhde lui donna à cette occasion. Que son authenticité soit discutée est sans importance. Picasso était visiblement fasciné par son visage et son torse nu à l'état brut en quelque sorte.
56. New York, The Museum of Modern Art.
57. *Op. cit.*, D-R 637, 638 et *Pablo Picasso par Christian Zervos*, vol. 29, Supplément aux années 1914-1919, Paris, Éditions Cahiers d'Art, 1975, Z.XXIX, 21.
58. Paris, musée Picasso.
59. Acheté par le musée Picasso à la vente Dora Maar en 2004.
60. New York, The Metropolitan Museum of Art.
61. S'est-il souvenu du *Jardin de la villa Médicis* de Vélasquez au Prado ? En tout cas pas dans ces dessins.
62. Venise, Palazzo Grassi, 1998.
63. Carandente (Giovanni), « Picasso et la Réalité italienne », *in* Clair (Jean) [éd.], *Picasso 1917-1924*, Paris, Gallimard, 1998, p. 41.
64. Palau i Fabre (Josep), *Picasso, des ballets au drame : 1917-1926*, traduit du catalan par Robert Marrast, Cologne, Könemann, 1999, p. 69.
65. Paris, musée Picasso.
66. Caizergues (Pierre) et Seckel (Hélène) [éds.], *Picasso – Apollinaire. Correspondance*, Paris, Gallimard – Réunion des musées nationaux, 1992, p. 180.
67. Paris, musée Picasso. À l'époque, Picasso ne pouvait le voir qu'en carte postale, comme l'a rappelé Hélène Seckel-Klein (*Picasso collectionneur*, Paris, Réunion des musées nationaux, 1998, p. 152) ; le tableau n'est entré au Louvre qu'en 1939, dans le legs de Paul Jamot.
68. Harvard University, The Fogg Art Museum.
69. Collection Berggruen.
70. Champris (Pierre de), *Picasso. Ombre et soleil*, Paris, Gallimard, 1960, p. 47.
71. Caizergues et Seckel [éds.], *op. cit.*, p. 180.
72. *Ibid.*, p. 181. Une note rappelle un article en 1910 d'Apollinaire sur Cézanne : « Personne ne fait songer à Pascal comme Cézanne. »
73. Vallentin (Antonina), *Pablo Picasso*, Paris, Albin Michel, 1957, p. 124.
74. Qui n'est séparée de Juan-les-Pins que par le Cap d'Antibes, un lieu picassien avec sa plage de la Garoupe, si bien qu'on dit Antibes-Juan-les-Pins.
75. Voir Daix (Pierre), « Picasso et l'Antiquité classique », *Arts & Cultures*, n° 3, Genève, Musée Barbier-Mueller, 2002, p. 44-58.
76. Qu'il gardait à Mougins dans sa salle de séjour et qui passe pour disparue.
77. Paris, musée Picasso.
78. Paris, musée Picasso.
79. Paris, musée Picasso.
80. Dans Laude (Jean), *Le Retour à l'ordre dans les arts plastiques et l'architecture, 1919-1925*, actes de colloque, Saint-Étienne, Université de Saint-Étienne, 1975.
81. Toujours conservée par lui, Paris, musée Picasso.
82. Les deux, Paris, musée Picasso.
83. New York, The Museum of Modern Art. La version au musée Picasso de Paris est à la sanguine. Cf. Champris, *op. cit.*, fig. 40 à 42.
84. Galassi (Susan Grace), *Picasso's Variations on the Masters. Confrontations with the Past*, New York, Henry H. Abrams Publishers, 1996, p. 94.
85. Dans *Artnews*, mai 1994, p. 137 à 148.
86. *Pablo Picasso par Christian Zervos*, *op. cit.*, vol. 5, œuvres de 1923 à 1925, Paris, 1952, Z.V, 114, 119, 120, 122, 123, 130. Cela a été vérifié par la radiographie du musée Picasso.
87. Fermigier (André), *Picasso*, Paris, Livre de Poche, 1969, p. 161.
88. *Op. cit.*, Z.V.329-332.
89. Paris, musée Picasso.
90. Penrose (Roland) et Golding (John) [éds.], *Picasso, 1881-1973*, Londres, Paul Elek, 1973, p. 117 et n. 41.
91. Voir Aragon (Louis), *Entretiens avec Francis Crémieux*, Paris, Gallimard, 1964, p. 172 et conversations personnelles.
92. Collection de Picasso. Actuellement perdue.
93. Cité d'après Barr, *op. cit.*, p. 242-243 et traduit par l'auteur. Le texte de Pudney a été publié par le *New Statesman and Nation* à Londres en septembre 1944 : « Picasso – a glimpse in Sunlight ».
94. Gilot (Françoise) et Lalie (Carlton), *Vivre avec Picasso*, Paris, Calmann-Lévy, 1965, p. 192-193.
95. *Nature morte au chat*. The Hakone Open-Air Museum.
96. Paris, musée Picasso et M.N.A.M.
97. Boston, The Museum of Fine Arts.
98. Exposé dans la rétrospective Ingres au Petit Palais (octobre 1967 – janvier 1968), il fut reproduit sous le n° 135 dans le catalogue où Picasso me l'a montré. C'est peut-être cette exposition (qu'il n'a pas vue) où figurait le *Paolo et Francesca* du musée d'Angers qui lui a donné l'idée

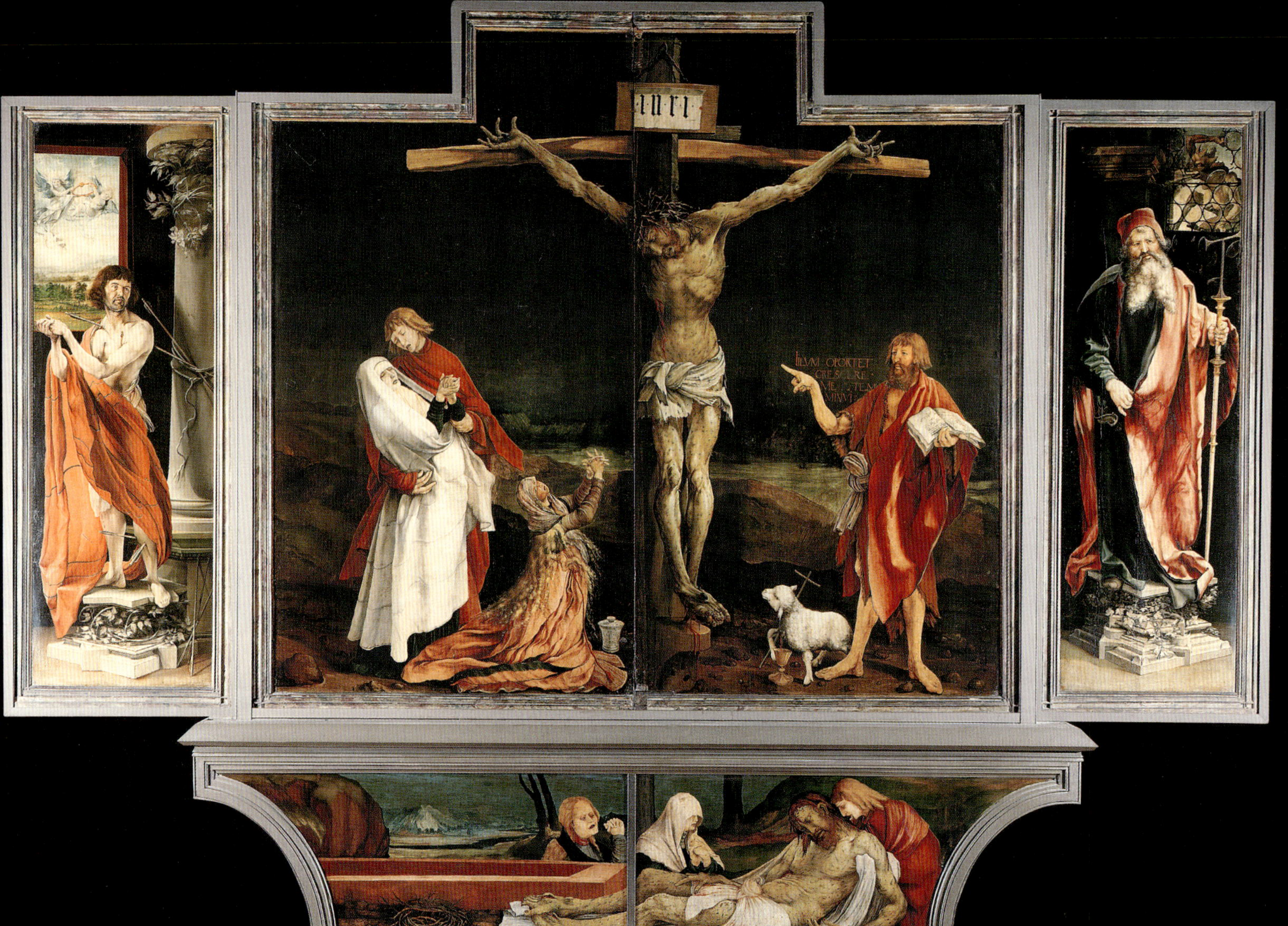
INRI
ILLVM OPORTET
CRESCERE
MINVI

PRISE DE POSITION. PICASSO ET SES MAÎTRES ALLEMANDS

CARSTEN-PETER WARNCKE

Les rapports de Picasso avec l'Allemagne et les Allemands remontent à ses années de jeunesse, très précisément à l'époque où il envisagea de poursuivre ses études d'art à Munich[1]. Ses marchands d'art Wilhelm Uhde et Daniel-Henry Kahnweiler étaient d'origine allemande. Et en Allemagne, nombreux furent les collectionneurs qui achetèrent ses œuvres, une situation qui prit une dimension politique avant, pendant et peu après la première guerre mondiale, lorsqu'on taxa son art d'« art boche[2] ». À l'automne 1932, Picasso, alors tout juste revenu de la rétrospective qui lui était consacrée à Zurich[3], se mit à s'intéresser à l'art allemand, et ce, non sans rapport avec le contexte politique. L'opposition à l'art d'avant-garde était en effet en train de prendre en Allemagne, avec l'influence croissante des Nazis, une dimension nouvelle et inquiétante. Dès 1930 en Thuringe, ceux-ci avaient veillé à exclure l'art moderne des institutions publiques[4]. Le parti nazi était devenu entre-temps le parti allemand le plus puissant, et Hitler, artiste contrarié, ne laissait planer aucun doute quant à son intention de combattre sans merci et d'anéantir l'art moderne. Au nombre des personnes les plus menacées figuraient Alfred Flechtheim, le marchand d'art qui soutenait le plus Picasso en Allemagne; les Nazis avaient forgé pour l'injurier le mot *Kunstjude*[5]*. À la dimension raciste de leur hargne venait s'ajouter l'allégation, valant condamnation, que l'art moderne était la résultante de déviances psychiques, et donc l'œuvre de malades mentaux, ce qui était particulièrement grave, car nombreux furent ceux qui, même en dehors du parti nazi, adhérèrent à cette analyse. C'est alors que Picasso proposa une confrontation créative avec la principale réalisation d'un artiste dont l'œuvre était considéré par les nazis et les conservateurs comme la quintessence même de l'art allemand mais servait aussi aux artistes modernes de source d'inspiration[6], et ce, pas uniquement dans le domaine de la peinture: le retable d'Issenheim, que Paul Hindemith était allé voir en 1932 après s'être rendu à la rétrospective Picasso, inspira par exemple à ce compositeur l'opéra *Mathis le peintre*[7]. En France, on admirait, depuis Huysmans et les symbolistes, les crucifixions de Grünewald en raison de leur pouvoir de suggestion, du débordement d'émotions qui en émane et de leur capacité à émouvoir[8]. Picasso, quant à lui, s'intéressait depuis des années au thème de la Crucifixion[9] en relation avec la profonde interrogation surréaliste sur la psyché et l'art[10].

Le tableau de Grünewald (fig. 1) tire sa puissante force d'expression d'un jeu de formes et de couleurs extrêmement contrasté: un rouge poussé jusqu'à la limite du supportable et un blanc scintillant; des corps et des teints livides qui, tranchant avec l'obscurité nocturne de l'arrière-plan, brillent comme par magie; une gestuelle extatique; des proportions allongées. Picasso releva le défi en réduisant l'œuvre de Grünewald à un ensemble de lignes et d'aplats. Les feuilles choisies pour tous les dessins de la série en modifient tout d'abord le format: à la composition organisée autour d'un point central se substitue une narra-

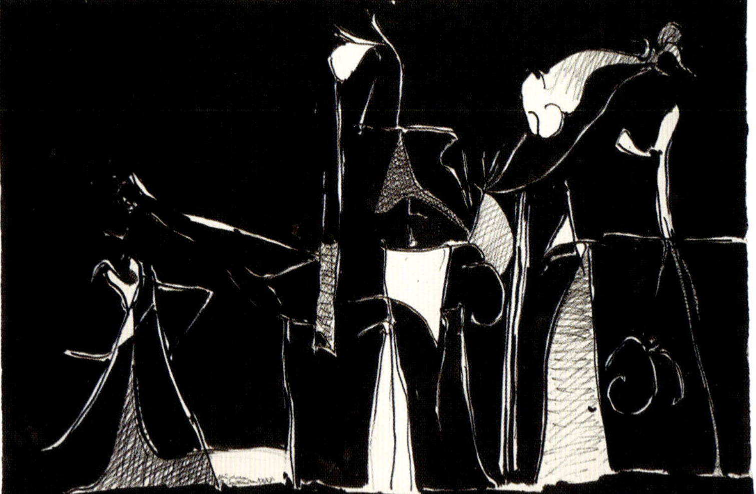

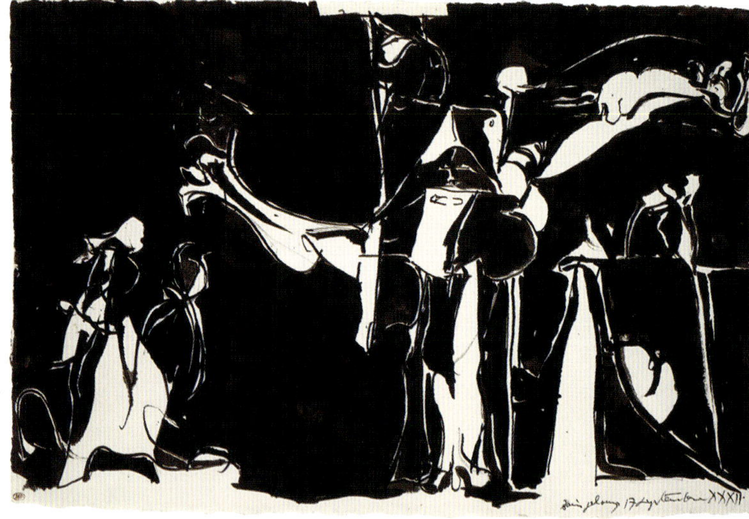

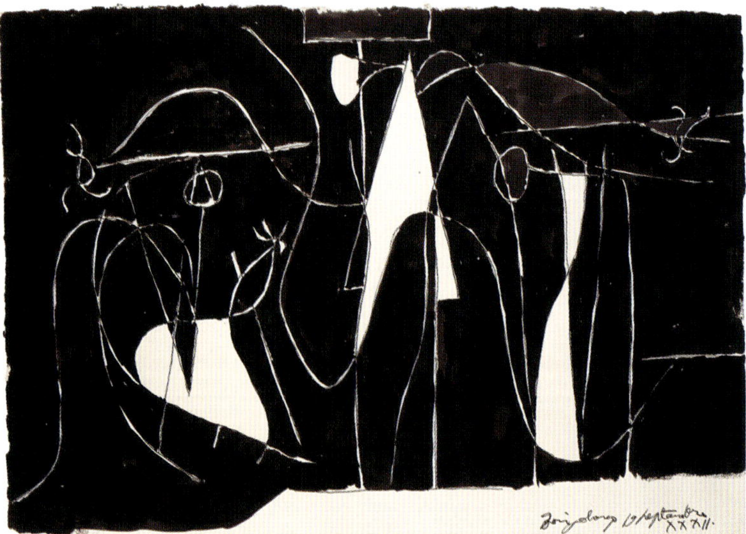

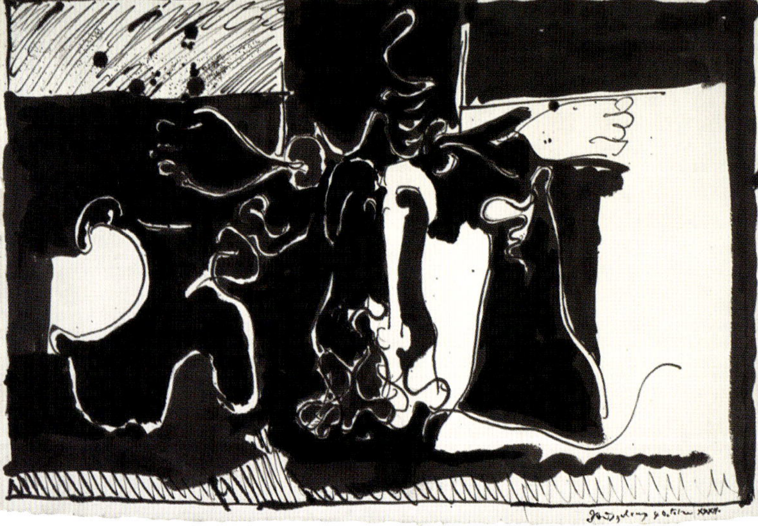

FIG. 2 **PABLO PICASSO**
La Crucifixion, Boisgeloup, 17 septembre 1932
Encre de Chine sur papier
H. 34 cm ; L. 51 cm
Paris, musée Picasso, dation Pablo Picasso 1979

FIG. 3 **PABLO PICASSO**
La Crucifixion, Boisgeloup, 17 septembre 1932
Encre de Chine sur papier
H. 34 cm ; L. 51 cm
Paris, musée Picasso, dation Pablo Picasso 1979

FIG. 4 **PABLO PICASSO**
La Crucifixion, Boisgeloup, 19 septembre 1932
Encre de Chine sur papier
H. 34,5 ; 51 cm
Paris, musée Picasso, dation Pablo Picasso 1979

FIG. 5 **PABLO PICASSO**
La Crucifixion, Boisgeloup, 4 octobre 1932
Encre de Chine sur papier
H. 34 cm ; L. 51 cm
Paris, musée Picasso, dation Pablo Picasso 1979

tion qui s'étire en longueur. Les modulations de la lumière sont rendues par une alternance de formes sombres et claires, qui montrent ce qu'est avant tout un tableau, à savoir une surface plane recouverte de figures linéaires en un certain ordre assemblées. L'arbitraire de Picasso révèle tout son potentiel critique : la surface, par opposition à la forme appliquée, est-ce ce qui est sombre ou ce qui est clair ? Accentuation des contours, déformation des proportions – en un mot « l'arbitraire » – conféraient aussi à la scène représentée par Grünewald sa force d'expression. La réponse de Picasso est à la fois réductrice et exponentielle. Dans trois séries d'œuvres différentes, l'artiste, passant de l'une à l'autre, dissout les formes, les entoure différemment, les répartit de nouvelles façons, et déplace le poids de la composition vers la droite (MP 1071, fig. 2). Le périzonium cède la place à un trapèze blanc irrégulier ; le bras droit du Christ se transforme en un rayon lumineux oblique ; sa musculature et ses doigts écartés enflent ; les accents de lumière formés par le pot d'onguent et l'agneau s'élancent vers le ciel ; saint Jean-Baptiste n'est plus qu'une mince figure biomorphe ; Marie et Jean l'Évangéliste apparaissent sous forme de silhouettes. Le Crucifié (MP 1072, fig. 3) se densifie jusqu'à devenir une figure pathétique, constituée de champs blancs et noirs mouvementés, étroitement imbriqués les uns dans les autres ; il a les bras tendus, celui de gauche enveloppant et celui de droite protégeant tout ce qui est situé au-dessous. L'épingle de sûreté renvoie à l'analogie symbolique entre le périzonium et le lange[11]. Les formes évoluent vers des figures géométriques (MP 1076, fig. 4) : courbes, droites et aplats anguleux ou arrondis s'harmonisent au sein d'une composition équilibrée. Picasso souligne par ailleurs de façon expressive les principaux contours, notamment celui du Crucifié, met à nu la charpente osseuse et la réorganise, clarifie le rapport entre l'arrière-plan et la scène représentée, et s'émancipe par rapport au modèle. En reprenant des formes présentes dans ses œuvres de l'époque, Picasso réunit des créations autonomes, tant osseuses que nébuleuses. On note des recoupements (MP 1078, fig. 5), mais jamais de synthèse.

Le 1er juin 1933, alors qu'Hitler était au pouvoir en Allemagne, Picasso publia dans le premier numéro du *Minotaure*, une revue importante pour le surréalisme, ses « Variations sur Grünewald », et ce, certainement en partie en réaction aux propos injurieux du psychiatre suisse Carl Gustav Jung, qui, peu après la rétrospective s'étant tenue à Zurich, avait décrété que Picasso était un schizophrène montrant une prédilection démoniaque pour la laideur et le mal[12].

Cette publication eut valeur de manifeste. Dans le premier numéro, Picasso faisait figure de véritable chef de file. Le célèbre collage publié en couverture était de sa main, et trois séries de planches – dont, au milieu, celle des dessins « d'après la *Crucifixion* de Grünewald » –, permettaient de découvrir différentes formes de son art[13] ! Elles démontraient que les jugements critiques erronés portés sur ses œuvres reposaient sur une confusion entre la cause et l'effet caractéristique, dans le domaine de l'art, des dilettantes ignorants. L'article de Breton « Picasso dans son élément » servait d'écrin à un survol de l'œuvre, mettant surtout en lumière les sculptures peu connues et par là-même l'origine des formes[14]. Venaient ensuite les dessins d'après Grünewald, les différentes ébauches étant non pas présentées chronologiquement mais disposées les unes en face des autres. Ces petits dessins font songer à la fois aux enluminures des manuscrits du Moyen Âge et à des croquis explicatifs : en écrivant « épingle de nourrice », Picasso faisait de nouveau clairement référence à la symbolique du périzonium et du lange mais indiquait aussi des méthodes de mise en place d'un tissu sur soi qui, d'un naturalisme moderne, passaient par l'utilisation de vis ou d'épingles de sûreté, véritable trait de génie associant une réflexion historique à un commentaire ironique[15]. Ces dessins étaient suivis d'*Une anatomie*, une série de subtils jeux de métamorphoses. Le tout démontrait la rationalité spécifique du processus artistique[16], sa continuité historique et son internationalité. Contre l'exclusion et le racisme furent publiés, dans le même numéro, une composition de Kurt Weill et, dans le numéro 2 paru en même temps, le compte rendu d'une expédition en Afrique avec une introduction à l'art nègre.

Cette prise de position en faveur de l'art allemand – présenté comme une source d'inspiration pour l'art moderne – allait se poursuivre. En 1935 fut publié un article de Courthion sur Urs Graf ; et en 1936 – l'année des Jeux olympiques, celle où, à Berlin, le loup cherchait à se faire passer pour un agneau –, un article de Raynal sur les Cranach[17]. Parut en outre le livre de Zervos sur Grünewald, qui doit beaucoup à la perception qu'avait Picasso de l'artiste[18]. En 1937, Picasso créa *Guernica*, une œuvre inspirée de Baldung Grien[19], et il parraina en 1938 une exposition londonienne présentant des œuvres d'artistes allemands persécutés[20]. En 1942, il dessina sa *Variation sur Cranach* à partir d'une gravure sur bois de 1509, *Vénus et l'Amour*, et ce, alors que la France était occupée par les Allemands et que ceux-ci multipliaient les actions politiques dans le domaine culturel. En 1941 avait ainsi eu lieu l'exposition « La France européenne », organisée par la puissance occupante afin d'apporter la démonstration de son hégémonie. Une autre exposition, « 20 jeunes peintres de tradition française », montée en réaction à l'idéologie nazie, avait été inaugurée peu de temps auparavant. La même année, des artistes français avaient été invités par Arno Breker, le sculpteur préféré d'Hitler, à effectuer un voyage en Allemagne, le sculpteur ayant eu droit en retour, en 1942, à une grande exposition à Paris[21]. Picasso opposa à l'image pervertie de la femme dans l'idéologie nazie et au faux pathos des figures surdimensionnées de Breker un sujet humaniste, à savoir le conflit entre amour divin et amour humain, entre Éros et sexualité, mais aussi les nus de Cranach, sur lesquels il surenchérit, des nus qui, d'une grâce recherchée, s'inspirent d'un idéal de beauté en vogue à la cour à l'époque de Cranach[22]. Il avait déjà réussi à maîtriser la froide construction

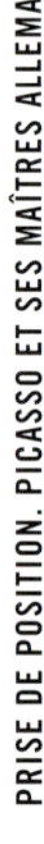

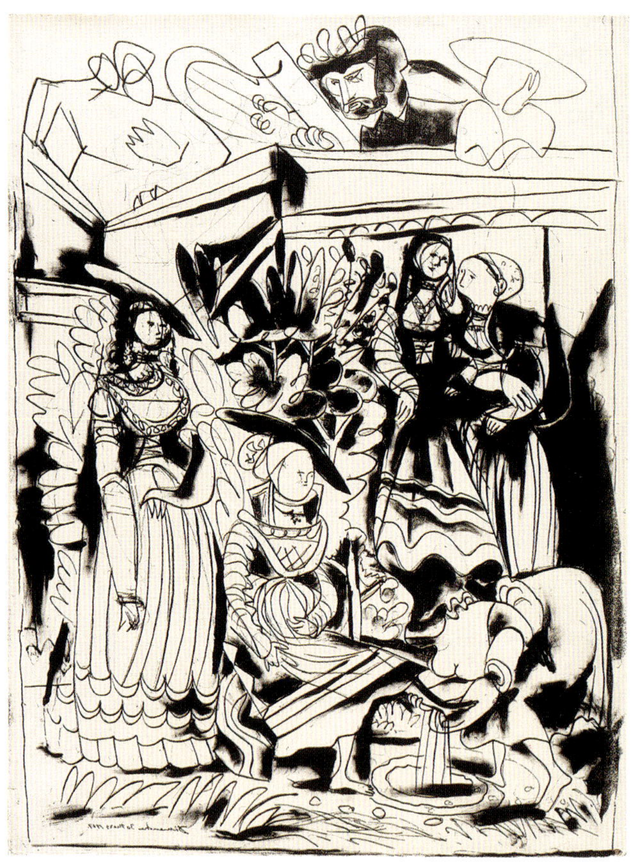

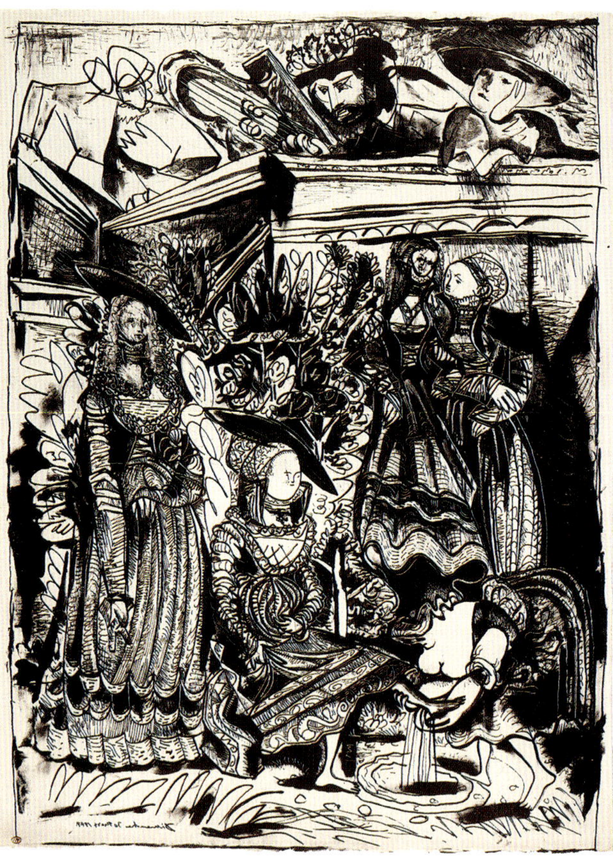

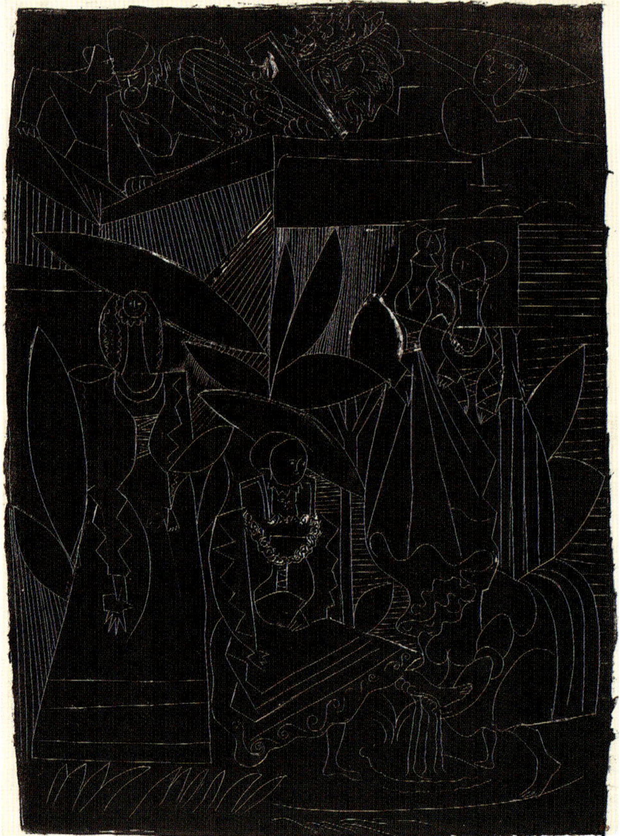

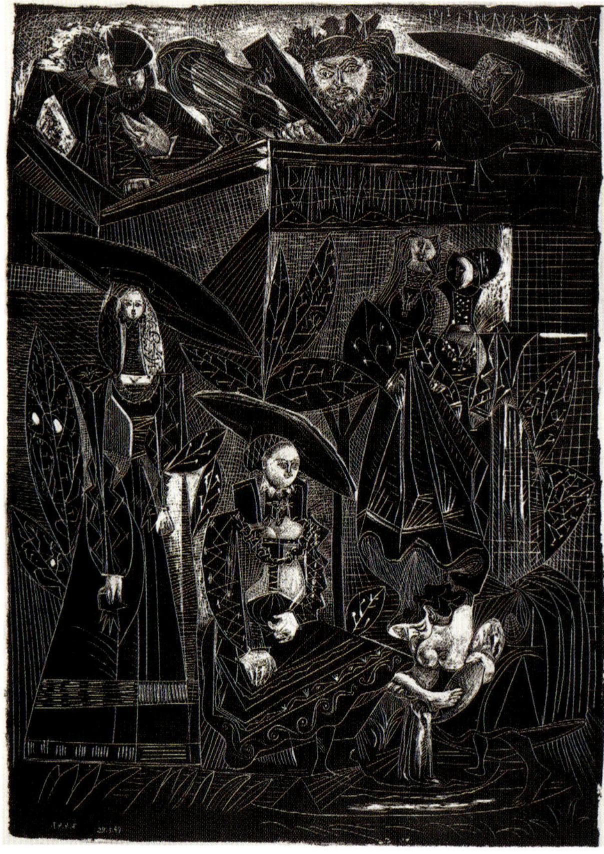

FIG. 6 **PICASSO PABLO**
David et Bethsabée, 1947
Lithographie, 1er état
H. 65,5 cm; L. 49,8 cm
Paris, musée Picasso,
dation Pablo Picasso 1979

FIG. 7 **PICASSO PABLO**
David et Bethsabée, 30 mars 1947
Lithographie, 2e état
H. 65 cm; L. 50 cm
Paris, musée Picasso,
dation Pablo Picasso 1979

FIG. 8 **PICASSO PABLO**
David et Bethsabée, 1947
Lithographie 4e état
H. 65 cm; L. 49 cm
Paris, musée Picasso,
dation Pablo Picasso 1979

FIG. 9 **PICASSO PABLO**
David et Bethsabée, 9 mai 1949
Lithographie, 6e état
H. 76 cm; L. 56 cm
Paris, musée Picasso,
dation Pablo Picasso 1979

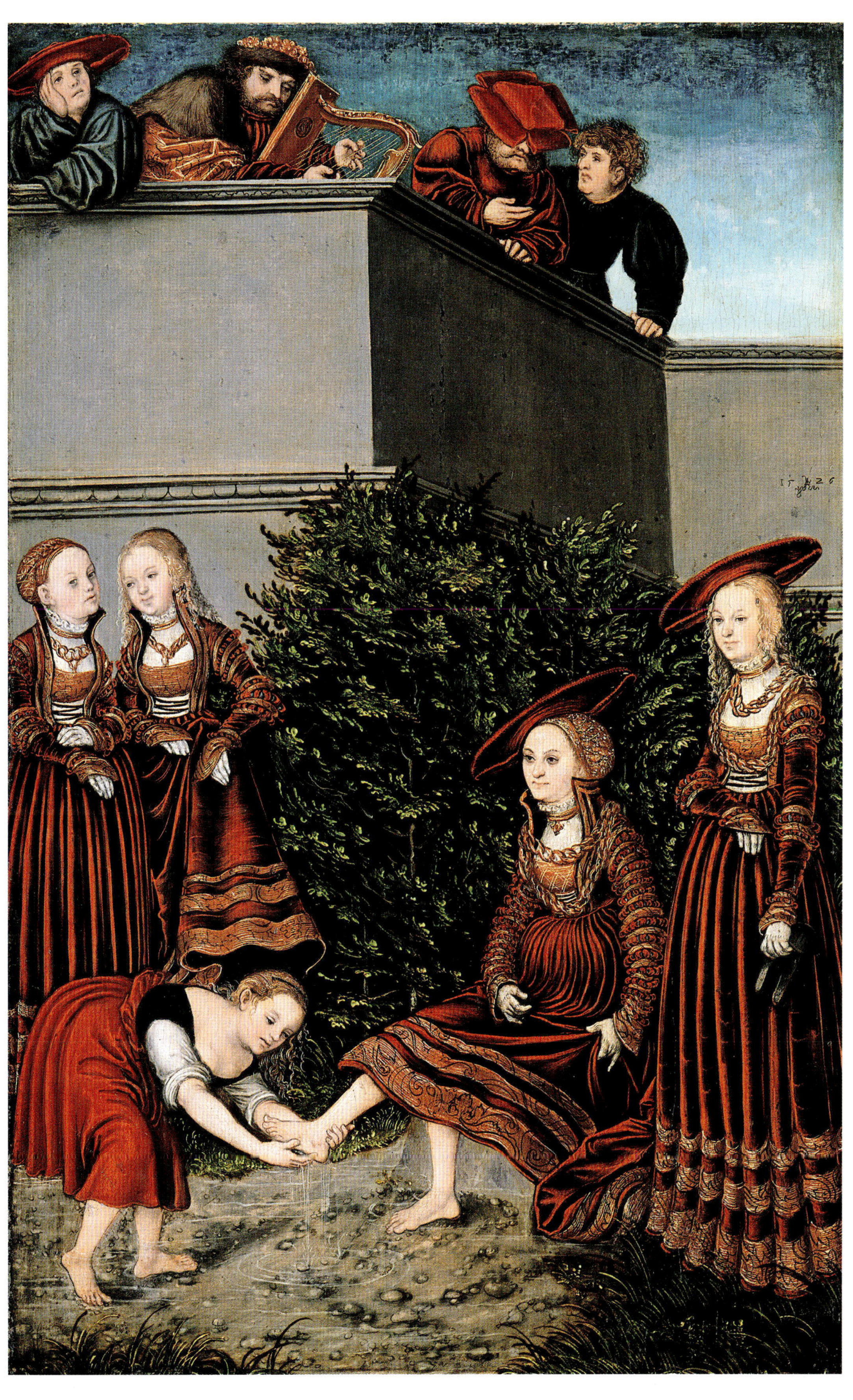

FIG. 10 **LUCAS CRANACH L'ANCIEN**
David et Bethsabée, 1526
Huile sur bois
H. 36 cm ; L. 24 cm
Berlin, Gemaldegalerie

des figures de Dürer et sa théorie des proportions, marquée par les idéaux de la Renaissance, lorsqu'il travaillait sur *Les Demoiselles d'Avignon*[23].

Après la Libération de la France et la fin de la guerre, la culture et l'art allemands furent pour une large frange de la population française quasiment tabous, ce qui est compréhensible. Picasso réalisa pourtant de 1947 à 1949 une série de lithographies inspirées du tableau *David et Bethsabée* de Lucas Cranach l'Ancien (fig. 10). Il commença cette série au printemps 1947, la continua au printemps 1948 et l'acheva au printemps 1949. En août 1948, il visita les camps d'Auschwitz et de Birkenau[24]. Picasso montrait donc de la suite dans les idées. Exclure l'art allemand aurait été cautionner rétroactivement la perception que les nazis en avaient eue. Picasso insiste au travers de David, dont il souligne le rôle de voyeur, sur toute l'étendue de la relation du peintre à son modèle en tant qu'observateur attentif du monde qui l'entoure, et donc de la personne même de Picasso, pour lequel Éros et créativité, sexe et pouvoir artistique sont les deux faces d'une même médaille[25]. Picasso s'inscrit cependant dans la continuité des dessins d'après Grünewald, et mène une réflexion croisée sur la représentation des émotions et le potentiel de l'œuvre graphique. Il commence par souligner le contraste formé par de fines lignes noires sur un fond blanc (fig. 6). La part du noir augmente ensuite de plus en plus (fig. 7) jusqu'à obtention, au quatrième état (fig. 8), d'une formulation entièrement différente produisant un effet remarquable qui, comparable à celui d'une image d'apparence trompeuse, rend la gravure totalement énigmatique : ce n'est qu'après une longue observation qu'on parvient à en déchiffrer le sens. Ce véritable tour de main a une fonction didactique : l'artiste nous oblige à réfléchir au récit. Le processus s'amplifie dans les feuilles suivantes (fig. 9). L'utilisation de plus de blanc a une incidence sur la tonalité de l'œuvre, mais elle sert aussi à attirer l'attention sur les motifs importants du point de vue du contenu. À la même époque, Christian Zervos préparait un livre avec trente reproductions de nus de Cranach l'Ancien[26]; et Picasso, avant même d'avoir achevé cette série, reprit en mai 1949 le thème de *Vénus et l'Amour*, gravant cette fois-ci une série de variations autour d'un tableau peint par Cranach vers 1530[27]. Dans celles-ci, Picasso a eu recours à tout un éventail de styles – de la fragmentation des formes du cubisme tardif au trait des maîtres anciens –, et a ainsi développé derechef un discours créatif sur les principes régissant la forme en art.

Et ce n'est pas un hasard si le petit tableau de Maître Francke de Hambourg (fig. 11) attira alors, avec toute la force d'expression de son trait, l'attention de Picasso[28]. Cette œuvre fait partie du retable de saint Thomas qui fut exposé en 1950 au Jeu de Paume dans le cadre de la première exposition d'art allemand organisée à Paris après la guerre[29]. Le dessin de Picasso n'en est une réplique qu'à première vue (fig. 12). Il souligne le pathos de l'effroi. Le bras du bourreau qui a saisi le Christ par son vêtement est devenu, dans l'œuvre de Picasso, un long tuyau souligné par l'ajout d'un bracelet ; le bras plié du Christ se termine, quant à lui, par des doigts crochus enserrant le montant de la croix ; et les aides du bourreau, à l'extrême droite, ont été réunis en une seule figure portant un immense turban. La douleur et la pitié des deux Marie, à gauche, ne sont plus qu'anecdotiques. Et c'est encore une figure de martyr – rendue grandiose par le paradoxe perceptible entre les torsions d'un corps sans vie et les gestes émouvants de ceux qui le saisissent, le portent et le pleurent – qui s'inscrit au cœur des variations dessinées deux ans plus tard d'après *L'Ensevelissement de saint Sébastien*, une des scènes du retable de la Passion peint par Albrecht Altdorfer pour l'abbaye augustinienne de Saint-Florian[30]. Picasso ne cesse de revenir à Cranach, aux Cranach[31]. Pour faire concurrence à la peinture et au dessin, il crée par exemple, en 1958, la célèbre linogravure en couleurs, inspirée d'un

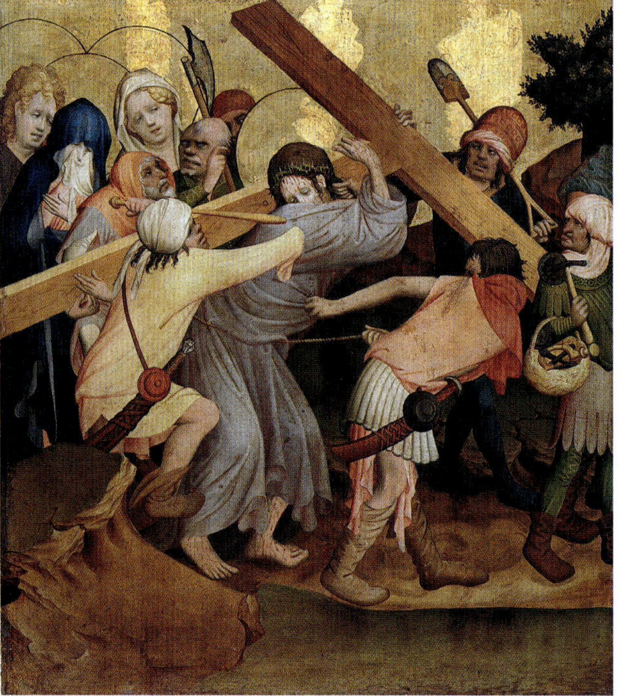

FIG. 11 **MAÎTRE FRANCKE**
Le Portement de croix, Retable de saint Thomas, 1424
Tempera sur bois, H. 99 cm ; L. 89 cm
Hambourg, Hamburger Kunsthalle

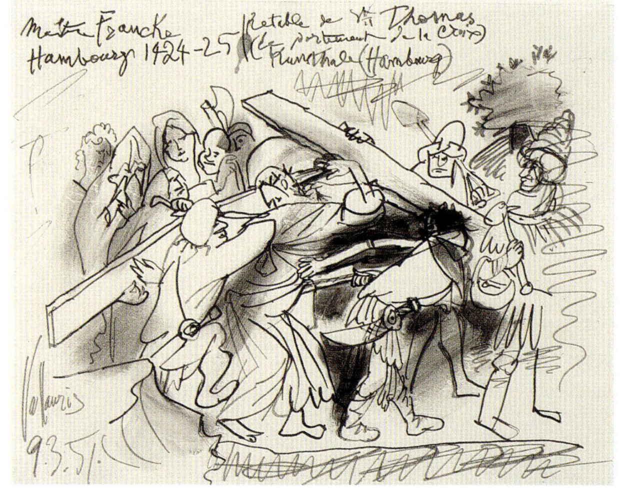

FIG. 12 **PABLO PICASSO**
Le Portement de la croix d'après le retable de saint Thomas de Maître Francke, Vallauris, 9 mars 1951
Encre noire et lavis sur papier, H. 21 cm ; 26,8 cm
Paris, musée Picasso

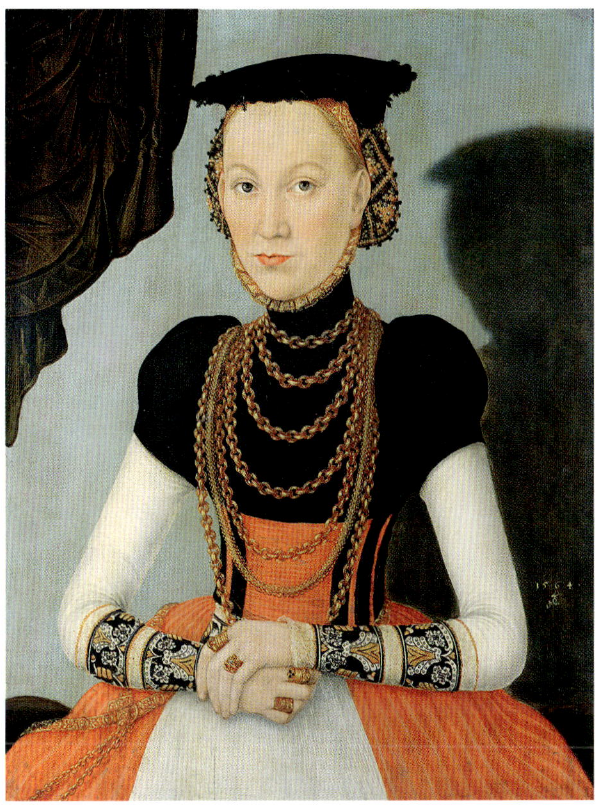

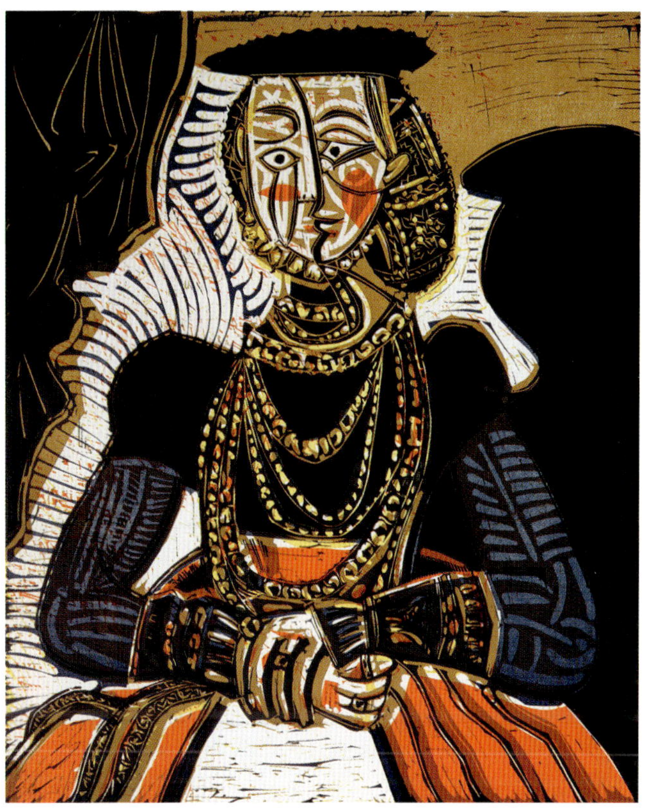

portrait peint par Lucas Cranach le Jeune (fig. 13 et fig. 14). Les aplats, les lignes épaisses et irrégulières ainsi que les parties épargnées de la plaque ayant pris à l'impression l'apparence de traits nerveux ont produit, en association avec le contraste formé par le brun, le rouge, le bleu et le jaune par rapport au noir et au blanc purs, non teintés, une composition agitée et fortement picturale. Picasso joue avec l'interprétation des formes. On pense, à première vue, que l'artiste est resté fidèle à la composition de l'œuvre lui ayant servi de modèle, et pourtant, on est en présence d'une approche mise au point par le cubisme, à savoir la combinaison de vues de face et de profil. À l'arrière-plan, deux grands aplats noirs dominent les bords de l'image. Il s'agit, d'une part, du rideau, signe de dignité dans l'art du portrait au début de l'époque moderne ; d'autre part, de l'ombre du modèle. Quelques larges lignes brunes indiquent les plis de l'étoffe, tandis que d'autres soulignent le contour de l'ombre chinoise. Là, l'identification bascule. Ce qui n'était qu'une ombre se transforme en une figure autonome, sombre et presque menaçante, qui empiète sur l'impressionnante aura blanche, en forme d'éventail, du modèle. Il s'agit là d'un chef-d'œuvre d'expressivité suggestive et d'un morceau d'enseignement sur les ressorts de la créativité.

Picasso, en se confrontant avec les œuvres des maîtres allemands qu'il appréciait, prit position en faveur de leur apport au patrimoine universel de l'art. Ce ne fut certes pas le seul aspect de cette confrontation, mais il eut son importance. Et c'est là, au-delà de tout embrigadement idéologique et de toute vulgaire agitation, que réside la réponse à la question portant sur la dimension politique de ses œuvres[32]. Picasso nous montre là encore que l'arme de l'artiste est son art ; et l'acte créateur, son pamphlet.

Traduit de l'allemand par Lydie Échassériaud.

FIG. 13 **LUCAS CRANACH LE JEUNE**
Portrait d'une femme de la noblesse, 1564
Huile sur bois, H. 83 cm ; L. 64 cm
Vienne, Kunsthistorisches Museum

FIG. 14 **PABLO PICASSO**
Portrait de jeune fille, d'après Cranach le Jeune II, Cannes, 4 juillet 1958
Linogravure en cinq couleurs, épreuve sur vélin d'Arches, H. 77 cm ; L. 57,4 cm
Paris, musée Picasso, dation Pablo Picasso 1979

1. Voir Palau i Fabre (Josep), *Picasso vivant: 1881-1907*, traduit du catalan par Joëlle Guyot et Robert Marrast, Paris, Albin Michel, 1981 (nouv. éd. 1990), p. 134 et suiv.
2. Voir Palau i Fabre (Josep), *Picasso Cubisme: 1907-1917*, traduit du catalan par Robert Marrast, Paris, Albin Michel, 1990, p. 405; Palau i Fabre (Josep), *Picasso, des ballets au drame: 1917-1926*, traduit du catalan par Robert Marrast, Cologne, Könemann, 1999, p. 52; Richardson (John), avec la collaboration de Marilyn McCully, *A Life of Picasso*, t. II., New York, Random House, 1996, p. 301-325 et 343-371.
3. Voir Richardson (John), avec la collaboration de McCully (Marilyn), *A Life of Picasso*, t. III., New York, Random House, 2007, p. 286 et suiv.
4. Voir Brenner (Hildegard), *Die Kunstpolitik des Nationalsozialismus*, Reinbek b. Hamburg, 1963, p. 30 et suiv.
5. Voir Klepsch (Michael Carlo), *Picasso und der Nationalsozialismus*, Düsseldorf, Patmos, 2007, p. 42 et suiv.

* Jeu de mots reposant sur le double sens du mot *Kunst* lorsqu'il fait partie d'un mot composé. Il peut en effet alors signifier soit « d'art / d'arts plastiques / artistique », soit « artificiel / synthétique / plastique ». *Kunstjude* pourrait donc se traduire par « juif plastique », « plastique » prenant alors un double sens (note du traducteur).

6. Voir Schulze (Ingrid), *Die Erschütterung der Moderne. Grünewald im 20. Jahrhundert*, Leipzig, E. A. Seemann Verlag, 1991, p. 15 et suiv.; Heck (Christian), « Entre le mythe et le modèle formel: les Crucifixions de Grünewald et l'art du XXe siècle », *in* Régnier (Gérard) [dir.], *Corps crucifiés*, Paris, Réunion des musées nationaux, 1992, p. 84-107; Lecoq-Ramond (Sylvie) [éd.], *Regards contemporains sur Grünewald: variations autour de la Crucifixion*, Colmar, musée Unterlinden, 1995, p. 62-89.
7. Voir Schulze, *op. cit.*, p. 183 et suiv.; Briner (Andres), *Paul hindemith*, Zuririch, Atlantis-Verlag, 1971, p. 98-100 et 122-133.
8. Voir Schulze, *op. cit.*, p. 8-15; Lecoq-Ramond (Sylvie), « Grünewald dans l'art français du XIXe siècle: réception et immunité culturelle », in Fleckner (Uwe) et Gaehtgens (Thomas), *De Grünewald à Menzel. L'image de l'art allemand en France au XIXe siècle*, Paris, Maisons des sciences de l'homme, 2003, p. 39-53; Martin (François-René), « Une critique agonistique. Schongauer et Grünewald en France, entre 1840 et 1914 », *in* Fleckner et Gaehtgens, *op. cit.*, p. 57-84; Heck (Christian), « Entre naturalisme et mystique: Joris Karl Huysman et les primitifs allemands », *in* Fleckner et Gaehtgens, *op. cit.*, p. 85-99.
9. Voir Gasman (Lydia), *Mystery, Magic and Love in Picasso, 1925-1938 : Picasso and the Surrealist Poets*, Ann Arbor, Michigan, 1986, p. 978-1078; Miller (Charles F. B.), *The Ambivalent Eye: Picasso 1925-1933*, thèse de doctorat, Londres, University of London, 2006, p. 181-266.
10. Voir Hulak (Fabienne) [éd.], *Folie et psychanalyse dans l'expérience surréaliste*, Nice, Z'éditions, 1992.
11. Voir Gasman, *op. cit.*, p. 1072 et suiv.; Galassi (Susan Grace), *Picasso's Variations on the Masters. Confrontations with the Past*, New York, Henry H. Abrams Publishers, 1996, p. 81 et suiv.
12. Voir Richardson, *op. cit.*, p. 485; Miller, *op. cit.*, p. 68-70.
13. Voir *Minotaure*, vol. I, n° 1, 1933, p. 30-32; Clair (Jean), « Cette chose admirable, le pêché... », *in* Régnier (Gérard) [dir.], *Corps crucifiés*, Paris, Réunion des musées nationaux, 1992, p. 68 et suiv.
14. Voir Chénieux-Gendron (Jacqueline), *in* Baldassari (Anne) [dir.], *Picasso surrealiste*, Paris, Flammarion, 2005, p. 215, 220 et suiv.; *id.*, p. 241.
15. Voir Lesjak (Andrea), « Das Bild als Speicher der Emotionen. Picassos Reaktion auf Grünewalds Kreuzigung des Isenheimer Altares », *in* Schad (Brigitte) et Ratzka (Thomas), *Grünewald in der Moderne. Die Rezeption Matthias Grünewalds im 20 Jahrhundert*, Aschaffenburg-Köln, Wienand, 2003, p. 70.
16. *Ibid.*, p. 71.
17. Voir *Minotaure*, vol. II, n° 6, 1935, p. 35-37, et vol. III, n° 9, 1936, p. 11-19. Voir aussi Kœpplin (Dieter) et Falk (Tilman) [éds.], *Lukas Cranach. Gemälde, Zeichnungen, Druckgraphik*, 2 vol., Bâle-Stuttgart, Birkhäuser Verlag, 1974, p. 735-741.
18. Voir Lesjak, *op. cit.*, 2003, p. 71.
19. Voir Spies (Werner), *Pablo Picasso. Eine Ausstellung zum hundertsten Geburtstag. Werke aus der Sammlung Marina Picasso*, Munich, Prestel, 1981, p. 29-31.
20. Voir Klepsch, *op. cit.*, p. 112-114.
21. Voir Dorléac-Bertrand (Laurence), *L'Art de la défaite, 1940-1944*, Paris, Éditions du Seuil, 1993.
22. Voir Warncke (Carsten-Peter), « Picassos Werkparaphrasen zu Cranach », *in* Schmidt (Marlies) [éd.], *Picasso trifft Cranach. Pablo Picassos Lithographien zu Lucas Cranach*, Wittenberg, Cranach-Stiftung Wittenberg, 2004, p. 13 et suiv.; Widmaier Picasso (Diana), « Picasso und Cranach der Ältere: Kunst als Lebenskraft », *in* Drechsel (Kerstin), *Kunstsammlung Chemnitz. Pablo Picasso, David und Bathseba, 1947-1949, Venus und Amor, 1949*, Berlin / Chemnitz, Kulturstitung der Länder, 2005, p. 9; Müller (Markus), « Die Graphik in Picassos Bilddenken », *in* Rochard (Patricia), *Picasso. Variation & Metamorphose*, Ingelheim, Boehringer, 2007, p. 37 et suiv.
23. Voir Spies, *op. cit.*, p. 28.
24. Voir Klepsch, *op. cit.*, p. 211 et suiv.
25. Voir Kœpplin (Dieter), « Eine Lithographie Picassos nach Cranach aus der Schenkung Georges Bloch », *in Zeitschrift für Schweizersche Archäologie und Kunstgeschichte*, 47, 1990, p. 90-96; Galassi, *op. cit.*, p. 100-113; Widmaier Picasso, *op. cit.*, p. 11 et suiv.; Drechsel, *op. cit.*, p. 14-29; Müller, *op. cit.*, p. 38-40.
26. Voir Koepplin 1974, *op. cit.*, p. 736 et 789.
27. Voir Mourlot (Fernand) [éd.], *Picasso lithographe*, t. III. 1949-1946, Monte-Carlo, A. Sauret, 1956, n° 182-184; Baer (Brigitte), *Picasso peintre-graveur*, catalogue raisonné de l'œuvre gravé et monotypes, III, Berne, Kornfeld, 1986, n° 876 ; Warncke, *op. cit.*, p. 17 et suiv.; Drechsel, *op. cit.*, p. 29 et suiv.; Müller, *op. cit.*, p. 40 et suiv.
28. Voir Spies, *op. cit.*, n° 247.
29. Voir Arnoux (Mathilde), *L'Exposition des primitifs allemands au musée du Jeu de Paume*, *in* Schieder (Martin) et Ewig (Isabelle), *In die Freiheit geworfen*, Berlin, Akademie Verlag, 2006, p. 61.
30. Voir Janzen (Reinhild), *Albrecht Altdorfer: Five Centuries of Criticism*, Ann Arbor, UMI, 1980, p. 95 et suiv.
31. Voir cat. exp. *Cranach und Picasso*, Nüremberg, Albrecht Dürer Gesellschaft e V., 1968; Timm (Werner), « Picasso und Cranach », *in Museum und Kunst. Festschrift Alfred Hentzen*, Hamburg, Christians, 1970; Widmaier Picasso, *op. cit.*
32. Voir Galassi, *op. cit.*, p. 99 et suiv.; Widmaier Picasso, *op. cit.*, p. 12.

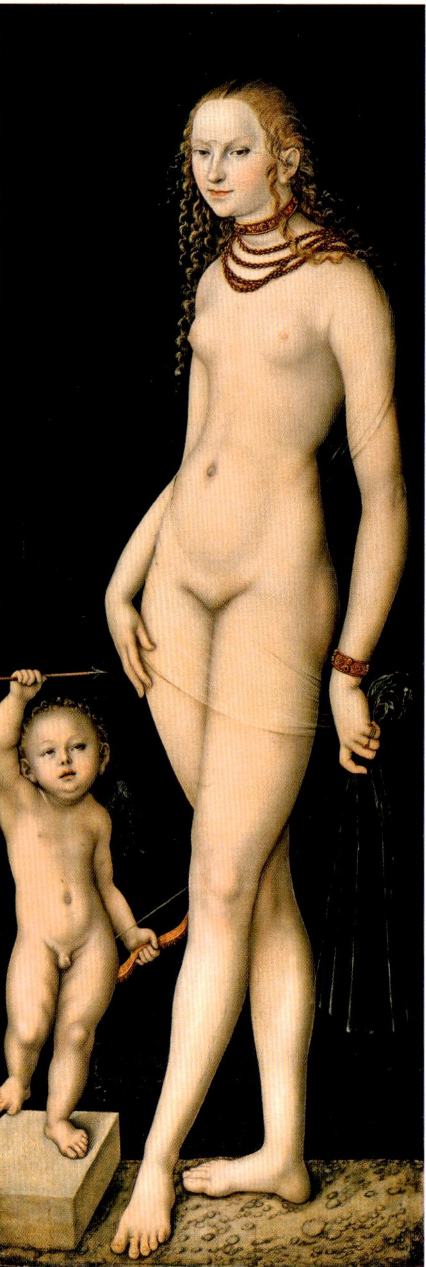

FIG. 15 **LUCAS CRANACH L'ANCIEN**
Vénus et l'Amour, vers 1530
Huile sur bois
H. 12,7 cm; L. 62 cm
Berlin, Gemäldegalerie

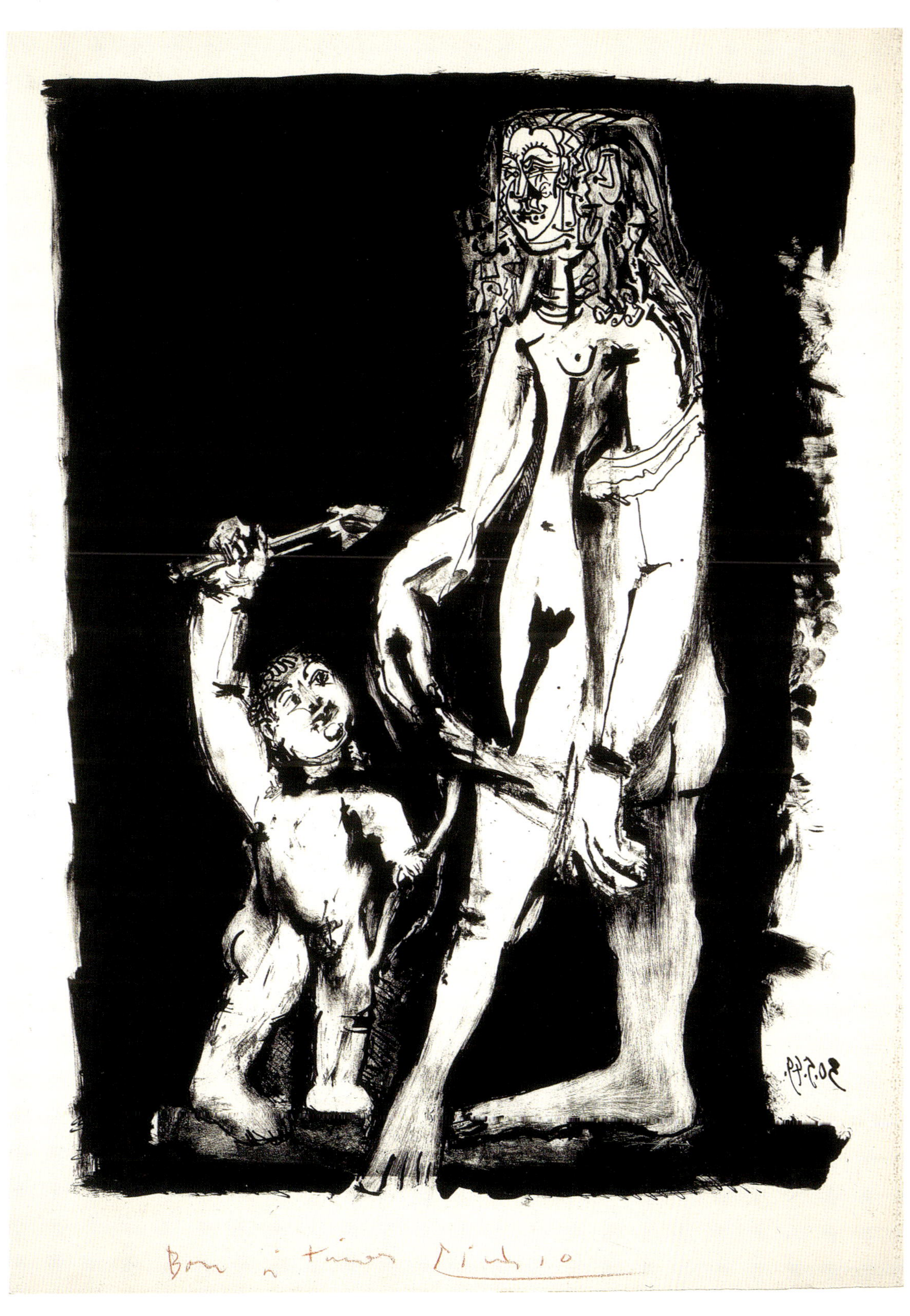

FIG. 16 **PABLO PICASSO**
Vénus et Cupidon, d'après Lucas Cranach l'Ancien, 30 mai 1949
Lithographie 2e état et Bon à tirer
H. 66,9 cm ; L. 49,4 cm
Pasadena, The Norton Simon Foundation, don de M. Norton Simon, 1983

CATALOGUE

« Alors il me donne ses couleur et ses pinceaux et plus jamais il ne peint. »

— JAIME SABARTÉS, *PICASSO, PORTRAITS ET SOUVENIRS*, PARIS, LOUIS CARRÉ ET MAXIMILIEN VOX, 1946, P. 39 —

PEINTRES

«Yo, Picasso»

« YO, PICASSO » Le *Portrait de José Ruiz-Blasco*, père de Picasso, fut peint par José Ponce Puente dans une manière toute académique. Un clair-obscur théâtral surexpose avec un détail de leçon d'anatomie, la face livide de Don José, dont le regard fixe et les orbites creusées révèlent le profond découragement. Figure du peintre éternel, meurtri et trahi par la peinture, père, professeur à l'école des Beaux-Arts, conservateur de musée, peintre spécialisé dans les natures mortes florales ou animalières, José Ruiz-Blasco est pour son fils l'incarnation d'un métier qui s'épuise dans les survivances provincialistes de l'académisme fin-de-siècle. Il fut le premier « maître » de Picasso qui, dès sa petite enfance, commença auprès de lui son apprentissage. La légende veut que, stupéfait du génie et du métier de son fils encore adolescent, son père lui ait finalement remis ses couleurs et ses pinceaux, signant par ce geste son propre renoncement à la peinture.

Peintres avec palette et pinceaux, Greco, Rembrandt, Goya, Poussin, Delacroix, Ingres, Cézanne, Gauguin, Van Gogh affirment dans une extraordinaire suite d'autoportraits leurs positions atypiques, marginales et révolutionnaires. Picasso les choisit avec de nombreux autres comme guides dans son long travail d'apprentissage, de prédation et de réinvention de la peinture. Il s'attachera à les portraiturer, souvent par accident comme si leurs visages revenaient au hasard d'une obsession impossible à contenir : « Imaginez-vous que j'ai fait un portrait de Rembrandt. [...] J'ai commencé à griffonner. C'est devenu Rembrandt [...] avec son turban, ses fourrures, et son œil d'éléphant, vous savez bien[1]. »

Peintres illustres, ils sont tous entrés en apprentissage dans l'enfance, guidés par des maîtres obscurs et laborieux, ils firent des rencontres prodigieuses, leurs innovations leur valurent d'être exclus des honneurs ou des salons, puis reconnus, adulés, étouffés par leurs charges ou leurs succès. Ils lui serviront de modèles dans une identification perpétuelle où Picasso cherche des repères pour se soutenir dans son combat avec la peinture. Il se glisse dans leur peau comme dans cet *Autoportrait à la perruque*, peint à la manière de Vélasquez. Il dialogue avec l'*Autoportrait* de Poussin dans la séquence des autoportraits de la période surréaliste. Il prend les couleurs et les traits de Greco, de Gauguin. Il moque Degas dans ses gravures en l'imaginant, vétilleux documentaliste de bordel. « Ce n'est pas ce que l'artiste fait qui compte, mais ce qu'il est. [...] Ce qui nous intéresse, c'est l'inquiétude de Cézanne, c'est l'enseignement de Cézanne, ce sont les tourments de Van Gogh, c'est-à-dire le drame de l'homme. Le reste est faux[2]. » Le « pauvre Van Gogh » sera l'emblème et la doublure de Picasso qui prendra parfois ses traits depuis le début du siècle et singulièrement à partir de la fin des années 1937, alors que les œuvres du « peintre dégénéré » sont brûlées en autodafé à Berlin. Picasso pourra aussi s'écrier « Van Gogh c'est moi ! »

Peintre « moderne », disant à leur instar, « je », « moi », « *Yo, Picasso* », comme il l'inscrit sur son autoportrait de 1901, Picasso se revendique comme auteur et sujet de sa propre histoire, de son propre drame. Il assumera à travers ce dialogue tendu avec *ses* maîtres qui durera jusqu'à la mort, ce que la peinture lui fait faire : « ce qu'elle veut ».

1. Propos de Picasso cités par Kahnweiler (Daniel-Henry), « Huit entretiens avec Picasso », *in Le Point*, Mulhouse, n° XLII, octobre 1952, p. 22-30. Entretien, rue La Boétie, 6 février 1934.
2. Zervos (Christian), « Conversation avec Picasso », *in Cahiers d'art*, Paris, numéro spécial, 1935, p. 173-178.

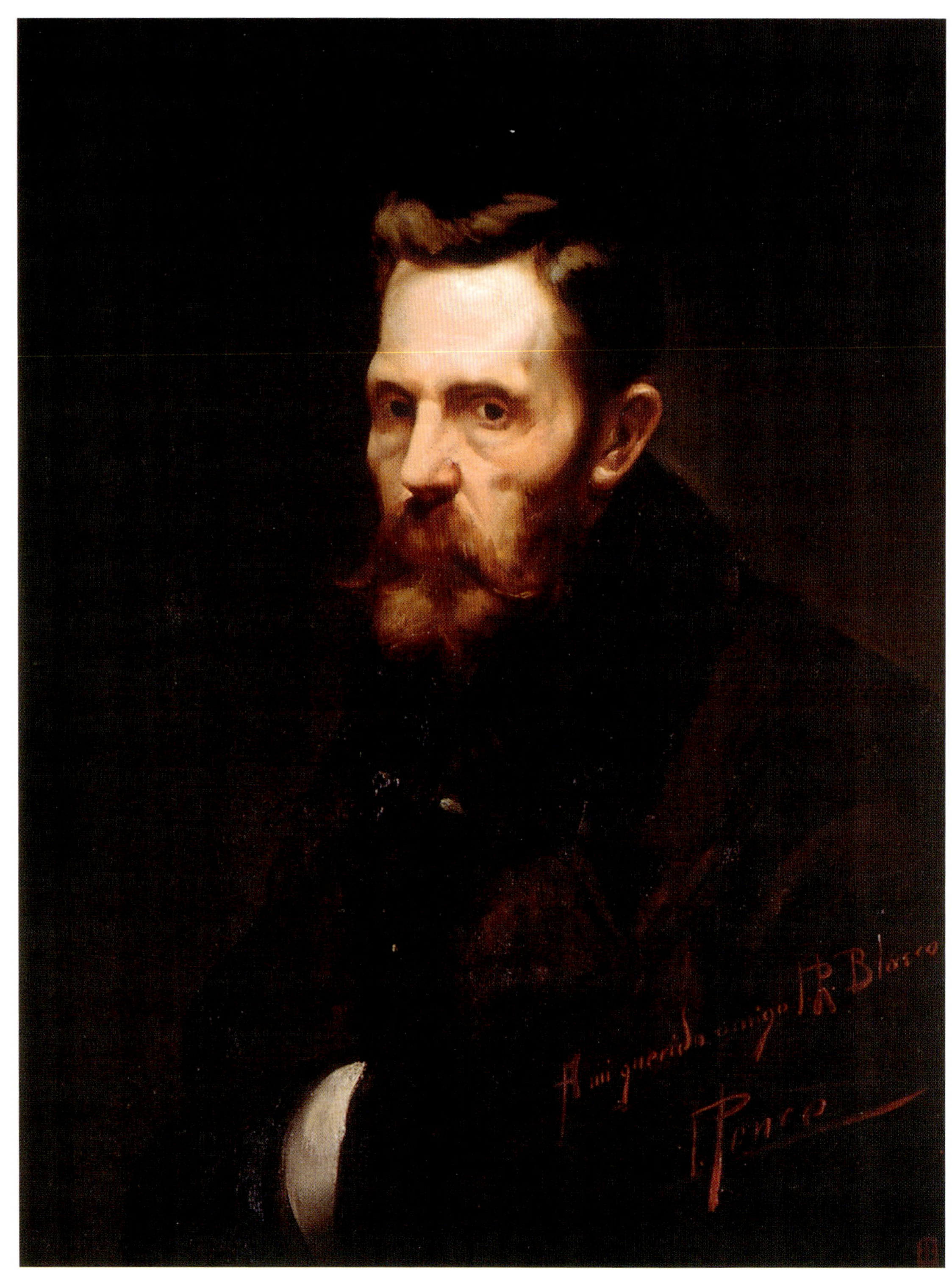

JOSÉ PONCE PUENTE
Portrait de José Ruiz-Blasco, vers 1895
Huile sur toile, H. 79 cm ; L. 61 cm
Collection particulière

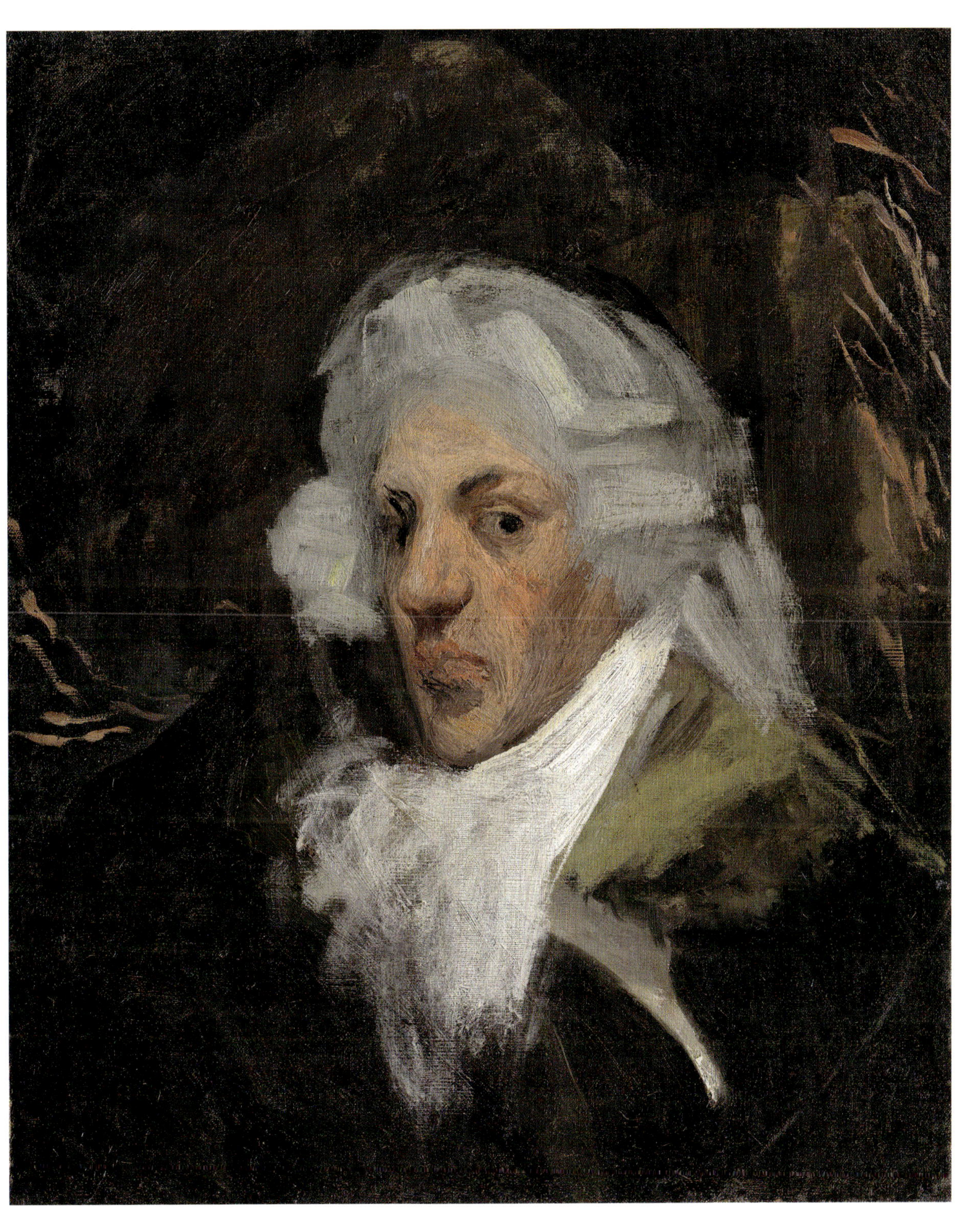

PABLO PICASSO
Autoportrait à la perruque, Barcelone, 1897
Huile sur toile, H. 55,8 cm ; L. 46 cm
Barcelone, Museu Picasso

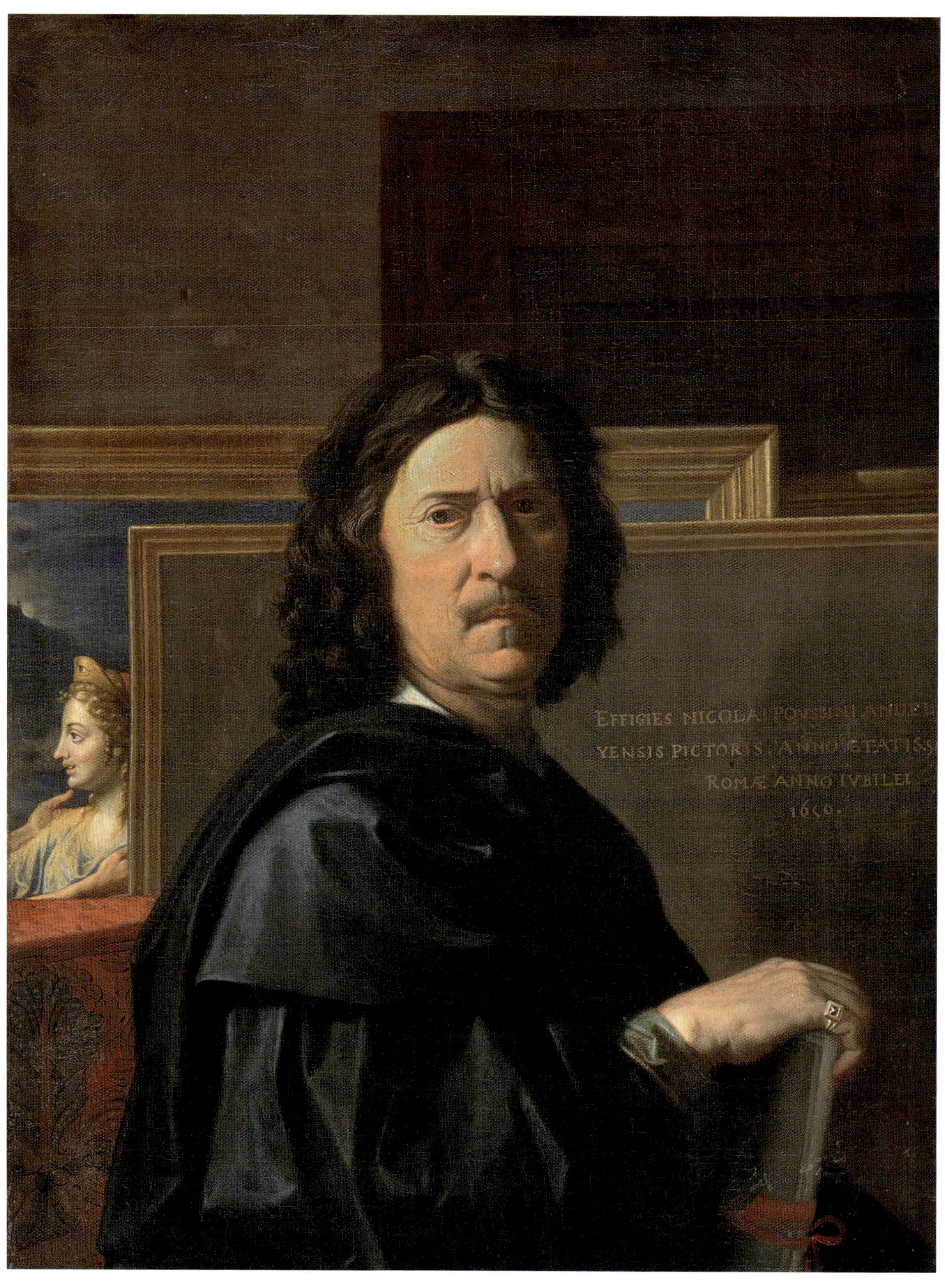

NICOLAS POUSSIN
Portrait de l'artiste, 1650
Huile sur toile, H. 98 cm ; L. 74 cm
Paris, musée du Louvre

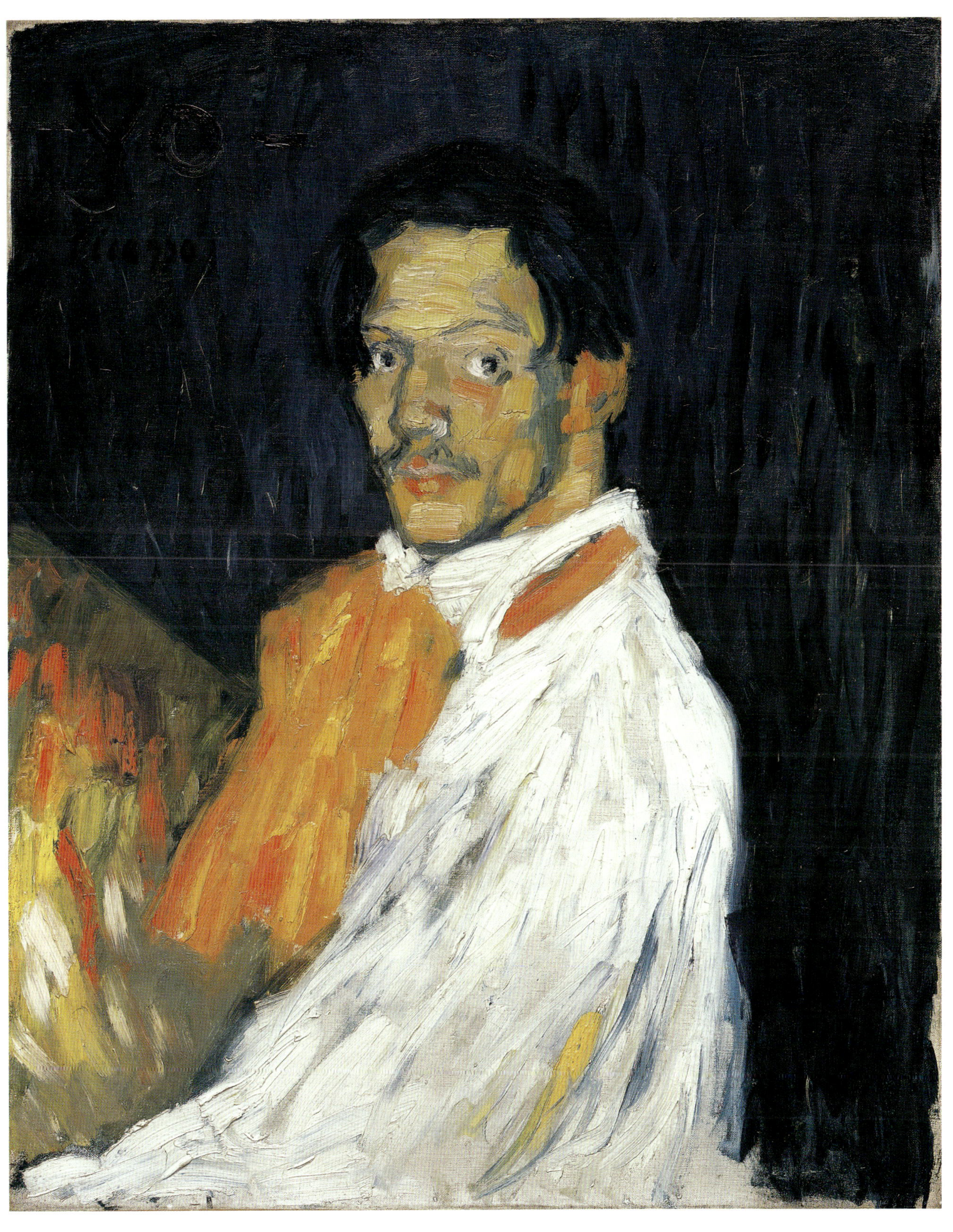

PABLO PICASSO
Yo, Picasso, 1901
Huile sur toile, H. 73,5 cm ; L. 60,5 cm
Collection particulière

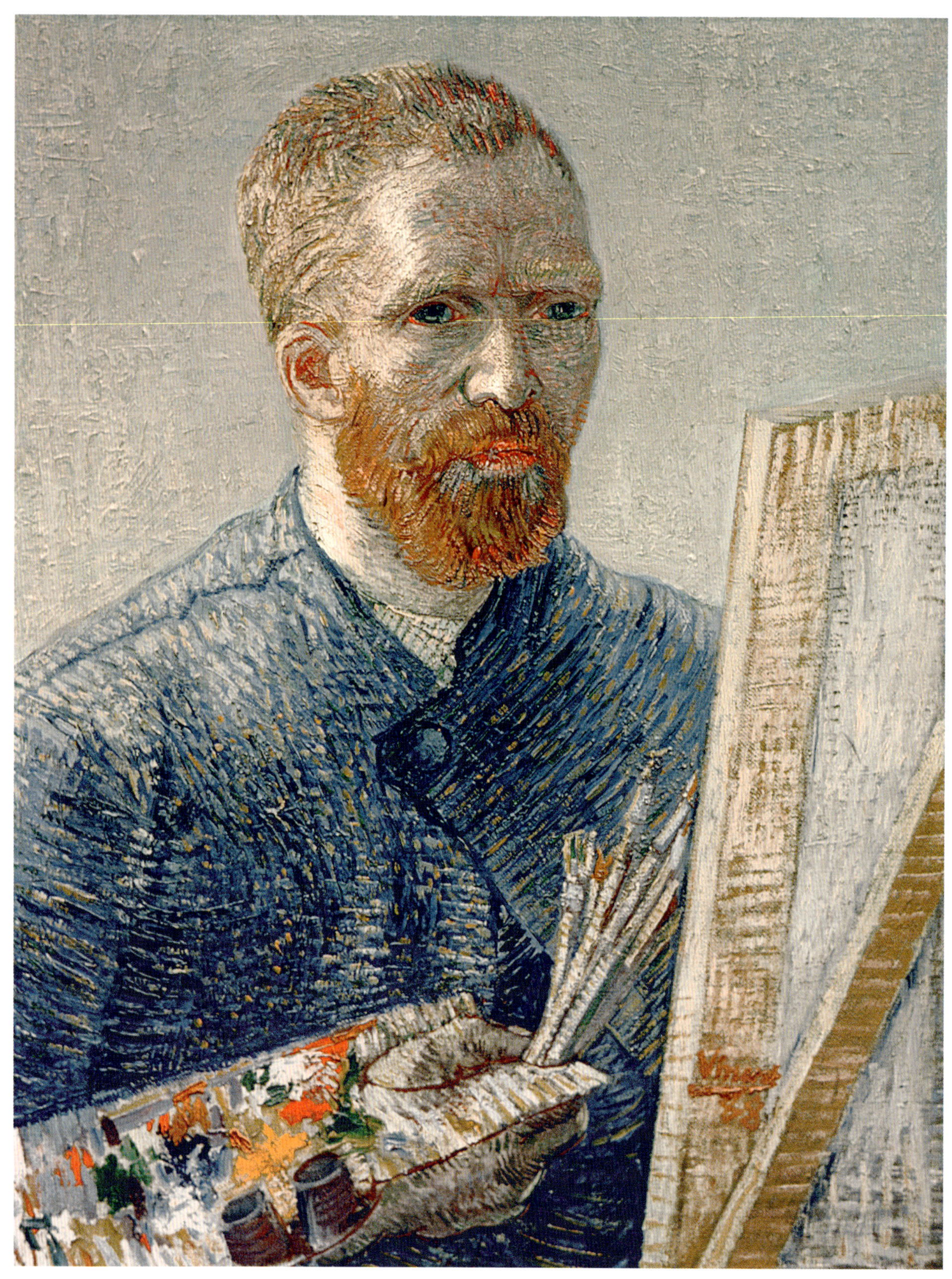

VINCENT VAN GOGH
Autoportrait, 1888
Huile sur toile, H. 65,5 cm ; L. 50,5 cm
Amsterdam, Van Gogh Museum

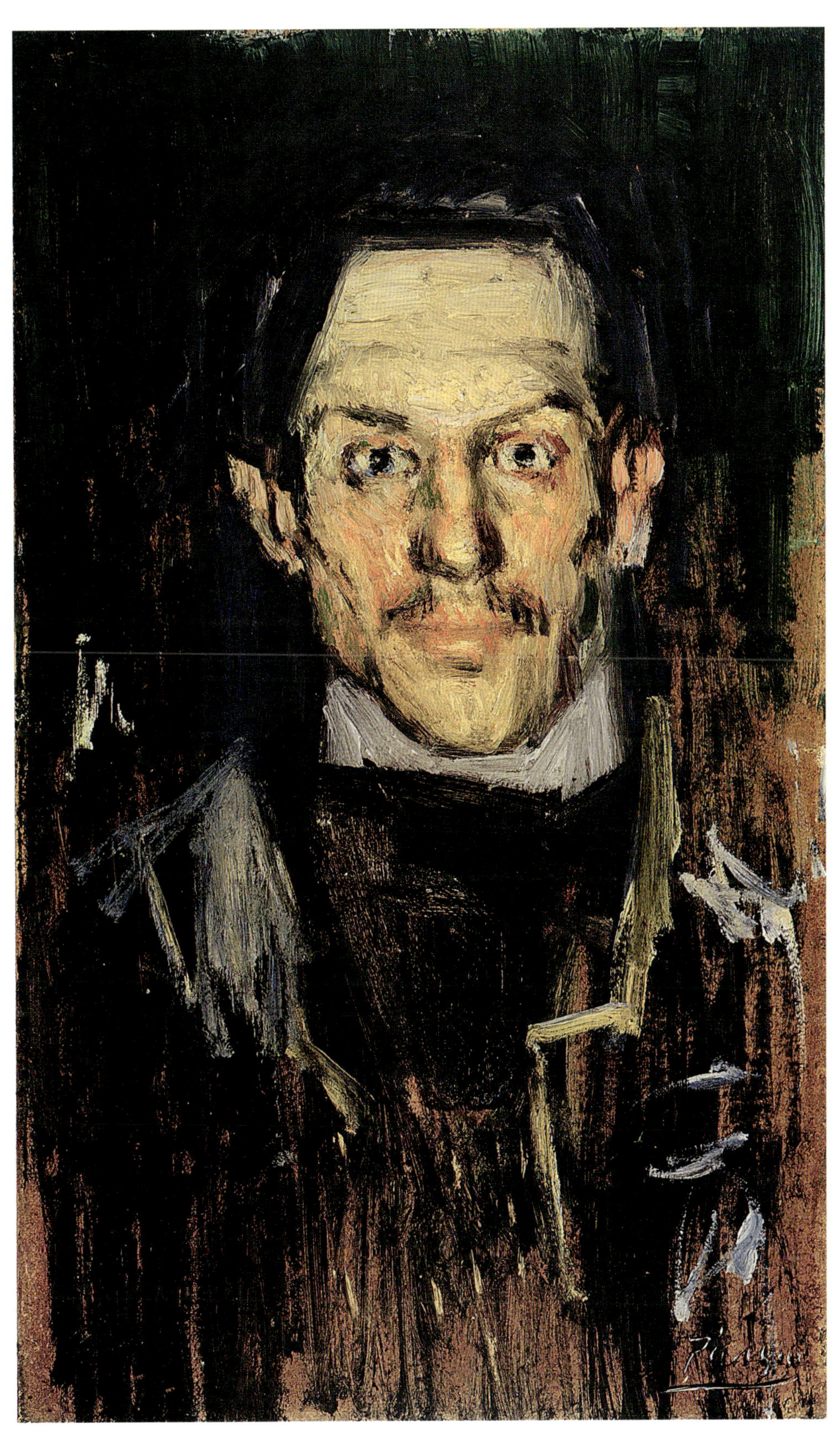

PABLO PICASSO
Autoportrait, 1901
Huile sur carton parqueté, H. 54 cm ; L. 31,8 cm
New York, The Museum of Modern Art,
Collection Mme John Hay Whitney

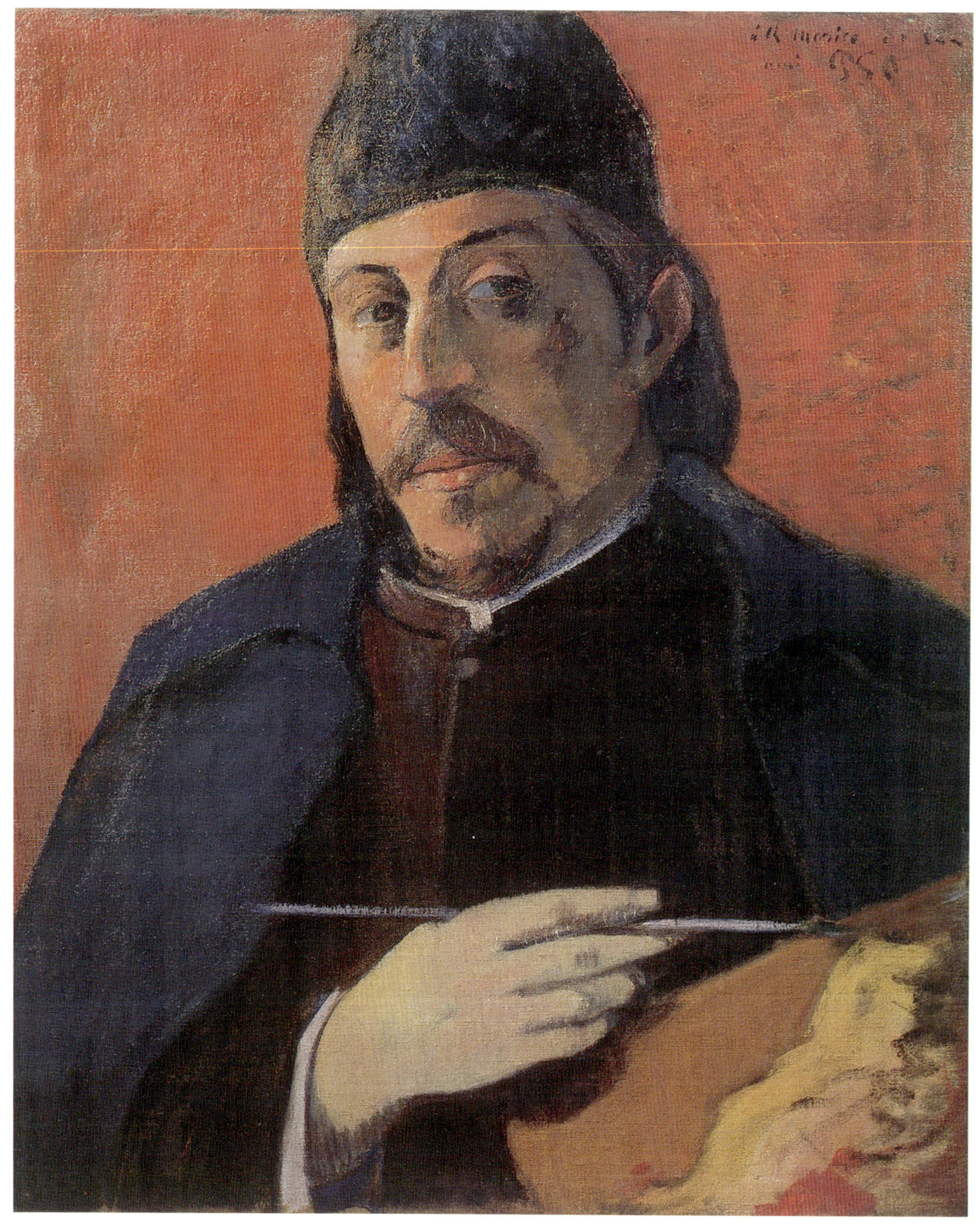

PAUL GAUGUIN
Portrait de Gauguin à la palette, hiver 1893-1894
Huile sur toile, H. 92 cm ; L. 73 cm
Collection particulière

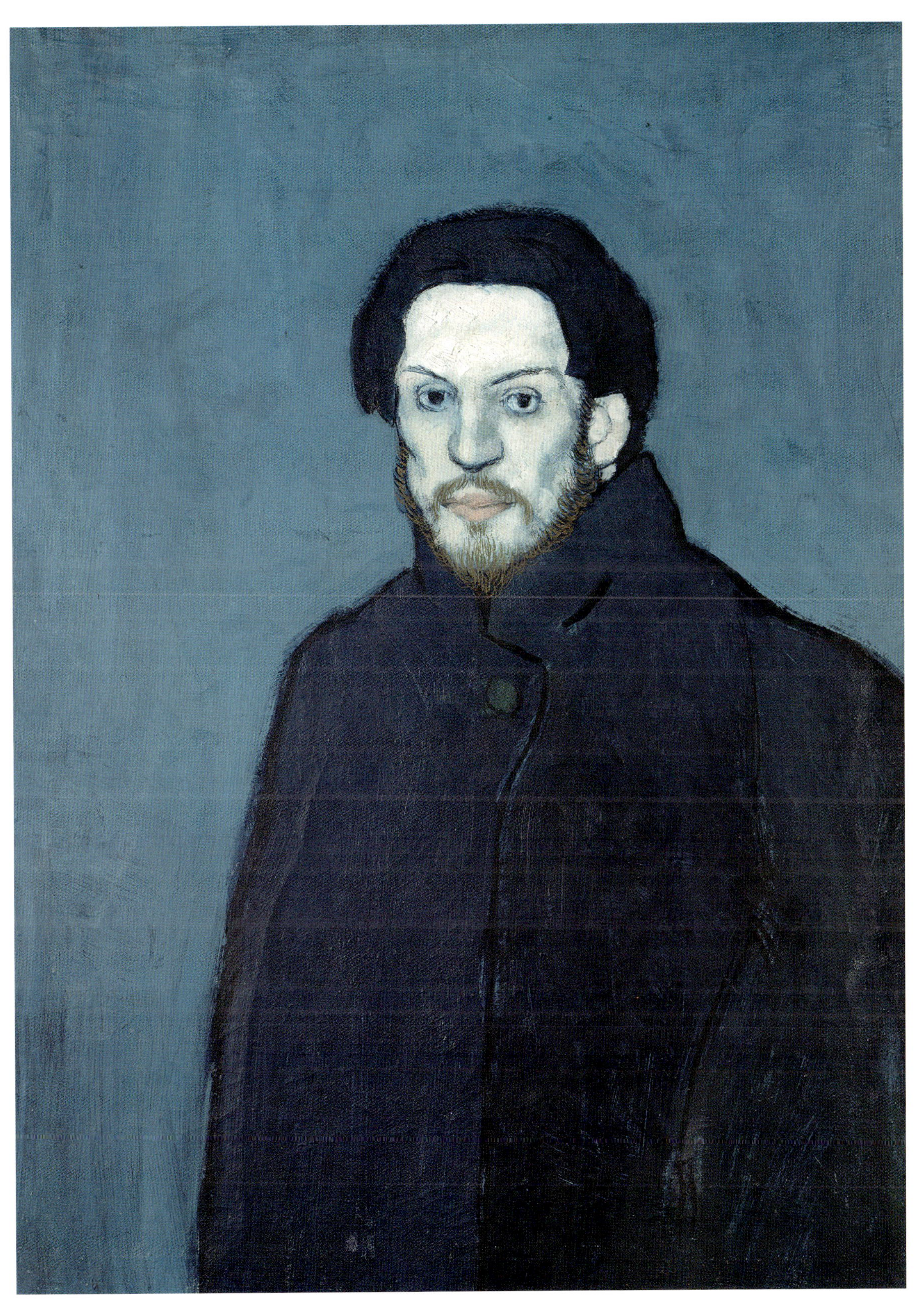

PABLO PICASSO
* *Autoportrait*, Paris, 1901
Huile sur toile, H. 80 cm ; L. 60 cm
Paris, musée Picasso, dation Pablo Picasso 1979

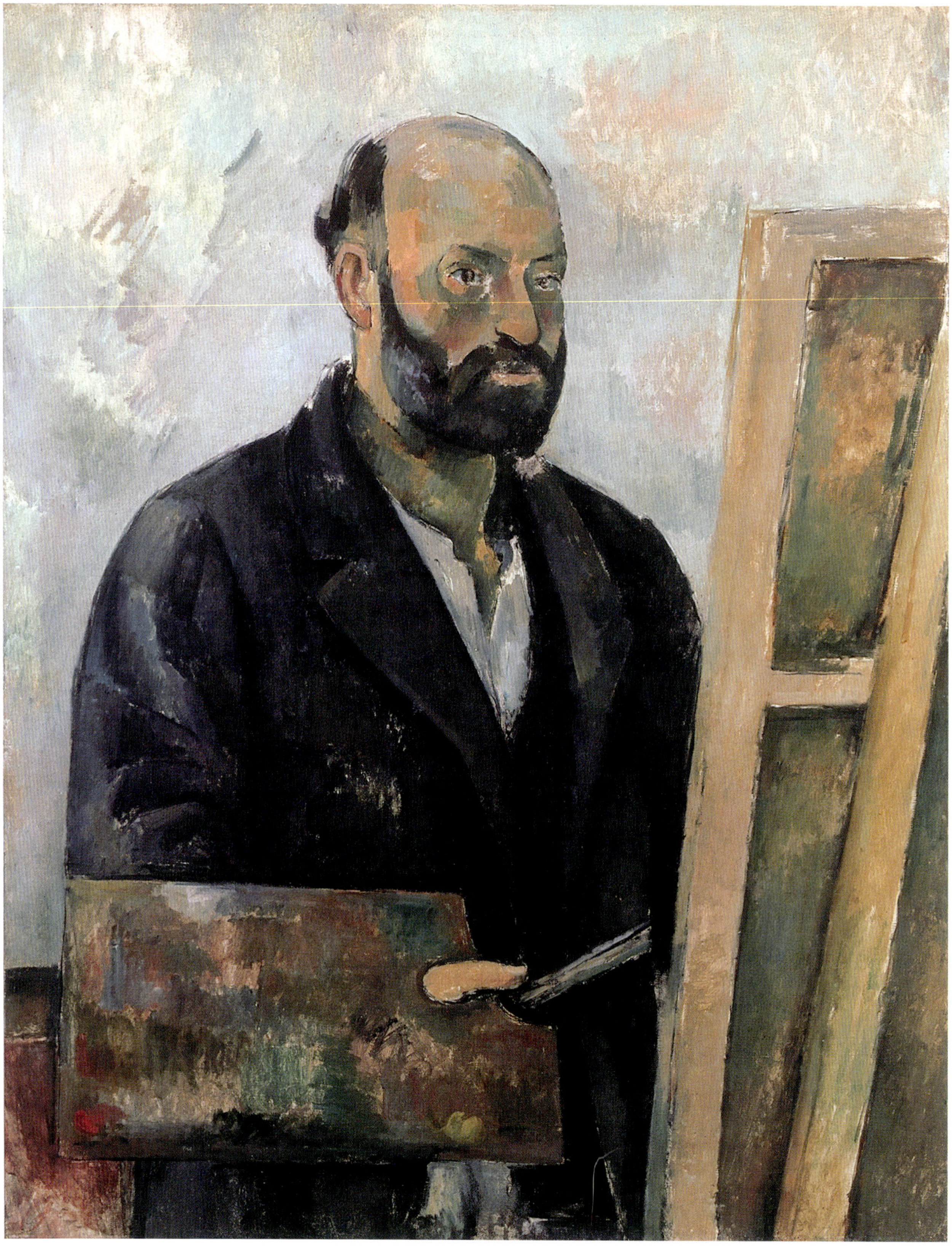

PAUL CÉZANNE
Autoportrait à la palette, 1884
Huile sur toile, H. 92,5 cm ; L. 73 cm
Zurich, Stiftung Sammlung E. G. Bührle

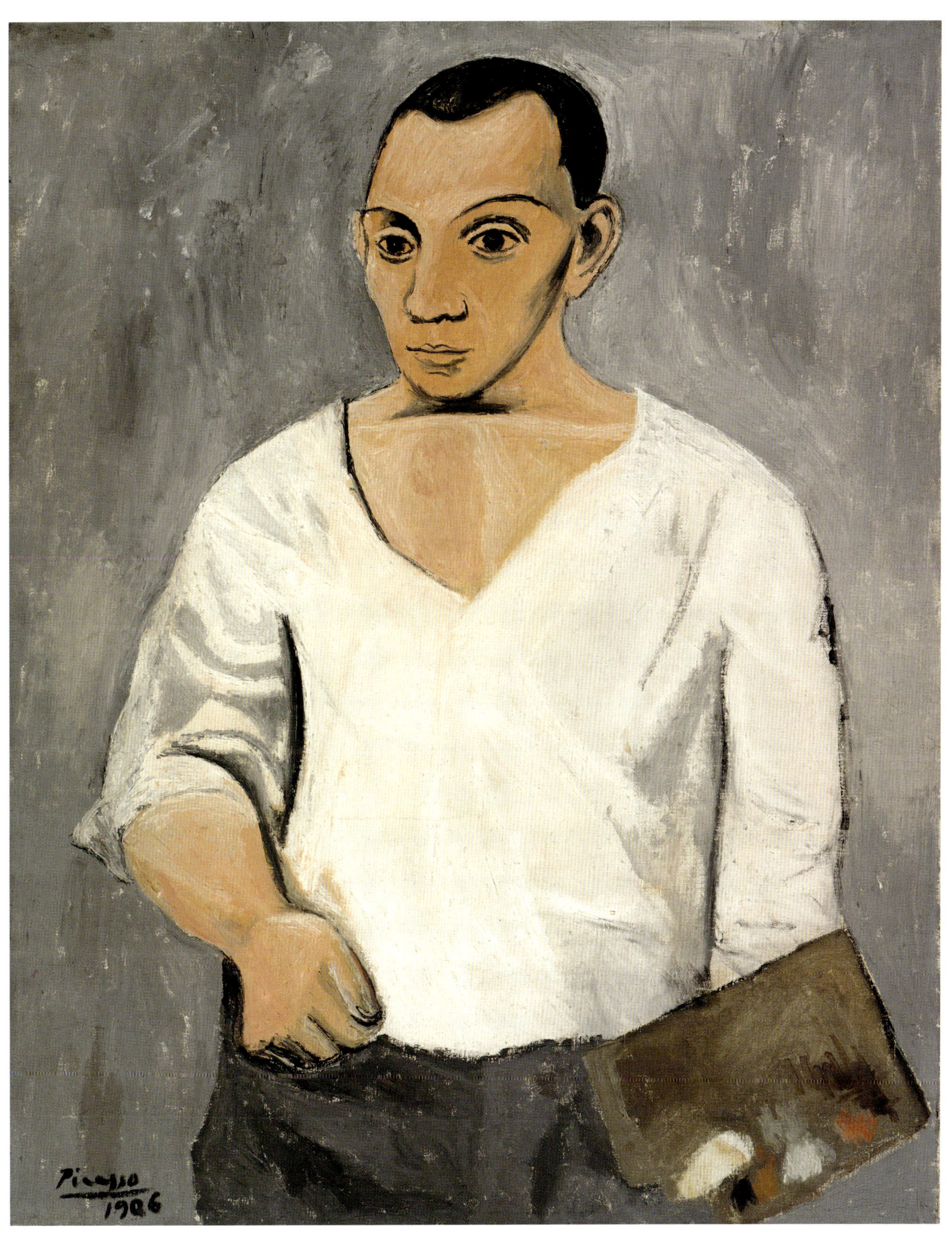

PABLO PICASSO
Autoportrait à la palette, Paris, été-automne 1906
Huile sur toile, H. 92 cm ; L. 73 cm
Philadelphie, The Philadelphia Museum of Art,
collection A. E. Gallatin, 1950

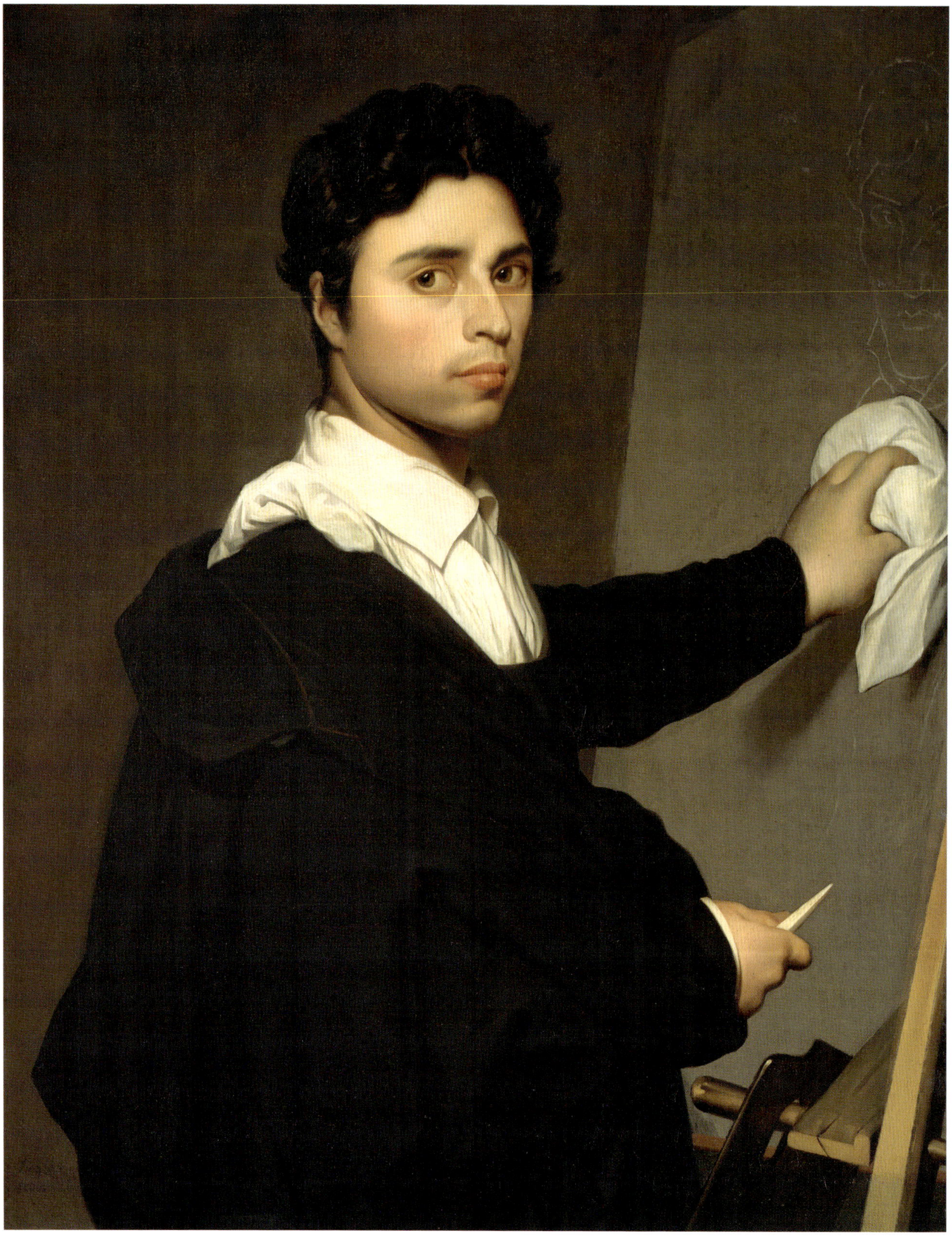

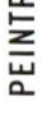

MADAME GUSTAVE HÉQUET (ATTRIBUÉ À)
Copie d'après l'Autoportrait de 1804
de Jean-Auguste-Dominique Ingres, vers 1850-1860
Huile sur toile, H. 86,4 cm ; L. 69,9 cm
New York, The Metropolitan Museum of Art,
legs Grace Rainey Rogers, 1943

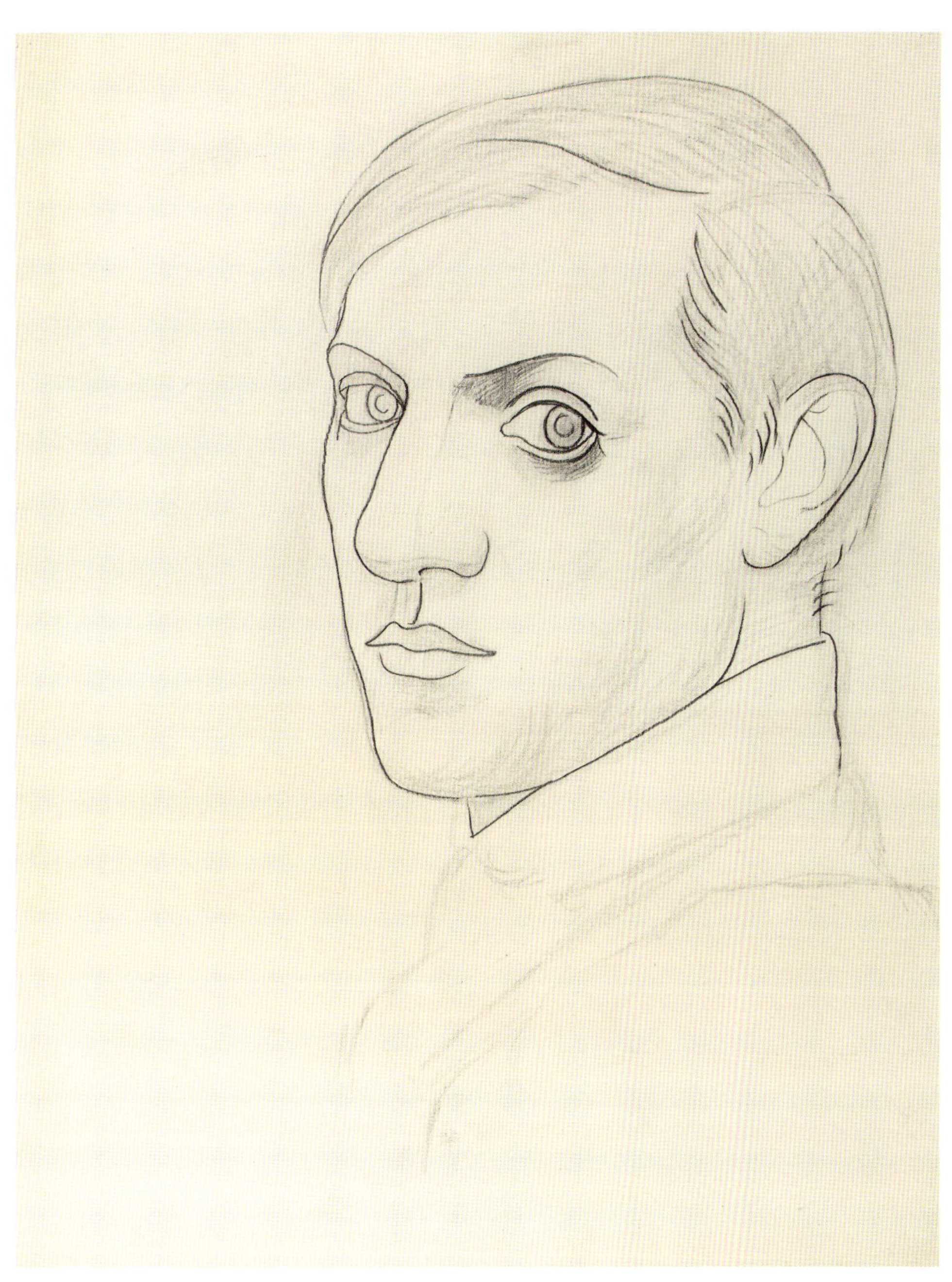

PABLO PICASSO
* *Autoportrait*, 1917-1919
Crayon graphite et fusain, H. 64 cm ; L. 49,5 cm
Paris, musée Picasso, dation Pablo Picasso 1979

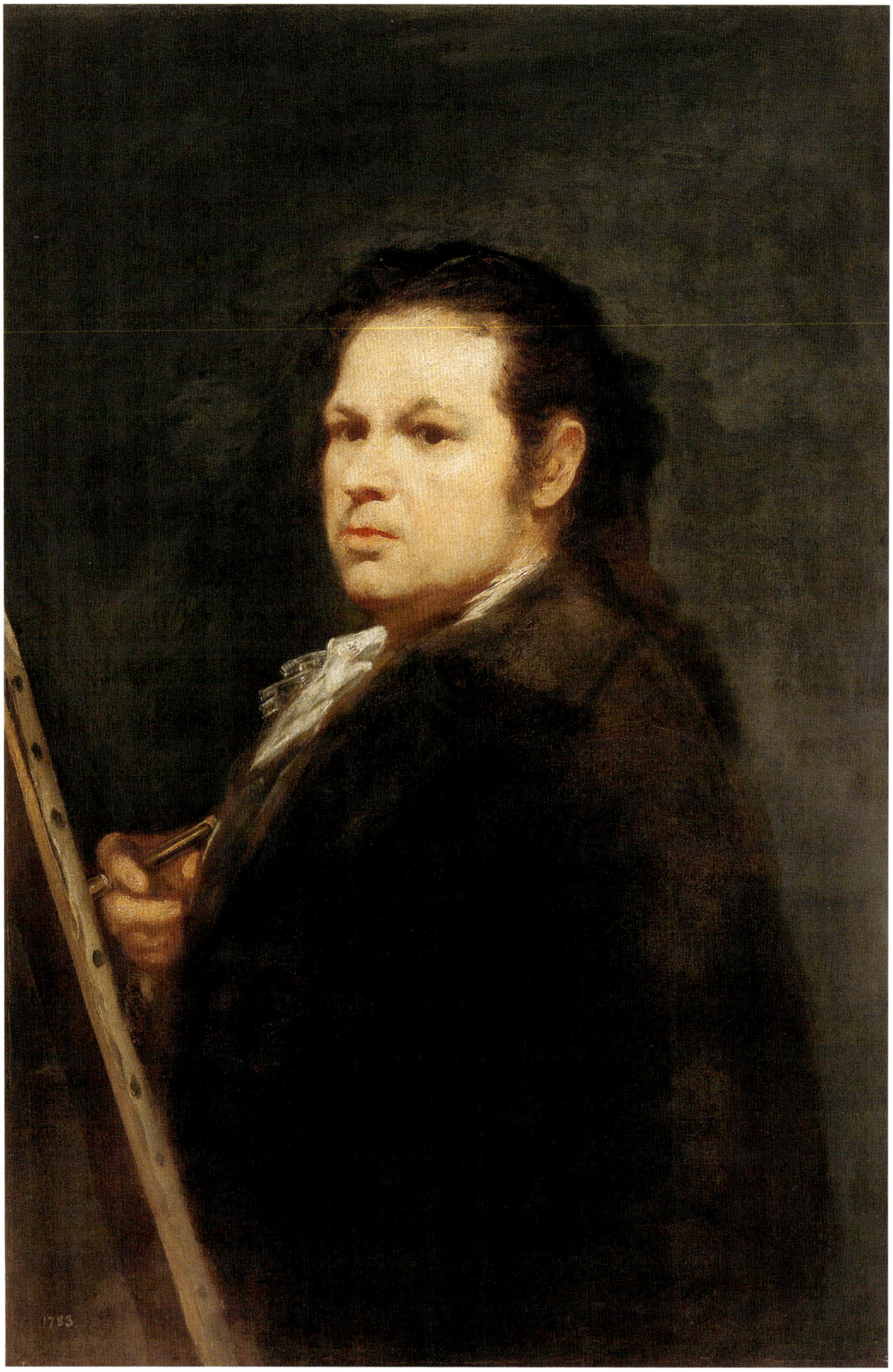

FRANCISCO DE GOYA
Autoportrait, 1783
Huile sur toile, H. 86 cm ; L. 60 cm
Agen, musée des Beaux-Arts

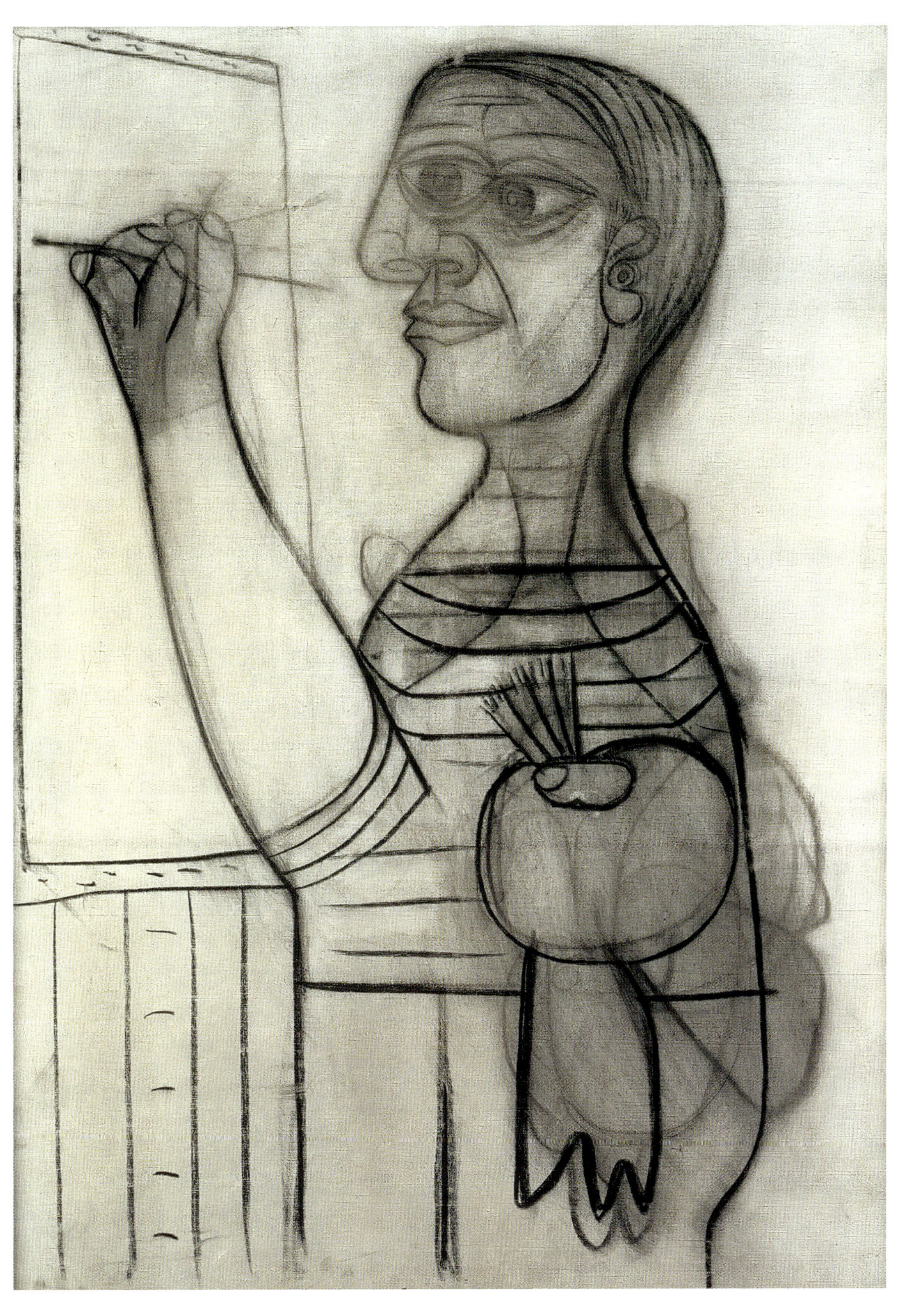

PABLO PICASSO
L'Artiste devant sa toile, Paris, 22 mars 1938
Fusain sur toile, H. 130 cm ; L. 94 cm
Paris, musée Picasso, dation Pablo Picasso 1979

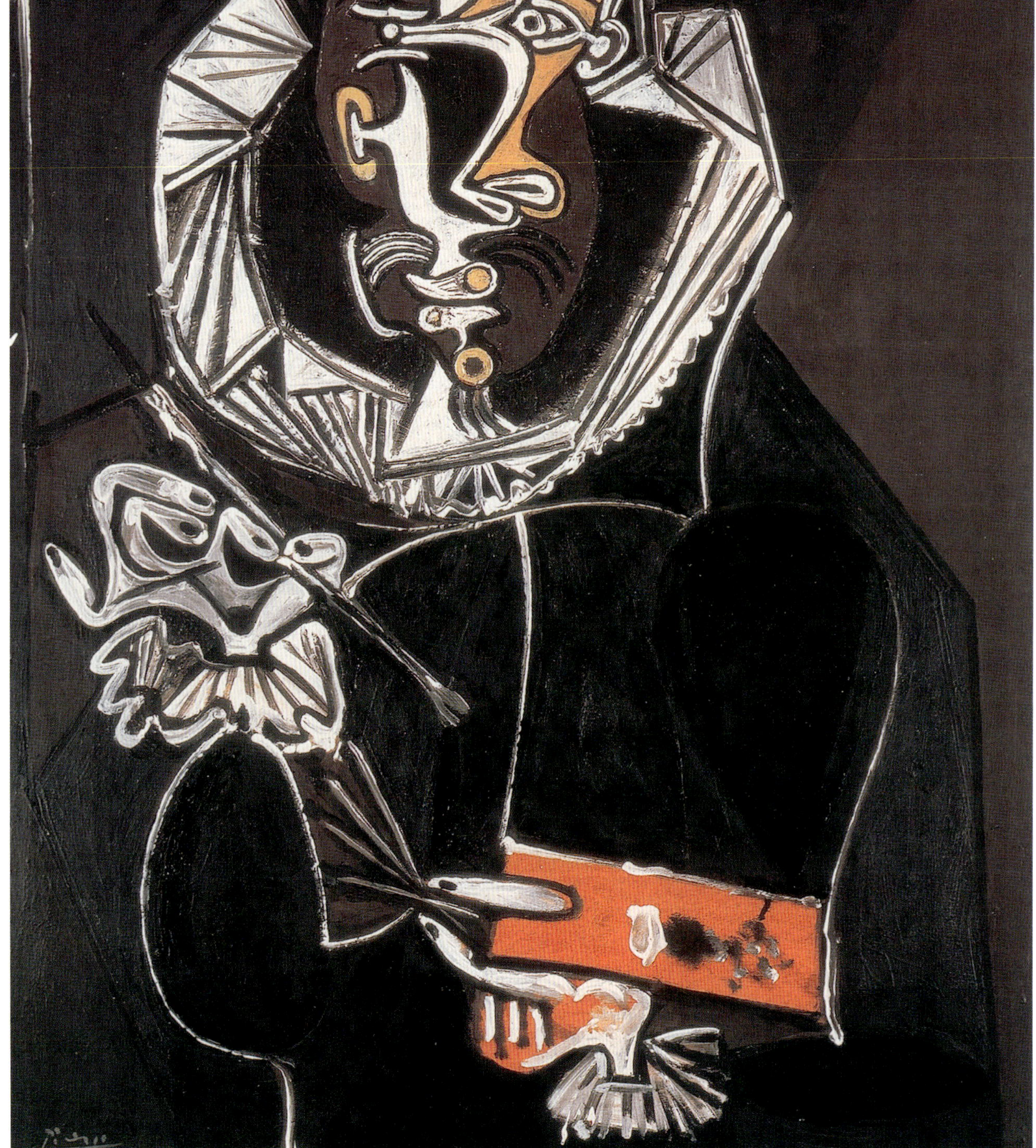

PABLO PICASSO

* *Portrait d'un peintre d'après le Greco*, 22 février 1950
Huile sur bois, H. 100,5 cm ; L. 81 cm
Collection particulière

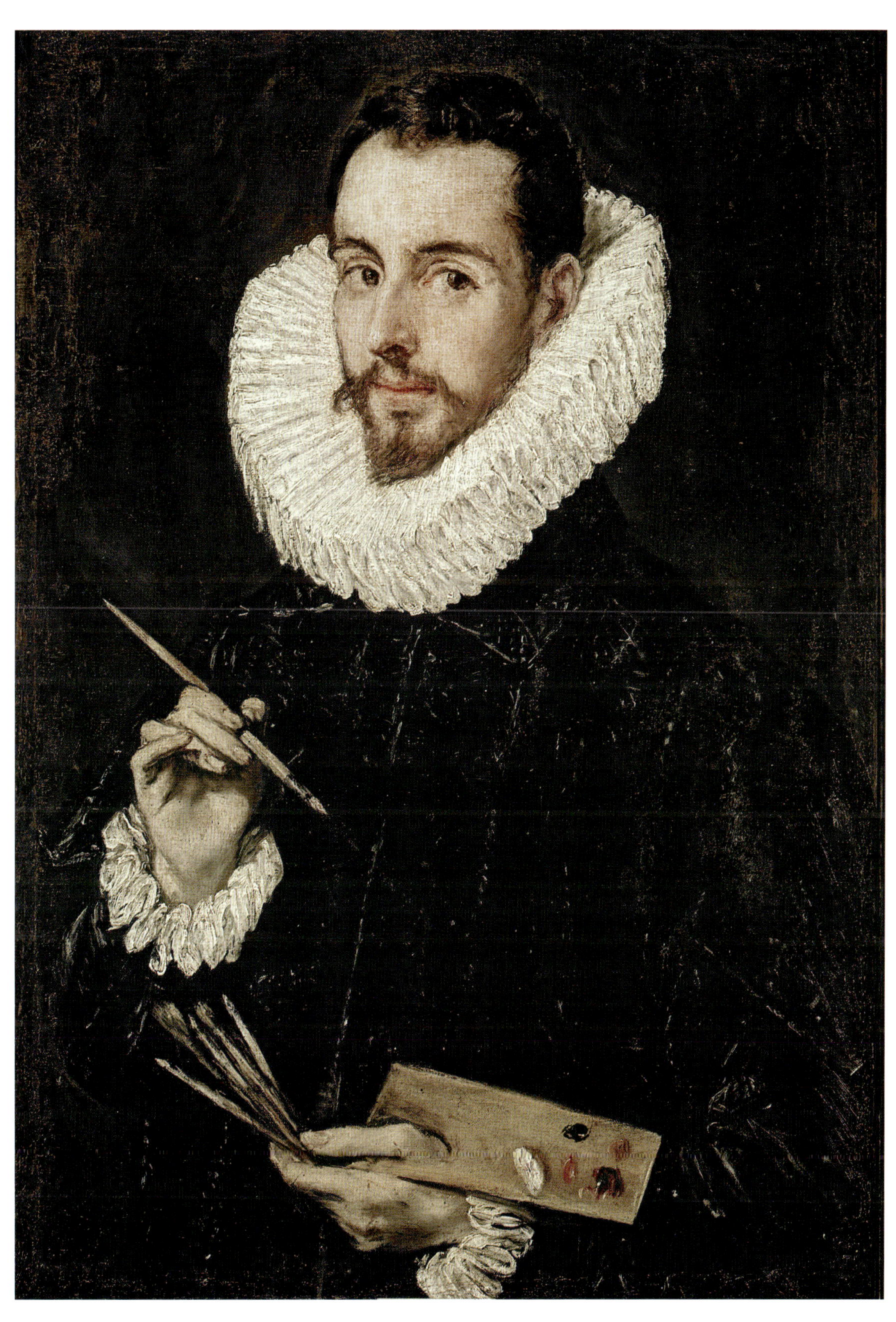

EL GRECO (DOMÊNIKOS THEOTOKOPOULOS, DIT)
Portrait d'un artiste (Jorge Manuel Theotokopoulus)
vers 1600-1605
Huile sur toile, H. 75 cm ; L. 50,5 cm
Séville, Museo de Bellas Artes

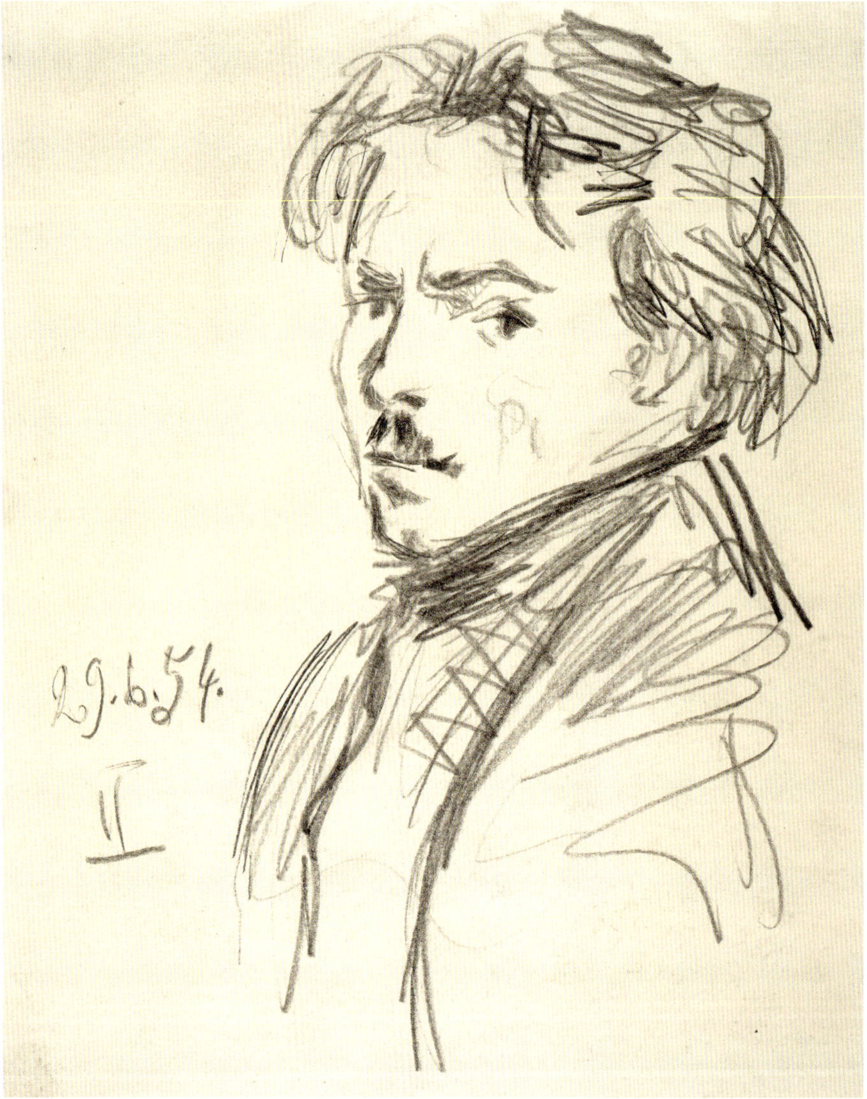

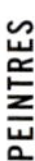

PABLO PICASSO

Portrait de Delacroix, Vallauris, 26-29 juin 1954,
carnet de dessin, folio 6 recto
Crayon graphite, H. 21 cm ; L. 27 cm
Paris, musée Picasso, dation Pablo Picasso 1979

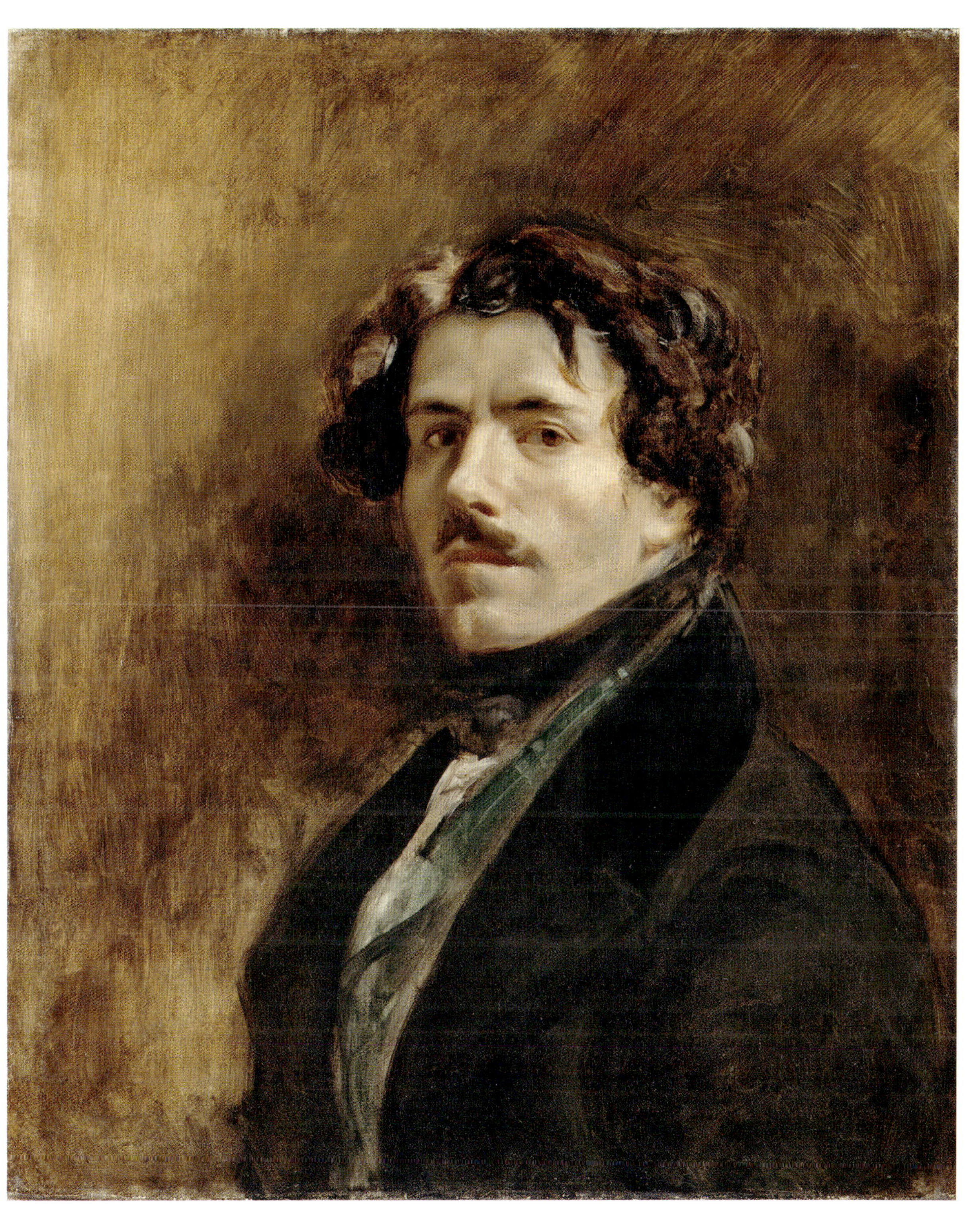

EUGÈNE DELACROIX
Autoportrait, vers 1837
Huile sur toile, H. 65 cm ; L. 54 cm
Paris, musée du Louvre

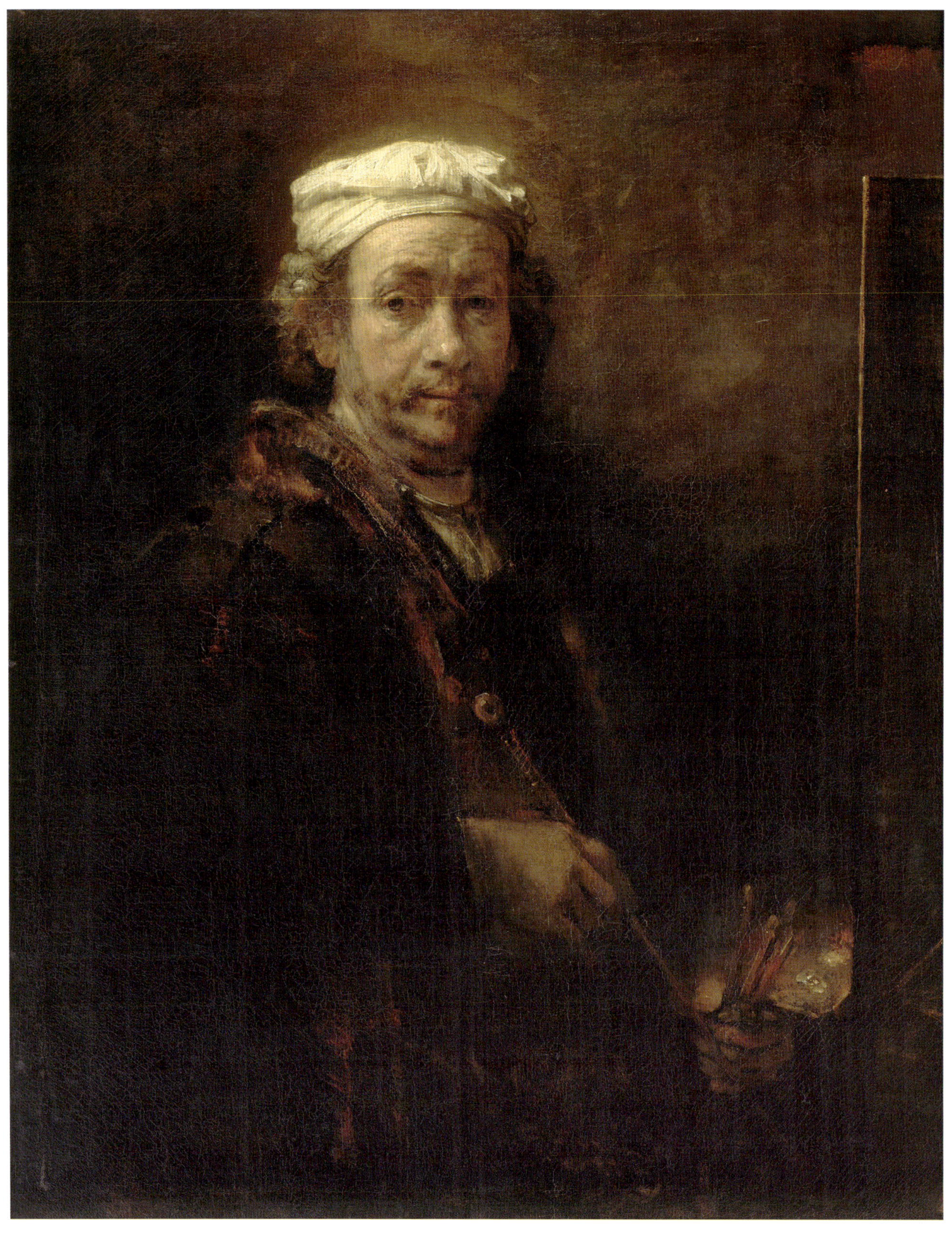

REMBRANDT VAN RIJN
Rembrandt au chevalet, 1660
Huile sur toile, H. 111 cm ; L. 85 cm
Paris, musée du Louvre

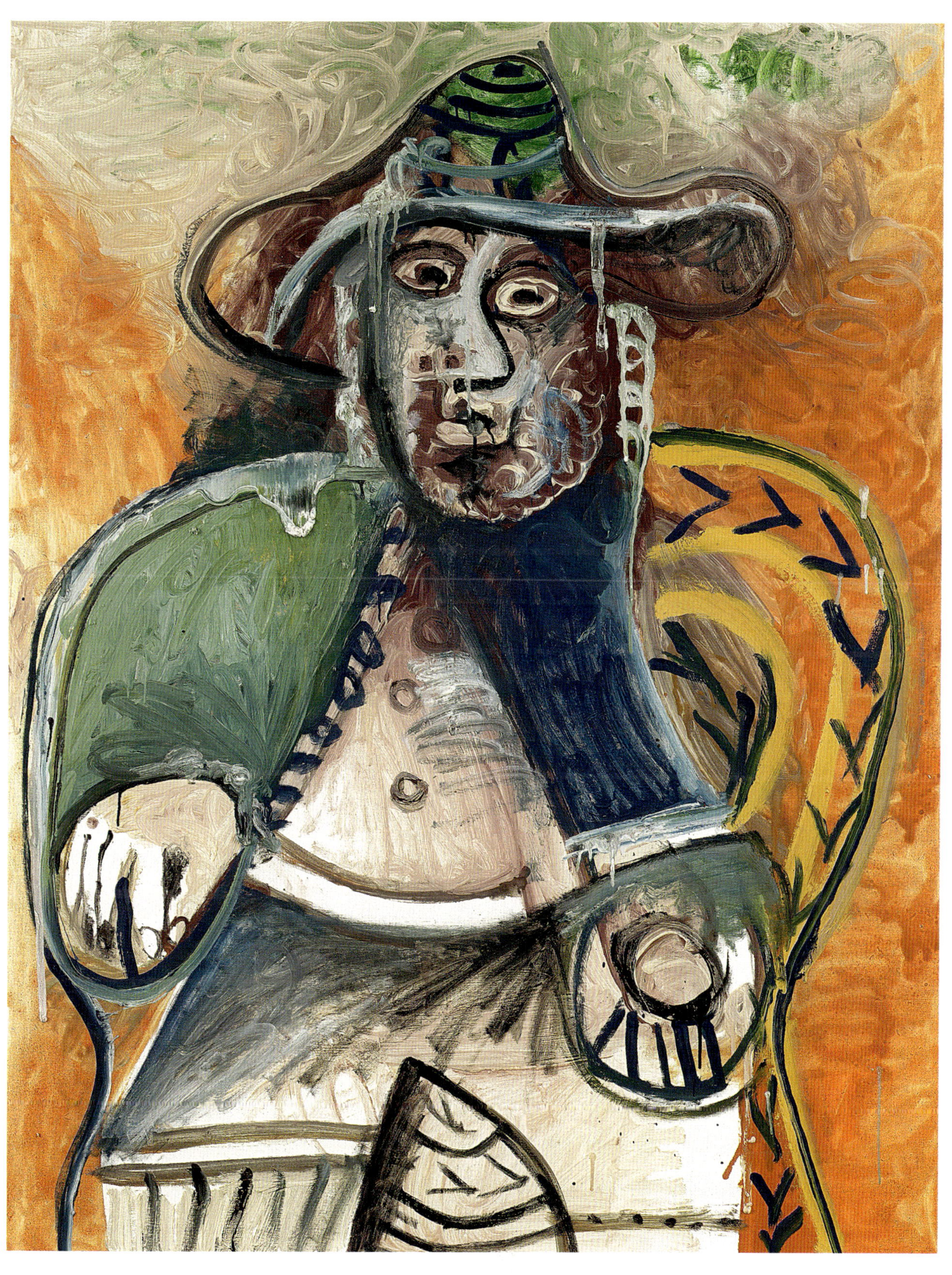

PABLO PICASSO
Le Vieil homme assis, Mougins, 26 septembre 1970 – 14 novembre 1971
Huile sur toile, H. 145,5 cm ; L. 114 cm
Paris, musée Picasso, dation Pablo Picasso 1979

« Quands j'avais leur âge, je dessinais comme Raphaël, mais il m'a fallu toute une vie pour apprendre à dessiner comme un enfant. »

— ROLAND PENROSE, *PICASSO*, TRAD. PAR JACQUES CHAVY ET PAUL PEYRELEVADE, PARIS, FLAMMARION, 1982, P. 361 —

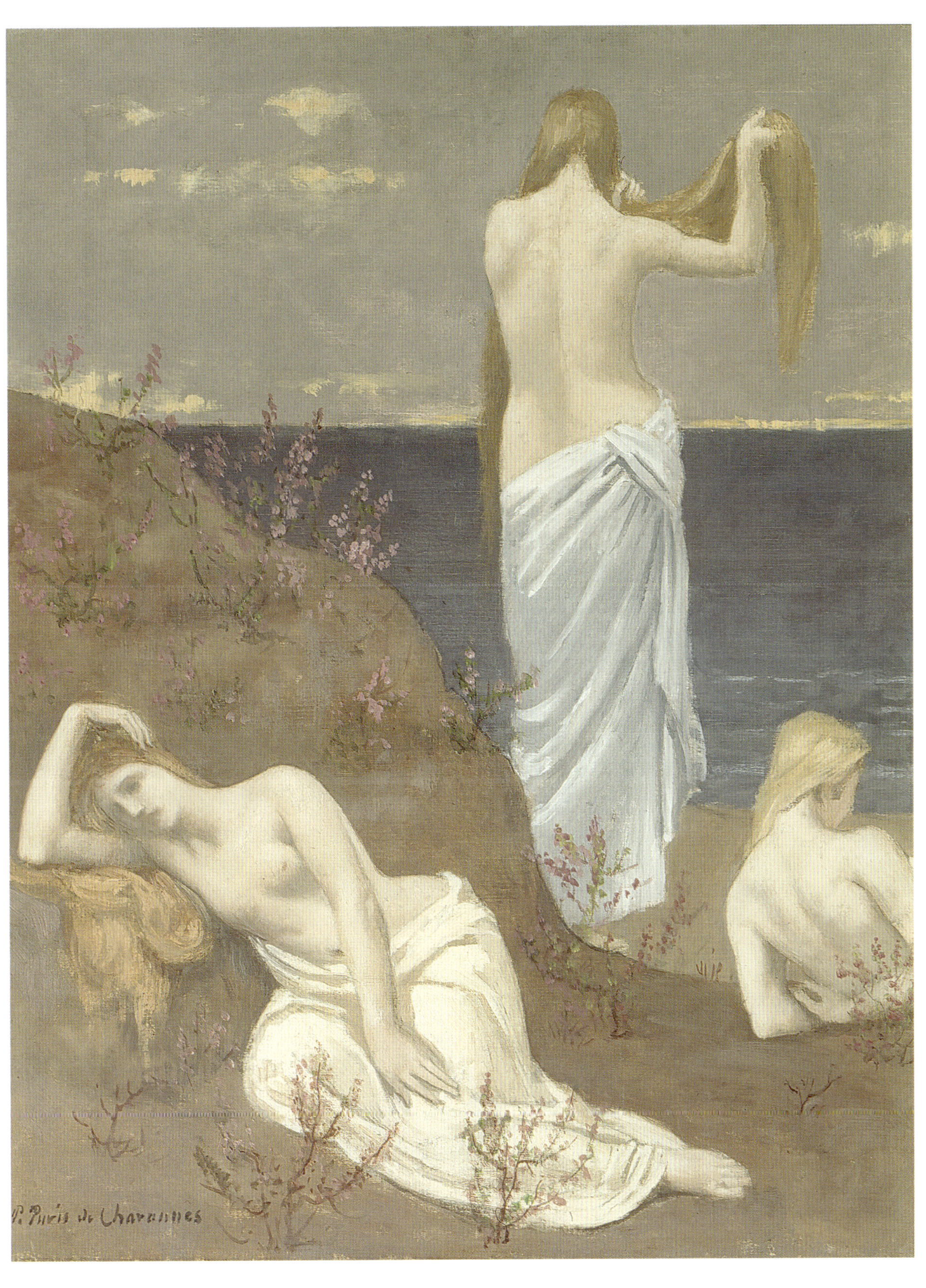

PIERRE PUVIS DE CHAVANNES
Jeunes filles au bord de la mer,
Huile sur toile, H. 61 cm ; L. 47 cm
Paris, musée d'Orsay

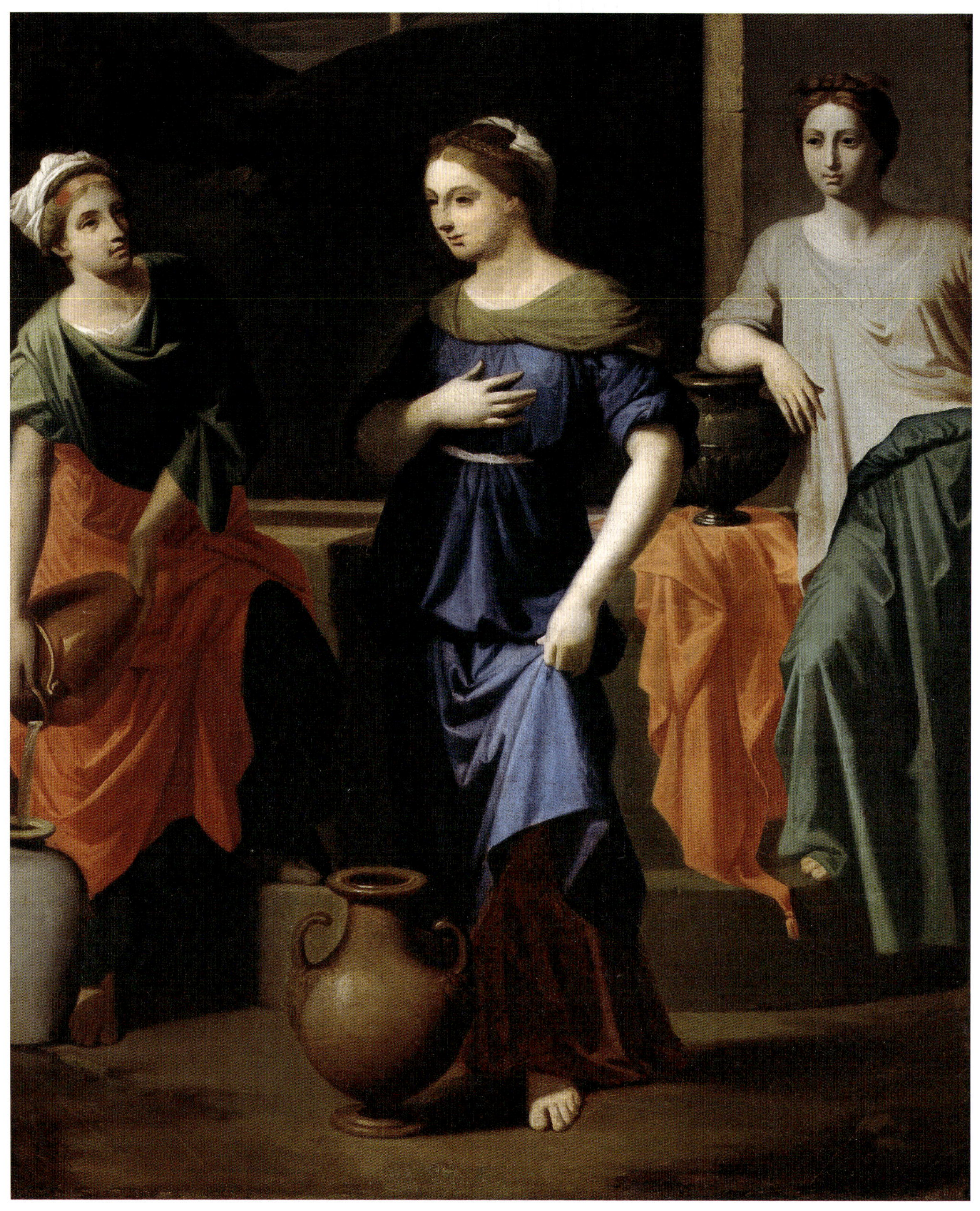

JEAN-AUGUSTE-DOMINIQUE INGRES
Éliézer et Rébecca d'après Poussin, vers 1805
Huile sur toile, H. 46 cm ; L. 37 cm
Marseille, musée des Beaux-Arts

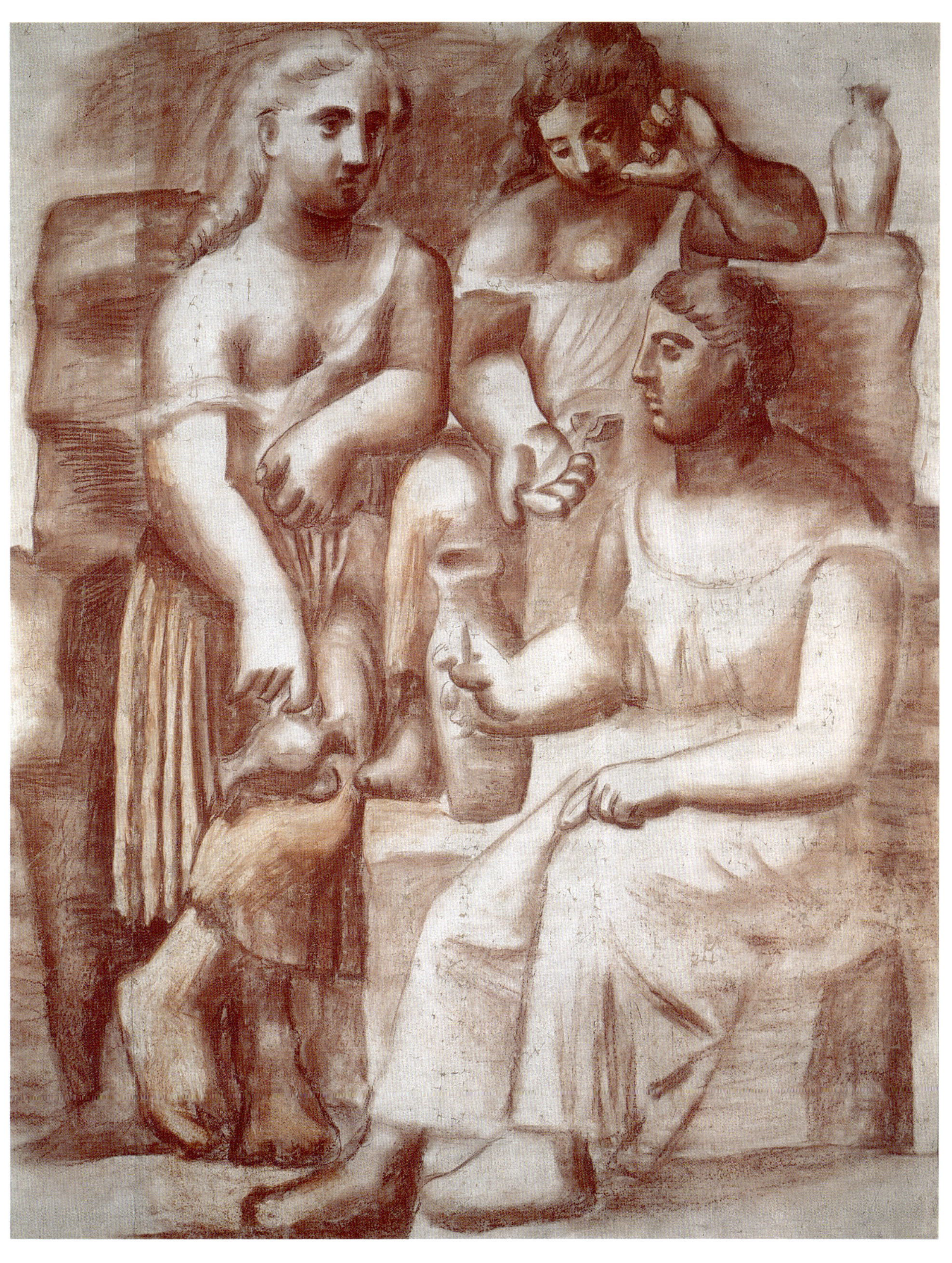

PABLO PICASSO
Trois femmes à la fontaine, Fontainebleau, été 1921
Sanguine sur toile, H. 200 cm; L. 161 cm
Paris, musée Picasso, dation Pablo Picasso 1979

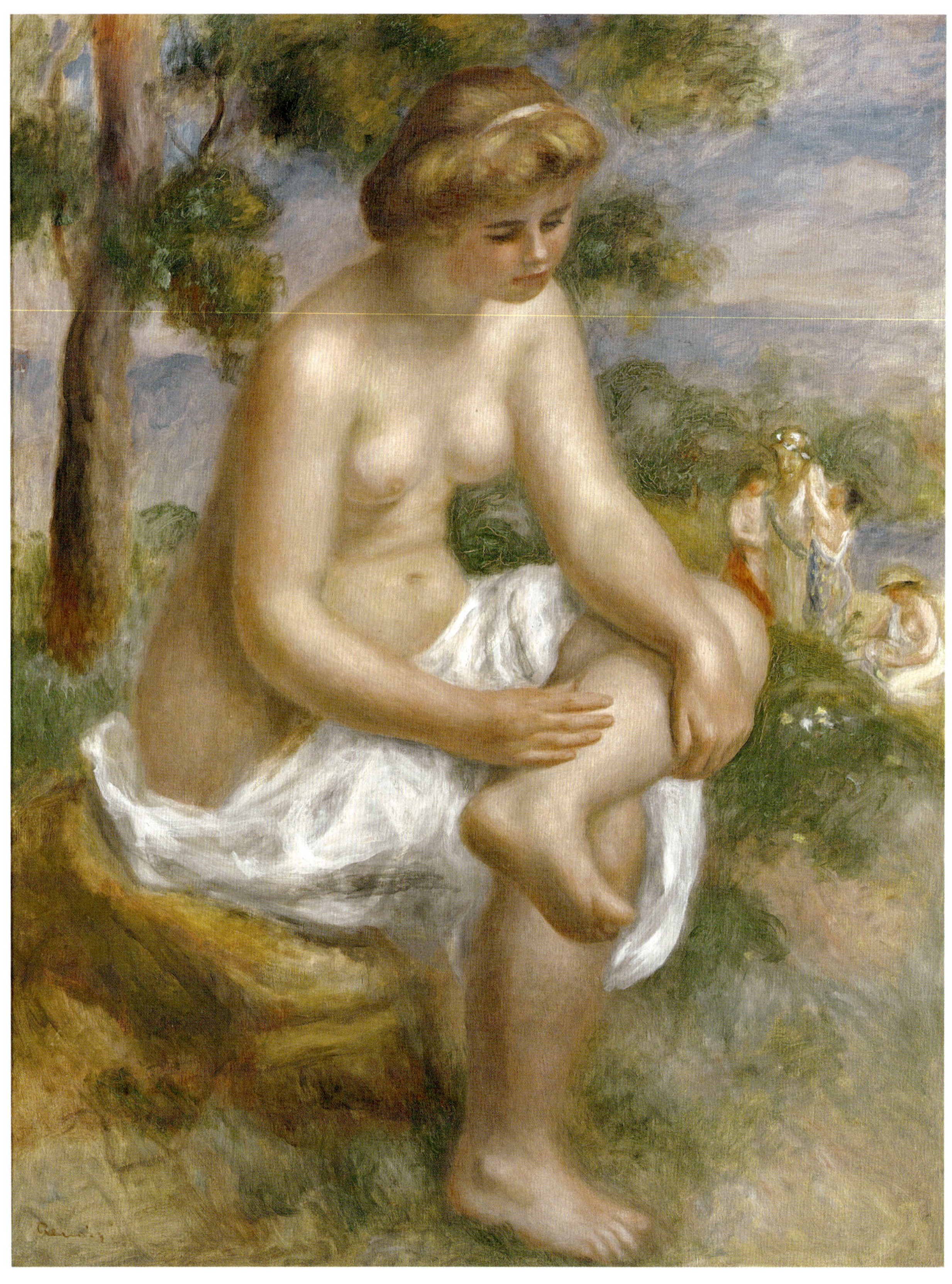

PIERRE AUGUSTE RENOIR
Baigneuse assise dans un paysage, dite *Eurydice*, 1985-1900
Huile sur toile, H. 116 cm ; L. 89 cm
Paris, musée Picasso, donation Pablo Picasso 1973

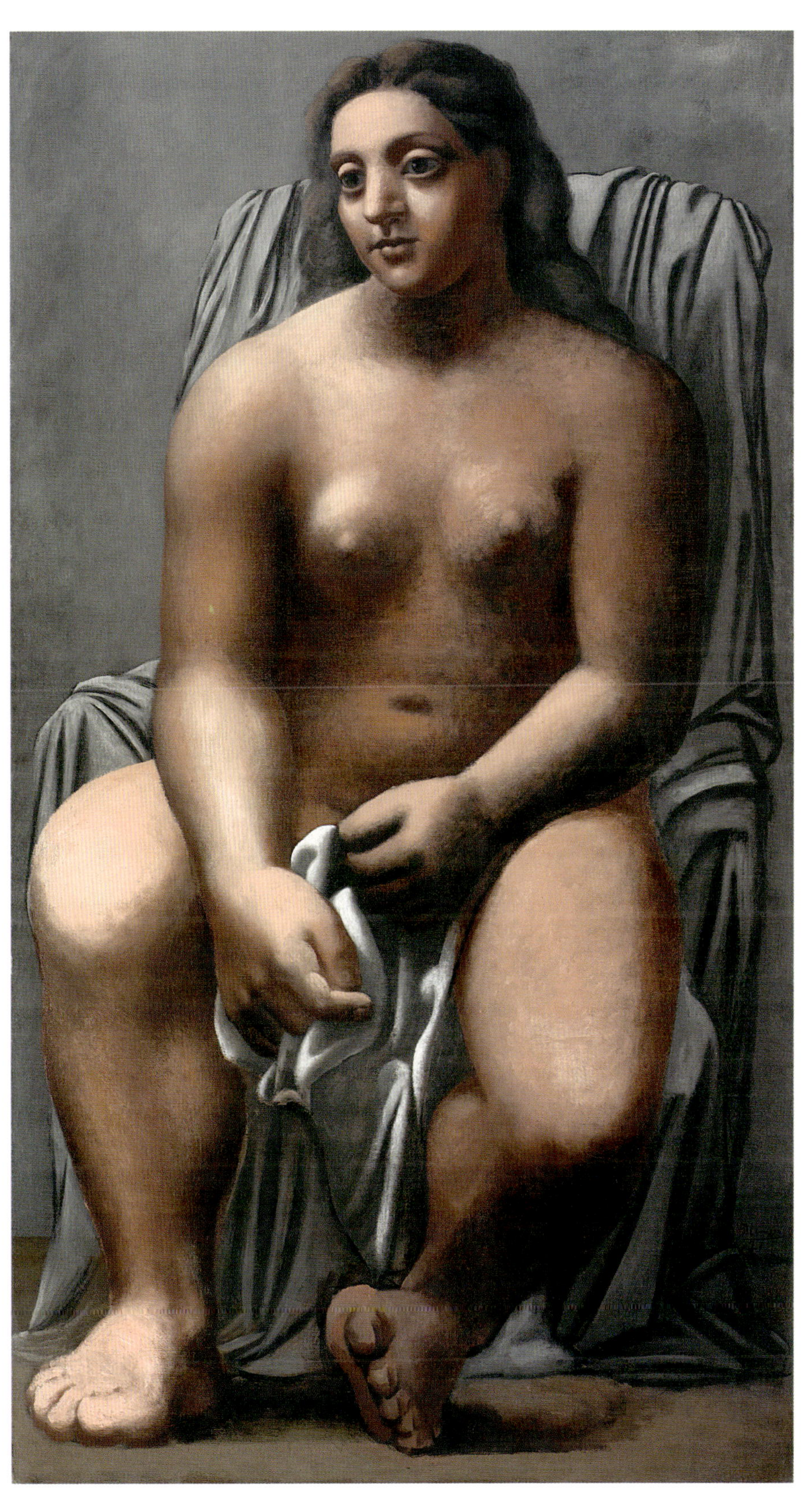

PABLO PICASSO
Grande baigneuse, 1921
Huile sur toile, H. 182 cm ; L. 101 cm
Paris, musée de l'Orangerie, collection Jean Walter et Paul Guillaume

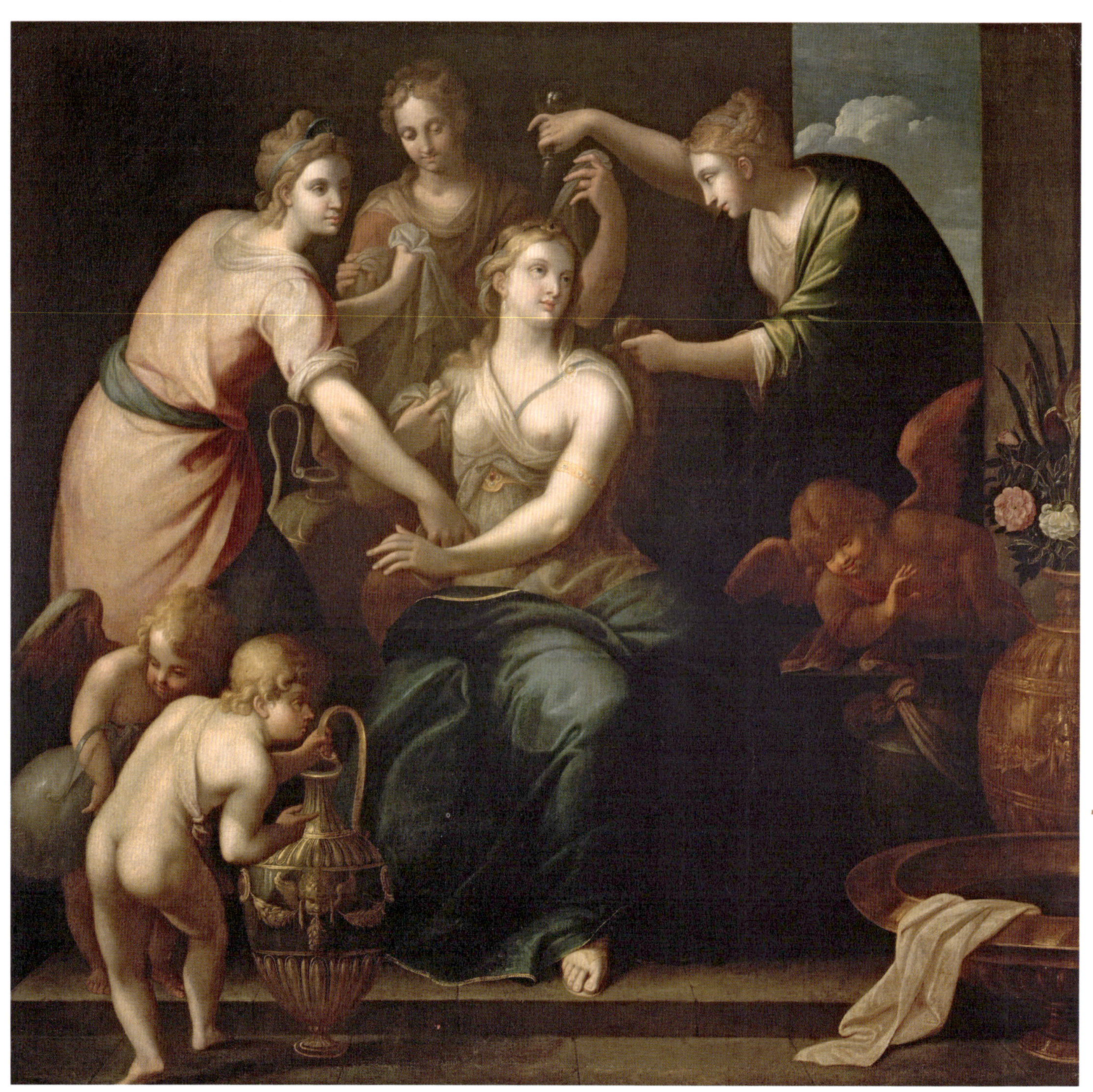

AMBROISE DUBOIS (AMBROISIUS BOSSCHAERT, DIT) [D'APRÈS]
La Toilette de Psyché, 1er quart du XVIIe siècle
Huile sur toile, H. 178,1 cm ; L. 183,5 cm
Fontainebleau, musée national du Château

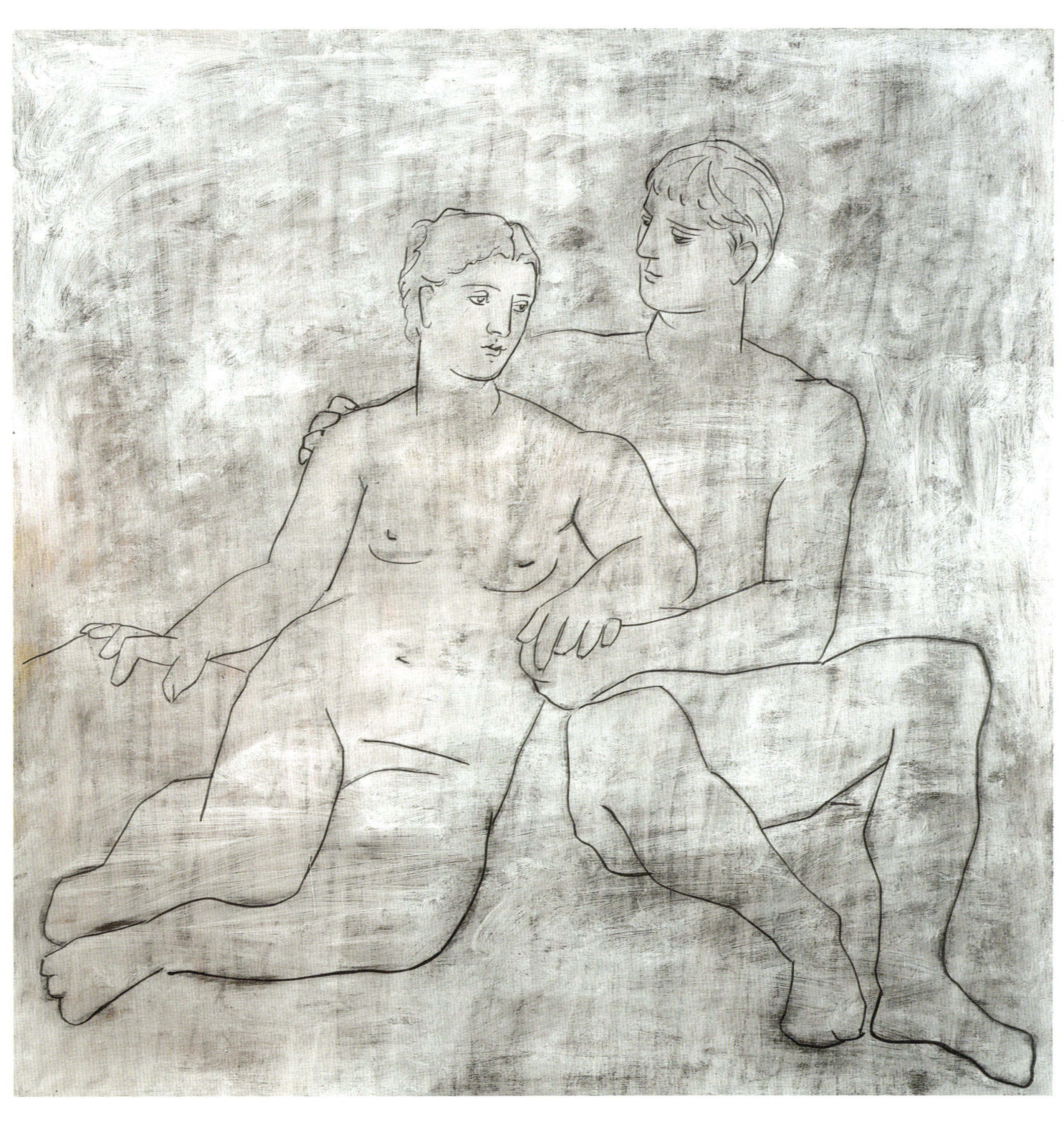

PABLO PICASSO
L'Entretien, Cap d'Antibes, été 1923
Huile et crayon gras sur toile, H. 150 cm ; L. 150 cm
Collection Jan Krugier et Marie-Anne Poniatowski

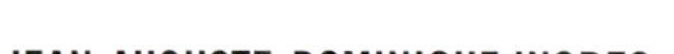

JEAN-AUGUSTE-DOMINIQUE INGRES
* *Auguste écoutant la lecture de l'Énéide*
Tu Marcellus eris, 1814
Huile sur toile, H. 138 cm ; L. 142 cm
Bruxelles, Musées royaux des Beaux-Arts

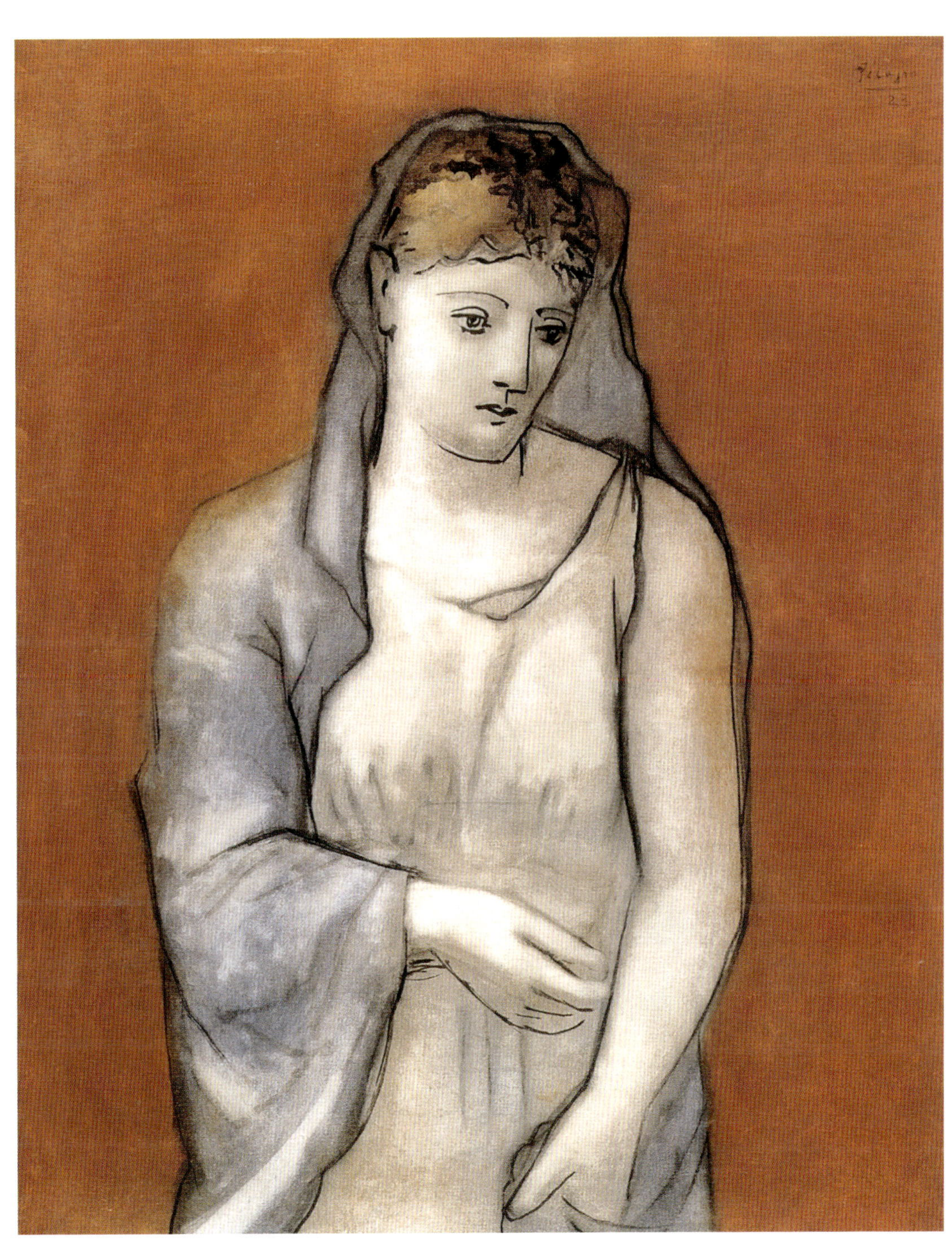

PABLO PICASSO
La Femme au voile bleu, Paris, 1923
Huile sur toile, H. 100,3 cm ; L. 81,3 cm
Los Angeles, The Los Angeles County Museum of Art,
Mr et Mrs George Gard De Sylva Collection

« Je vois souvent une lumière et une ombre. »

—CHRITIAN ZERVOS, « CONVERSATIONS AVEC PICASSO », *IN CAHIERS D'ART*, VOL. X, N°7-10, 1935, P. 173—

COULEURS

Indigomanie et peintures noires

INDIGOMANIE ET PEINTURES NOIRES Les violets et les bleus de Manet furent les premiers à faire scandale lors du Salon de 1881. Par la suite, la réaction anti-impressionniste s'attaquera avec violence au symptôme de « l'indigomanie ». « L'œil de la plupart d'entre eux s'est monomanisé[1] » s'indigne Huysmans qui va jusqu'à considérer Cézanne comme « un artiste aux rétines malades qui, dans l'aperception exaspérée de sa vue, découvrit les prodromes d'un nouvel art[2] ». Le bleu, acquis de la sensibilité moderne, s'identifie désormais au courant de la révolution en peinture. Moyen d'une expressivité achrome, il trouve aux yeux de Picasso le caractère théorique d'une *couleur manifeste*. La « période bleue » s'impose à lui comme le moyen de revendiquer son camp, celui de Manet, Renoir, Cézanne et Van Gogh, des bleu-vert, bleu de Prusse, bleu violacé, outremer et outrageant.

À cette dimension chromatique, s'ajoute un expressionnisme tout grecquien qui déforme les figures et bleuit les chairs : « Si mes personnages de l'époque bleue s'étiraient, c'est probablement à l'influence du Greco qu'ils le doivent[3]. » Ses bleu nuit et bleu glacier, ses couleurs plombées ou acidulées comme son tracé baroque imprègnent de leur atmosphère ésotérique l'œuvre de Picasso depuis *L'Enterrement de Casagemas* (1901), inspirée du *Songe de Philippe II* de Greco et de la peinture d'ex-voto, jusqu'à l'allégorie *La Vie* (1903), où il met à nouveau en scène son ami le poète Carles Casagemas qui s'était suicidé en 1901. Tonalité funèbre, intensité dramatique des portraits, symbolique fœtale des corps lovés sur eux-mêmes, souffrance mystique des prostituées syphilitiques de l'hôpital Saint-Lazare, peuplent durant ces années les toiles picassiennes de leurs ombres décolorées.

Bleu aussi, mais d'un esprit combinant Goya, Manet et le Douanier Rousseau, *La Famille Soler*, grand tableau de groupe peint en 1903, se trouve flanqué des portraits symétriques des deux époux Soler pour composer le retable de quelque autel domestique. La composition transpose à l'échelle monumentale un simple cliché de studio[4] où Benet Soler Vidal pose entouré de sa femme, de ses quatre enfants et de son chien. Aucune ombre sur les faces aplaties, vidées d'expression, réduites à des masques. Yeux, prunelles, bouches, nez s'écarquillent, comme médusés. Simplissime célébration de la vie familiale, le tableau, libre de toute intention narrative, pourrait s'en tenir à l'exposé des faits : les corps sous la lumière, leurs traits signalétiques, sexe, taille, vêtement. Banalité de l'existence comme des émotions, ici, l'enjeu serait de rendre l'*évidence* en peinture. Atteignant à un rare point d'abstraction, le fond uni bleu renforce, comme par l'effet d'un *détourage*, la brutalité de cette déclinaison de signes. Pourtant le mystère accompagnant les « vignettes de genre » peintes par Goya dans ses cartons de tapisseries pour le Prado ou l'Escurial (1775-1792) entache de ses doubles sens l'univers prosaïque du tableau. Une captation inquiétante du vivant qui lui confère la qualité trouble des maléfices comme des représentations votives ou funéraires dialoguant avec la mort, le divin, le magique.

L'environnement factice d'où naît la scène champêtre rencontre aussi, dans l'imaginaire de Picasso, le grand tableau de Manet et sa forêt d'atelier, plus proche en effet des toiles peintes d'un théâtre ou de celles d'un studio de photographe, que de toute vraie nature. Ainsi s'aiguise le paradoxe du fac-similé, la dialectique du vrai, du fabriqué et du représenté. Il tient à la coexistence de deux projets. Puiser à la « ressemblance » dont le cliché photographique est censé attester. Contrarier cette tentative mimétique par des procédés picturaux délibérément anti-illusionnistes dans la manière de Manet : brossage, réserve, détourage, aplats, contraste des valeurs.

Les figures appellent, enfin, les portraits du Douanier Rousseau. La naïveté voulue du langage pictural se limite à les signaliser comme le ferait l'imagerie populaire afin qu'au premier coup d'œil, chacun reconnaisse le père et la mère, distingue les garçons des filles, repère le nouveau-né et l'animal. Il s'agit plus d'une qualification générique des rôles familiaux que de portraits d'individus particuliers. Mais ce tableau trop « simple » est, dans le même temps, travaillé par la complexité de ses références antagoniques : vérisme photographique, haute culture picturale – Goya, Manet –, imagerie, modernité stylistique et chromatique : le bleu théorique de la *malvoyance*.

« Je vois souvent une lumière et une ombre[5] », par ces mots Picasso tente de décrire l'instauration de la « vision première » qui préside, dans son œuvre, à la genèse picturale. Ombre et lumière fondent ainsi la peinture valoriste qui marque ses premières toiles des années 1896-1898, empruntes d'une obscurité native traversée d'éclats brefs, de déchirements chromatiques, de fulgurances. Au fond du puits de ces tableaux qui constituent de fait la « période noire » de l'artiste, prennent forme les contours de visages fantomatiques à la Greco ou Vélasquez, éclairés par l'appareil blême des cols flasques ou roides, gaufrés et tuyautés qui soutiennent comme des mentonnières les têtes hagardes des gentilshommes. Dans cette galerie en clair-obscur de portraits décapités, Picasso passe en revue l'austère manière des maîtres espagnols arrachant la substance de la vie à l'oubli. Sur le noir et blanc de cette construction première, viennent s'afficher entre 1901 et 1909 les bleus puis les rouges et les verts des « couleurs ajoutées ». Avec le cubisme synthétique, à partir de 1910, Picasso retournera à la grille d'un chromatisme essentiel, camaïeu d'ombre et de lumière, teinté de terre, troublé de sable. Dans leur démontage syntaxique de la forme, les « grands échafaudages hantés » de ses panneaux en grisaille font du *portrait* leur ligne de défense contre les vertiges de l'abstraction. Les architectures complexes du *Portrait d'Ambroise Vollard* ou de *L'Homme à la guitare* évoquent aussi les tableaux emblématiques de Ribera ou Zurbarán, dédiés à la représentation d'ermites, de saints ou de philosophes. L'écart délibéré introduit par ces tableaux avec leurs modèles substitue, ainsi à la restitution d'une ressemblance supposée, le schéma d'une figure de sens. Les traits inconnus, effacés, occultés de ces personnages dont le nom seul tient lieu d'identité projettent le tableau dans une dimension proprement mentale, vouée à la saisie d'existences légendaires. Ces *fantasmagraphies* renvoient à la théorie picassienne des « attributs », indices illusionnistes encryptés dans la composition comme pour arrimer la peinture au réel.

1. Huysmans (Joris Karl), « L'Exposition des Indépendants en 1880 », *in L'Art moderne*, Paris, Charpentier, 1883, p. 85-123.
2. Huysmans (Joris Karl) cité *in* Coquiot (Gustave), *Cézanne*, Paris, Librairie Ollendorff, 1913, p. 81.
3. Brassaï (Georges), *Conversations avec Picasso*, Paris, Gallimard, 1964, p. 176.
4. Identifié en 1994 dans la succession de l'artiste, ce cliché a été publié pour la première fois dans Baldassari (Anne), *Picasso photographe, 1901-1916*, Paris, Réunion des musées nationaux, 1994, p. 19.
5. Zervos (Christian), « Conversation avec Picasso », *in Cahiers d'Art*, vol. X, n°7-10, 1935, p. 173.

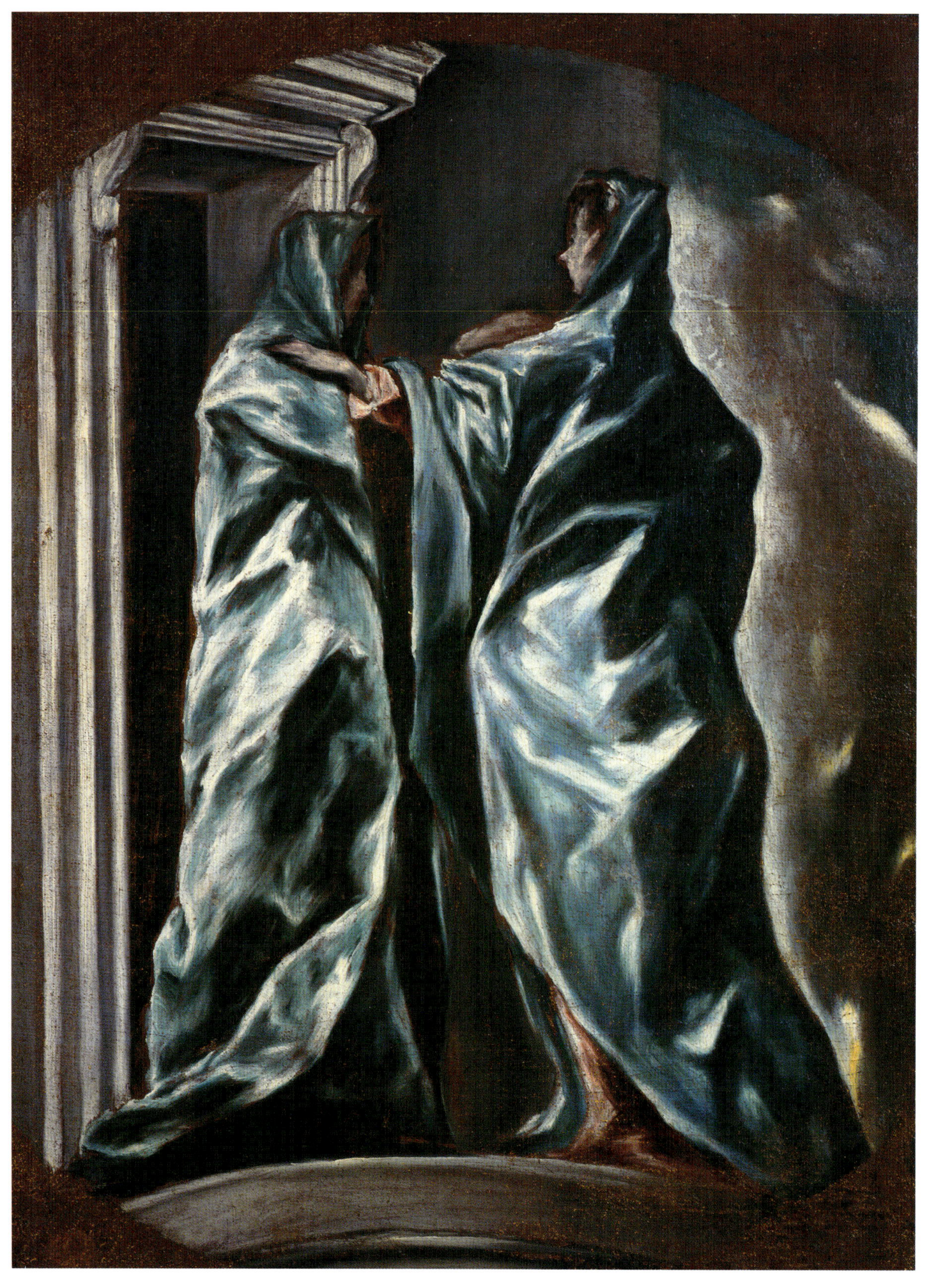

EL GRECO (DOMÊNIKOS THEOTOKOPOULOS, DIT)
La Visitation, 1607-1614
Huile sur toile, H. 96,5 cm ; L. 71,4 cm
Washington, Dumbarton Oaks, House Collection

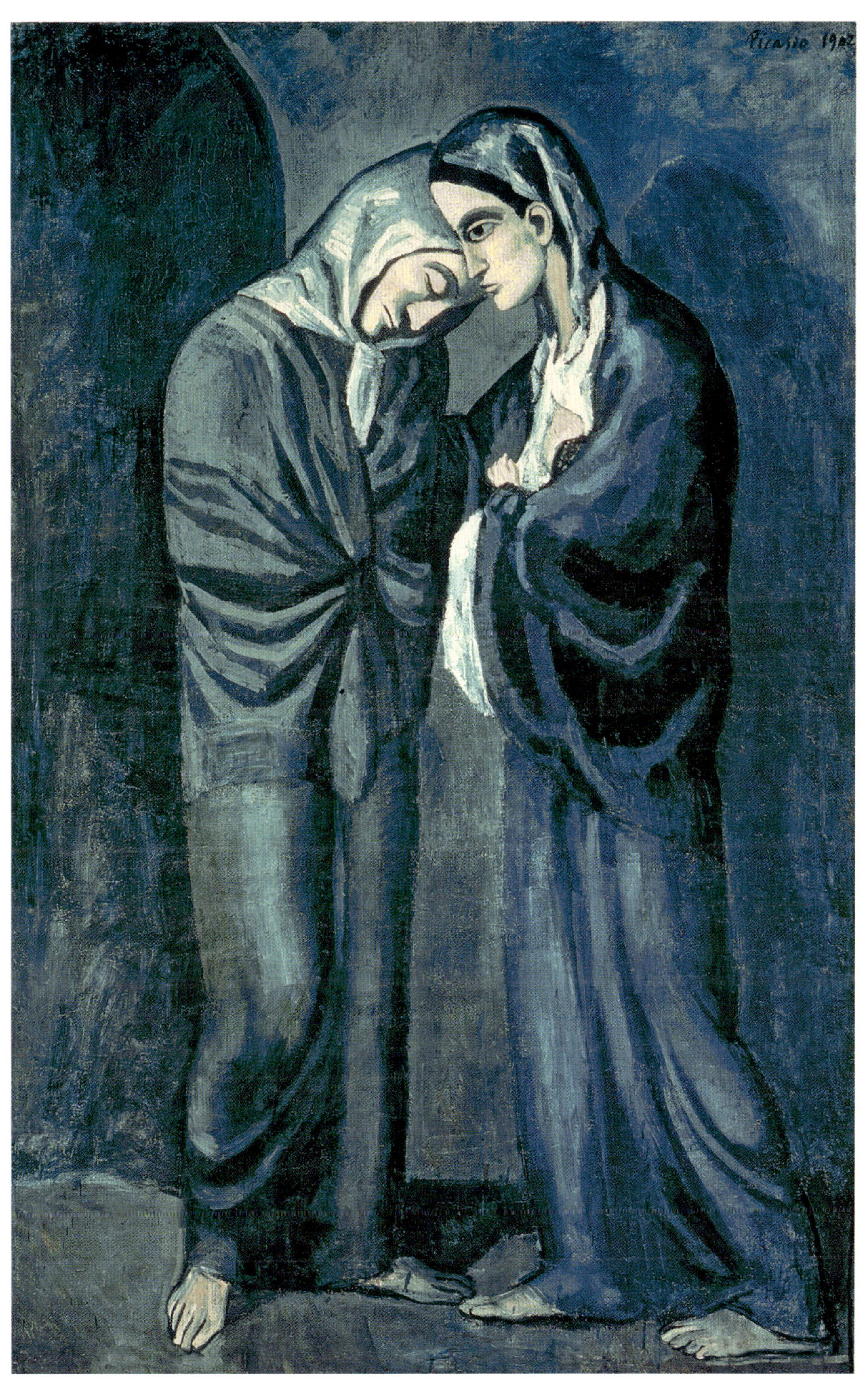

PABLO PICASSO
* *Les Deux Sœurs*, Barcelone, 1902
Huile sur bois, H. 152 cm ; L. 100 cm
Saint-Pétersbourg, The State Hermitage Museum

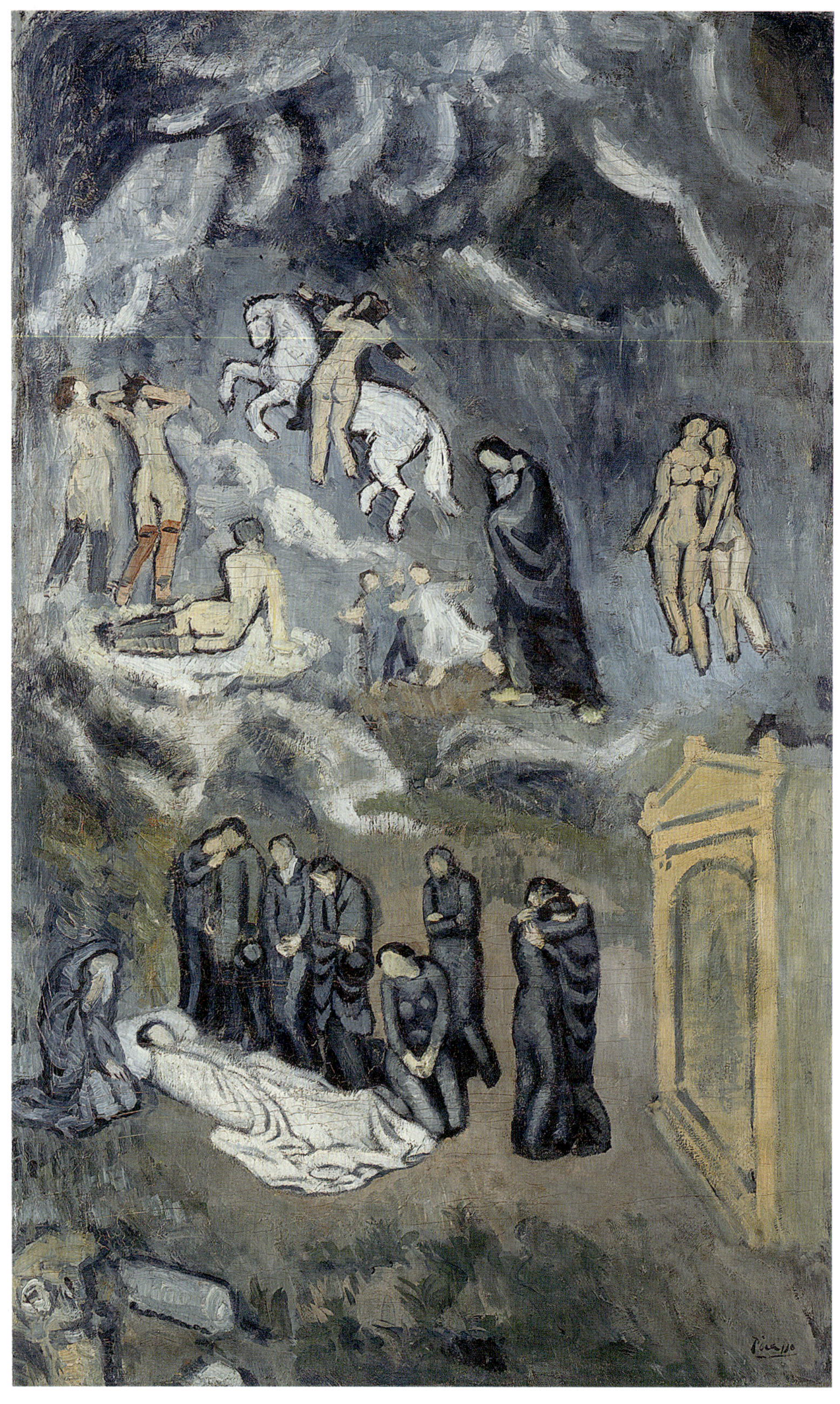

PABLO PICASSO
L'Enterrement de Casagemas (ou *Évocation*), 1901
Huile sur toile, H. 150,5 cm ; L. 90,5 cm
Paris, musée d'Art moderne de la Ville de Paris

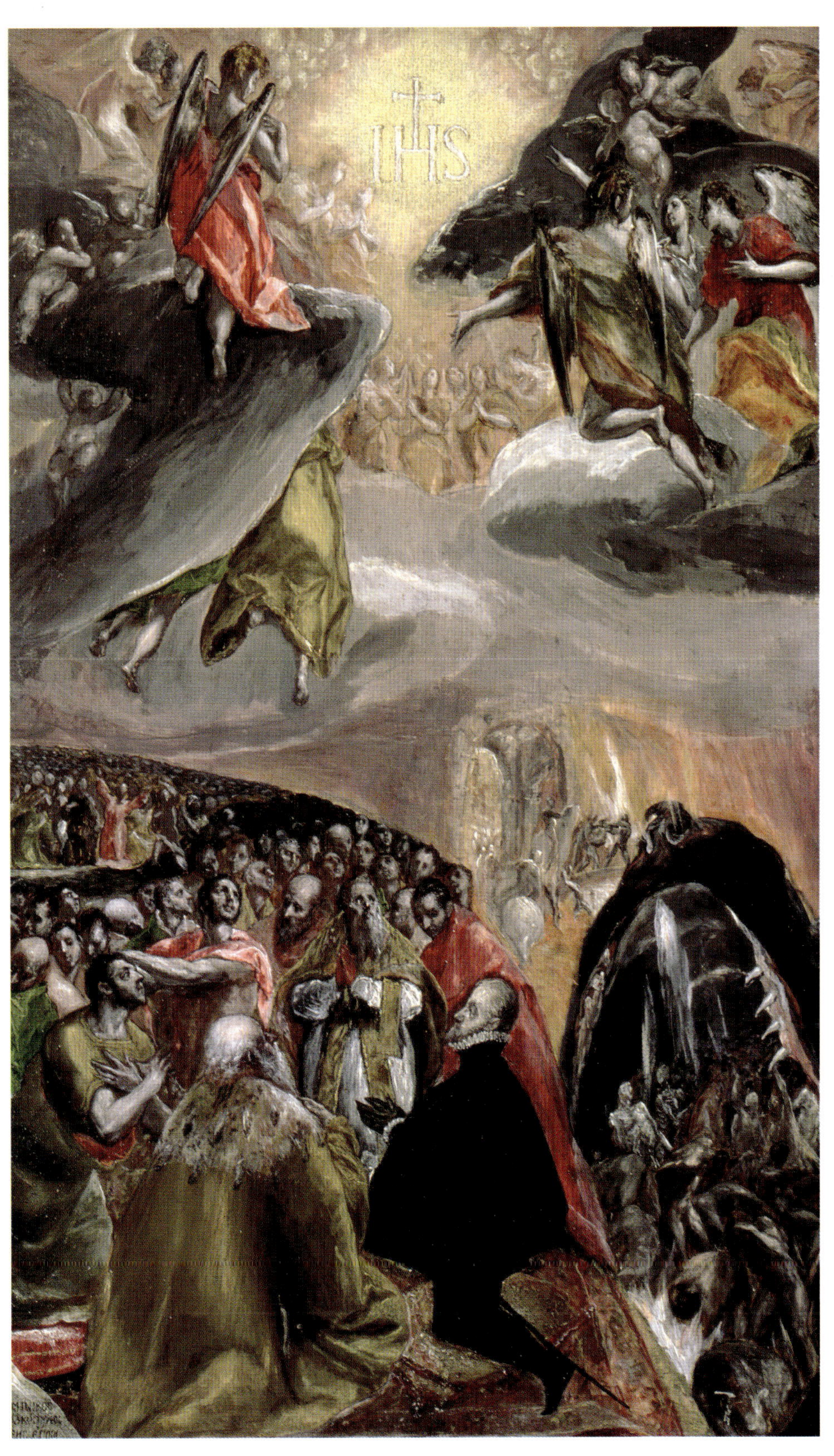

EL GRECO (DOMÊNIKOS THEOTOKOPOULOS, DIT)
Le Songe de Philippe II, 1579
Huile sur bois, H. 55,1 cm ; L. 33,8 cm
Londres, The National Gallery

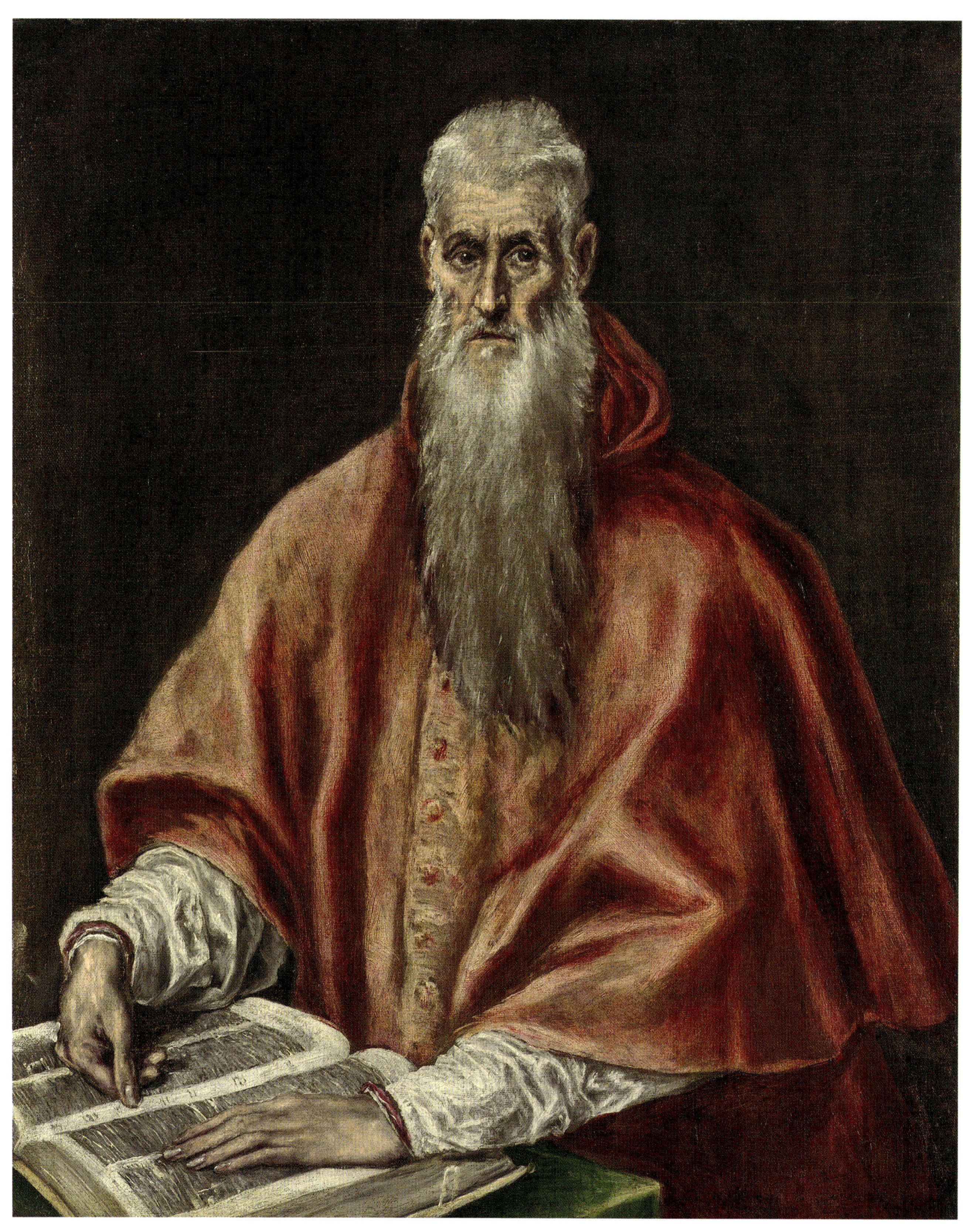

EL GRECO (DOMÊNIKOS THEOTOKOPOULOS, DIT)
Saint Jérome en cardinal, 1590-1600
Huile sur toile, H. 59 cm ; L. 48 cm
Londres, The National Gallery

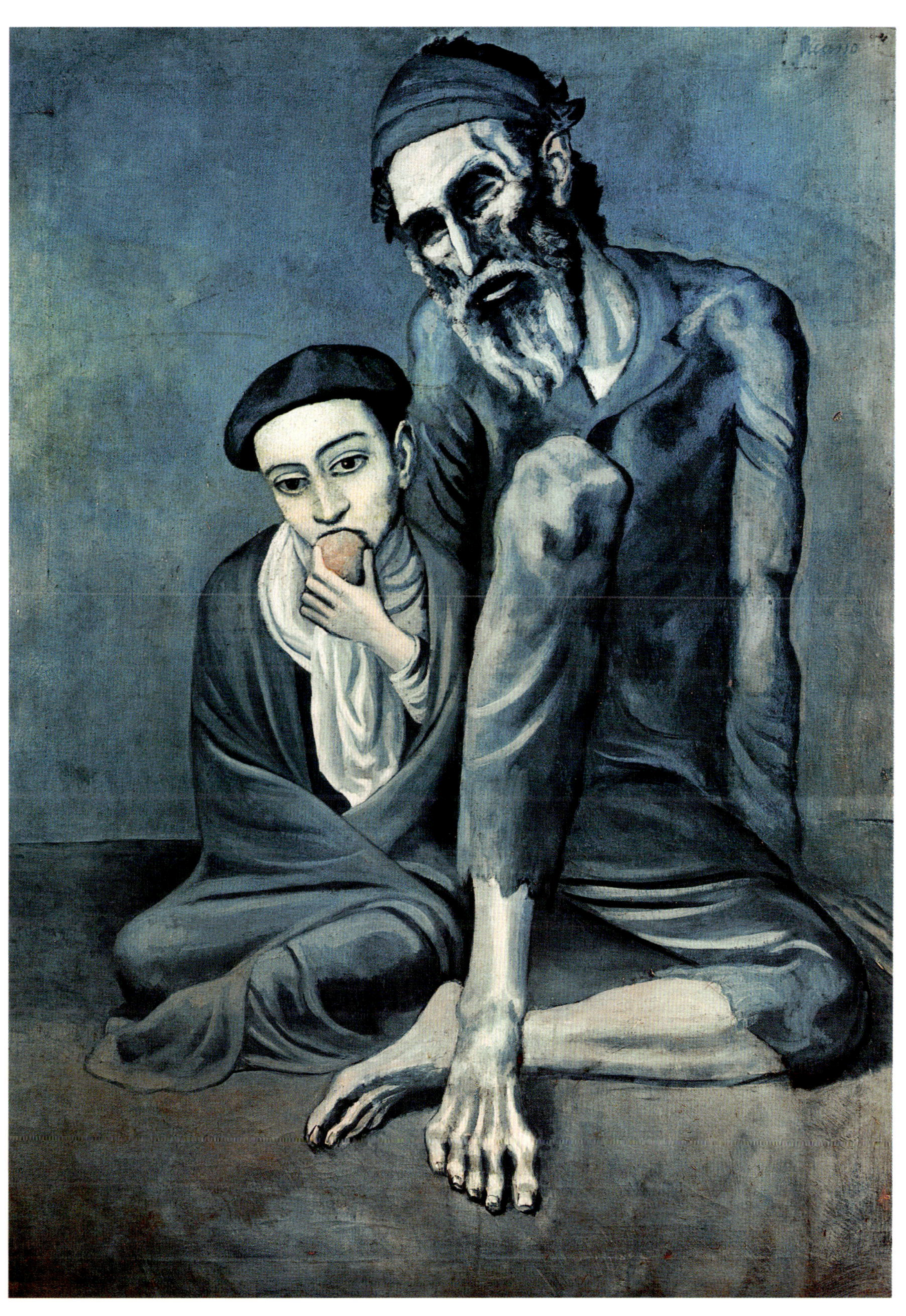

PABLO PICASSO
* *Le Vieux Juif*, Barcelone, 1903
Huile sur toile, H. 125 cm ; L. 92 cm
Moscou, The Pushkin State Museum of Fine Arts

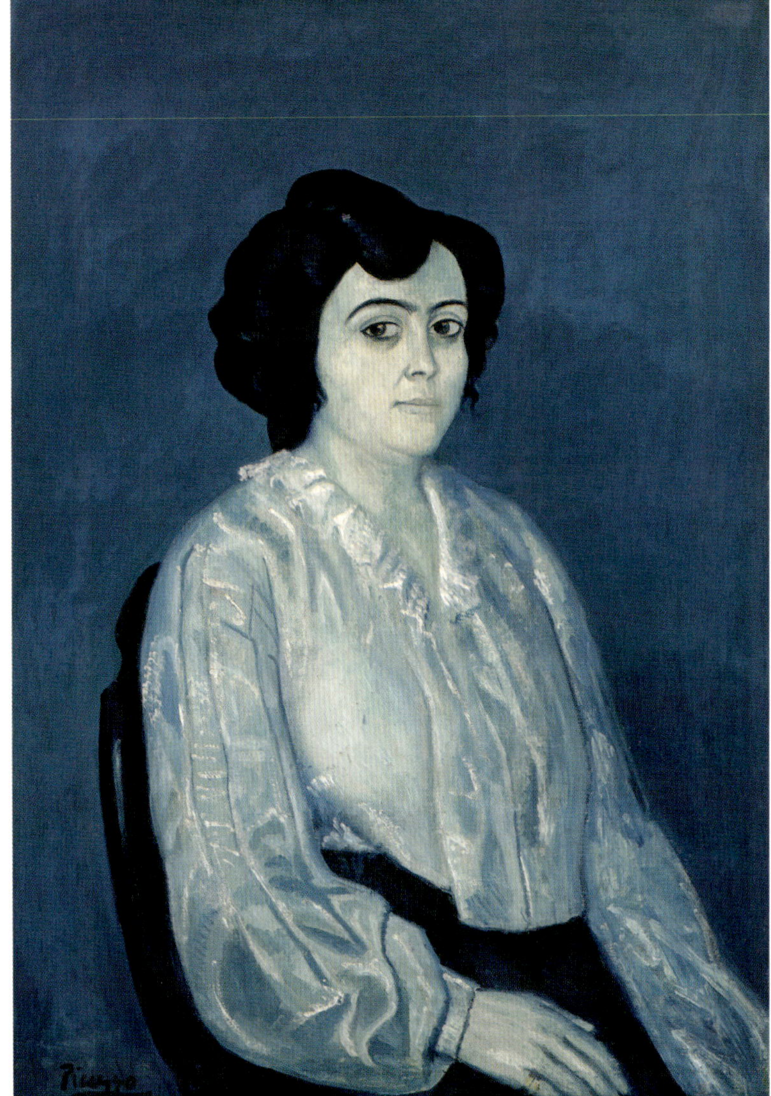

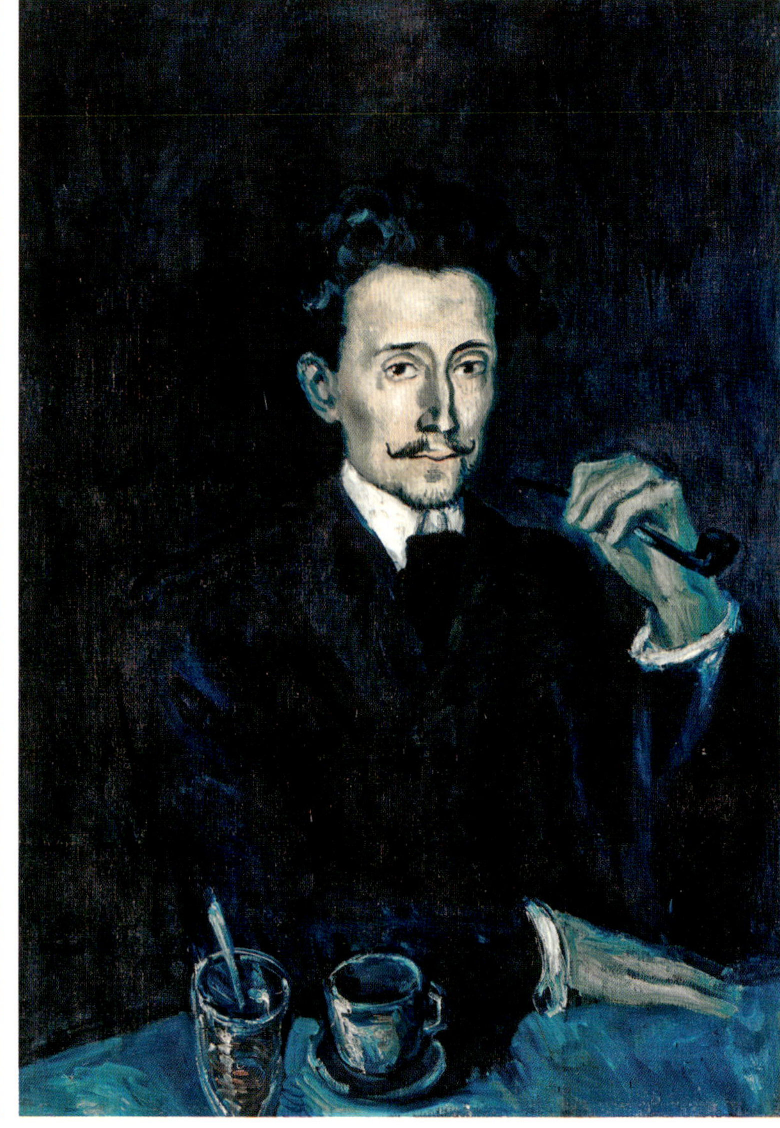

PABLO PICASSO
Portrait de madame Soler, Barcelone, 1903
Huile sur toile, H. 100 cm ; L. 70 cm
Munich, Neue Pinakothek

PABLO PICASSO
Portrait de Benet Soler, Barcelone, 1903
Huile sur toile, H. 100 cm ; L. 70 cm
Saint-Pétersbourg, The State Hermitage Museum

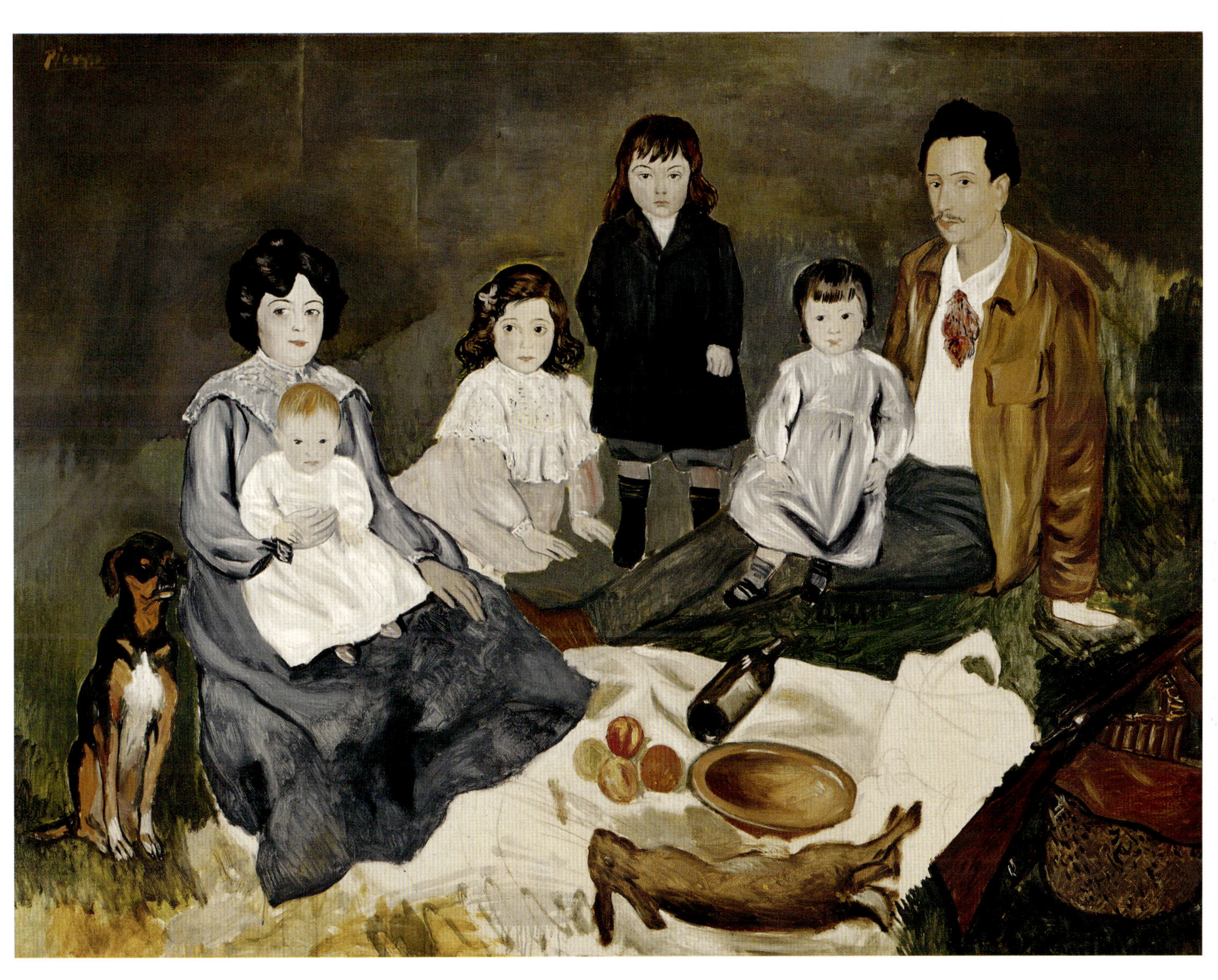

PABLO PICASSO
La Famille Soler, 1903
Huile sur toile, H. 150 cm ; L. 200 cm
Liège, musée d'Art moderne et d'Art contemporain

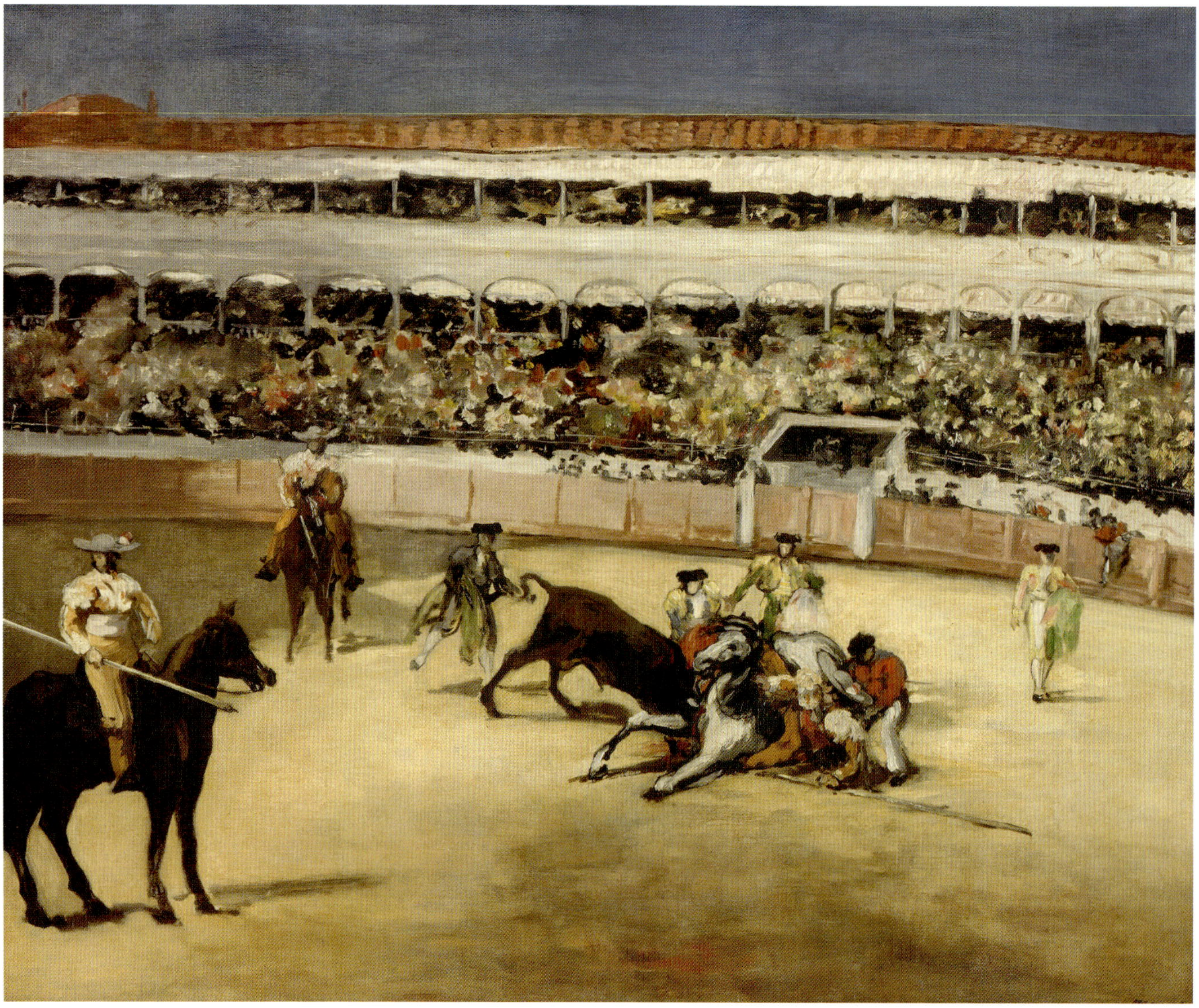

ÉDOUARD MANET
Combat de taureaux, 1865-1866
Huile sur toile, H. 90 cm ; L. 110,5 cm
Paris, musée d'Orsay

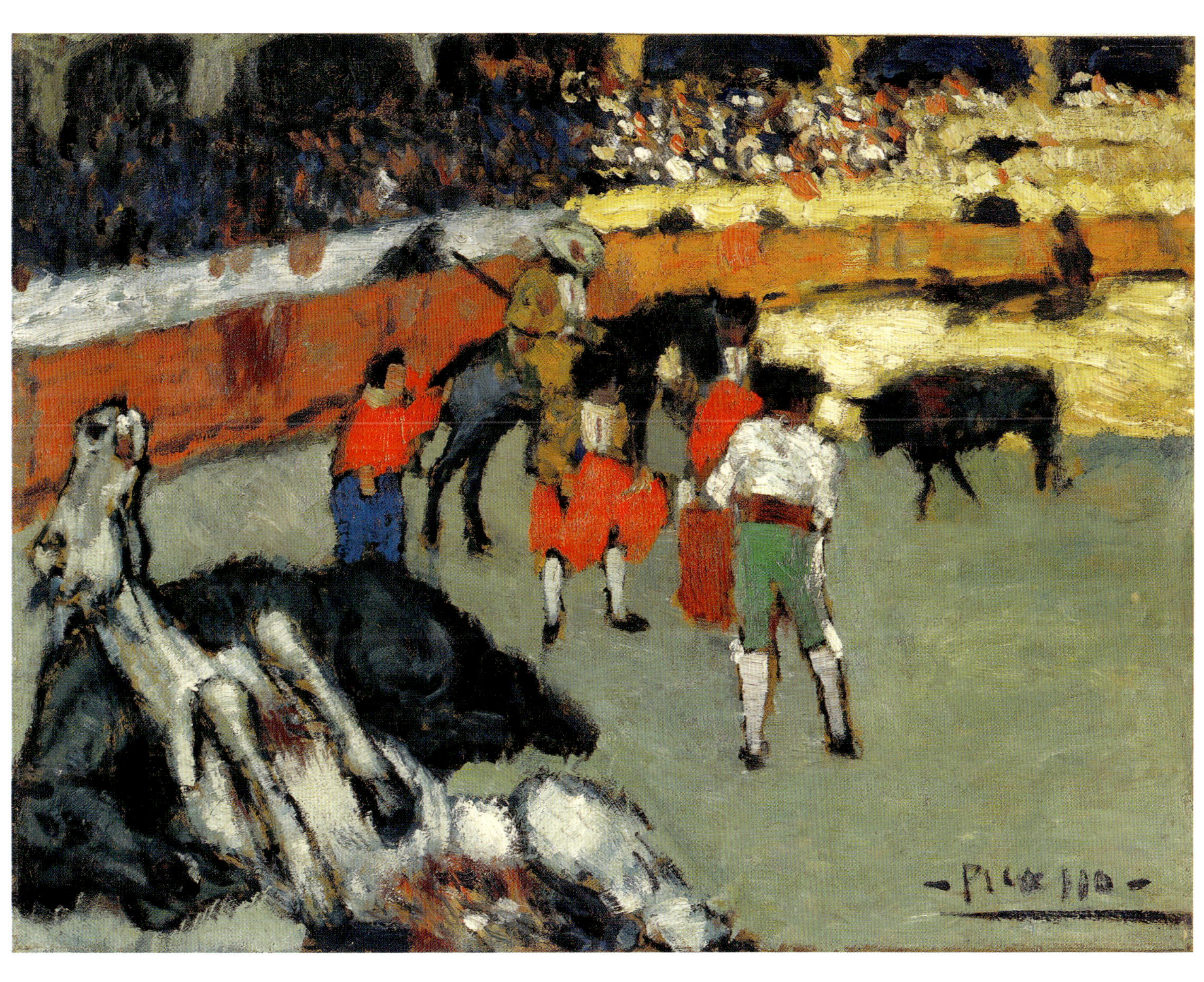

PABLO PICASSO
Scène de corrida (Les Victimes), 1901
Huile sur carton montée sur bois,
H. 49,5 cm ; L. 64,8 cm
Collection particulière

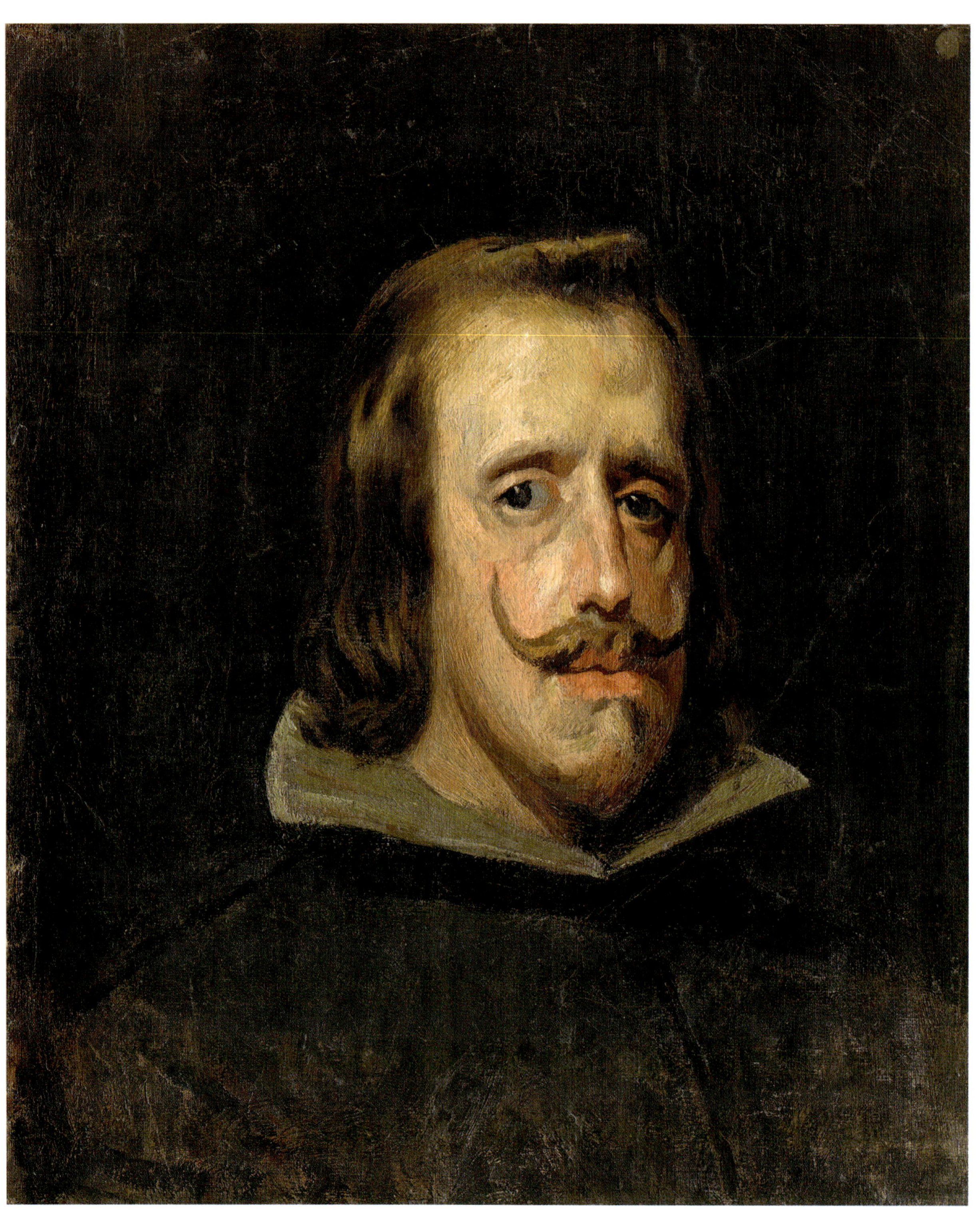

PABLO PICASSO
Portrait de Philippe IV (copie de Velázquez), Madrid, 1897-1898
Huile sur toile, H. 54,2 cm ; L. 46,7 cm
Barcelone, Museu Picasso

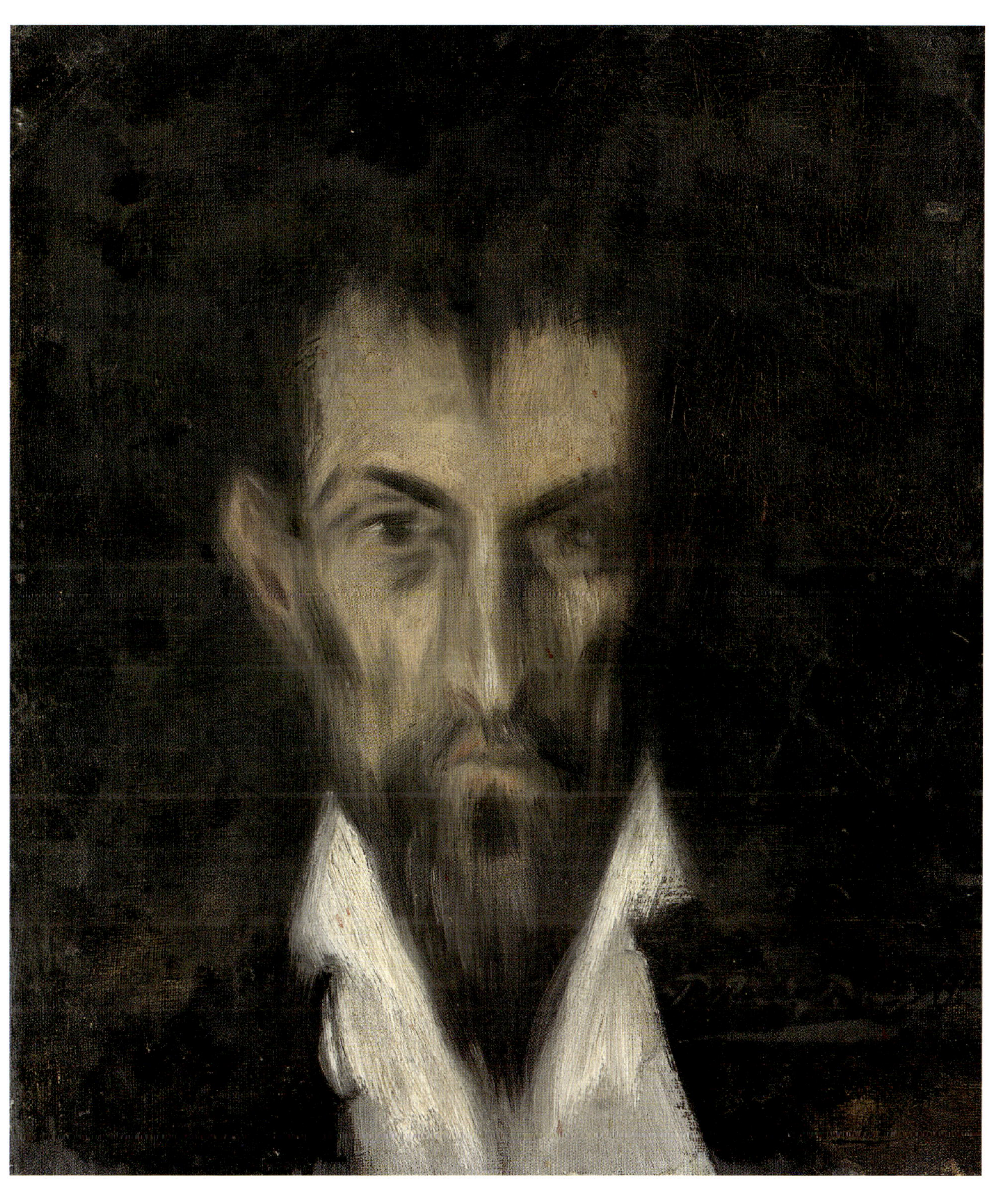

PABLO PICASSO
Visage à la manière du Greco, Barcelone, 1899
Huile sur toile, H. 34,7 cm ; L. 31,2 cm
Barcelone, Museu Picasso

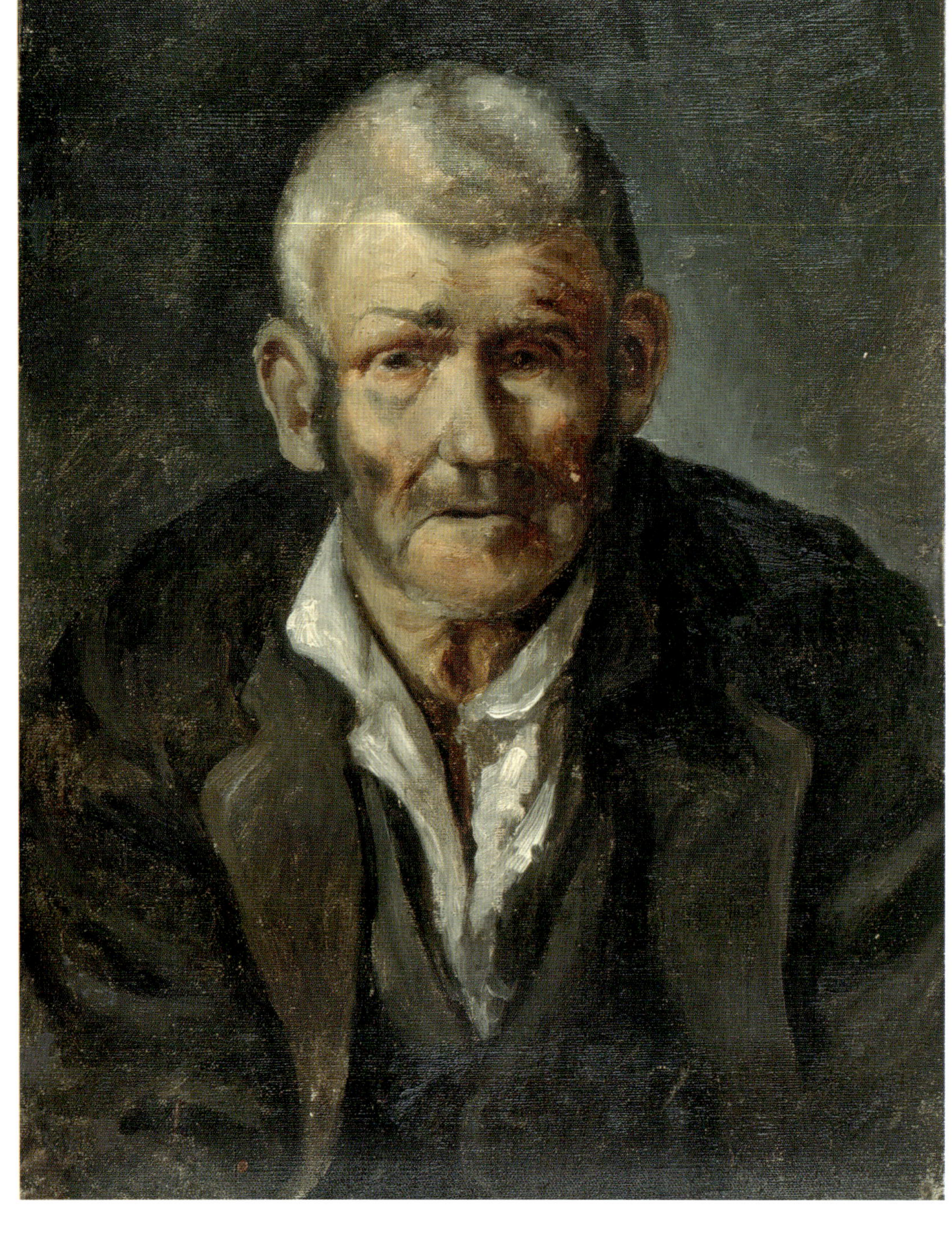

PABLO PICASSO
Portrait d'un vieil espagnol, 1895
Huile sur toile, H. 58,5 cm ; L. 42,8 cm
Barcelone, Museu Picasso

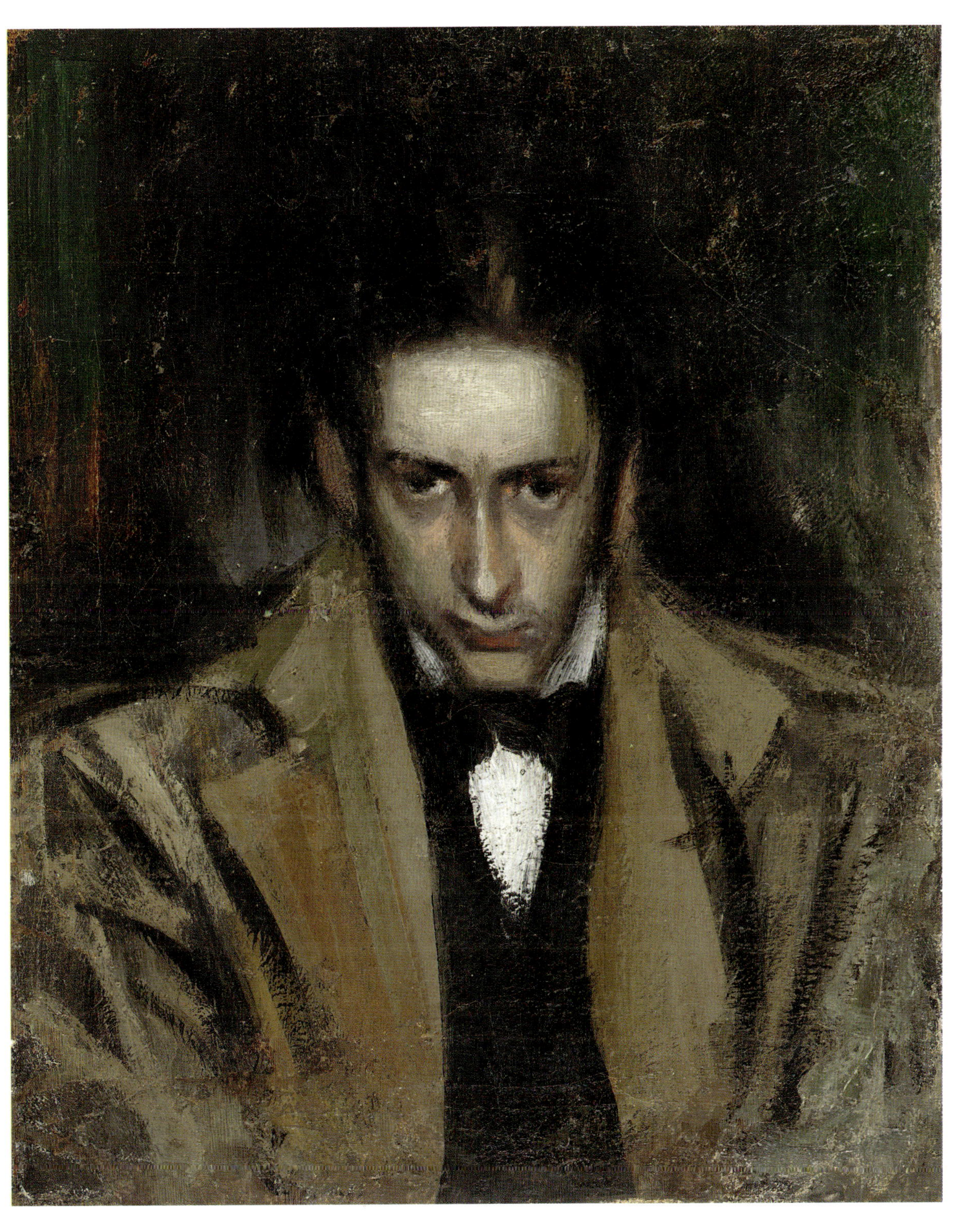

PABLO PICASSO
Portrait de face de Carles Casagemas, Barcelone, 1899-1900
Huile sur toile, H. 55 cm ; L. 45 cm
Barcelone, Museu Picasso

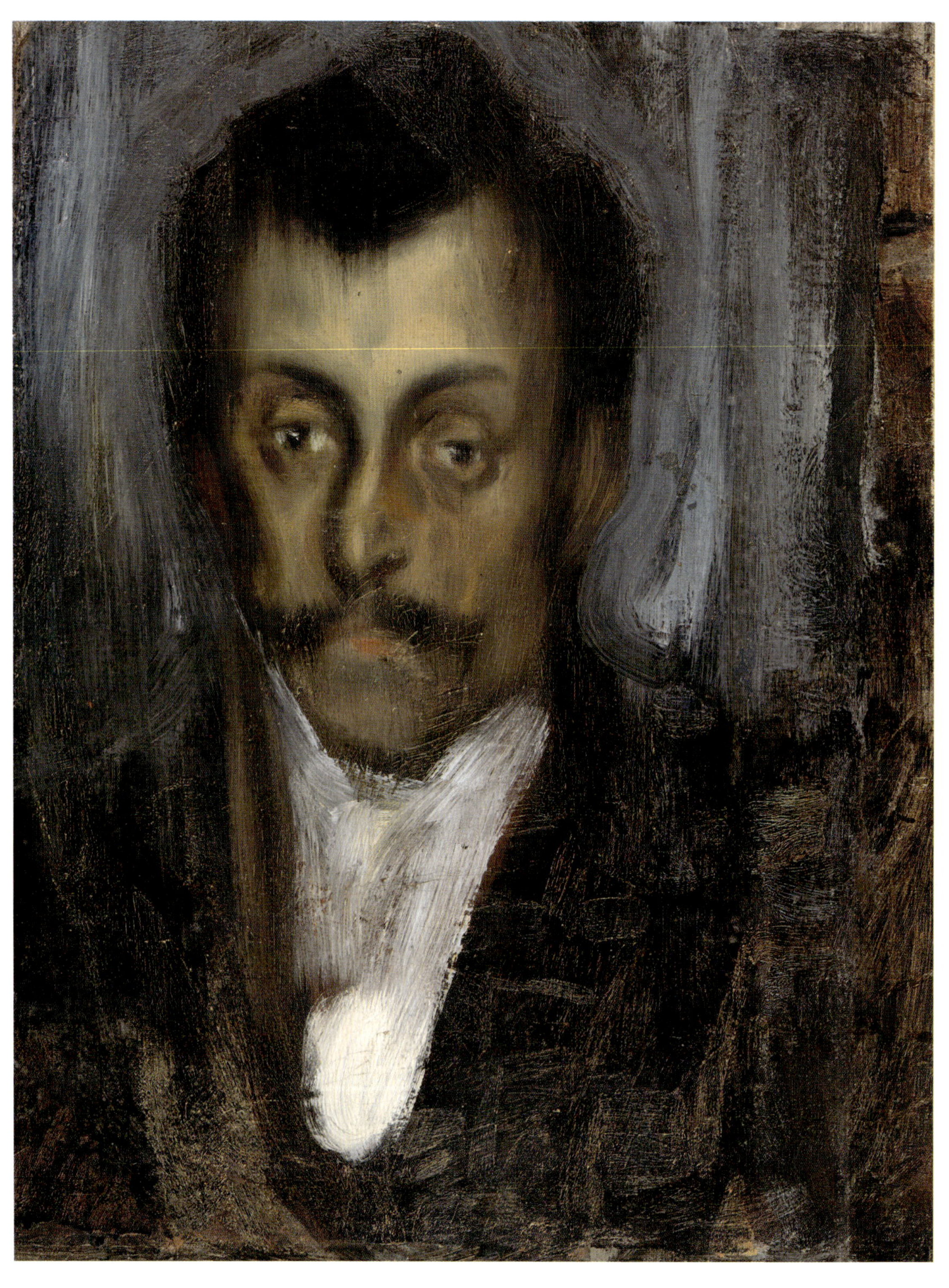

PABLO PICASSO
Portrait d'un inconnu, Barcelone, 1899
Huile sur toile, H. 47,5 cm; L. 35,2 cm
Barcelone, Museu Picasso

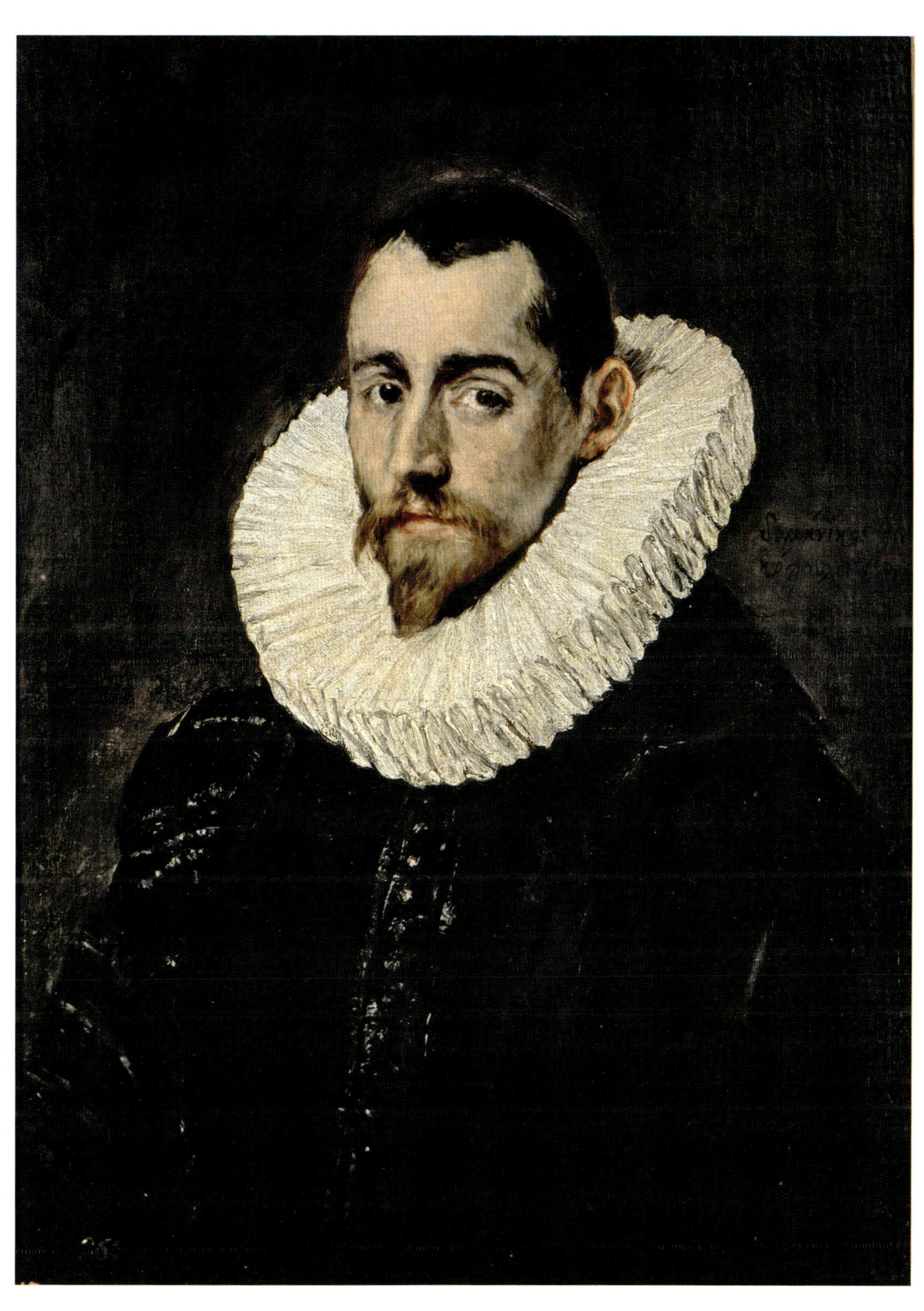

EL GRECO (DOMÊNIKOS THEOTOKOPOULOS, DIT)
Portrait d'un jeune gentilhomme, 1600-1610
Huile sur toile, H. 65 cm ; L. 49 cm
Madrid, Museo Nacional del Prado

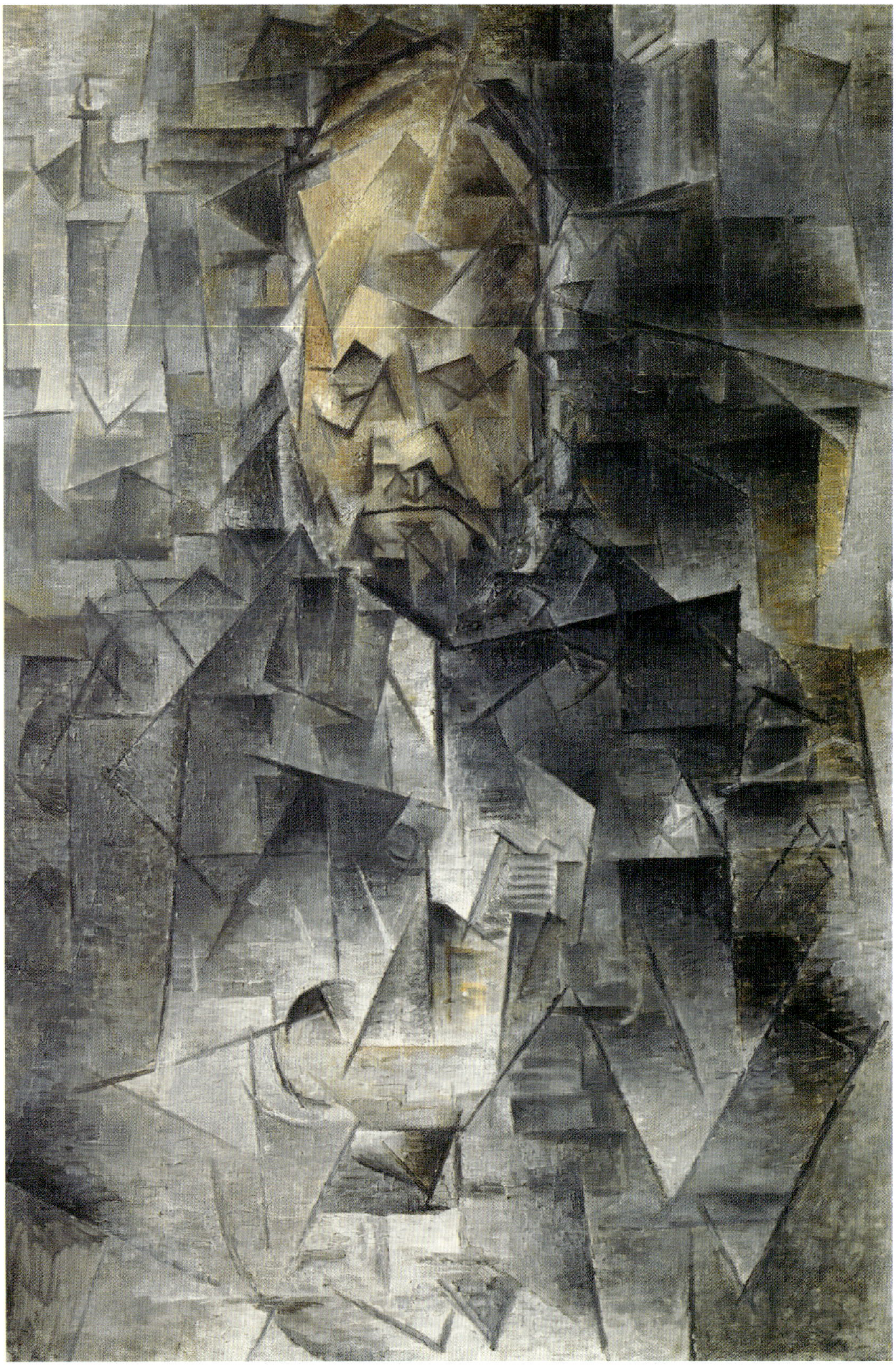

PABLO PICASSO
Portrait d'Ambroise Vollard, Paris, 1910
Huile sur toile, H. 92 cm ; L. 65 cm
Moscou, The Pushkin State Museum of Fine Art

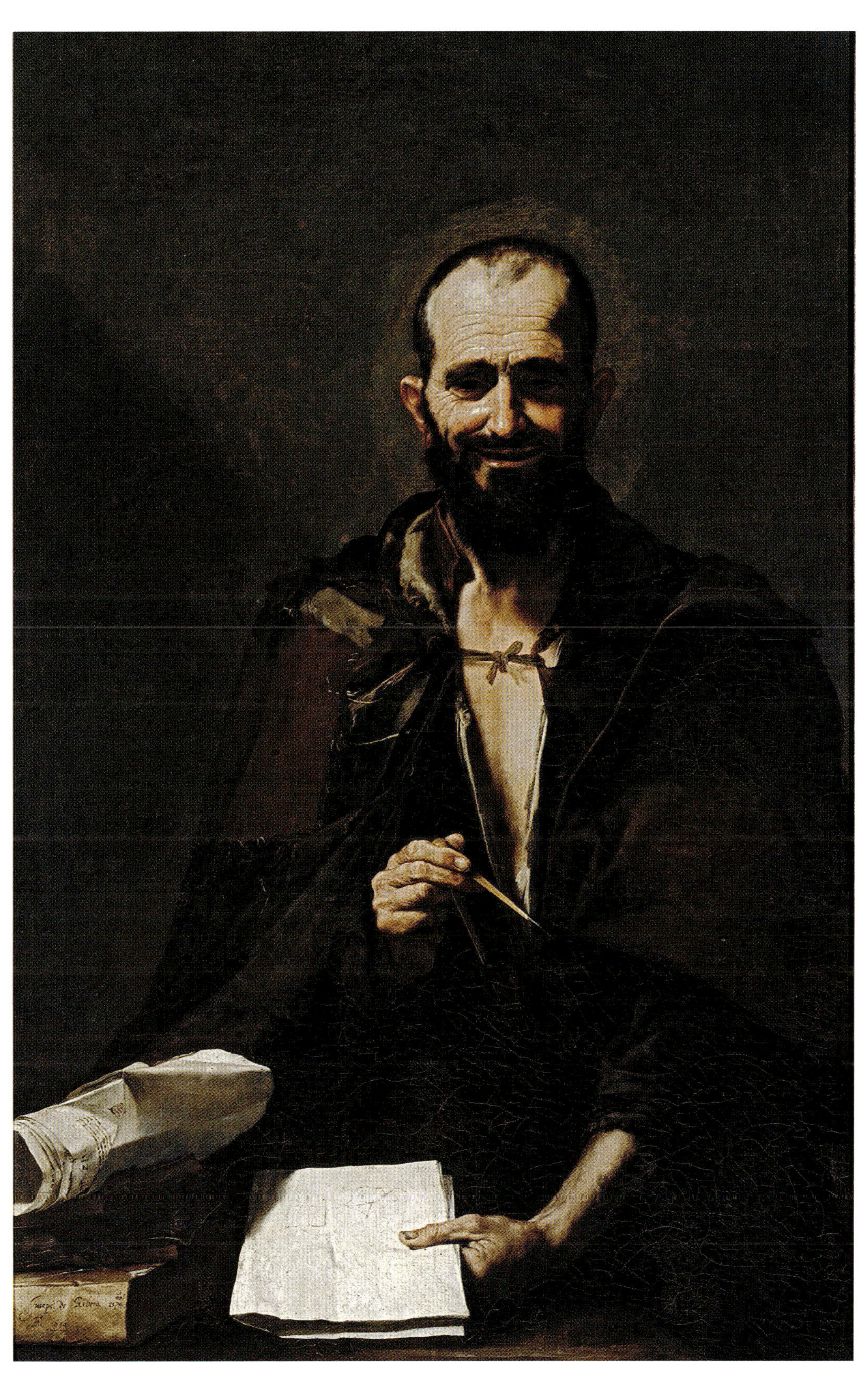

JOSÉ DE RIBERA
Démocrite, 1630
Huile sur toile, H. 125 cm ; L. 81 cm
Madrid, Museo Nacional del Prado

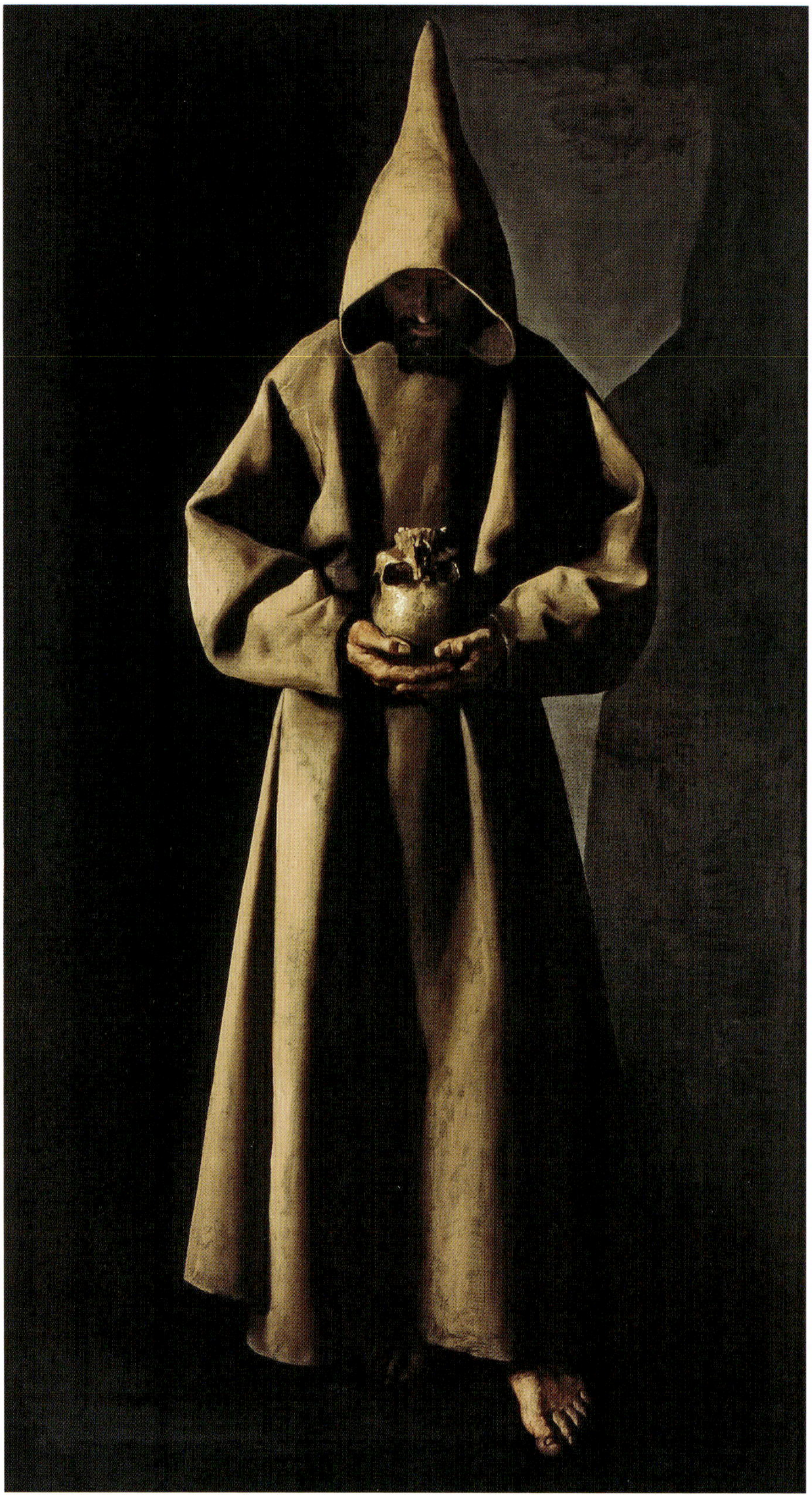

FRANCISCO DE ZURBARÁN
Saint Francois d'Assise dans sa tombe, 1630-1634,
Huile sur toile, H. 204,2 cm ; L. 113,3 cm
Milwaukee, The Milwaukee Art Museum

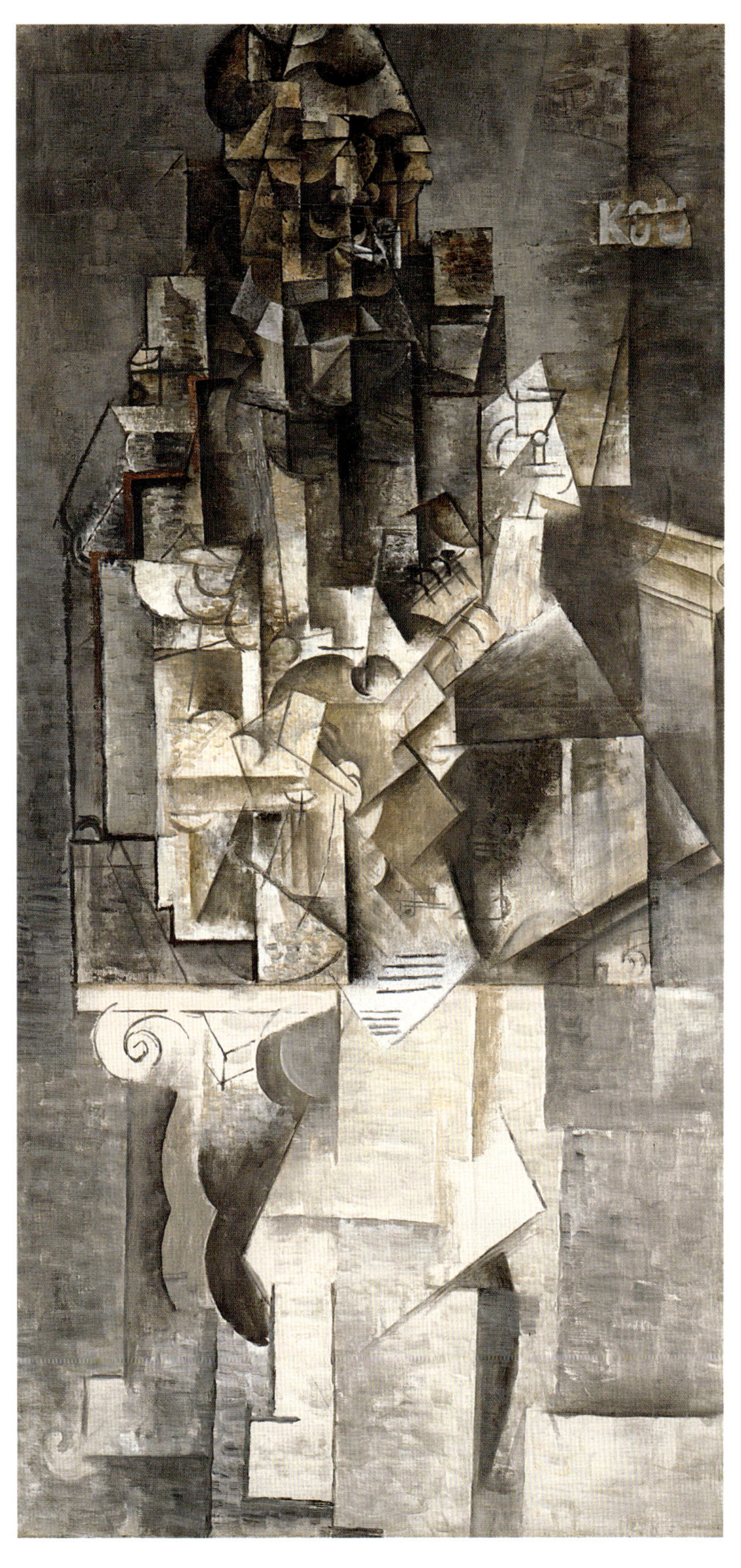

PABLO PICASSO
Homme à la guitare, automne 1911-1913
Huile sur toile, H. 154 cm ; L. 77,5 cm
Paris, musée Picasso, dation Pablo Picasso 1979

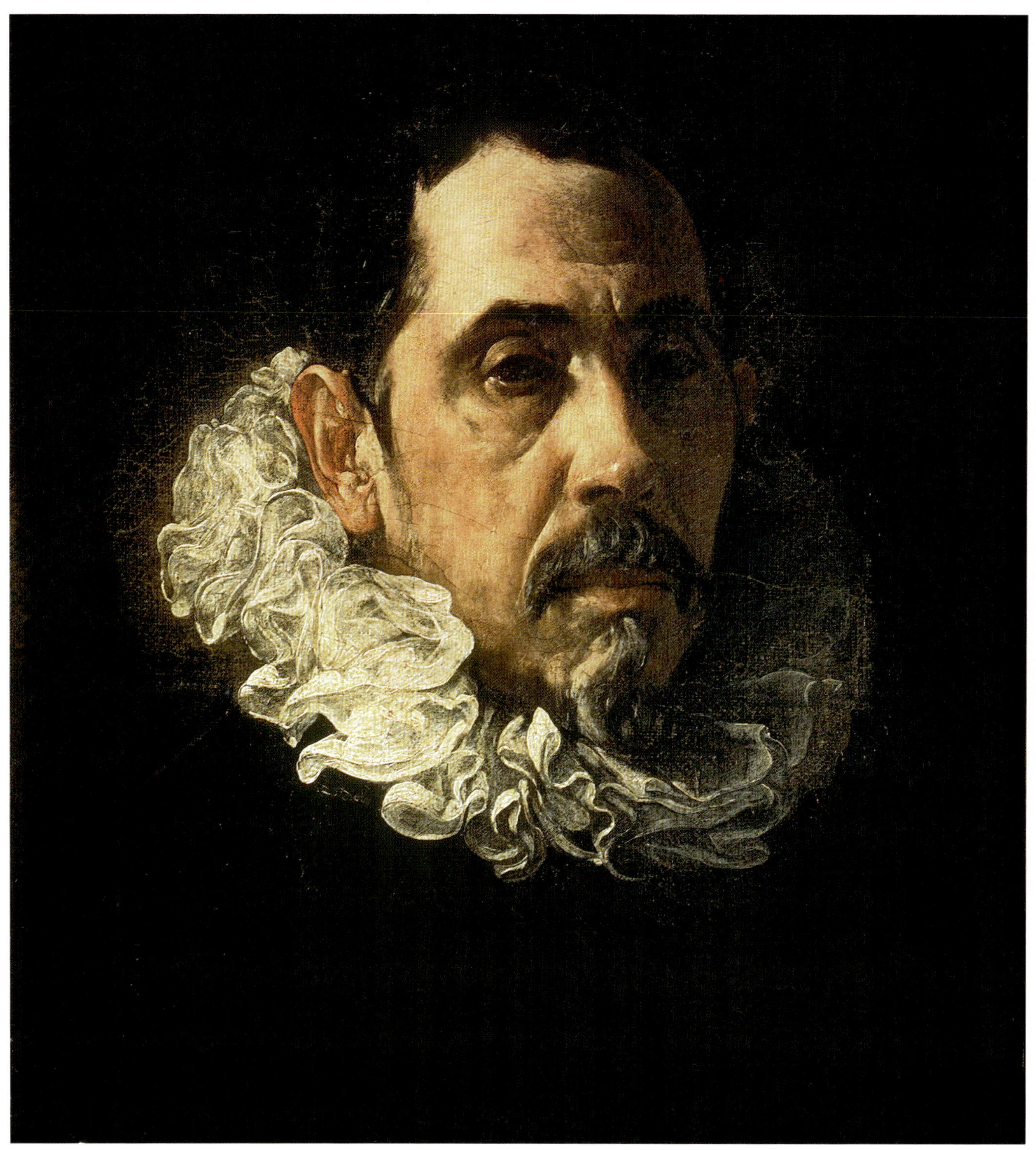

DIEGO VELÁZQUEZ
Francisco Pacheco, 1621-1622
Huile sur toile, H. 40 cm ; L. 36 cm
Madrid, Museo Nacional del Prado

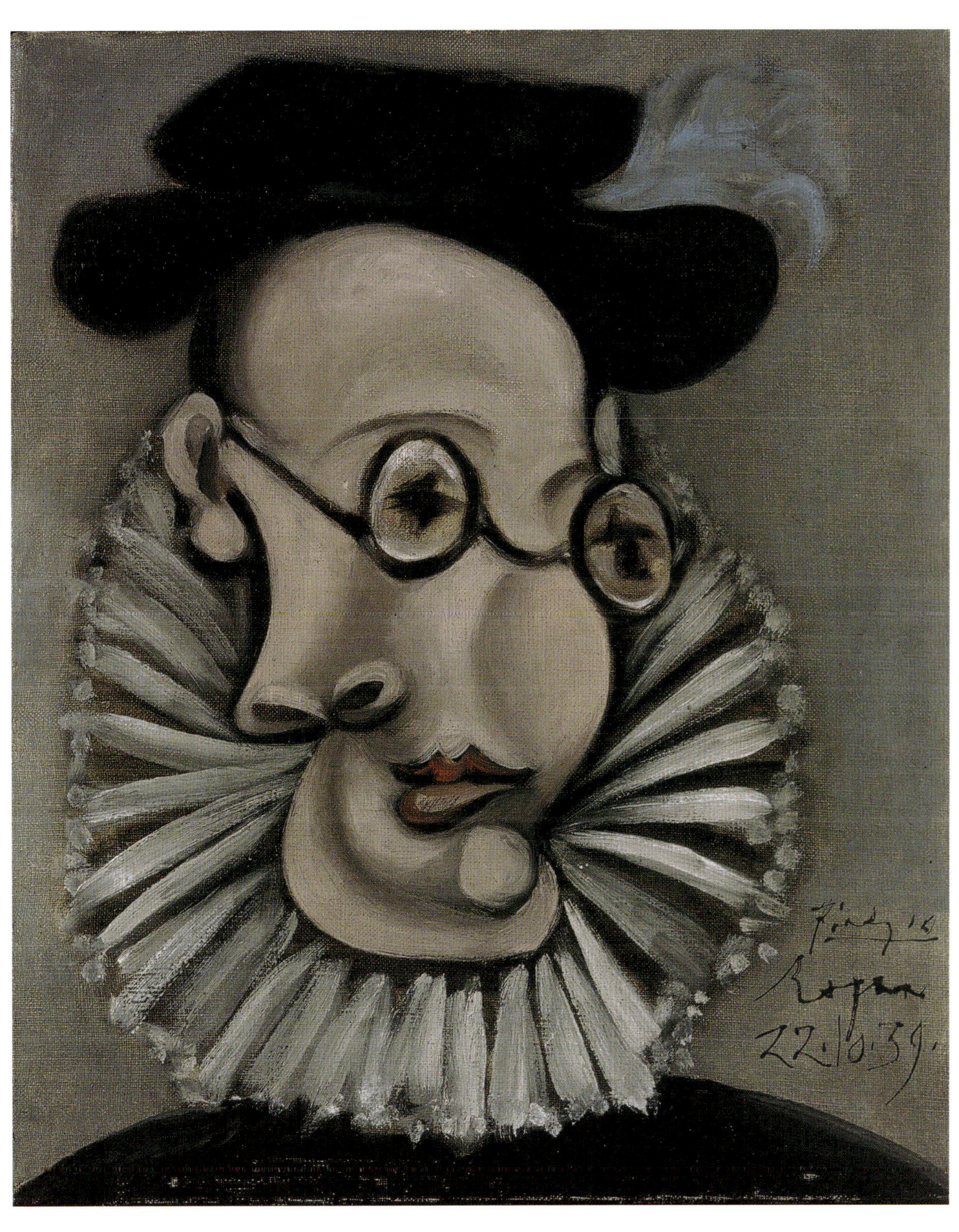

PABLO PICASSO
Portrait de Jaime Sabartés, Royan, 22 Octobre 1939
Huile sur toile, H. 46 cm ; L. 38 cm
Barcelone, Museu Picasso

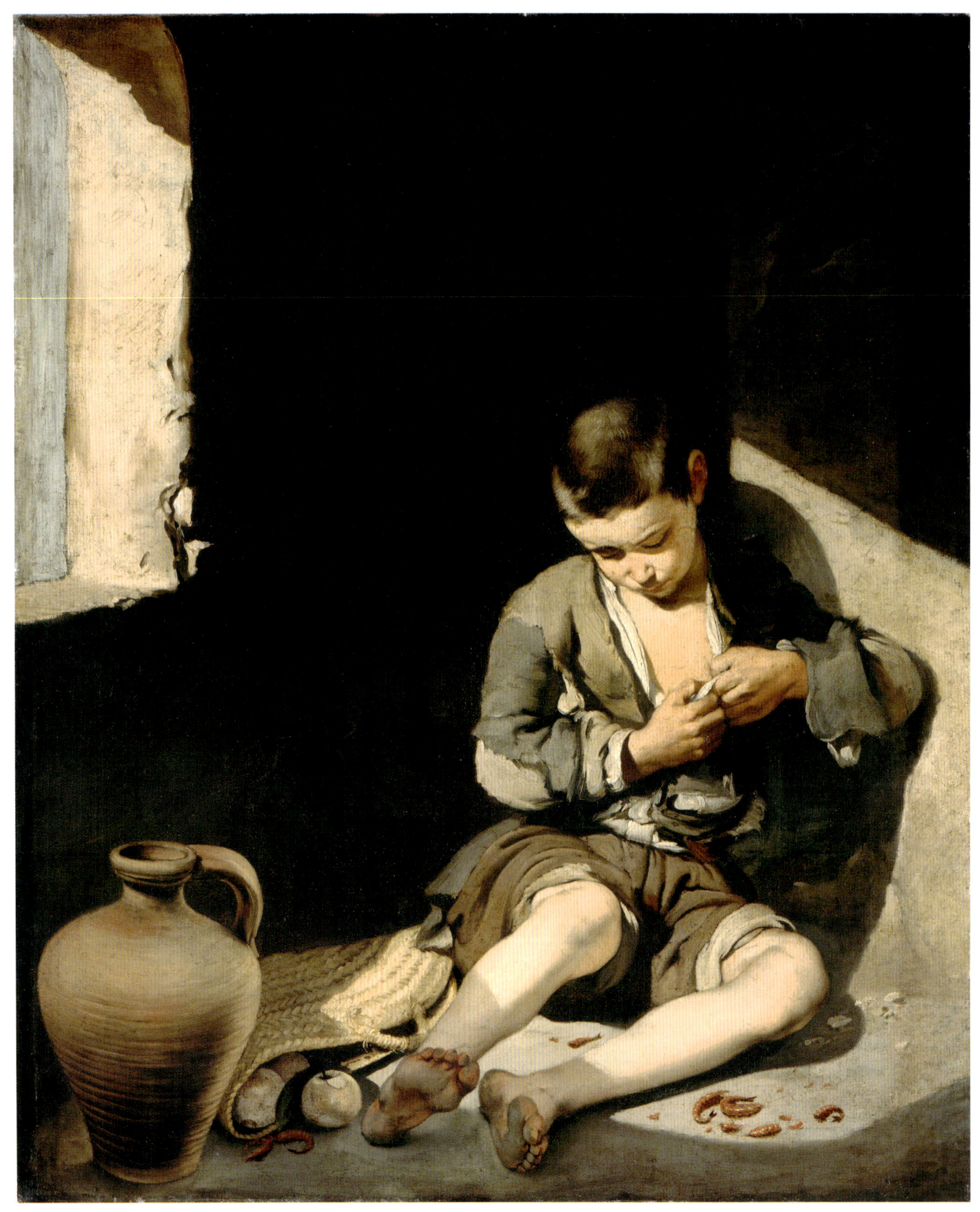

BARTOLOMÉ ESTEBAN MURILLO
Le Jeune Mendiant, vers 1645-1650
Huile sur toile, H. 134 cm ; L. 110 cm
Paris, musée du Louvre

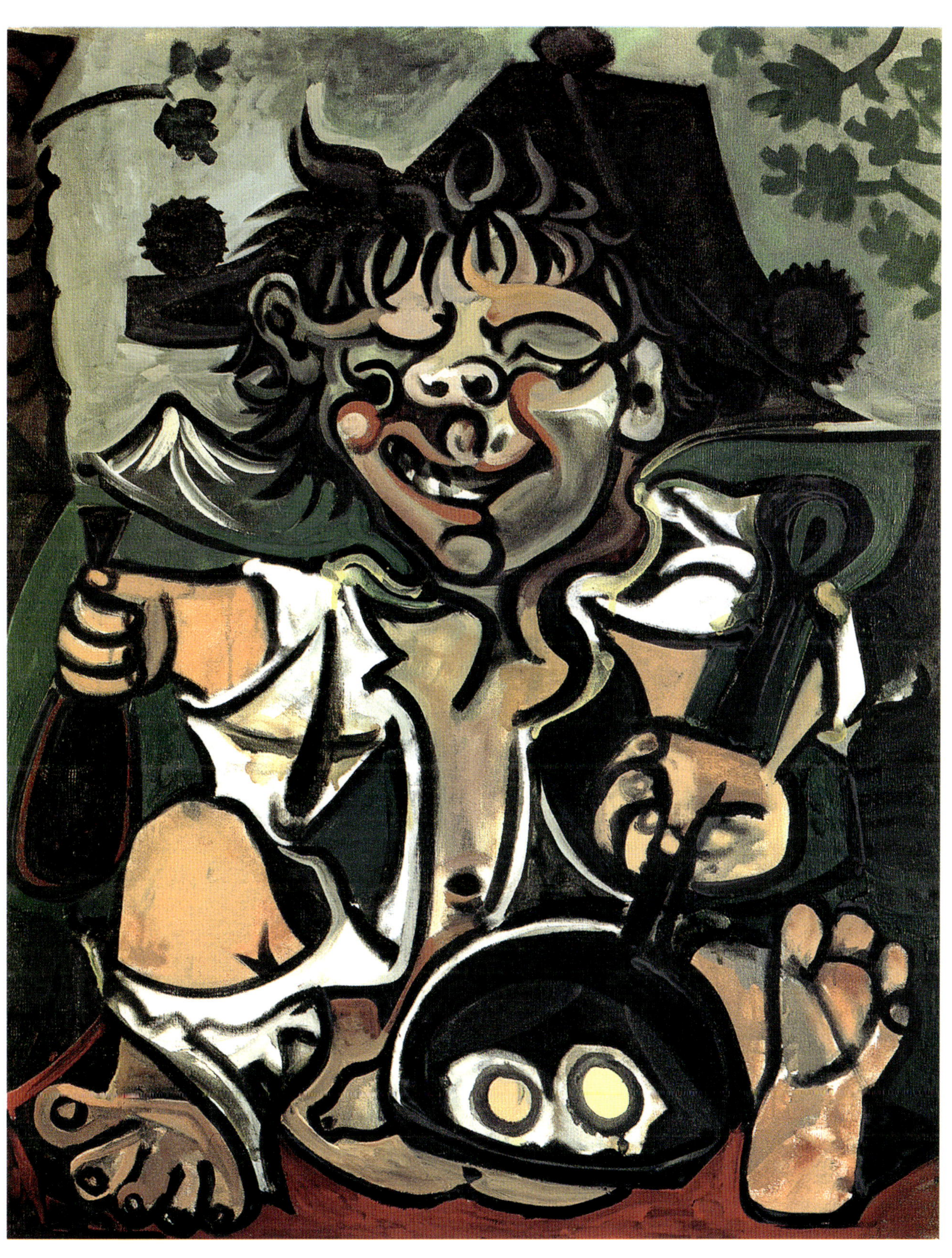

PABLO PICASSO
El Bobo, Vauvenargues, 14-15 avril 1959
Huile sur toile, H. 92 cm ; L. 73 cm
Collection particulière

« Vous voyez ce type truculent, avec les cheveux frisés et la moustache ? C'est Rembrandt. Ou peut-être Balzac. Je ne sais pas. C'est un compromis, je suppose. Cela n'a vraiment pas d'importance. Ce ne sont que deux des personnages qui me hantent. Chaque être humain est toute une colonie, vous savez. »

— FRANÇOISE GILOT ET CARLTON LAKE, *VIVRE AVEC PICASSO*, PARIS, CALMANN-LEVY, 1965, P. 39 —

TAROTS

Gentilshommes du Siècle d'or

GENTILSHOMMES DU SIÈCLE D'OR. Un dernier personnage surgit en 1966 dans l'iconographie picassienne et domine cette période au point d'en devenir l'emblème : c'est le gentilhomme du Siècle d'or, mi-espagnol, mi-hollandais, vêtu d'habits chamarrés, portant fraise, cape, bottes et grand chapeau. « C'est arrivé quand Picasso s'est mis à étudier Rembrandt » dit Jacqueline à Malraux. D'autres sources ont été évoquées, mais qu'ils viennent de Rembrandt, de Vélasquez ou de Shakespeare, de la barbiche de Piero Crommelynck ou de celle de son père, tous sont des hommes travestis en mousquetaires, formant la relève des arlequins et saltimbanques des années antérieures. Gentilshommes burlesques du roman picaresque, héros baroques du Grand Siècle, aventuriers chevaleresques, ils témoignent d'un retour aux sources littéraires. Ils surgissent pendant la convalescence de l'artiste, suite à son opération de 1965, comme si sentant ses forces viriles l'abandonner, Picasso puisait une nouvelle jeunesse dans les équipées galantes de ses mousquetaires. Ils sont parfois associés au jeune Cupidon, armé de sa flèche, rappel de l'aiguillon du désir, comme dans ce *Mousquetaire et Cupidon* de février 1969. Malraux, lors de l'exposition de ces œuvres au Palais des Papes à Avignon en 1970 et 1973, rapprocha à juste titre ces figures plates de celles, emblématiques, des cartes du jeu de tarot : fantoches de carnaval, elles nous disent que derrière le masque, il n'y a rien à voir. Ces figures flamboyantes sont autant de signes d'un retour de son *hispanidad*; Picasso matador affronte son passé et livre dans cette épopée son dernier combat contre la mort.

À côté de ces grands portraits d'hommes en pied, Picasso réalise de nombreux couples aux accents de Siècle d'or : *Le Couple* de 1967, combine ainsi la figure du mousquetaire à celle du modèle au verre de vin, nouvel hommage à Rembrandt et à son *Autoportrait avec Saskia* (1636, Dresde).

Enfin, parallèlement aux figures de mousquetaires, Picasso peint une galerie de portraits d'hommes à collerette, d'hommes à la pipe, écrivant ou lisant, tel le *Buste d'homme écrivant* de 1971. Par opposition aux mousquetaires, ces portraits sont tous caractérisés, individualisés. Cette confrontation avec le visage humain le ramène à la confrontation avec lui-même, et chacun de ces portraits est une forme d'autoportrait.

Mais le véritable autoportrait de cette période est celui du *Vieil homme assis* (1970-1971), ce tableau flamboyant qui condense en une seule image des références explicites, tant à Van Gogh par son chapeau, Cézanne avec le *Jardinier Vallier*, Matisse avec sa *Blouse roumaine*, qu'à Renoir et sa main tronquée.

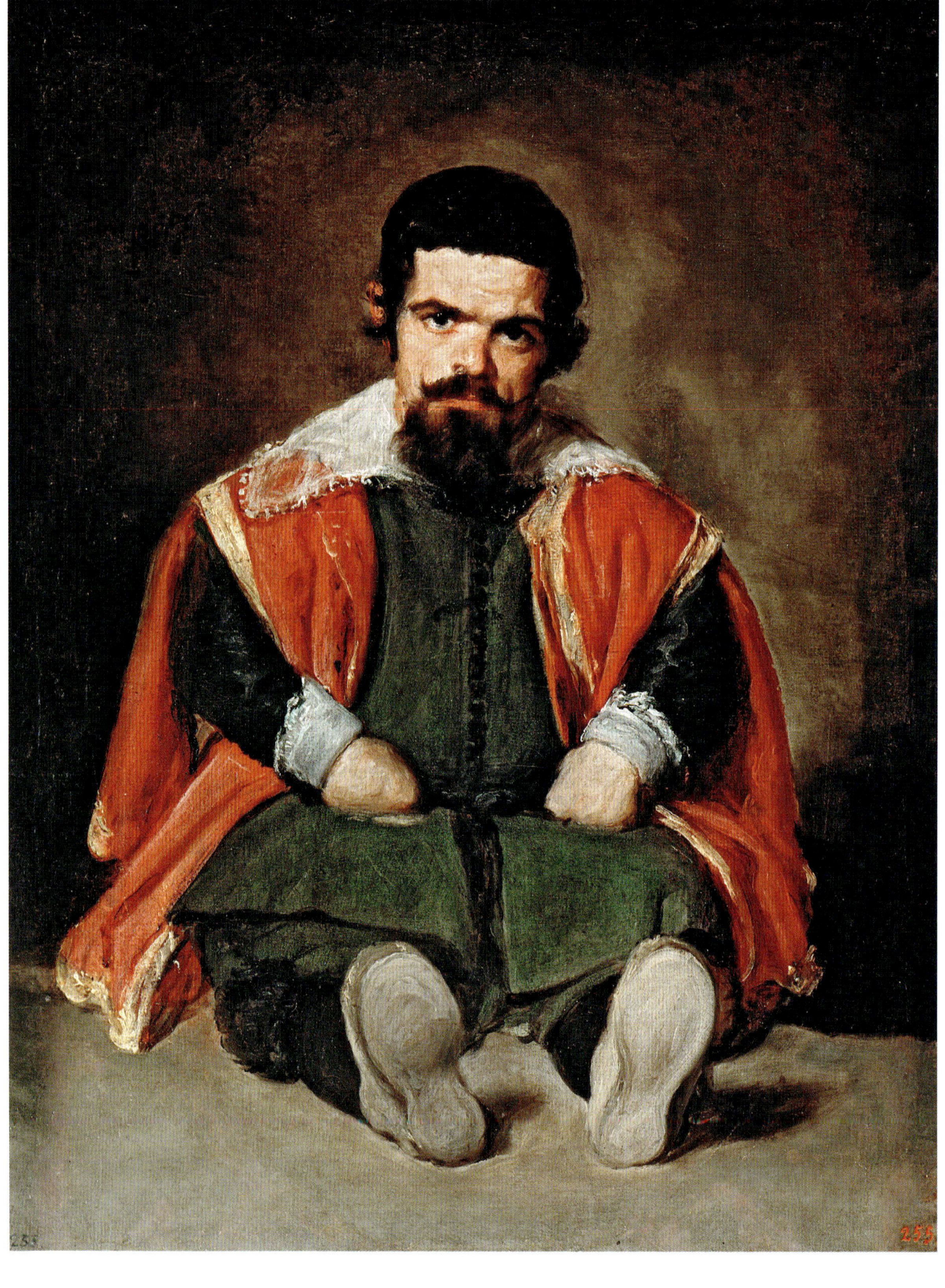

DIEGO VELÁZQUEZ
Portrait du nain Sebastián de Morra, 1644
Huile sur toile, H. 106 cm ; L. 81 cm
Madrid, Museo Nacional del Prado

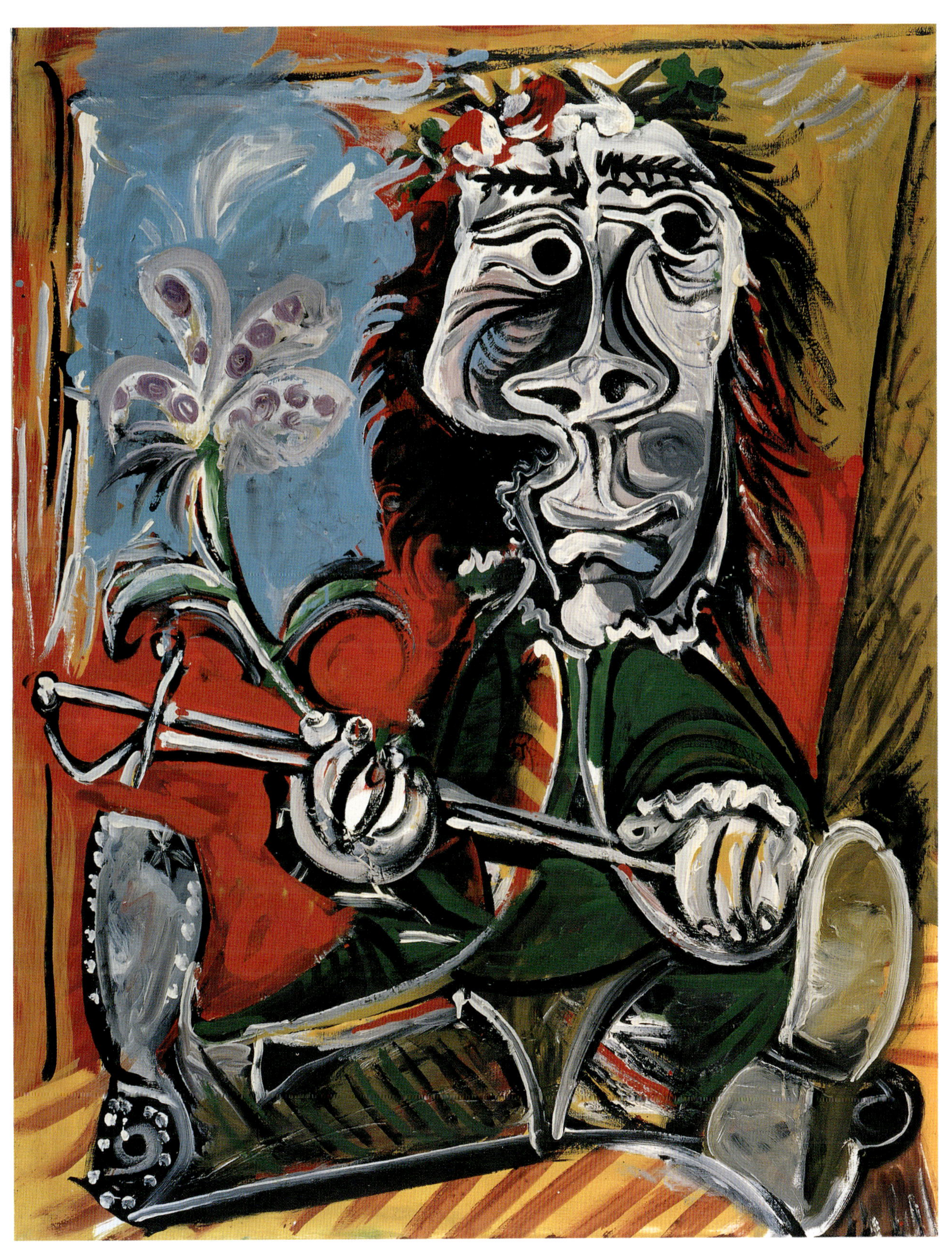

PABLO PICASSO
Homme assis à l'épée et à la fleur
Mougins, 2 août – 27 septembre 1969
Huile sur toile, H. 146 cm ; L. 114 cm
Collection particulière, Courtesy Fundación Almine y Bernard Ruiz Picasso para el Arte

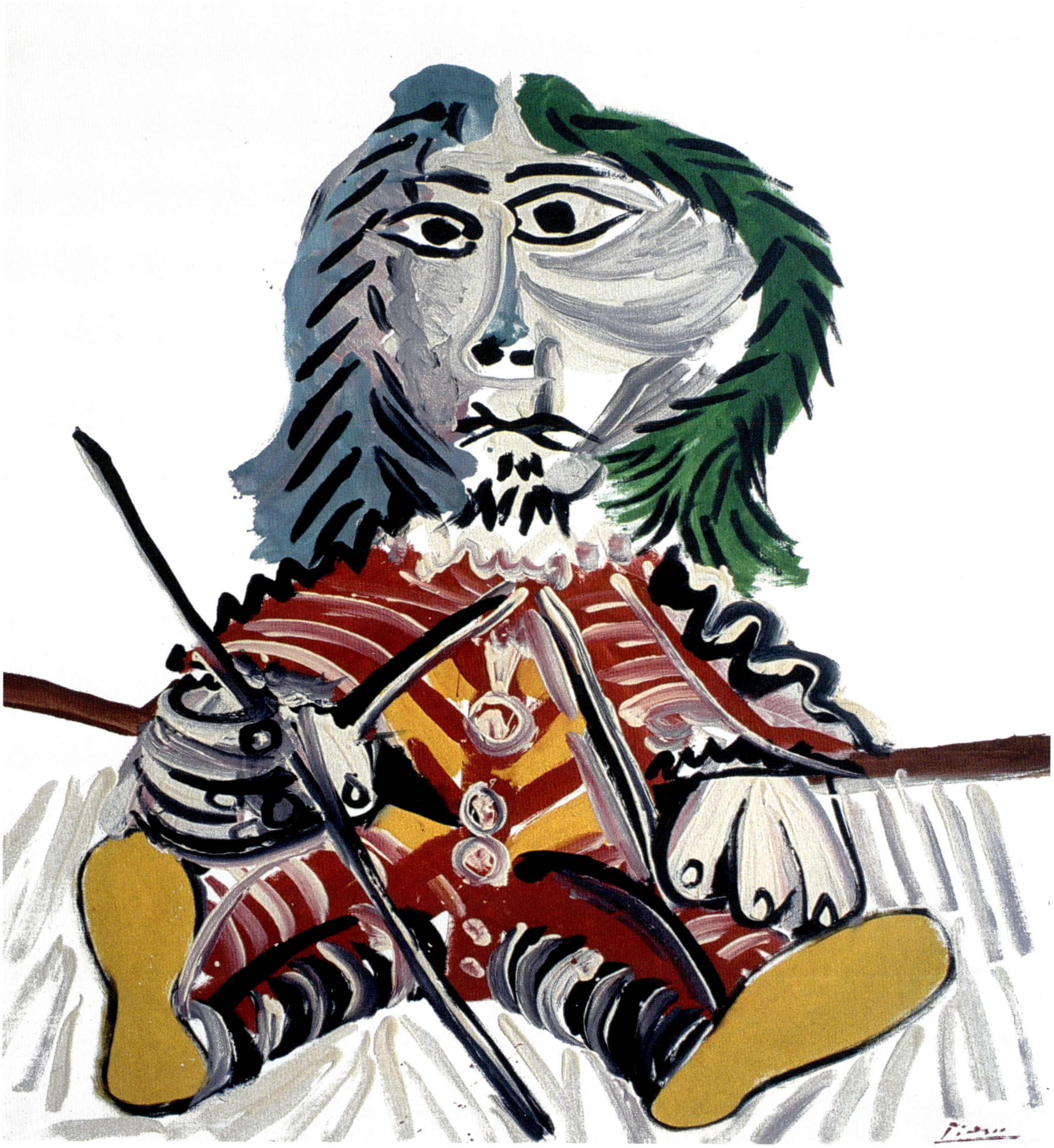

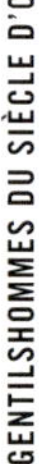

PABLO PICASSO
Le Nain, 27 juillet 1969
Huile sur toile, H. 146 cm ; L. 114 cm
Collection particulière

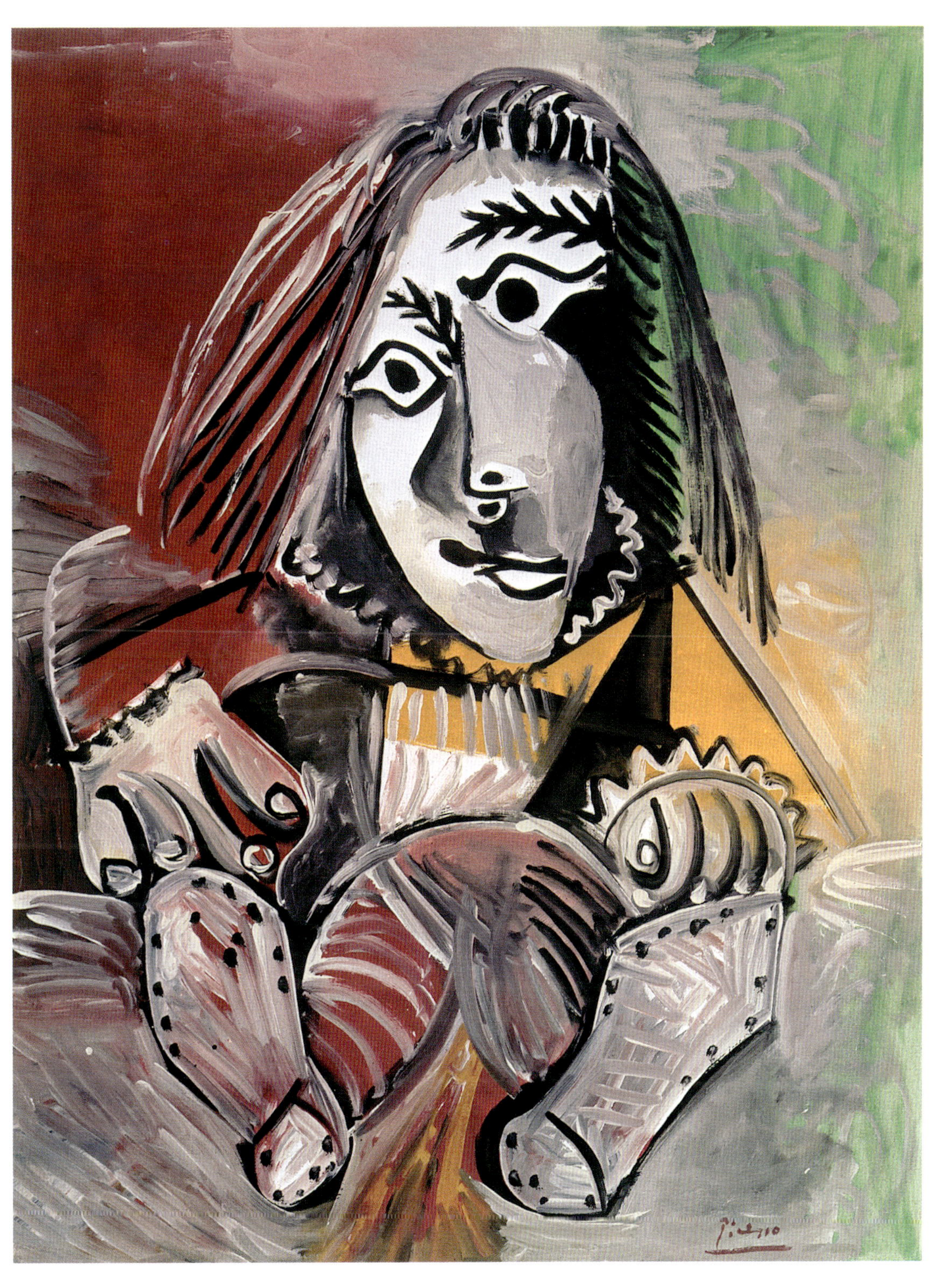

PABLO PICASSO
Adolescent, 2 août 1969
Huile sur toile, H. 130 cm ; L. 97 cm
Collection particulière

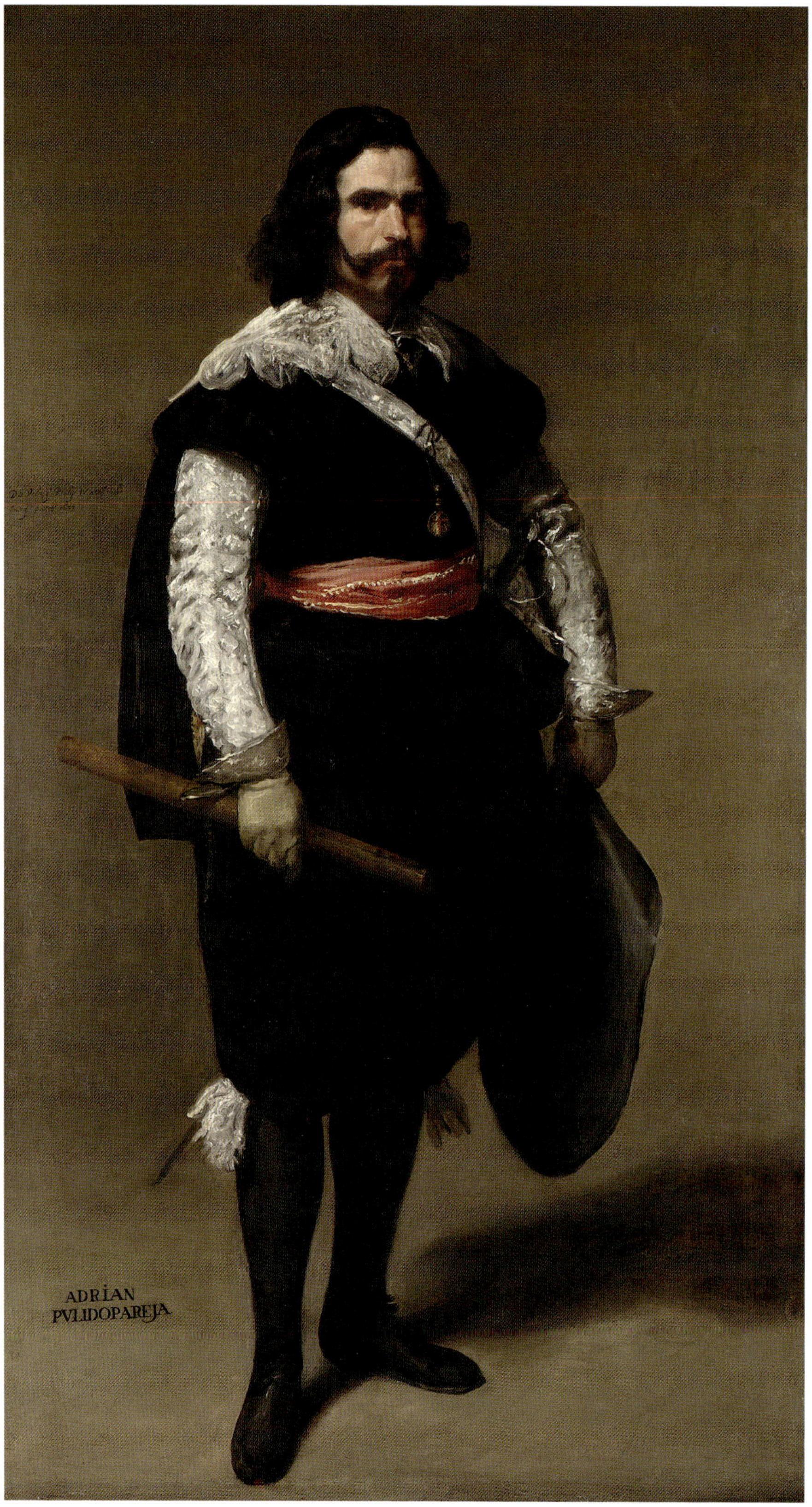

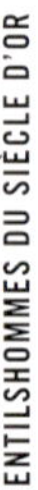

JUAN BAUTISTA MARTINEZ MAZO
Don Adrian Pulido Pareja, 1647
Huile sur toile, H. 203,8 cm ; L. 114,3 cm
Londres, The National Gallery

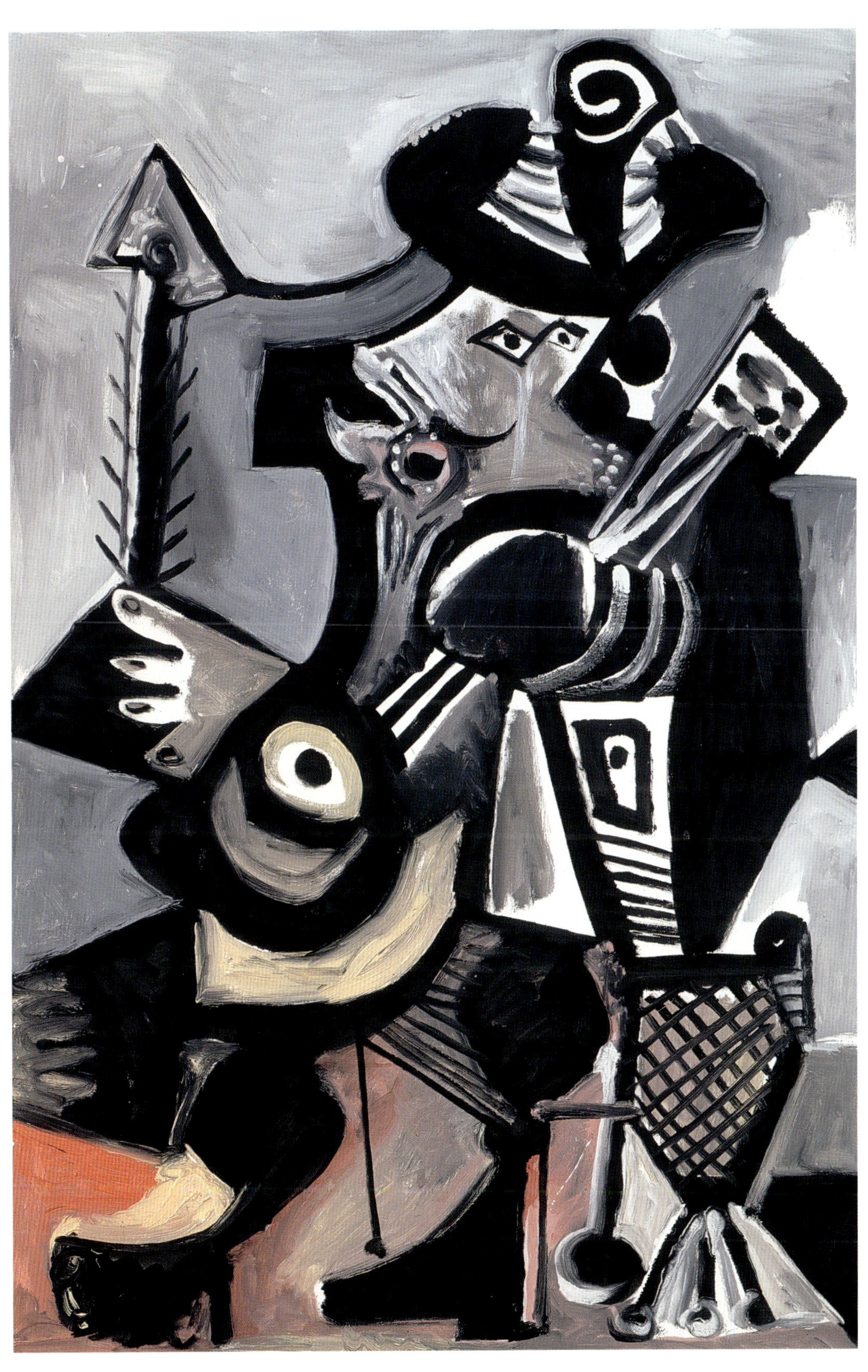

PABLO PICASSO
Musicien, Mougins, 26 mai 1972
Huile sur toile, H. 194,5 cm ; L. 129,5 cm
Paris, musée Picasso, dation Pablo Picasso 1979

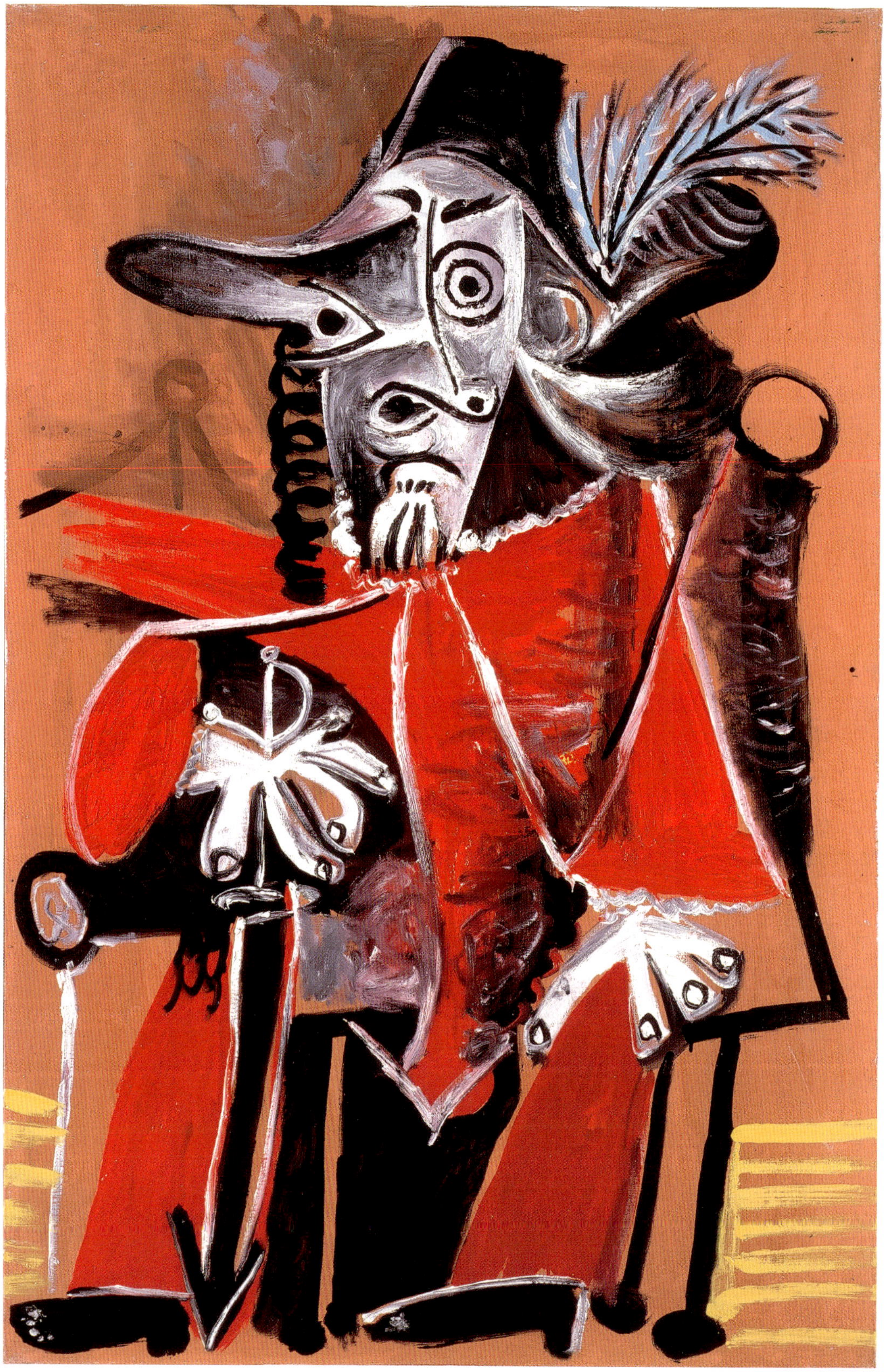

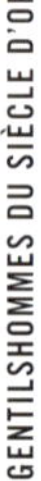

PABLO PICASSO
Mousquetaire à l'épée assis, Mougins, 19 juillet 1969
Huile sur toile, H. 195 cm ; L. 130 cm
Collection particulière

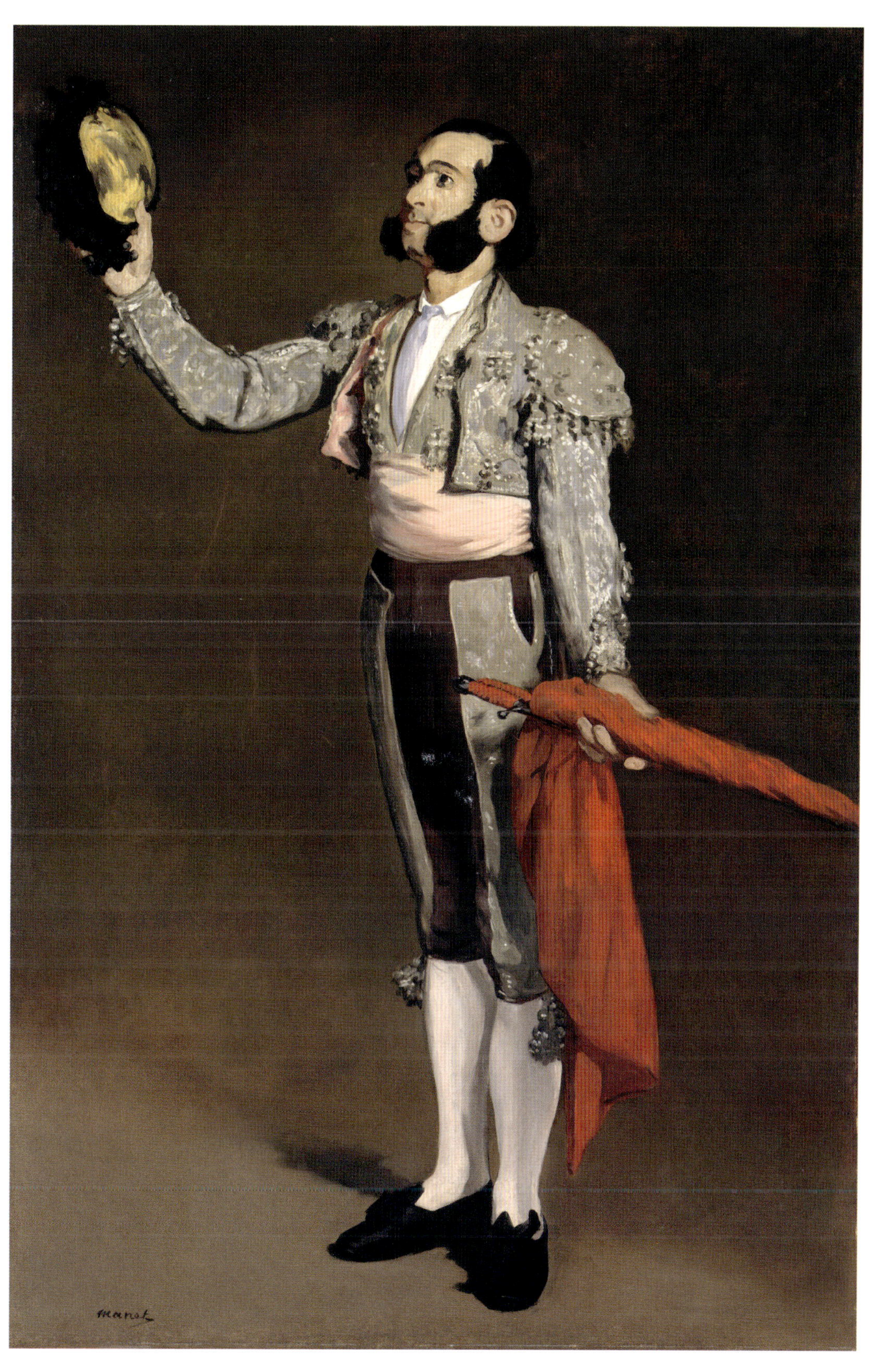

ÉDOUARD MANET
Matador saluant, 1866-1867
Huile sur toile, H. 171,1 cm ; L. 113 cm
New York, The Metropolitan Museum of Art,
legs de Mme H. O. Havemeyer, 1929

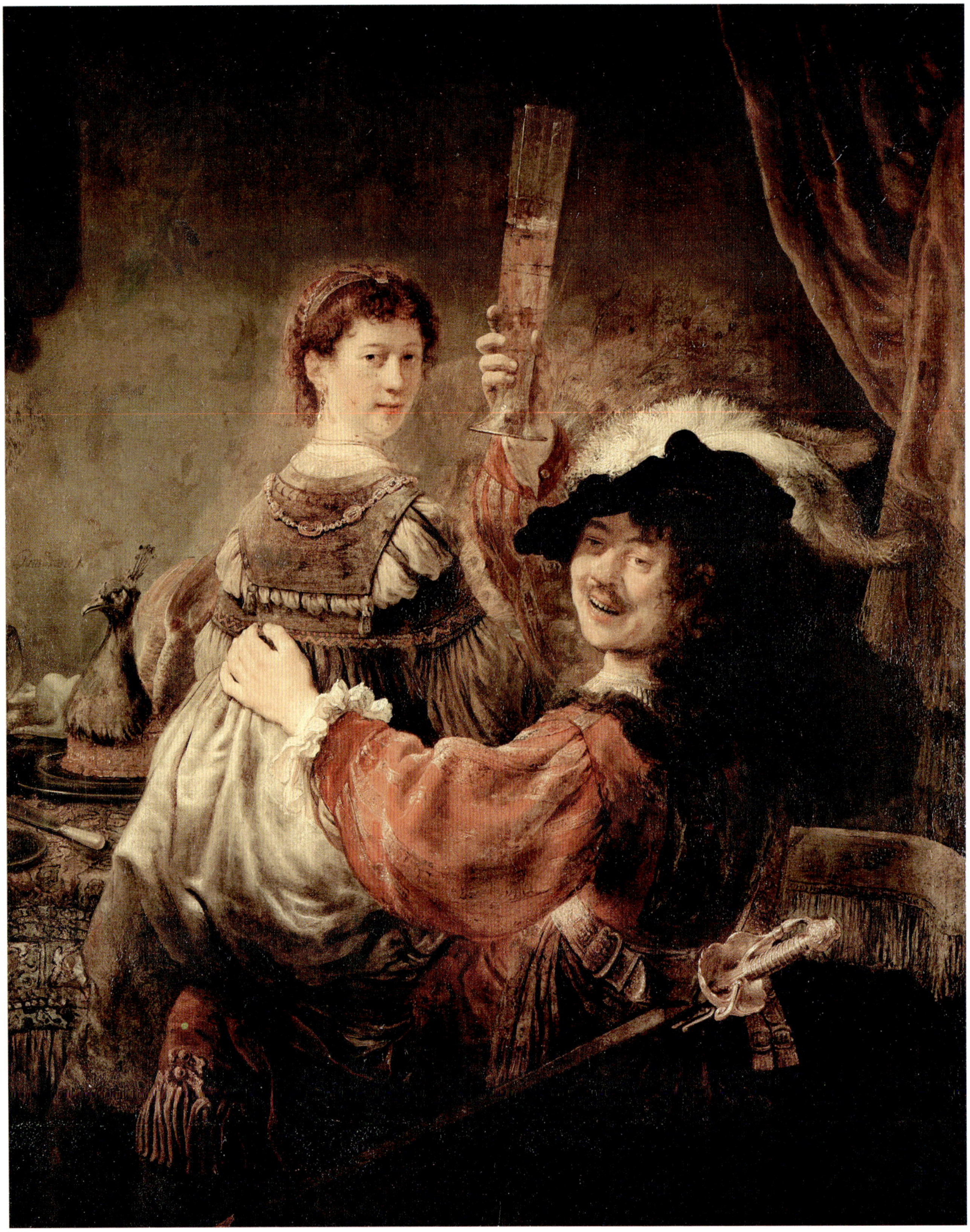

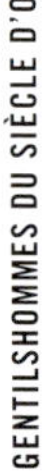

REMBRANDT VAN RIJN
* *Autoportrait avec Saskia*, 1636
Huile sur toile, H. 161 cm ; L. 131 cm
Dresde, Gemäldegalerie Alte Meister

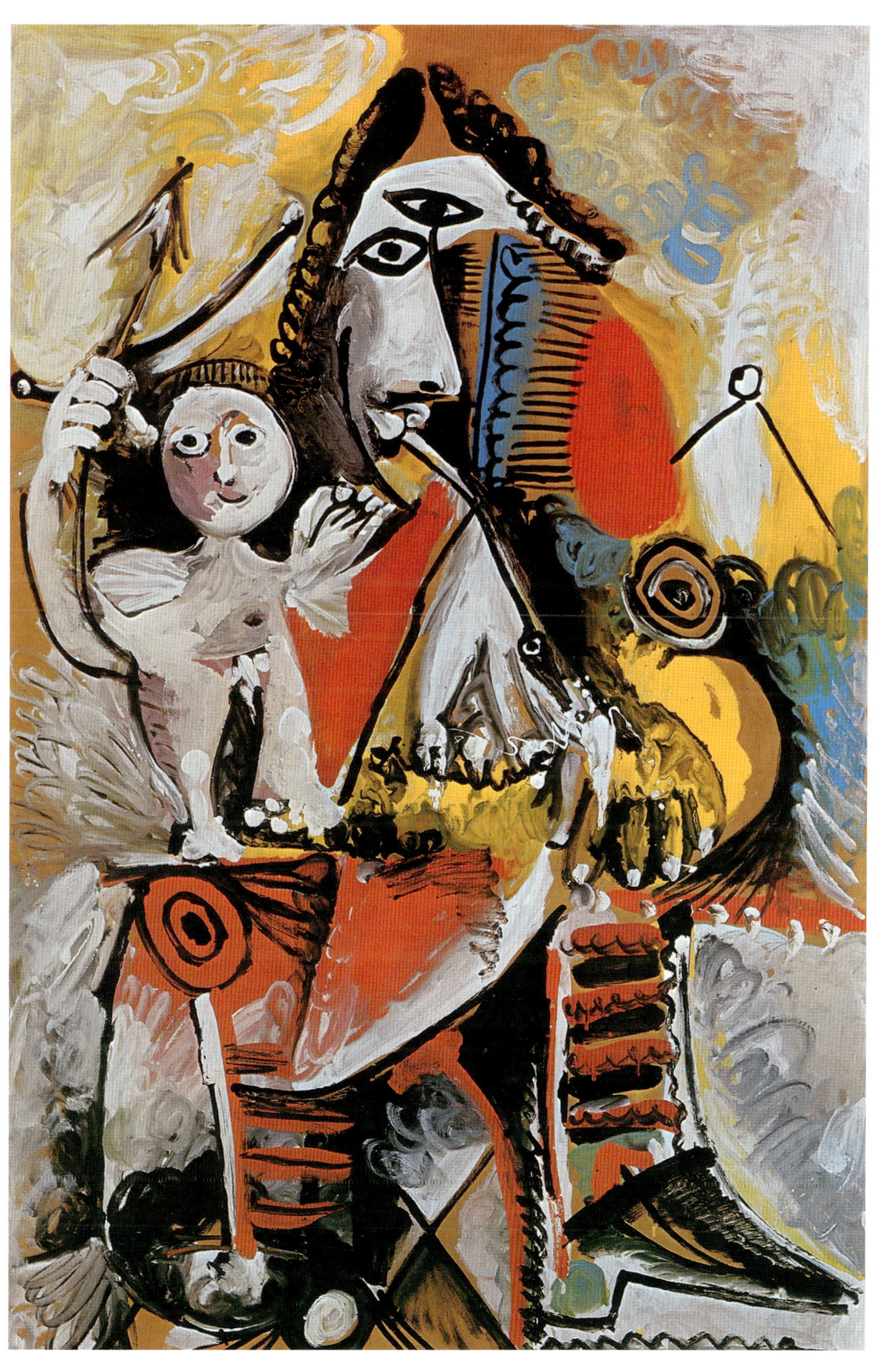

PABLO PICASSO
Mousquetaire et Cupidon, Mougins, 18 février 1969
Huile sur toile, H. 195 cm ; L. 130 cm
Cologne, Museum Ludwig

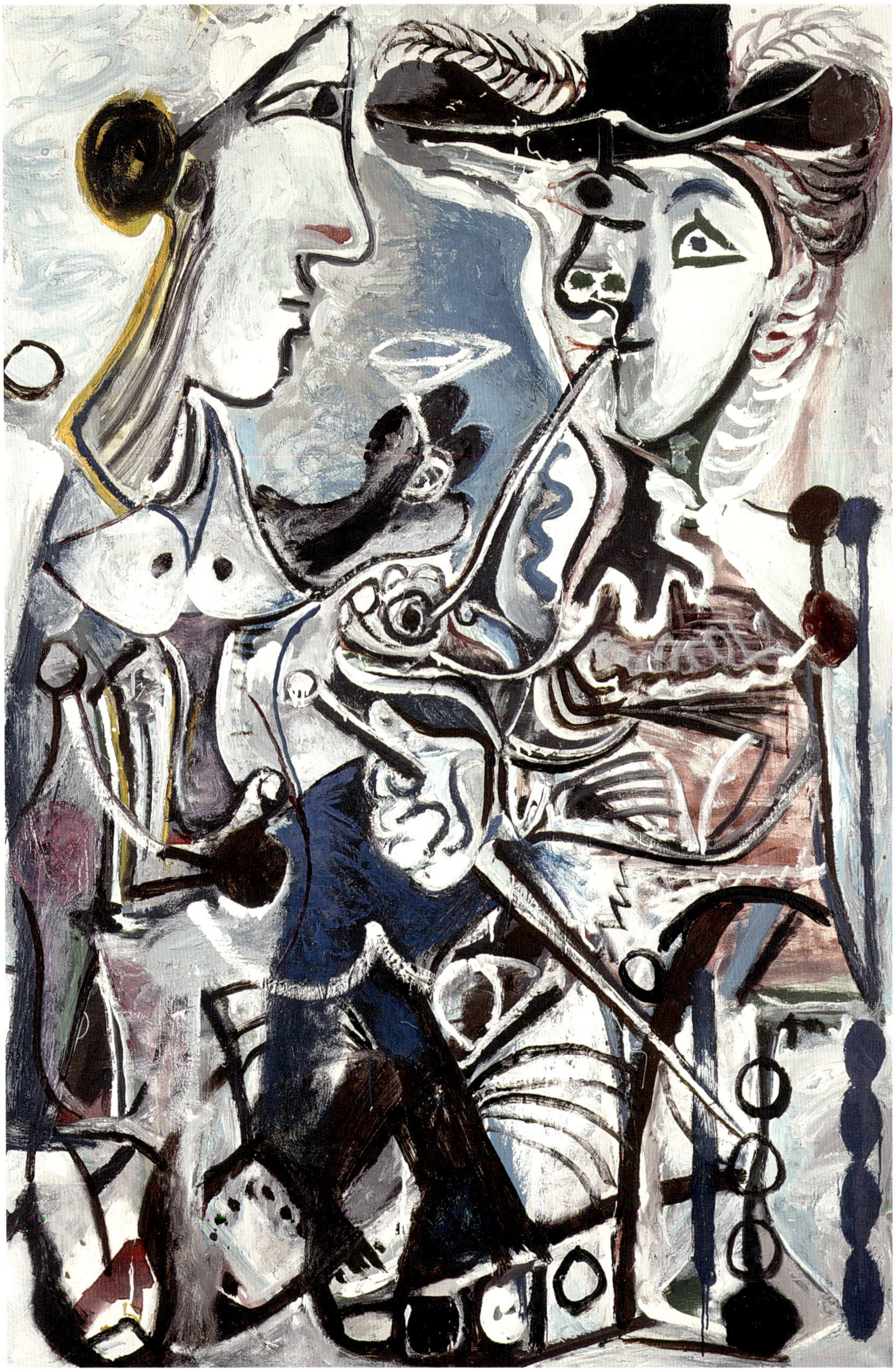

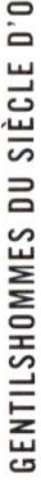

PABLO PICASSO
Le Couple, 10 juin 1967
Huile sur toile, H. 195 cm ; L. 130 cm
Bâle, Kunstmuseum

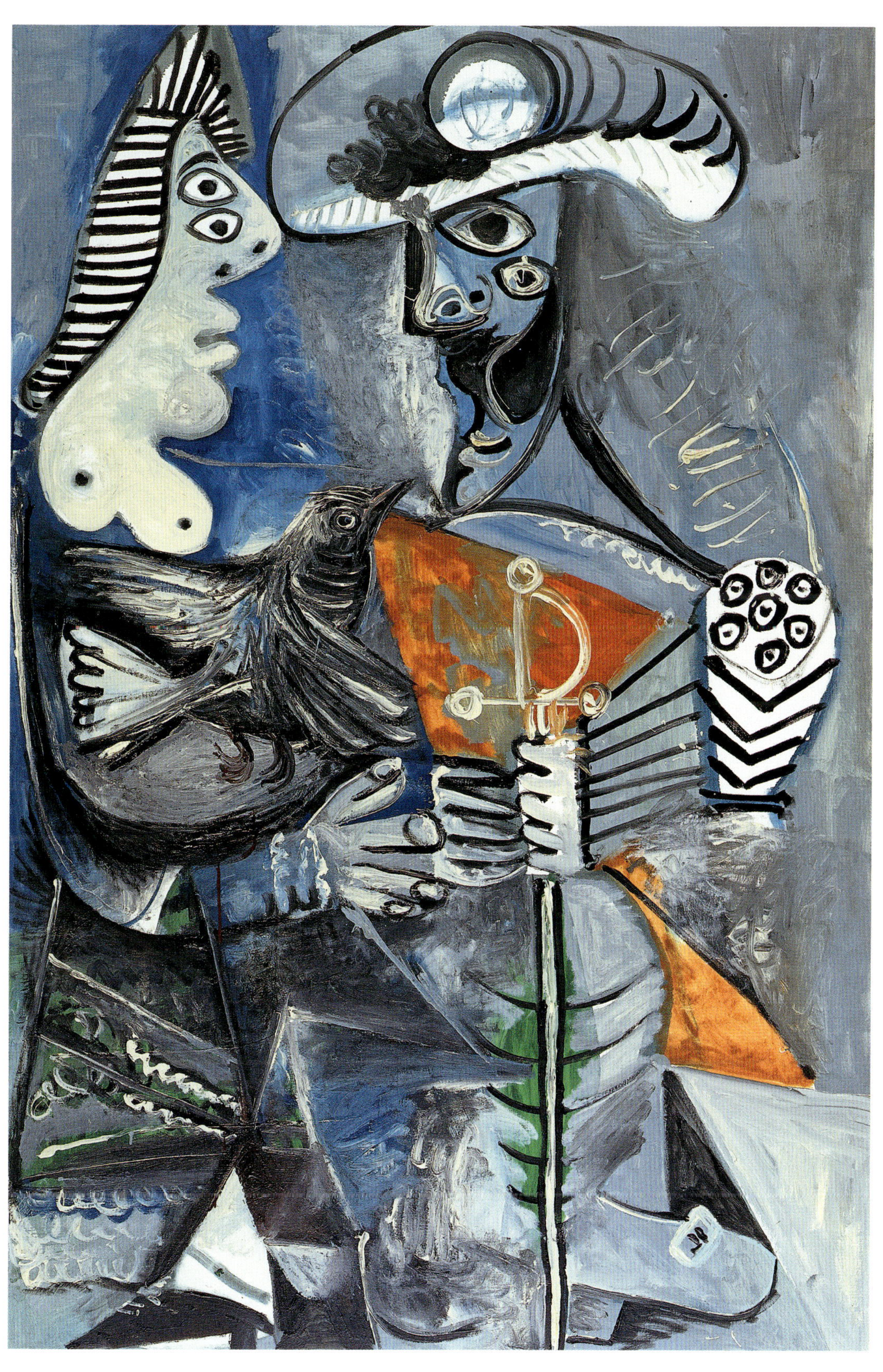

PABLO PICASSO
Couple, 9 octobre 1970
Huile sur toile, H. 195 cm ; L. 130 cm
Collection particulière, Courtesy Fundación Almine et Bernard Ruiz Picasso para el Arte

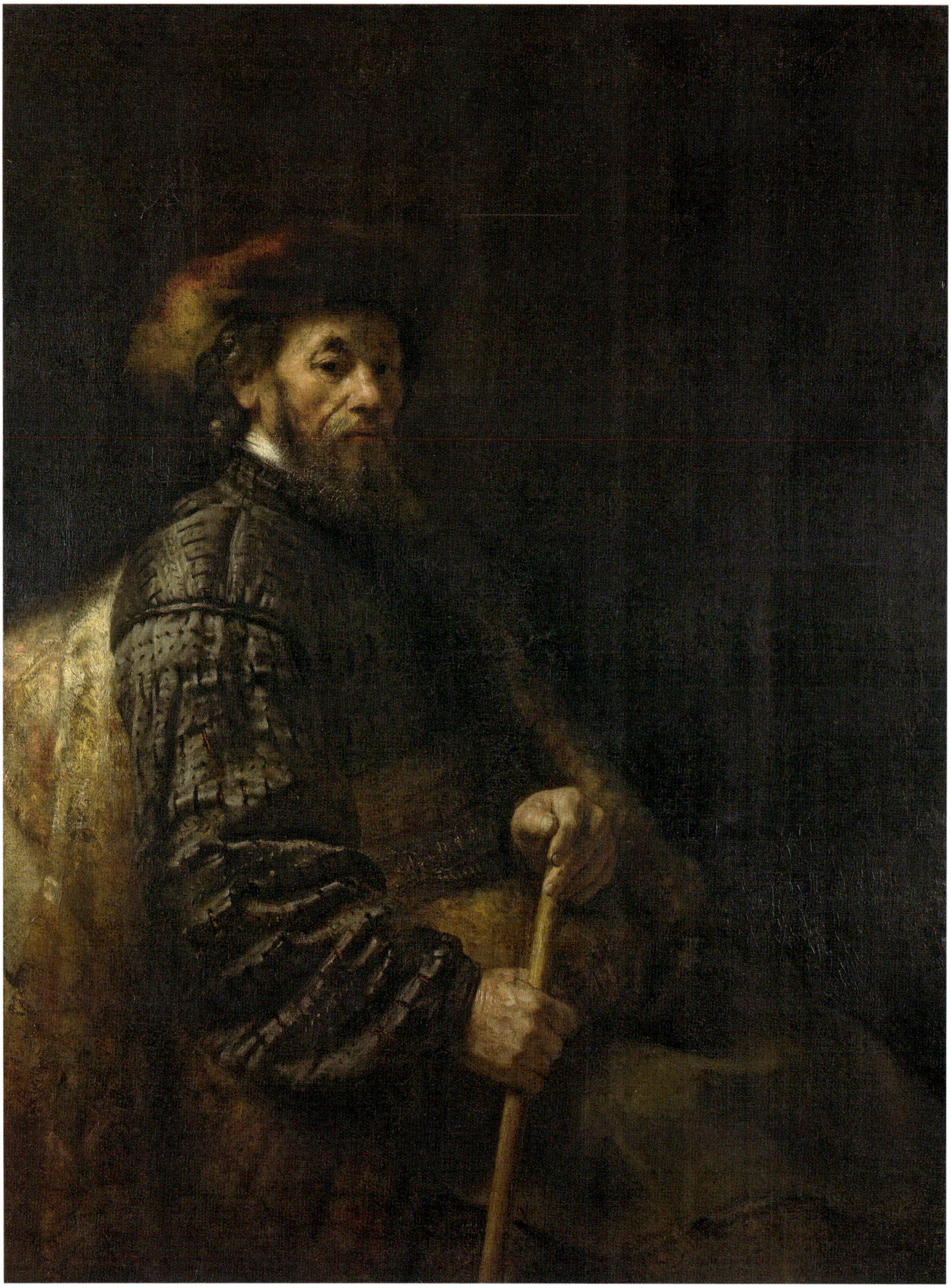

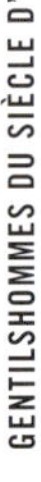

LE SUIVEUR DE REMBRANDT
Homme assis, vers 1675-1725
Huile sur toile, H. 137,5 cm ; L. 104,8 cm
Londres, The National Gallery

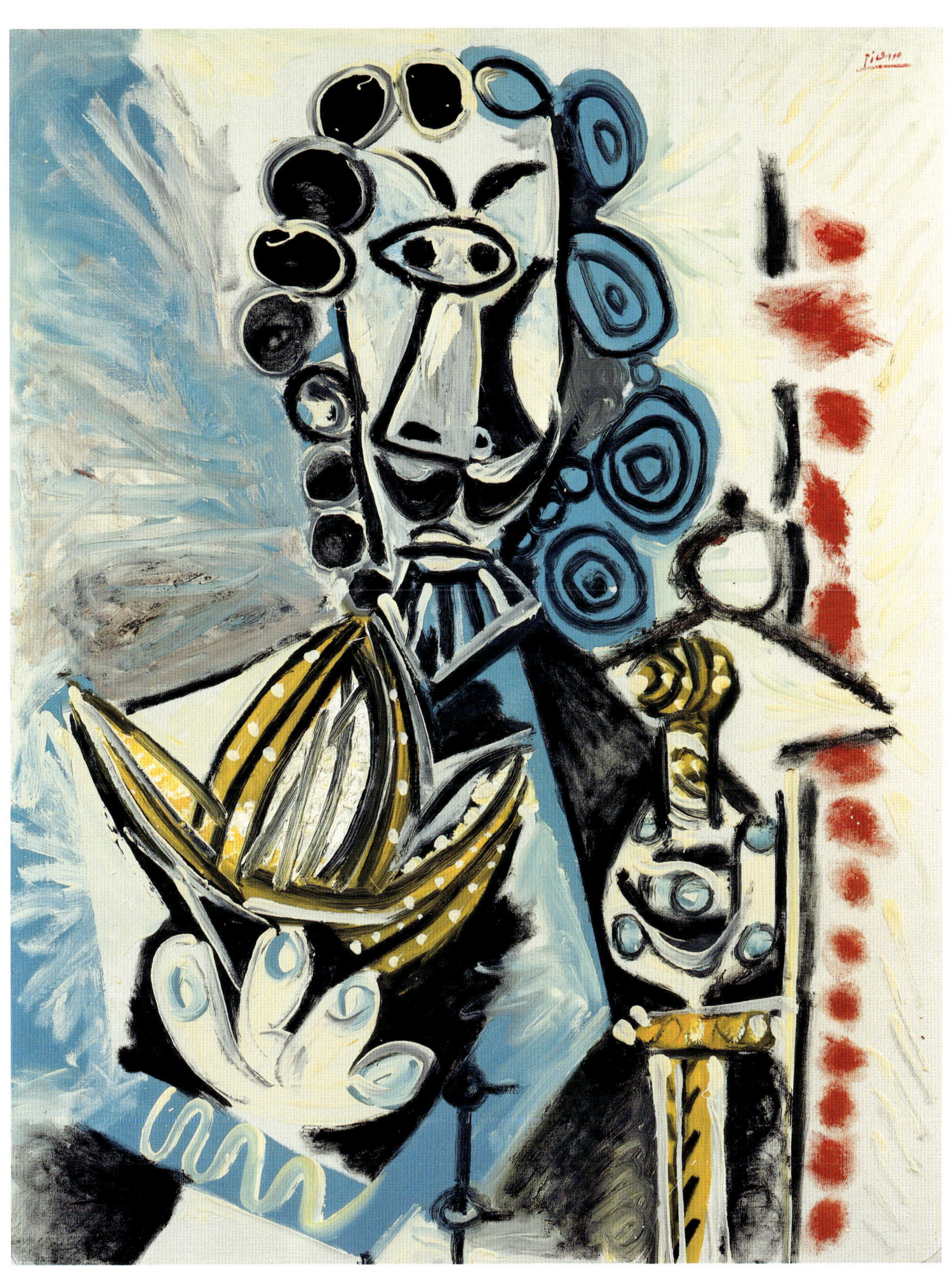

PABLO PICASSO
Homme au casque d'or, 10 juin 1969
Huile sur toile, H. 146 cm ; L. 114 cm
Collection particulière

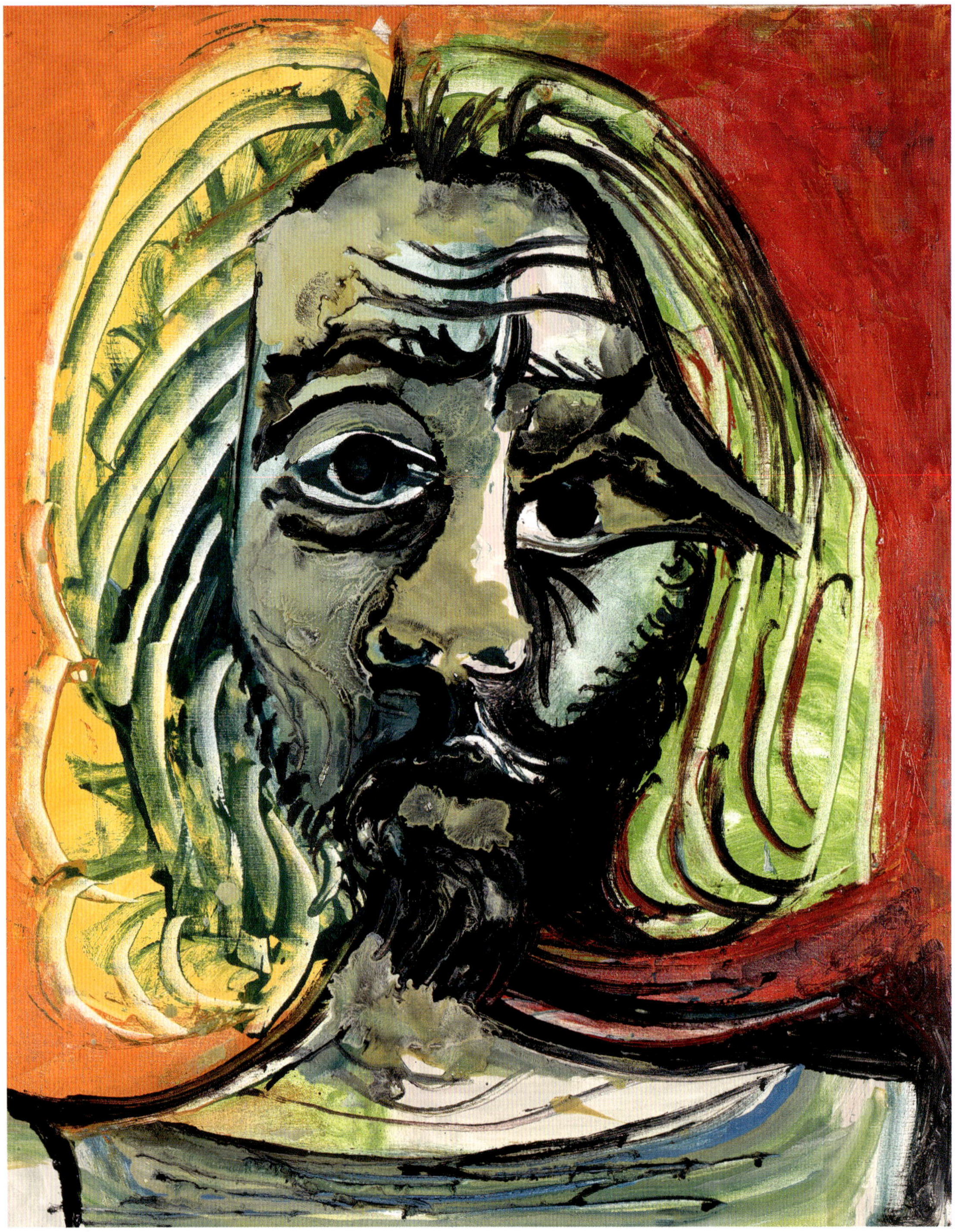

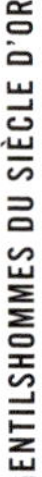

PABLO PICASSO
Tête d'homme, 31 juillet 1971
Huile sur toile, H. 73 cm ; L. 60 cm
Collection particulière

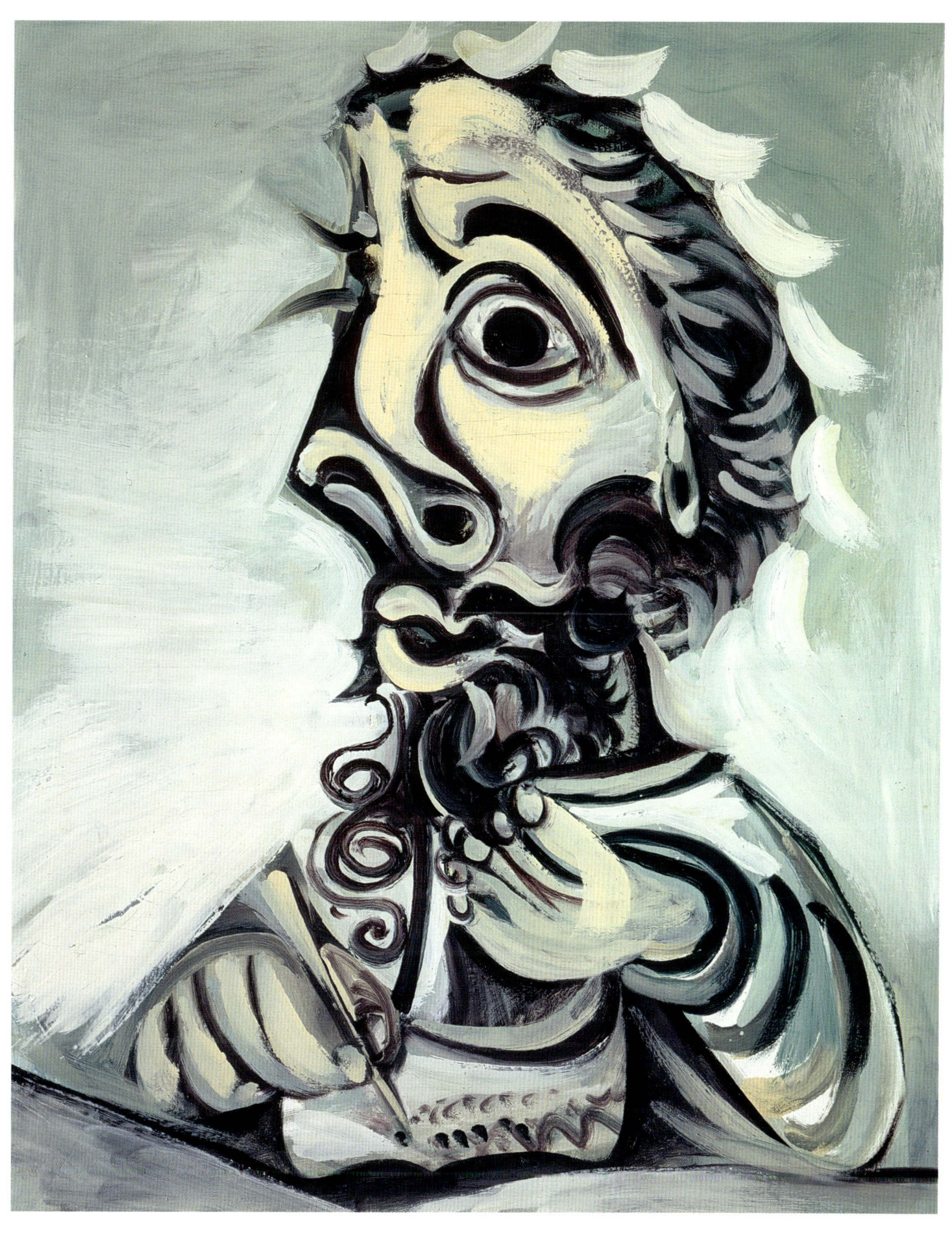

PABLO PICASSO
Buste d'homme écrivant, Mougins, 7 juillet 1971
Huile sur toile, H. 100 cm ; L. 81 cm
Paris, musée Picasso, dation Jacqueline Picasso 1990.
En dépôt à Castres, musée Goya

Picasso me fait monter, une fois de plus, au grenier, pour regarder, avec son neveu Fin, les tableaux d'après les Femmes d'Alger *de Delacroix, auxquelles il travaille. Picasso : « Je me demande ce que Delacroix dirait s'il voyait ces tableaux. » Je lui réponds qu'il me semble qu'il comprendrait. Picasso : « Oui, il me semble. Je lui dirais : "Vous vous pensiez à Rubens et vous faisiez du Delacroix. Ainsi moi, pensant à vous, je fais autre chose." »*

— DANIEL-HENRY KAHNWEILER, « ENTRETIENS AVEC PICASSO AU SUJET DES FEMMES D'ALGER », *IN AUJOURD'HUI, ART ET ARCHITECTURE*, PARIS, N°4, SEPTEMBRE 1955, P. 12-13 —

VARIATION DELACROIX

Les Femmes d'Alger

LES FEMMES D'ALGER Entre le 13 décembre 1955 et le 14 février 1954, Picasso exécute quinze peintures et de multiples dessins préparatoires, d'après le tableau de Delacroix, *Femmes d'Alger dans leur appartement*, (la version du Louvre datée de 1834 , et celle plus tardive de Montpellier, de 1847-1849). Delacroix peignit ce tableau à son retour du voyage au Maroc avec le Comte de Mornay. Il eut en effet la chance de pouvoir visiter à Alger une maison musulmane et fut très impressionné par la vision des femmes : « C'est beau ! C'est comme le temps d'Homère » s'exlama-t-il. Les variations de Picasso sont titrées de A à O ; on compte six tableaux de petites dimensions, deux tableaux verticaux avec une figure isolée et sept grandes compositions. Les motivations du choix de Delacroix et des Femmes d'Alger sont multiples : elles vont de la ressemblance fortuite de Jacqueline, sa nouvelle compagne avec la femme au narguilé assise de profil, au mythe d'un orientalisme sensuel et voluptueux, en passant par des concordances historiques, comme la mort récente de Matisse en novembre 1954 – donc un hommage à la couleur – au début de l'insurrection algérienne. Picasso, en fait, pensait à Delacroix depuis longtemps ; dès 1940, il dessine dans un carnet à Royan les personnages du tableau, la composition et même la palette colorée du peintre. Puis en juin 1954, dans un autre carnet il fait une copie fidèle de l'*Autoportrait* de Delacroix du musée du Louvre. Françoise Gilot raconte qu'il allait souvent au Louvre voir ce tableau. Lorsqu'en 1947, Georges Salles lui propose de montrer un choix de ses œuvres dans la Grande Galerie, il les mettra à coté de Delacroix. Au fur et à mesure des études, Picasso change le nombre des personnages, leur position, renversant sur le dos la femme assise pour en faire un nu couché, et retrouvant ainsi un thème qui lui est familier, celui de la dormeuse et de la femme assise. Tantôt les formes féminines sont toutes en rondeurs et arabesques, tantôt il contraint les corps dans des formes rigoureuses et anguleuses. Les deux dernières versions sont très opposées, l'une est en grisaille, géométrique et stylisée, l'autre déborde de couleurs. Les harmonies chatoyantes de rouge, bleu et jaune vif sont une concession à l'Orient et surtout un hommage à Matisse, « Il m'a légué ses odalisques, dit-il à Daniel-Henry Kahnweiler, en somme pourquoi est-ce que l'on n'hériterait pas de ses amis ? » Picasso s'en donne à cœur joie : d'une scène d'intérieur secrète et langoureuse, il fait une scène dynamique d'un érotisme agressif et joyeux. La femme du fond se transforme parfois en phallus et se confond avec l'arrondi de la fenêtre mauresque. L'unité dans cette profusion est donnée par le quadrillage décoratif de céramiques dans lequel s'insèrent les personnages. Cette scène d'intérieur avec des femmes nues et un rideau qui rappelle le *Harem* et les *Demoiselles d'Avignon*, permet aussi à l'artiste d'étudier l'intégration d'une figure à un fonds décoratif. Picasso expérimente sur un motif donné diverses écritures picturales et tire les leçons du simultanéisme issu du cubisme, qui contraint les corps à se présenter à la fois de face et de profil.

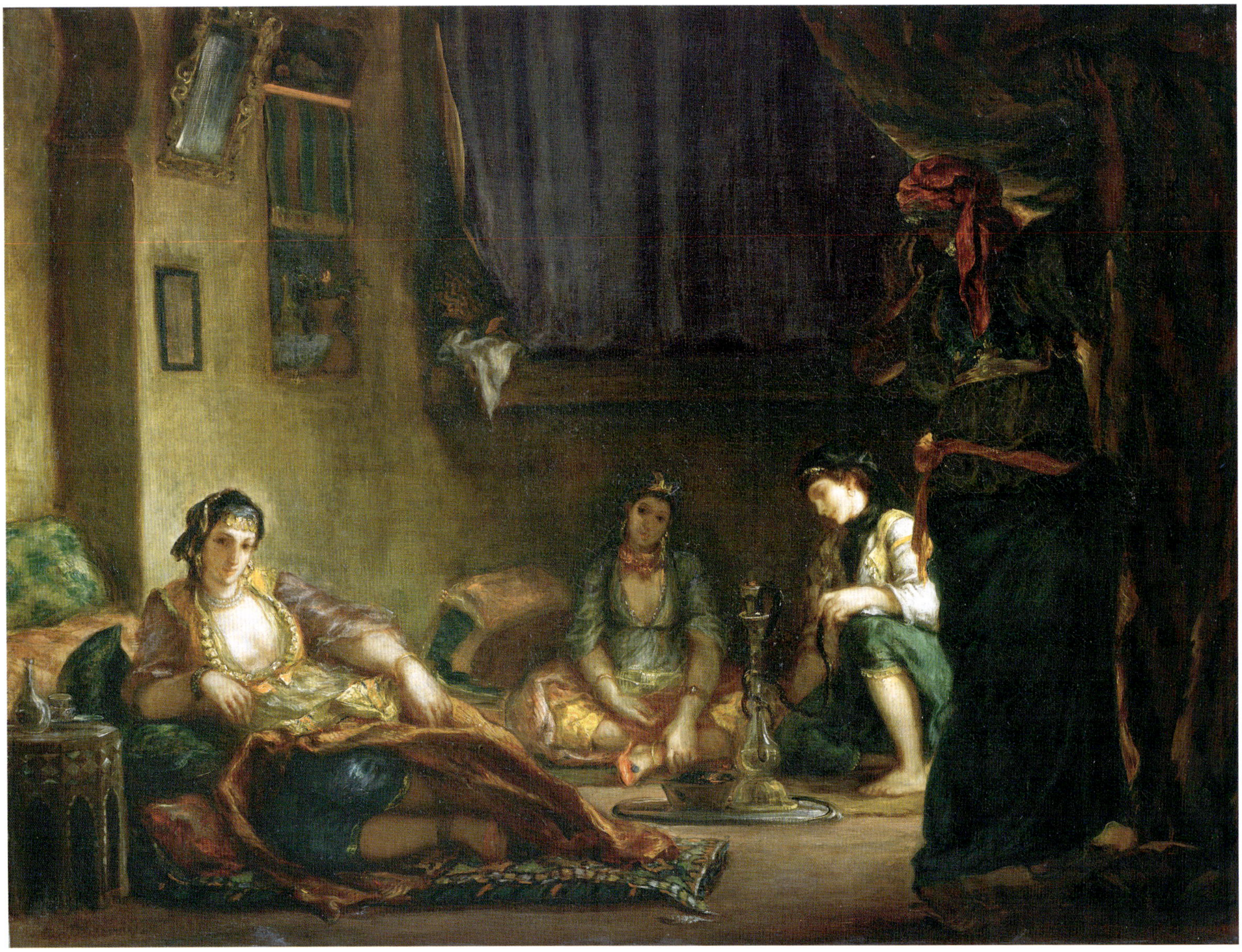

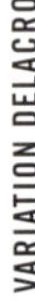

EUGÈNE DELACROIX
* *Femmes d'Alger dans leur appartement*, 1849
Huile sur toile, H. 85 cm ; L. 112 cm
Montpellier, musée Fabre,
don d'Alfred Bruyas, 1868

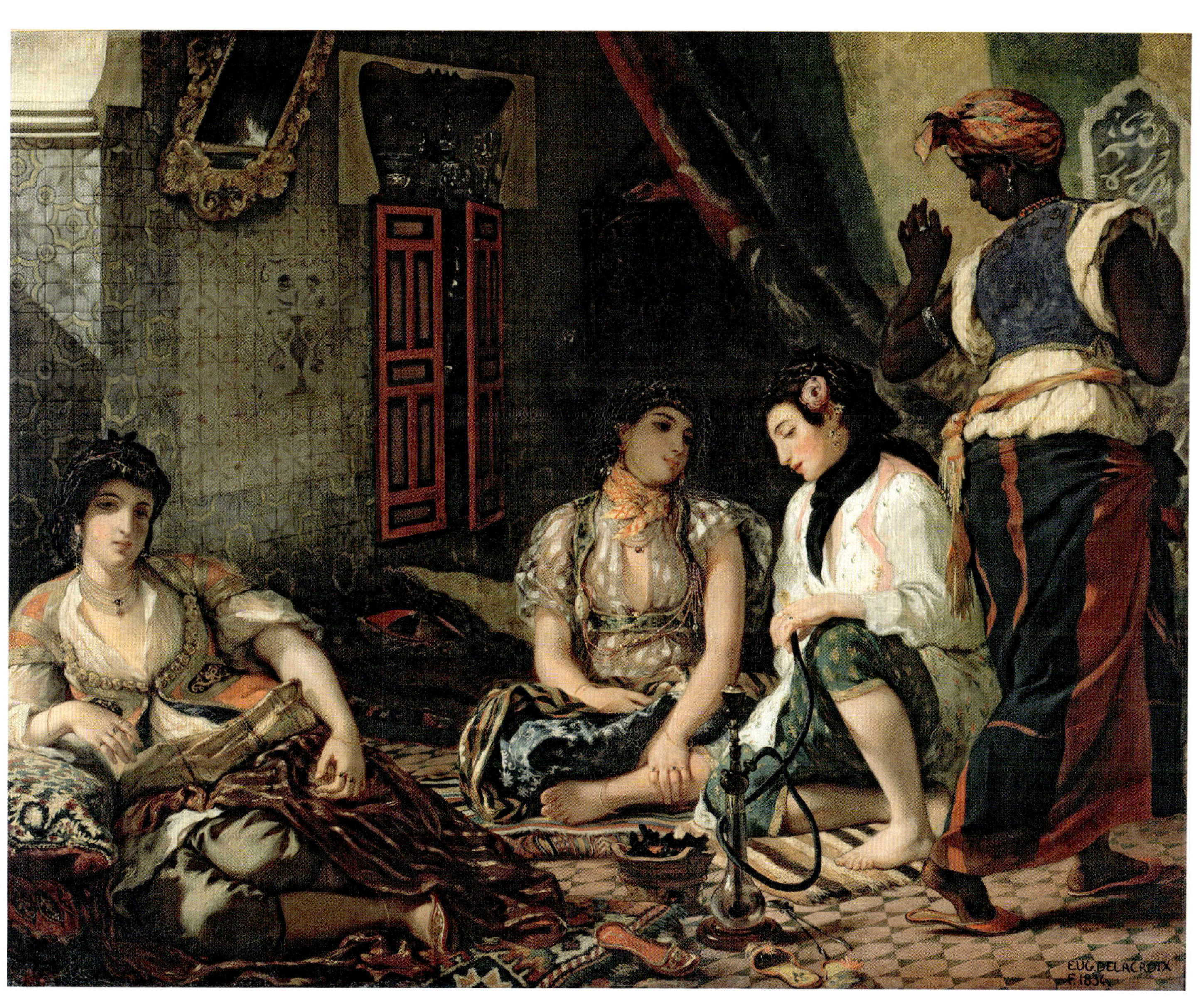

EUGÈNE DELACROIX
Femmes d'Alger dans leur appartement, 1834
Huile sur toile, H. 180 cm ; L. 229 cm
Paris, musée du Louvre

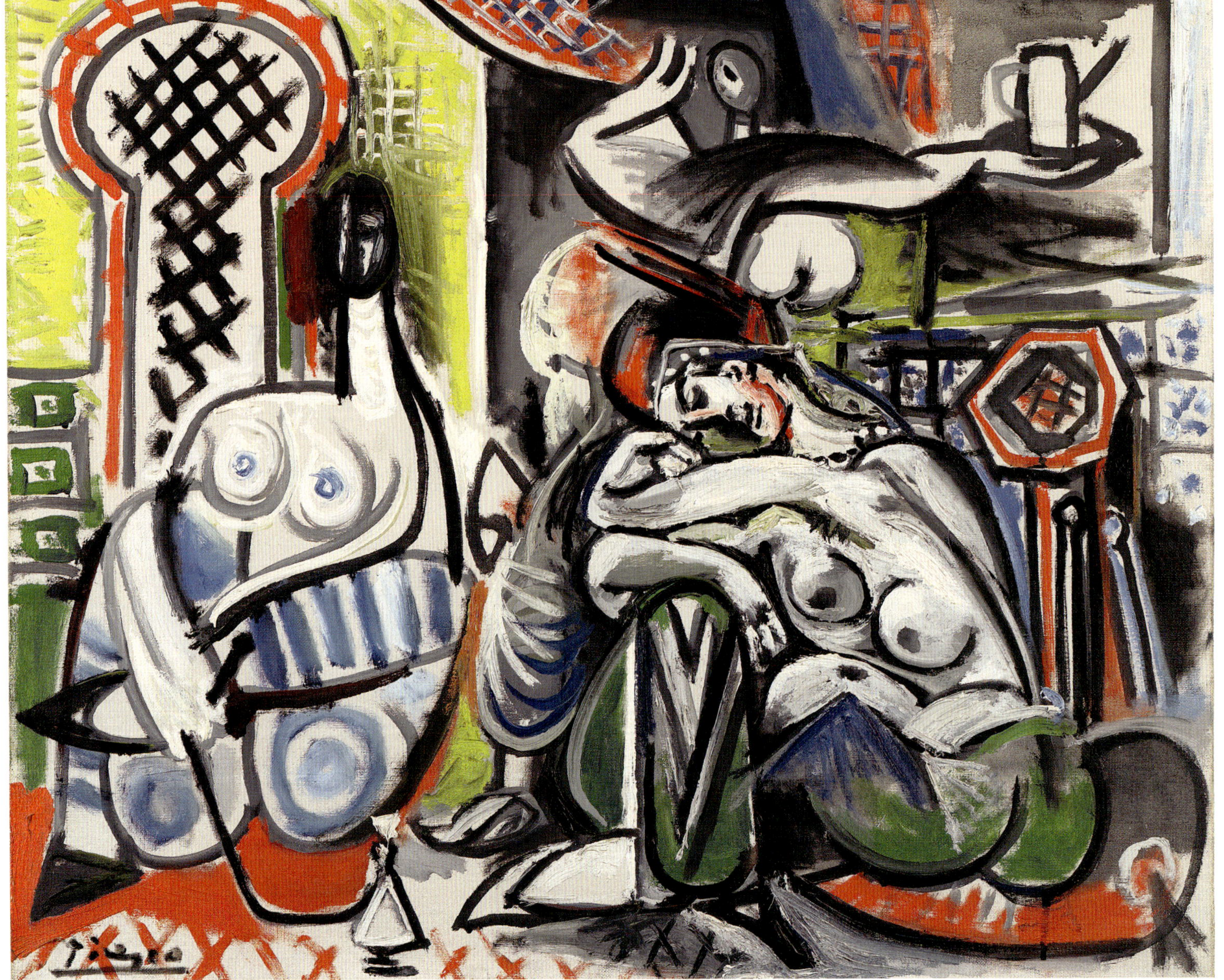

PABLO PICASSO
Les Femmes d'Alger (version A), Paris, 13 décembre 1954
Huile sur toile, H. 61,5 cm ; L. 72,2 cm
Hartford, Wadsworth Atheneum Museum of Art,
don Carey Walker Foundation

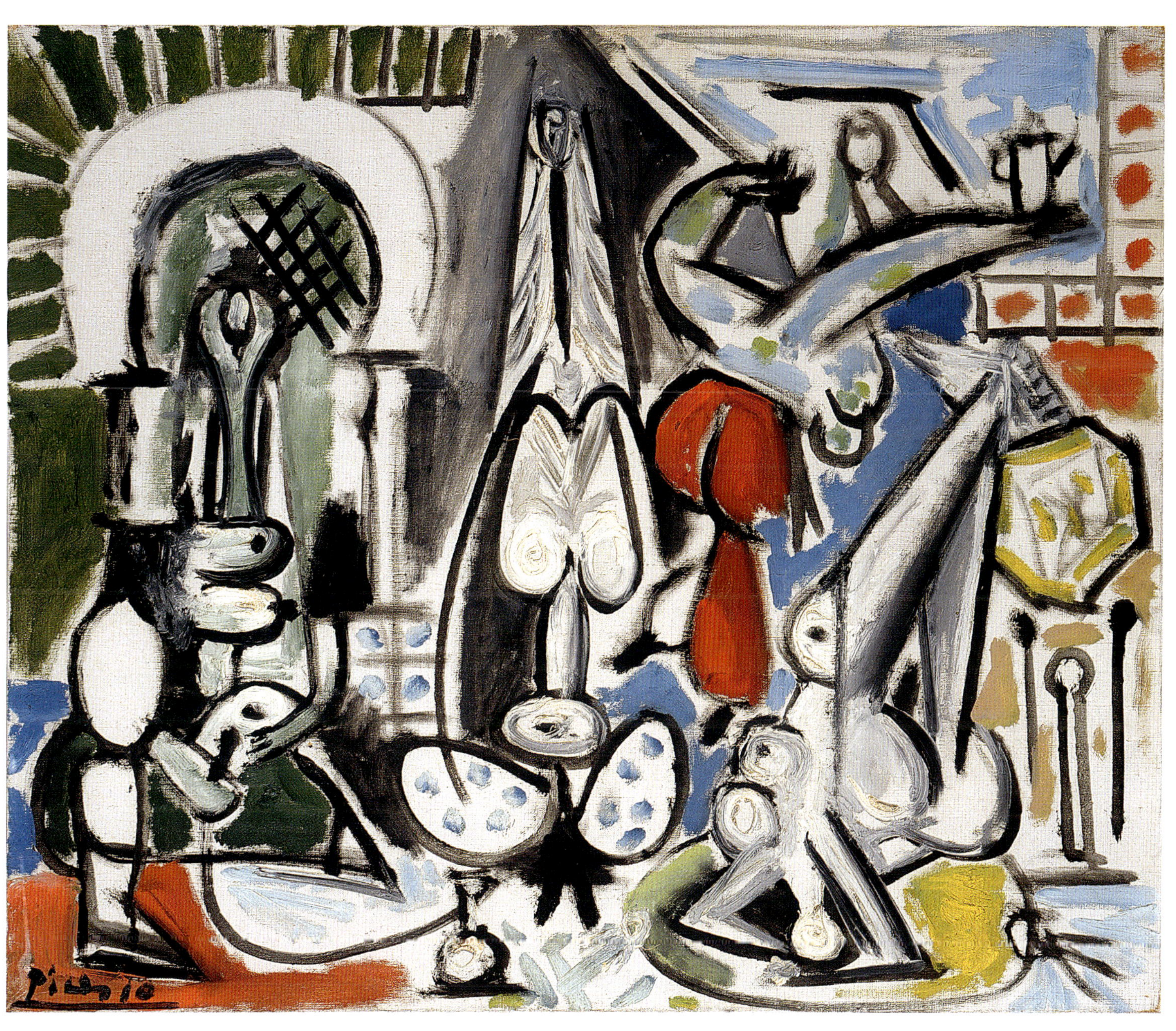

PABLO PICASSO
Les Femmes d'Alger (version C), Paris, 28 décembre 1954
Huile sur toile, H. 54 cm ; L. 65 cm
Londres, Nahmad Collection

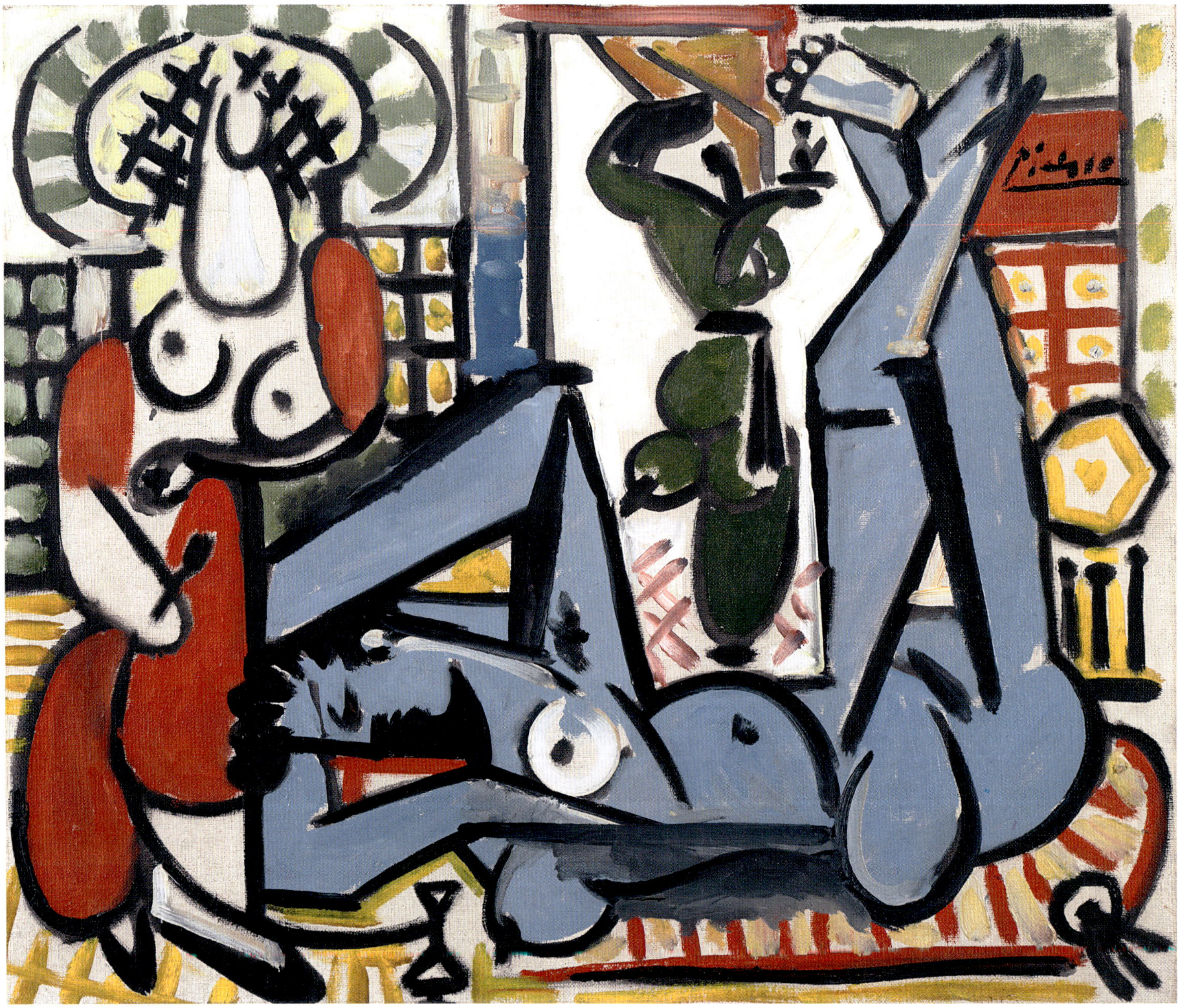

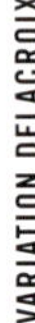

PABLO PICASSO
Les Femmes d'Alger (version E), Paris, 16 janvier 1955
Huile sur toile, H. 46,1 cm ; L. 55 cm
San Francisco, The Museum of Modern Art, don Wilbur D. May

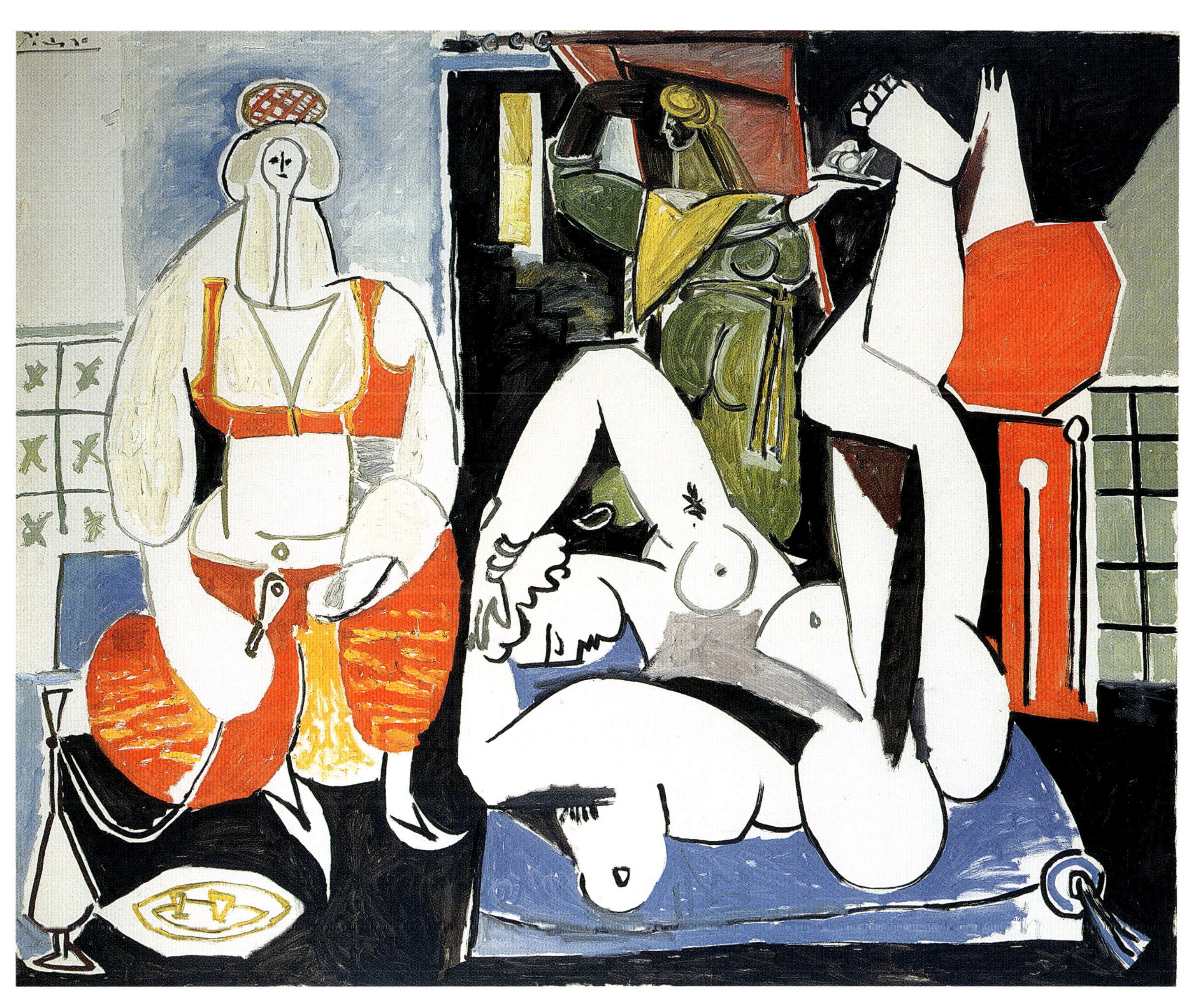

PABLO PICASSO
Les Femmes d'Alger (version H), Paris, 24 janvier 1955
Huile sur toile, H. 130,2 cm ; L. 162,3 cm
Londres, Nahmad Collection

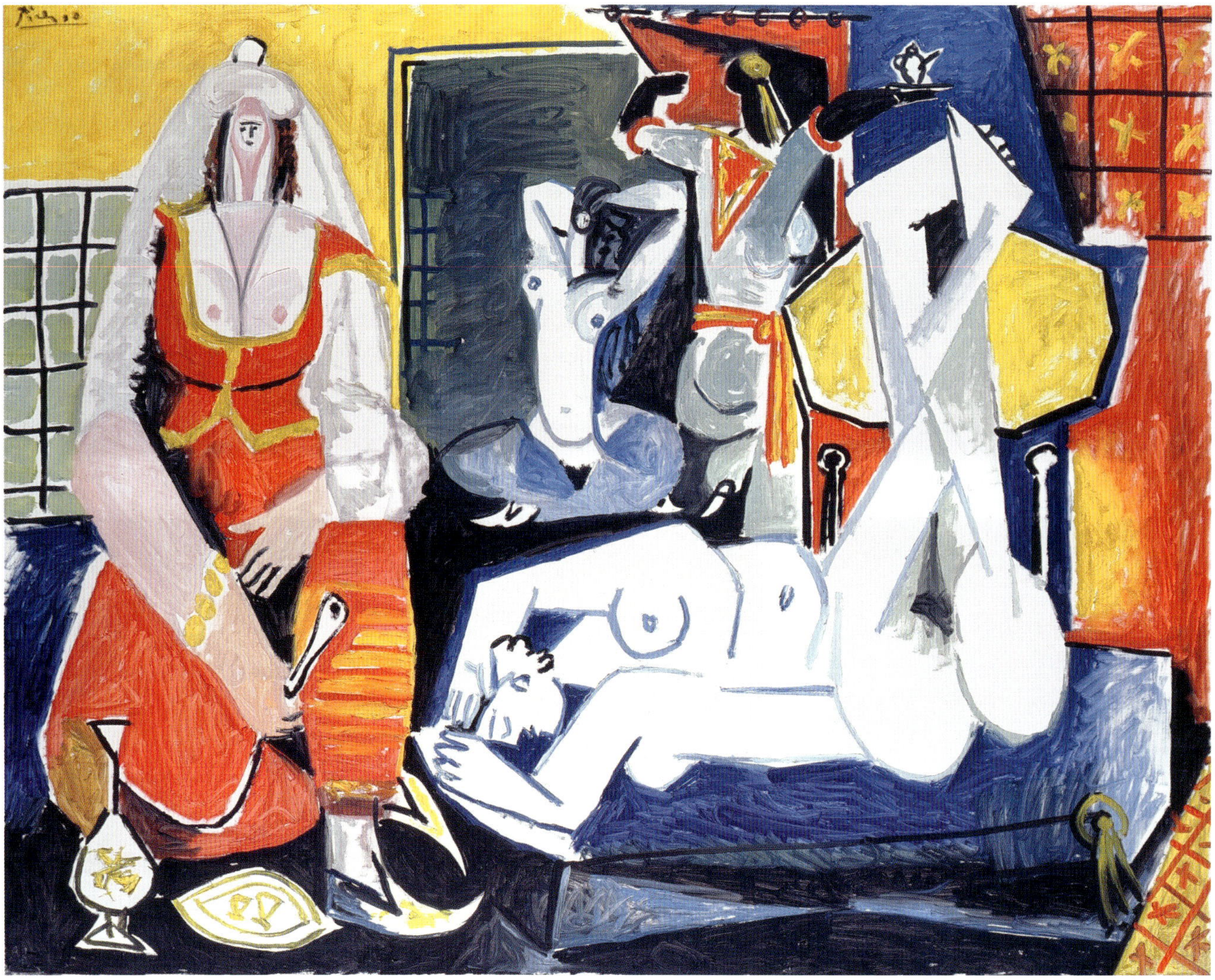

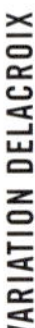

PABLO PICASSO
Les Femmes d'Alger (version J), 26 janvier 1955
Huile sur toile, H. 114 cm ; L. 146 cm
Londres, Nahmad Collection

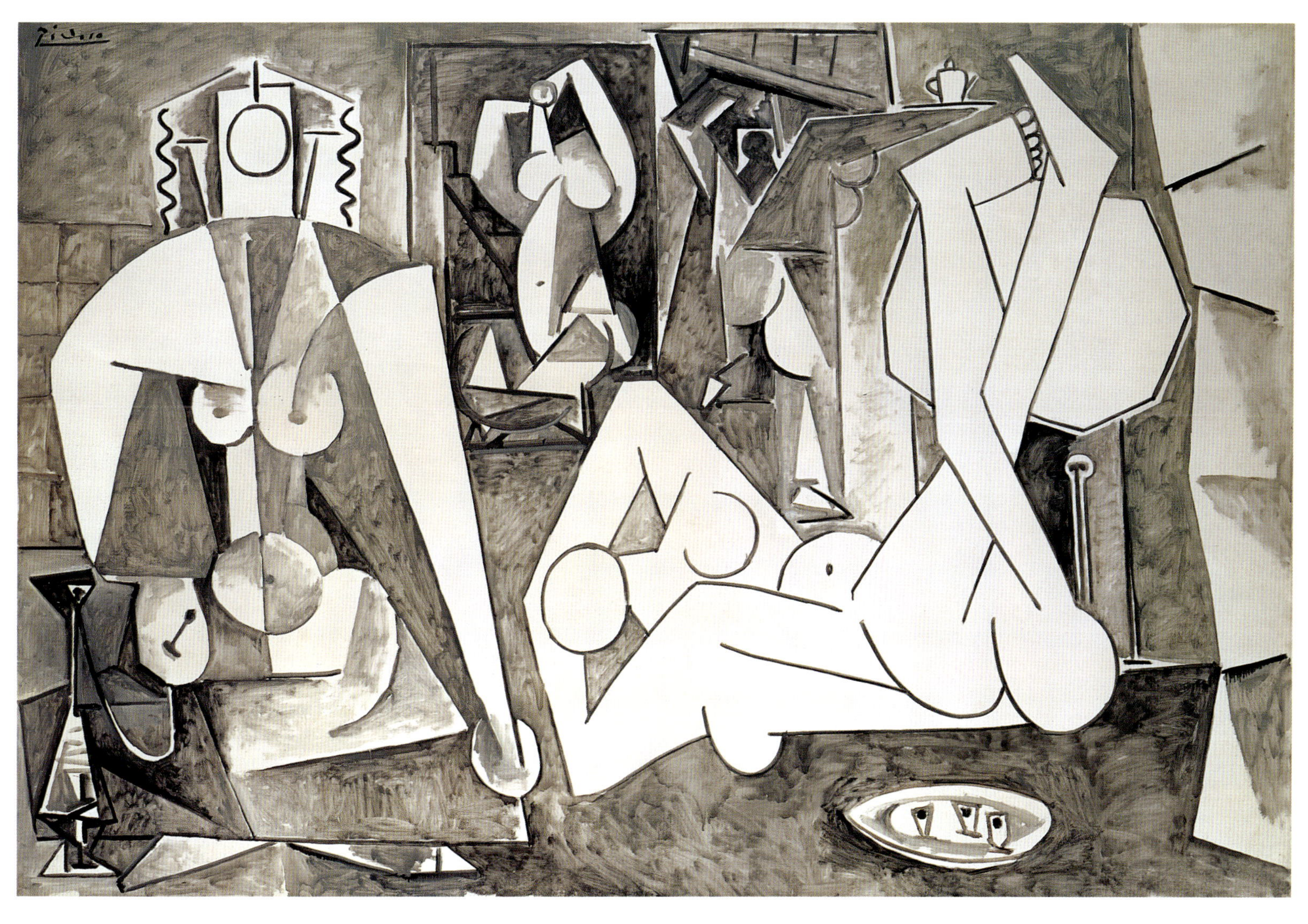

PABLO PICASSO
Les Femmes d'Alger (version M), 11 février 1955
Huile sur toile, H. 130,2 cm ; L. 195 cm
Collection particulière

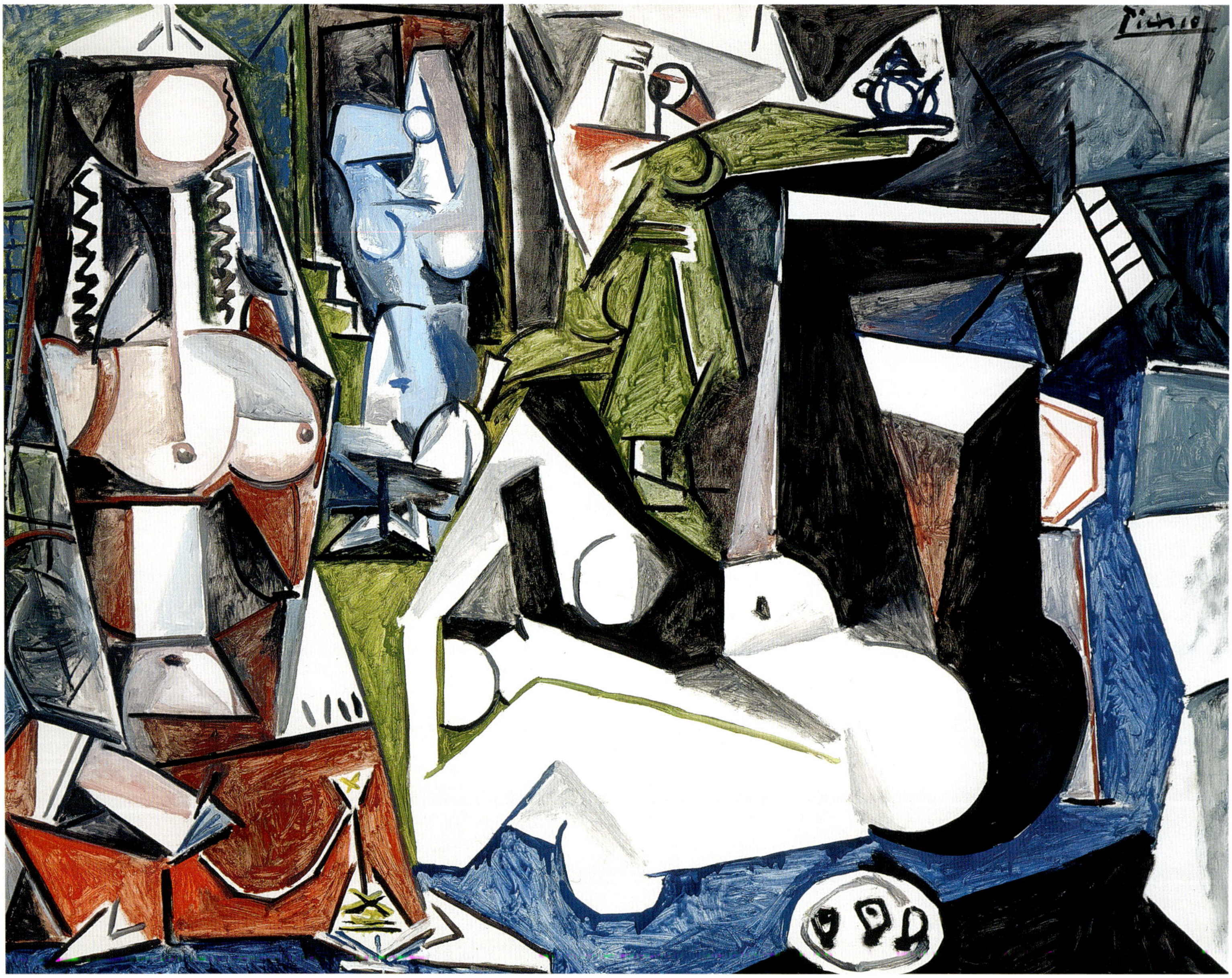

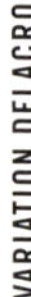

PABLO PICASSO
Les Femmes d'Alger (version N), Paris, 13 février 1955
Huile sur toile, H. 114 cm ; L. 146 cm
Saint Louis, Washington University,
Mildred Lane Kemper Art Museum

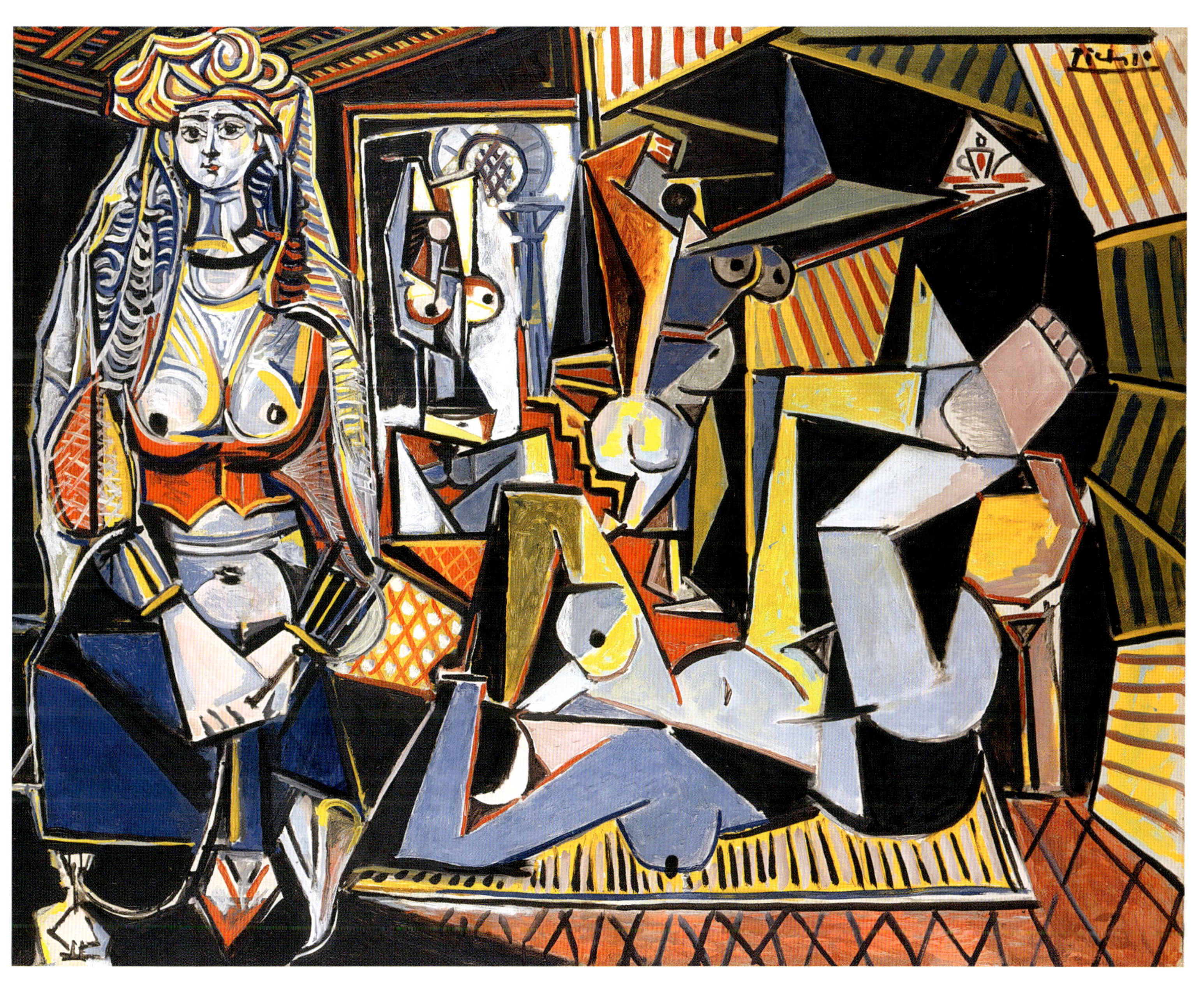

PABLO PICASSO
Les Femmes d'Alger (version O), Paris, 14 février 1955
Huile sur toile, H. 114 cm ; L. 146,4 cm
Collection Libby Howie

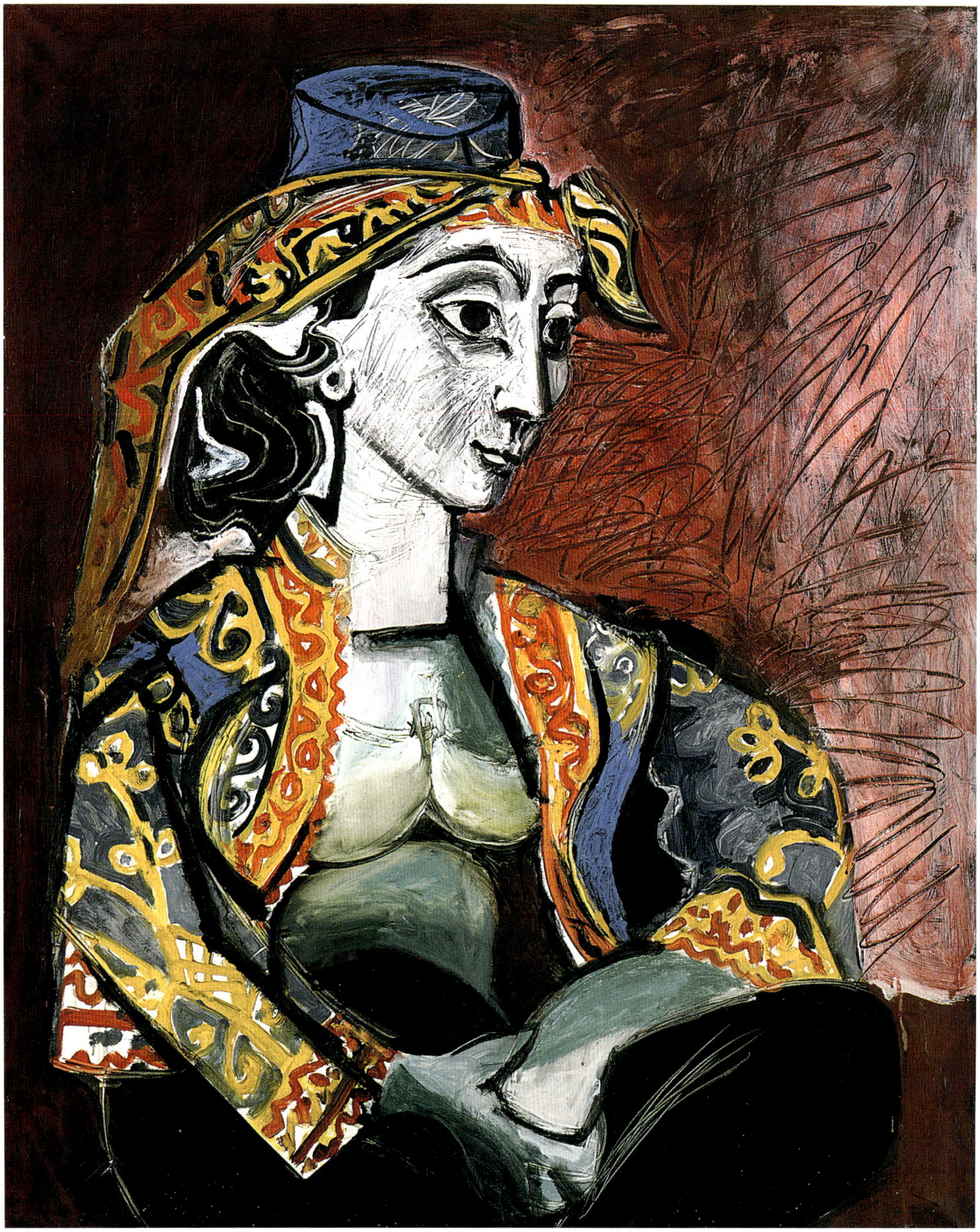

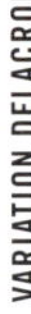

PABLO PICASSO
Portrait de Jacqueline en costume turc,
20 novembre 1955
Huile sur toile, H. 100 ; L. 81 cm
Collection particulière

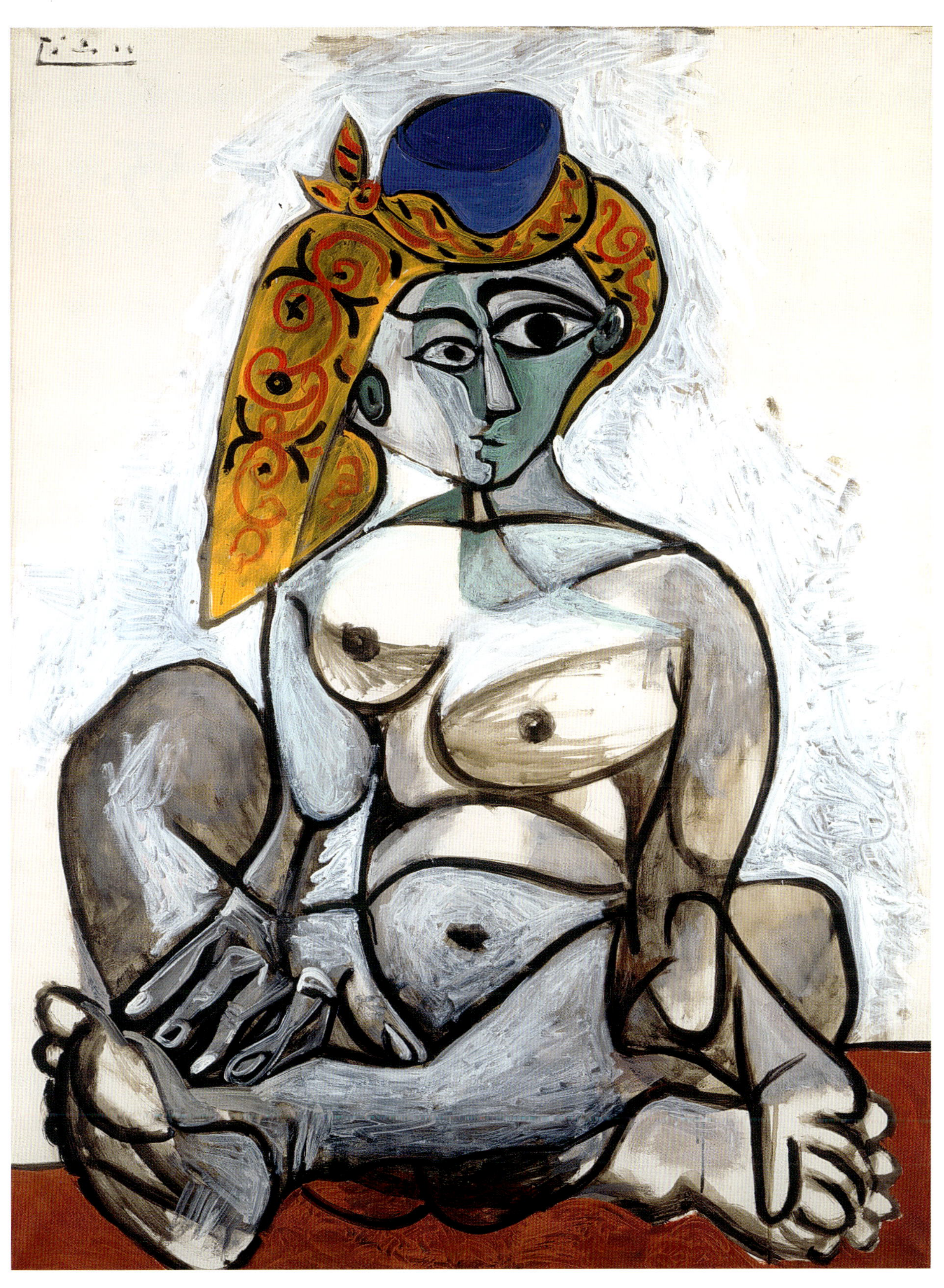

PABLO PICASSO
Femme nue au bonnet turc, 1er décembre 1955
Huile sur toile, H. 116 cm ; L. 89 cm
Paris, Centre Pompidou, musée national d'Art moderne,
donation Louise et Michel Leiris, 1984

« Supposons que l'on veuille copier Les Ménines *purement et simplement, il arriverait un moment, si c'était moi qui entreprenais ce travail, où je me dirais : qu'est-ce que cela donnerait si je mettais ce personnage-là un peu plus à droite ou un peu plus à gauche ? Et j'essaierais de le faire, à ma manière, sans plus me préoccuper de Vélasquez. Cette tentative m'amènerait certainement à modifier la lumière ou à la disposer autrement, du fait que j'aurais changé un personnage de place. Ainsi, peu à peu, j'arriverais à faire un tableau* Les Ménines *qui, pour un peintre spécialiste de la copie, serait détestable ; ce ne seraient pas les Ménines telles qu'elles apparaissent pour lui sur la toile de Vélasquez ; ce seraient mes Ménines... »*

— JAIME SABARTÉS, *PICASSO : « LES MÉNINES » ET LA VIE*,
PARIS, ÉDITIONS CERCLE D'ART, 1959, P. 5 —

VARIATION VELÁZQUEZ

Les Ménines

PABLO PICASSO
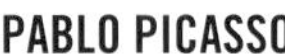
Les Ménines d'après Velázquez,
Cannes, 17 août 1957
Huile sur toile, H. 194 cm ; L. 260 cm
Barcelone, Museu Picasso

DIEGO VELÁZQUEZ
* *La Famille de Philippe IV,* dit *Les Ménines,* 1656
Huile sur toile
H. 318 cm ; L. 276 cm
Madrid, Museo Nacional del Prado

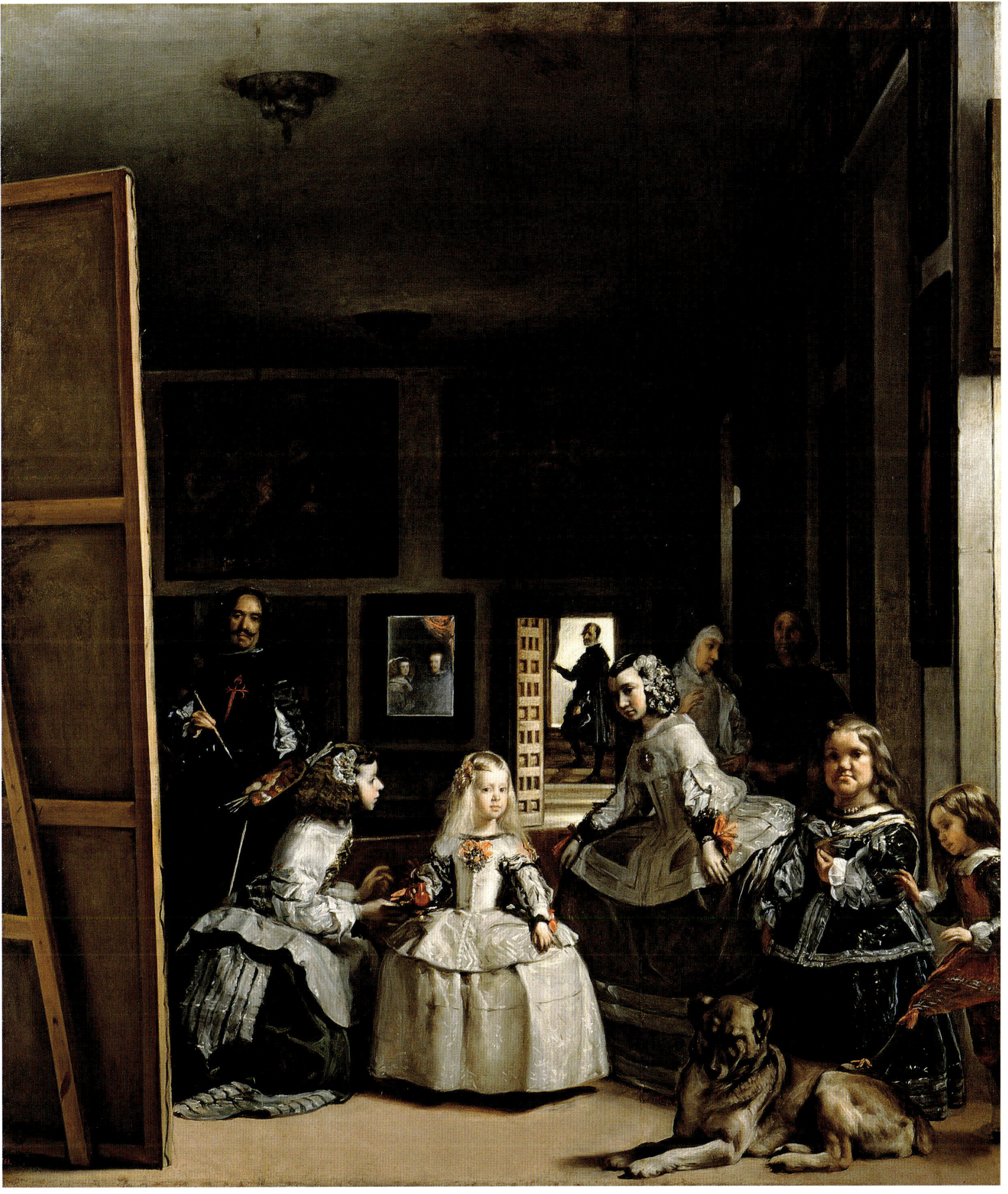

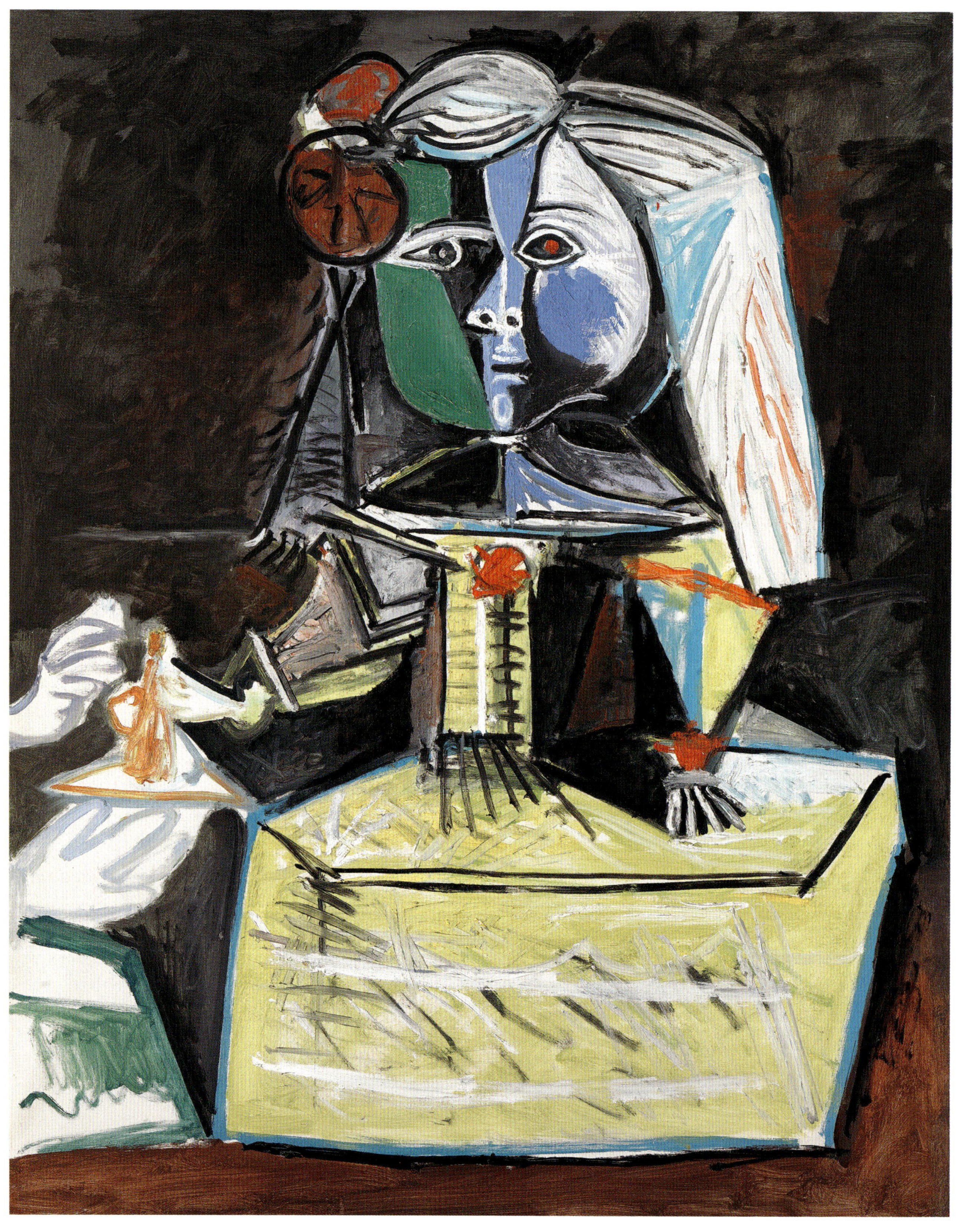

PABLO PICASSO
L'Infante Marie Marguerite, Cannes, 14 septembre 1957
Huile sur toile, H. 100 cm ; L. 81 cm
Barcelone, Museu Picasso

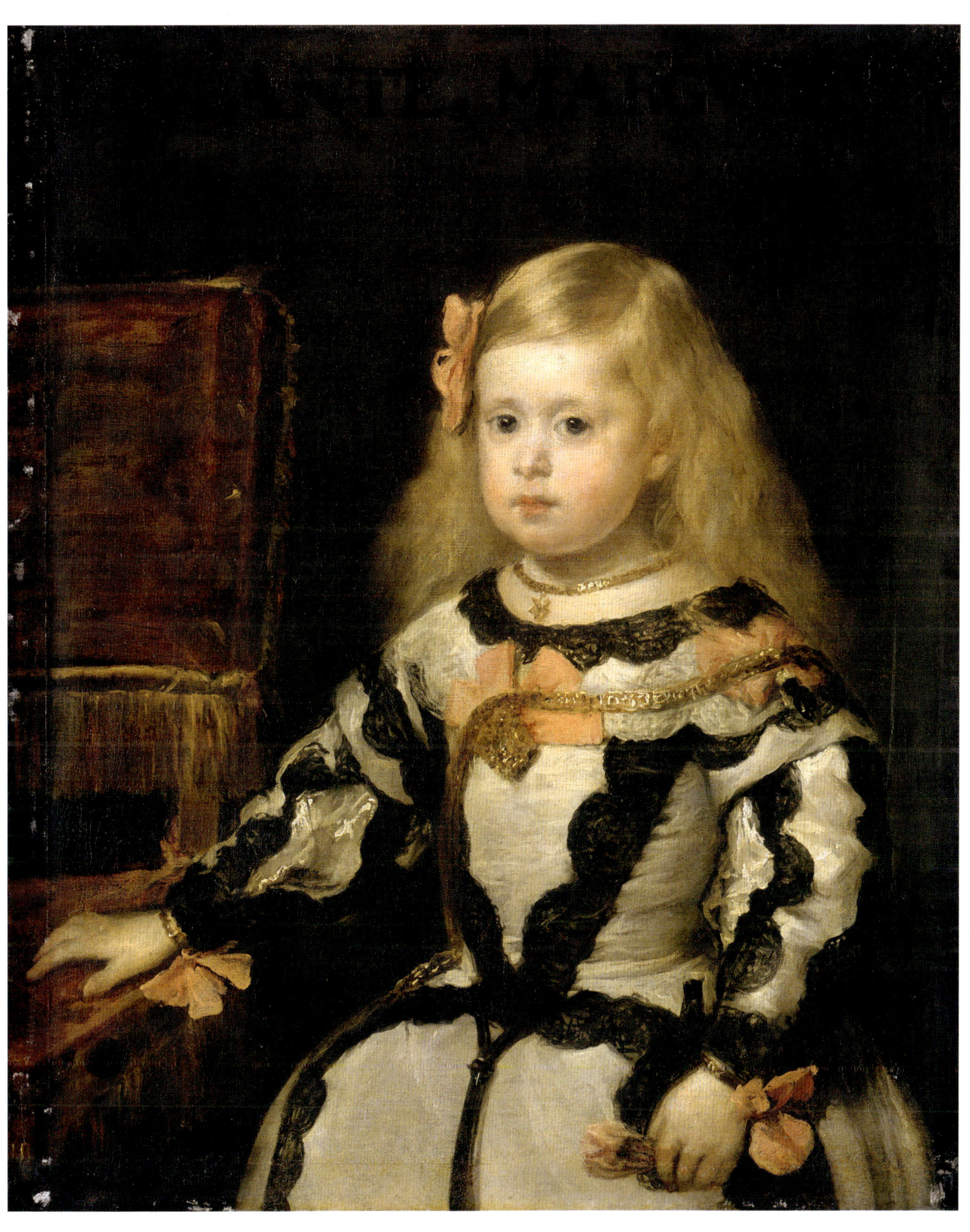

DIEGO VELÁZQUEZ
L'Infante Marie Marguerite, vers 1653
Huile sur toile, H. 70 cm ; L. 58 cm
Paris, musée du Louvre

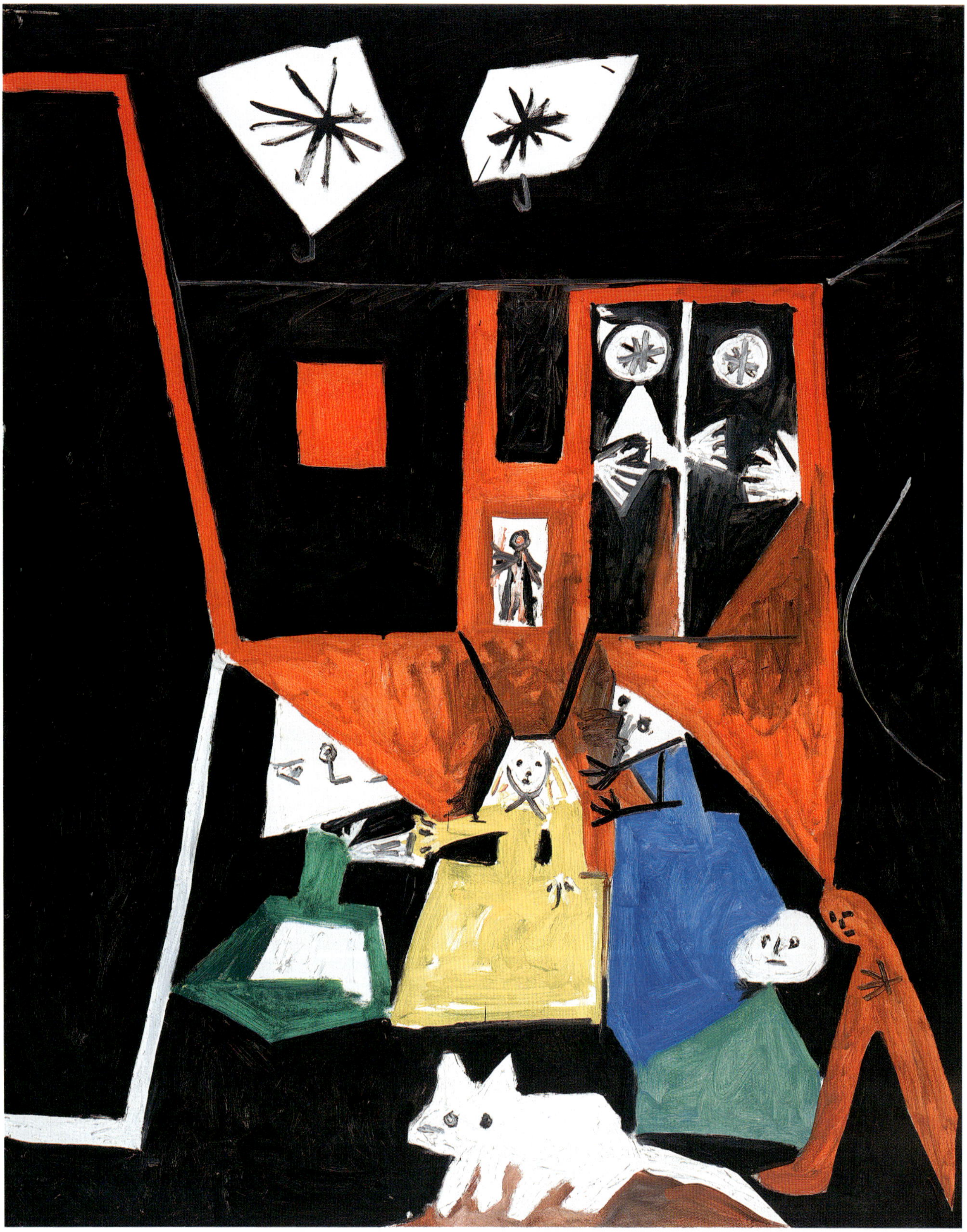

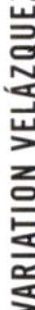

PABLO PICASSO
Les Ménines d'après Velázquez, Cannes, 19 septembre 1957
Huile sur toile, H. 161 cm ; L. 129 cm
Barcelone, Museu Picasso

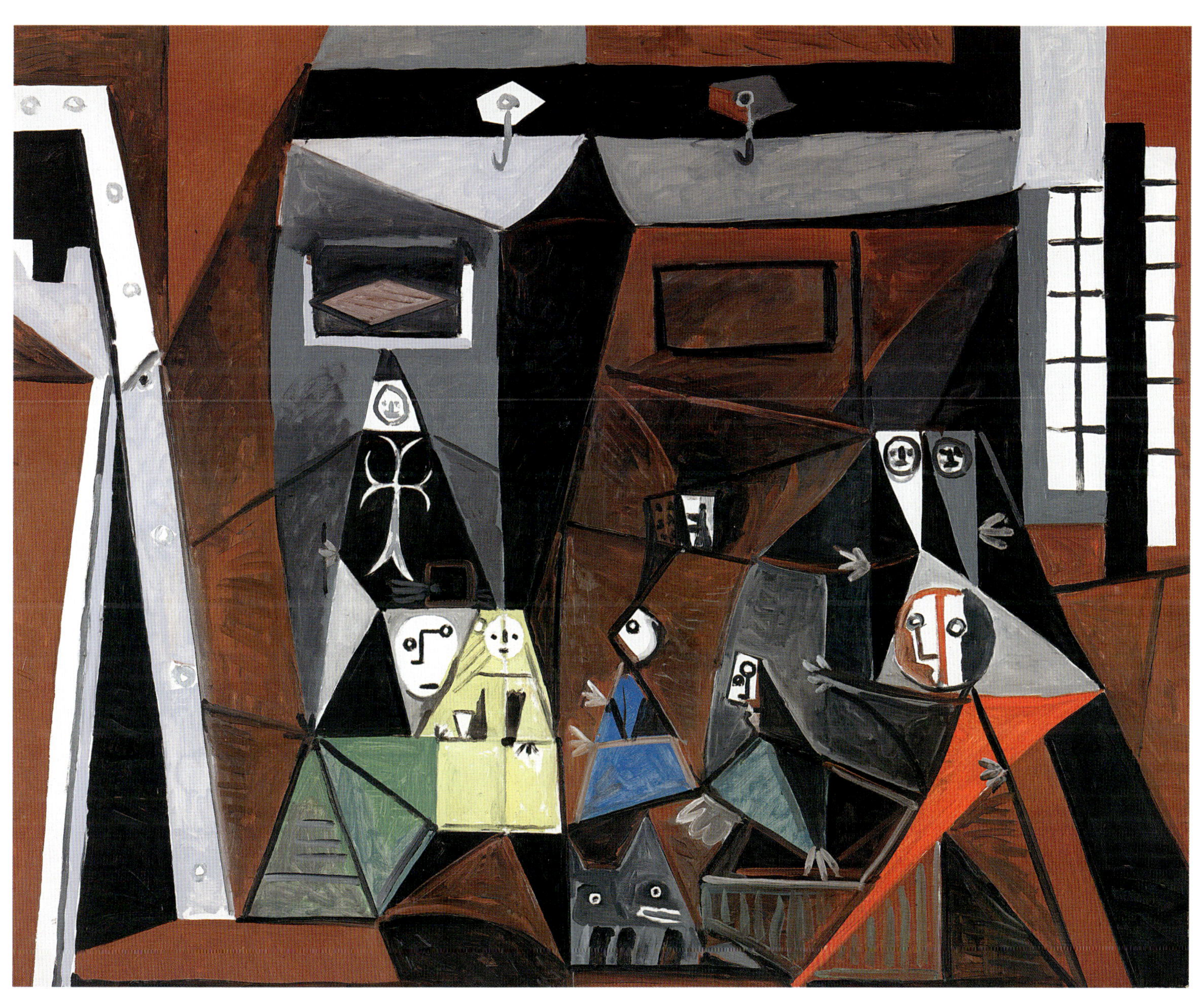

PABLO PICASSO
Les Ménines d'après Velázquez , Cannes, 3 octobre 1957
Huile sur toile, H. 129 cm ; L. 161 cm
Barcelone, Museu Picasso

« Quand je vois le Déjeuner sur l'herbe de Manet, je me dis, des douleurs pour plus tard. »

— PABLO PICASSO, DOS D'UNE ENVELOPPE DE LA GALERIE SIMON DE DANIEL-HENRY KAHNWEILER (ARCHIVES PICASSO) —

VARIATION MANET

Le Déjeuner sur l'herbe

LE DÉJEUNER SUR L'HERBE « Quand je vois le Déjeuner sur l'herbe de Manet, je me dis des douleurs pour plus tard » écrit Picasso au dos d'une enveloppe en 1932. Cette petite phrase lourde de sens, et surprenante par son caractère prémonitoire, en dit long sur la nature profonde de la relation Picasso-Manet, l'intensité de ce dialogue et sa fécondité : en 1903, une parodie de l'*Olympia*, en 1919, *Les Amoureux*, dans les années cinquante, des pastiches de *L'Empereur Maximilien* et de *Lola de Valence*. Dès 1954, il consigne dans un carnet les têtes des personnages. Manet le hante en fait depuis longtemps. Il est le peintre de la citation, le fondateur de la modernité, et le plus espagnol.

En 1863, Édouard Manet présente son *Déjeuner sur l'herbe* au Salon des refusés. Le scandale fait son succès et l'impose comme une œuvre fondatrice de la peinture moderne : la juxtaposition du corps nu de la femme au premier plan et des deux hommes habillés qui l'entourent, si elle reprend la composition du *Concert champêtre* du Titien (anciennement attribué à Giorgione), choque par son réalisme, que ne justifie plus aucun prétexte mythologique. Entre le mois d'août 1959 et le mois de juillet 1962, Picasso réalise sur ce thème une série de vingt-sept toiles, plus de cent quarante dessins, mais aussi des linogravures, des maquettes… Une production prolifique qui témoigne de l'intensité du dialogue instauré. Cette scène sylvestre permet à Picasso d'évoquer la lumière des sous-bois, le vert sombre et profond de la clairière : un décor exceptionnel dans son œuvre, qui renvoie aux *Nus dans la forêt* et aux *Paysages de la rue des Bois* (1908). Pour chaque image, Picasso change de langage. Commençant par des aplats, il passe successivement d'un style très fouillé à une écriture en tourbillons, à de larges traits nerveusement brossés. La série des *Déjeuners* se différencie des précédentes en ce sens qu'elle permet à Picasso de sortir du thème pour retrouver ses préoccupations personnelles : le *Nu penché en avant*, le dialogue entre le peintre et le modèle, maintes fois étudiés.

Dans la version la plus grande (Vauvenargues, 3 mars – 20 août 1960) Picasso a respecté la position des personnages, ainsi que l'environnement (les arbres, la clairière, la rivière), la dominante bleue, verte et rose du tableau de Manet, et la nature morte au premier plan. Mais il a supprimé l'un des deux hommes pour mettre l'accent sur la relation entre le causeur à droite et la femme monumentale à gauche, confrontation qui le ramène malgré lui au dialogue fondateur entre le peintre et le modèle, de la même façon que le nu penché en avant rappelle un motif qui lui est cher depuis 1944.

Toutes les phases de cette recherche sont visibles dans les innombrables dessins qui accompagnent la série, pour former ce que Douglas Cooper appelle le « laboratoire de l'image », dans lequel il distingue quatre étapes : la partie de campagne, la baignade, la randonnée nocturne, et l'idylle des temps classiques. Picasso est revenu à plusieurs reprises sur ce tableau, comme s'il ne pouvait se détacher de ce sujet essentiel. Paradoxalement, la peinture plate et silencieuse de Manet aura donné naissance, violée par Picasso, à une peinture bavarde et à la sculpture. En effet, cette composition sera réalisée en béton par Carl Nesjar dans le jardin du Moderna Museet de Stockholm d'après les petites maquettes en carton conservées au musée Picasso.

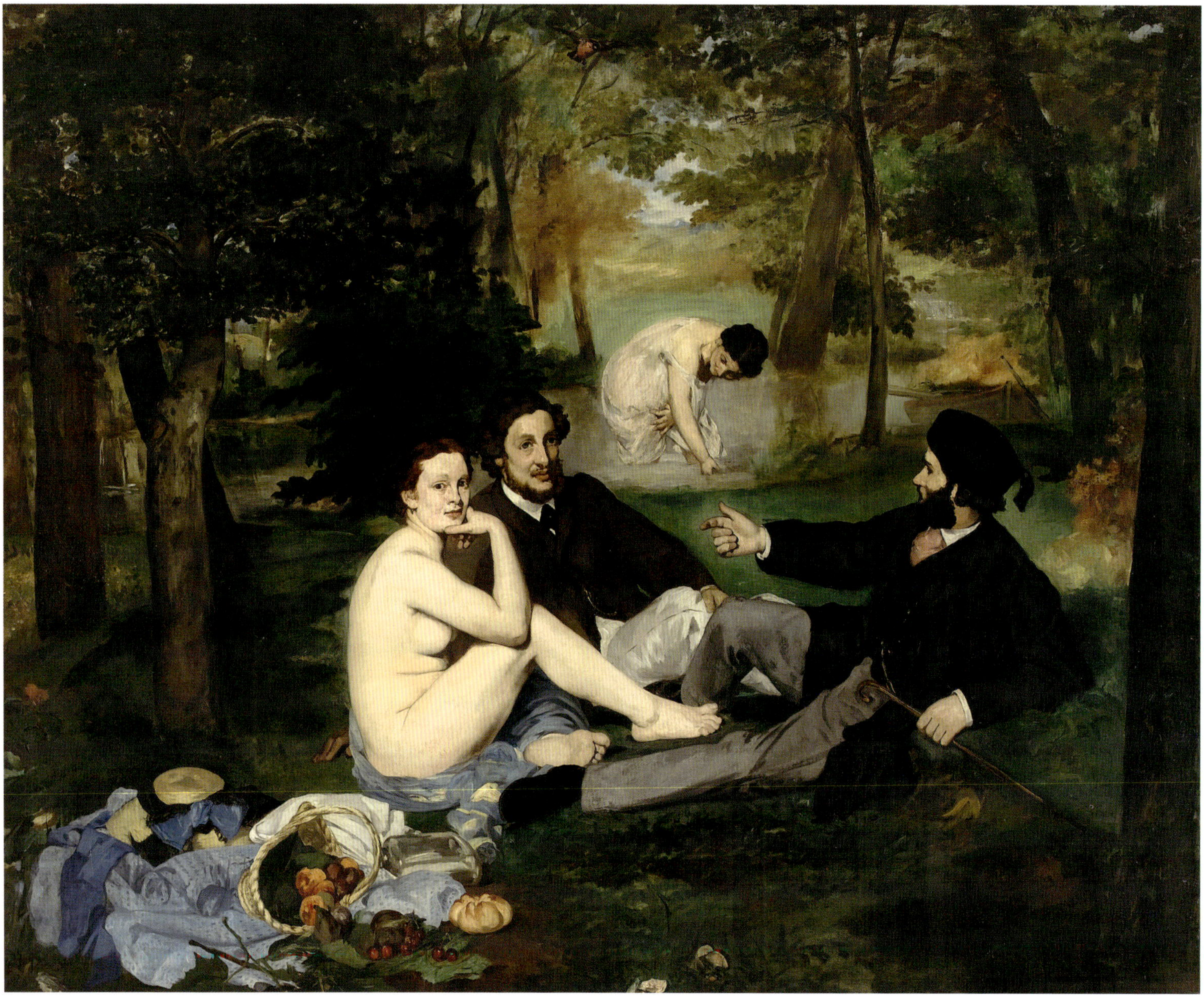

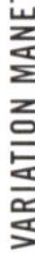

ÉDOUARD MANET
Le Déjeuner sur l'herbe, 1863
Huile sur toile, H. 208 cm ; L. 264,5 cm
Paris, musée d'Orsay

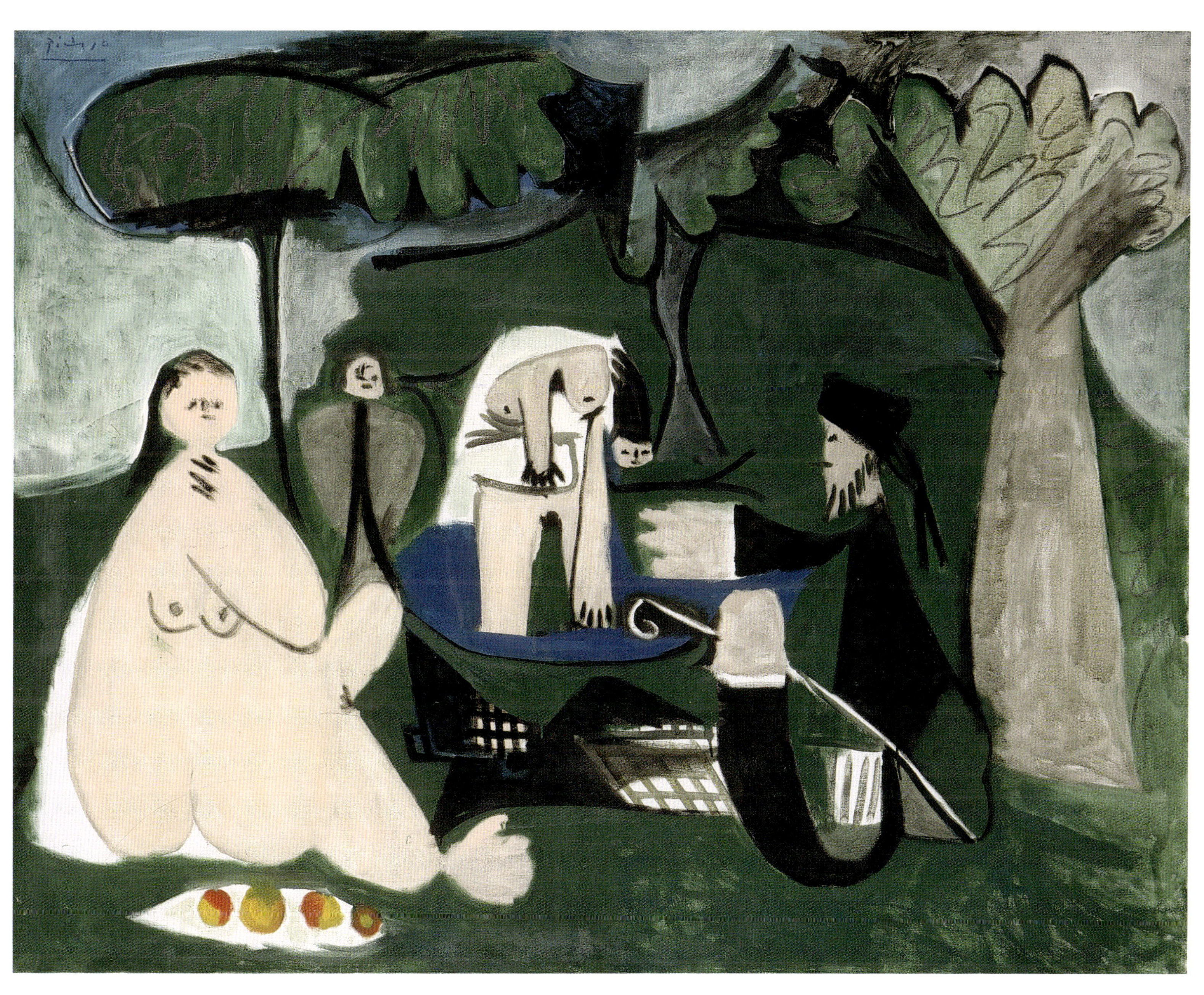

PABLO PICASSO
Le Déjeuner sur l'herbe d'après Manet, 27 février 1960
Huile sur toile, H. 114 cm ; L. 146 cm
Londres, Nahmad Collection

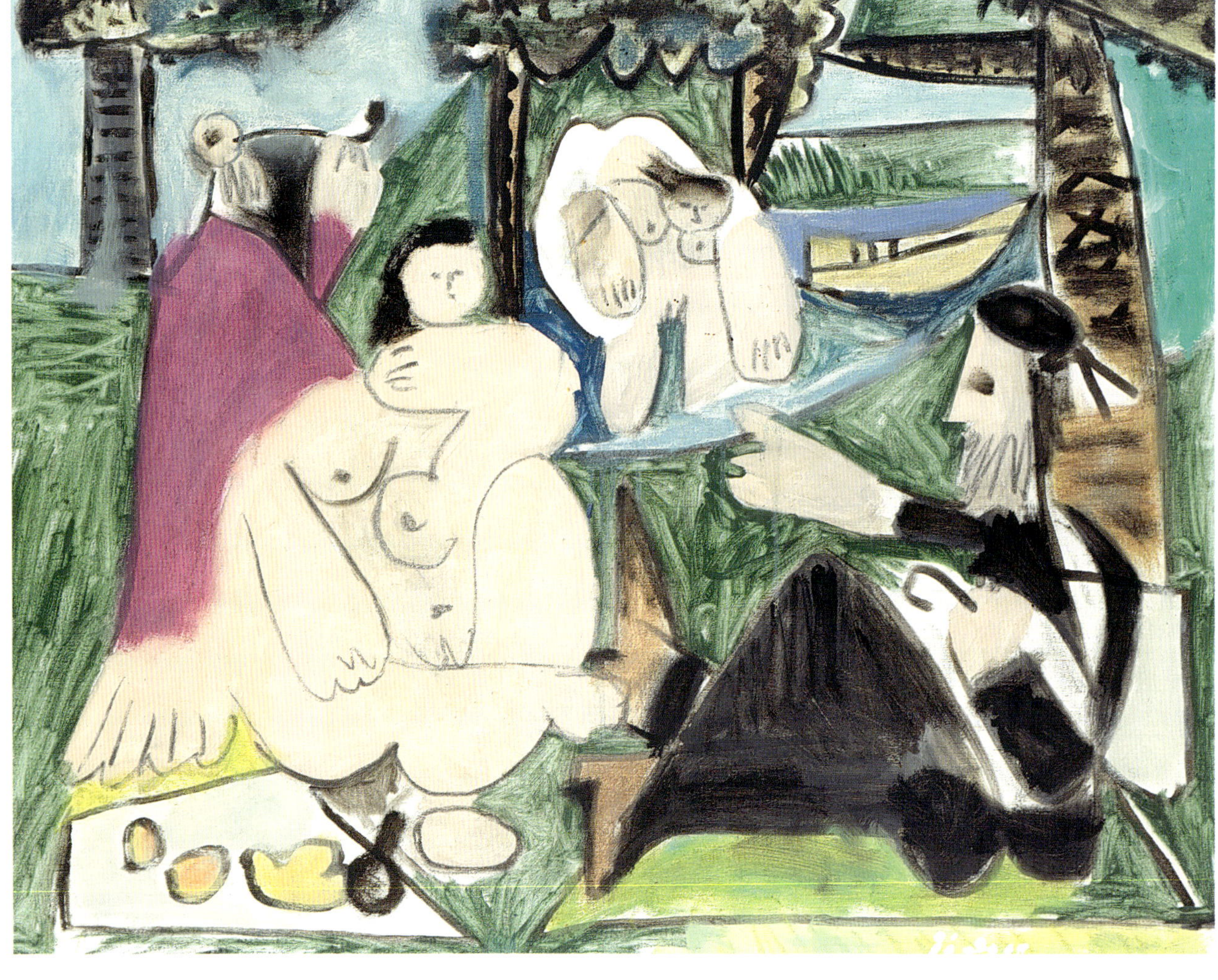

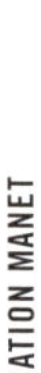

PABLO PICASSO
Le Déjeuner sur l'herbe d'après Manet
Vauvenargues, 4 mars et 30 juillet 1960
Huile sur toile, H. 60 cm ; L. 73 cm
Londres, Nahmad Collection

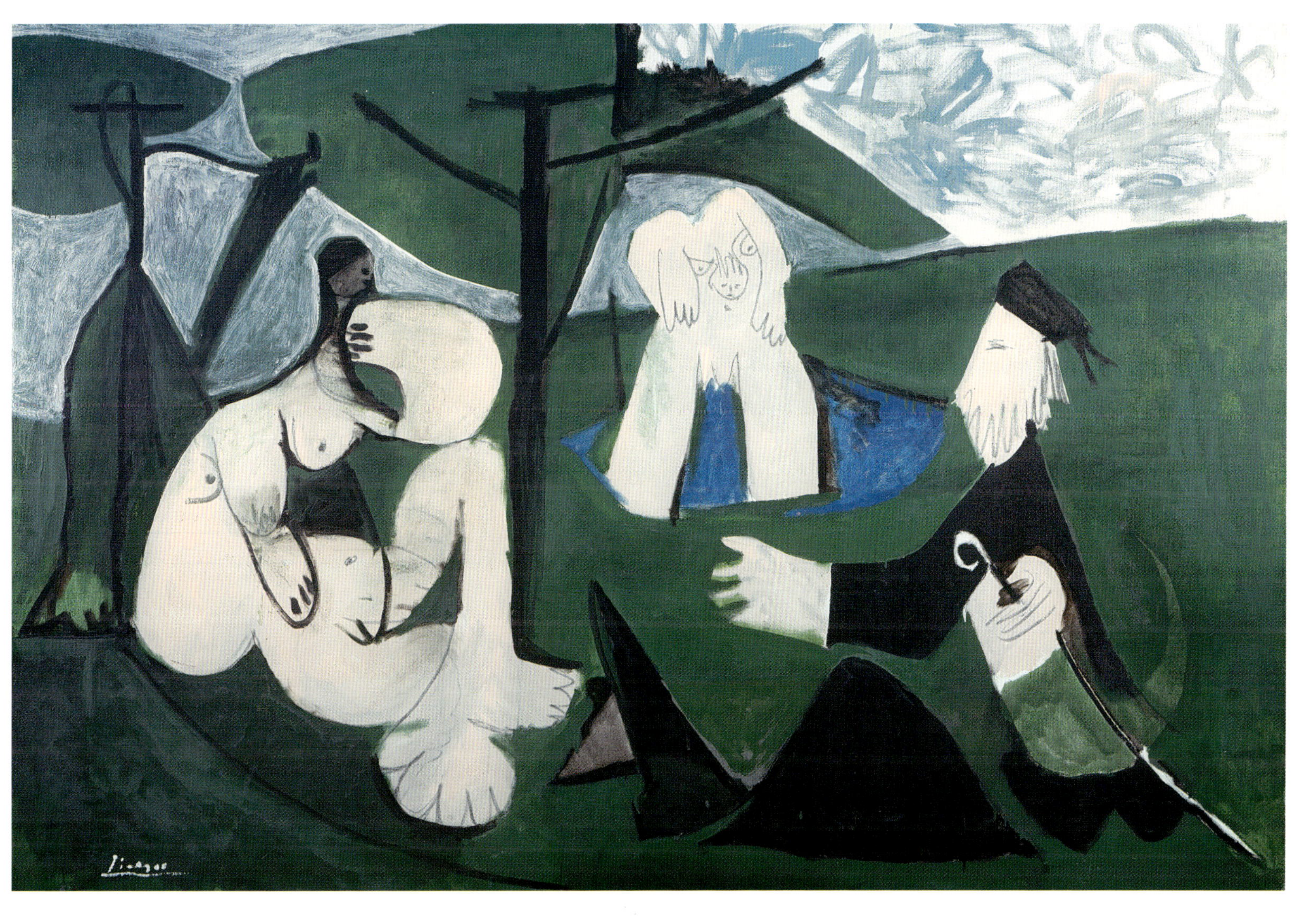

PABLO PICASSO
Le Déjeuner sur l'herbe d'après Manet, 29 février 1960
Huile sur toile, H. 130 cm ; L. 195 cm
Collection particulière

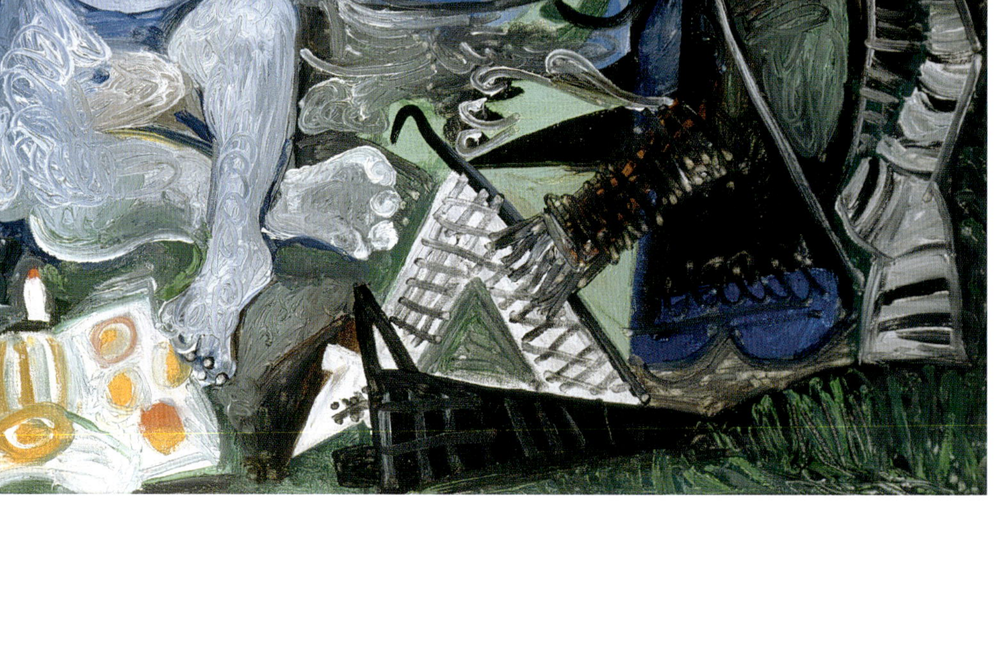

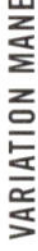

PABLO PICASSO
Le Déjeuner sur l'herbe d'après Manet
Mougins, 17 juin 1961
Huile sur toile, H. 60 cm ; L. 73 cm
Cologne, Museum Ludwig

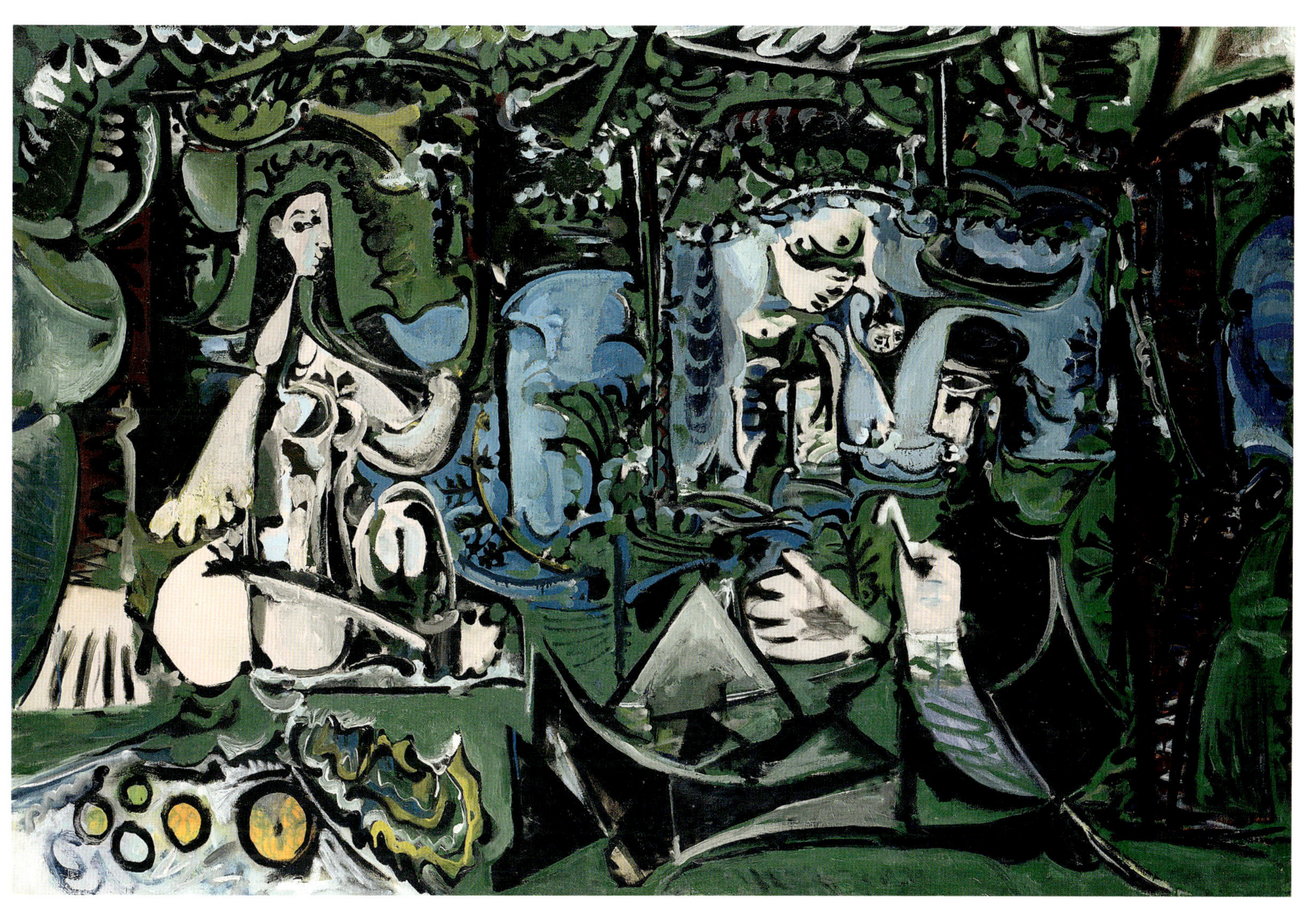

PABLO PICASSO
Le Déjeuner sur l'herbe d'après Manet
Vauvenargues, 3 mars – 20 août 1960
Huile sur toile, H. 130 cm ; L. 195 cm
Paris, musée Picasso, dation Pablo Picasso 1979

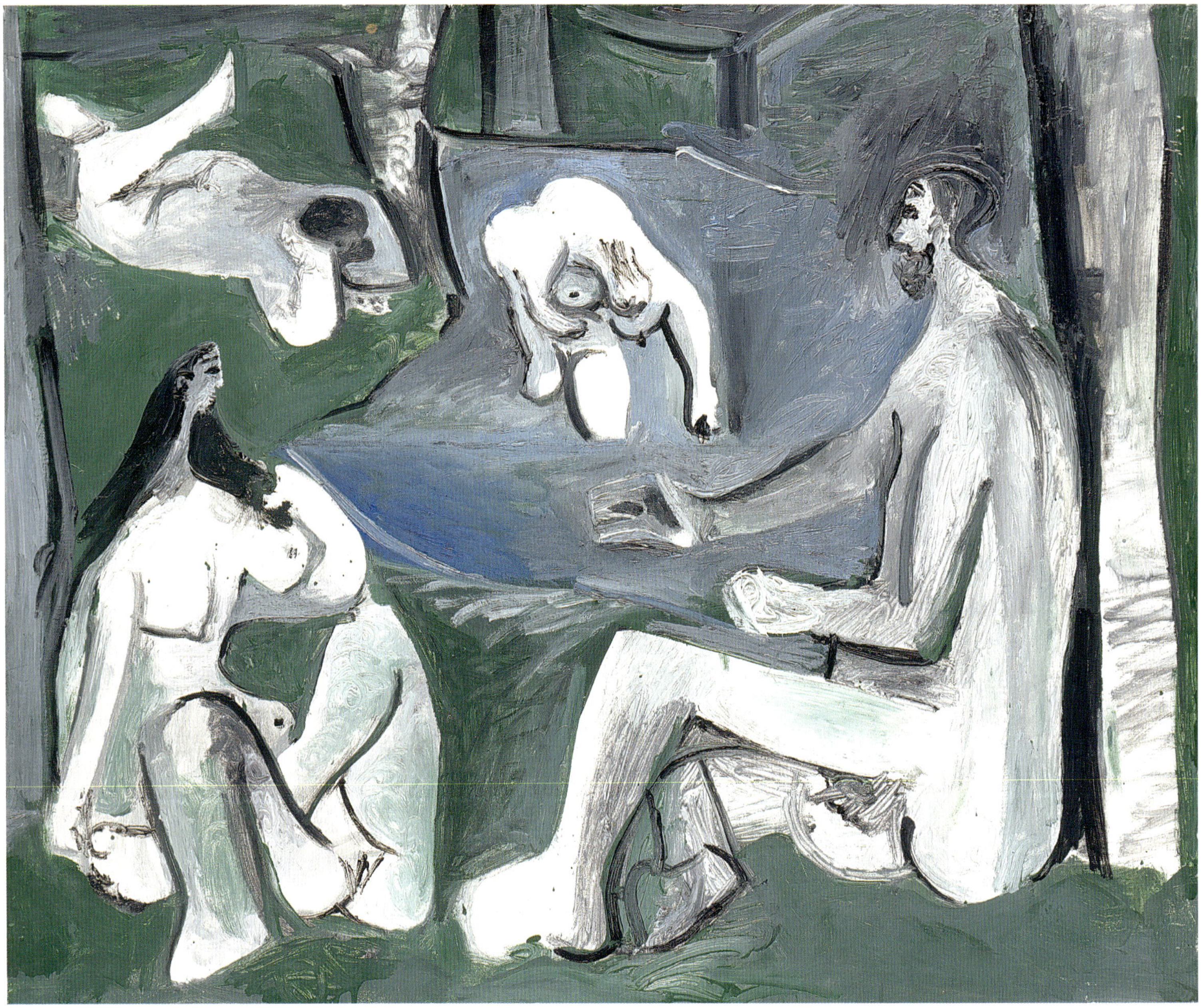

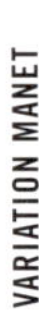

PABLO PICASSO
Le Déjeuner sur l'herbe d'après Manet, Mougins, 13 juillet 1961
Huile sur toile, H. 60 cm ; L. 73 cm
Paris, musée Picasso, dation Pablo Picasso 1979

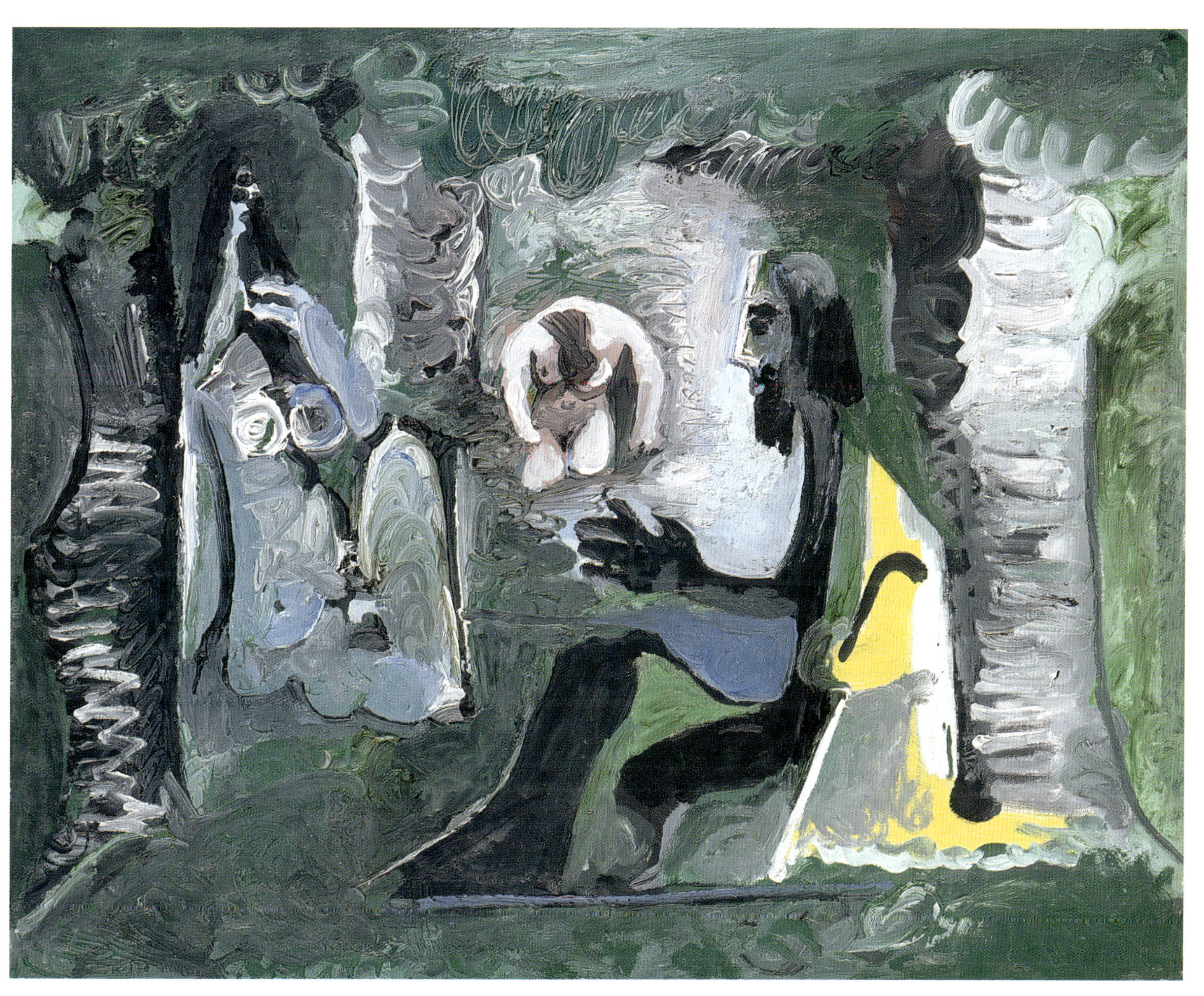

PABLO PICASSO
Le Déjeuner sur l'herbe d'après Manet, Mougins, 27 juillet 1961
Huile sur toile, H. 65 cm ; L. 81 cm
Paris, musée Picasso, dation Jacqueline Picasso 1990

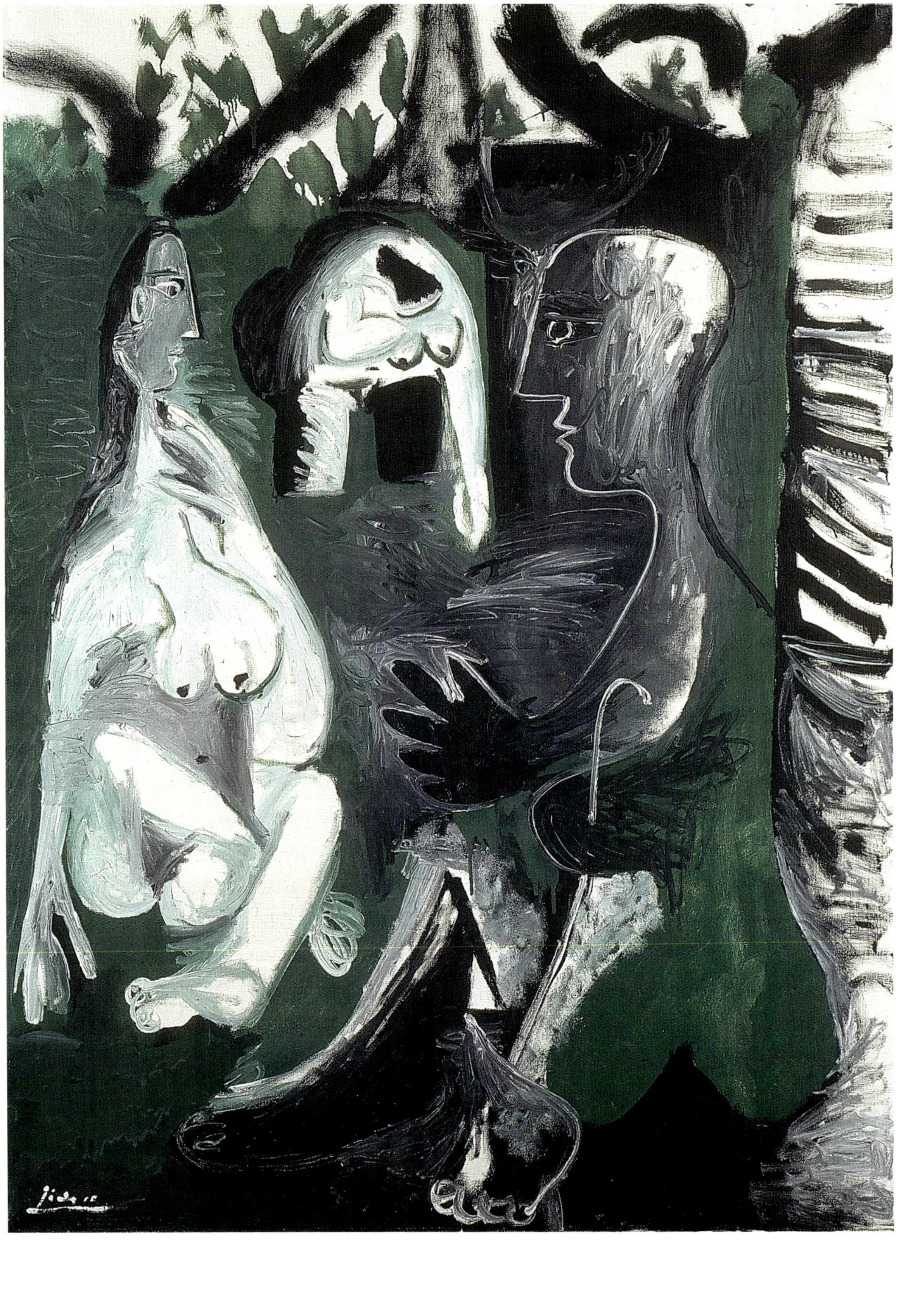

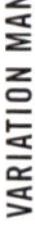

PABLO PICASSO
Le Déjeuner sur l'herbe d'après Manet
Mougins, 30 juillet 1961
Huile sur toile, H. 130 cm; L. 97 cm
Humlebaek, Louisiana Museum of Modern Art,
donation: The Picasso Foundation and The Louisiana Foundation

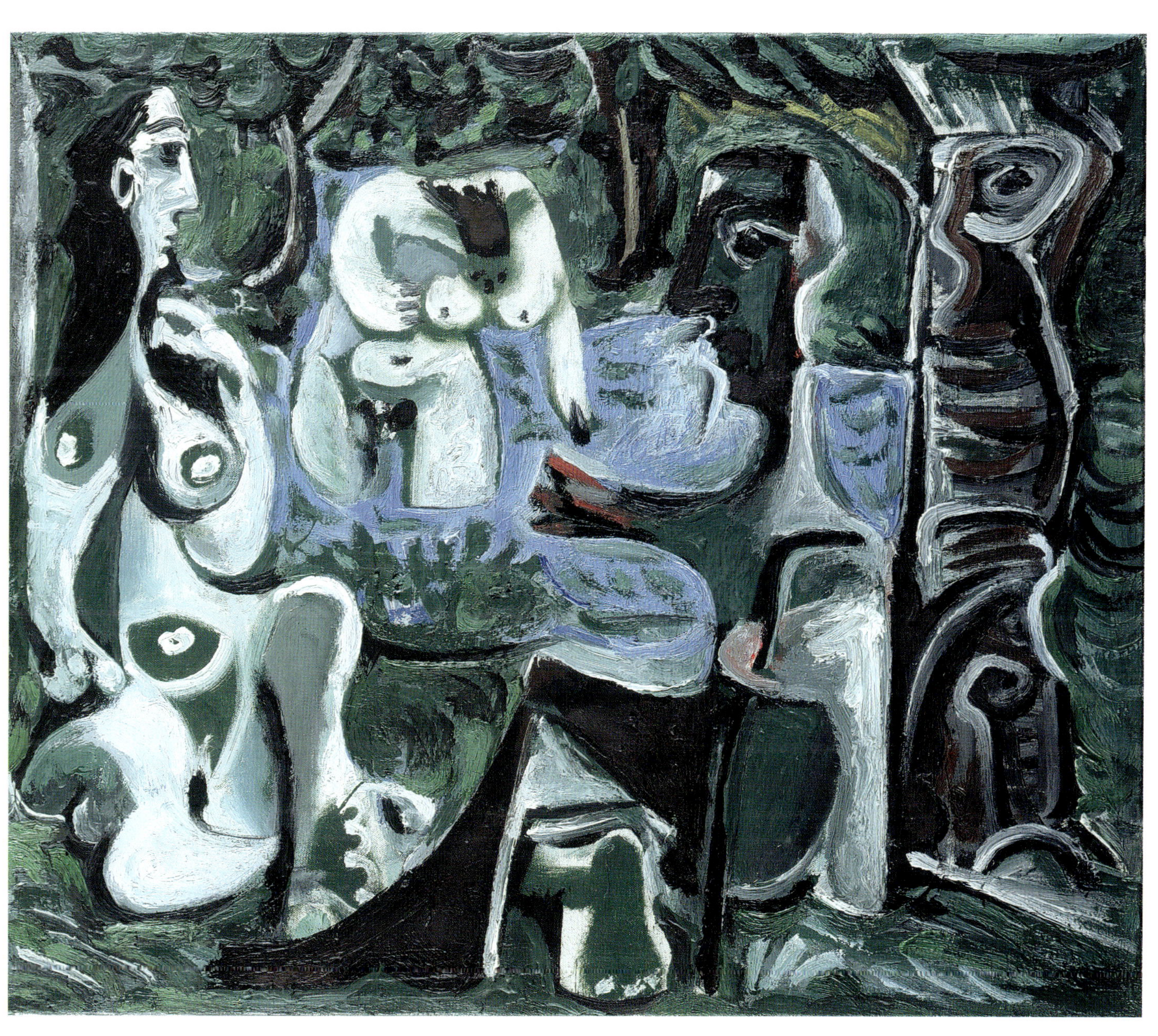

PABLO PICASSO
Le Déjeuner sur l'herbe d'après Manet
Mougins, 10 août 1961
Huile sur toile, H. 46 cm ; L. 55 cm
Collection particulière

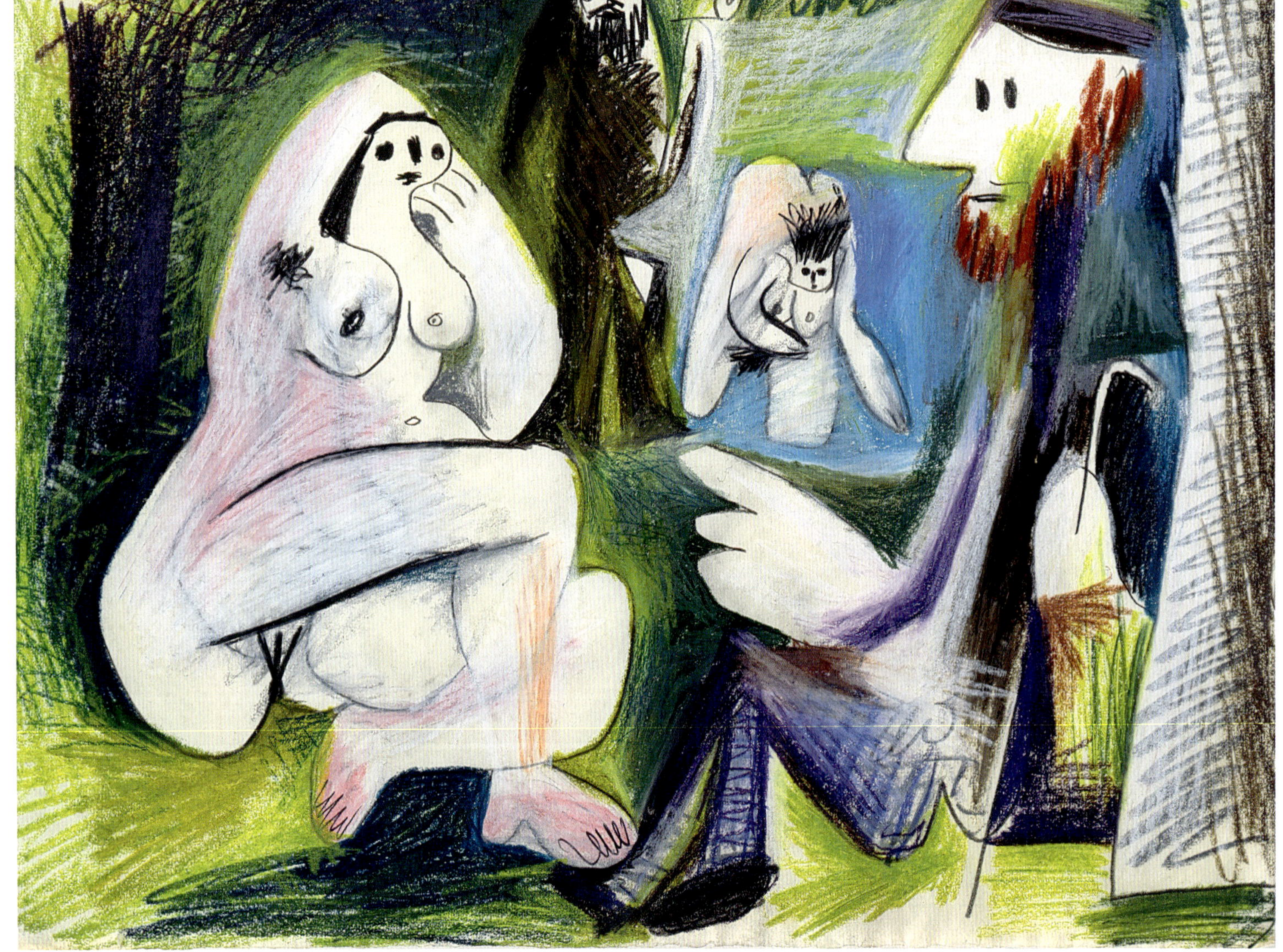

PABLO PICASSO
Le Déjeuner sur l'herbe d'après Manet, Mougins, 17 juin 1962
Crayons gras et crayon graphite sur papier, H. 42,5 cm ; L. 52 cm
Paris, musée Picasso, dation Pablo Picasso 1979

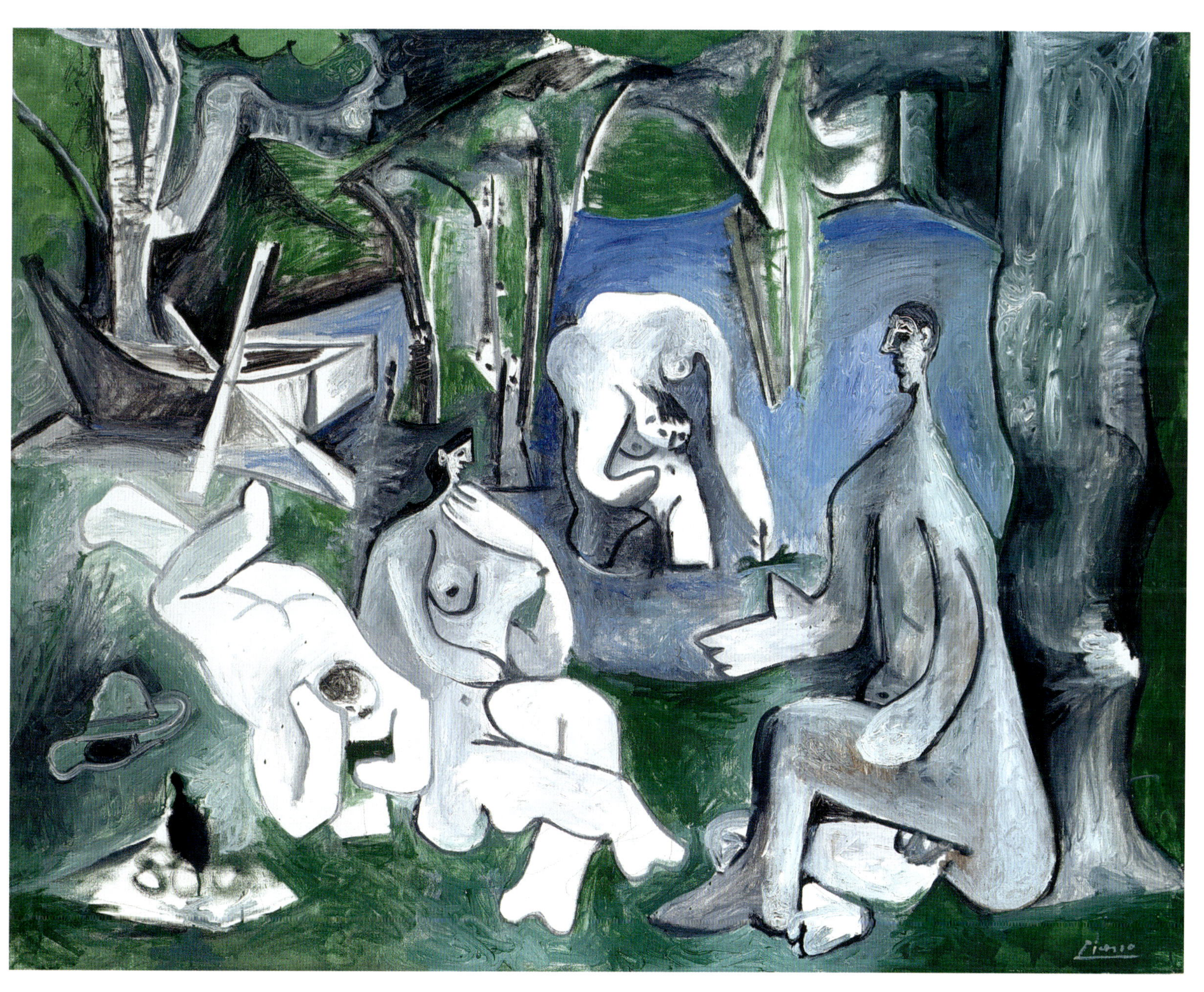

PABLO PICASSO
Le Déjeuner sur l'herbe d'après Manet
Mougins, 10 juillet 1961
Huile sur toile, H. 114 cm ; L. 146 cm
Stuttgart, Staatgalerie

C'est à partir de cette soirée que Picasso a commencé sa série dite des Sabines, *et des* Massacres des Innocents. *Il a souffert sous Poussin et sous David un peu comme sous les* Ménines. *« C'est déjà tellement difficile quand on est tout seul ! disait-il. Quelle idée on a de faire entrer un autre peintre dans l'atelier !... »*

— HÉLÈNE PARMELIN, *VOYAGE EN PICASSO*, PARIS, ÉDITIONS ROBERT LAFFONT, 1980, P. 77 —

VARIATION DAVID ET POUSSIN

L'Enlèvement des Sabines, Le Massacre des innocents

L'ENLÈVEMENT DES SABINES, LE MASSACRE DES INNOCENTS Les toiles de *L'Enlèvement des Sabines*, réalisées entre le 24 octobre 1962 et le 7 février 1963, constituent le dernier sujet historique de Picasso, suscité sans doute par les événements menaçants de Cuba. Ce travail est le résultat d'une commande pour le Salon de mai de 1963, sur le thème de l'*Entrée des Croisés à Constantinople* de Delacroix. Picasso renonce finalement à traiter ce sujet et, suite aux longues soirées passées en compagnie d'Hélène Parmelin et Édouard Pignon à projeter des diapositives de tableaux de Poussin et David, il entame, avec difficulté et dans le doute, cet ensemble de toiles sur le thème de la guerre, du bourreau et de la victime. Elles ne relèvent plus des variations, ni d'une série d'après un seul tableau. Picasso y mêle en effet plusieurs iconographies, plusieurs sources picturales. Il s'inspire de deux œuvres conservées au musée du Louvre, celle de David, réalisée en 1799, et une autre de Poussin, datée de 1637-1638, relatant l'épisode légendaire où les Romains s'emparèrent des Sabines afin de les prendre pour épouses, dans la Rome du VIIIe siècle. Mais il part aussi de la composition du *Massacre des Innocents* de Poussin (1625), dont l'iconographie chrétienne représentant le massacre par Hérode des nouveaux-nés de Bethléem, l'a fasciné par sa cruauté. La série comporte principalement deux petites toiles qui transcrivent la composition d'ensemble et deux grandes toiles verticales se concentrant sur le guerrier à cheval et la femme à l'enfant. Comme à son habitude, Picasso mêle à la grande histoire des événements personnels, d'où l'apparition, dans certaines études, de la chute d'une femme à bicyclette qui se trouve à terre, écrasée par le pied d'un guerrier casqué. Les anachronismes sont nombreux, cohabitations d'architectures antiques et modernes, bonnet phrygien sur le cavalier romain, et le mélange des deux tableaux complique l'identification des sources. Mais ce qui intéresse finalement Picasso dans ces scènes, ce n'est plus l'héroïque Hersilia du tableau de David, qui tente d'apaiser le combat, mais le pied sauvage du guerrier qui écrase l'enfant ou la femme, et la violence de l'agresseur à cheval. Une scène est colorée, l'autre en grisaille. Dans cette version, le point de vue est celui, agrandi et déformé, d'un gros plan cinématographique. Ce dernier combat, après celui des *Massacres en Corée* (1951), renvoie à *Guernica* (1937). On retrouve en effet les mêmes protagonistes : le cheval, l'homme à l'épée et la femme à l'enfant, symbole des victimes innocentes.

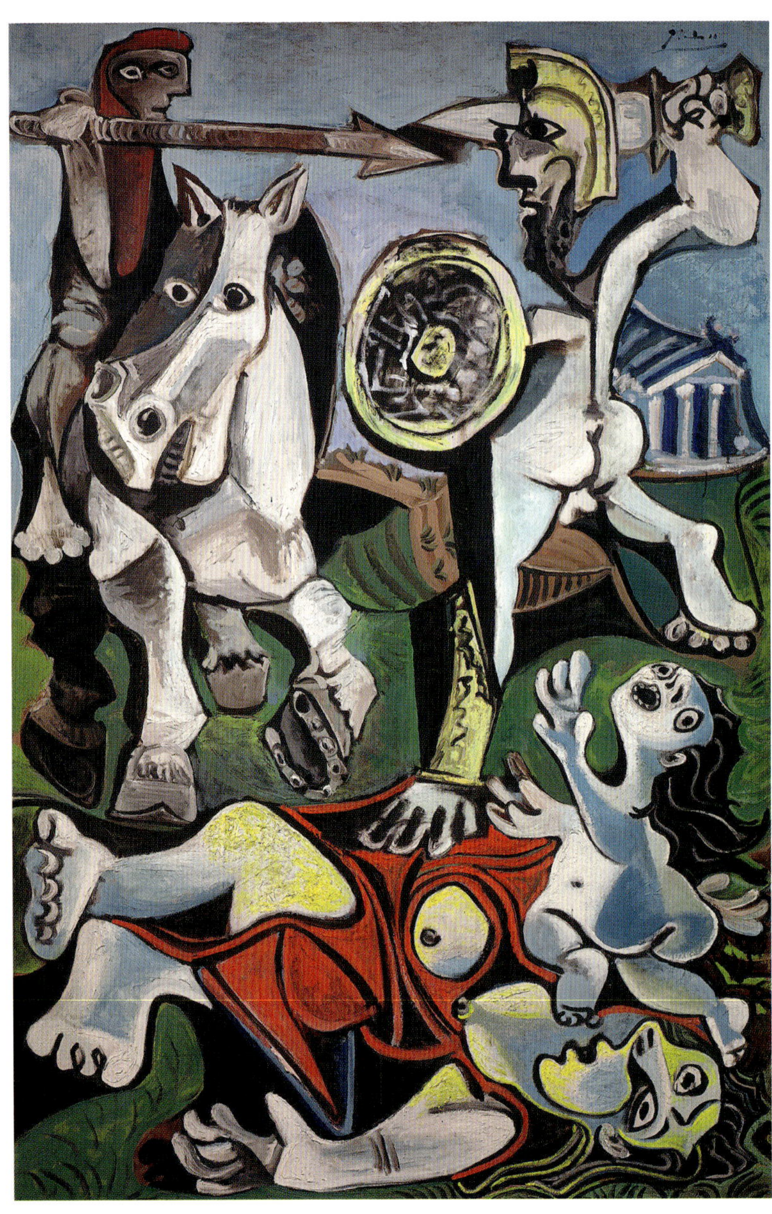

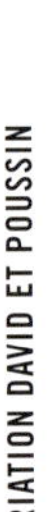

PABLO PICASSO
L'Enlèvement des Sabines, Mougins, 2-4 novembre 1962
Huile sur toile, H. 161,8 cm ; L. 130,2 cm
Bâle, fondation Beyeler

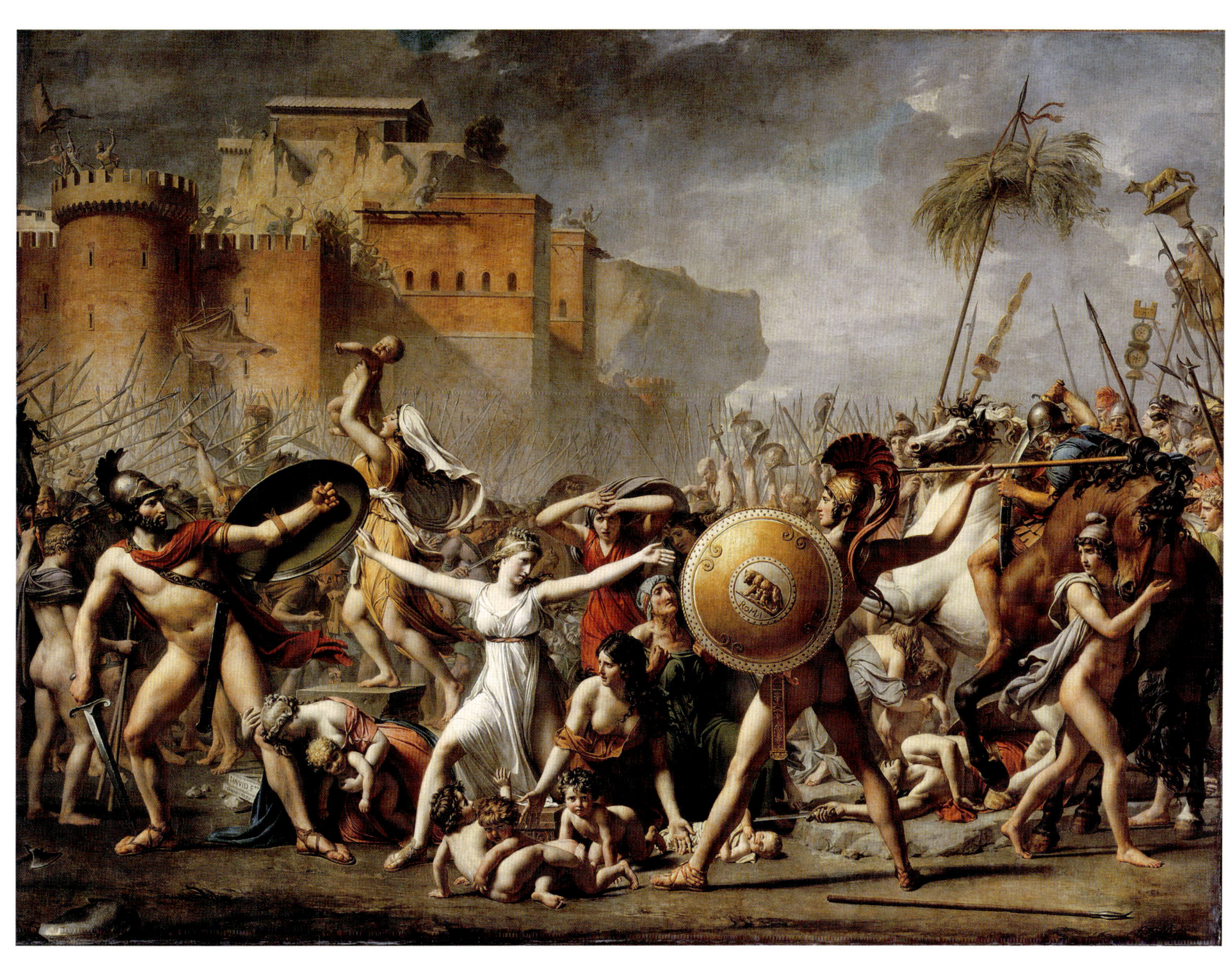

JACQUES LOUIS DAVID
* *Les Sabines*, 1799
Huile sur toile, H. 385 cm ; L. 522 cm
Paris, musée du Louvre

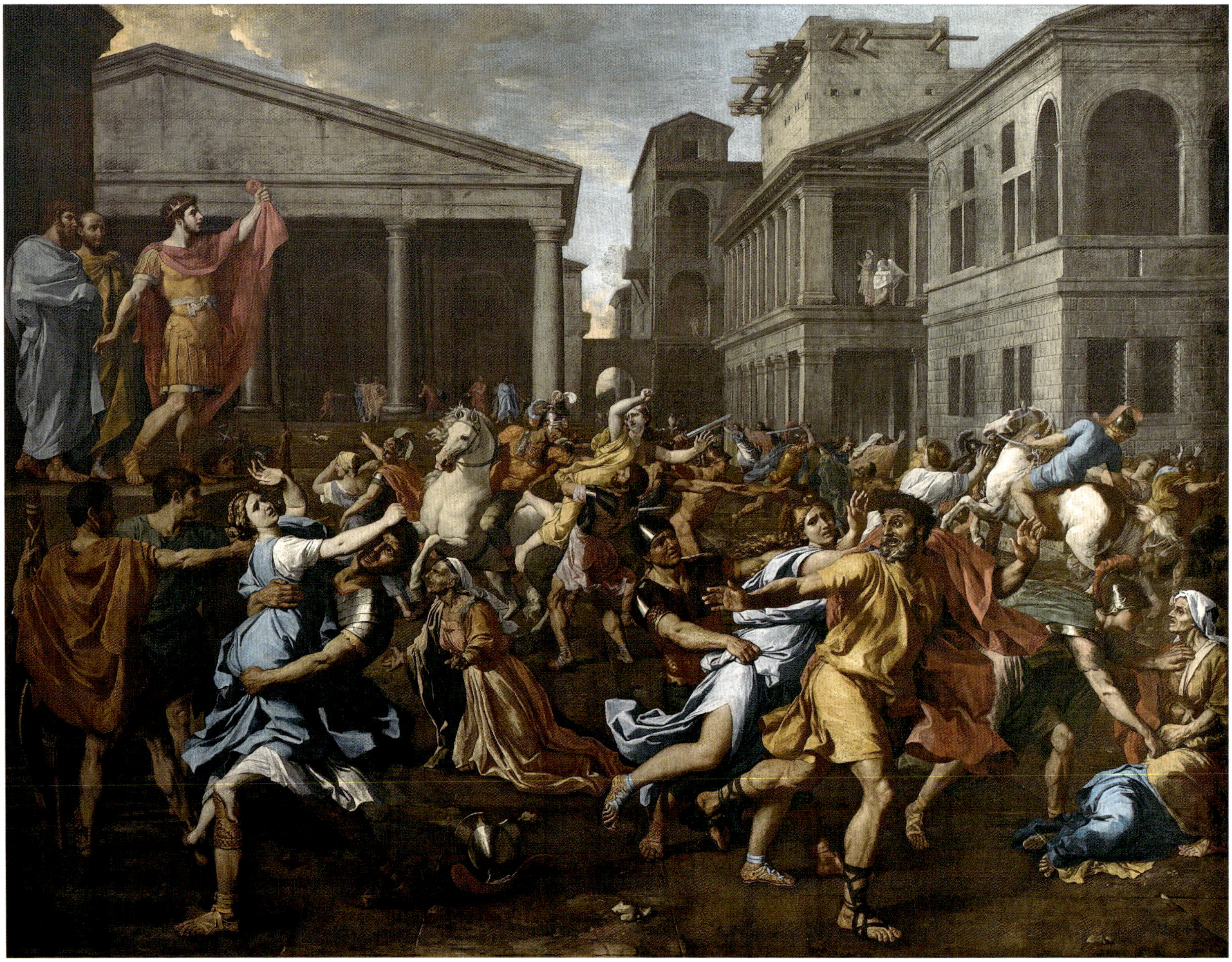

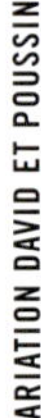

NICOLAS POUSSIN
L'Enlèvement des Sabines, 1637-1638
Huile sur toile, H. 159 cm ; L. 206 cm
Paris, musée du Louvre

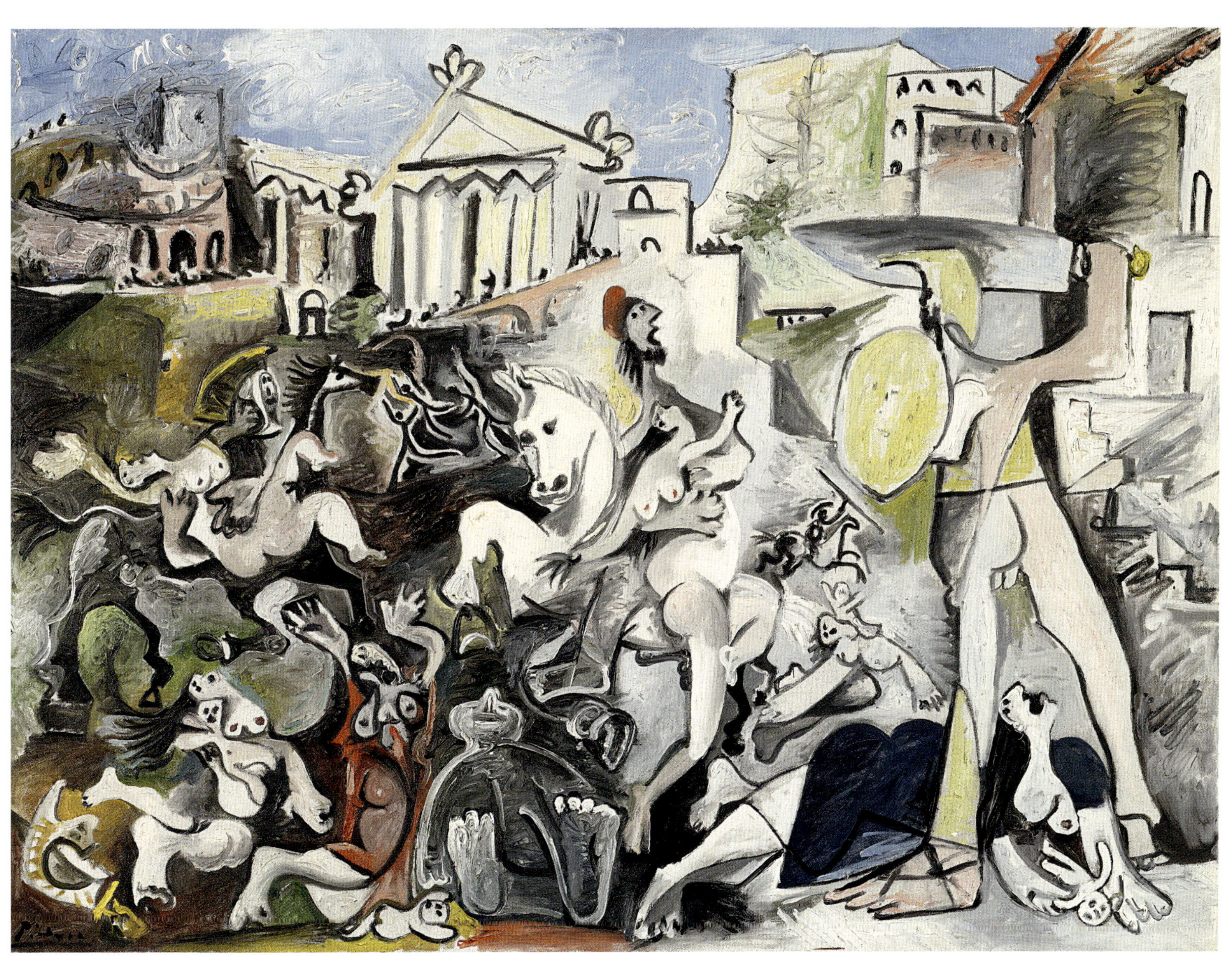

PABLO PICASSO
L'Enlèvement des Sabines, Mougins, 4-8 novembre 1962
Huile sur toile, H. 97 cm ; L. 130 cm
Paris, Centre Pompidou, musée national d'Art moderne,
don Daniel-Henry Kahnweiler, 1964

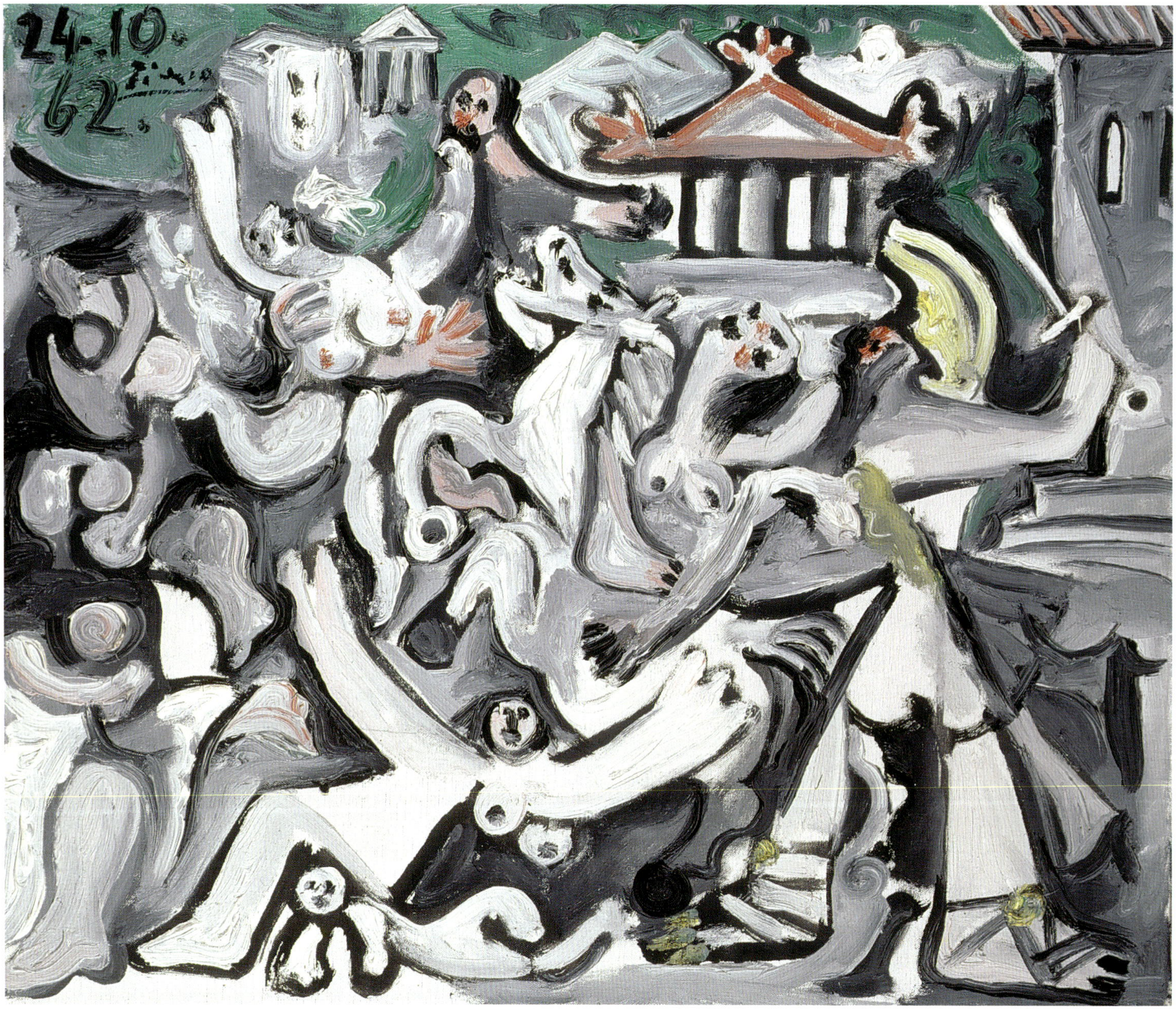

PABLO PICASSO
L'Enlèvement des Sabines, Mougins, 24 octobre 1962
Huile sur toile, H. 46,5 cm ; L. 55 cm
Prague, Narodni Galerie

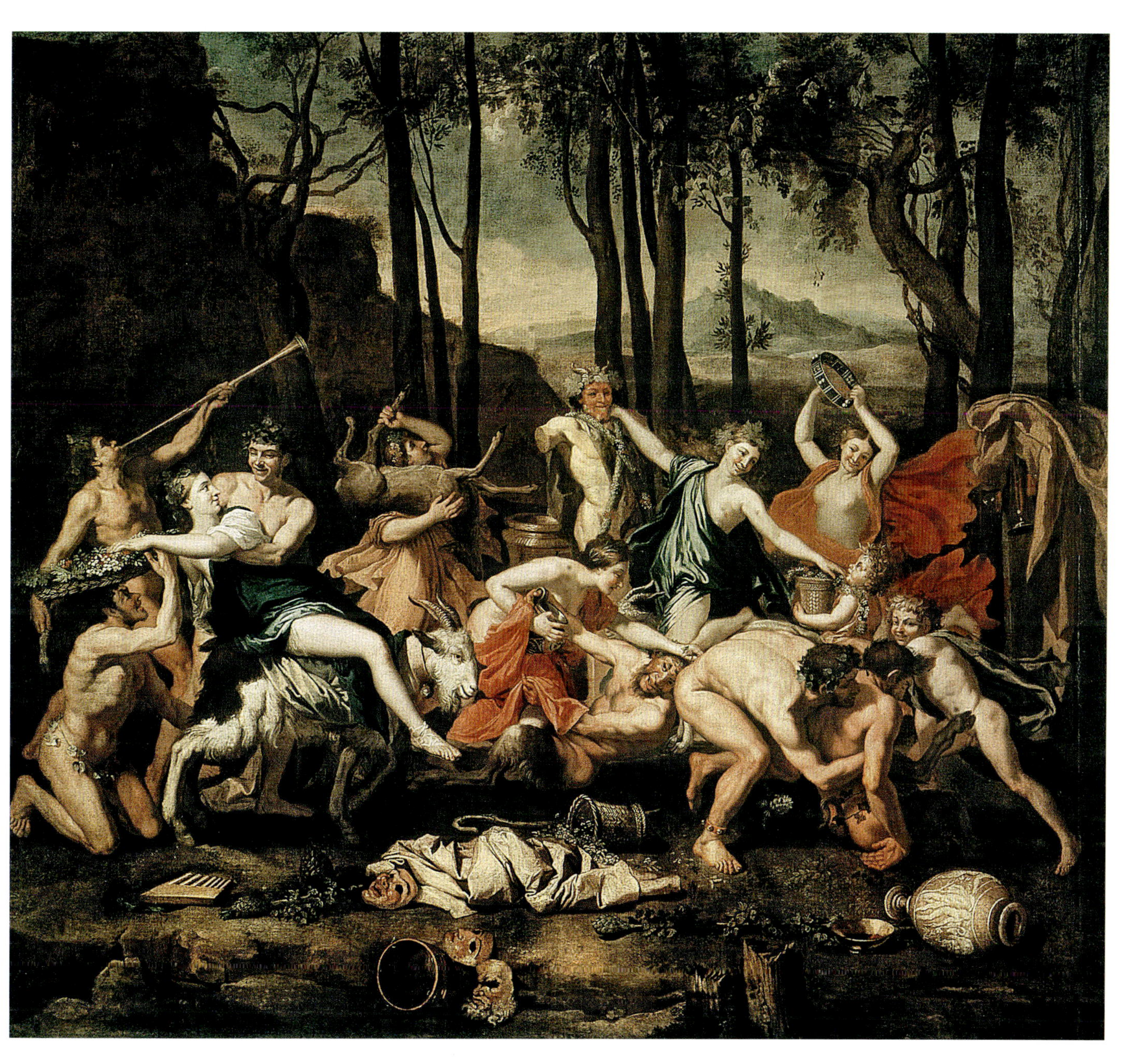

NICOLAS POUSSIN
Le Triomphe de Pan, 1636
Huile sur toile, H. 135,9 ; L. 146 cm
Londres, The National Gallery

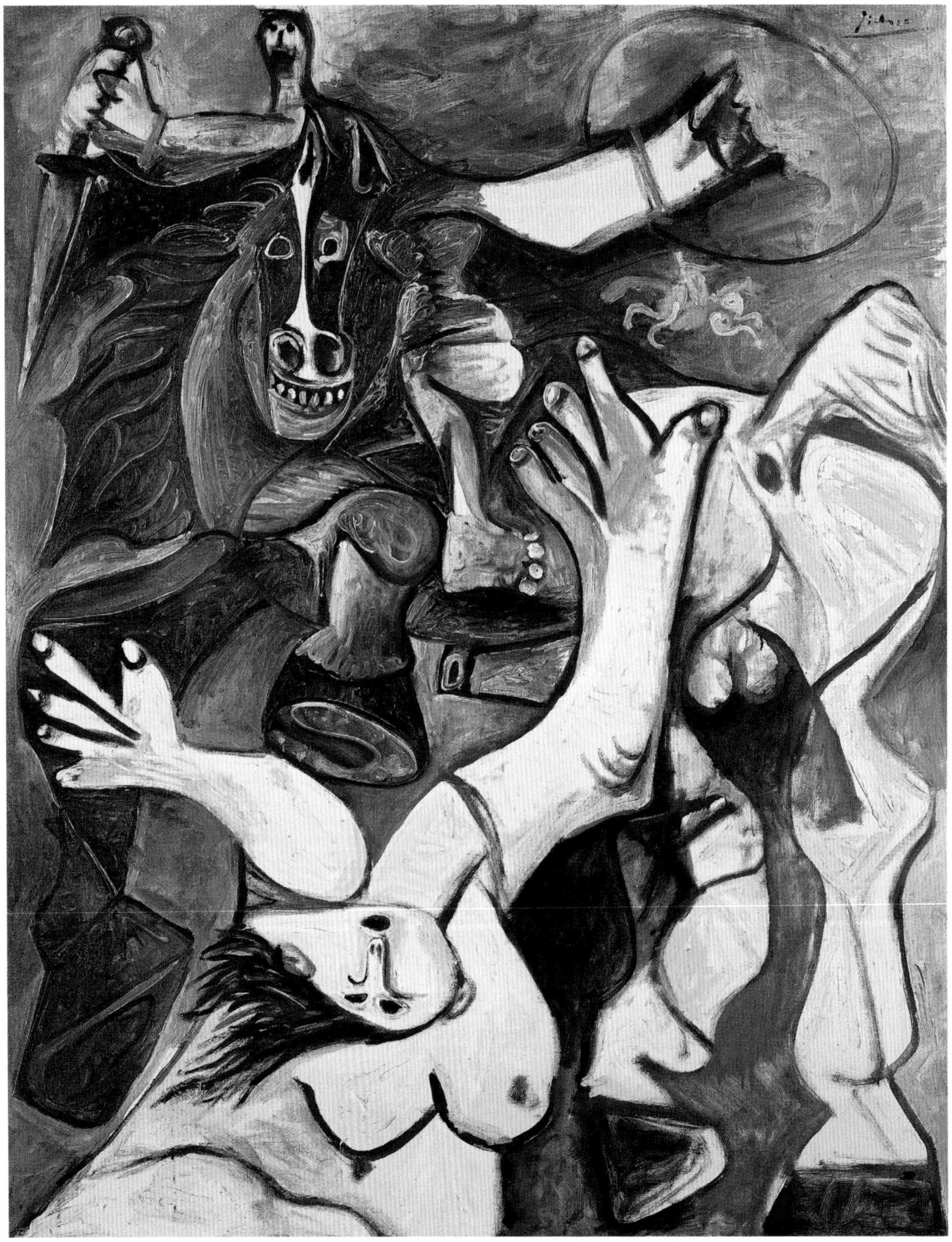

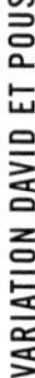

PABLO PICASSO
L'Enlèvement des Sabines, Mougins, 4 janvier – 9 février 1963
Huile sur toile, H. 195,4 cm ; L. 131 cm
Boston, The Museum of Fine Arts,
Juliana Cheney Edwards Collection, Tompkins Collection – Arthur Gordon Tompkins Fund, and Fanny P. Mason in memory of Alice Thevin

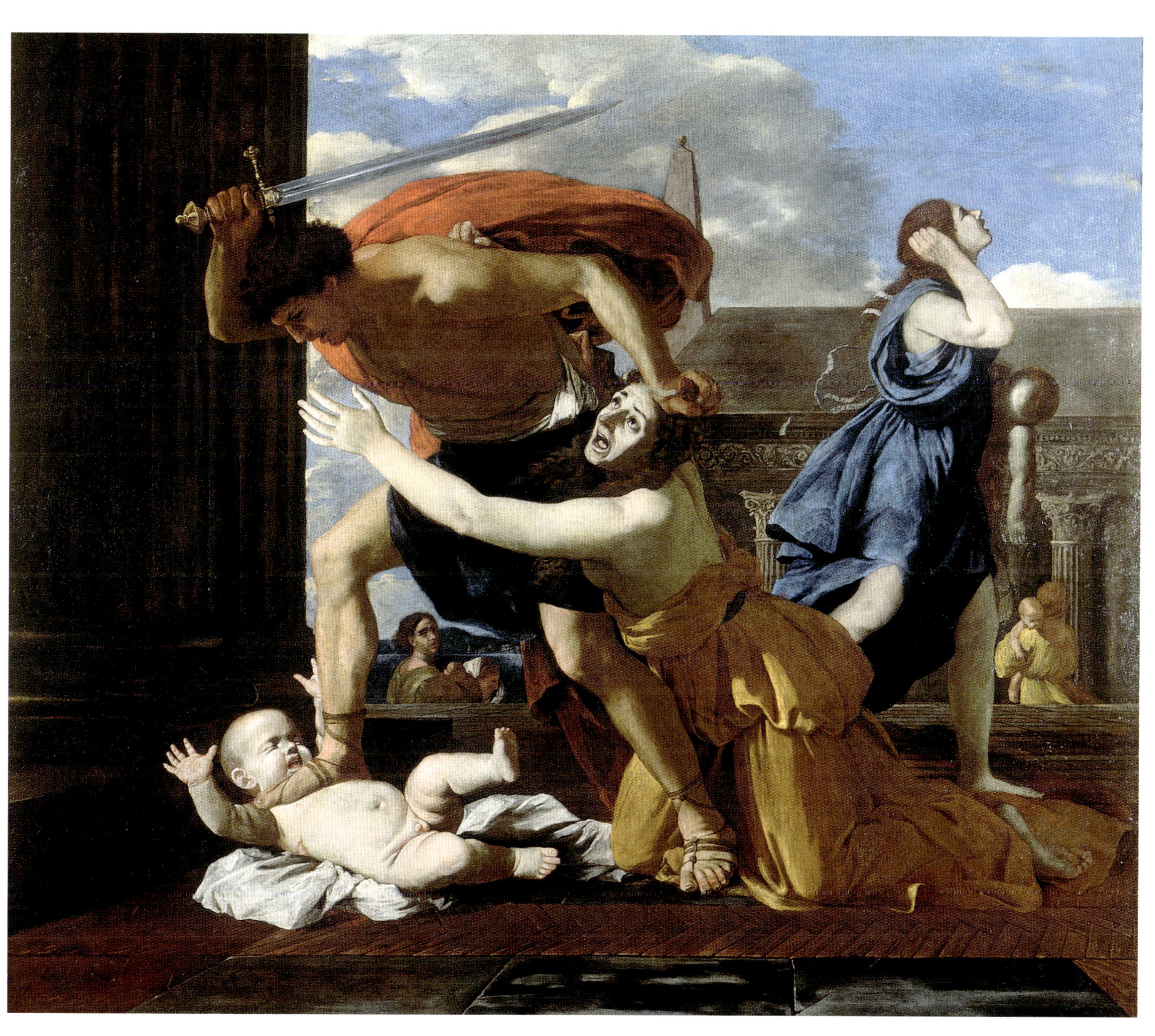

NICOLAS POUSSIN
* *Le Massacre des innocents*, vers 1625
Huile sur toile, H. 147 cm ; L. 171 cm
Chantilly, musée Condé

« Quand on regarde les pommes de Cézanne, on voit qu'il a peint merveilleusement le poids de l'espace sur cette forme circulaire. La forme elle-même est un volume creux, sur lequel la pression extérieure est telle qu'elle produit l'apparence d'une pomme, même si celle-ci n'existe pas vraiment. C'est la poussée rythmique de l'espace sur cette forme qui compte. »

— FRANÇOISE GILOT ET CARLTON LAKE, *VIVRE AVEC PICASSO*, PARIS, CALMANN-LEVY, 1965, P. 209-210 —

FORMES ET SYMBOLES

Natures mortes, vanités et *bodegones*

NATURES MORTES, VANITÉS, *BODEGONES* Le goût de Picasso pour la nature morte, qui perdura toute sa vie, tient à plusieurs facteurs. À l'époque du cubisme, Picasso s'inscrit comme le continuateur d'une tradition de la peinture moderne qui, depuis Cézanne, fait de ce genre, longtemps considéré comme mineur, le mode d'expression privilégié de la picturalité. Il est aussi l'héritier de la tradition espagnole des *bodegones*, ces natures mortes humbles et mystiques faites de quelques objets ordinaires. Enfin, la nature morte lui permet d'exprimer un certain nombre de thèmes récurrents et essentiels de son art : la nourriture, la présence du sacré dans les objets du quotidien, ou le cycle de la vie et de la mort, d'où les nombreux crânes et vanités qui jalonnent toute son œuvre et sont autant de *memento mori*, dédiés à ses amis disparus.

En 1908-1909, Picasso réalise des natures mortes simples et dépouillées composées de quelques vases, carafes, bols et fruits sur une table. Le découpage net des formes, favorisé par le jeu de l'ombre et de la lumière, leur confère une monumentalité, une rigueur et un mystère qui en font les dignes héritières de celles de Zurbarán, Sánchez Cotán ou Meléndez. Mais Picasso a aussi beaucoup observé Cézanne et les natures mortes de Chardin, comme en témoignent les quelques petits tableaux de pommes et poires de 1908, ou l'interprétation cubiste qu'il fit en 1921 du *Buffet* du musée du Louvre (*Chien et coq*, Yale University Gallery). En 1939, sentant la menace de guerre et souhaitant rendre compte du drame de la guerre civile espagnole, Picasso réalise une série de têtes de mouton d'après le tableau de Goya *Tête et carrés de mouton* (1808-1812). Qu'il s'agisse de la *Tête de mouton écorché*, faite à Royan en octobre 1939 ou des *Trois crânes* de Madrid (1939), on voit bien qu'il ne s'agit plus, comme chez le maître espagnol, de simples pièces de boucherie prétextes à peinture, mais de cris de douleur et de désespoir, matérialisés par une dentition menaçante et des couleurs de chair sanguinolente.

Le sacrifice du mouton renvoie à la tradition iconographique chrétienne et au chef-d'œuvre de Zurbarán, *Agnus Dei* (1635-1640). Les crânes humains vont être présents pendant toute la seconde guerre mondiale, soit seuls, soit juxtaposés à des symboles de vie comme le pichet. Cette iconographie classique avait déjà été reprise par Cézanne dans *Trois Crânes* (1898-1900).

Au milieu des années 1960, Picasso revient une dernière fois sur ce thème avec la somptueuse et monumentale nature morte *Chat et homard* (1962), qui n'est pas sans évoquer celle de Delacroix, *Nature morte au homard* du musée du Louvre.

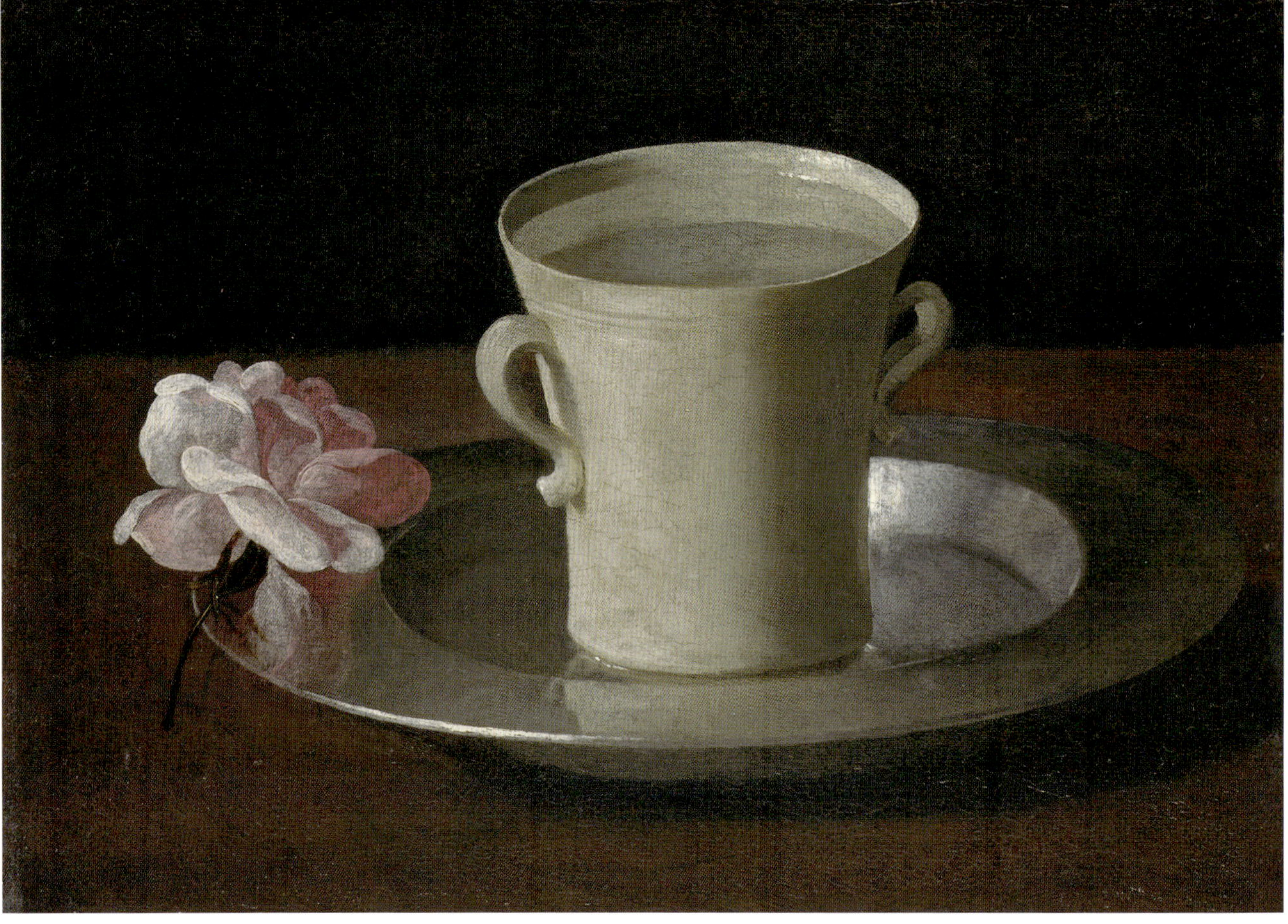

FRANCISCO DE ZURBARÁN
Verre d'eau et rose sur un plateau d'argent, 1630
Huile sur toile, H. 21,2 cm ; L. 30,1 cm
Londres, The National Gallery

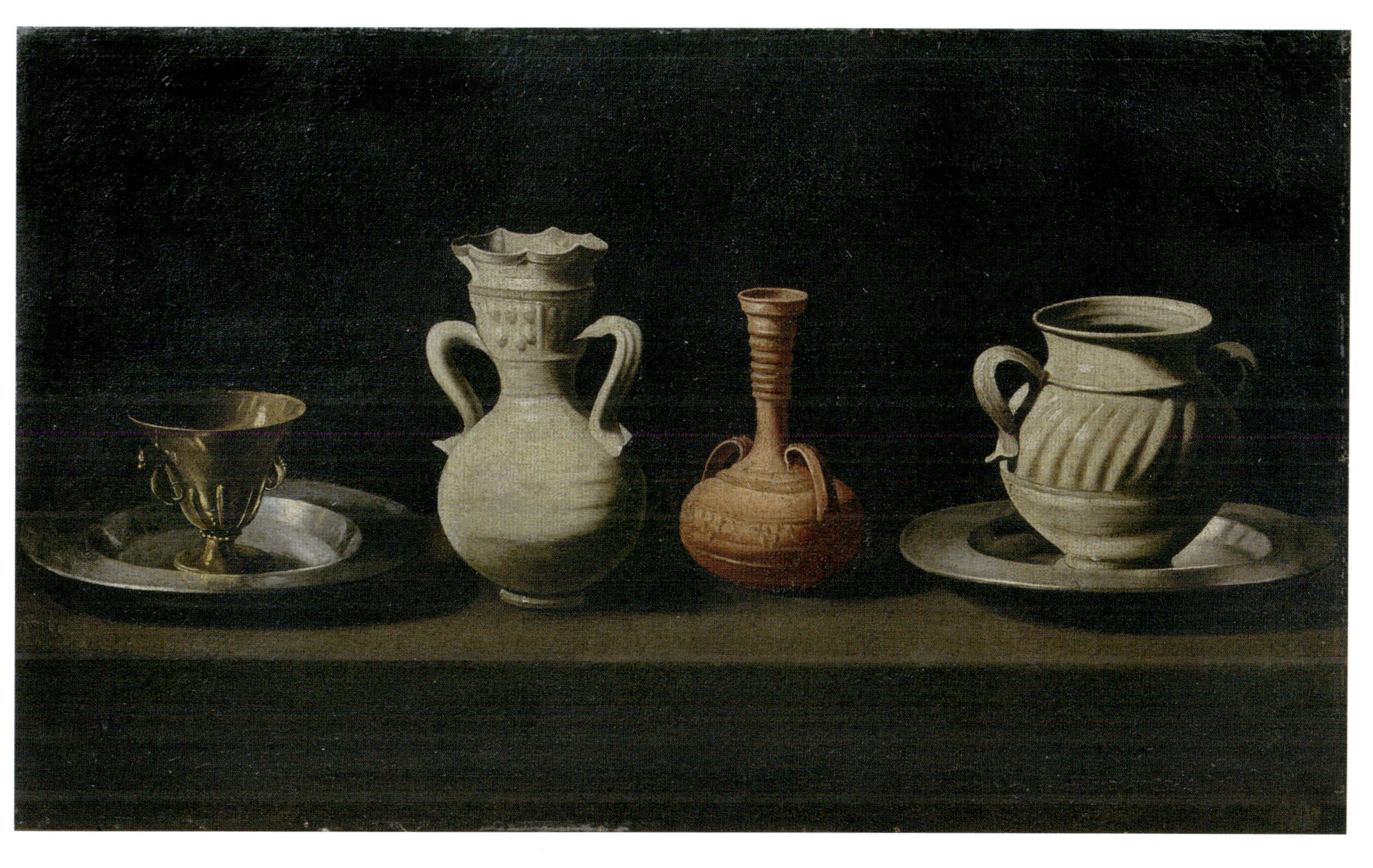

FRANCISCO DE ZURBARÁN
Nature morte (pots), vers 1635-1664
Huile sur toile, H. 46 cm ; L. 84 cm
Barcelone, Museu Nacional d'Art de Catalunya

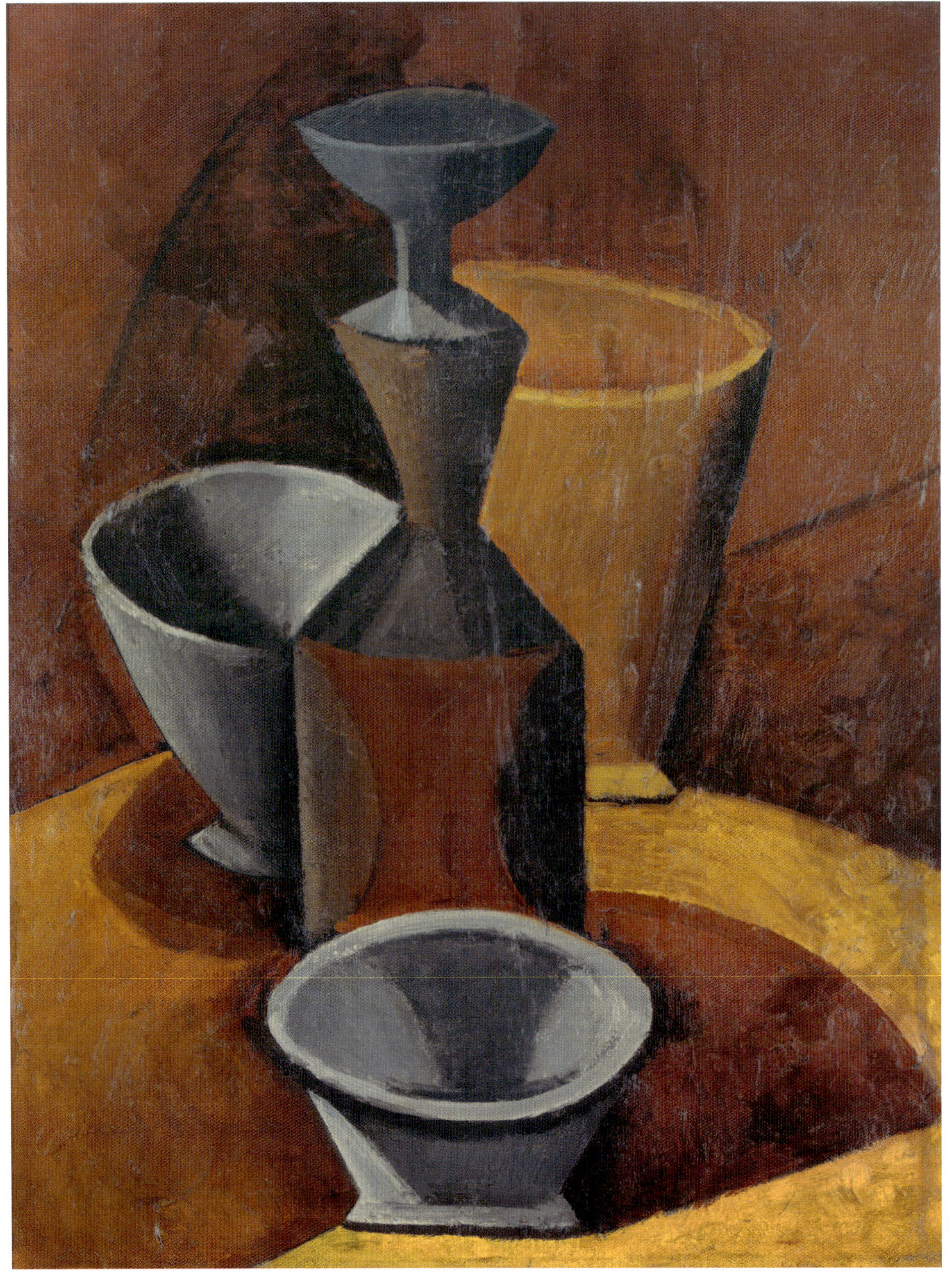

PABLO PICASSO
Carafon et trois bols, printemps-été 1908
Huile sur carton, H. 66 cm ; L. 50,5 cm
Saint-Pétersbourg, The State Hermitage Museum

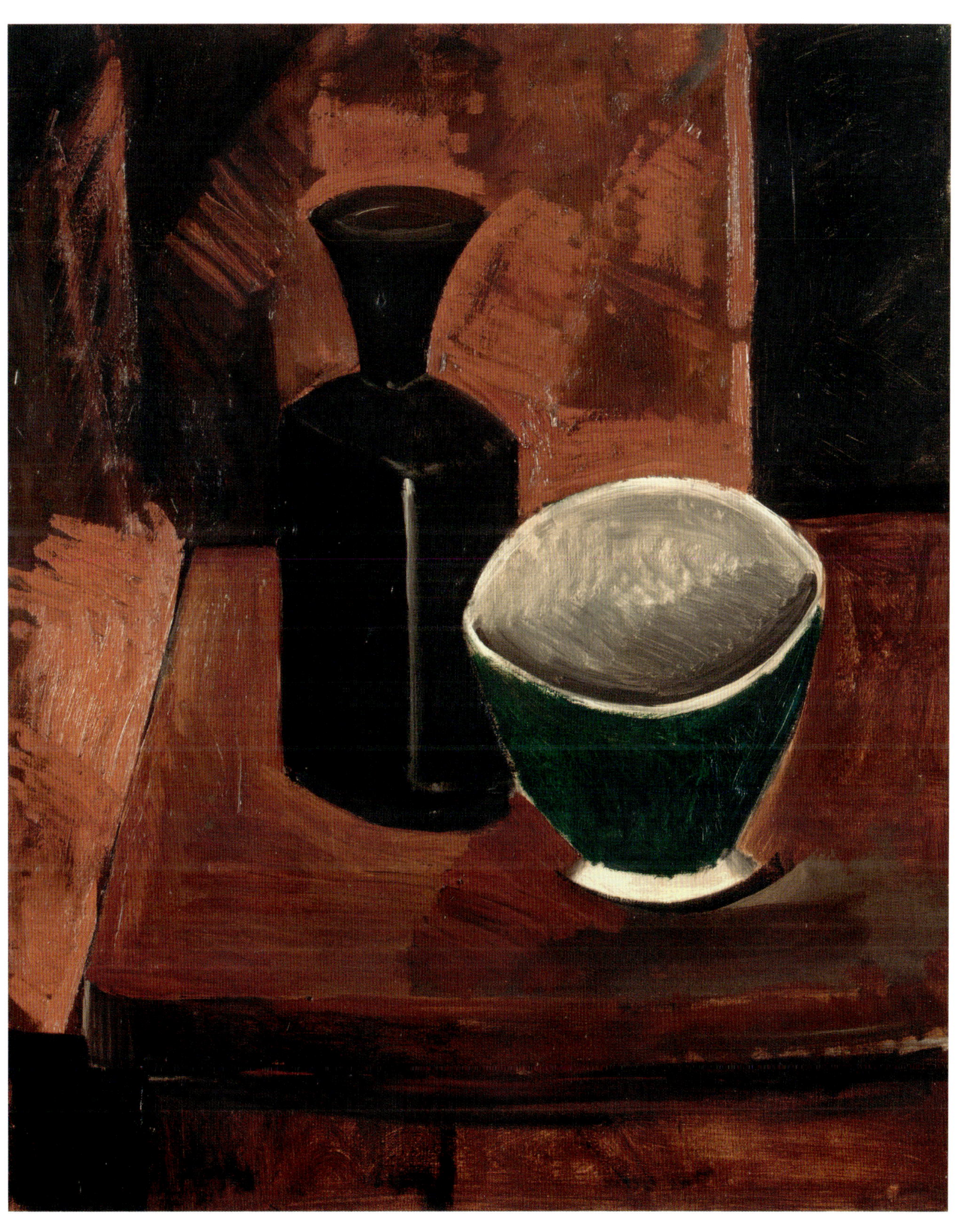

PABLO PICASSO
Bol vert et flacon noir, printemps-été 1908
Huile sur toile, H. 61 cm ; L. 51 cm
Saint-Pétersbourg, The State Hermitage Museum

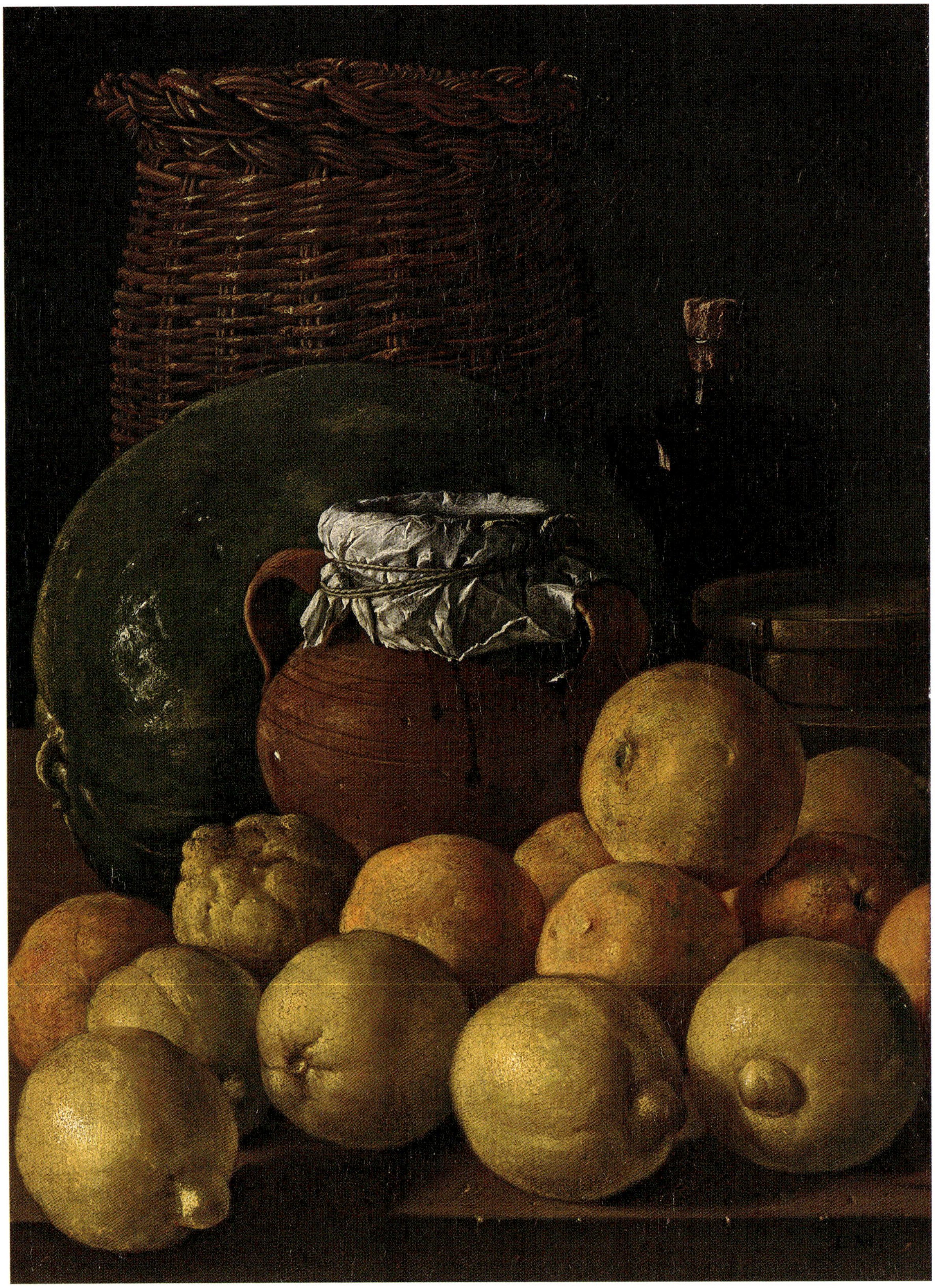

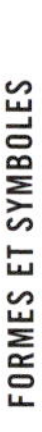

LUIS MELÉNDEZ
Nature morte avec citrons et oranges, 1760
Huile sur toile, H. 48 cm ; L. 35,5 cm
Londres, The National Gallery

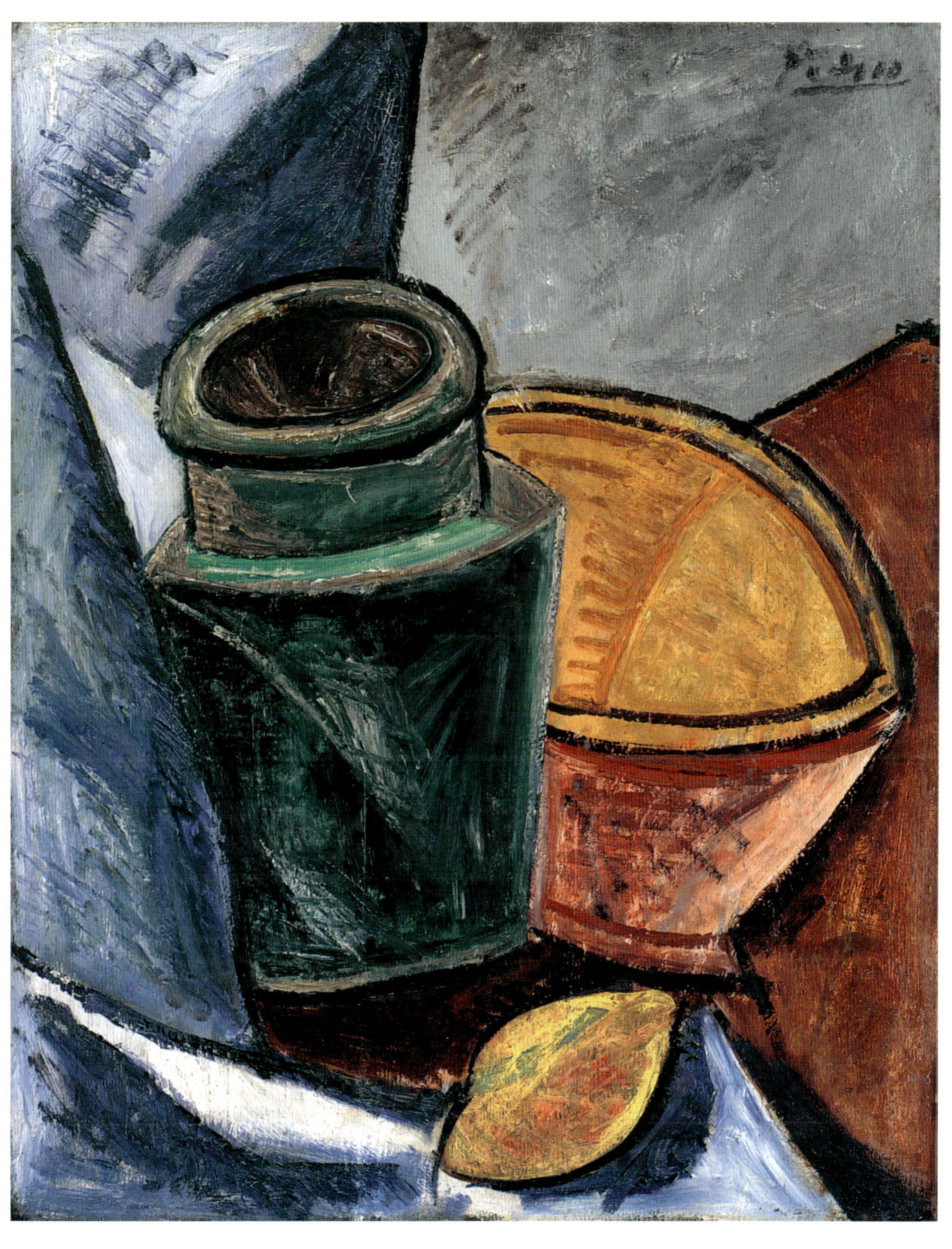

PABLO PICASSO
Cruche, bol et citron, Paris, été 1907
Huile sur panneau de bois, H. 63,5 cm ; L. 49,5 cm
Bâle, Fondation Beyeler

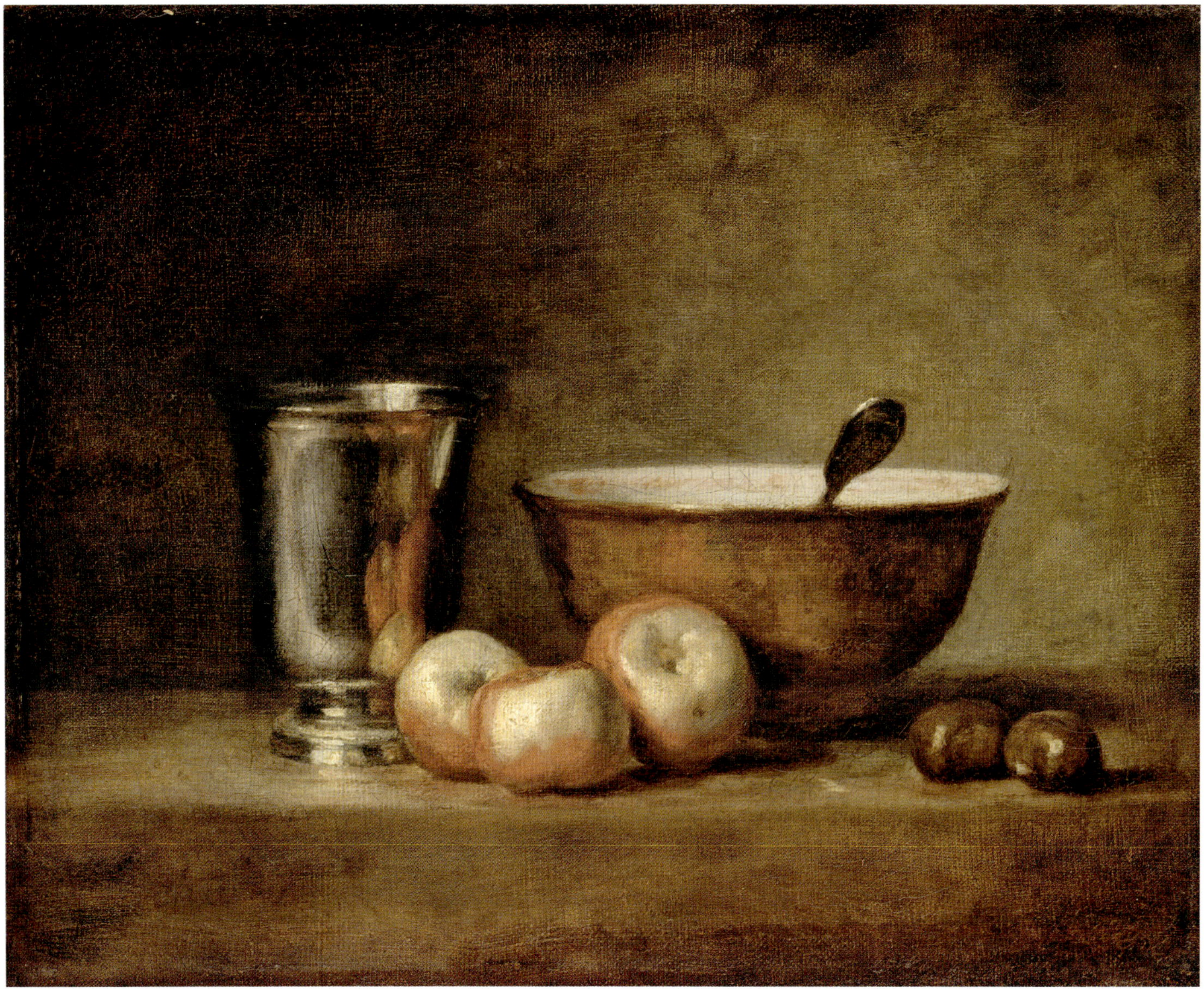

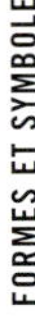

JEAN-BAPTISTE-SIMÉON CHARDIN
Le Gobelet d'argent, vers 1768
Huile sur toile, H. 33 cm ; L. 41 cm
Paris, musée du Louvre

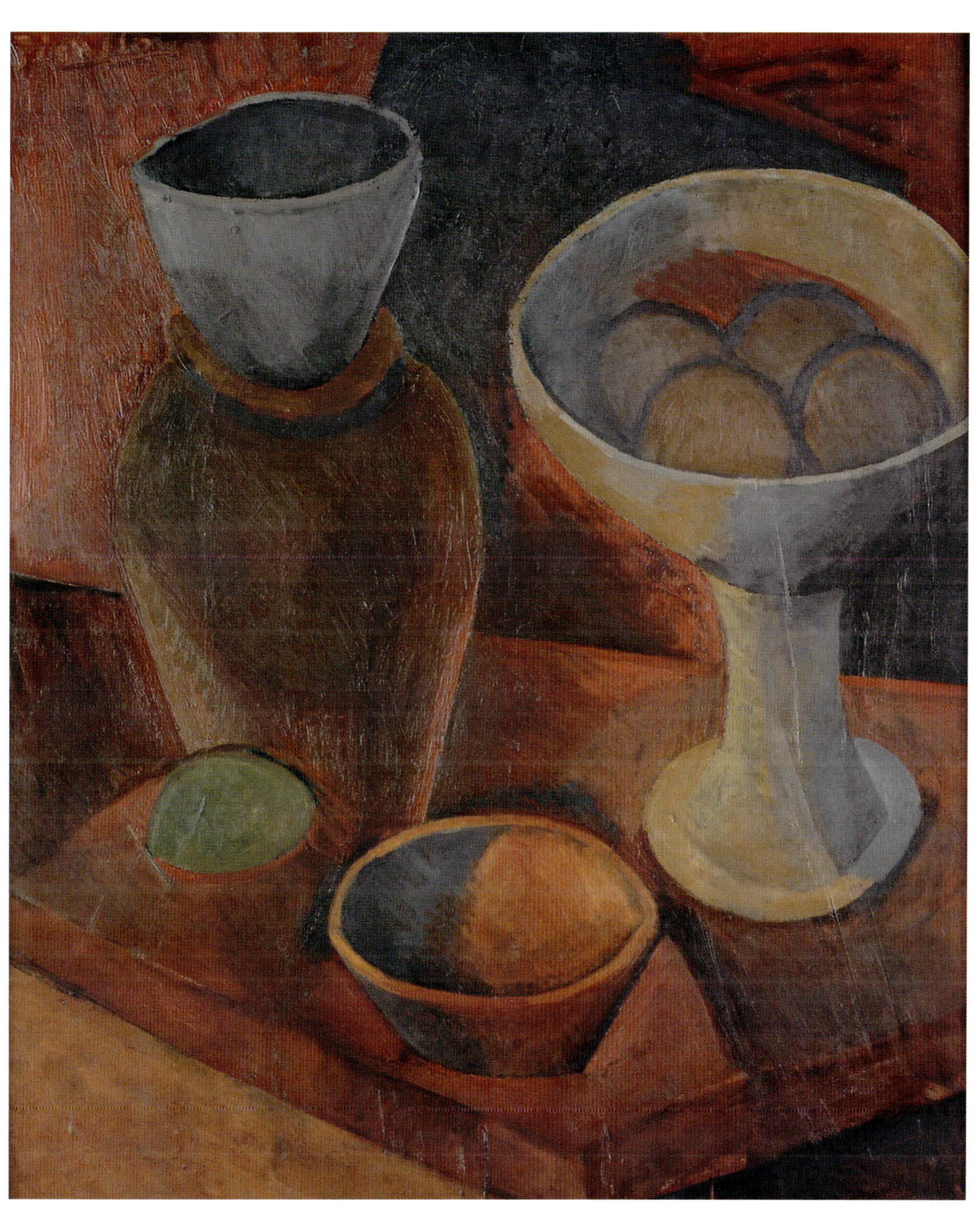

PABLO PICASSO
Cruche, bol et compotier, printemps-été 1908
Huile sur toile, H. 81,9 cm ; L. 65,7 cm
Philadelphie, The Philadelphia Museum of Art,
Collection A. E. Gallatin, 1952

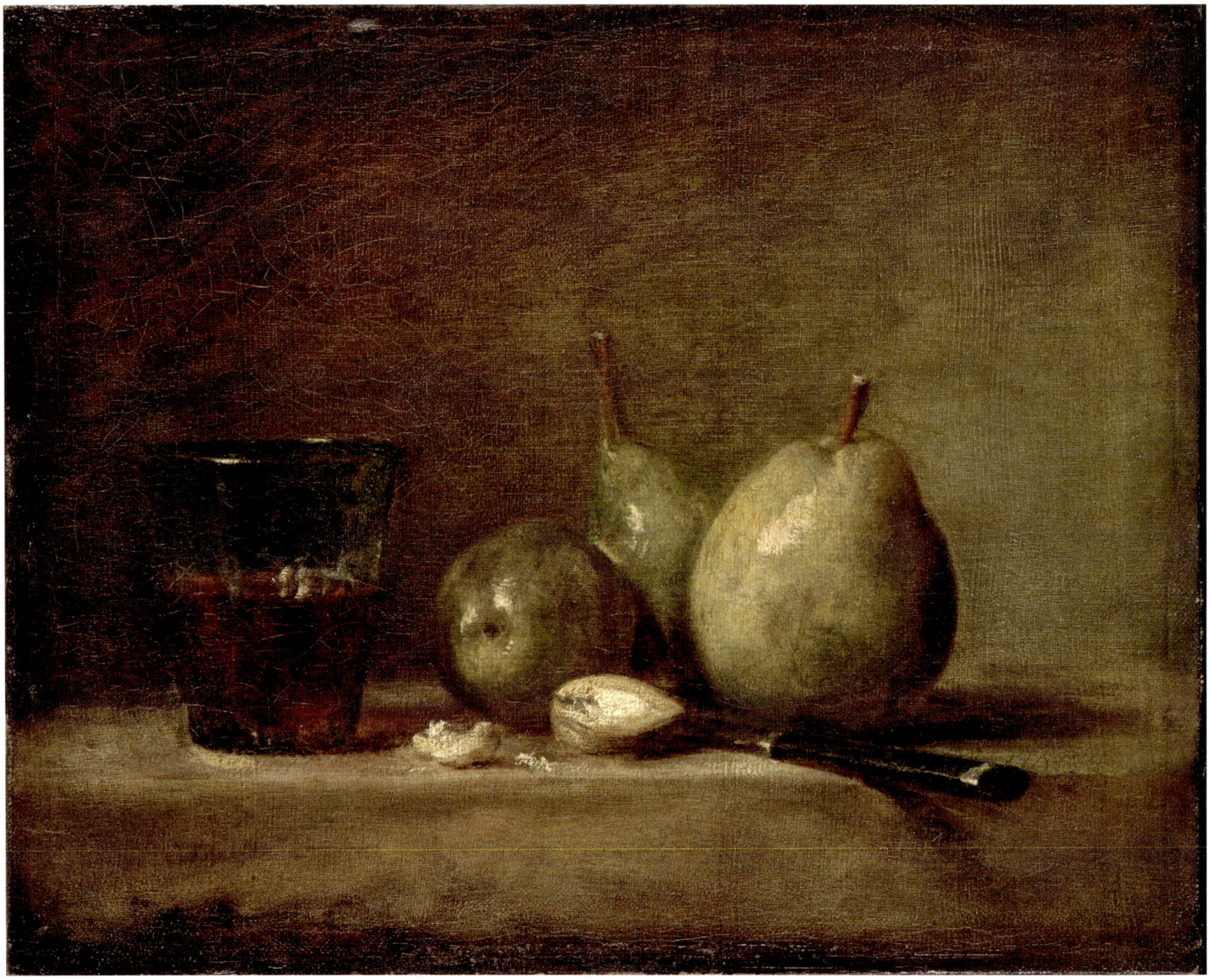

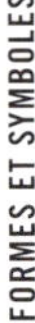

JEAN-BAPTISTE-SIMÉON CHARDIN
Poires, noix et verre de vin, vers 1768
Huile sur toile, H. 33 cm ; L. 41 cm
Paris, musée du Louvre

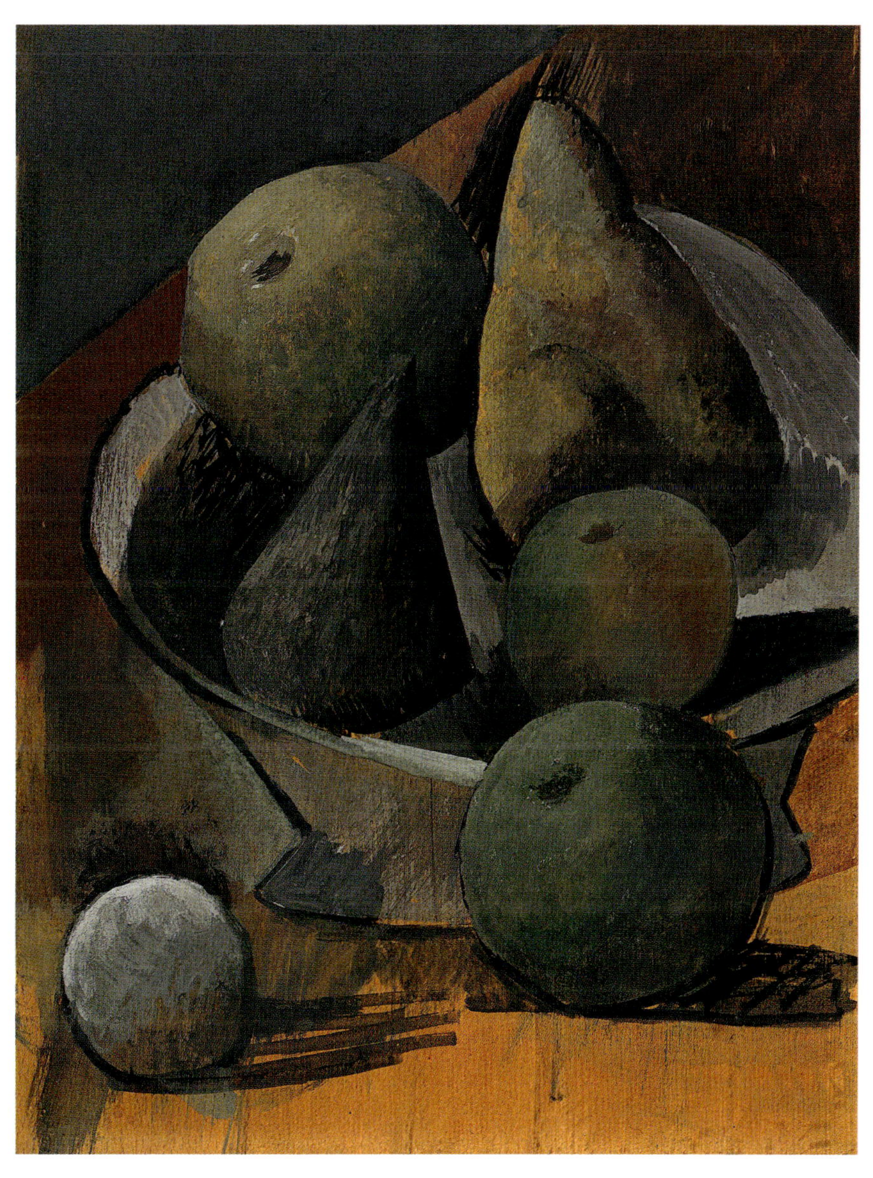

PABLO PICASSO
Compotier aux poires et pommes, Paris, automne 1908
Peinture à l'essence sur panneau de bois, H. 27 cm ; L. 21 cm
Berlin, Neue Nationalgalerie, Sammlung Heinz Berggruen

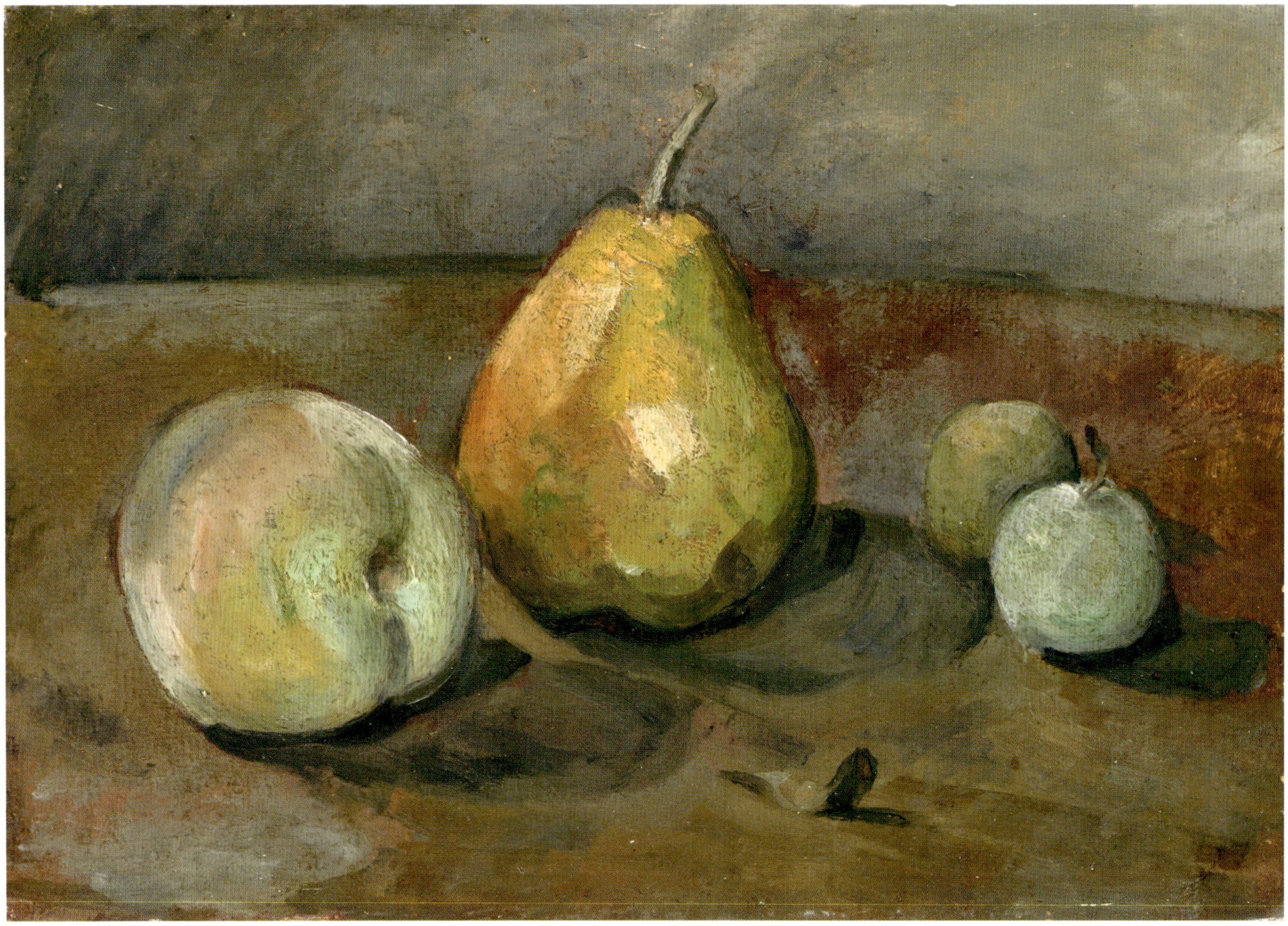

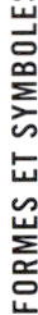

PAUL CÉZANNE
Nature morte, poire et pommes vertes, vers 1873
Huile sur toile, H. 22 cm ; L. 32 cm
Paris, musée de l'Orangerie, collection Jean Walter et Paul Guillaume

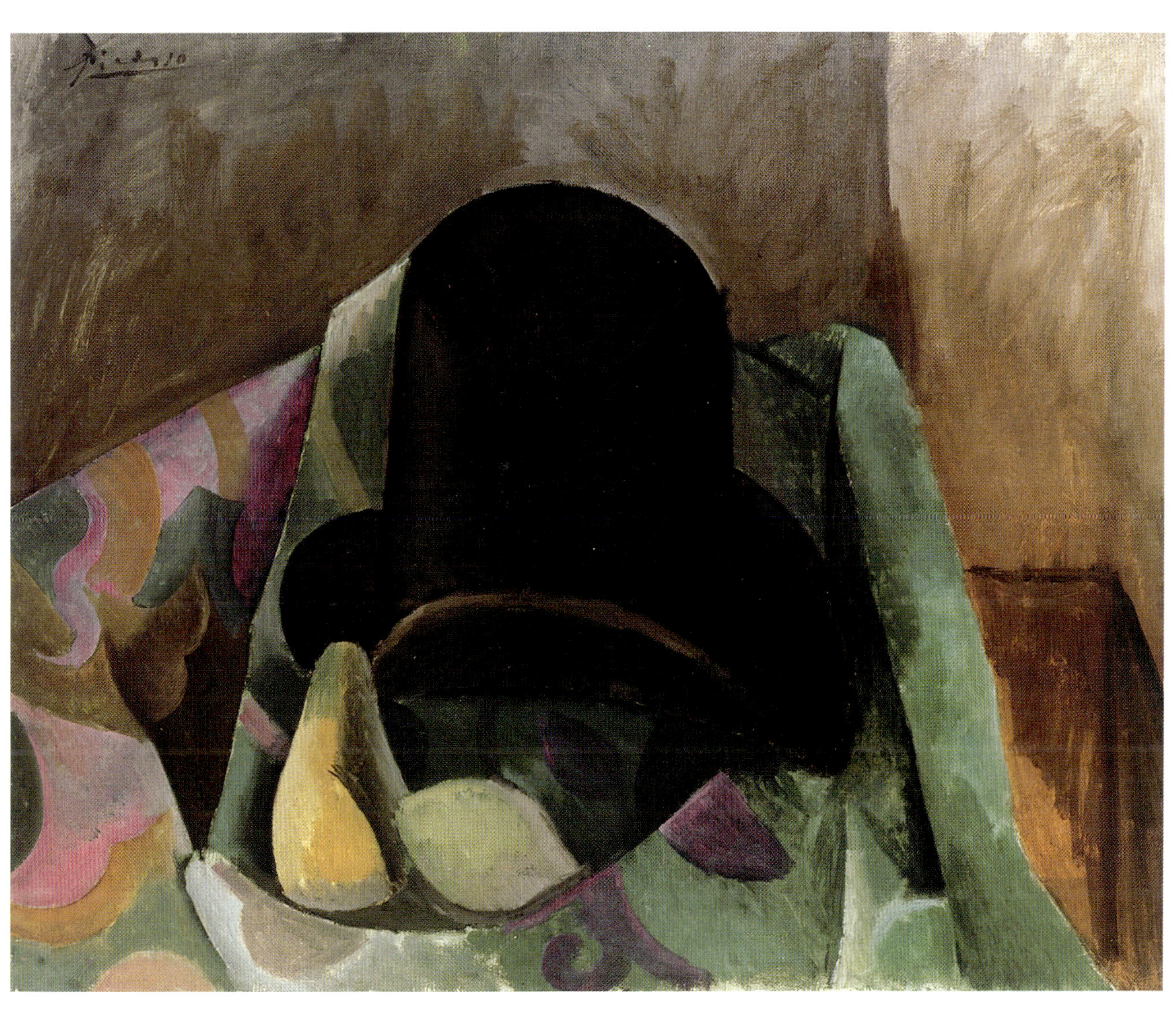

PABLO PICASSO
Nature morte au chapeau, hiver 1908-1909
Huile sur toile, H. 60 cm ; L. 73 cm
Collection particulière

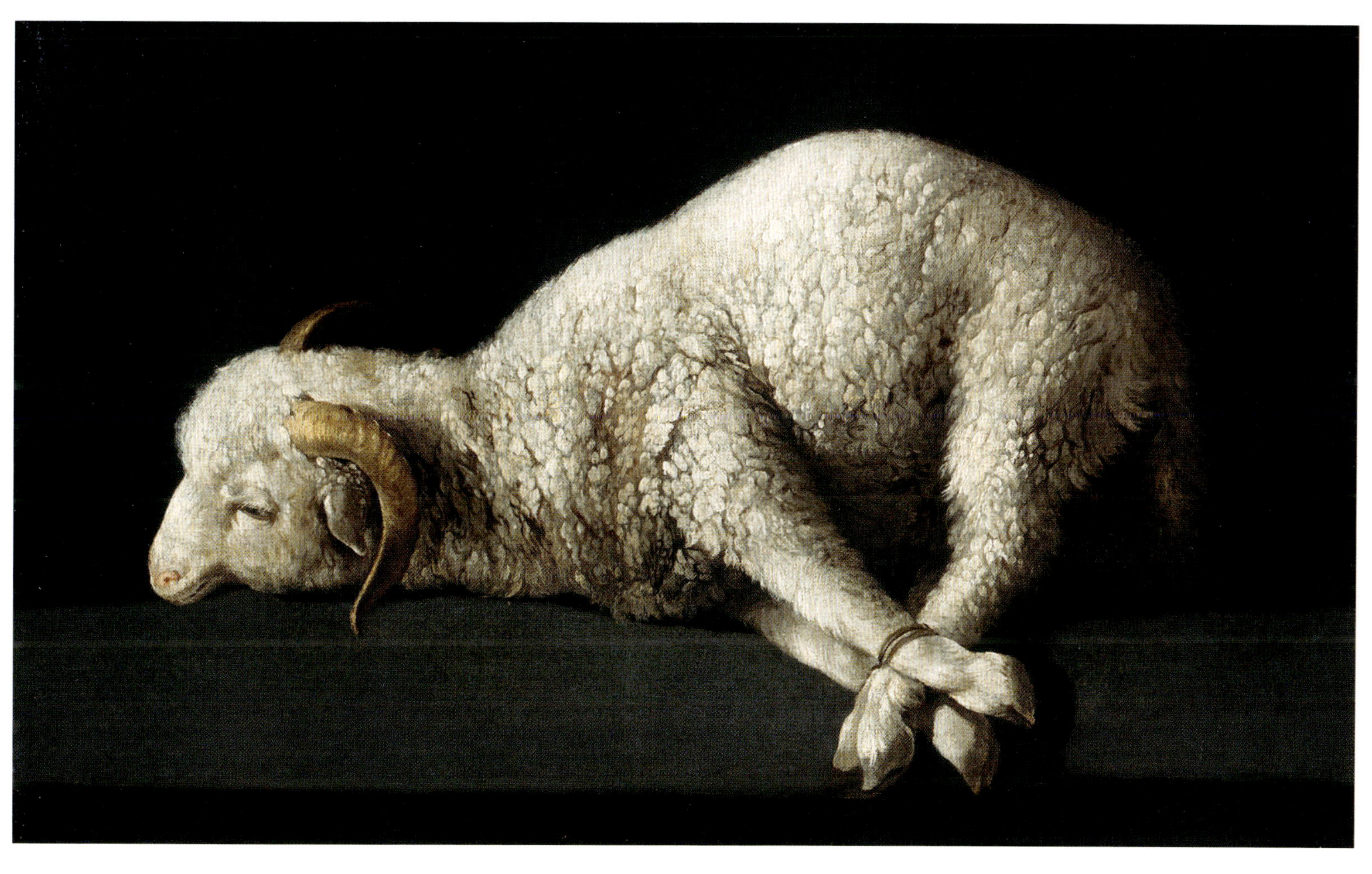

FRANCISCO DE ZURBARÁN
Agnus Dei, vers 1635-1640
Huile sur toile, H. 38 cm ; L. 62 cm
Madrid, Museo Nacional del Prado

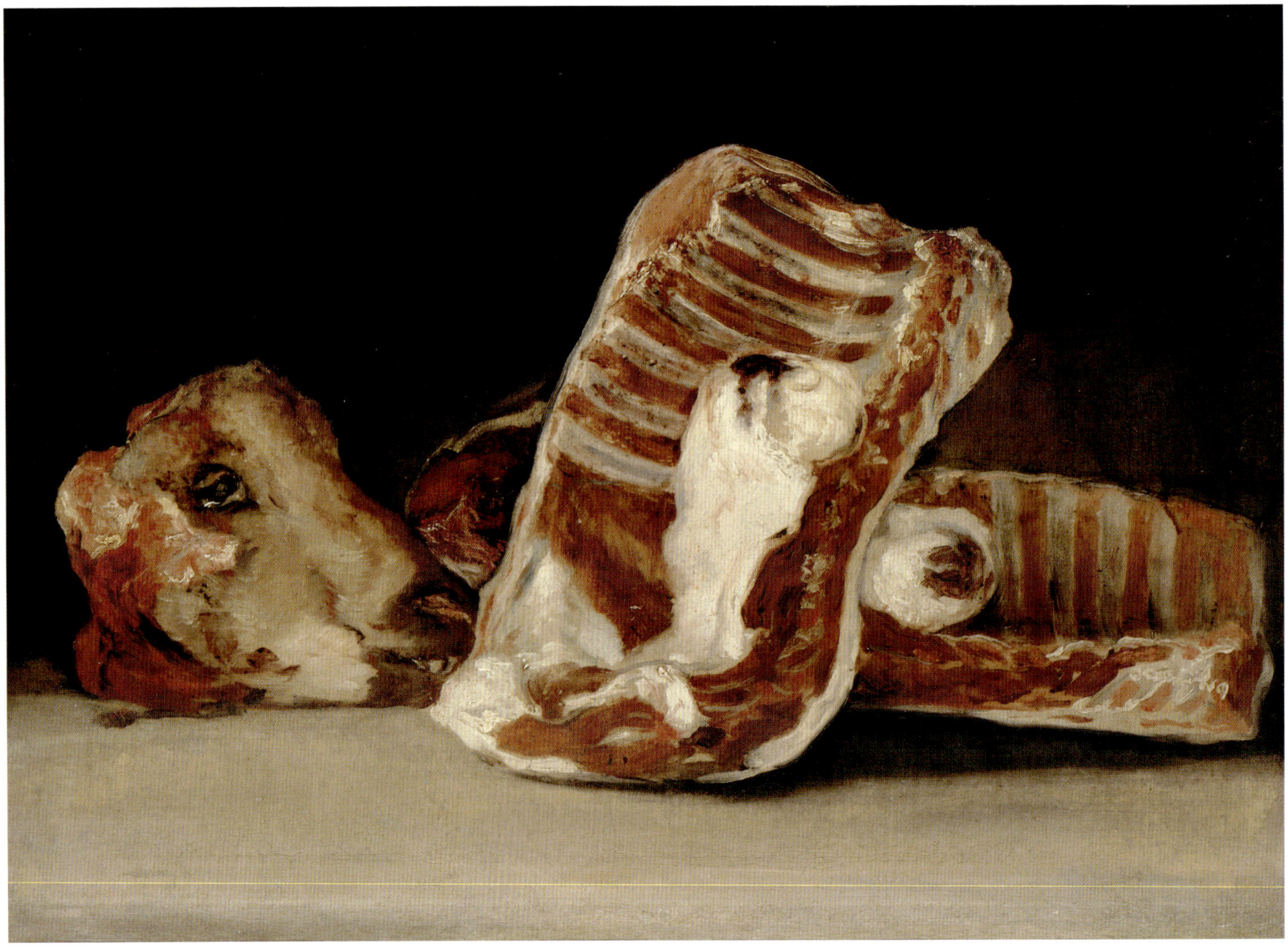

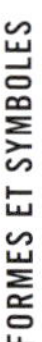

FRANCISCO DE GOYA
Nature morte à la tête de mouton, 1808-1812
Huile sur toile, H. 45 cm ; L. 62 cm
Paris, musée du Louvre

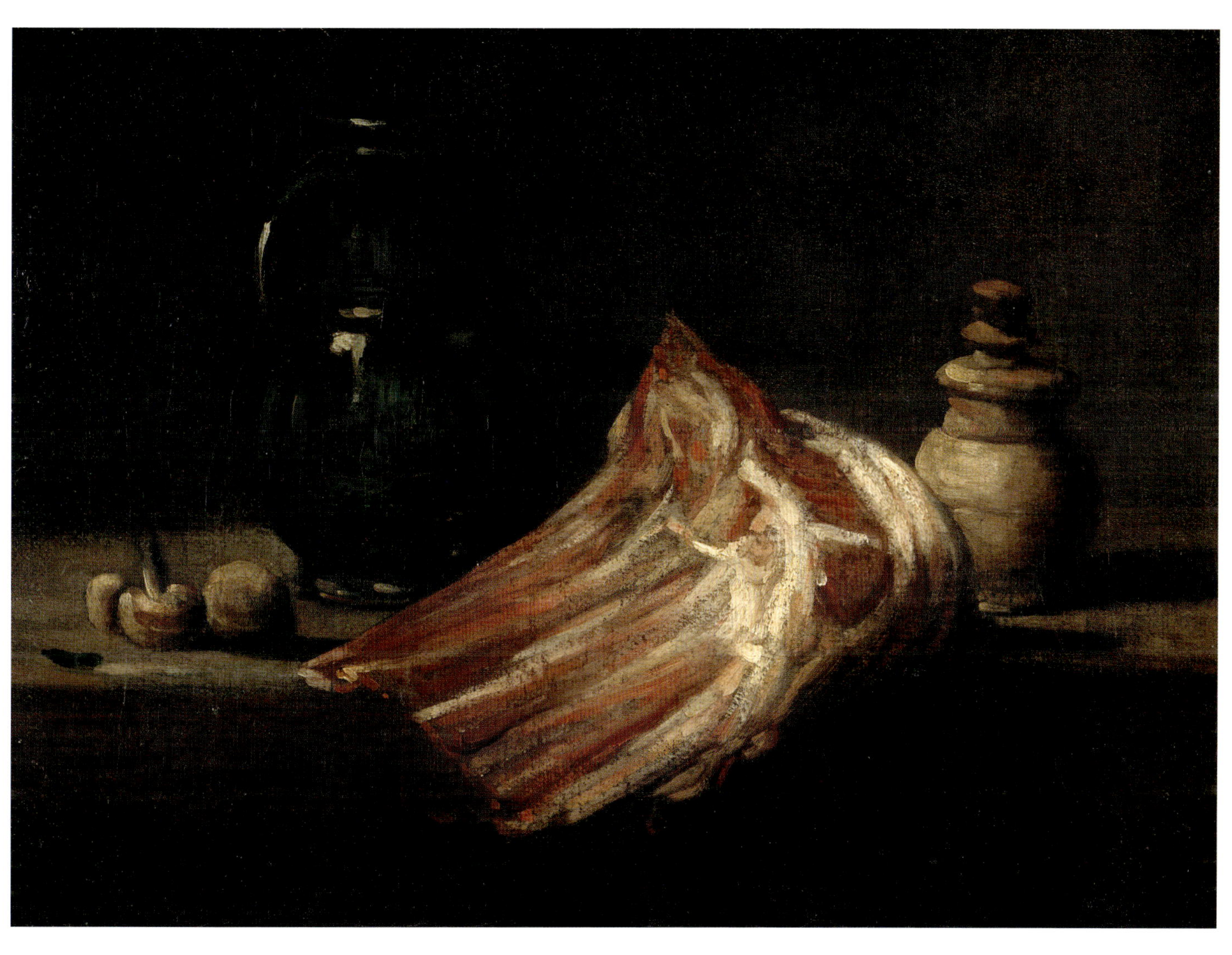

JEAN-BAPTISTE-SIMÉON CHARDIN
Table de cuisine et ustensiles avec un carré de mouton,
(répétition ou copie ancienne d'un tableau peint vers 1732)
Huile sur toile, H. 34 cm ; L. 46 cm
Paris, musée Picasso, donation Pablo Picasso 1973

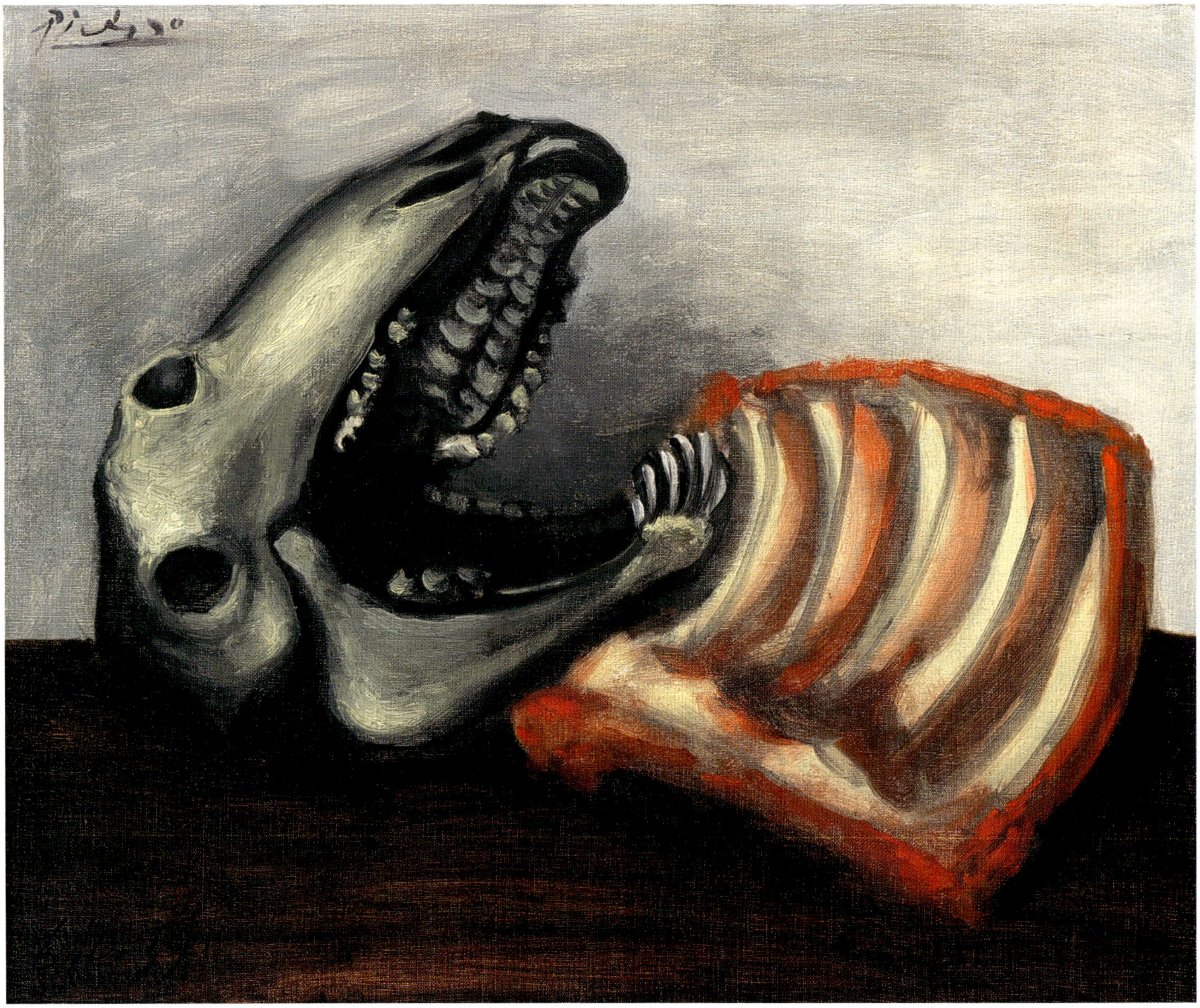

PABLO PICASSO
Nature morte au crâne de mouton, Royan, 6 octobre 1939
Huile sur toile, H. 50,2 cm ; L. 61 cm
Mexico, Vicky and Marcos Micha Collection

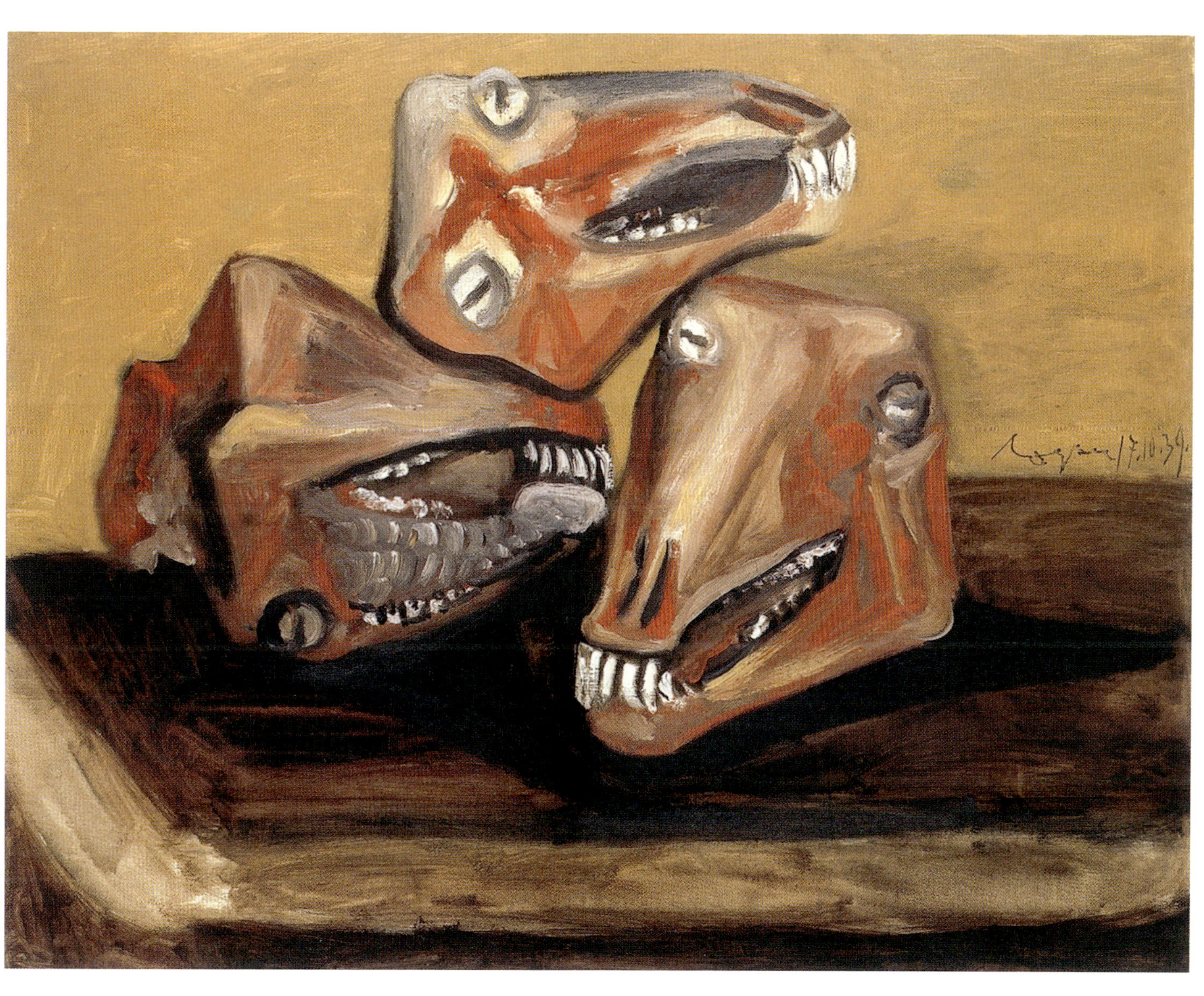

PABLO PICASSO
Trois crânes, Royan, 17 octobre 1939
Huile sur toile, H. 65 cm ; L. 89 cm
Madrid, Museo Nacional Centro de Arte Reina Sofia

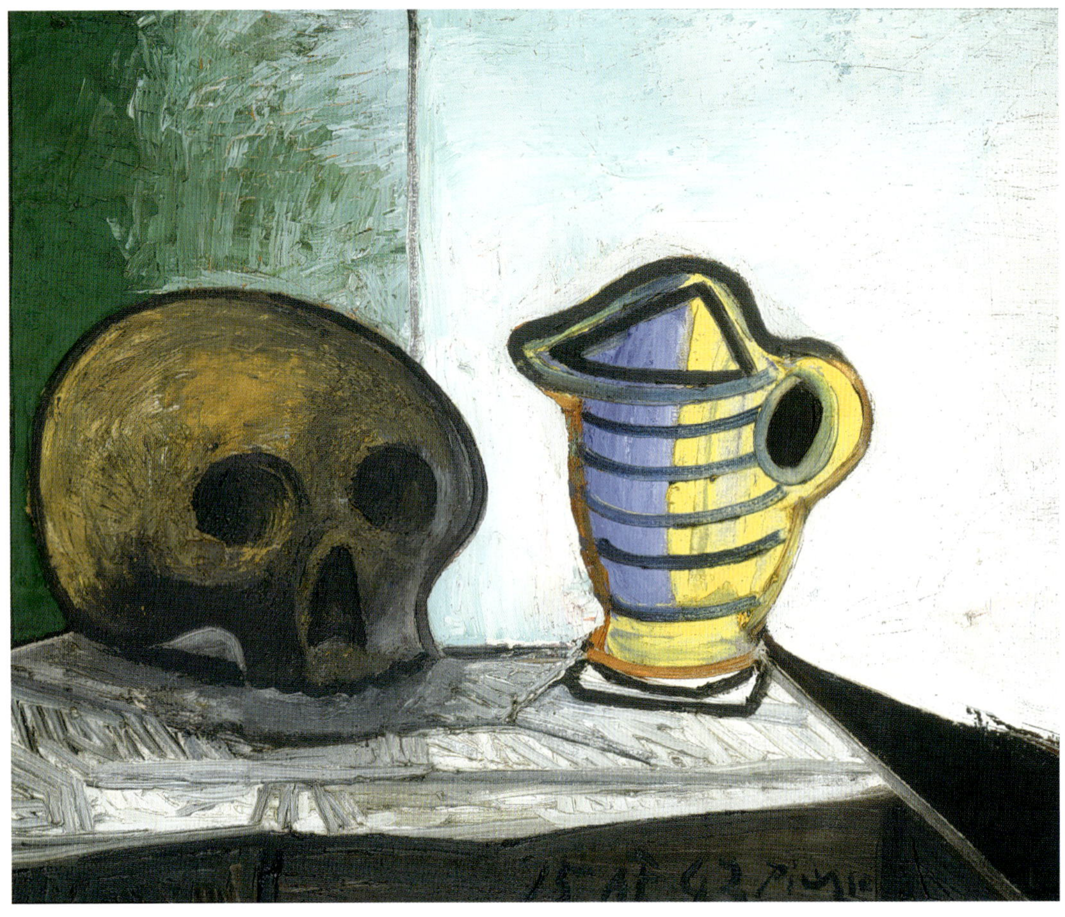

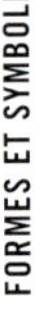

PABLO PICASSO
Tête de mort à la cruche, 15 août 1943
Huile sur toile, H. 65 cm ; L. 54 cm
Londres, Nahmad Collection

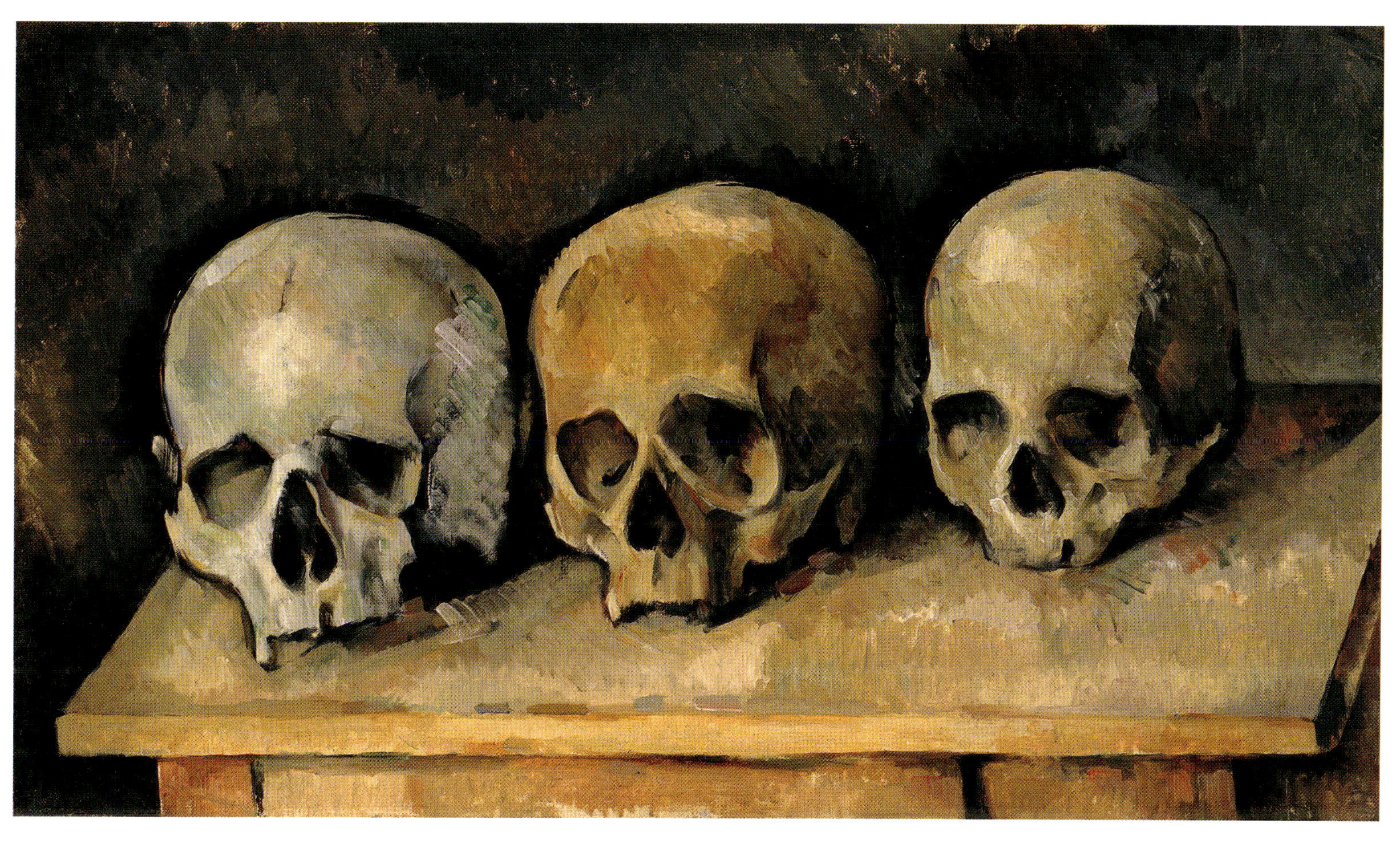

PAUL CÉZANNE
Trois crânes, 1898-1900
Huile sur toile, H. 34 cm ; L. 60 cm
Detroit, Detroit Institute of Fine Arts,
Tannahill Collection

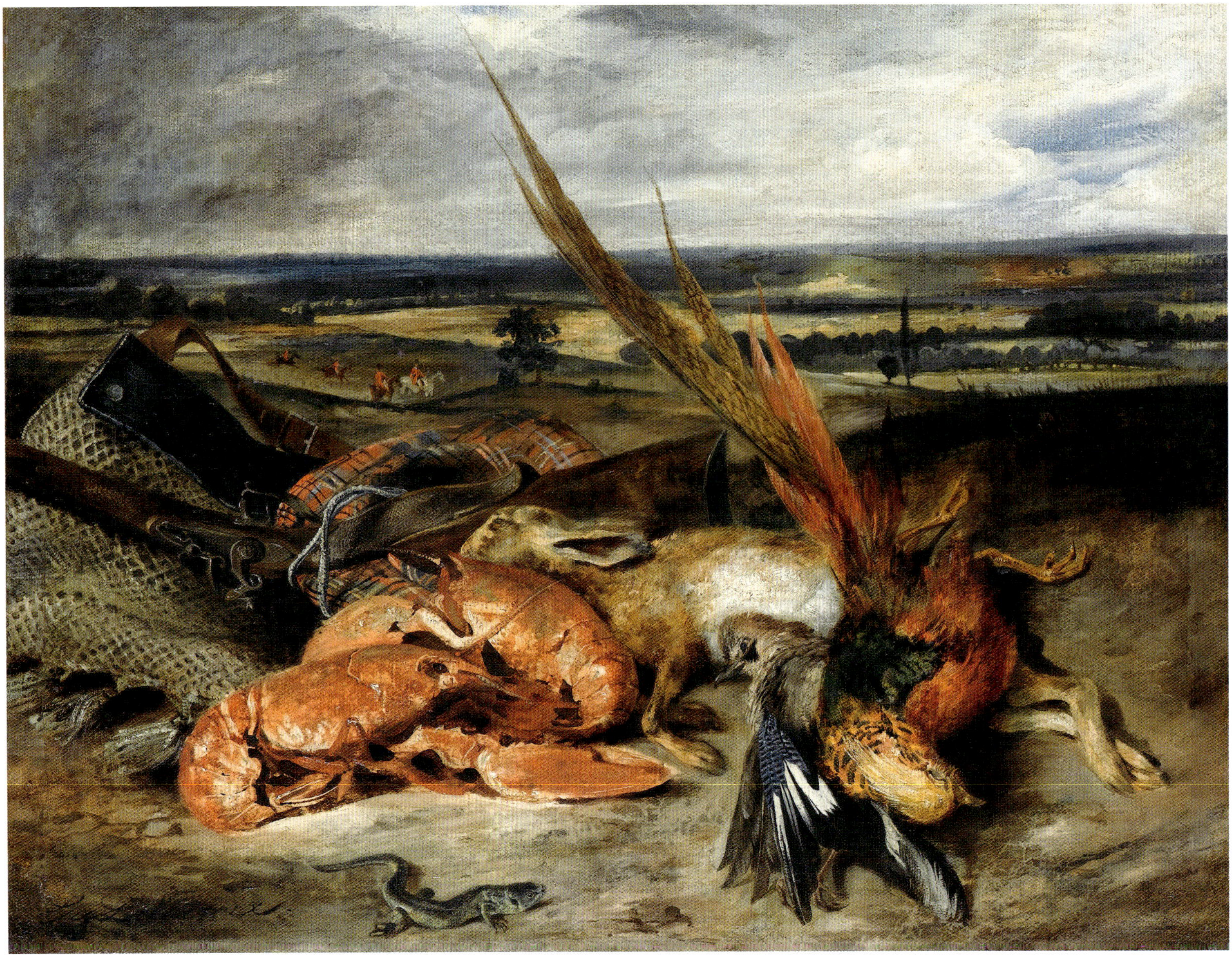

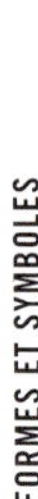

EUGÈNE DELACROIX
Nature morte aux homards, 1827
Huile sur toile, H. 80 cm ; L. 106 cm
Paris, musée du Louvre

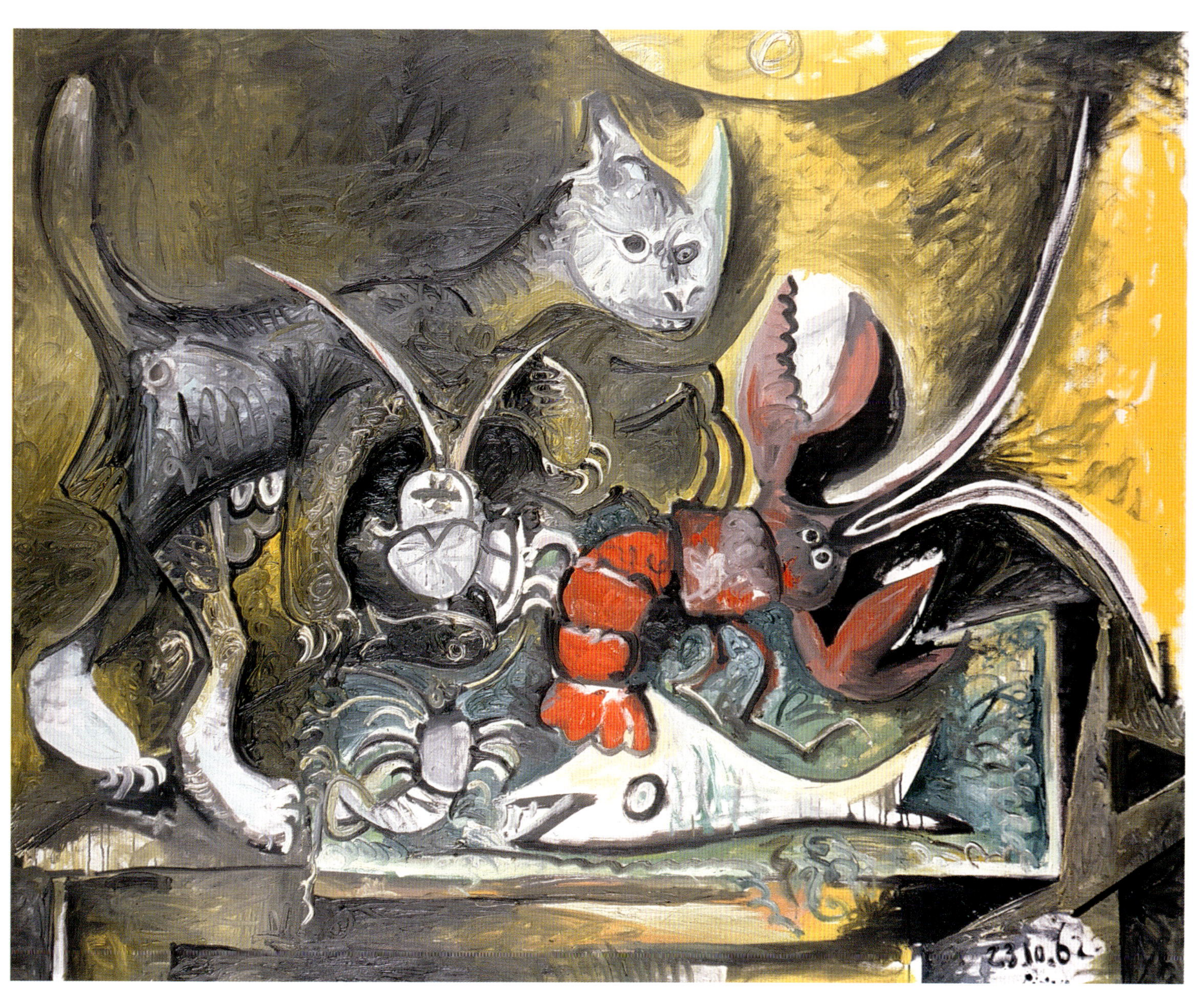

PABLO PICASSO
Chat et homard, 25 octobre – 1er novembre 1962
Huile sur toile, H. 130 cm ; L. 162 cm
Hakone, The Hakone Open-Air Museum

« Puis, un jour, vint un homme qui affirma : " Je ne veux pas peindre des anges, parce que je n'en ai jamais vu. " C'etait Courbet. il préférait représenter deux jeunes filles étendues sur les berges de la Seine. Il emmena ses modèles en plein air et les peignit. »

— FRANÇOISE GILOT ET CARLTON LAKE, *VIVRE AVEC PICASSO*, PARIS, CALMANN-LEVY, 1965, P. 278 —

FIGURES

Le portrait de la peinture

LE PORTRAIT DE LA PEINTURE En 1950, Picasso veut rendre hommage à Courbet. Il prend pour objet le chef-d'œuvre au cœur de la révolution perpétrée par le maître, *Les Demoiselles des bords de la Seine* (1857). En allant peindre sur le motif, Courbet s'attaquait au protocole de travail académique : peinture d'atelier, compositions basées sur des mises en scènes élaborées par morceaux, modèles comme autant de figurants figés dans leurs poses. En effet, les demoiselles endormies, rêveuses, indifférentes, réfutent la pose comme la scrutation du peintre. La jeune fille en blanc est « défaite » tant par le raccourci imposé par le point de vue rasant, relevant très haut la ligne d'horizon, que désarticulée par le sommeil. Picasso taille dans la masse du tableau pour ne retenir que la bande visuelle frôlant le jupon au premier plan jusqu'aux premières feuilles de l'arbre comblant le fond. Il coupe aussi sur les côtés pour cadrer serré mains et pieds. Sa toile a les dimensions exactes de ce tableau découpé, arrêté sur image. L'amas compliqué des jupons, broderies, fleurs, chapeau, est exprimé par un système losangéiforme qui dessine autant de facettes plates.

La *défiguration* constitue le véritable sujet de cette toile comme de la séquence de portraits féminins réunis ici. De l'un à l'autre, s'établit le principe des équivalences réglant les rapports entre des tableaux emblématiques de Goya, Manet, Ingres, Degas, le Douanier Rousseau ou Van Gogh et des toiles de Picasso peintes à différents moments de son œuvre. *Fernande à la mantille*, (1905), ou *Nusch Éluard* (1941), répondent aux grisailles légères, aux subtiles linéaments du masque comme au thème espagnol de *La Comtesse del Carpio, marquise de Solana* de Goya (1794-1795). *Grand nu au fauteuil rouge* (1929) dialogue avec *Madame Moitessier* (1856), d'Ingres, dans un complexe prisme d'images où la distorsion des corps les dédouble et les ramifie au piège des miroirs. Ingres encore, avec le dissonant *Portrait de Mademoiselle Rivière* (1793-1807), dont la tête vue de face, emmanchée sur le profil du corps menu, apparaît comme la vision lunaire d'un impossible et chimérique corps que les portraits d'*Olga au col de fourrure* (1923), ou *Olga* (1923), commentent dans leurs déformations délibérées en camaïeu de bruns et blancs de porcelaine. Métaphysique toile de Degas, *L'Absinthe* (1875), trempée dans la lueur tremblante et laiteuse d'un spleen oublieux de soi, de l'affaissement d'une existence incertaine dont Picasso donne une réplique tendue, violente, dans *La Buveuse d'absinthe* (1901), en phase aiguë de crispation identitaire. Austère portrait de *L'Arlésienne (Madame*

Ginoux) (1888), peint en noir violacé et jaune par Van Gogh, où le grand deuil seul résiste à l'éblouissement solaire. En 1937, Picasso fait de ce portrait l'épicentre d'une grande variation picturale sur le thème de *L'Arlésienne*. Le kaléidoscope de la couleur y subvertit le modèle van goghien dont il démonte et remonte tous les éléments distinctifs dans un baroquisme euphorique. Picasso pourra dire « Après Van Gogh, nous sommes tous des autodidactes – on pourrait presque dire des peintres primitifs. La tradition ayant elle-même sombré dans l'académisme, nous devons recréer tout un langage. Et chaque peintre de notre temps est habilité à recréer ce langage de A à Z[1]. » Ici, les yeux, la bouche et les narines dansent une valse sémantique extravagante tandis que l'oreille piquée comme un nœud au côté devient le signe de l'infini, en hommage ému au « pauvre Van Gogh », mutilé. Profil perdu, vêture sombre comme un papier découpé sur le *all-over* d'un papier peint pour ce portrait intitulé *L'Automne (Méry Laurent*) [1881], de Manet dont Picasso s'attache à transposer le projet allégorique dans des portraits dédiés à Marie-Thérèse ou Dora Maar en 1938-1939. Sur des fonds monochromes constellé de stries, de fleurs, de signes, il inscrit de même les profils tranchants, anguleux ou curvilignes de ces créatures de peinture.

Enfin s'imposent, comme les cariatides de l'univers picassien, les statures colossales de deux magiciennes, la *Nana* (1870), de Manet, et *Portrait de femme* (1895), du Douanier Rousseau. Elles confondent leurs idiomes picturaux de « carte à jouer » comme leurs éthiques de scrupuleuse intelligence du monde, dans *Les Amoureux* (1919), de Picasso. Les trois grandes compositions fusionnent dans ce tableau plat, provocateur, où la dédicace à Manet auquel il emprunte le théâtre de ses décors et costumes, rencontre la silhouette mate, obstructive et têtue de *Portrait de femme*, toute de fixité et d'obsession.

Ainsi, de l'une à l'autre de ces toiles, l'innombrable litanie de « figures » peintes par Picasso forme sans conteste le plus original et le plus riche ensemble de portraits peints au XXe siècle. À travers les descriptions atypiques et empathiques de ses modèles, l'artiste s'y révèle un portraitiste de légende, divagant à la poursuite irraisonnée d'un portrait de la peinture que rien n'achève ni n'éteint.

1. Cité par Gilot (Françoise) et Lake (Carlton), *Vivre avec Picasso*, Paris, Calmann-Lévy, 1965, p. 67.

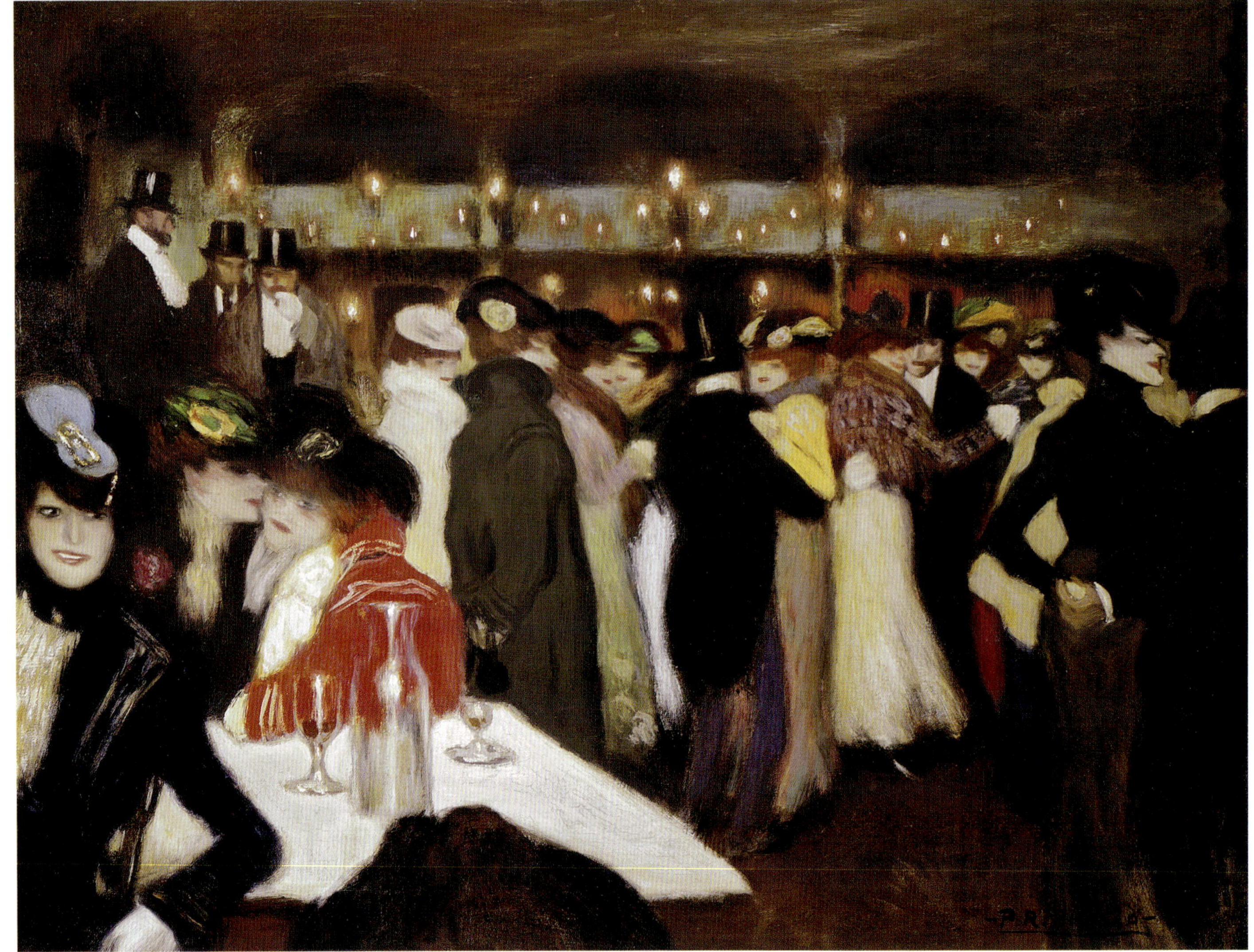

PABLO PICASSO

* *Le Moulin de la Galette*, Paris, automne 1900
Huile sur toile, H. 90,2 cm ; L. 117 cm
New York, The Solomon R. Guggenheim Museum,
don Justin K. Thannhauser, 1978

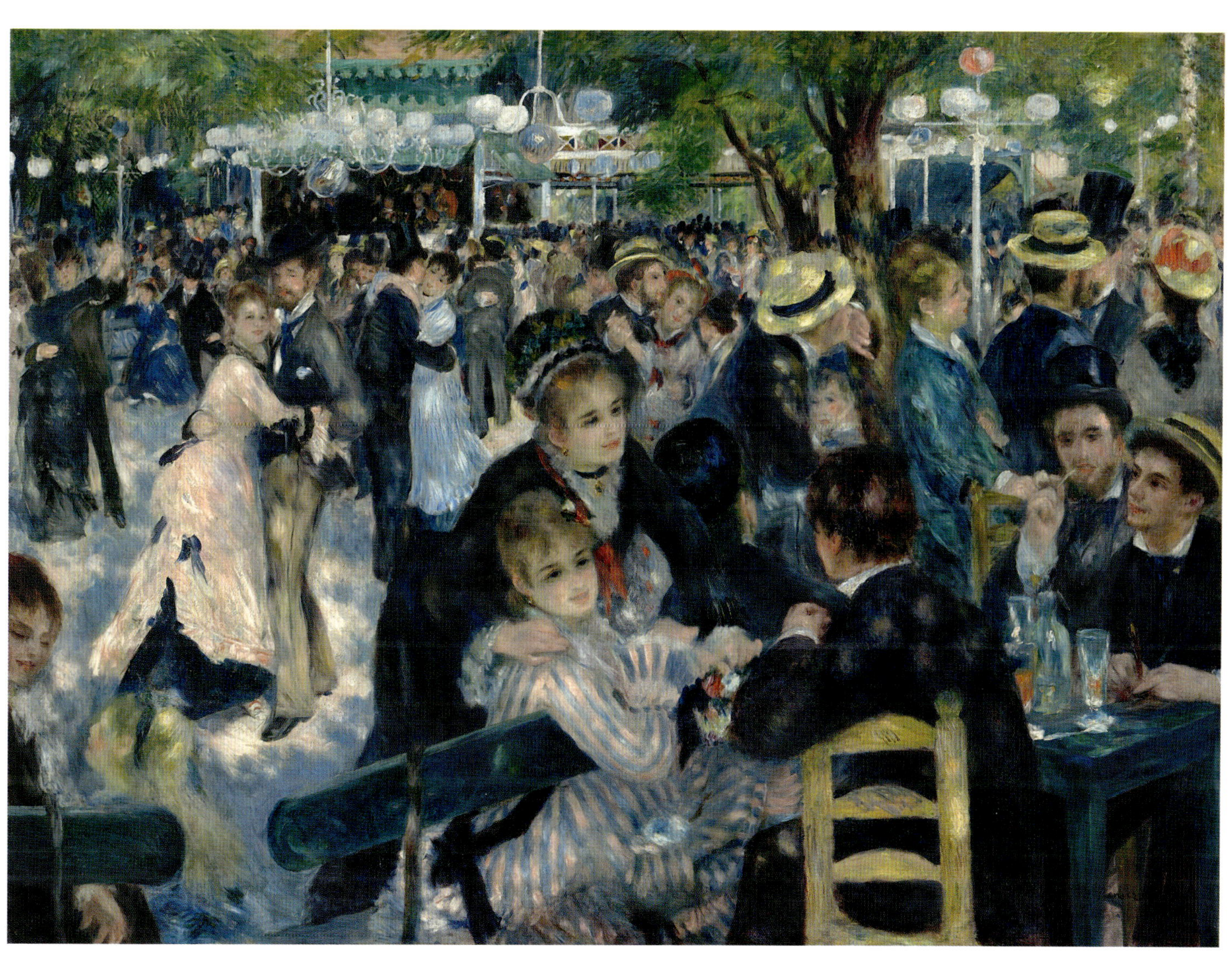

PIERRE AUGUSTE RENOIR
* *Bal du moulin de la Galette*, 1876
Huile sur toile, H. 131 cm ; L. 175 cm
Paris, musée d'Orsay

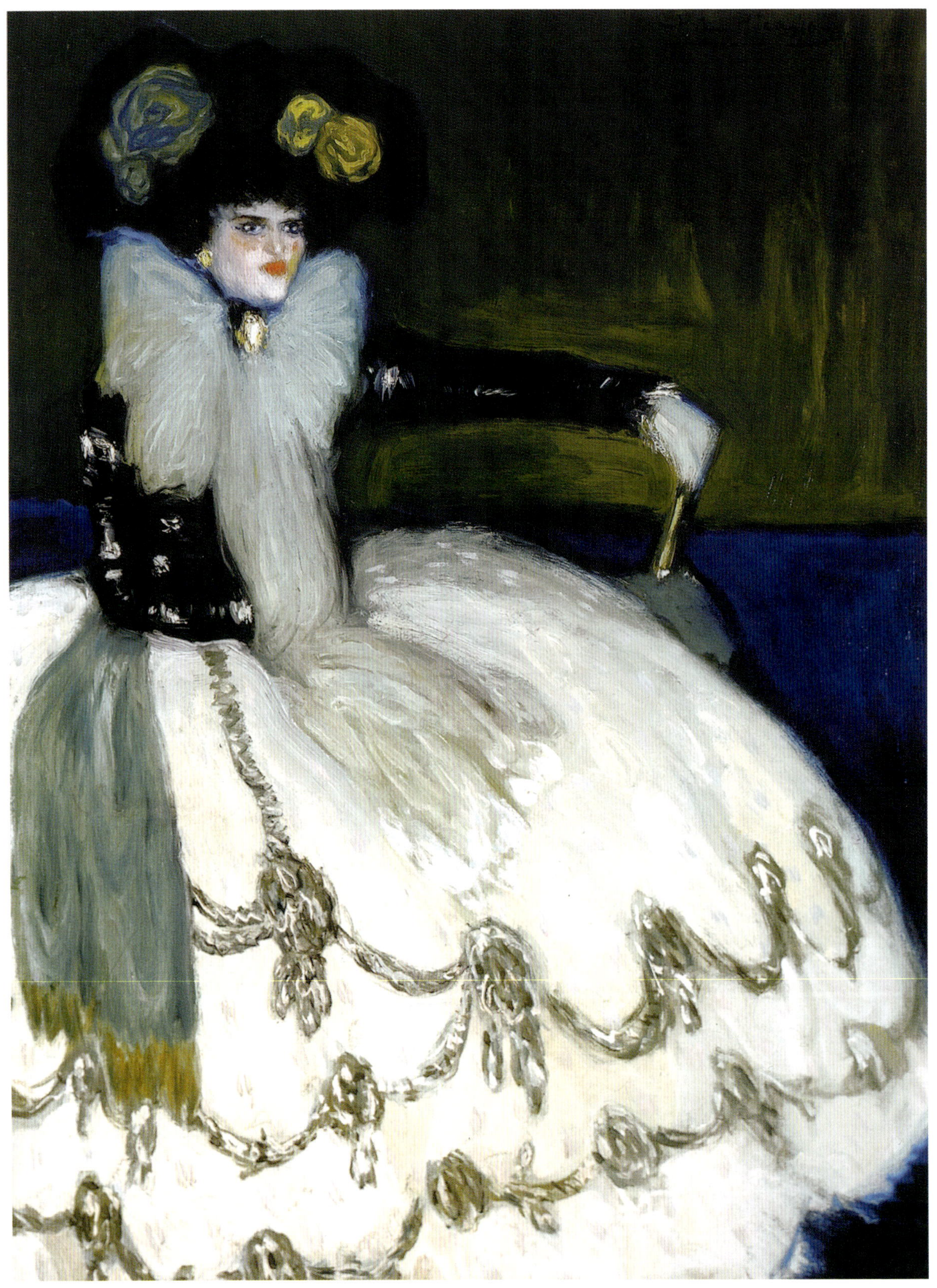

PABLO PICASSO
* *Femme en bleu*, 1901
Huile sur toile, H. 133,5 cm ; L. 101 cm
Madrid, Museo Nacional Centro de Arte Reina Sofia

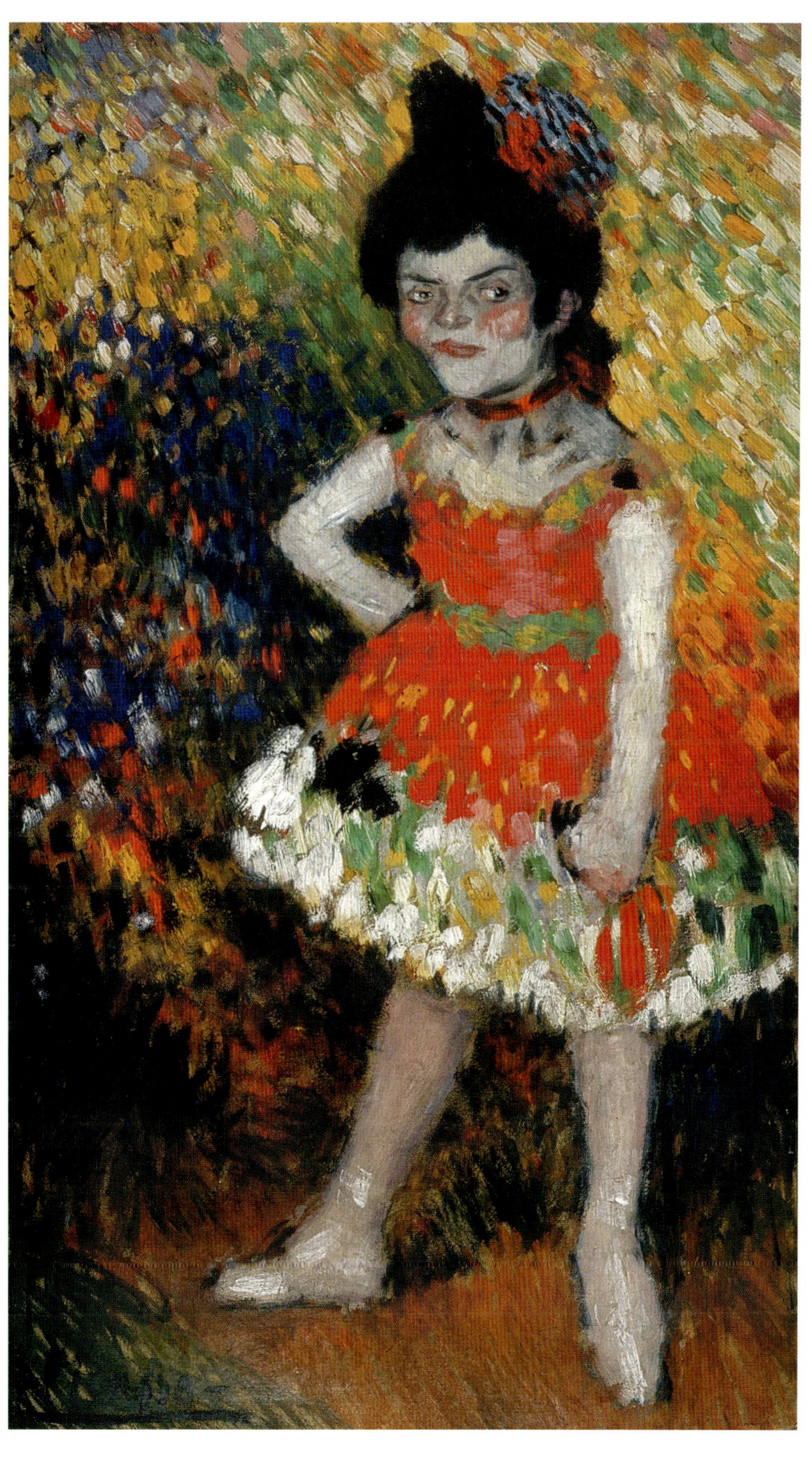

PABLO PICASSO
La Nana, Paris, 1901
Huile sur carton, H. 102 cm ; L. 60 cm
Barcelone, Museu Picasso

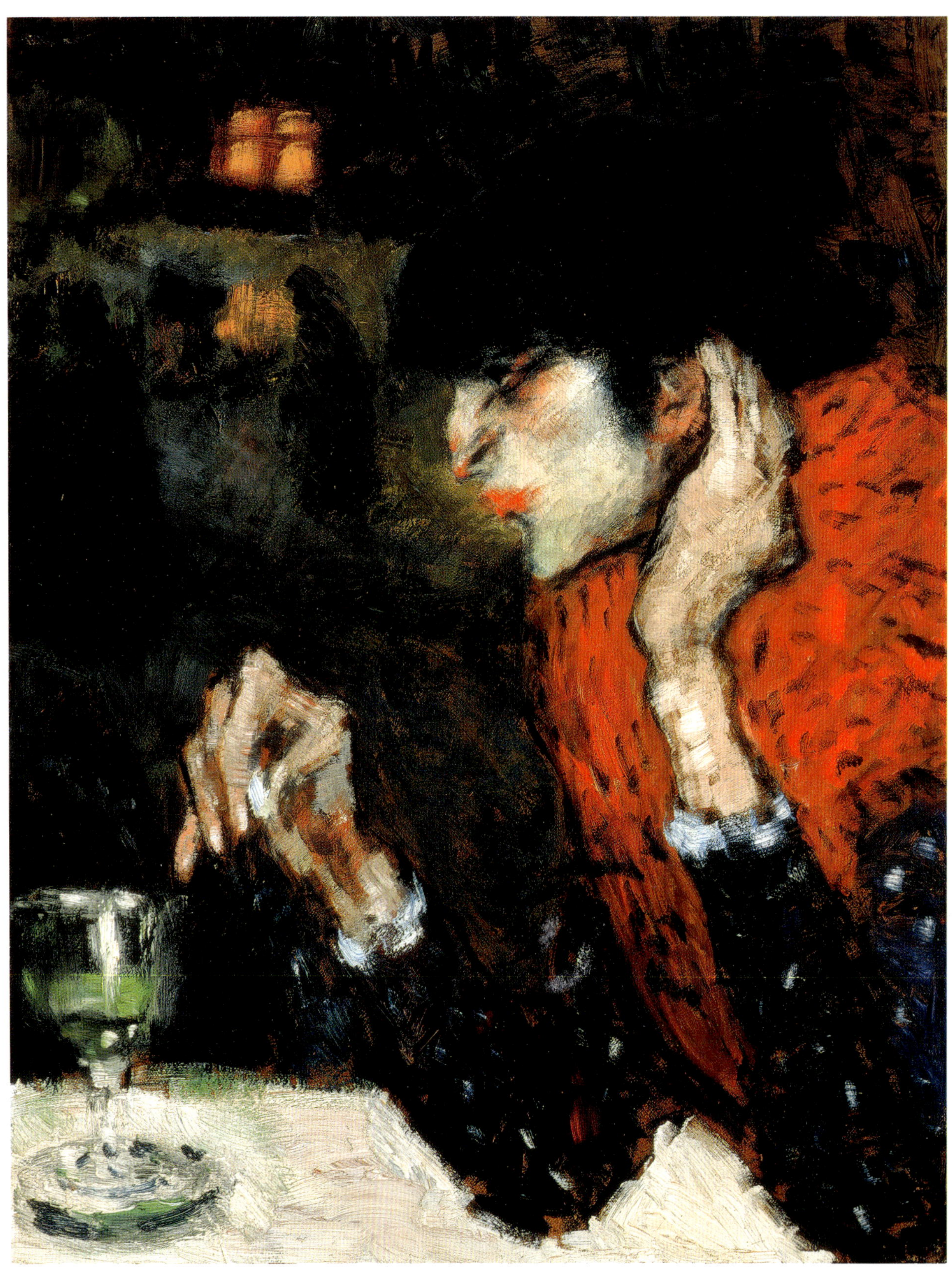

PABLO PICASSO
Buveuse accoudée (La Buveuse d'absinthe), Paris, 1901
Huile sur carton, H. 65,5 cm ; L. 51 cm
Collection particulière

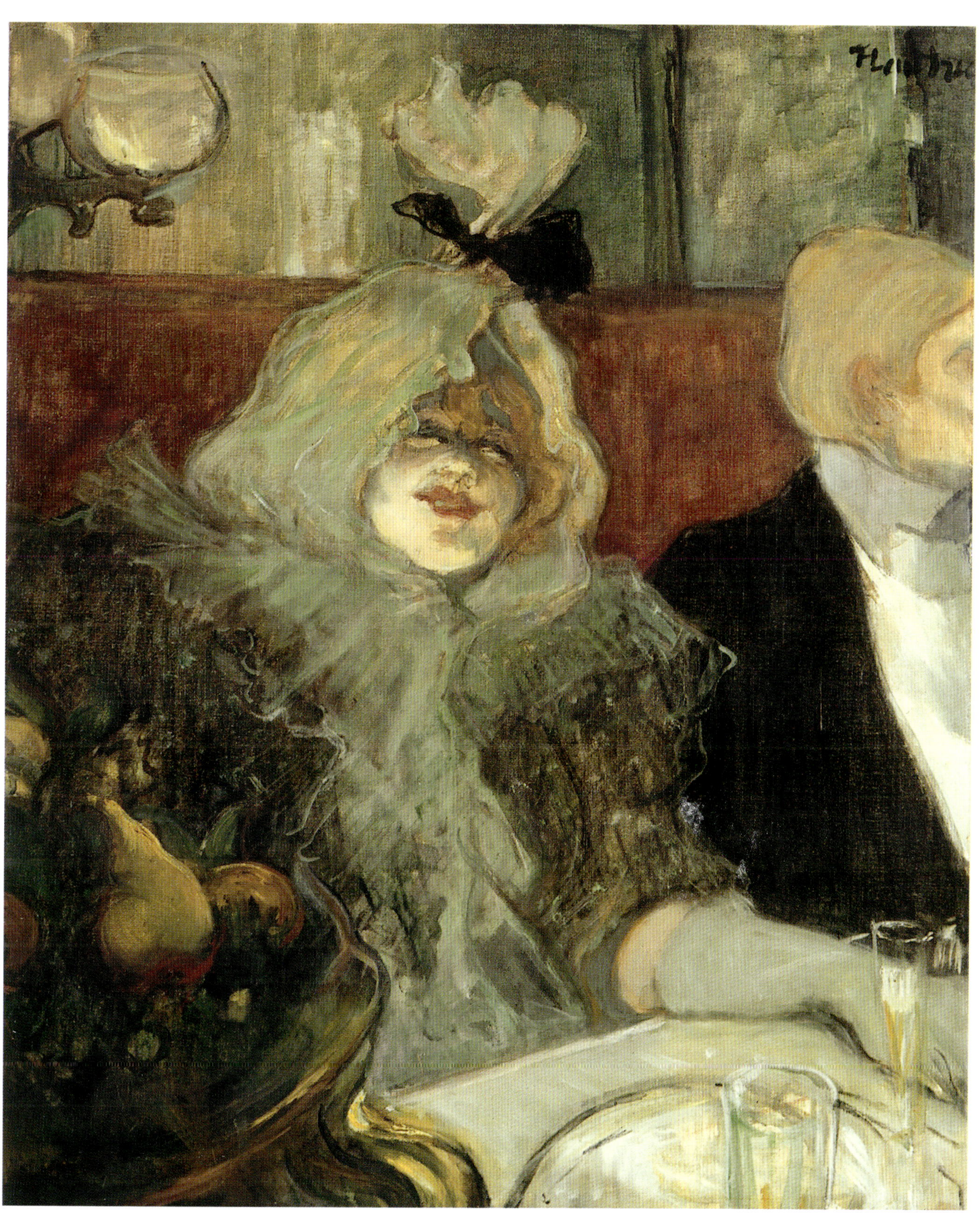

HENRI DE TOULOUSE-LAUTREC
En cabinet particulier (Au rat mort), 1899
Huile sur toile, H. 55,1 cm ; L. 46 cm
Londres, Courtauld Institute Galleries

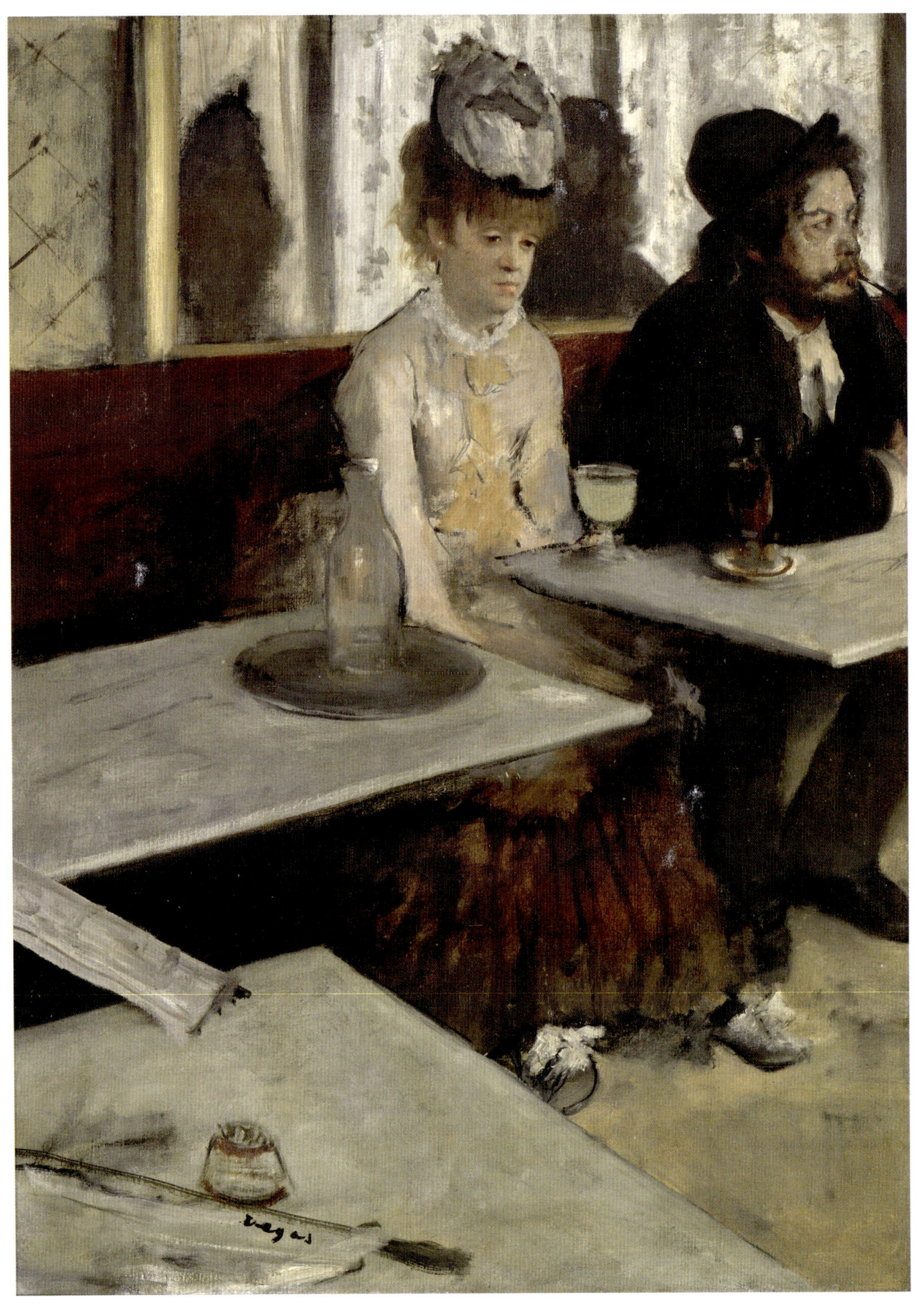

EDGAR DEGAS
L'Absinthe, 1875
Huile sur toile, H. 92 cm ; L. 68,5 cm
Paris, musée d'Orsay

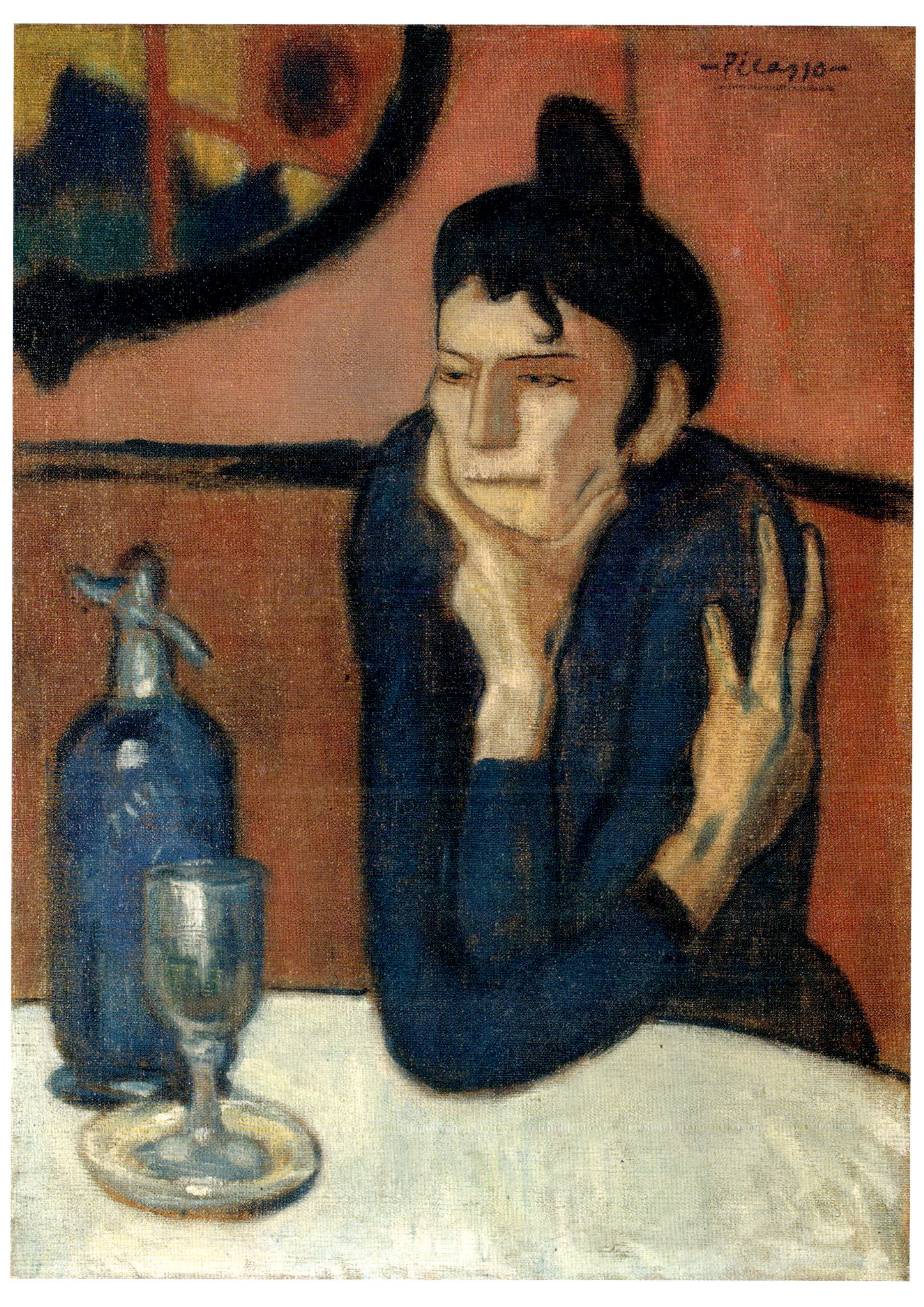

PABLO PICASSO
La Buveuse d'absinthe, Paris, 1901
Huile sur toile, H. 73 cm ; L. 54 cm
Saint-Pétersbourg, The State Hermitage Museum

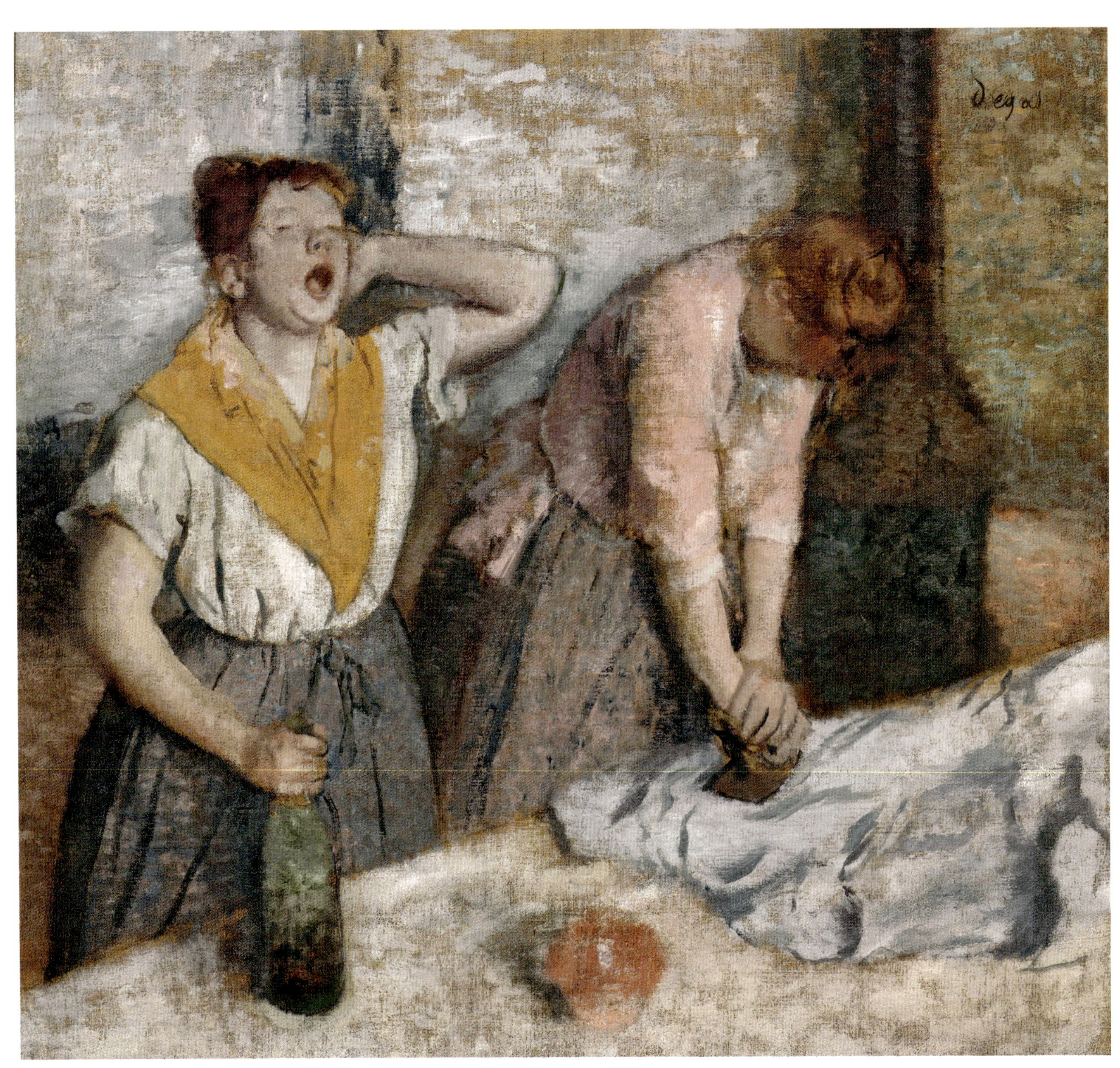

EDGAR DEGAS
Les Repasseuses, 1884-1886
Huile sur toile, H. 76 cm ; L. 81,5 cm
Paris, musée d'Orsay

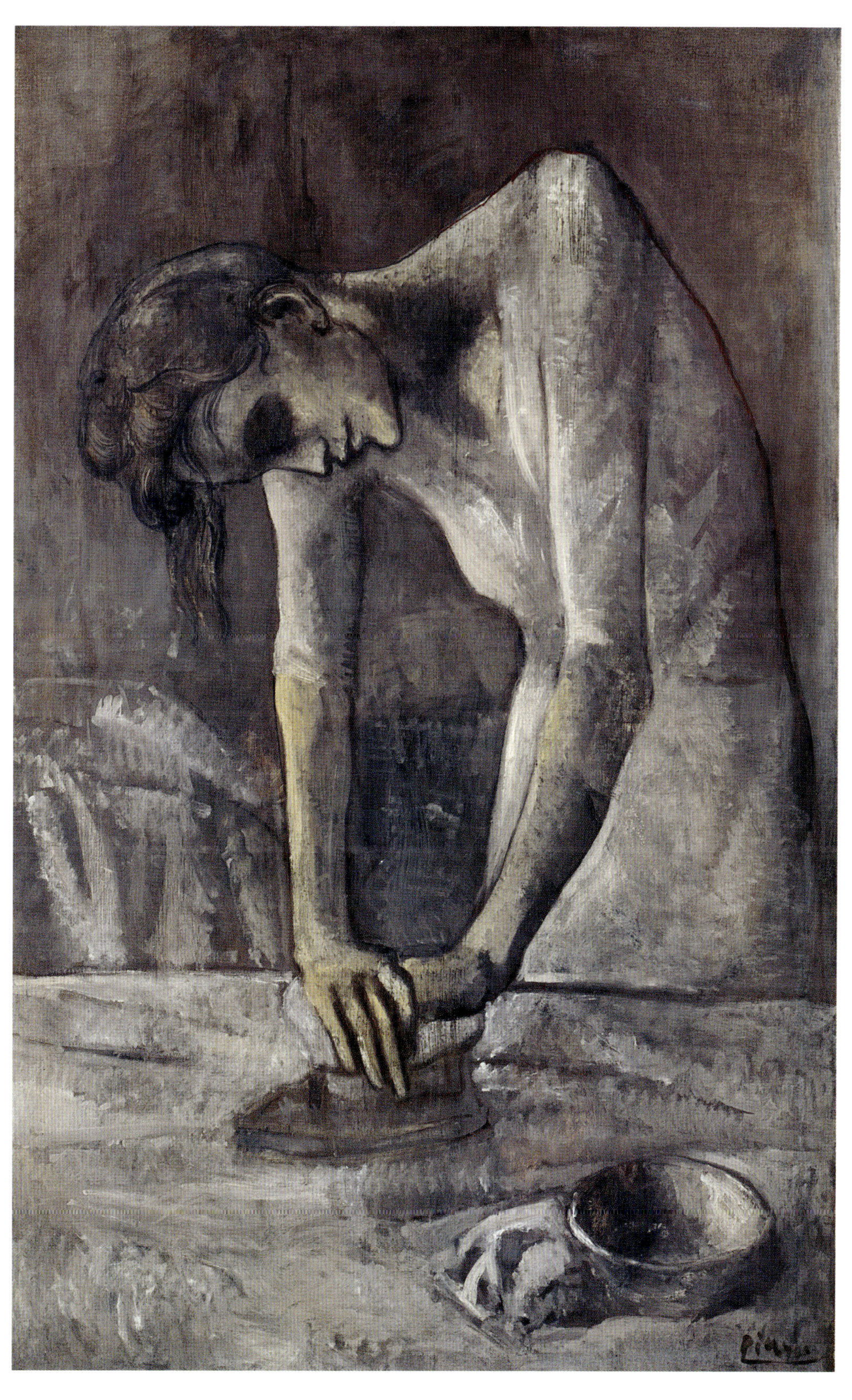

PABLO PICASSO

* *La Repasseuse*, Paris, 1904
Huile sur toile, H. 116,2 cm ; L. 72,7 cm
New York, The Solomon R. Guggenheim Museum,
don de Justin K. Thannhauser, 1978

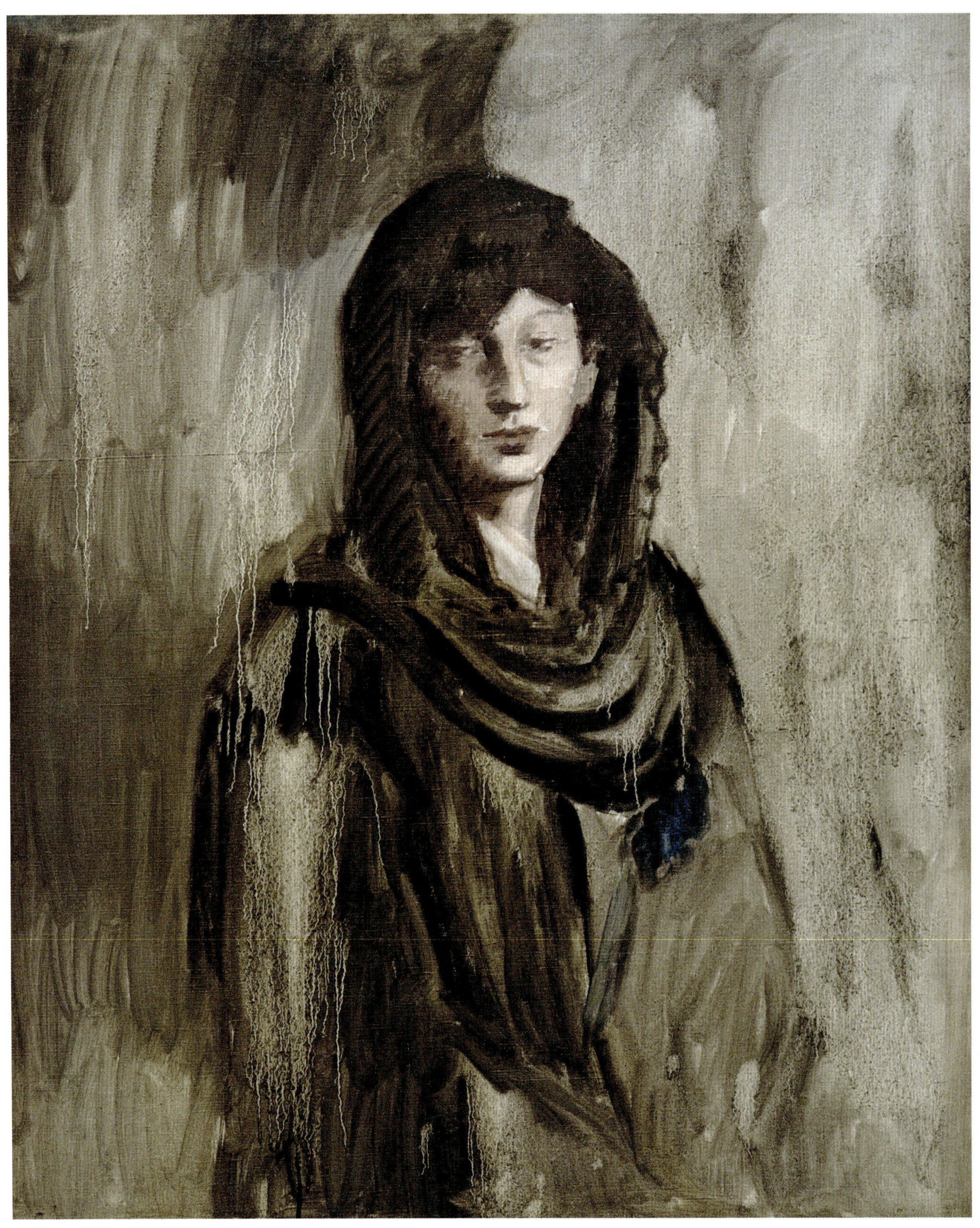

PABLO PICASSO
Fernande à la mantille noire, 1905-1906
Huile sur toile, H. 100 cm ; L. 81 cm
New York, The Solomon R. Guggenheim Museum,
legs Hilde Thannhauser, 1991

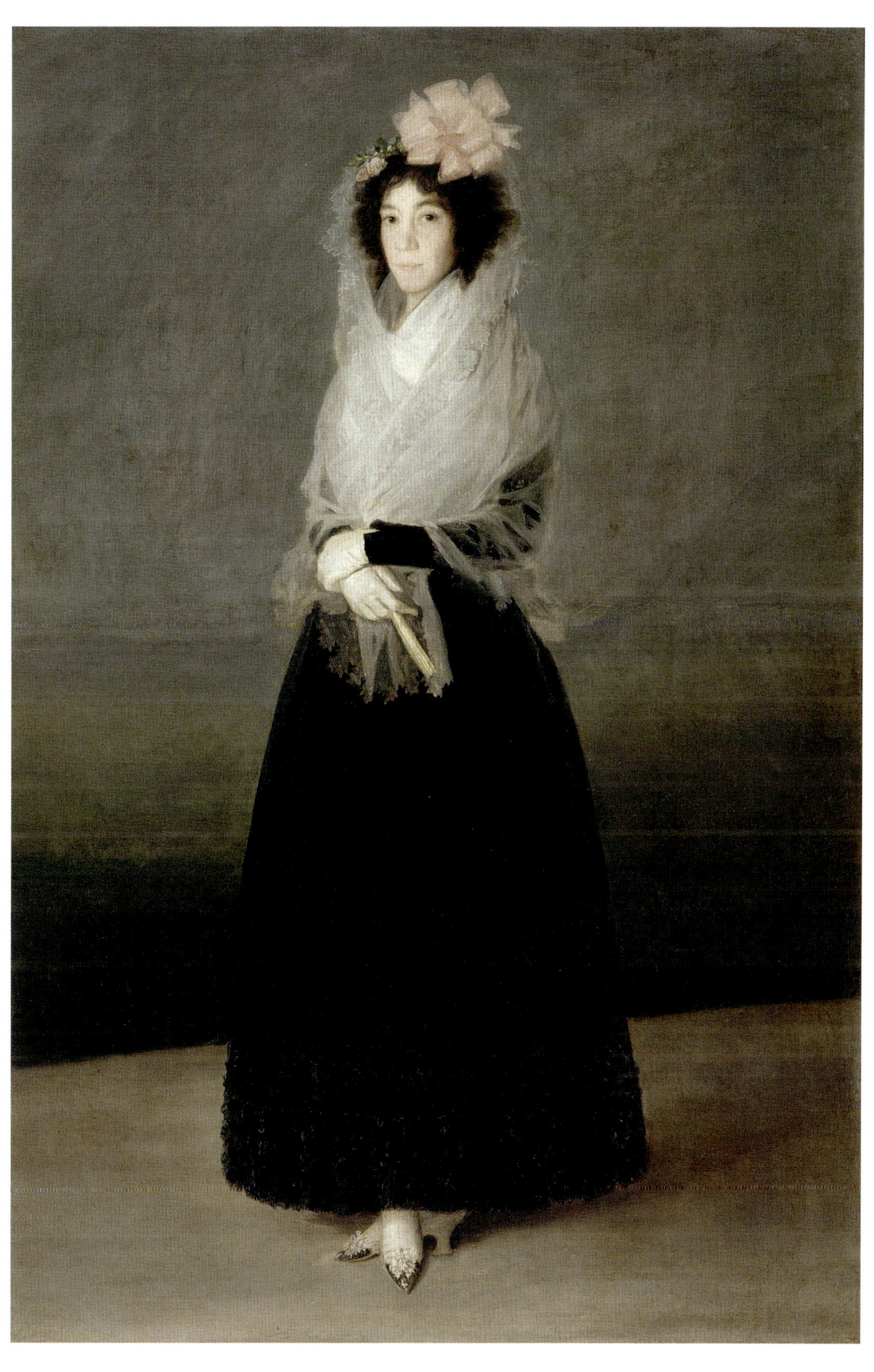

FRANCISCO DE GOYA
La Comtesse del Carpio, marquise de la Solana, 1794-1795
Huile sur toile, H. 181 cm ; L. 122 cm
Paris, musée du Louvre

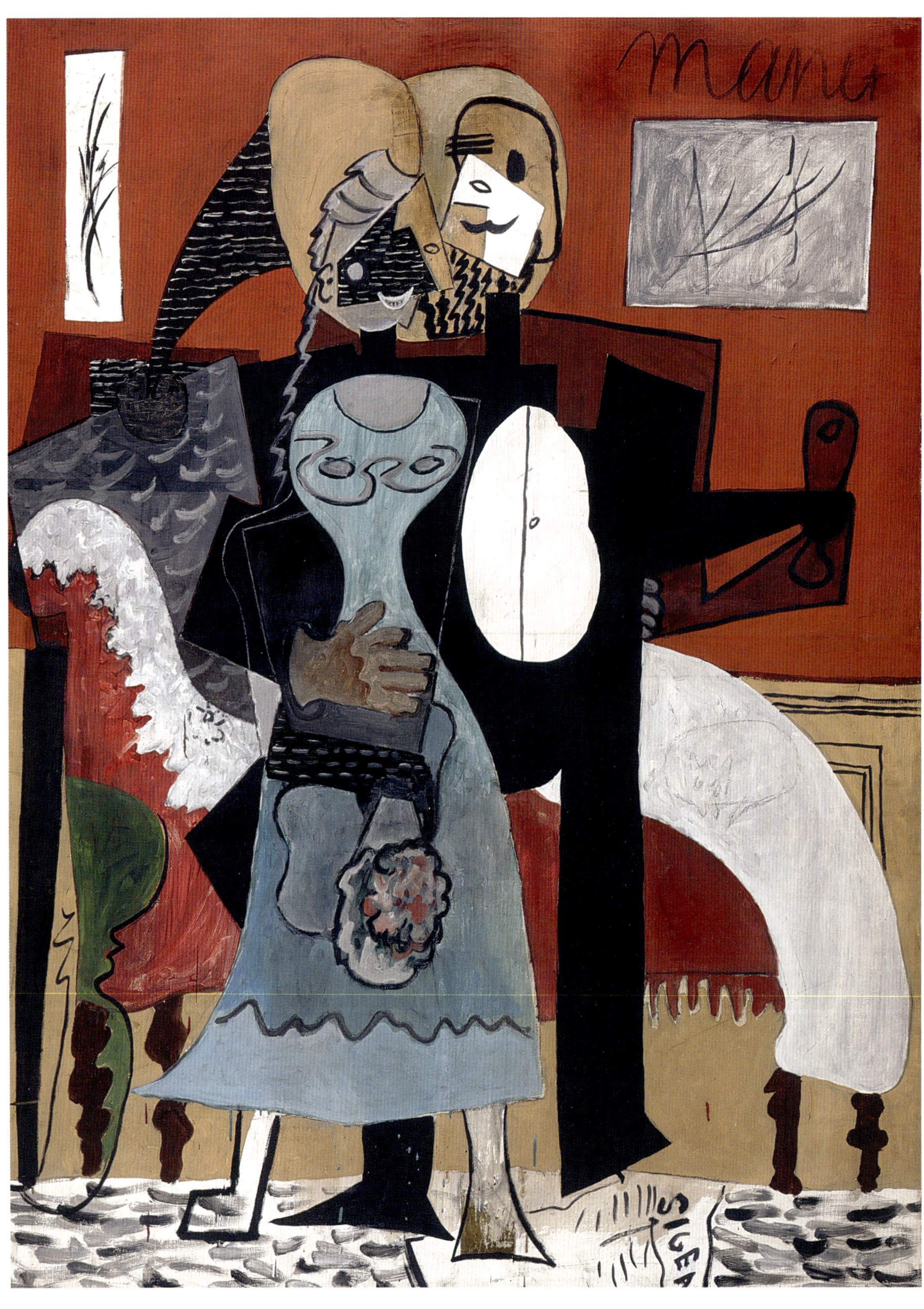

PABLO PICASSO
Les Amoureux, 1919
Huile sur toile, H. 185 cm ; L. 140 cm
Paris, musée Picasso, donation Pablo Picasso 1979

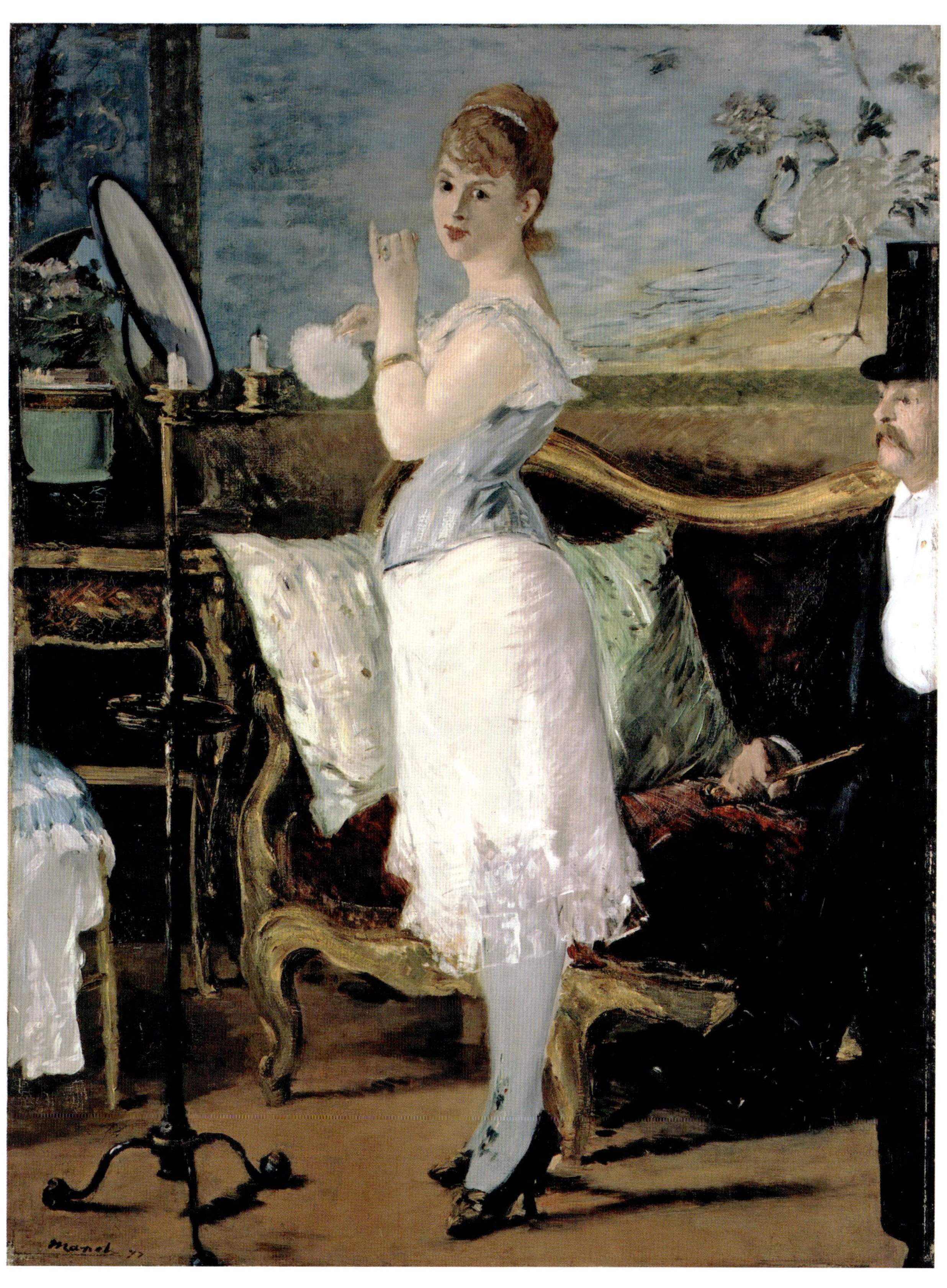

ÉDOUARD MANET
Nana, 1877
Huile sur toile, H. 150 cm ; L. 116 cm
Hambourg, Hamburger Kunsthalle

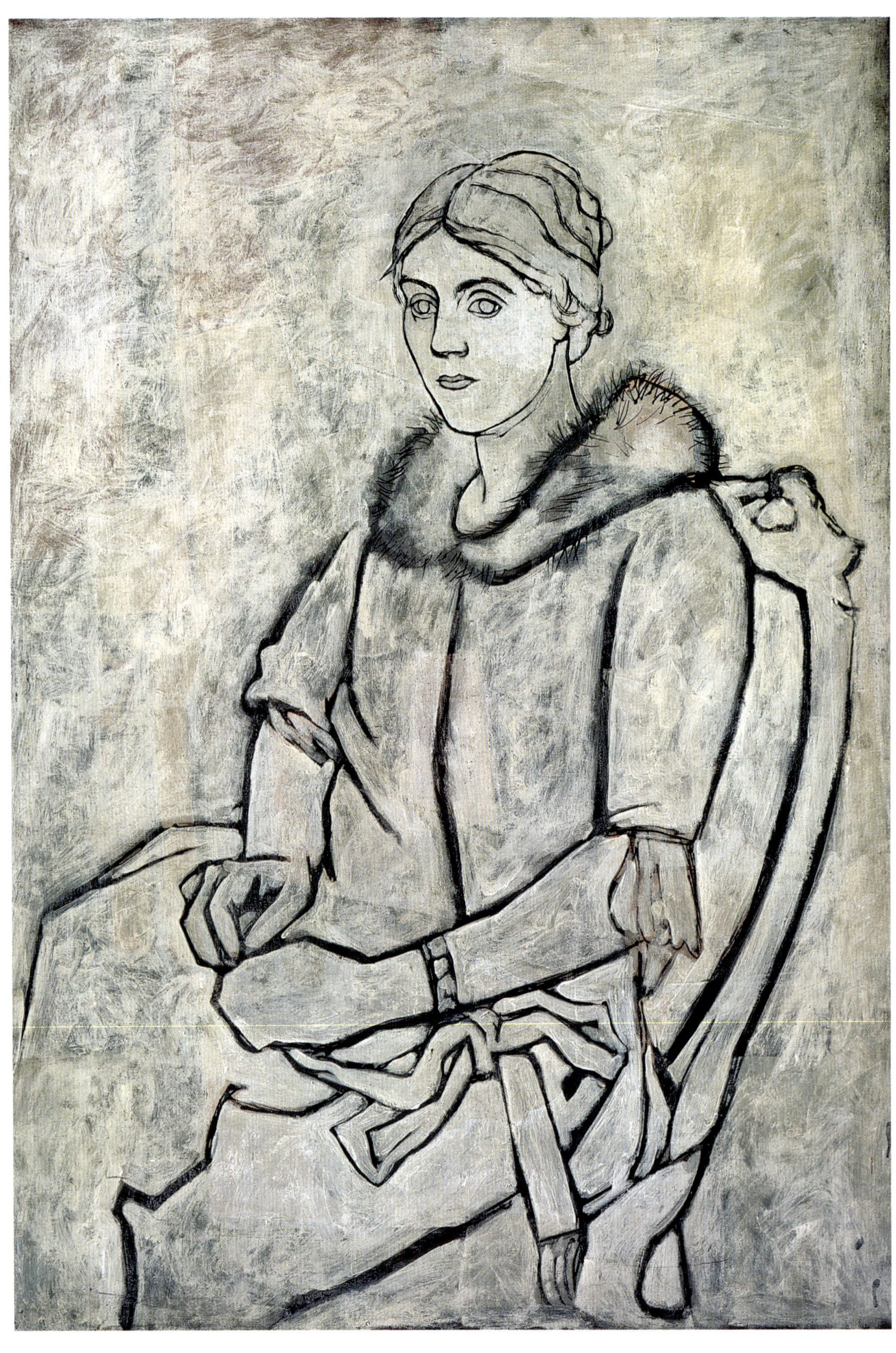

PABLO PICASSO
Olga au col de fourrure, 1923
Huile sur toile, H. 116 cm ; L. 80,5 cm
Paris, musée Picasso, dation Jacqueline Picasso 1990

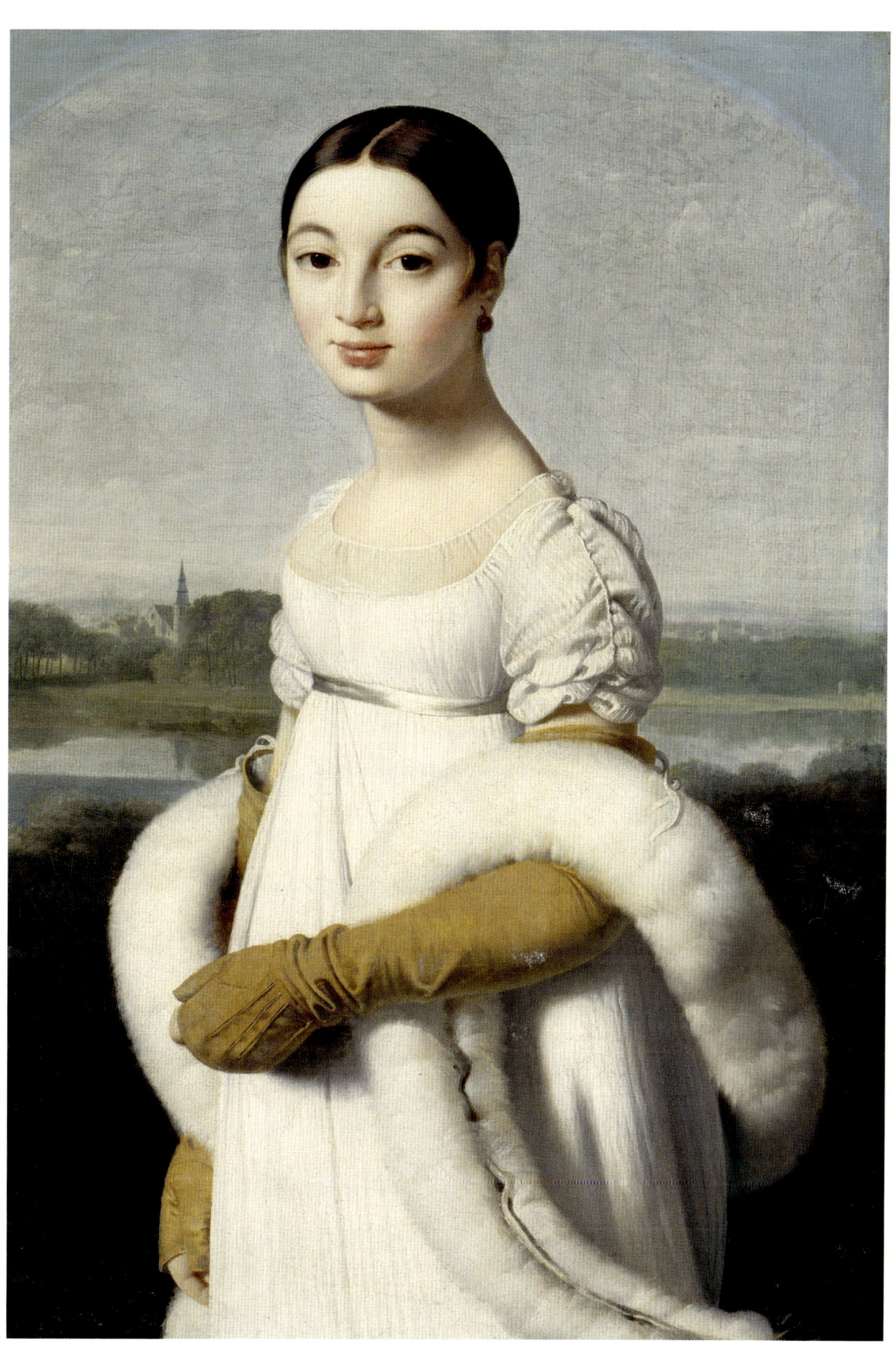

JEAN-AUGUSTE-DOMINIQUE INGRES
Portrait de Mademoiselle Caroline Rivière, 1793-1807
Huile sur toile, H. 100 cm ; L. 70 cm
Paris, musée du Louvre

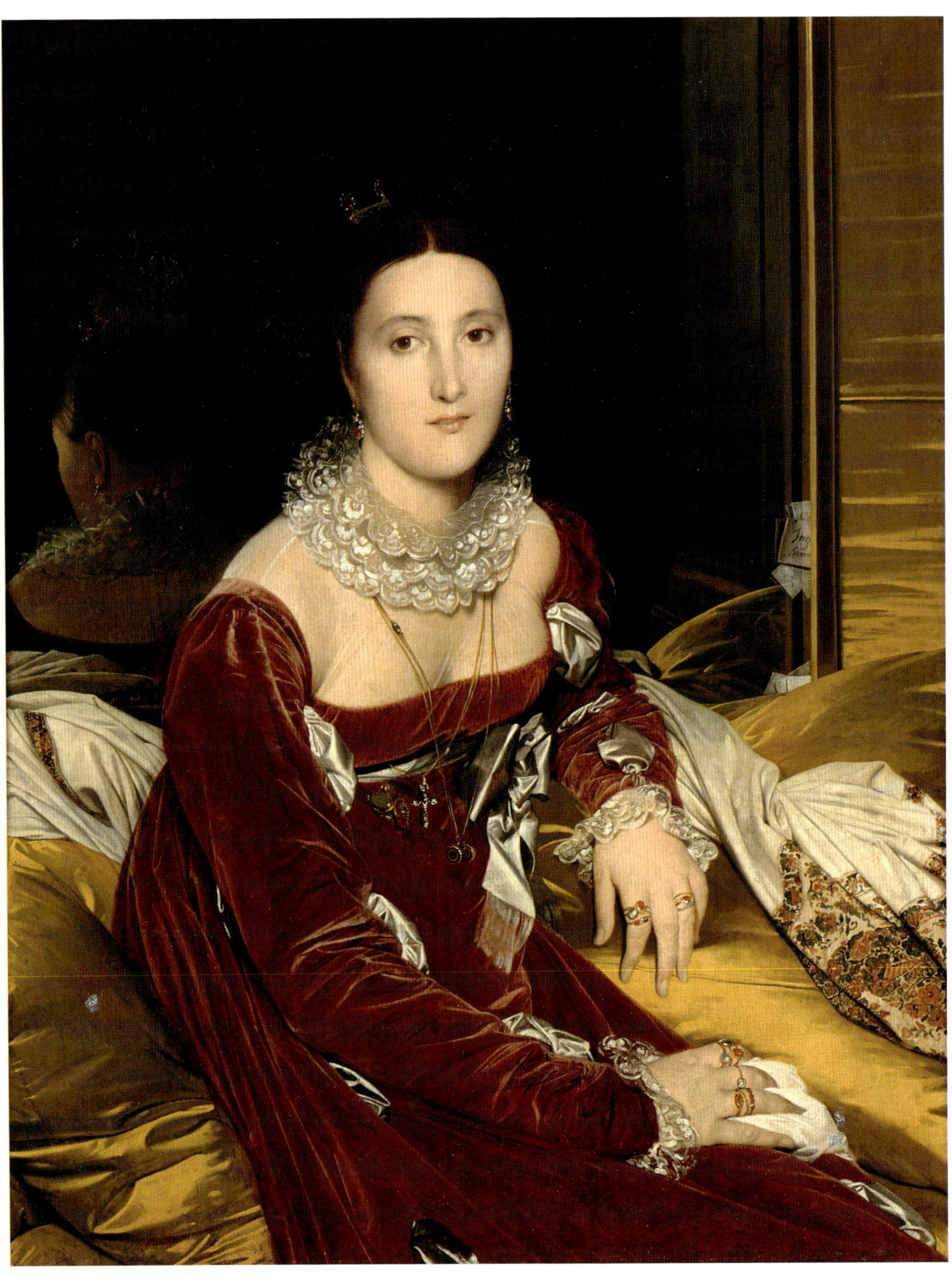

JEAN-AUGUSTE-DOMINIQUE INGRES
* *Portrait de Madame de Senonnes*, 1814
Huile sur toile, H. 106 cm ; L. 64 cm
Nantes, musée des Beaux-Arts

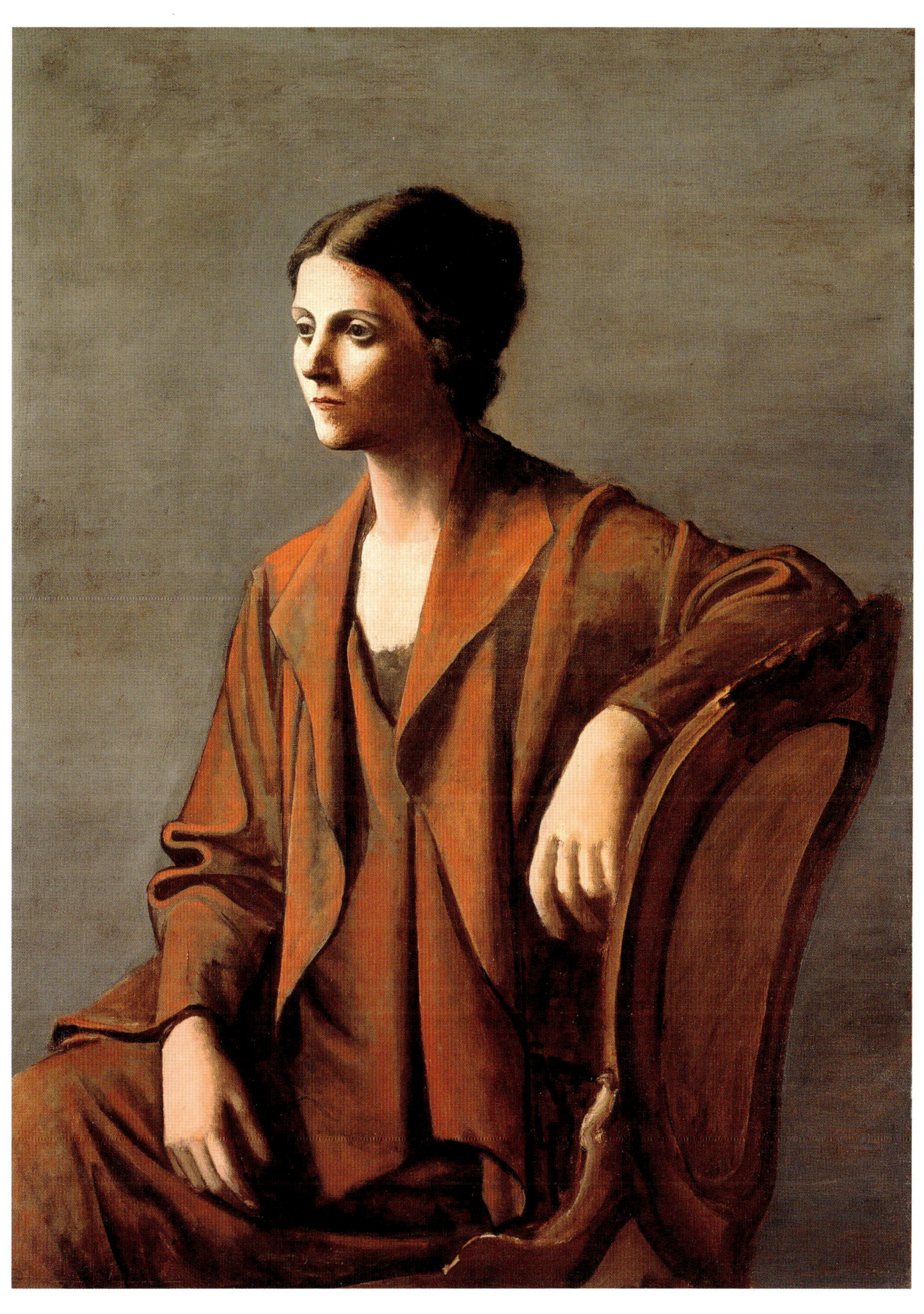

PABLO PICASSO
Olga, Paris, 1923
Huile sur toile, H. 130 cm ; L. 97 cm
Collection particulière

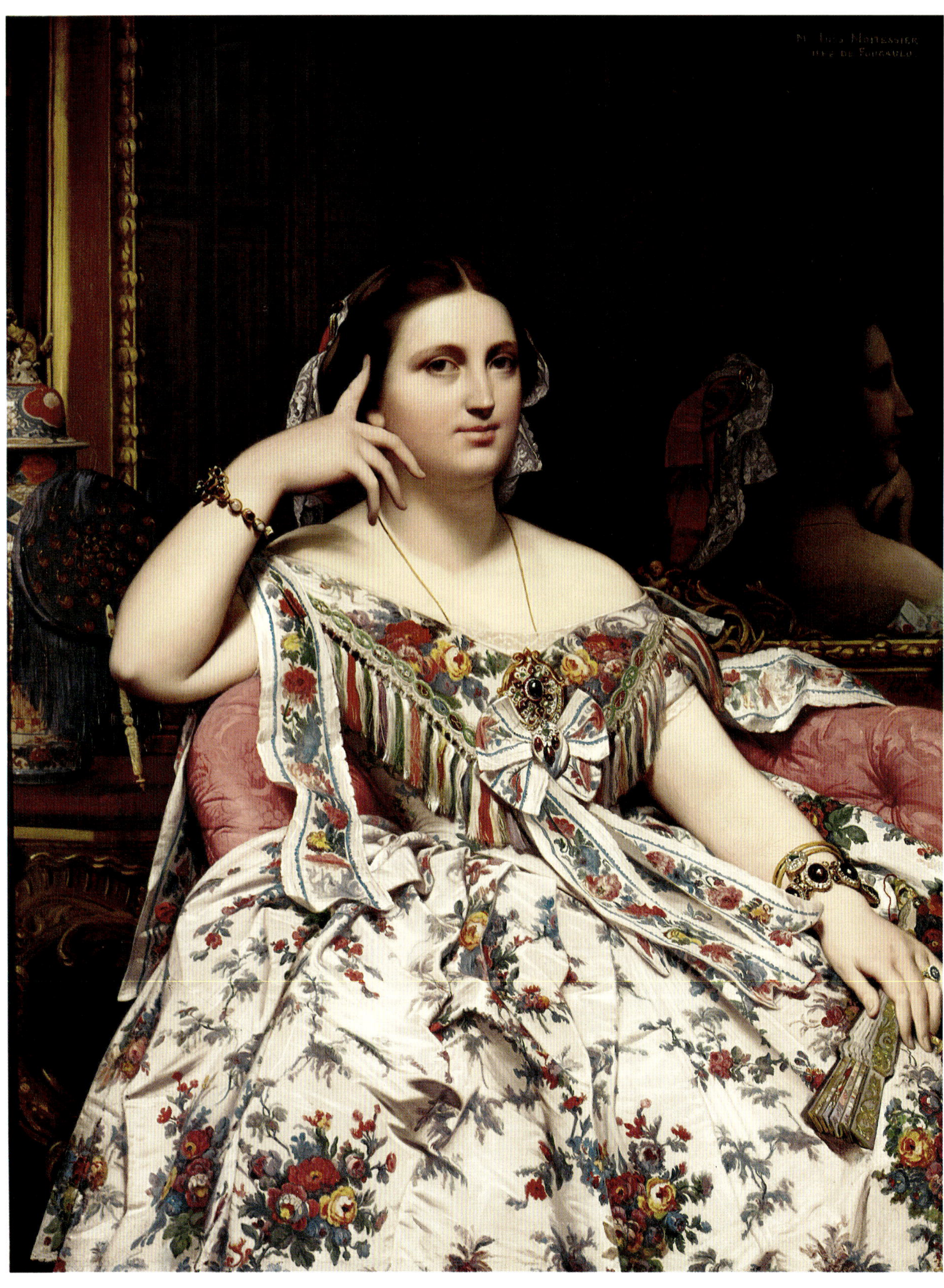

JEAN-AUGUSTE-DOMINIQUE INGRES
Madame Moitessier, 1856
Huile sur toile, H. 120 cm ; L. 92,1 cm
Londres, The National Gallery

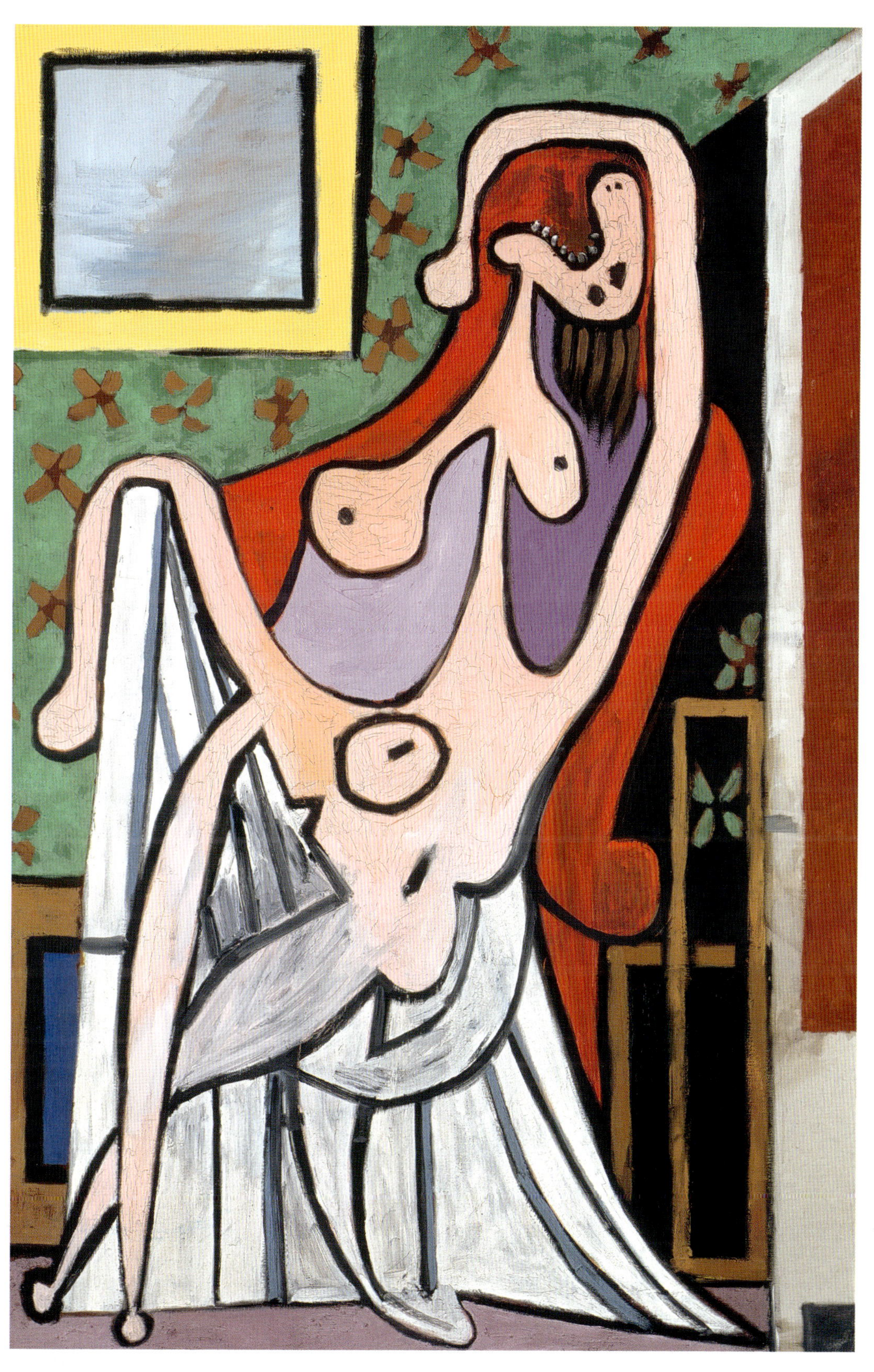

PABLO PICASSO
Grand nu au fauteuil rouge, Paris, 5 mai 1929
Huile sur toile, H. 195 cm ; L. 129 cm
Paris, musée Picasso, dation Pablo Picasso 1979

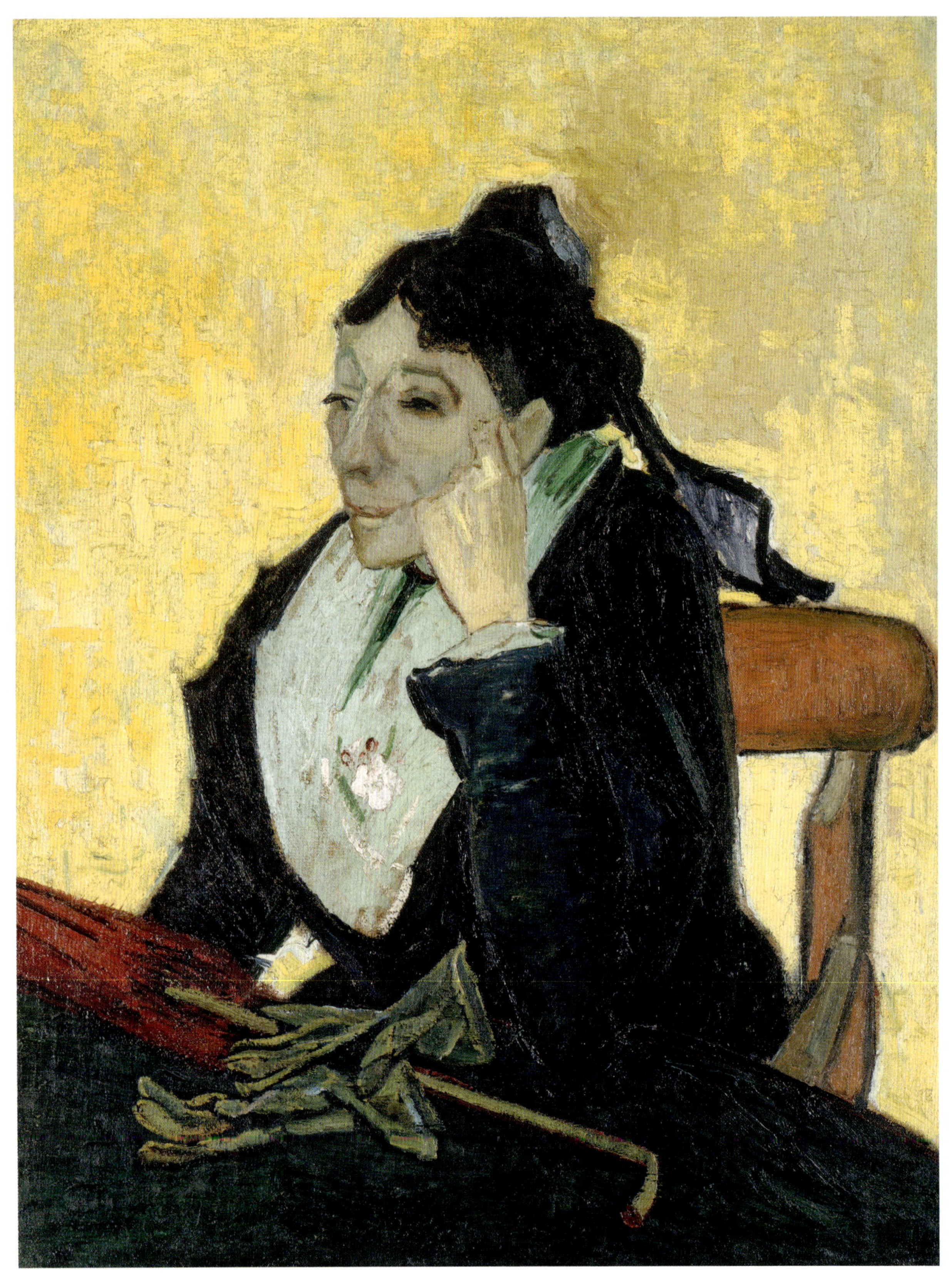

VINCENT VAN GOGH
L'Arlésienne (Madame Ginoux), 1888
Huile sur toile, H. 92,3 cm ; L. 73,5 cm
Paris, musée d'Orsay

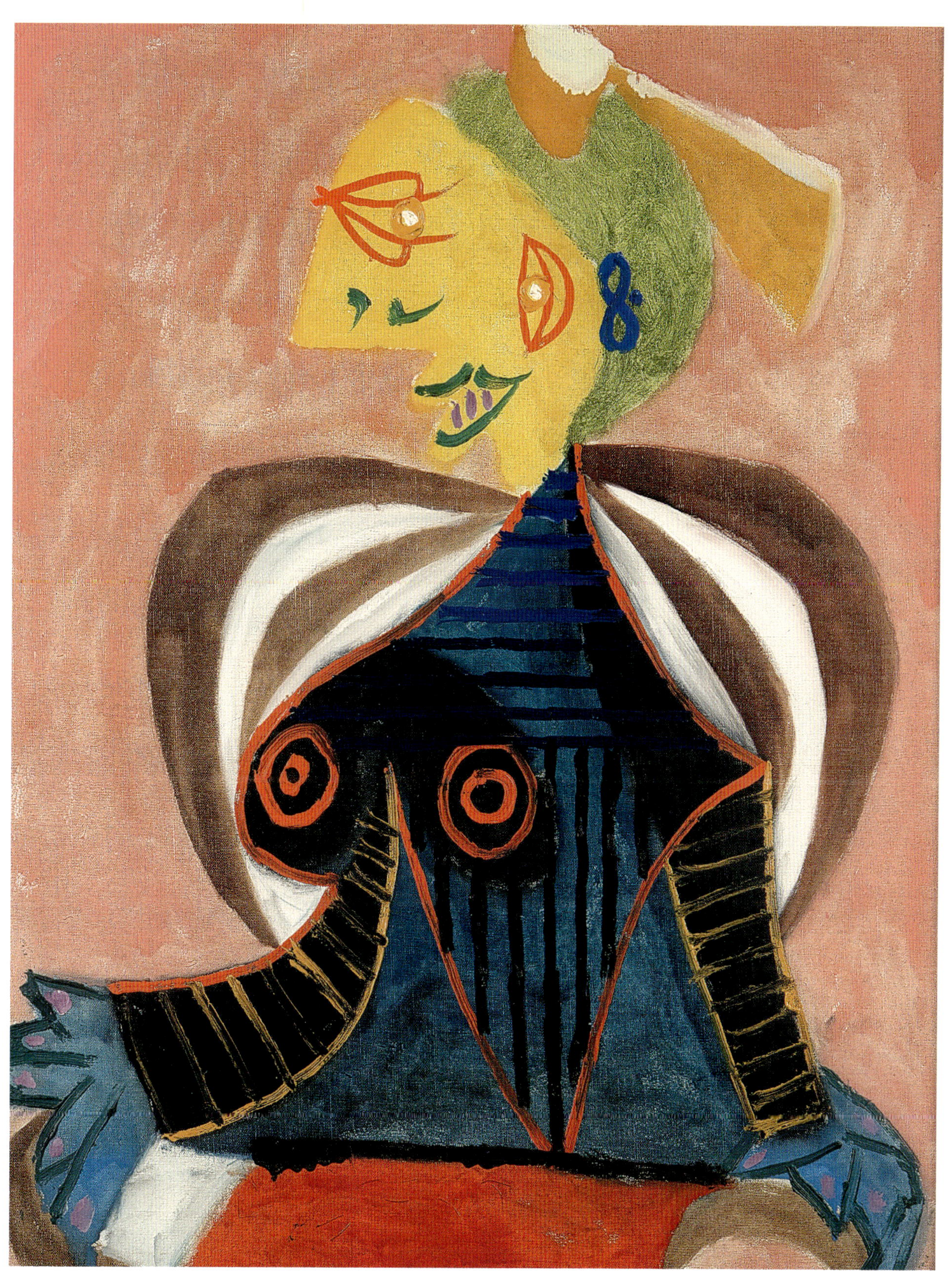

PABLO PICASSO
Portrait de Lee Miller en Arlésienne, 1937
Huile sur toile, H. 81 cm ; L. 65 cm
Paris, musée national Picaso, dation Jacqueline Picasso 1990.
En dépôt à Arles, musée Réattu

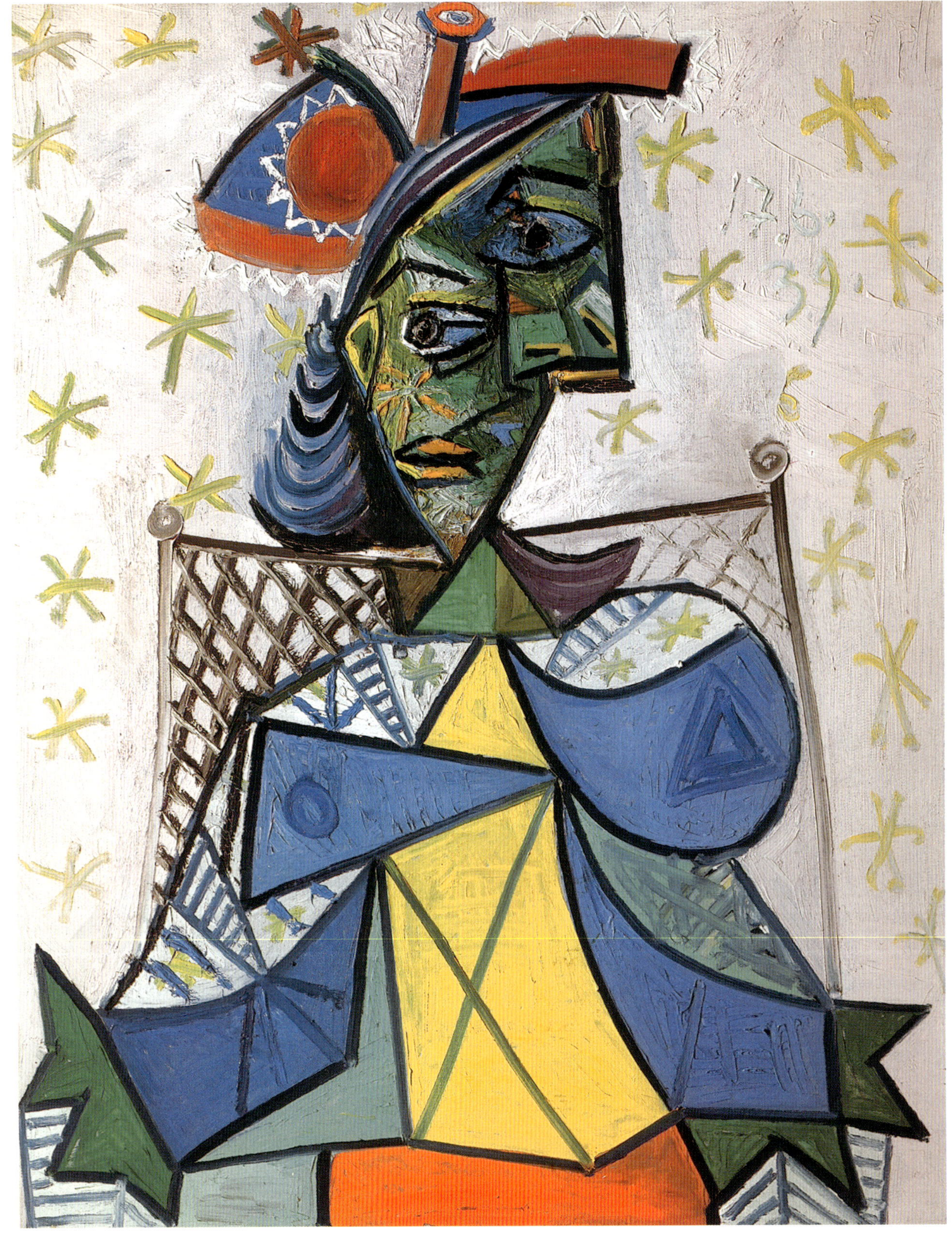

PABLO PICASSO
Femme au fauteuil, au chapeau rouge et bleu, sur fond rose à étoiles jaunes, 17 juin 1939
Huile sur toile, H. 92 cm ; L. 73 cm
Collection particulière

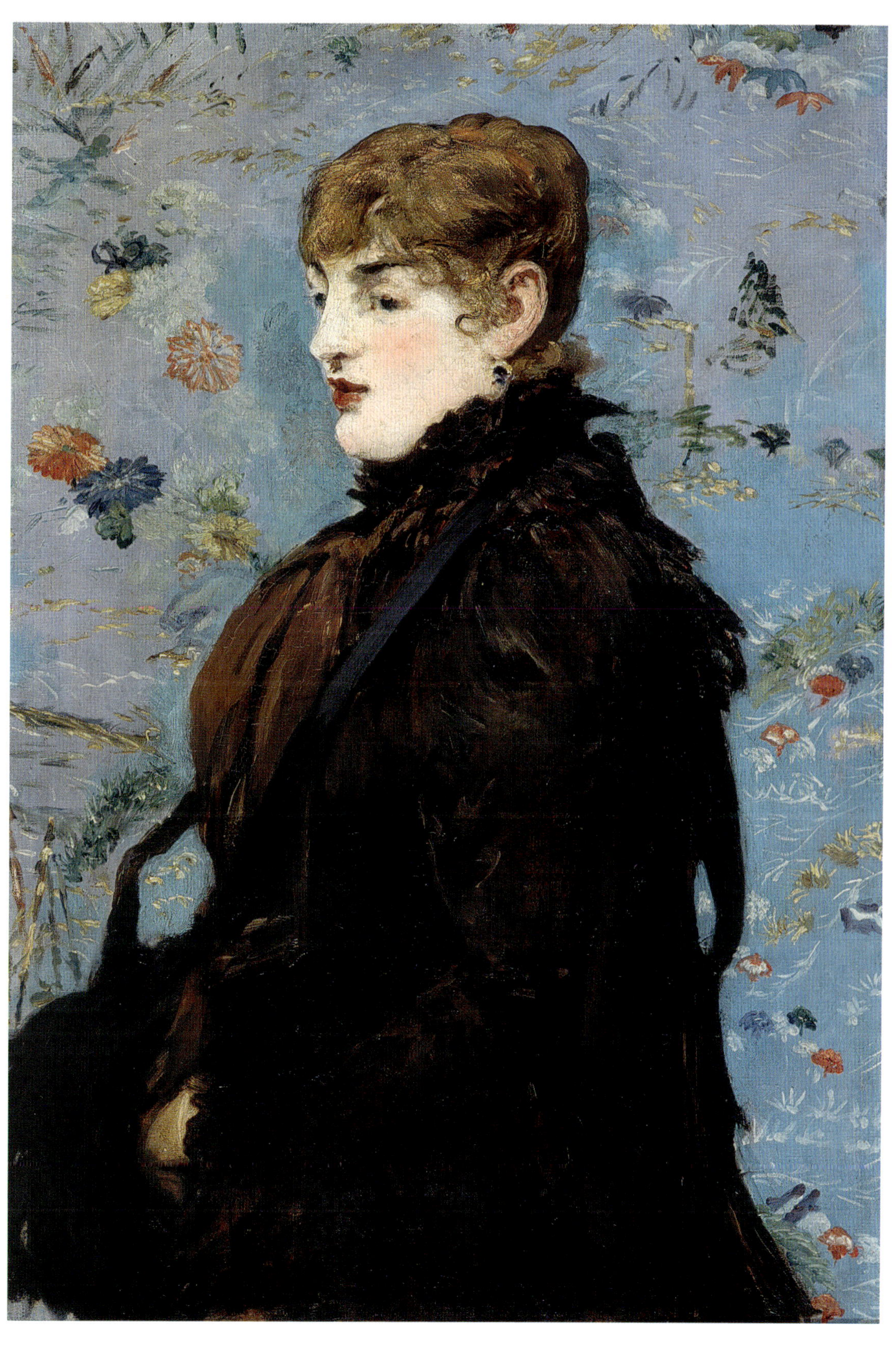

ÉDOUARD MANET
L'Automne (Méry Laurent),
Huile sur toile, H. 73 cm ; L. 51 cm
Nancy, musée des Beaux-Arts

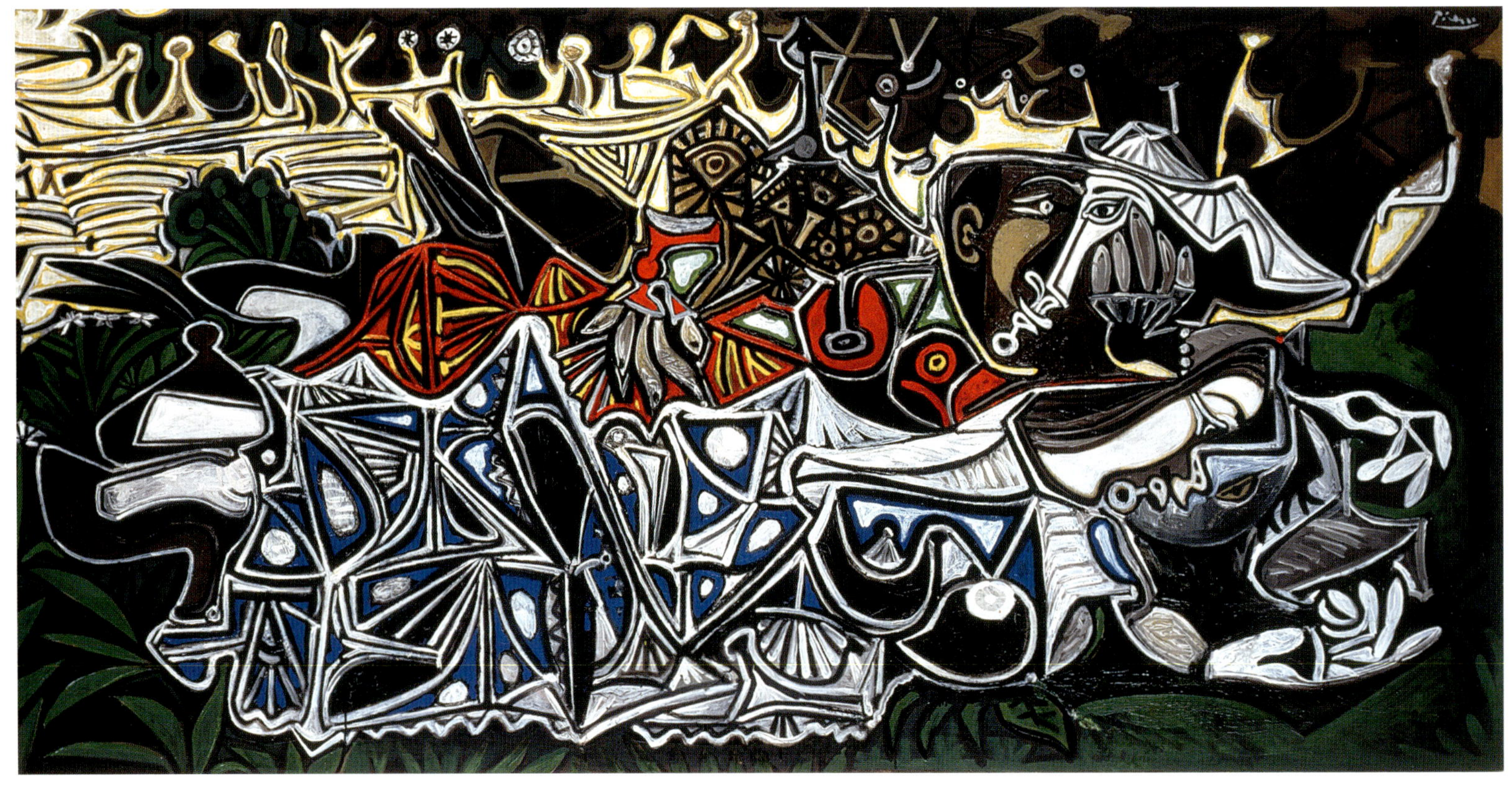

PABLO PICASSO
Les Demoiselles des bords de la Seine d'après Courbet, 1950
Huile sur contreplaqué, H. 100,5 cm ; L. 201 cm
Bâle, Kunstmuseum

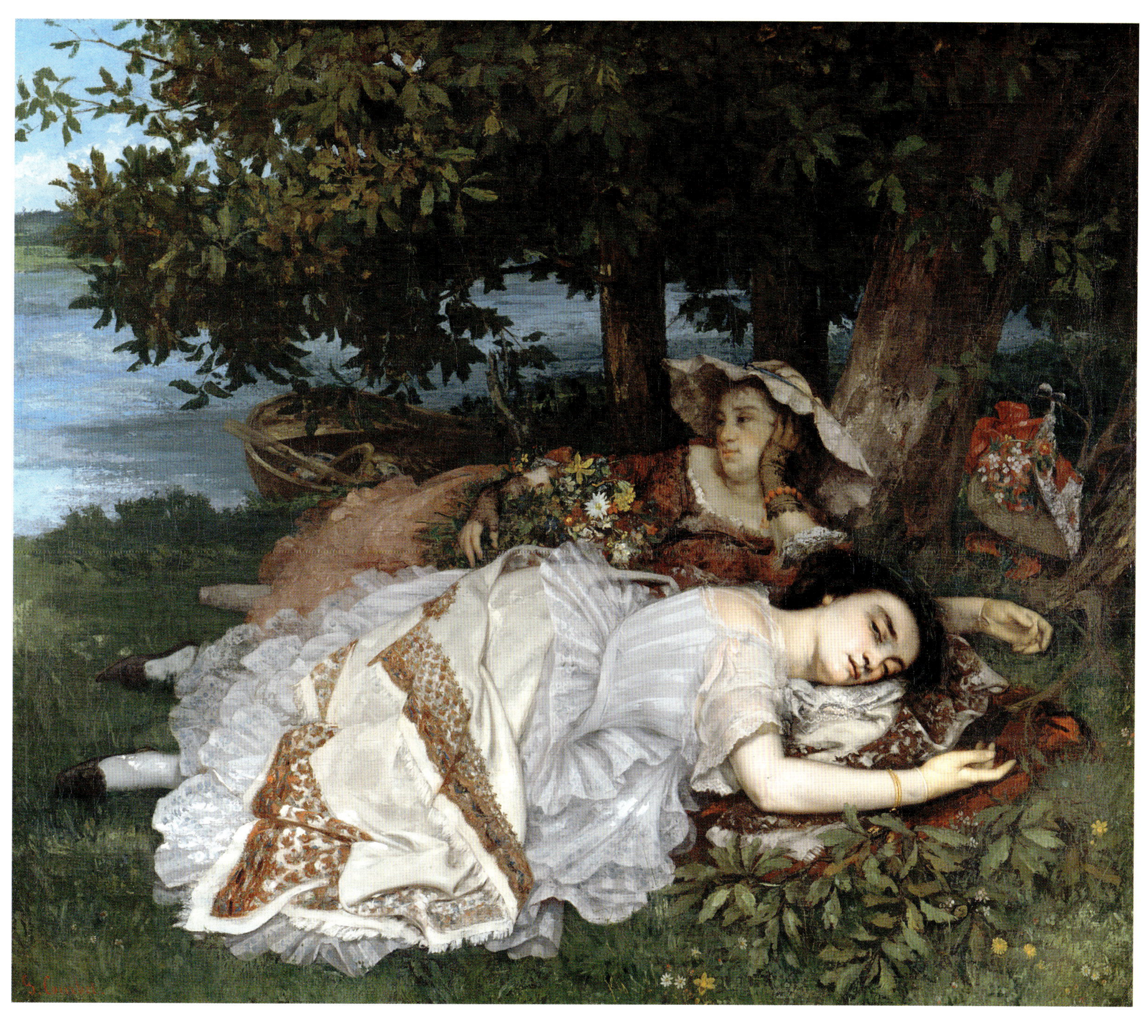

GUSTAVE COURBET
Les Demoiselles des bords de la Seine, 1857
Huile sur toile, H. 174 cm ; L. 200 cm
Paris, musée du Petit Palais

« Je veux DIRE le nu. Je ne veux pas faire un nu comme un nu. Je veux seulement DIRE sein, DIRE pied, DIRE main, ventre. Trouver le moyen de le DIRE, et ça suffit. Je ne veux pas peindre le nu de la tête aux pieds. Mais arriver à DIRE. Voilà ce que je veux. Un seul mot suffit quand on en parle. Ici, un seul regard, et le nu te dit ce qu'il est, sans phrases. »

— HÉLÈNE PARMELIN, *PICASSO DIT...*, PARIS, ÉDITIONS GONTHIER, 1966, P. 111 —

NUS

Vénus, Maja et Olympia

VÉNUS, MAJA ET OLYMPIA « Dire le nu comme il est » reviendrait pour Picasso, à inventer un répertoire de « signes » spécifiques à chacun des objets de la peinture. Son commentaire de l'échec de Rubens, ou de la réussite de Poussin, pourrait nous éclairer sur sa propre méthode : « Rien n'est *raconté* chez Rubens. C'est du journalisme, du film historique. Voyez Poussin, quand il peint Orphée, eh bien ! C'est raconté. Tout, la moindre feuille raconte l'histoire. Tandis que chez Rubens… Ce n'est même pas peint. Tout est pareil. Il croit peindre un gros sein en faisant comme ça [geste circulaire du bras], mais ce n'est pas un sein. Une draperie est comme un sein, chez lui, tout est pareil[1]. » Dire, raconter, en matière picturale, serait échapper au *style* du peintre qui, en uniformisant la transcription, occulterait l'expression de la *signifiance* brute qui traverse la peinture. Picasso pense en effet la peinture comme un langage natif, dont le fonctionnement empathique, mimétique, hypertélique, participerait à la nature même du monde. Le nu serait ce sujet limite imposé à la peinture. La tautologie originelle, le *nu est un nu*, où signifié et signifiant se recouvrent l'un l'autre entièrement, délivre le corps des apparences et le réduit à sa plus simple formulation. Grâce à lui, l'artiste pourrait parvenir à se ressaisir de la peinture comme de lui-même. Picasso regarde « les signes » élaborés par les maîtres comme autant de stratégies pour résoudre cette énigme fondatrice de la peinture. « L'image de la femme que donne Raphaël n'est qu'un signe. Une femme de Raphaël n'est pas une femme, c'est un signe qui, dans son esprit et dans le nôtre, représente une femme. »[2] Ainsi, Picasso regarde Titien dont la *Vénus se divertissant avec l'Amour et la Musique* juxtapose avec une incongruité véritablement iconoclaste un portrait contemporain de l'organiste Alessandro degli Organi et une évocation de Vénus, où la muse des arts, sous le regard scrutateur du musicien, appert et se confond avec un *nu de nu*. Une composition « idiote » comme toutes les peintures de musée, selon Picasso « et pourtant c'est magnifique[3] ». Il regarde la *Vénus au miroir*, de Vélasquez, dont l'audace était un défi délibéré au public et à la censure. À peine masqué par son sujet mythologique, ce tableau qui affiche un sujet interdit par l'Inquisition pour son caractère « démoniaque », est considéré comme le premier nu de la peinture ibérique. Le nu emprunte à Titien l'exécution perlée de la peau, tandis que les draperies et le miroir s'embuent de cette picturalité qui lui est propre où chaque objet parle sa propre langue. Picasso regarde Goya. La *Maja desnuda*, comme son double, la *Maja vestida*, fut commandé au peintre par Godoy, amant de la reine, qui le protégea des attaqucs dc l'Inquisition lorsque le tableau fut dénoncé comme « obscène » 1815. Depuis la *Vénus au miroir* de Vélasquez, cette œuvre est la première en Espagne à oser traiter d'un tel sujet. Chez Goya, le nu expose au sens propre sa nudité, sans prétexte, mise en scène ou travestissement. Déformé par le raccourci, étiré par la posture des bras repliés sur la tête, à la fois lascif et indifférent, ce nu mince darde deux seins, deux yeux insinuant vers le peintre.

Construction de « signes » sans précédents, ce nu, d'autant plus nu que son double habillé le dévêt irrémédiablement comme dans une séquence cinématique rêvée, devient l'emblème de la nudité en peinture. Et Goya d'affirmer qu'il ne se reconnaissait que trois maîtres « Vélasquez, Rembrandt et la nature ». Picasso regarde Manet s'éprenant de Goya dans *Olympia*. « Bijou rose et noir », comme le décrit Baudelaire, *Olympia* fait scandale. Manet, grand découvreur de l'art espagnol, condense dans le tableau les recherches de Vélasquez et de Goya et les combine à celles de Giorgione et Titien. Au premier, il reprend le geste de vierge pudique de sa *Vénus endormie* (vers 1509). Au second, il emprunte ce même geste aussitôt démenti par le regard direct de la muse de la *Vénus d'Urbino* de Titien. Couches et coussins blancs, drapés bronzes ou rouges, rideaux ou fauteuils d'un vert de nuit, miroir ou fenêtre, échappée de paysage ou jardins édéniques, composent le réseau serré des métaphores picturales qui soutiennent l'interrogation muette de ces grands nus. Les Amours qui enlacent ou contemplent les Muses, le petit chien de la *Vénus d'Urbino*, le chat noir érectile d'*Olympia*, forment eux aussi une chaîne d'indices seconds distillant en contrepoint leurs commentaires délibérément prosaïques. Picasso regarde ces nus « se dirent » dans la peinture comme ils ne l'avaient jamais fait auparavant. À l'instar de Manet avec *Olympia*, il va se faire l'héritier de ses prédécesseurs dans un important ensemble de grands nus peints entre 1964 et sa mort. Dialoguant avec l'un ou l'autre de ces tableaux majeurs, parfois avec plusieurs d'entre eux et en pensant à bien d'autres dont un détail, une posture le hante, il en commente la couleur, l'architecture des gestes, les murmures. « Dire le nu comme il est » dans l'hellénistique *Pisseuse* qui emprunte, innocente et provocatrice, son geste comme son profil d'ombre perdu à *La Femme se baignant dans une rivière (Hendrickje Stoffels)* de Rembrandt. Ou encore dans le dessin tramé du *Nu couché* transposant la décoloration de l'image piégée au miroir noir de l'*Odalisque en grisaille* d'Ingres. *Grande odalisque* d'Ingres aussi dont il fit des études iconoclastes[4] en 1907, au moment même où *Olympia* était enfin reçue par le Louvre après deux décennies de violent débat. Et jusqu'à ces litanies d'inquisitives pointes sèches ou d'eaux fortes datant de ses dernières années, dans lesquelles il poursuit de son incessante curiosité *Raphaël et la Fornarina* en prises aux tourments de la passion la plus suggestive malgré les édulcorations frigides d'Ingres, ou encore la stupeur médusée d'un Degas, travesti en impassible ethnographe, consignant les scènes de bordel de la Maison Tellier. Ainsi, « dire le nu comme il est » fut pour Picasso une mission bien plus qu'une obsession, dont il nourrit son œuvre entier car pour lui, le *nu* se confondait avec la substance même de la peinture.

1. Propos de Picasso (*29 bis, rue d'Astorg, 10 décembre 1936*) cités par Kahnweiler (Daniel-Henry), « Huit entretiens avec Picasso », *in Le Point*, Mulhouse, n°XLII (octobre 1952), p. 22-30.
2. Warnod (André), « "En peinture tout n'est que signe", nous dit Picasso », *in Arts*, Paris, n°22, 29 juin 1945.
3. Propos de Picasso (Cannes, 8 juillet 1957) cités par Kahnweiler (Daniel-Henry), « Gespräche mit Picasso », *in Jahresring 59 / 60*, Stuttgart, 1959.
4. *Odalisque d'après Ingres*, été 1907, encre bleue et gouache sur traits au crayon graphite sur papier, Paris, musée Picasso, MP 545

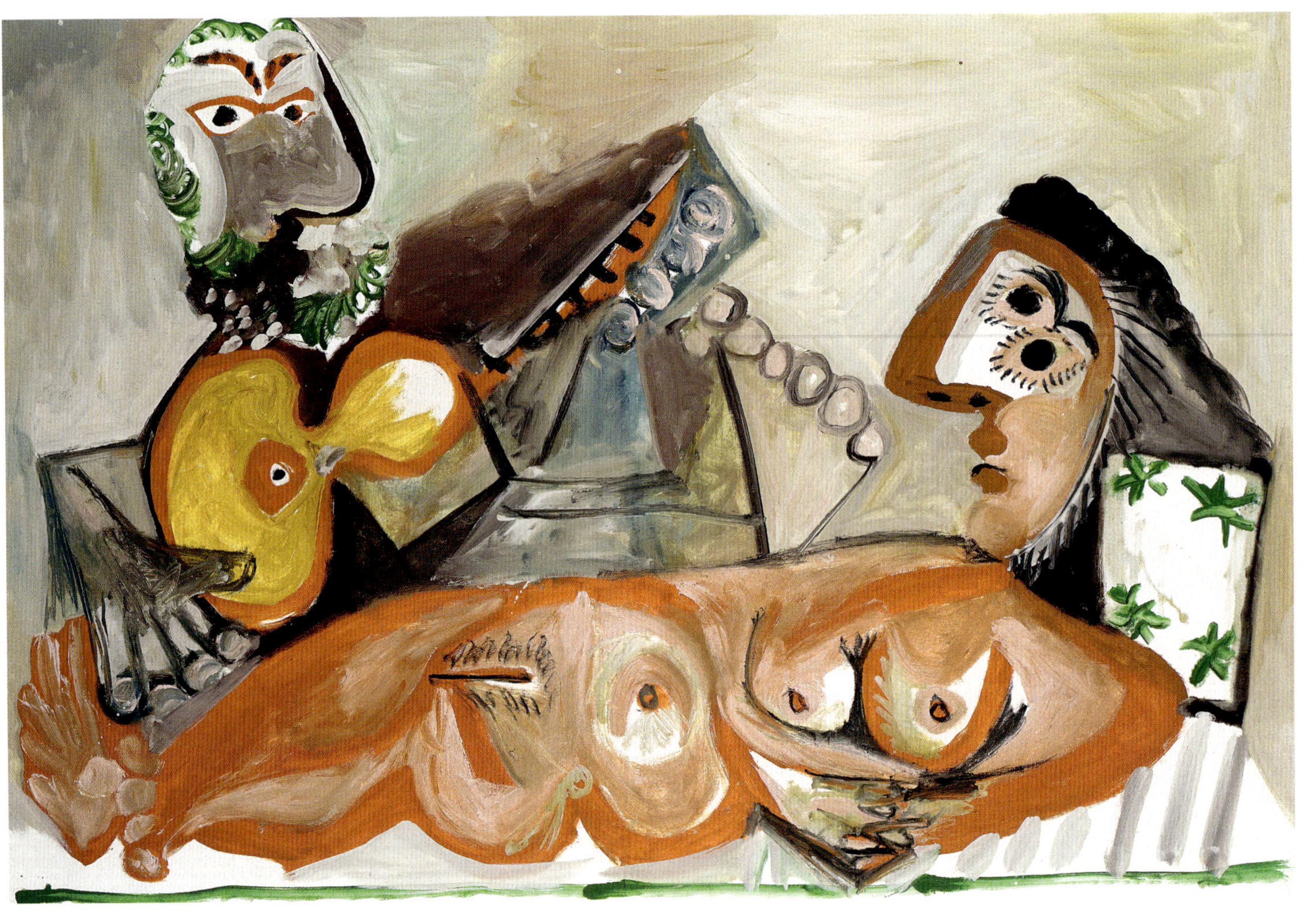

PABLO PICASSO
Nu couché et homme jouant de la guitare, Mougins, 27 octobre 1970
Huile sur toile, H. 130 cm; L. 195 cm
Paris, musée Picasso, donation Pablo Picasso 1979

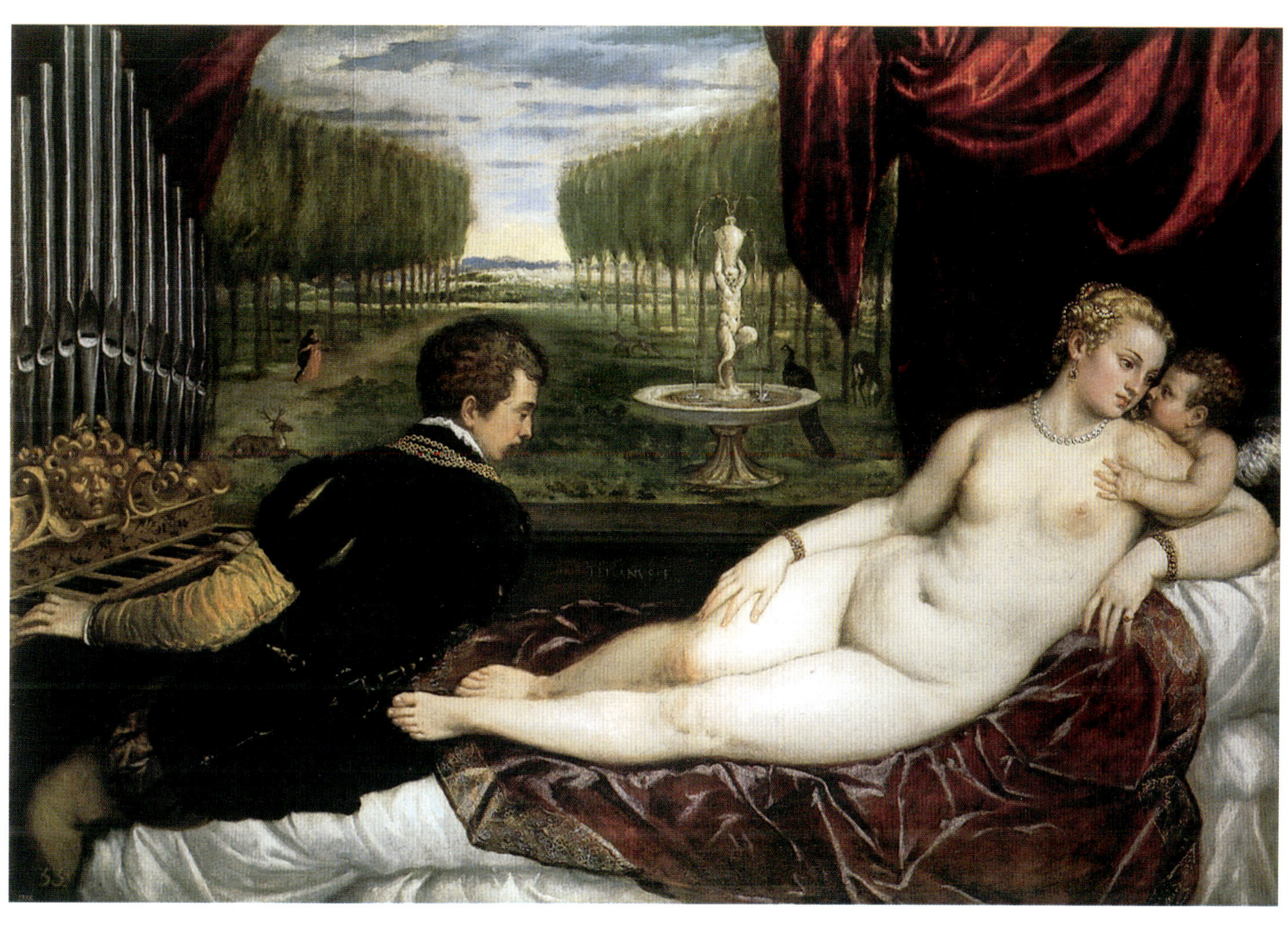

TITIEN (TIZIANO VECELLIO, DIT)
Vénus se divertissant avec l'Amour et la Musique, vers 1548
Huile sur toile, H. 149 cm ; L. 217,7 cm
Madrid, Museo Nacional del Prado

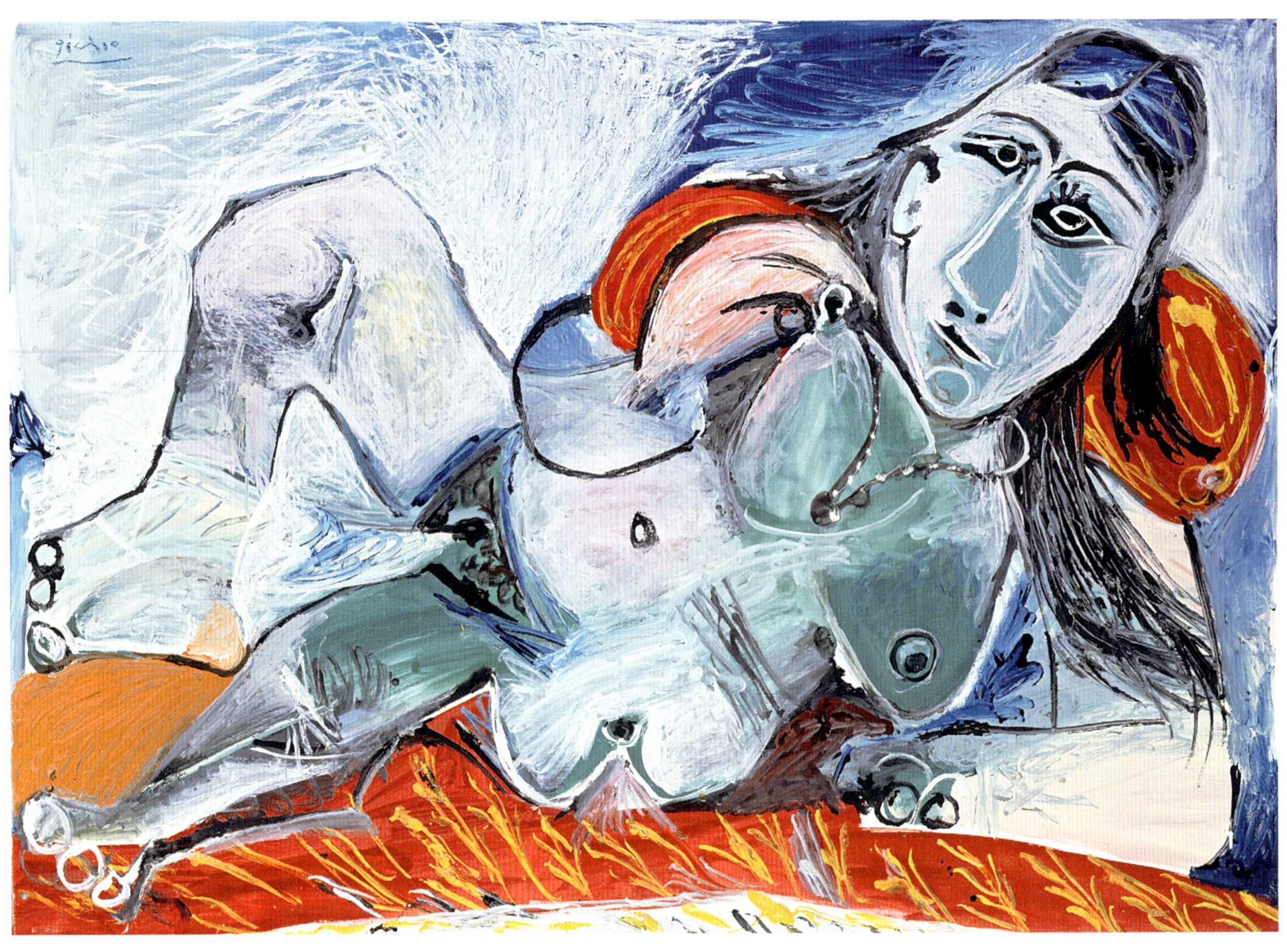

PABLO PICASSO
Nu couché au collier, Mougins, 8 octobre 1968
Huile et peinture laquée sur toile, H. 113,5 cm ; L. 161,7 cm
Londres, Tate Gallery

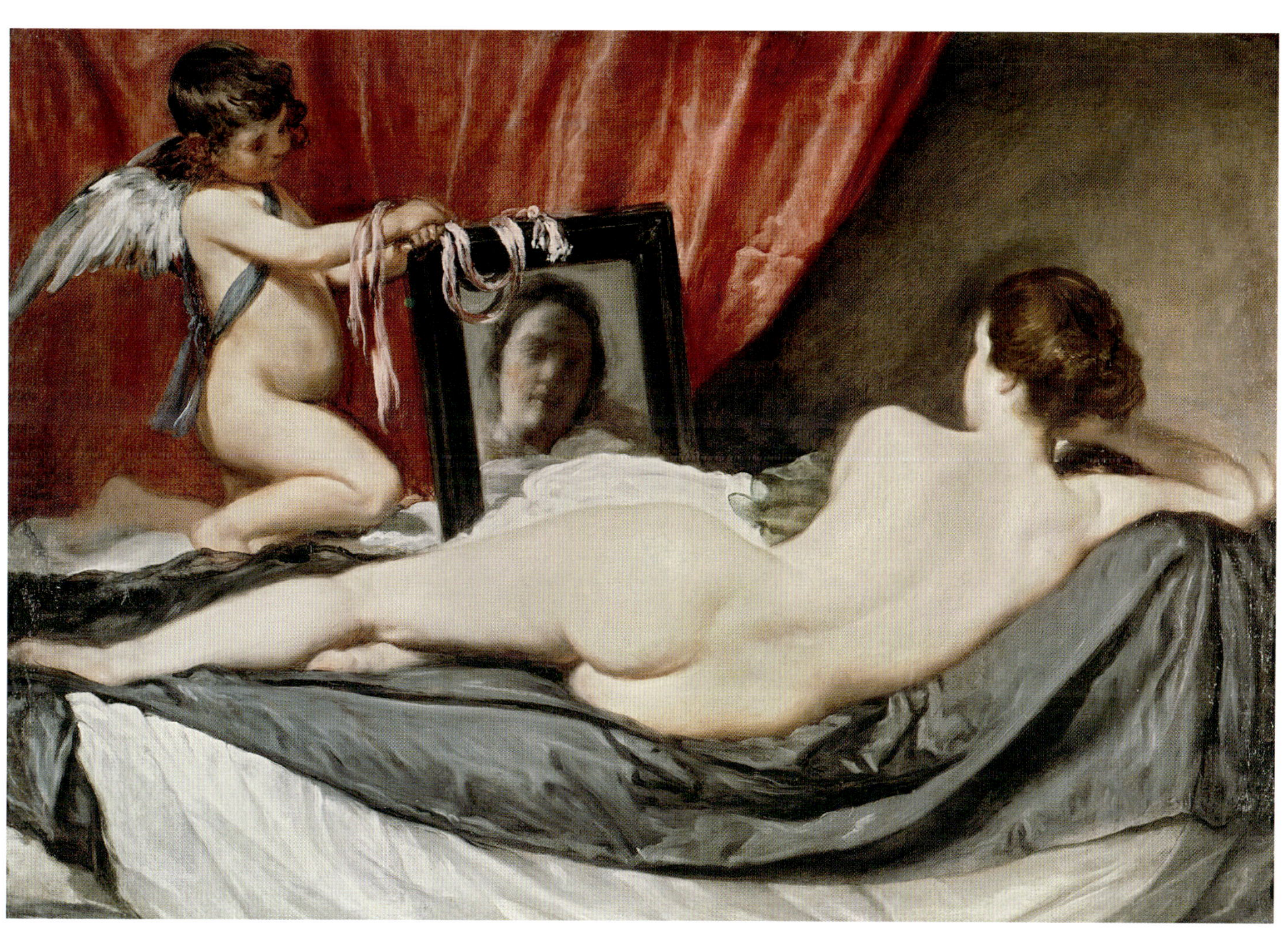

DIEGO VELÁZQUEZ
* *Vénus au miroir*, 1644-1648
Huile sur toile, H. 122 cm; L. 177 cm
Londres, The National Gallery

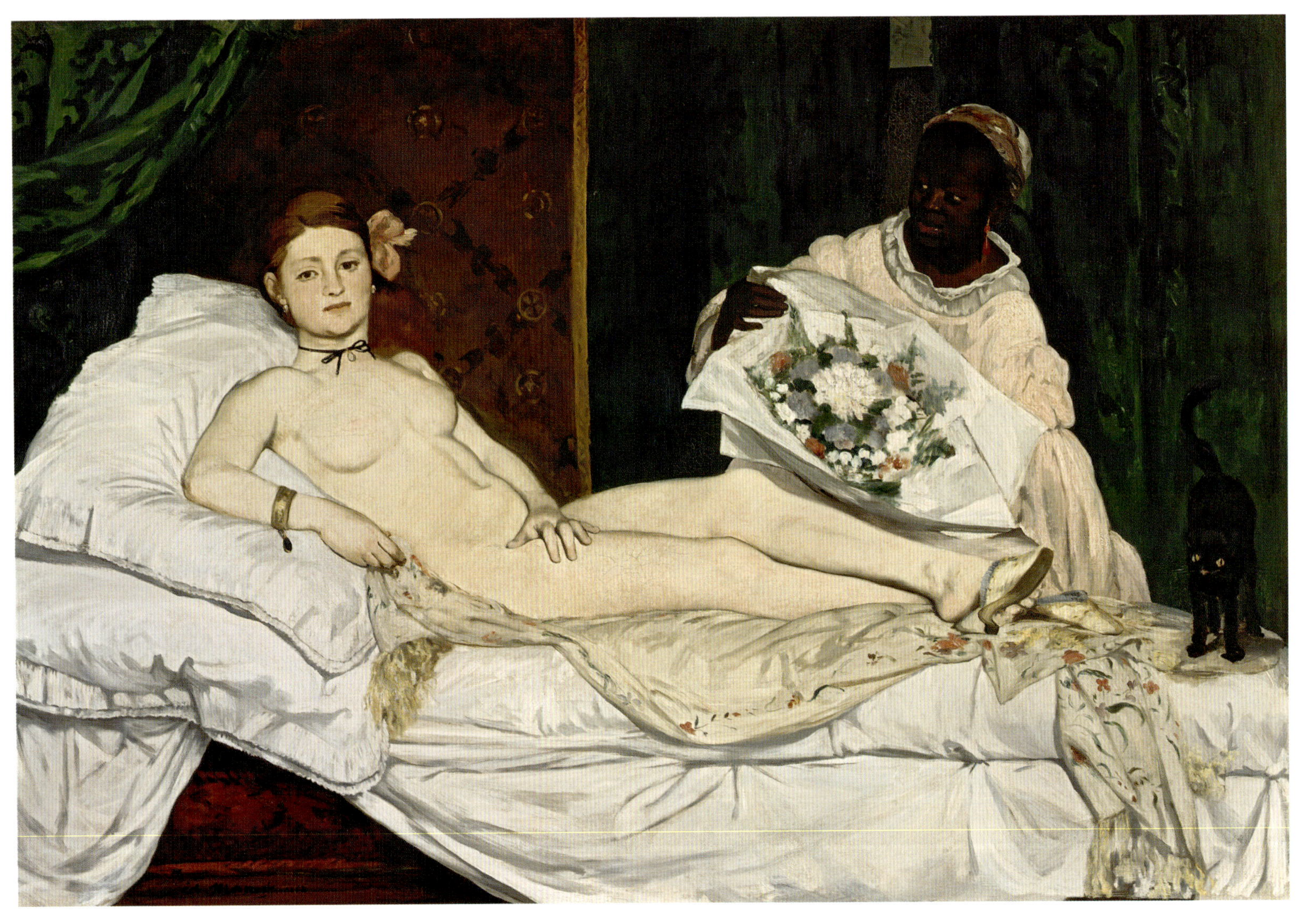

ÉDOUARD MANET
Olympia, 1863
Huile sur toile, H. 130,5 cm ; L. 190 cm
Paris, musée d'Orsay

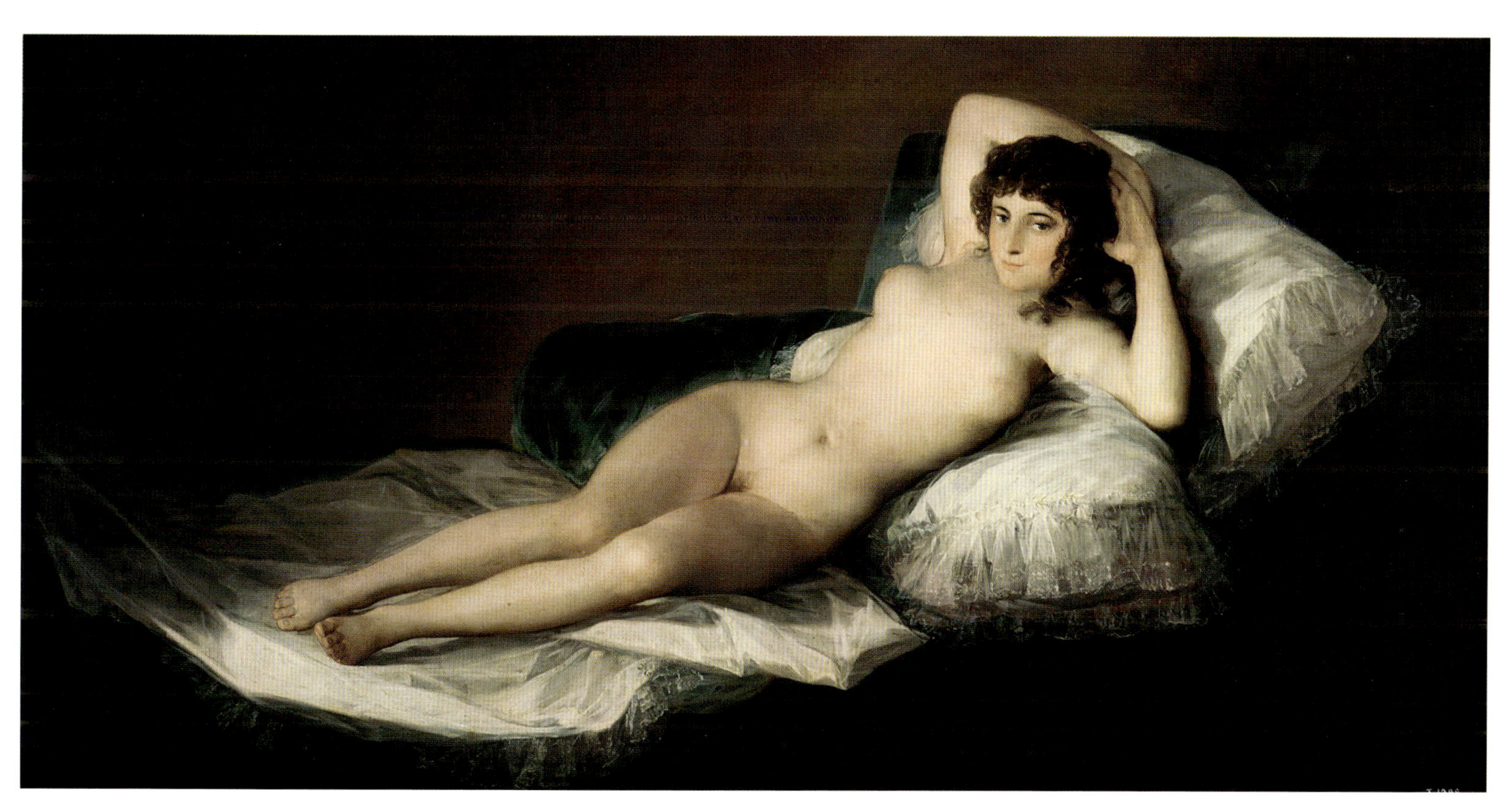

FRANCISCO DE GOYA
Maja desnuda, 1797-1800
Huile sur toile, H. 97 cm ; L. 191 cm
Madrid, Museo Nacional del Prado

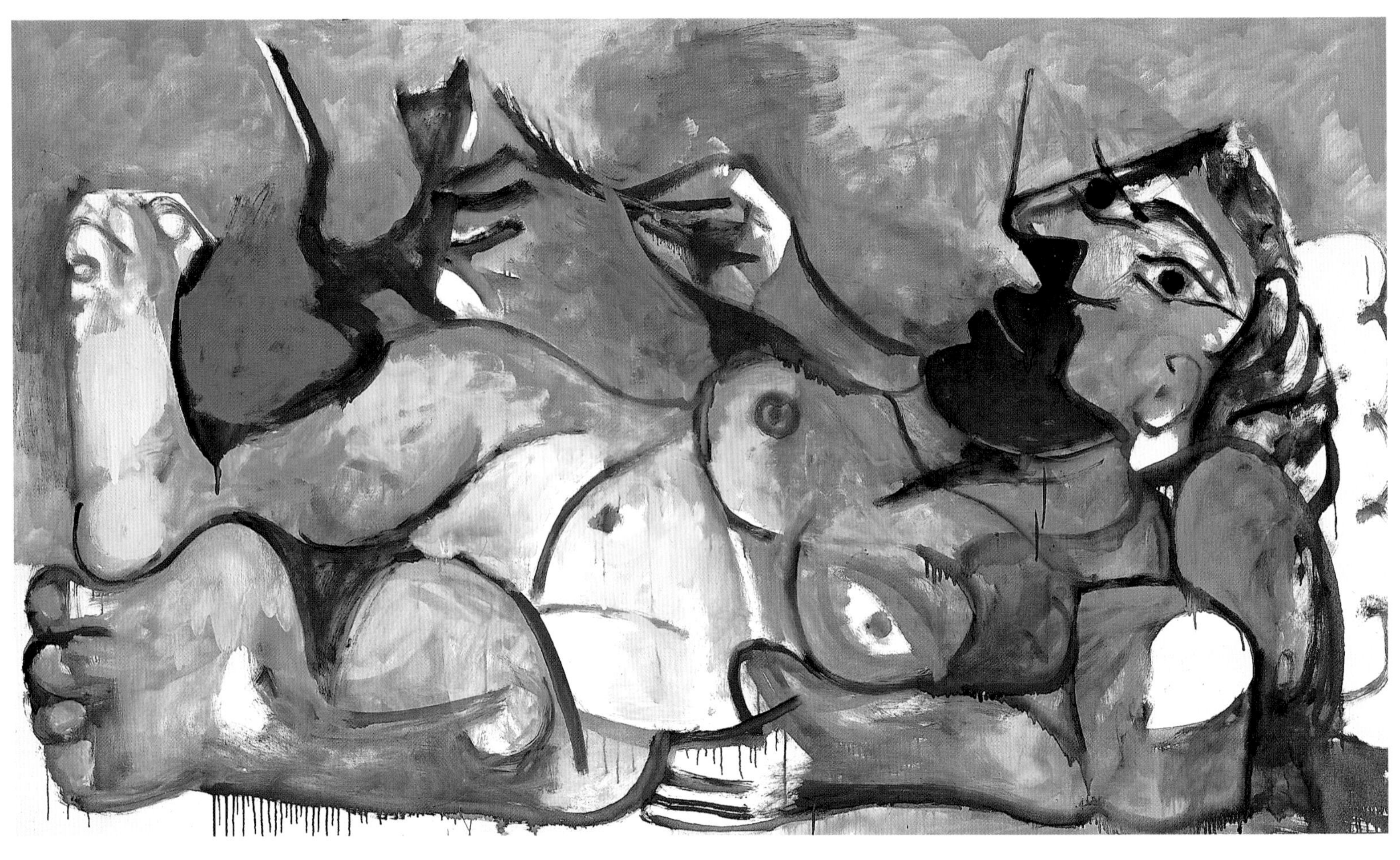

PABLO PICASSO
Nu couché jouant avec un chat
Mougins, 10-11 mai 1964
Huile sur toile, H. 114 cm ; L. 194,5 cm
Bâle, Fondation Beyeler

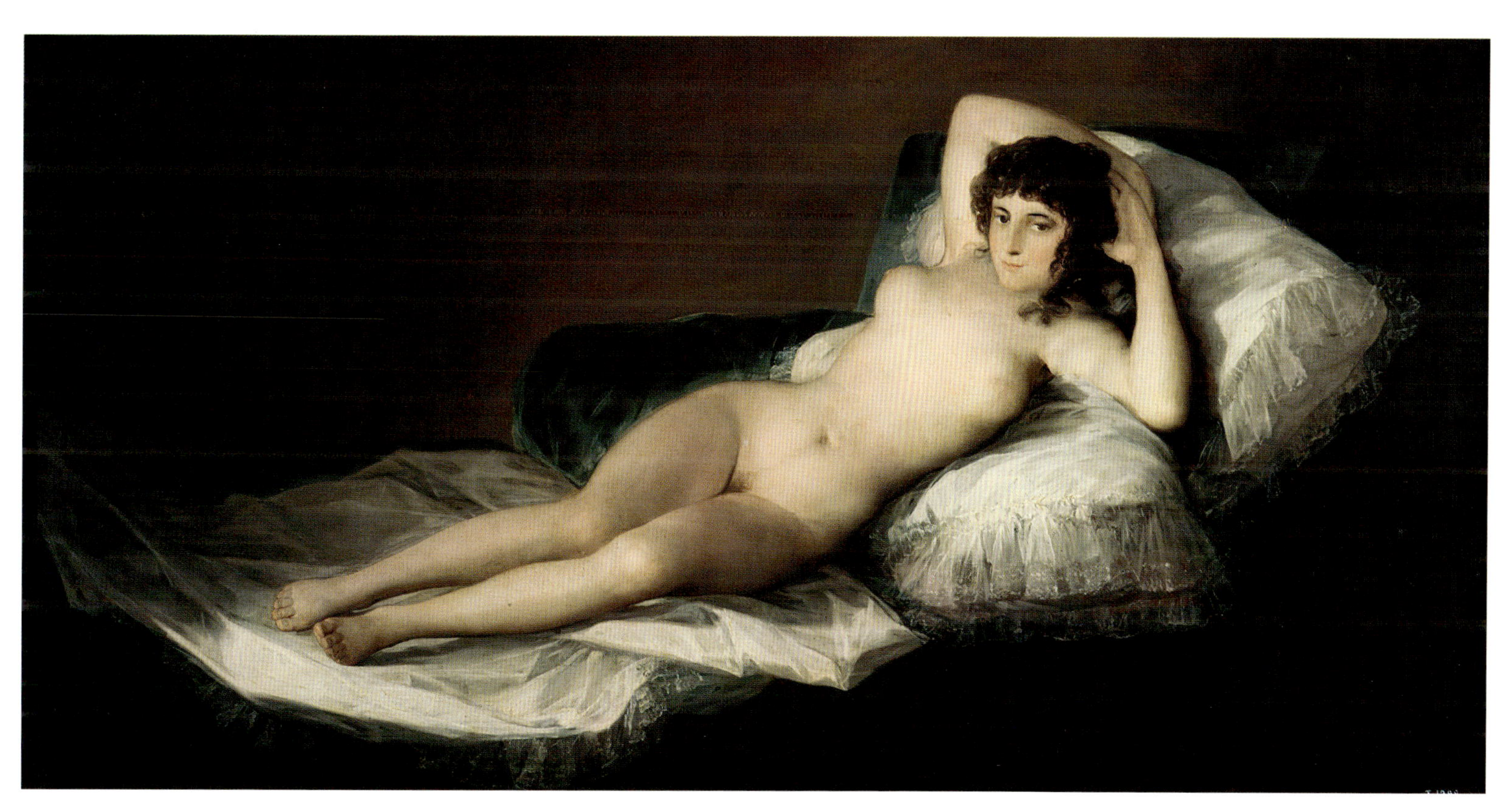

FRANCISCO DE GOYA
Maja desnuda, 1797-1800
Huile sur toile, H. 97 cm ; L. 191 cm
Madrid, Museo Nacional del Prado

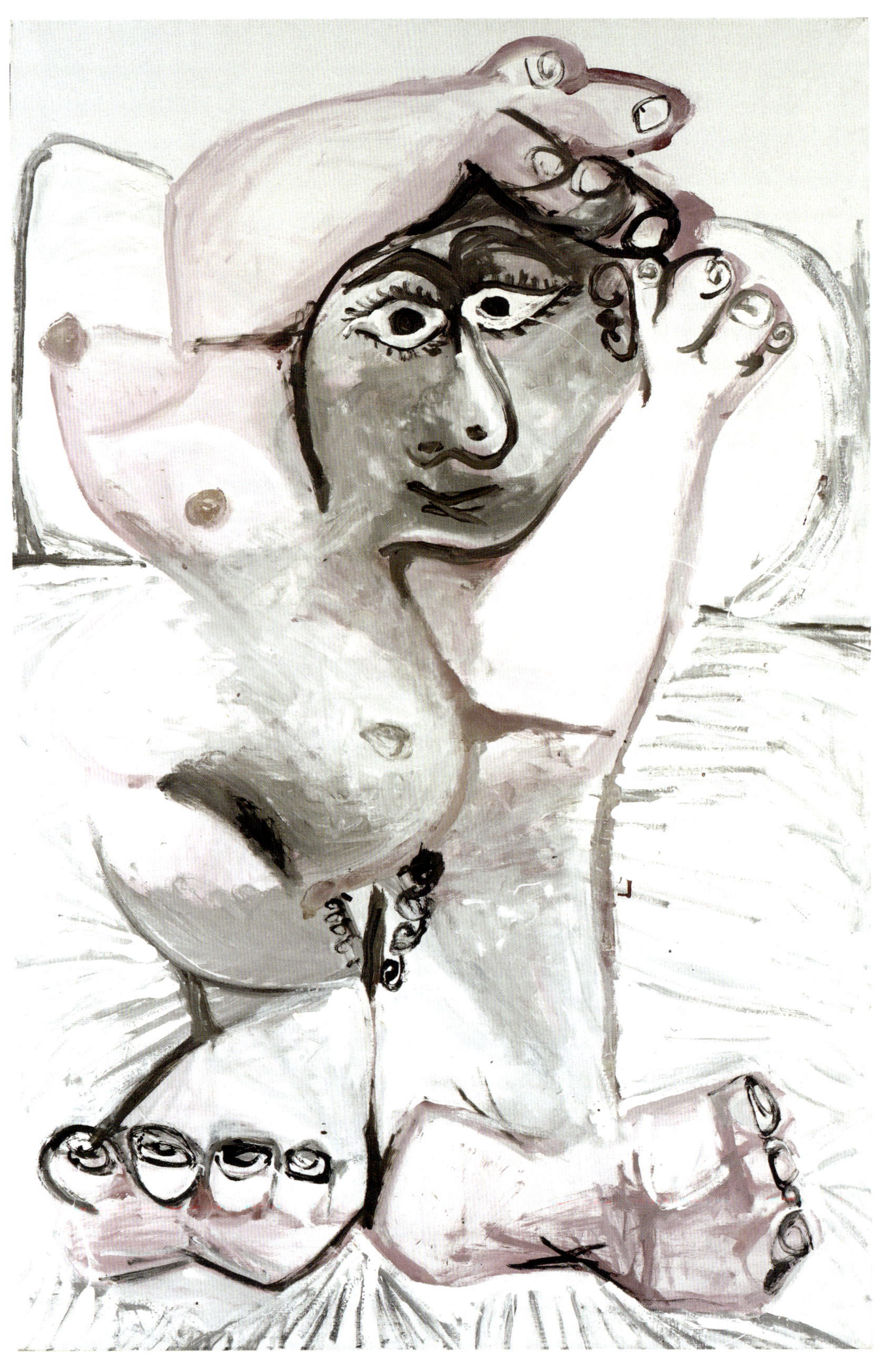

PABLO PICASSO
Nu couché, Mougins, 14 juin 1967
Huile sur toile, H. 195 cm ; L. 130 cm
Paris, musée Picasso, dation Pablo Picasso 1979

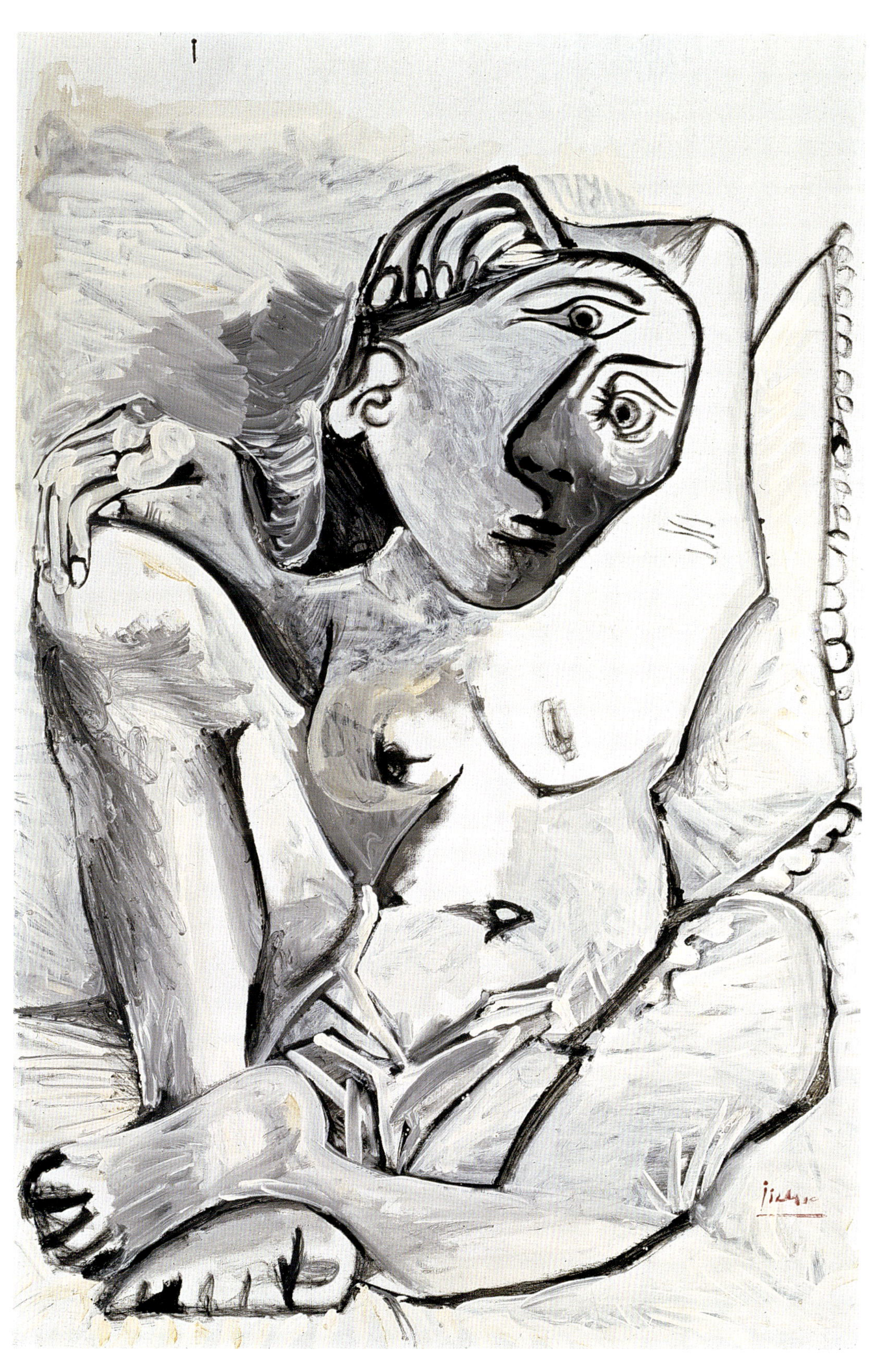

PABLO PICASSO
Femme à l'oreiller, Mougins, 10 juillet 1969
Huile sur toile, H. 194 cm ; L. 130 cm
Paris, musée Picasso, dation Jacqueline Picasso 1990

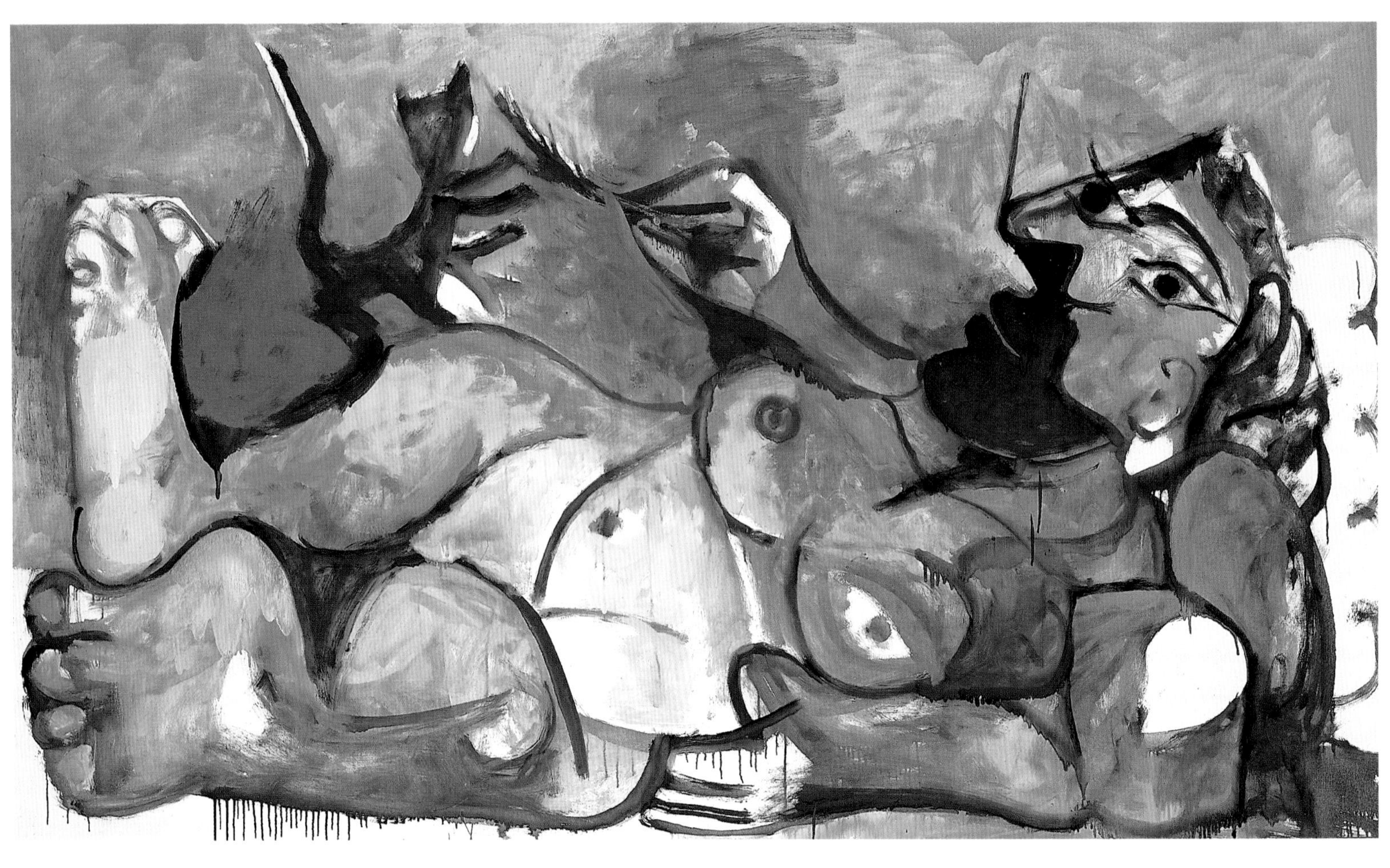

PABLO PICASSO
Nu couché jouant avec un chat
Mougins, 10-11 mai 1964
Huile sur toile, H. 114 cm ; L. 194,5 cm
Bâle, Fondation Beyeler

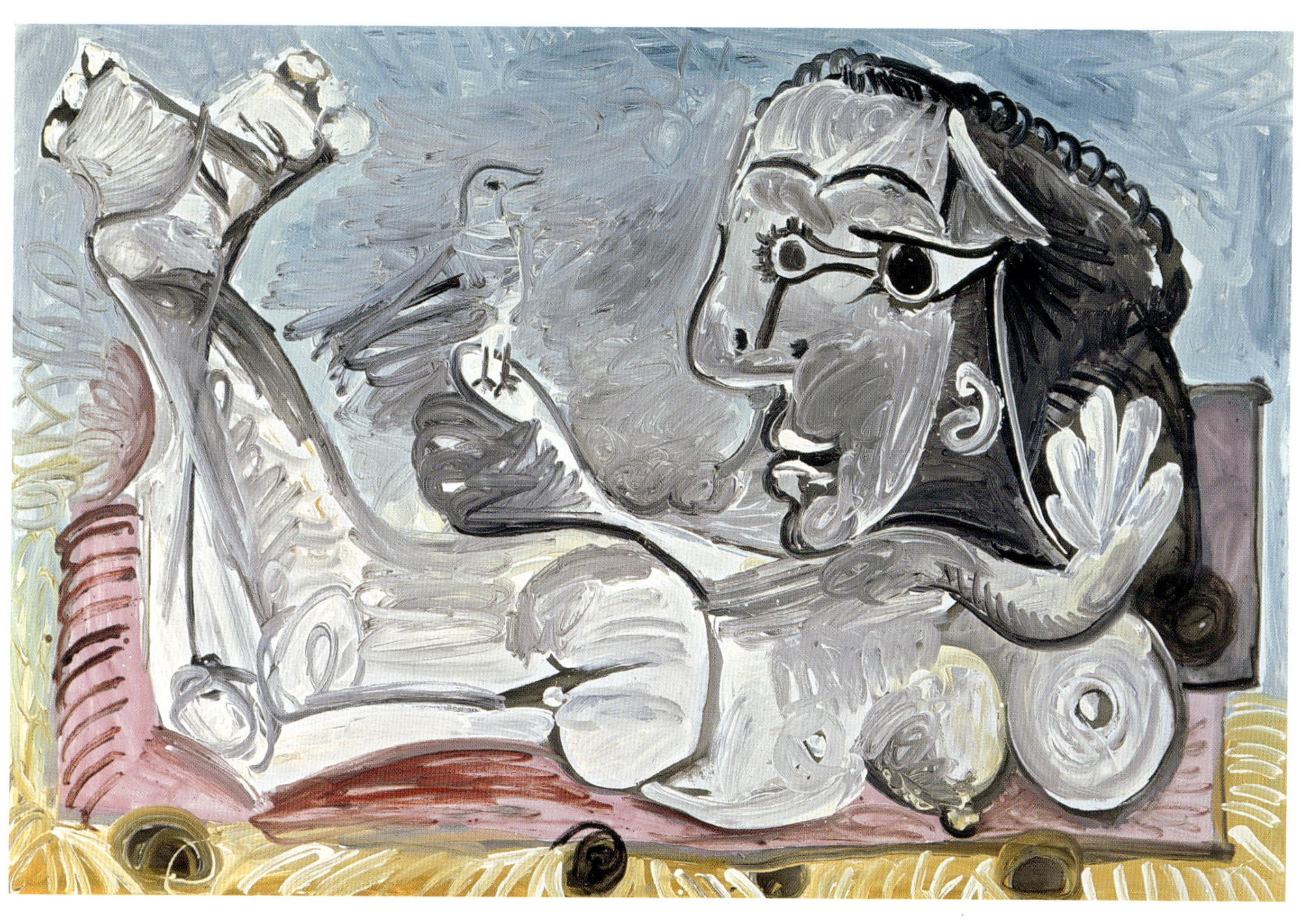

PABLO PICASSO
Nu couché à l'oiseau, Mougins, 17 janvier 1968
Huile sur toile, H. 130 cm ; L. 195 cm
Cologne, Museum Ludwig

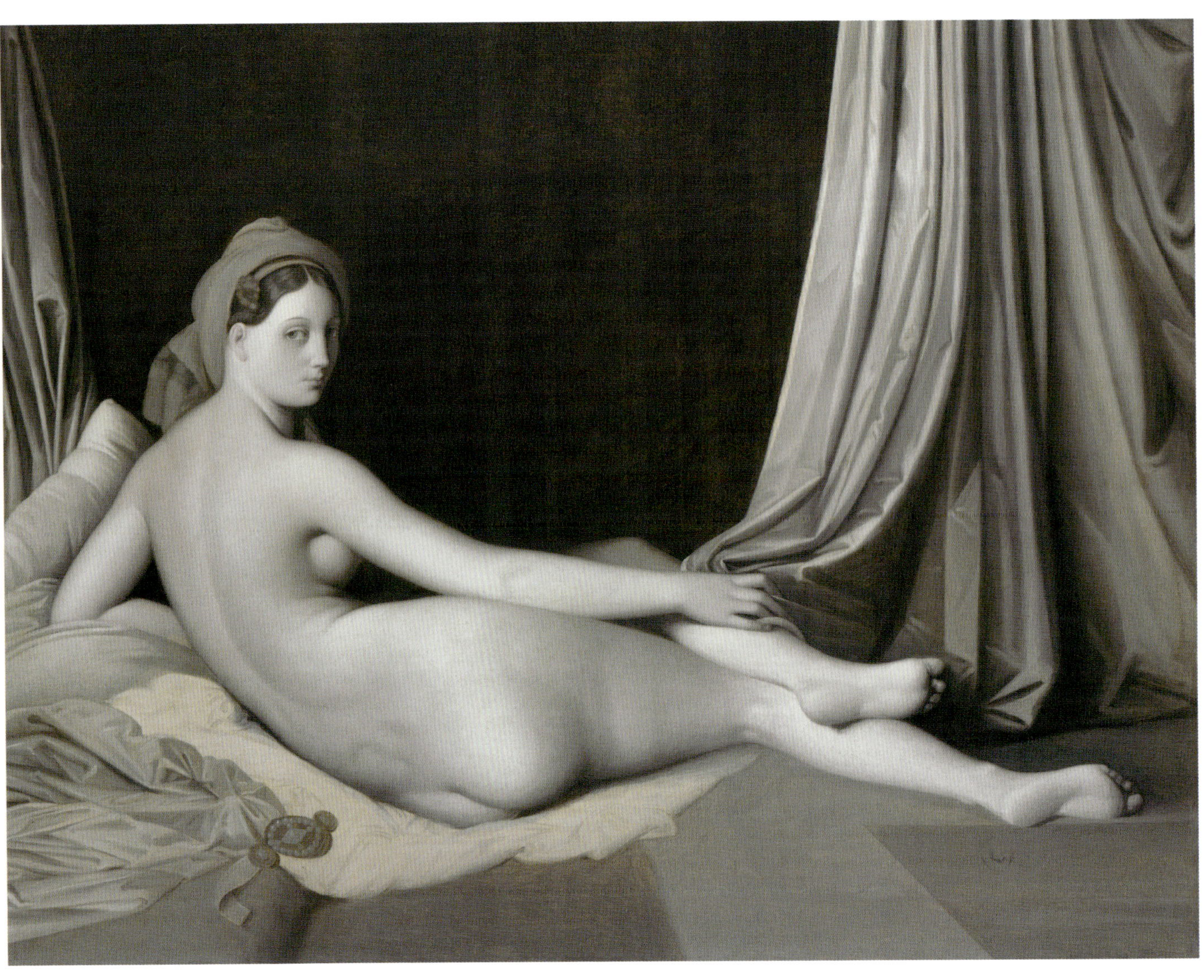

JEAN-AUGUSTE-DOMINIQUE INGRES
Odalisque en grisaille, 1824-1834
Huile sur toile, H. 83,2 cm ; L. 109,2 cm
New York, The Metropolitan Museum of Art,
Catharine Lorillard Wolfe Collection, Wolfe Fund, 1938

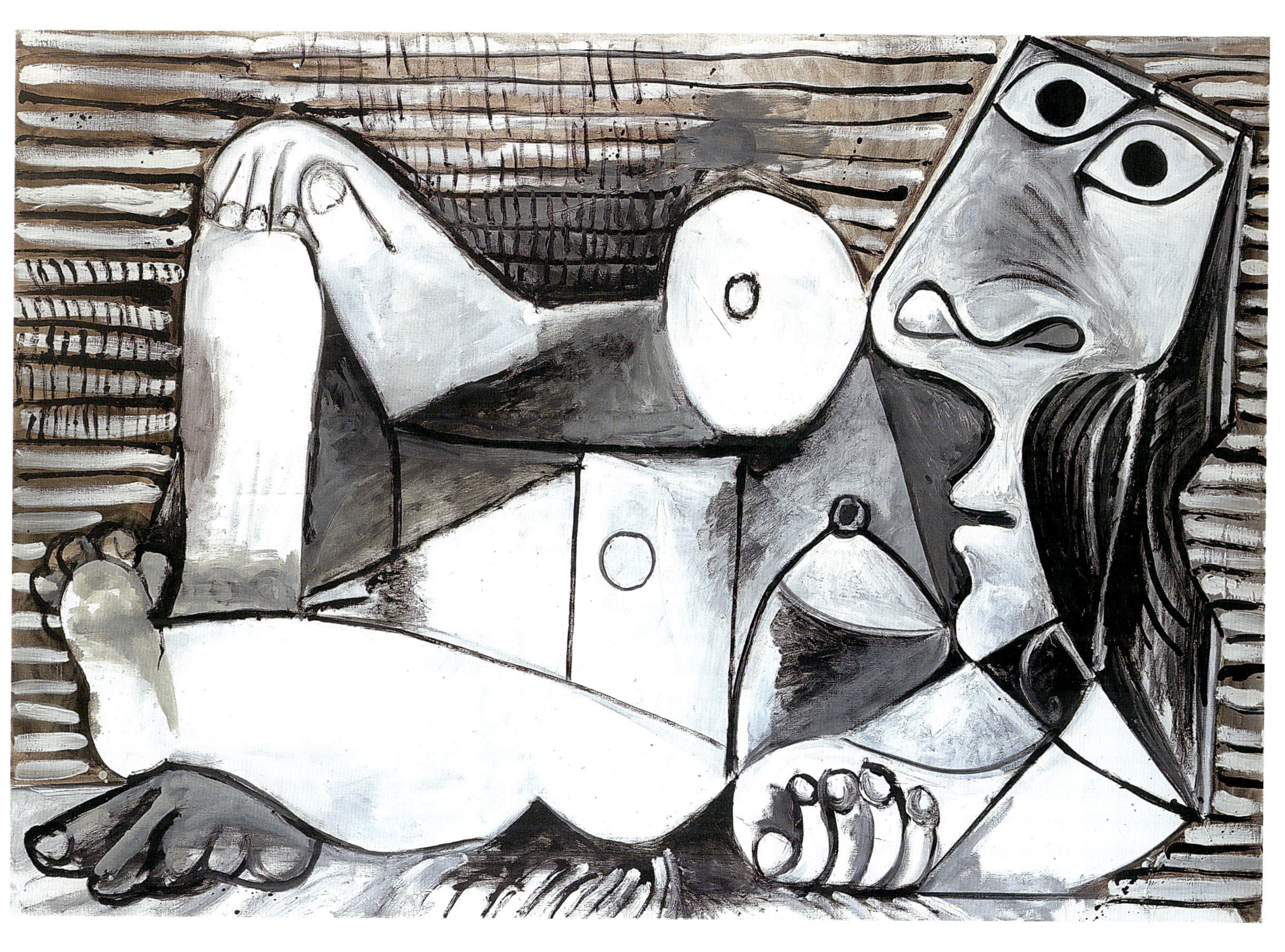

PABLO PICASSO
Nu couché, Mougins, 2 novembre 1969
Huile sur toile, H. 130 cm ; L. 195 cm
Collection particulière

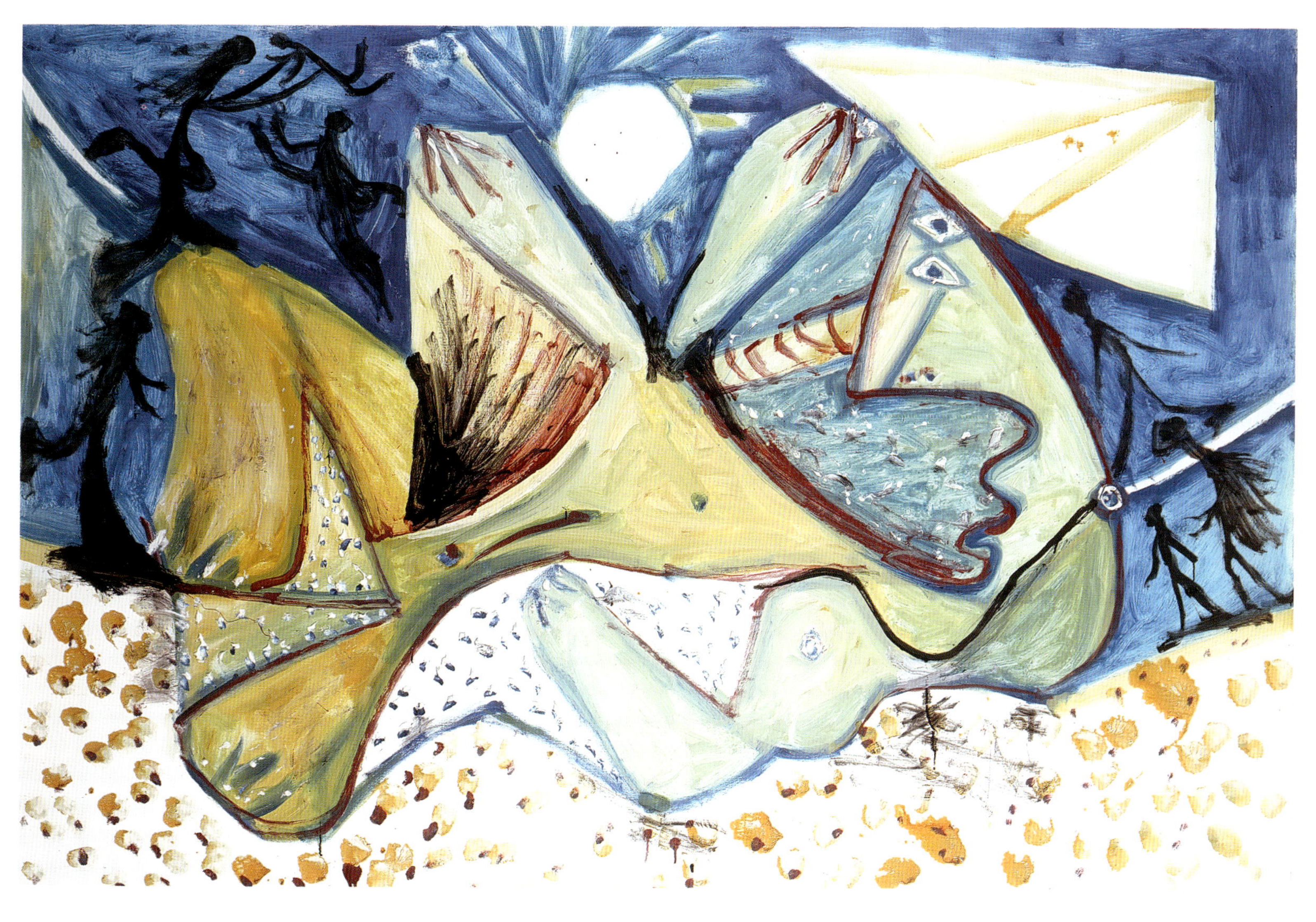

PABLO PICASSO
Nu couché, 14-15 novembre 1971
Huile sur toile, H. 130 cm ; L. 195 cm
Collection particulière

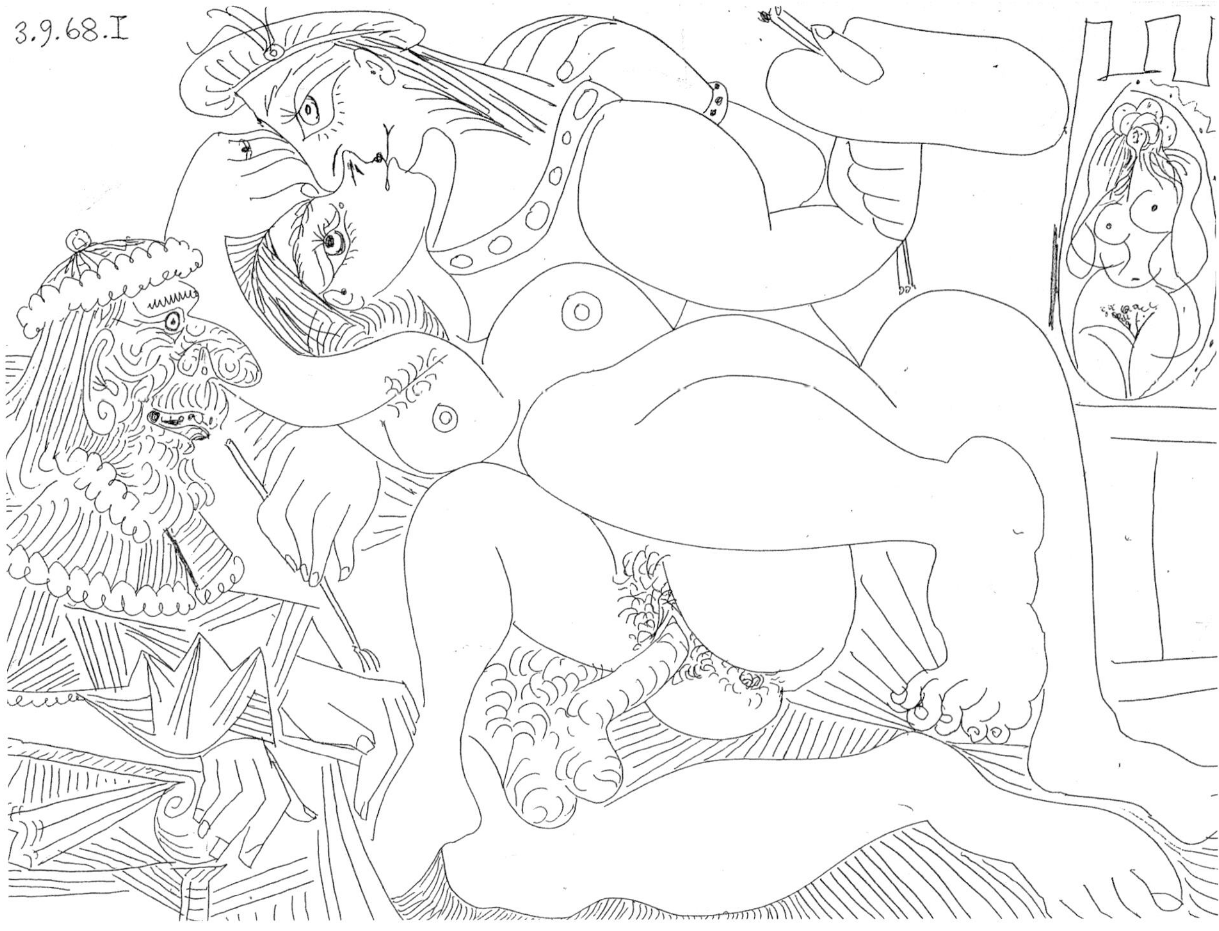

PABLO PICASSO
Raphaël et la Fornarina, 3 septembre 1968
Eau-forte sur cuivre, H. 14,8 cm ; L. 20,9 cm
Collection particulière

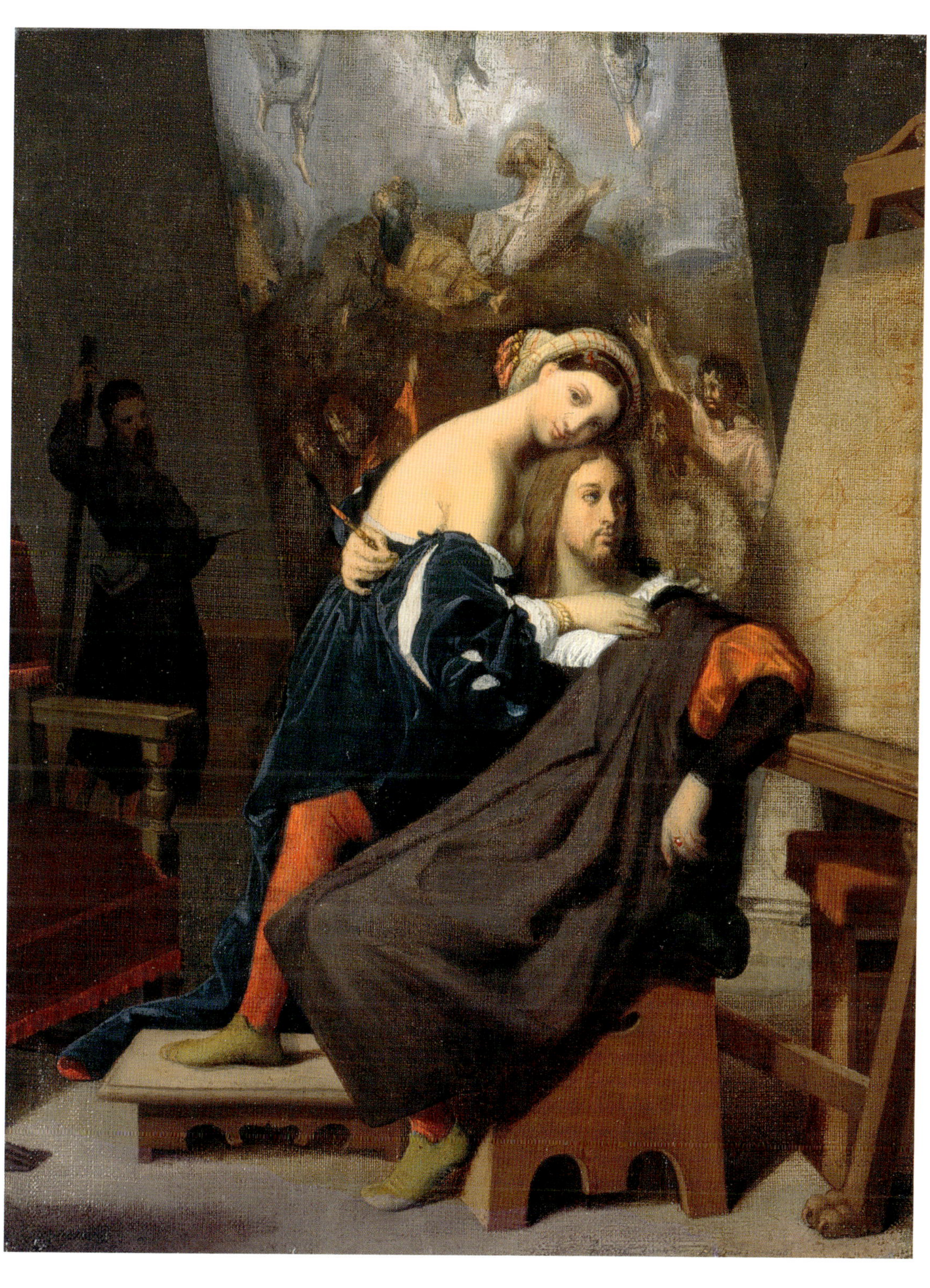

JEAN-AUGUSTE-DOMINIQUE INGRES
Raphaël et la Fornarina, 1813-1840
Huile sur toile, H. 35,6 cm ; L. 27,3 cm
Columbus, Museum of Art, legs Frederick W. Schumacher, 1957

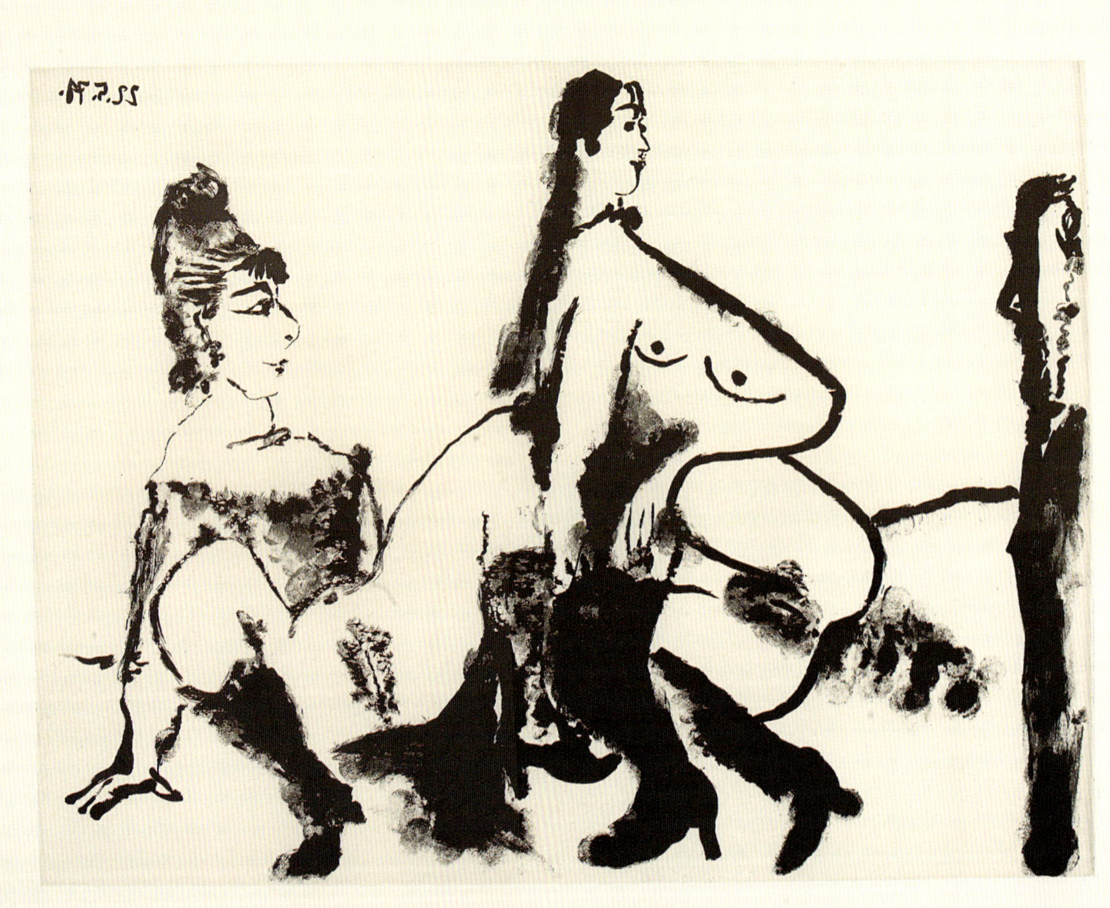

PABLO PICASSO
Degas paie et s'en va. Les filles ne sont pas tendres,
Ier état, Mougins, mai 1971
Aquatinte au sucre, grattoir et pointe sèche sur cuivre,
épreuve sur vélin de Rives, H. 50,2 cm ; L. 65,3 cm
Paris, musée Picasso, dation Pablo Picasso 1979

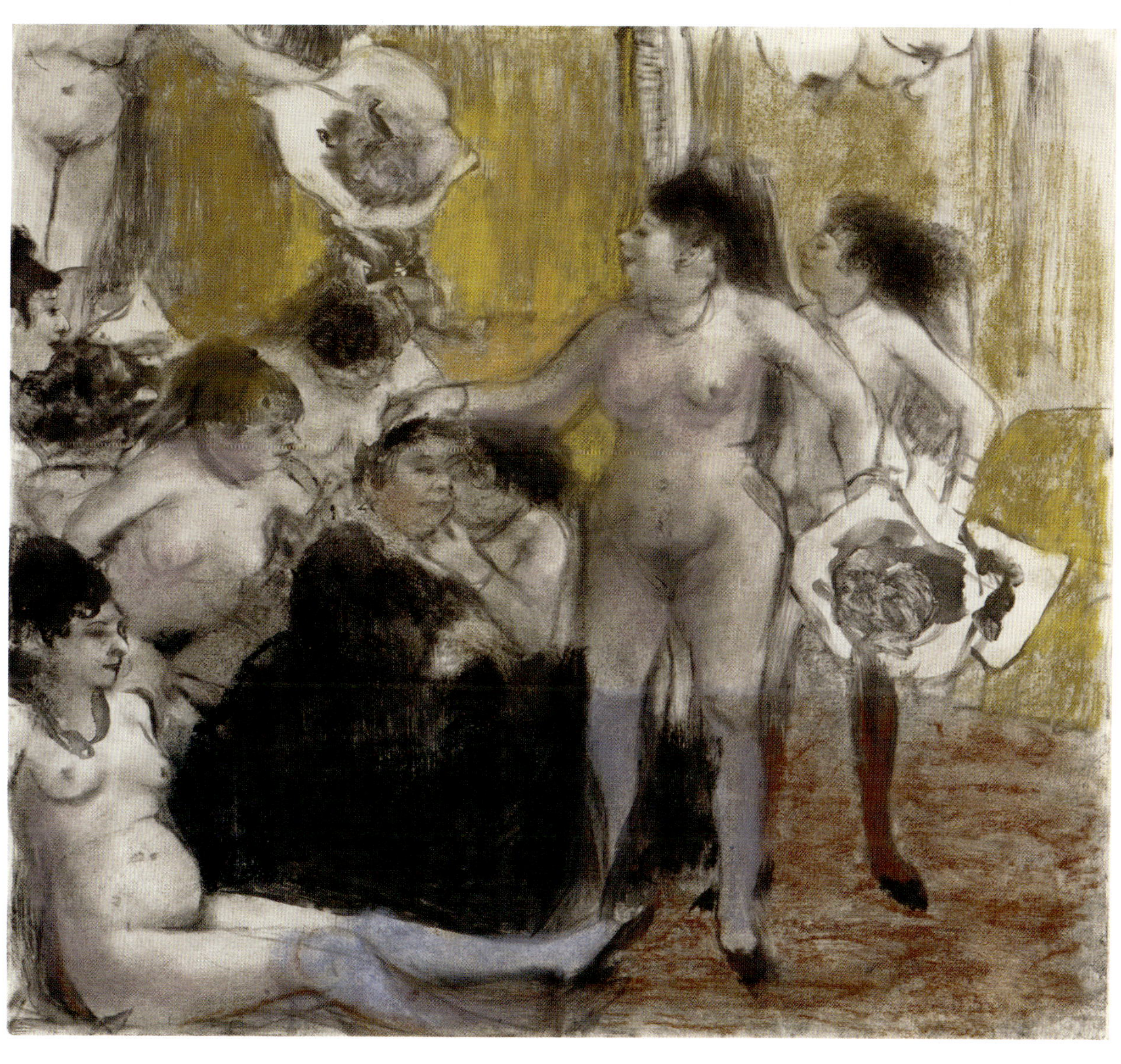

EDGAR DEGAS
La Fête de la patronne, 1878-1879
Monotype à l'encre rehaussé de pastel, H. 26,6 cm ; L. 29,6 cm
Paris, musée Picasso, donation Pablo Picasso 1973

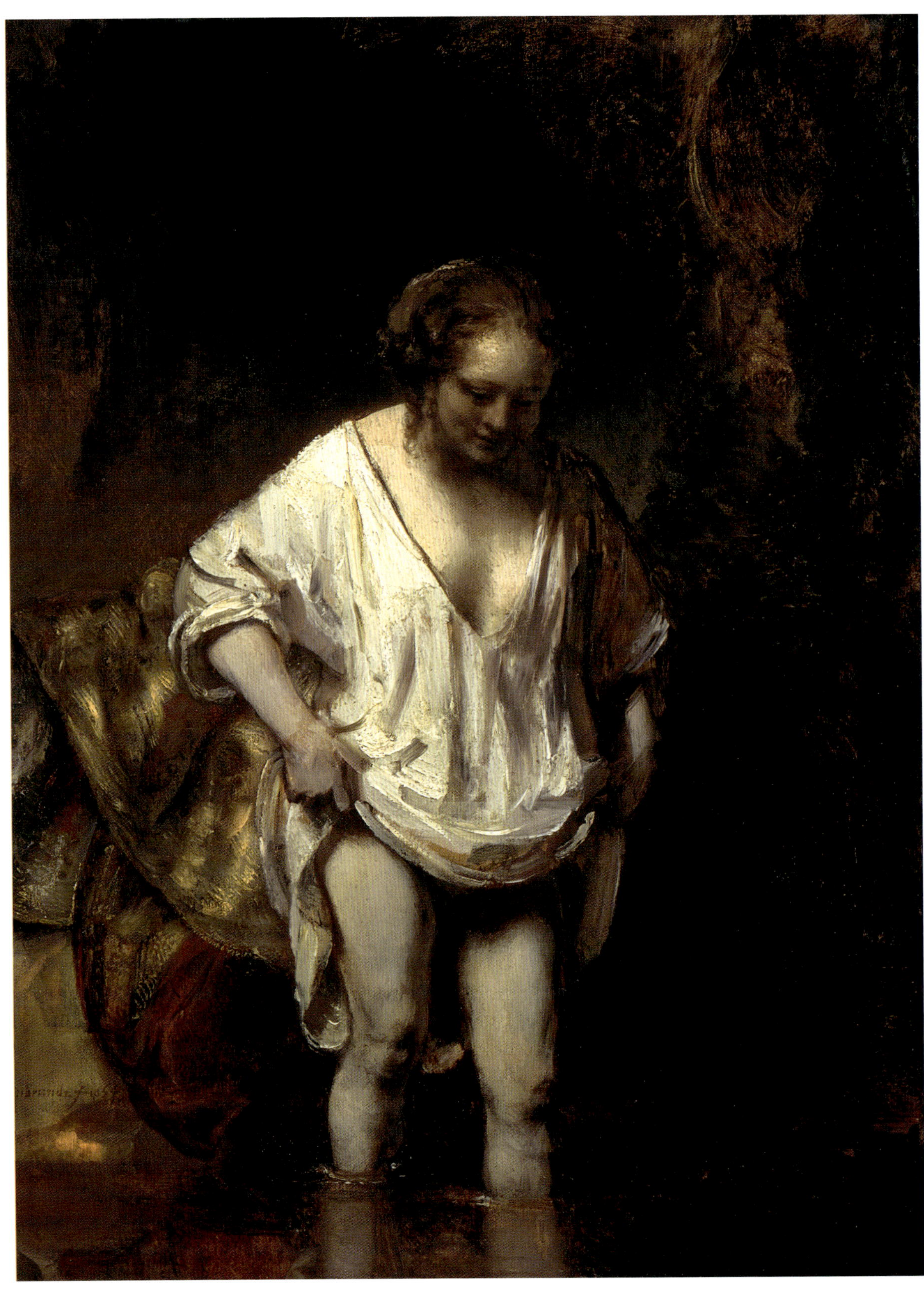

REMBRANDT VAN RIJN
Femme se baignant dans un ruisseau (Hendrickje Stoffels), 1654
Huile sur bois, H. 61,8 cm ; L. 47 cm
Londres, The National Gallery

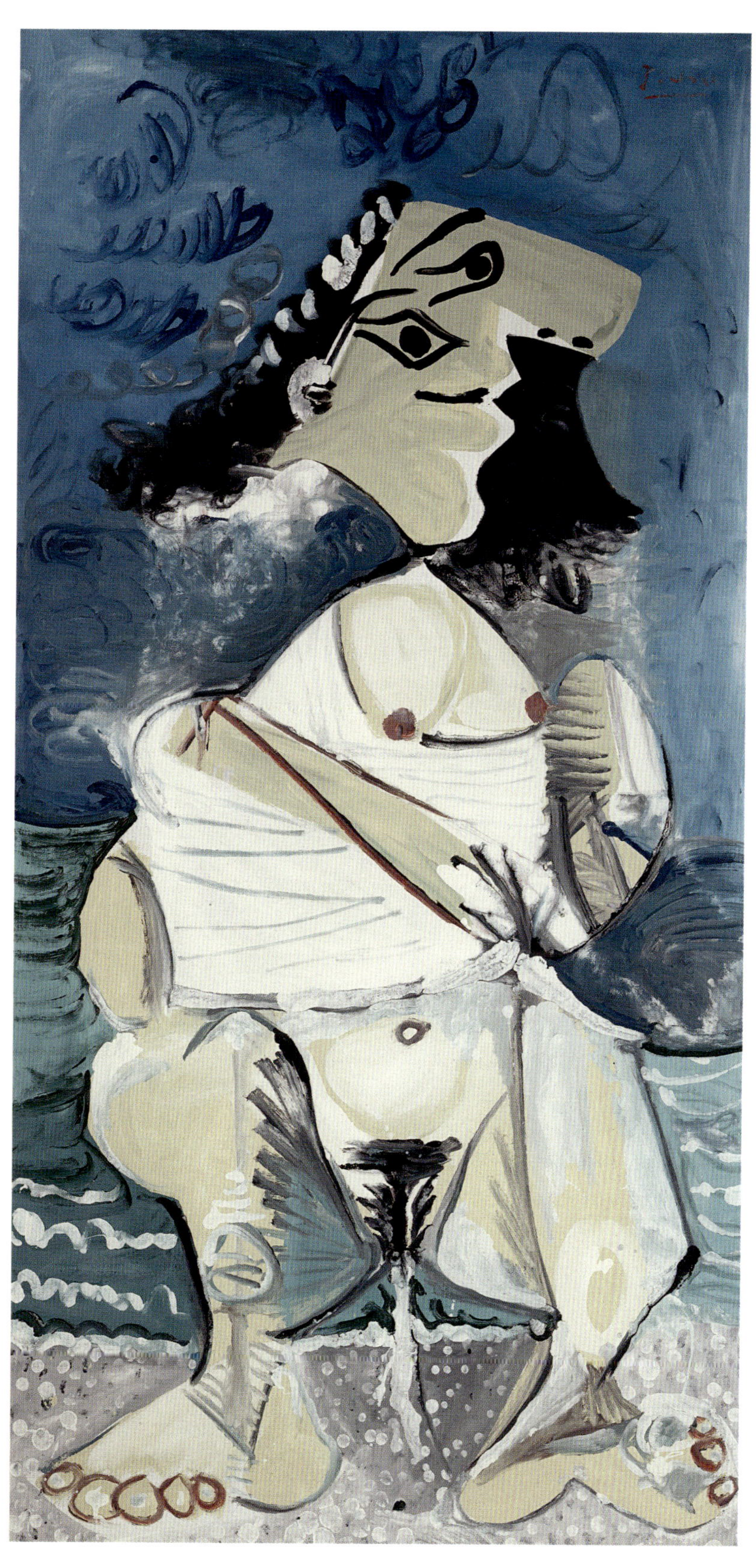

PABLO PICASSO
La Pisseuse, Mougins, 16 avril 1965
Huile sur toile, H. 194,8 cm ; L. 96,5 cm
Paris, Centre Pompidou, musée national d'Art moderne,
donation Louise et Michel Leiris, 1984

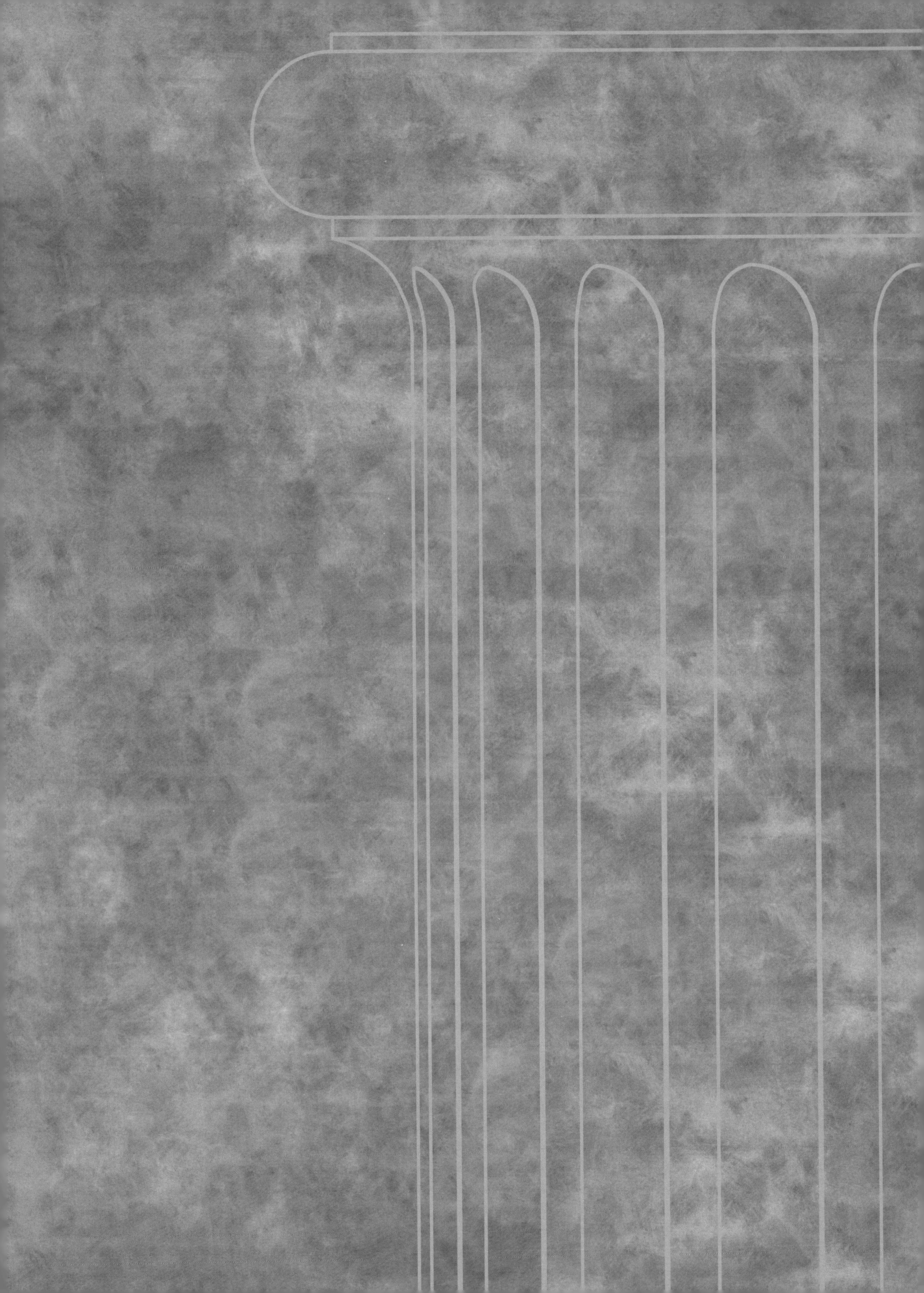

ANNEXES

CHRONOLOGIE

Anaïs Bonnel

1880

25 OCTOBRE Naissance à Málaga de Pablo, premier enfant de Don José Ruiz Blasco (1838-1913) et de Doña Maria Picasso y Lopez (1855-1939).

1888-1889

Picasso qui dessine depuis son plus jeune âge commence à peindre, sous l'impulsion de son père. Ancien élève de l'école provinciale des Beaux-Arts de Málaga, José Ruiz Blasco enseigne le dessin depuis 1879 et assume la charge de conservateur du musée municipal depuis juin 1880.

1891

Don José accepte un poste de professeur à l'Instituto da Guarda à La Corogne.

1892- 1893

SEPTEMBRE Pablo entre à l'école des Beaux-Arts de La Corogne alors âgé de 11 ans. Il suit les classes de dessin et d'ornement, sous l'autorité de son père.

Pablo suit à l'école des Beaux-Arts les cours de trois classes : copie de plâtre tels que des torses antiques (Paris, musée Picasso, MP 405), des études de mains et de pieds (Collection particulière) ; dessin de la figure ; peinture et copie d'après nature (p. 128-133).

1895

MARS Don José est nommé professeur à l'école des Beaux-Arts de Barcelone (La Lonja)

JUILLET La famille regagne Málaga pour passer les vacances et, passant par Madrid, Picasso visite le musée du Prado et découvre les toiles des maîtres espagnols Vélasquez, Goya, Zurbarán. De ce premier contact avec les grands maîtres, il nous reste, conservées par le Museu Picasso de Barcelone, des copies de Vélasquez, qu'il a réalisées du *Bouffon Calabacillas* et de l'enfant de Vallecas (MPB 111.170 et MPB 1110172R). [fig. 1]

15 ET 30 SEPTEMBRE Pablo s'inscrit à l'école des Beaux-Arts de Barcelone. Il est brillamment admis aux épreuves d'entrée du cours supérieur, section Art classique et Nature morte.

1896

À ses quinze ans, Picasso se représente en gentilhomme du Siècle d'or du temps de Vélasquez avec l'*Autoportrait à la perruque* (p. 105).

SEPTEMBRE-OCTOBRE Pablo part seul pour Madrid et s'installe au 5, rue San Pedro Martir. Il réussit le concours d'admission à l'académie des Beaux-Arts de San Fernando et s'inscrit aux classes de paysage, de dessin d'après l'antique et d'étude de draperie.

Son ami Francisco Bernareggi Calderón explique qu'avec Picasso ils étudiaient et copiaient huit heures par jour au musée du Prado. En effet, Pablo réalise une copie du *Portrait de Philippe IV* de Vélasquez (p. 168). Ils firent aussi différentes excursions à l'Escorial, à Aranjuez et à Tolède où ils passaient des heures à admirer *L'Enterrement du comte d'Orgaz* (Diego Pro, *Conversaciones con Bernareggi*, Tucumán, Imprenta López, 1949).

Dans une lettre datée du 3 novembre 1897, Picasso écrit à son ami barcelonais, Joaquín Bas Gisch,

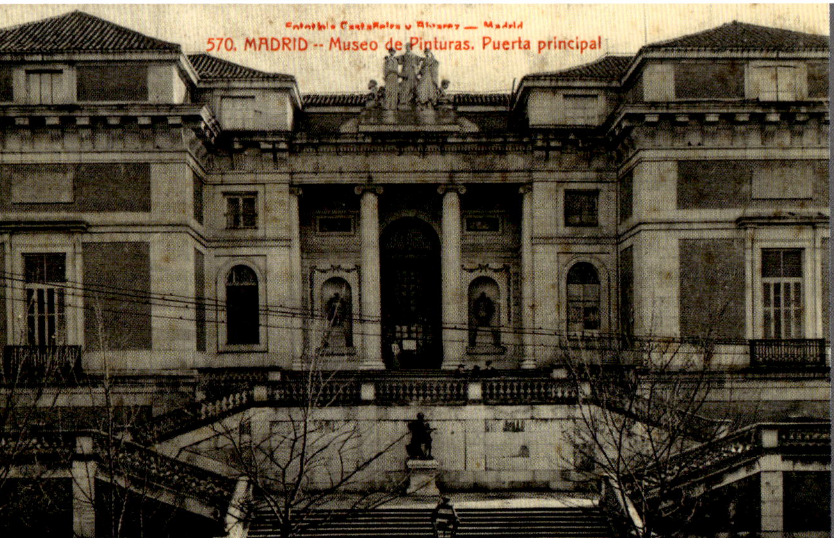

FIG. 1 **Carte postale du musée du Prado**
Paris, musée Picasso, archives du musée

que le musée de peintures de Madrid est magnifique. Il cite les peintres Vélasquez, Le Greco, Murillo, Titien, Van Dyck et Rubens (Salas [Xavier de], « Somes Notes on a Letter », *The Burlington Magazine*, Londres, novembre 1960).

PENDANT L'HIVER De plus en plus réfractaire à l'enseignement officiel, il abandonne les cours de l'académie San Fernando.

1898

Picasso continue à copier les maîtres espagnols du Prado et plus particulièrement Francisco de Goya. Dans un album de dessins sont rassemblées en outre des études de scènes de corrida tirées de l'ouvrage *La Tauromachie*, une copie du *Capricho* numéro 17 et une reproduction du portrait de Pepe Illo (Barcelone, Museu Picasso, MPB 111.368 R, MPB 111.369, MPB 111.367).

1899

Célébration du tricentenaire de la naissance de Vélasquez. Picasso débute un dialogue avec l'artiste El Greco qui se poursuivra toute sa vie. Cette année-là, il réalise de nombreux croquis de têtes inspirées de personnages grecquiens ainsi qu'une toile (p. 169).
Picasso s'identifie fortement à l'artiste comme le montre un de ses dessins sur lequel est inscrit « *Yo, el Greco* » (« Moi, el Greco ») [Barcelone, Museu Picasso, MPB 110.678].

MI-FÉVRIER A Barcelone, Picasso fréquente *El Círculo Artístico*, où il réalise des dessins académiques. Picasso s'intègre au milieu d'*Els Quatre Gats* en rencontrant au café du même nom les personnalités du monde artistique catalan. Au milieu de cette effervescence intellectuelle, Picasso réalise alors ses premiers dessins d'inspiration *modern'style*. Il découvre simultanément l'art de Daumier, Steinlen par l'intermédiaire du peintre Ramon Casas. De plus, il manifeste un intérêt croissant pour l'art de Toulouse-Lautrec et pour celui d'Edvard Munch.

1900

Le tableau *Les Derniers Moments* (œuvre recouverte par le tableau *La Vie* exécuté en 1903) est sélectionné dans la section espagnole de l'Exposition universelle de Paris, inaugurée le 14 avril.

OCTOBRE Picasso part pour Paris avec Casagemas. Il visite la section Peinture de l'Exposition universelle, l'exposition centennale dans laquelle sont présentés les impressionnistes ainsi que Puvis de Chavannes avec les œuvres *La Toilette et la Famille du pêcheur* (Paris, musée d'Orsay). L'exposition décennale expose sa toile ainsi que de nombreuses toiles de Corot, les tableaux de Courbet *Les Cribleuses de blé* et *Bonjour monsieur Courbet*.
Il se rend dans les galeries réputées de la rue Laffitte, dont celles de Paul Durand-Ruel et de Vollard. Et surtout, il explore le Louvre, plus particulièrement le département des Antiquités et le musée du Luxembourg.

L'artiste qui lui fait la plus forte impression est Toulouse-Lautrec. Picasso à Paris a eu l'occasion de voir des œuvres de l'artiste et même d'acquérir des affiches qu'il accroche sur les murs de son atelier.
Il peint *Le Moulin de la Galette* (p. 287), à la fois hommage à Renoir dont il a sûrement vu *Le Moulin de la Galette* (p. 288) au musée du Luxembourg et à Lautrec et son *Bal du Moulin Rouge*. Picasso reprend un des thèmes favoris de l'illustrateur Steinlen, celui du couple s'embrassant dans la rue comme dans le pastel *Les Amants de la rue* (Barcelone, Museu Picasso, MPB 4.263) et l'huile *L'Étreinte* (Moscou, The Pushkin State Museum of Fine Art) qui déboucheront, en 1903, sur la monumentale *Étreinte* du musée de l'Orangerie.

1901

Picasso, alors âgé de dix-neuf ans et demi, affirme une grande confiance en soi en inscrivant sur son autoportrait *Yo, Picasso* (« Moi, Picasso ») [p. 107].

MI-JANVIER Picasso part pour Madrid et effectue un court voyage à Tolède. Picasso réalise durant l'hiver ses premiers portraits bleus et des maternités.

AVRIL *La Femme en bleu* (p. 290) est envoyée à l'exposition nationale des Beaux-Arts de Madrid.

FIN D'AVRIL Il part pour Barcelone. Il développe un pointillisme à larges touches rappelant la touche énergique de Van Gogh. Il réalise des peintures et pastels de mondaines, thématique très inspirée de Toulouse-Lautrec, qu'il poursuivra à son retour à Paris, enrichie des figures féminines de la vie nocturne parisienne telle que *La Nana* (p. 291).

25 JUIN – 14 JUILLET Sa première exposition parisienne « Picasso-Iturrino » est inaugurée aux galeries Vollard. Gustave Coquiot, écrivain et chroniqueur,

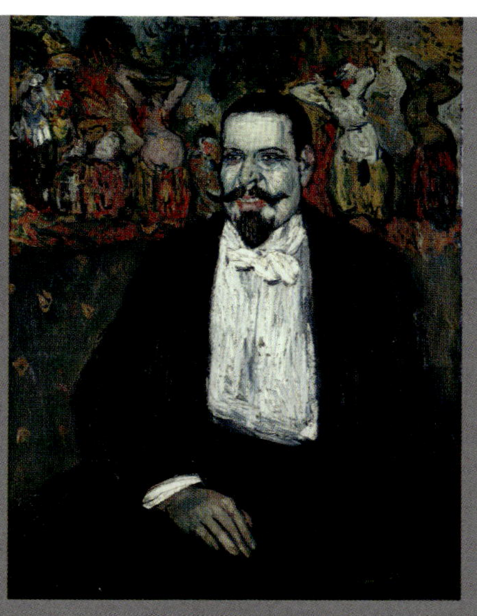

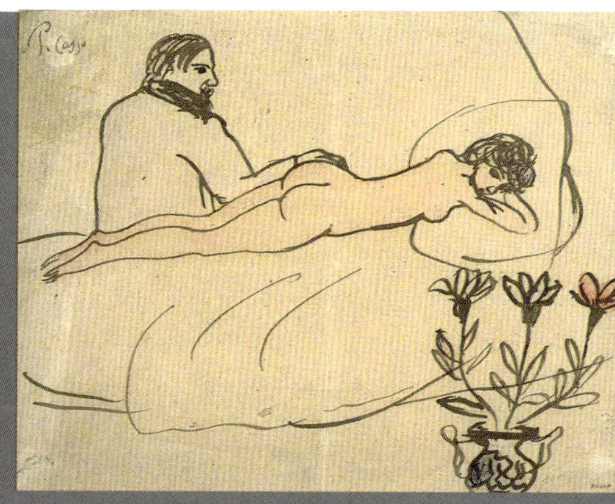

FIG. 2 **PABLO PICASSO**
Portrait de Gustave Coquiot, 1901
Paris, Centre Pompidou, musée national d'Art moderne
FIG. 3 **PABLO PICASSO**
Nu couché avec Picasso assis à ses pieds, 1902-1903
Barcelone, Museu Picasso

est choisi par Vollard pour préfacer l'exposition. Picasso fait alors son portrait sur fond de spectacle de cabaret avec des femmes dansant déshabillées (fig. 2). Lors de cet événement, Picasso présente 64 peintures, dont la *Buveuse accoudée, Buveuse d'absinthe* (p. 292) qui reprend le thème des buveuses d'absinthe initié par Degas.

ÉTÉ Une exposition Daumier à l'école des Beaux-Arts aurait éveillé chez Picasso un intérêt pour l'artiste. Il en sort la gouache *Les Fugitifs* (Collection particulière) d'après le bas-relief des *Émigrants* (Paris, musée d'Orsay).

Dans une sorte de résurgence des œuvres du Greco, l'*Enterrement du comte d'Orgaz* (Tolède, église San Tomé) et *Le Songe de Philippe II ou l'Adoration du nom de Jésus* (p. 161) ainsi que *L'Exposition du corps de saint Bonaventure* de Francisco Zurbarán, dont il reprend la diagonale qui le fascinait (Paris, musée du Louvre), Picasso peint *L'Enterrement de Casagemas. Évocation* (p. 160) en souvenir de son ami catalan qui s'était suicidé en février.

Picasso demande à Sabartés de venir le rejoindre à Paris. Le portrait de Sabartés *Le Bock* (Moscou, The Pushkin State Museum of Fine Art) scelle leurs retrouvailles.

SEPTEMBRE-OCTOBRE Mort de Toulouse-Lautrec, le 9 septembre. Picasso, alors influencé par son œuvre, en est très affecté. Il peint *Le Tub* (Washington, The Phillips Collection) comme un hommage au peintre. Au mur de cette chambre bleue, où une jeune fille fait sa toilette, est accrochée l'affiche de May Milton de Toulouse-Lautrec.

Cette année de 1901 marque aussi sa rencontre avec Manet et se manifeste par un dessin, parodie du chef-d'œuvre *Olympia* (Collection particulière).

1902

Redécouverte de l'œuvre du Greco. Le Museo Nacional de Pintura y Escultura (Prado) organise l'exposition intitulée « *Exposición de las obras de Domenico Theotocopuli Llamado El Greco* ».

JANVIER Picasso développe une monochromie bleue dans des scènes de maternités ou des figures de femmes mélancoliques comme *La Miséreuse accroupie* (Toronto, The Art Gallery of Ontario). La toile la plus aboutie est *L'Entrevue* ou *Les Deux Sœurs* (p. 159), dont la composition et le traitement font écho à l'œuvre *La Visitation* du Greco (p. 158).

Plusieurs toiles bleues peuvent être mises en rapport avec des œuvres de Puvis de Chavannes telles que *La Famille du pêcheur* de 1887 (Chicago, The Art Institute) et *Le Pauvre Pecheur* de 1881 (Paris, musée d'Orsay) avec *Femme et enfant au bord de la mer* (Bâle, Fondation Beyeler, *La Tragédie* (Washington, The National Gallery) et le dessin *Homme et femme et enfant dans une barque* (Paris, musée Picasso, MP 475).

DÉCEMBRE Dans le *Mercure de France*, Charles Morice salue sa « précocité effrayante ». Le critique, ami de Gauguin, lui offre un exemplaire du livre *Noa-Noa*. Picasso découvre alors l'art de Gauguin ainsi que par l'intermédiaire de Paco Durrio, collectionneur et ami du peintre. On sent d'ailleurs dès 1902-1903 une première influence de Paul Gauguin dans un dessin de Picasso intitulé *Autoportrait au nu couché* (fig. 3) s'inspirant de la composition de *L'esprit des morts veille (Manao tupapau)* [Buffalo, Albright Art Gallery] qu'il a dû voir en 1901 chez Ambroise Vollard.

1903

JANVIER Croquis de Picasso fait au Panthéon de la partie gauche de la fresque de sainte Geneviève de Puvis de Chavanne. Picasso y inscrit la légende avec la prononciation espagnole « De Pubis en el Panteon » (Barcelone, Museu Picasso, MPB 110.468).

Il emploie presque exclusivement le bleu, jusqu'à la monochromie pour représenter des misérables, des figures tragiques
de la peinture espagnole comme *Le Vieux Juif* (p. 163), *Le Vieux Guitariste* (fig. 4), *Le Repas de l'aveugle* (New York, The Metropolitan Museum of Art). Par leur allongement maniériste, toutes ces œuvres évoquent les déformations anatomiques des personnages de l'univers pictural du Greco.

MAI Décès de Paul Gauguin.

La grande composition allégorique *La Vie* (fig. 5) semble être une réponse au chef-d'œuvre de Gauguin *D'où venons-nous ? Que sommes-nous ? Où allons-nous ?* (Boston, Museum of Fine Arts).

ÉTÉ-AUTOMNE Il reçoit une commande de son ami Soler. Il peint d'après photographie un déjeuner sur l'herbe (*La Famille Soler*, p. 165) et deux portraits de Soler et son épouse : *Portrait de Benet Soler* (p. 164) et *Portrait de Madame Soler* (p. 164).

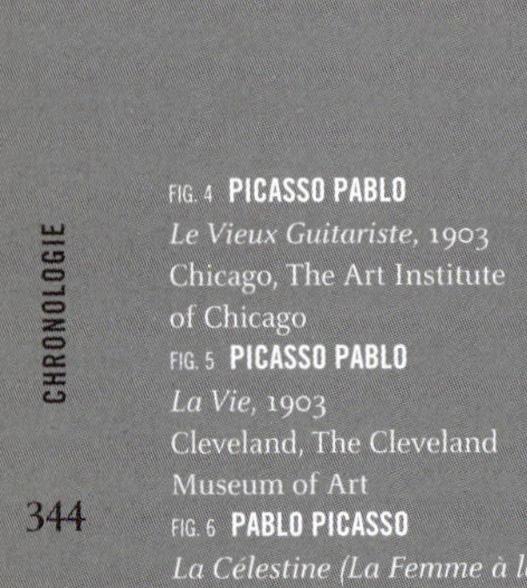

FIG. 4 **PICASSO PABLO**
Le Vieux Guitariste, 1903
Chicago, The Art Institute of Chicago
FIG. 5 **PICASSO PABLO**
La Vie, 1903
Cleveland, The Cleveland Museum of Art
FIG. 6 **PABLO PICASSO**
La Célestine (La Femme à la taie), Barcelone, mars 1904
Paris, musée Picasso

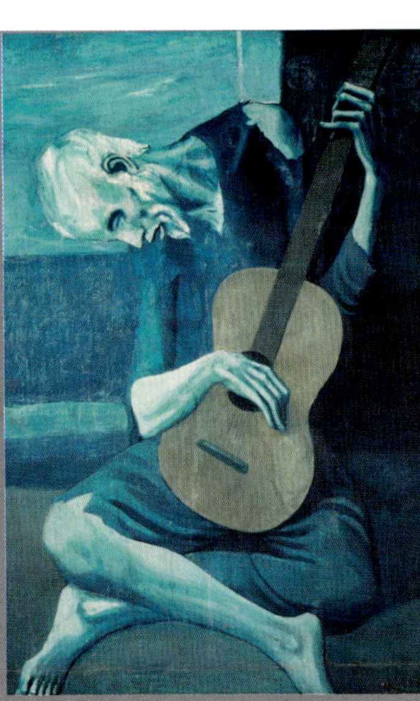

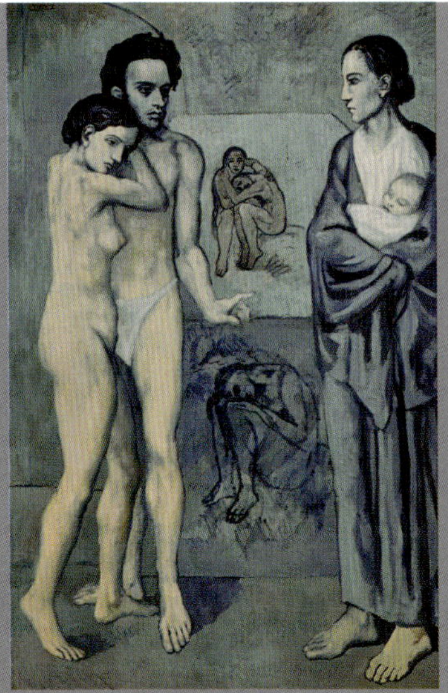

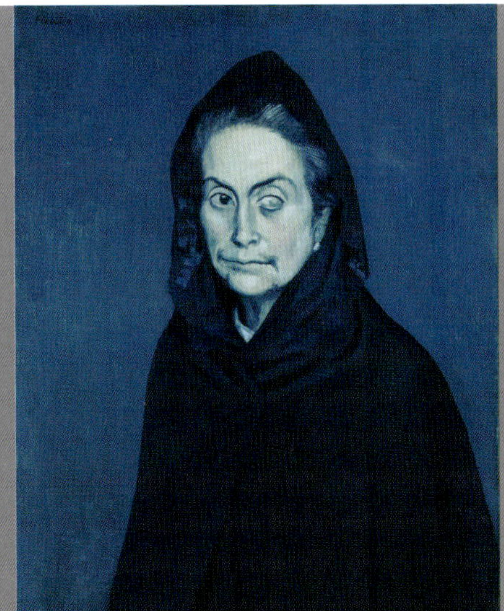

4-28 NOVEMBRE Exposition Gauguin chez Vollard.

DÉCEMBRE Exprimant son admiration et sa volonté d'identification à un autre artiste, Picasso signe Paul Gauguin son propre dessin représentant un nu féminin (Collection particulière).

1904

Un dessin de Picasso nous prouve un séjour à Montauban avec Junyer où il aurait pu visiter le musée Ingres. Picasso peint *La Célestine* (fig. 6), protagoniste principal du roman espagnol de la fin du XVe siècle de Fernando de Rojas. Francisco de Goya représentait souvent ce personnage de vieille entremetteuse comme dans la toile *Maja y Celestina* (Collection particulière) ou dans la série de gravures *Los Caprichos* telle que *Mejor es holgar* (Zaragoza, Museo del Grabado de Goya).

15 OCTOBRE – 15 NOVEMBRE Salon d'automne, rétrospective Cézanne. Une salle entière est consacrée à Puvis de Chavannes où sont présentées entre autre *Espérance* ou *Jeunes filles au bord de mer* (Paris, musée d'Orsay) et *Ludus Pro Patria* (Amiens, musée de Picardie).

1905

24 MARS – 30 AVRIL La rétrospective Van Gogh au Salon des indépendants dévoile quarante-cinq œuvres dont celles de la collection du docteur Gachet inédites telles que le *Portrait du docteur Gachet* et *Autoportrait* (Paris, musée d'Orsay).

JUSQU'AU 17 JUIN Exposition Cézanne chez Vollard.

JUIN-JUILLET Picasso effectue un voyage de trois semaines en Hollande. Il peint la *Hollandaise à la coiffe* (Brisbane, Queensland Art Gallery), qui rompt avec l'aspect gracile des femmes de la période rose et les *Trois hollandaises* (Paris, musée national d'Art moderne). La ronde des trois femmes fait référence au motif antique des *Trois Grâces*. Picasso a pu contempler des versions célèbres de cette image classique comme celle de Peter Paul Rubens, au Museo Nacional del Prado ou celle de Jean-Baptiste Regnault au musée du Louvre, ou encore connaître celle de Raphaël du musée Condé de Chantilly.

ÉTÉ-AUTOMNE Picasso est impressionné par la rétrospective *Manet* au Salon d'automne. De plus, il découvre le *Bain turc* d'Ingres accompagné de plusieurs études préparatoires dont le *Portrait de monsieur Bertin aîné* et un dessin *Pour Auguste écoutant la lecture de l'Énéide* ou *Tu Marcellus eris* provenant du musée Ingres de Montauban.

La *Famille de Saltimbanques* de Picasso et la composition du *Vieux musicien* de Manet (Washington, National Gallery of Art), présentée au Salon d'automne, sont très proches par leur format et leur thématique de l'errance.

Leo Stein rencontre Picasso dans la galerie de Montmartre de Clovis Sagot et conduit sa sœur Gertrude dans son atelier au Bateau-Lavoir. Chez les collectionneurs Stein, Picasso a l'occasion de voir, entre autres, des toiles de Cézanne, de Renoir, de Matisse.

1906

DÉBUT DE L'ANNÉE Au Louvre, il découvre la sculpture ibérique dans une exposition présentant les fouilles récentes des sites d'Osuna et de Cerro de los Santos, en Andalousie.

13 MARS Vollard expose des œuvres de Cézanne.

MARS Gertrude Stein envoie à Picasso une carte postale représentant l'œuvre du peintre Holbein *Portrait de la femme de l'artiste et de ses deux enfants* (fig. 8) pour lui annoncer qu'elle se rendra chez lui le lendemain pour une nouvelle séance de pose pour son portrait. Le choix de Gertrude Stein de l'envoi du portrait féminin de Holbein fait sans aucun doute allusion à son propre portrait.

AVRIL Introduit par Leo Stein auprès du collectionneur Gustave Fayet, il peut étudier sa collection d'œuvres de Gauguin. Il entreprend alors ses études sur le thème de *L'Abreuvoir* qui s'inspirent directement des *Cavaliers sur la plage* de Gauguin (Collection particulière).
Il peint le *Meneur de cheval nu* (New York, The Museum of Modern Art) qui fait référence à la toile *Saint Martin et le Mendiant* du peintre El Greco (p. 134). De plus, Picasso prend pour modèle les jeunes hommes au physique archaïque de sculptures de *Kouroi* qu'il a pu voir au musée du Louvre.
Picasso peint le *Harem* (p. 140), qui marque l'apparition du style « ibérique ». Par son sujet, le tableau préfigure le cycle des *Demoiselles d'Avignon* où prédomine le thème du bordel, écho au tableau *Le Bain turc* d'Ingres.

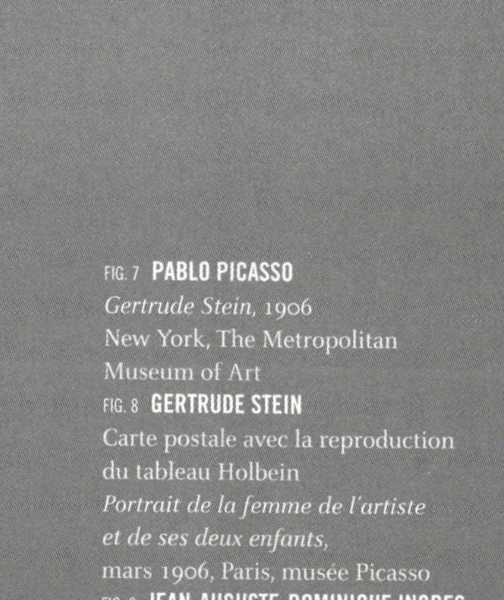

FIG. 7 **PABLO PICASSO**
Gertrude Stein, 1906
New York, The Metropolitan Museum of Art
FIG. 8 **GERTRUDE STEIN**
Carte postale avec la reproduction du tableau Holbein
Portrait de la femme de l'artiste et de ses deux enfants,
mars 1906, Paris, musée Picasso
FIG. 9 **JEAN-AUGUSTE-DOMINIQUE INGRES**
Portrait de Louis-François Bertin,
1832, Paris, musée du Louvre

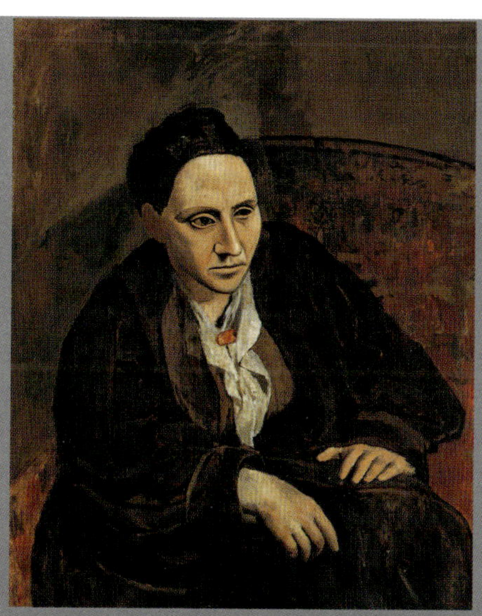

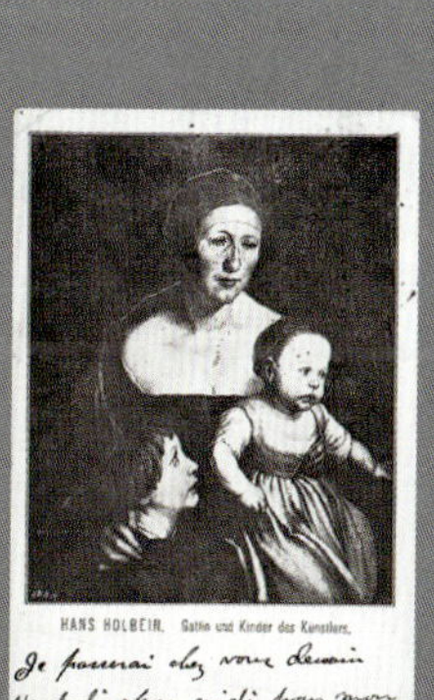

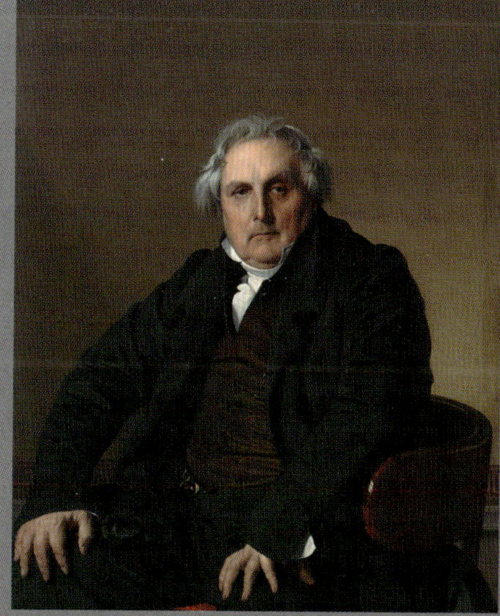

21 MAI – FIN DE JUILLET Picasso part pour Barcelone puis pour Gósol, village isolé de Haute Catalogne. Il peint *Les Deux Frères* (Paris, musée Picasso, MP 7) *et Grand nu debout* (New York, The Museum of Modern Art) dans une dominante ocre rose qui donnera son nom à la « période rose ». Ces adolescents nus de 1906 font écho aux baigneurs de Cézanne (p. 139).

Ses bois gravés en hauts-reliefs, incisés ou taillés *Tête de femme* (Paris, musée Picasso, MP 3541) ou *Buste de femme (Fernande)* [Paris, musée Picasso, MP 233], témoignent de l'influence du primitivisme gauguinien sur son œuvre.

PRINTEMPS-ÉTÉ Picasso s'intéresse à la thématique de la coiffure, annoncée dans la toile du *Harem*, avec *La Toilette* (Buffalo, Albright-Knox Art Gallery) et *La Coiffure* (p. 137). Picasso achève alors de mémoire le portrait de Gertrude Stein (fig. 7), très proche du *Portrait de Louis-François Bertin* (fig. 9), en réduisant le visage à un masque synthétique. Il poursuit ce travail d'expérimentation sur son propre visage dans une série d'autoportraits stylisés (Paris, musée Picasso, MP 8, MP 14) débouchant sur l'important *Autoportrait à la palette* (p. 114) qui semble faire écho à *L'Autoportrait à la palette* de Cézanne (p. 113).

23 OCTOBRE Mort de Cézanne.

6 OCTOBRE – 15 NOVEMBRE Grande rétrospective *Gauguin* et présentation de dix peintures de Cézanne au Salon d'automne.

1907

Au Louvre, sont accrochées, face à face, *L'Olympia* de Manet (p. 324) et *La Grande Odalisque* d'Ingres.

Picasso réalise un grand dessin d'après *La Grande Odalisque* d'Ingres (Paris, musée Picasso, MP 545) en s'attachant à la partie centrale du corps hachuré violemment.

Picasso achète deux têtes sculptées, ibériques, en pierre à Géry Pieret, secrétaire d'Apollinaire. On apprendra en août de 1911 qu'elles avaient été volées au Louvre et provenaient des fouilles de Cerro de Los Santos.

27 FÉVRIER Apollinaire voit les *Demoiselles d'Avignon* dans leur premier état. La toile de Picasso fait référence constamment à l'œuvre cézannienne : des *Baigneuses* (Paris, musée du Petit Palais) à la *Tentation de saint Antoine* (Paris, musée d'Orsay) en passant par la *Moderne Olympia* (Paris, musée d'Orsay) Certaines femmes, la gestualité théâtrale et des éléments comme le rideau et la nature morte sont directement inspirées de compositions cézanniennes.

1er OCTOBRE – 22 OCTOBRE Le Ve Salon d'automne présente une rétrospective de l'œuvre de Cézanne (56 numéros au catalogue).

1908

Picasso visite l'exposition d'aquarelles de Cézanne comprenant des vanités au crâne. Il peint *Composition à la tête de mort* (Saint-Pétersbourg, The State Hermitage Museum).

SEPTEMBRE Le VIe Salon d'automne dédie son *Hommage aux maîtres du passé* à Greco.

AUTOMNE Une forte hispanité se dégage des natures mortes que Picasso réalise à cette période. En effet, son tableau *Fruits et verre* (New York, Museum of Modern Art) trouve des résonances dans les natures mortes de Sánchez Cotán ou de Luis Meléndez dans lesquelles la matérialité des fruits devient palpable. Son *Carafon et trois bols* (p. 262) quant à lui, subit un traitement chromatique semblable à la *Nature morte* de Zurbarán du musée du Prado (identique à celle du Museu Nacional d'Art de Catalunya de Barcelone, p. 261).

NOVEMBRE Picasso qui vient d'acheter au père Soulier, le grand tableau du Douanier Rousseau, *Portrait de femme (Yadwigha)* [fig. 10], organise un banquet en son honneur au Bateau-Lavoir. Sont présents notamment Apollinaire, Marie Laurencin, Salmon, Braque et Gertrude Stein.

HIVER Picasso et Braque engagent un dialogue pictural quotidien. Leur intérêt pour l'œuvre de Cézanne prendra notamment pour emblème *Nature morte au chapeau* (p. 271) et *Cronstadt* que Braque avait acheté en hommage au maître d'Aix.

1909

DÉBUT DE L'ANNÉE L'artiste exécute *Pains et compotiers sur une table* (Bâle, Kunstmuseum) où ses recherches pour *Carnaval au bistrot* se trouvent transposées. Picasso semble s'être inspiré de la toile de Cézanne *Les Joueurs de cartes* (Paris, musée d'Orsay).

1ER OCTOBRE – 8 NOVEMBRE Le VIIe Salon d'automne présente « Figures de Corot » avec vingt-quatre peintures.

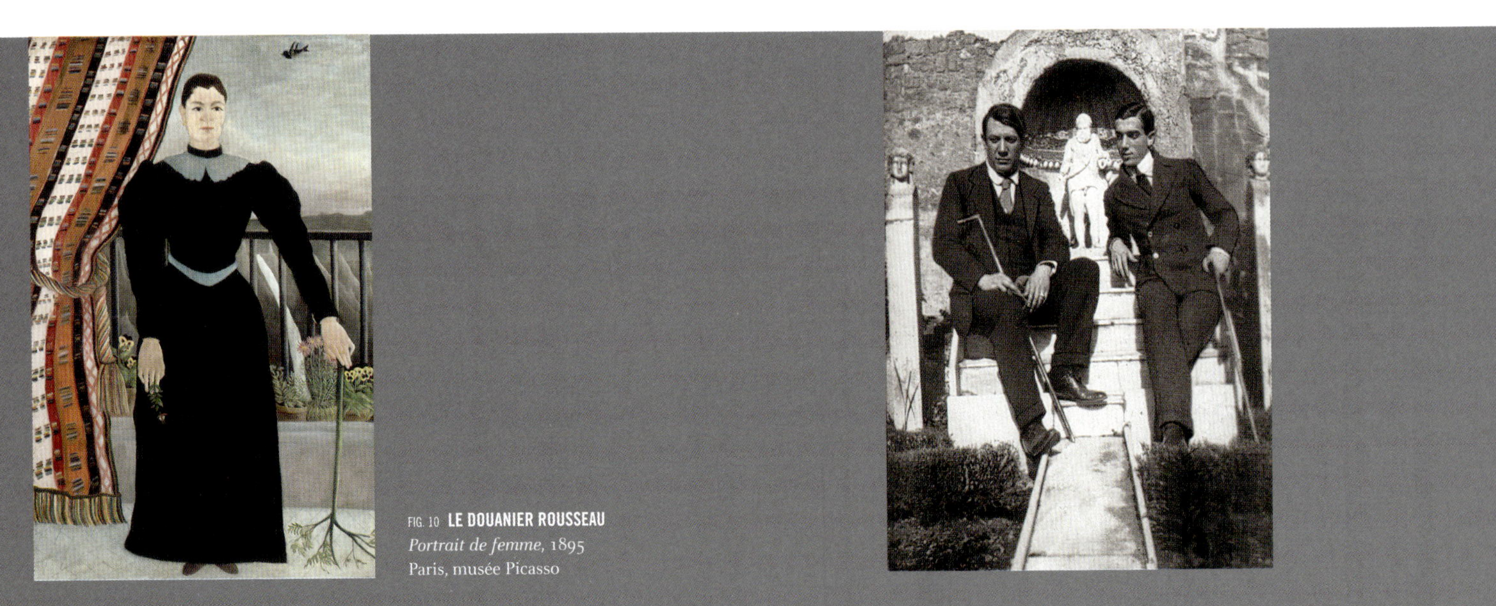

FIG. 10 **LE DOUANIER ROUSSEAU**
Portrait de femme, 1895
Paris, musée Picasso

1910

PRINTEMPS Après de nombreux paysages et natures mortes, Picasso revient à la figure. Il peint ses premiers *tondi*, comme *Femme à la mandoline* (Collection particulière) et *Jeune fille à la mandoline (Fanny Tellier)* [New York, The Museum of Modern Art], inspirées des musiciennes de Corot.
Il engage la réalisation d'une série de portraits : *Portrait de Wilhelm Uhde* (Collection particulière) et *Portrait d'Ambroise Vollard* (p. 174), *Portrait de Kahnweiler,* (Chicago, The Art Institute).

1913

19 JUIN Une lettre adressée à Gertrude Stein nous révèle le passage de Picasso à Montauban.

1914

MI-JUIN Picasso part pour Avignon avec Eva où il voit Braque et Derain.
Le personnage masculin de la toile *Le Peintre et son modèle* (Paris, musée Picasso, MP 53) semble faire écho à *L'Homme à la pipe* de Cézanne (Saint-Pétersbourg, The State Hermitage Museum).

1915

AUTOMNE Picasso peint la grande toile *Arlequin* (New York, The Museum of Modern Art) qui semble faire écho aux personnages de la *Commedia dell'Arte* et plus particulièrement à *L'Arlequin* de Cézanne de la National Gallery of Art de Washington.

1917

17 FÉVRIER – FIN DE MARS Picasso passe un séjour de huit semaines en Italie.
Il part avec Cocteau pour Rome où ils rejoignent Diaghilev, directeur des Ballets russes, Igor Stravinsky et la troupe des danseurs pour travailler aux décors et costumes de *Parade*.
Il visite Naples, Pompéi puis Florence (fig. 11). Ce voyage est l'occasion pour l'artiste de se confronter aux sources mêmes du classicisme. Les grands maîtres tels Raphaël, Michel-Ange, ainsi que la sculpture romaine et hellénistique furent un stimulant pour Picasso et une nouvelle source de motifs iconographiques.

L'autoportrait de Picasso, centré sur le visage et aux traits très incisifs (p. 115), rappelle *L'Autoportrait à l'âge de vingt-quatre ans* de Jean-Auguste-Dominique Ingres (Chantilly, musée Condé).

D'autres dessins de Picasso s'inspirent des œuvres du peintre néo-classique. Le dessin *Femme à la coiffe* (localisation inconnue) reprend une des figures de la toile *Tu Marcellus eris* (p. 150) et celui de *La Villa Médicis à Rome* (Paris, musée Picasso, MP 783) exécuté lors de son séjour à Rome rappelle l'ensemble de quinze dessins d'Ingres du palais Médicis réalisé lors de sa découverte de l'Italie (Montauban, musée Ingres).

AUTOMNE Avec *Le Repas des paysans, d'après Le Nain* (Paris, musée Picasso, MP 56), Picasso expérimente la technique du pointillisme sur l'œuvre de Le Nain, *Repas de paysans* (Paris, musée du Louvre). Cette toile semble être la première peinture de Picasso en référence directe avec un peintre du passé.
L'artiste espagnol achètera peu de temps après, vers 1919-1920, l'œuvre de Le Nain *La Halte du cavalier* et, vers la fin de l'année 1957, il acquiert *La Procession du bœuf gras* du « Maître des cortèges », artiste anonyme proche des Le Nain, qu'il avait vu dans le bureau de Kahnweiler (Paris, musée Picasso, RF 1973-70 et RF 1973-71).

27 SEPTEMBRE Mort de Degas.

1918

DÉBUT DU PRINTEMPS Picasso réalise le portrait *Olga dans un fauteuil* (p. 302). Parmi les sources de cette toile, deux œuvres du peintre Jean-Auguste-Dominique Ingres s'imposent : le *Portrait de Madame Rivière* (p. 303) et le *Portrait de madame Devauçay* (Chantilly, musée Condé).

JUILLET Départ pour Biarritz, chez Eugénia Errazuriz, à la villa « La Mimoseraie » où il peint une décoration murale sur des motifs inspirés de Puvis de Chavannes. *Les Baigneuses* (fig. 12) mêlent divers univers : celui du Douanier Rousseau, d'Ingres et de Puvis de Chavannes.

1919

La toile *L'Italienne* (fig. 13) représente une variation très libre du portrait de Raphaël, *La Femme voilée* (Florence, palais Pitti) Mais elle mêle aussi les femmes italiennes en costume de pays et nonchalantes de Camille Corot aux cartes postales d'italienne en costume régional posant devant un fond céruléen. La *Nature morte au pichet et aux pommes* (Paris, musée Picasso, MP 64) semble être une résurgence de fresque romaine de Pompéi, vue lors de son voyage en Italie.

Il faut attendre 1919 et l'œuvre *Les Amoureux* (p. 300) pour que Manet resurgisse dans l'œuvre de Picasso. L'inscription « Manet » sur la toile est une citation directe de l'artiste. De plus, l'œuvre fait référence à la toile intitulée

FIG. 11 **JEAN COCTEAU**
Picasso et Léonide Massine dans le jardin de Marcus Lucretius à Pompéi, mars 1917
Paris, musée Picasso
FIG. 12 **PABLO PICASSO**
Les Baigneuses, Biarritz, Été 1918
Paris, musée Picasso
FIG. 13 **PABLO PICASSO**
L'Italienne, Paris, 1919
Collection particulière

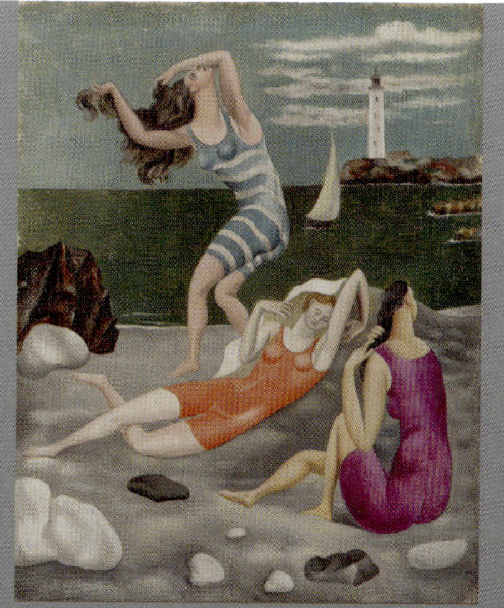

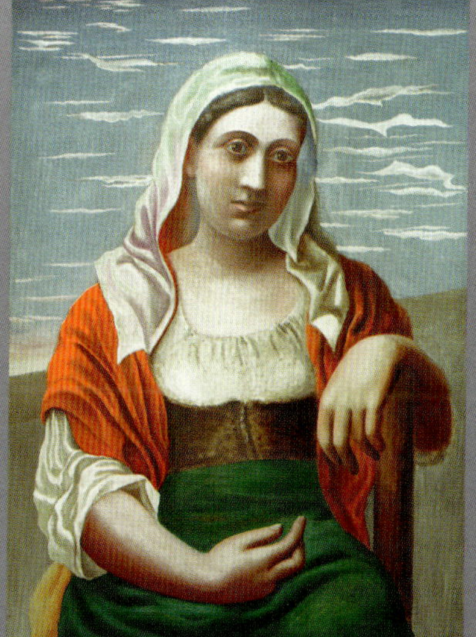

Nana (p. 301) où l'on retrouve la femme au corset bleu et l'homme moustachu au smoking.

AOÛT Picasso est à Saint-Raphaël. Il peint les *Paysans endormis* (New York, The Museum of Modern Art) qui font écho à ceux de Vincent Van Gogh dans *La Sieste, d'après Millet* (Paris, musée d'Orsay) et préfigurent les figures classiques « colossales » des années suivantes.

FIN DE L'ANNÉE La mort de Renoir touche profondément Picasso comme son œuvre en témoigne avec le *Portrait de Renoir* dessiné d'après une photographie (fig. 14 et 15). De plus, il réalise trois études au crayon intitulées *Le Ménage Sisley* (Paris, musée Picasso, MP 868 ; Berlin, Neue Nationalgalerie, Sammlung Heinz Berggruen), citation directe du tableau de Renoir *Le Couple Sisley* (Cologne, Wallraf Richarz Museum).

24 DÉCEMBRE 1919 — 1er FÉVRIER 1920 On retrouve dans un carnet de dessins conservé au musée Picasso (MP 1990-99) l'influence de Corot et de ses portraits de femmes comme le prouve la copie d'après *Mlle de Foudras* (Glasgow, Art Gallery and Museum). La pose mélancolique, les bras croisés et l'air penché sont repris dans le *Portrait d'Olga* (Paris, musée Picasso, dépôt au musée de Grenoble, MP 1990-70).

1921

Picasso remanie son projet de décor initialement conçu pour le ballet *Pulcinella* et l'adapte au *Cuadro Flamenco*. Deux études pour le décor représentant des spectateurs dans une loge (Paris, musée Picasso, MP 1821 et MP 1822) sont une citation ironique du tableau de Renoir *La Loge* (Londres, Courtauld Institute of Art).

JUILLET-SEPTEMBRE Picasso séjourne à Fontainebleau. Il peint simultanément les grandes compositions néoclassiques des deux versions de *Trois femmes à la fontaine* (p. 145 ; New York, The Museum of Modern Art) et les deux versions cubistes des *Trois Musiciens* (New York, The Museum of Modern Art ; The Philadelphie Museum of Art) qui constituent l'épanouissement du cubisme synthétique.
Les gestes et attitudes des trois figures des *Trois femmes à la fontaine* peuvent être rapprochées de stèles funéraires antiques. La source d'inspiration majeure reste le tableau de Poussin *Éliezer et Rébecca* (Paris, musée du Louvre).

La thématique antique se poursuit avec les « grandes baigneuses » telles que la *Femme nue assise s'essuyant le pied* (Berlin, Neue Nationalgalerie, Sammlung Heinz Berggruen) et la *Grande baigneuse* (Paris, musée de l'Orangerie) dont les attitudes rappellent celles de la *Baigneuse assise dans un paysage* de Renoir, œuvre que Picasso acquiert de Paul Rosenberg, sans doute au tout début des années vingt (fig. 16 et p. 146).

Picasso reprend la tradition des buffets avec *Chien et coq* (New Haven, Yale University Art Gallery) en s'inspirant de l'œuvre *Le Buffet* de Jean-Siméon Chardin (Paris, musée du Louvre).

1922

Picasso réalise un couple très élégant (*La Danse villageoise*, fig. 17) inspiré des danseurs de *La Danse à la campagne* et *La Danse à la ville* (fig. 18) de Pierre Auguste Renoir.

1923

L'influence d'Ingres se fait sentir dans les portraits d'Olga, *Olga au col de fourrure* (Paris, musée Picasso, MP 1990-9), *Olga* (Collection particulière) et *Olga pensive* (Paris, musée Picasso, MP 993).

Picasso revisite le thème de l'Arlequin, avec les quatre portraits du peintre Salvadó posant dans un habit que Cocteau avait donné à Picasso (un conservé à Paris, musée national d'Art moderne, un autre à Bâle, Kunstmuseum). Une certaine filiation se fait sentir avec le chef-d'œuvre de Watteau, *Gilles* (fig. 19).

JUILLET-SEPTEMBRE Picasso est à Royan puis au Cap d'Antibes.
Il y peint l'importante composition néoclassique *La Flûte de Pan* (Paris, musée Picasso, MP 79), ainsi que celle de *L'Entretien* (p. 149), qui reprennent les canons de monumentalité et de beauté du monde antique et multiplient les études dessinées de baigneuses.

1928

Picasso acquiert le portrait d'*Édouard Delalain* (Paris, musée Picasso, RF 1973-65) de Camille Corot par l'intermédiaire de Rosenberg, lequel présentait souvent l'artiste italien dans sa galerie. L'acquisition de l'œuvre *L'Italienne Maria di Sorre* du même artiste (Paris, musée Picasso, RF 1973-66) ne peut être datée ni précisée.

1931

25 OCTOBRE Les *Métamorphoses* d'Ovide sont publiées chez Albert Skira avec

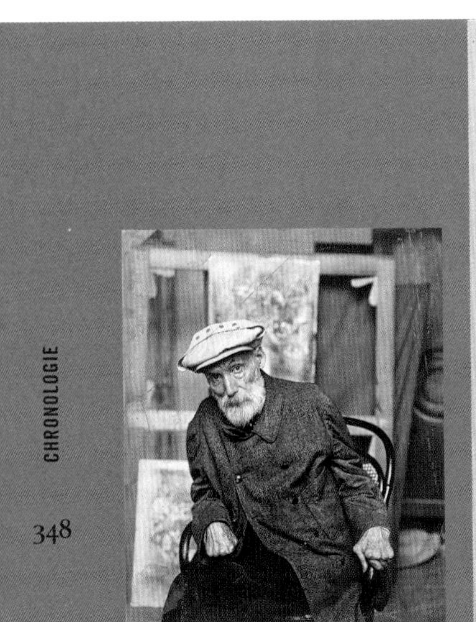

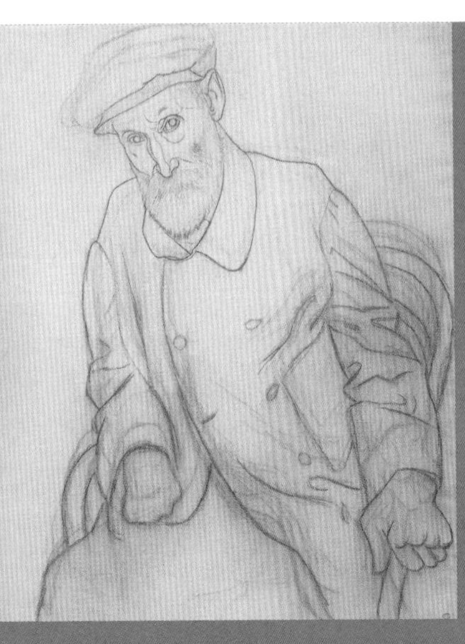

FIG. 14 **AMBROISE VOLLARD**
Pierre-Auguste Renoir, Vence, 1913
Paris, musée Picasso
FIG. 15 **PABLO PICASSO**
Portrait de Renoir (d'après une photographie), Paris, 1919-1920, Paris, musée Picasso

FIG. 16 **CECIL BEATON**
Picasso devant la Baigneuse assise dans un paysage de Renoir
La Boétie, vers 1932
Paris, musée Picasso

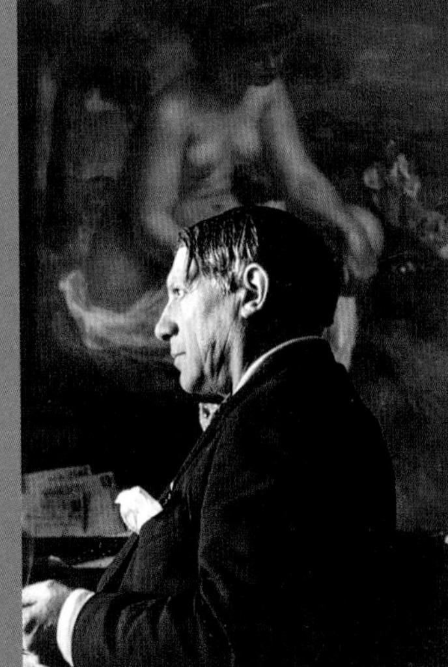

trente eaux-fortes de Picasso, qui lui donnent l'occasion d'utiliser un répertoire iconographique antique ainsi qu'un trait néo-classique.

25 DÉCEMBRE Dans *La Femme au stylet* (Paris, musée Picasso, MP 136), Picasso reprend le thème du célèbre tableau de Jacques-Louis David, *Marat à son dernier soupir* (Paris, musée du Louvre). Le motif de l'assassinat de Marat par Juliette Corday réapparaîtra dans des dessins de 1934 (Paris, musée Picasso, MP 1135 et MP 1134).

1932

Exposition commémorative pour le centenaire de la naissance de Manet au musée de l'Orangerie.

JANVIER-MARS Il peint une importante série de portraits et de figures de femmes inspirés par Marie-Thérèse : *Le Rêve* (Collection particulière), *La Lecture* (Collection particulière), *Nu au fauteuil noir* (Collection particulière), *Jeune fille devant un miroir* (New York, The Museum of Modem Art). Sur ces images de Marie-Thérèse plane le fantôme d'Ingres et de nombreux portraits de femme comme celui de *Madame Moitessier* (p. 306) et *L'Odalisque à l'esclave* (Cambridge, Fogg Art Museum).

17-30 SEPTEMBRE Il reprend le thème de la *Crucifixion* dans une série de dessins à l'encre (Paris, musée Picasso, MP 1071-1082) d'après le Retable d'Issenheim de Grünewald (Colmar, musée d' Unterlinden).

1934

JANVIER-FÉVRIER La présence de Rembrandt dans l'œuvre de Picasso se manifeste pour la première fois dans des gravures de la *suite Vollard* telles que *Rembrandt au « turban », aux « fourrures » et à l'« œil d'éléphant », Feuille d'études. Profils de Marie-Thérèse et tête de Rembrandt au béret* et *Rembrandt et jeune fille de profil* (Paris, musée Picasso, MP 1982-93, MP 2564, MP 2436).

FÉVRIER Picasso achète à Vollard une œuvre de Renoir, probablement *La Coiffure* (Paris, musée Picasso, RF 35793) et vraisemblablement *Château noir* de Cézanne (Paris, musée Picasso, RF 1973-60).

1935

Une exposition des chefs-d'œuvre du musée de Grenoble est organisée au Petit Palais à Paris où Picasso aurait pu admirer les œuvres de Zurbarán qu'il cite à Kahnweiler lors de l'un de ses entretiens (Kahnweiler [Daniel-Henry], « Huit entretiens avec Picasso », *Le Point*, Mulhouse, n° XLII, octobre 1952, p. 22-30.)

MAI Picasso arrête de peindre jusqu'en février 1936. Début de son œuvre poétique.

1936

12 JUIN 1936 Les aquatintes *Faune dévoilant une dormeuse* (musée Picasso, Paris, MP 1982-86) sont inspirées des gravures de Rembrandt *Jupiter et Antiope* (Amsterdam, Museum het Rembranthuis).

18 JUILLET L'échec du *pronunciamento* lancé par le général Franco contre le gouvernement républicain déclenche la guerre civile en Espagne.

L'artiste réalise une série d'Arlésiennes, dont le *Portrait de Lee Miller en arlésienne* (p. 309), inspirées d'œuvres de Van Gogh telle que *L'Arlésienne (Madame Ginoux)* [p. 308].

19 SEPTEMBRE Picasso est nommé directeur honoraire du Prado par la République espagnole.

1937

8-9 JANVIER Il grave la série *Songe et mensonge de Franco*, première œuvre antifranquiste, qui doit être vendue sous forme de cartes postales pour soutenir le gouvernement républicain et sera reproduite dans *Cahiers d'art* (n° 1-3). Le jeu de mot du titre de cette œuvre fait écho à celui utilisé par Goya pour l'une de ses gravures *Sueño de la mentira y de la inconstancia* (« Songe du mensonge et de l'inconstance »). Les gravures de Picasso comme celle de Goya dans la suite des *Désastres de la guerre*, décrivent la barbarie militaire.

26 AVRIL Bombardement de *Guernica*, capitale du pays basque, par l'aviation nazie qui fait près de quatre mille morts en quelques heures.

1er-11 MAI Études pour *Guernica*. Début de la composition sur toile.

OCTOBRE-DÉCEMBRE Picasso poursuit son travail sur le thème de *La Femme qui pleure* repris dans une série de toiles, de dessins et de gravures : *La Femme qui pleure* (Paris, musée Picasso, MP 165) et *La Suppliante* (Paris, musée Picasso, MP 168) directement liée aux bombardements de Lérida dont il se procure des clichés d'Augustí Centelles (AP PH 9203/9202).
D'un point de vue iconographique,

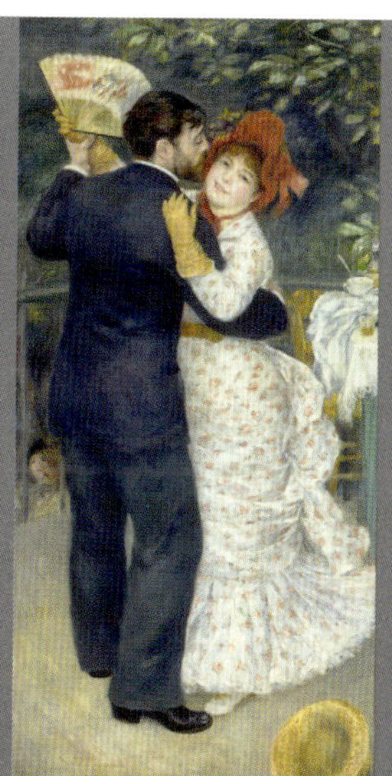

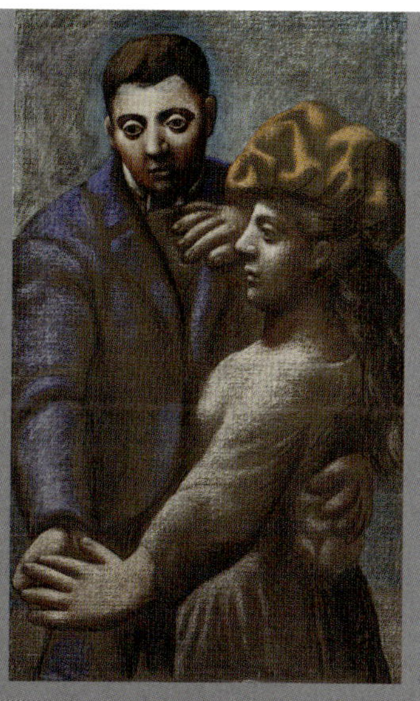

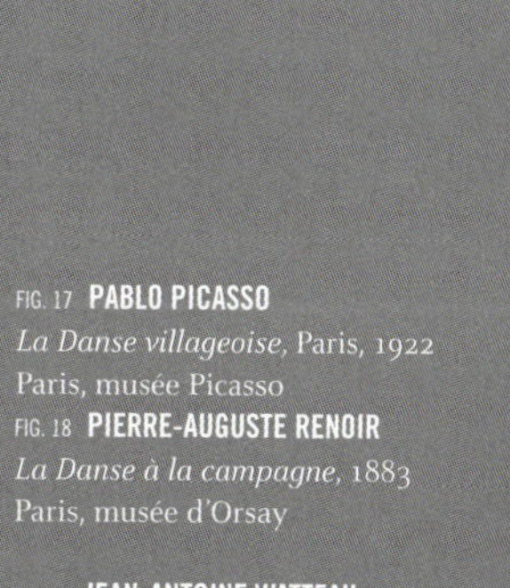

FIG. 17 **PABLO PICASSO**
La Danse villageoise, Paris, 1922
Paris, musée Picasso
FIG. 18 **PIERRE-AUGUSTE RENOIR**
La Danse à la campagne, 1883
Paris, musée d'Orsay

FIG. 19 **JEAN-ANTOINE WATTEAU**
Pierrot, dit autrefois *Gilles*, vers 1718-1719
Paris, musée du Louvre

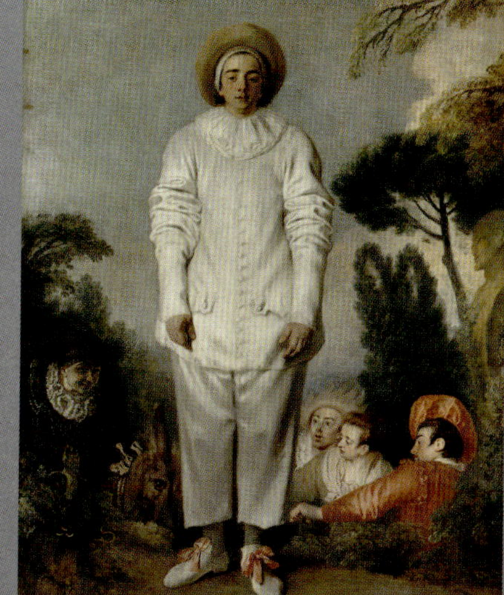

Picasso se réfère à l'iconographie religieuse espagnole du XVIIe siècle avec la *mater dolorosa*. Il évoque aussi une peinture du musée du Prado de Madrid lors de l'un de ses entretiens avec Daniel-Henry Kahnweiler : « Le Titien a une Dolorosa très bonne » (« Gespräche mit Picasso », *Jahresring* 59 / 60, Stuttgart, 1959). De plus, il conservait une reproduction de *La Viergen de los Dolores* de Murillo du musée du Prado (Paris, musée Picasso, Archives, APPH 15962).

1938

Sa troisième visite « à Ingres » à Montauban est rapportée par Roberto Otero (Otero [Roberto], *Picasso-Alberti. La ultima tertulla*, Valence, IVAM, 2002). Picasso peint une série d'autoportraits en hommage à Van Gogh dont l'*Homme au chapeau de paille et cornet de glace* (fig. 20).

1939

OCTOBRE Il réalise une série de têtes de mouton, thème traditionnel de la nature morte espagnole, comparables à celles de Goya : *Crâne de mouton* (Paris, musée Picasso, MP 1223), *Tête de mouton écorchée* (Paris, musée Picasso, MP 1990-20), *Trois crânes* (p. 277), *Nature morte au crâne de mouton* (p. 276).

22 OCTOBRE 1939 Picasso réalise un nouveau portrait de son ami Jaime Sabartés, portant collerette, inspiré des portraits de gentilshommes du Siècle d'or du Greco ou de Vélasquez (p. 179).

1940

Un carnet de croquis trouvé dans l'atelier de l'artiste nous dévoile que Picasso pensait déjà à l'œuvre du peintre Delacroix *Les Femmes d'Alger* quatorze ans avant de réaliser les variations autour de cette peinture.
C'est le carnet de dessins de Royan daté du 10 janvier – 26 mai 1940 comportant cinq études comportant l'inscription *Les Femmes d'Alger* par Delacroix (Paris, musée Picasso MP 1879 [2r], MP1879 [3r], MP1879 [4r], MP1879 [5r]).

1942

30 AVRIL Dans les années 1940-1950, Pablo Picasso est pris d'un vif intérêt pour Lucas Cranach l'Ancien. Il réalise sa première variation à l'encre de chine d'après la gravure *Vénus et l'Amour* (Berlin, Gemäldegalerie).

9 MAI Picasso achève la grande toile *L'Aubade* (Paris, don de l'artiste au musée national d'Art moderne), entreprise en mai 1941 et dont le musée conserve tous les états dessinés (Paris, musée Picasso, MP 1230 à 1273). Avec cette œuvre, il reprend le thème classique de la sérénade, en s'inspirant en particulier de la *Vénus se divertissant avec l'Amour et la Musique* du Titien, qu'il a pu voir lors de ses nombreuses visites au musée du Prado de Madrid (p. 321).

1944

24-29 AOÛT Il peint à l'aquarelle et à la gouache une variante (non localisée) de la bacchanale du *Triomphe de Pan* de Nicolas Poussin (p. 253).
Cette composition contient déjà la source thématique et stylistique de *La Pastorale* de 1946 qui va se déployer sur les murs du château d'Antibes et sur le panneau de *La Paix* à Vallauris en 1952.

6 OCTOBRE Le Salon d'automne de la Libération est consacré aux œuvres interdites d'exposition durant l'occupation par les nazis et taxées « d'art dégénéré ». C'est la première fois que l'artiste expose au Salon.

1945

FÉVRIER-MARS Il exécute plusieurs importantes natures mortes et vanités, dont *La Casserole émaillée* faisant écho aux *bodegones* (natures mortes) d'artistes espagnols comme Zurbarán (Paris, don de l'artiste au musée national d'Art moderne).

AVRIL-MAI Version définitive du *Charnier* (New York, The Museum of Modern Art). L'amoncellement des cadavres démembrés sur le sol rappelle l'horreur évoquée par les gravures de Goya les *Désastres de la guerre*, en particulier celle intitulée *Ravages de la Guerre* (New York, The Metropolitan Museum of Art).

1946

Picasso réalise la grande composition mythologique *La Joie de vivre* inspirée des bacchanales de Poussin telle que *La Grande Bacchanale* (Paris, musée du Louvre).

1947

Picasso tirera une série de lithographies datées de 1947-1949 (Paris, musée Picasso, MP 3419 à MP 3432), inspirée du tableau de Cranach intitulé *David et Bethsabée* (Berlin, Gemäldegalerie).

MAI Picasso, sur une suggestion de Georges Salles (directeur des musées de France) et Jean Cassou (directeur du musée national d'Art moderne), consent un don au musée national d'Art moderne de dix toiles

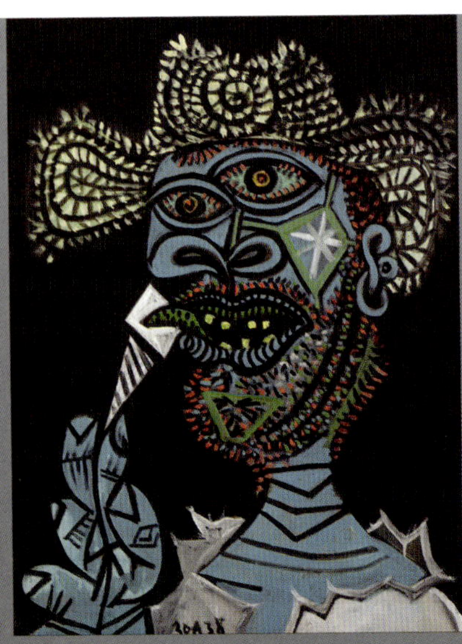

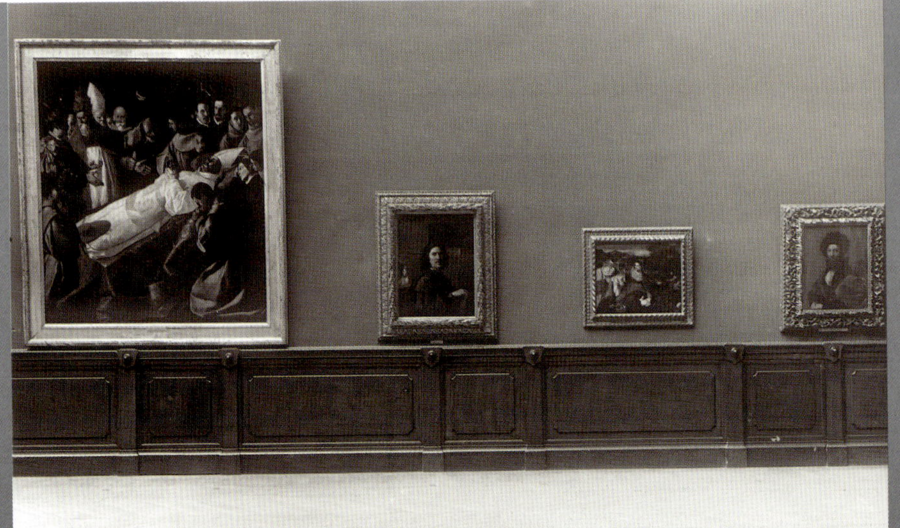

importantes dont *L'Atelier de la modiste* (1926), *L'Aubade* (1942), *La Casserole émaillée* (1945), la *Femme assise dans un rocking-chair* (1943), et de plusieurs portraits de Dora Maar.
Avant qu'elles intègrent le musée d'art moderne, Georges Salles invite Picasso à faire voisiner ses toiles avec celle de Zurbarán, *L'Exposition du corps de saint Bonaventure*, puis avec *Le Massacre de Scio* et *Les Femmes d'Alger* de Delacroix, avec les toiles de Courbet, *L'Atelier* et *L'Enterrement à Ornans* (fig. 21, 22).

1948

30 SEPTEMBRE Publication des *Vingt Poèmes* de Luis de Góngora y Argote, poète cordouan du XVIe siècle, par les Éditions Les Grands Peintres modernes et le Livre, illustrés de quarante et une eaux-fortes et aquatintes au sucre de Picasso. Il admirait à la fois la peinture du Greco et la poésie de son contemporain et ami Góngora. Pour le premier sonnet, Picasso a réalisé un portrait du poète, d'après un tableau de Vélasquez (Boston, musée des Beaux-Arts) dont une copie est conservée au musée du Prado. D'autres illustrations sont inspirées de l'œuvre du Greco comme les personnages à collerette qui semblent sortir du XVIIe siècle.

1949

Picasso reprend pour modèle l'œuvre de Cranach, *Vénus et l'Amour*, et réalise diverses gravures (Rotterdam, Museum Boymans – Van Beuningen). Enfin six ans plus tard, le 12 juin 1957, on retrouve une gouache inspirée du même thème (Collection particulière). L'influence de l'artiste allemand se poursuit dans la lithographie *Jeune fille inspirée par Cranach*, 26-27 mars 1949 (Münster, Graphikmuseum Pablo Picasso) ainsi que sur une encre d'un carnet (Collection particulière), citation du *Portrait de la princesse Sibylle von Cleve* (Weimar, Schlobmuseum).

1950

Première exposition d'art allemand depuis la guerre au musée du Jeu de Paume dans laquelle figurait le *Retable de saint Thomas* de Maître Francke (Hambourg, Kunsthalle) dont Picasso fera un dessin le 9 mars 1951.

FÉVRIER Il reprend deux tableaux, le *Portrait d'un artiste* de El Greco (Séville, Museo de Bellas Artes) et les *Demoiselles des bords de la Seine* de Courbet (Paris, musée d'Art moderne de la Ville de Paris) qui deviennent *Portrait d'un peintre d'après Le Greco* (p. 118) et *Les Demoiselles des bords de la Seine d'après* Courbet (p. 313).

1951

18 JANVIER Il peint *Massacre en Corée* (Paris, musée Picasso, MP 203), grande toile en grisaille où abondent les références au *Tres de Mayo* de Goya (Madrid, Museo Nacional del Prado), à *L'Exécution de Maximilien* de Manet (Mannheim, Stadtische Kunsthalle) et au *Ludus pro patria* de Puvis de Chavannes (Amiens, musée de Picardie).

9 MARS Picasso dessine, probablement d'après une photographie, *Le Portement de croix* d'après le *Retable de saint Thomas* de Maître Francke, conservé au Kunsthalle de Hambourg (Paris, musée Picasso, MP 1982-161).

1952

APRÈS SEPTEMBRE Picasso échange avec Max Pellequer *La Mer à l'Estaque* de Cézanne contre l'un de ses tableaux de 1952, *Paysage méditerranéen*.

1953

Altdorfer a retenu l'attention de l'artiste. Il exécute cette même année trois dessins dans un carnet (Collection particulière), datés du 12 et 18 novembre 1953, d'après l'un des volets du retable de Saint-Florian, *L'Ensevelissement de Saint Sébastien*. Daniel-Henry Kahnweiler raconte dans un de ces entretiens avec Picasso comment il en vint à connaître le peintre bavarois. Lors d'une de ces visites au peintre, Kahnweiler aurait apporté avec lui un livre d'Otto Benesch sur Altdorfer. Face à l'enthousiasme et à l'intérêt de Picasso, il lui donna.
Sabartés décide de faire don à la ville de Barcelone de sa collection personnelle.

1954

26-29 JUIN Picasso trace sur un feuillet de carnet une étude d'après l'autoportrait d'Eugène Delacroix (Paris, musée Picasso, MP 1882 [6r]) et ses toutes premières esquisses du *Déjeuner sur l'herbe* d'après Manet. Sur la première de couverture est inscrit « Premiers dessins du Déjeuner sur l'herbe » (Paris, musée Picasso, MP 1882 [1c]).

25 NOVEMBRE – 14 FÉVRIER 1955 Un carnet de novembre-décembre (Paris, musée Picasso, carnet MP 1883) montre un profil de Jacqueline très proche de celui de l'Algéroise de droite du tableau des *Femmes d'Alger* de Delacroix (Paris, musée du Louvre). Picasso réalise alors les premiers dessins pour les variations (MP 1430-1469) dans un hommage croisé à Delacroix et à son ami Matisse décédé le 3 novembre.

1955

2 ET 4 OCTOBRE Il réalise deux portraits de Jacqueline d'après la toile *Lola*

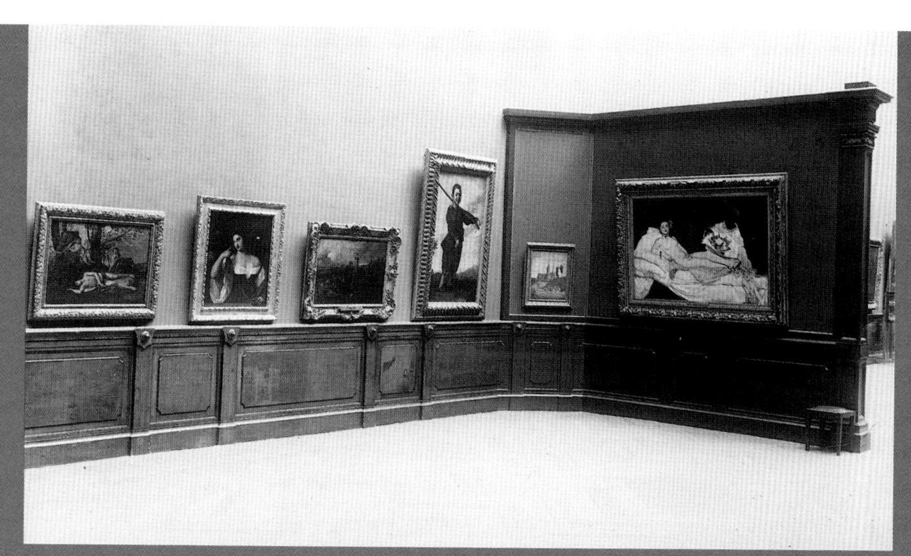

FIG. 20 **PABLO PICASSO**
Homme au chapeau de paille et au cornet de glace, Mougins, 30 août 1938, Paris, musée Picasso
FIG. 21 Exposition des Chefs-d'œuvre de la peinture, musée du Louvre, galerie Daru, murs Nord, de gauche à droite : Zurbarán, *L'Exposition du corps de saint Bonaventure*, Poussin, *Portrait de l'artiste*, Titien, *Vierge au lapin blanc*, Raphaël, *Portrait de Baldassare Castiglione*, Paris, musée du Louvre
FIG. 22 Exposition des Chefs-d'œuvre de la peinture, musée du Louvre, galerie Daru, angle Nord Est, de gauche à droite : Poussin, *Écho et Narcisse*, Titien, *La Femme au miroir*, Rubens, *Tournoi près des fossés du château du Steen*, Ribera, *Le Pied-bot*, Corot, *Cathédrale de Chartres*, Manet, *Olympia*, Paris, musée du Louvre

de Valence de Manet, *Jacqueline en espagnole*, dessin à l'encre de chine (Collection particulière) et *Jacqueline en Lola de Valence*, feuille de carnet, dessin à l'encre de chine (Collection particulière).

23 OCTOBRE – 12 NOVEMBRE Transformées en ateliers, les vastes pièces au décor mauresque de *La Californie*, à Cannes, deviennent le motif d'une suite de « Paysages d'intérieur » qui reprennent et poursuivent le thème des *Femmes d'Alger* (Paris, musée Picasso, MP 1503-1512).

20 NOVEMBRE ET 1er DÉCEMBRE Il peint *Portrait de Jacqueline en costume turc* (p. 216) et *Femme nue au bonnet turc* (p. 215).

30 NOVEMBRE : L'album du carnet de La Californie (Boudaille [Georges], *Carnet de la Californie*, Paris, Éditions Cercle d'Art, 1959) contient la reproduction en fac-similé d'un carnet de dessins utilisés par Picasso entre le 1er novembre 1955 et le 14 janvier 1956 qui contient des études d'après des tableaux de la Gemäldegalerie Alte Meister de Dresde : Lucas Cranach, *Portrait de la Duchesse Catherine de Mecklenburg* ; Vermeer van Delft, *La Jeune Fille lisant une lettre devant une fenêtre ouverte* ; Holbein, *Portrait de Charles de Solier, Sieur de Morette*. Picasso s'est inspiré aussi de *L'Homme au casque d'or* de Rembrandt conservé à la Gemäldegalerie de Berlin.

Entre le 13 décembre 1954 et le 14 février 1955, Picasso a réalisé quinze versions sur toile et deux lithographies des *Femmes d'Alger* de Delacroix du musée du Louvre et peut être même de la variante *Femmes d'Alger dans leur appartement* du musée Fabre de Montpellier.

L'importante rétrospective « Picasso, peintures 1900-1955 » qui se tient de juin au mois d'octobre au musée des Arts décoratifs à Paris, présente la série des *Femmes d'Alger* d'après Delacroix.

1956

Une photographie de Lee Miller de l'atelier des Grands-Augustins nous révèle la présence dans la collection personnelle de Picasso de l'œuvre la *Tête de chamois* de Gustave Coubet.

4 JANVIER Picasso exécute la grande toile les *Femmes à la toilette* (Paris, musée Picasso, MP 210), résurgence du thème de la coiffure de l'année 1906.

1957

17 AOÛT – 30 DÉCEMBRE Durant la seconde moitié de l'année 1957, Pablo Picasso se consacre à l'examen approfondi des *Ménines* de Vélasquez (p. 223). Il réalisera dans un atelier installé au dernier étage de La Californie quarante-quatre variations d'après la toile du maître espagnol (Barcelone, Museu Picasso, de MPB 70.433 à MPB 70.449 et MPB 70.459 à MPB 70.490).

NOVEMBRE Picasso achète le tableau de Cézanne *Cinq baigneuses* par l'intermédiaire de Louise Leiris (Paris, musée Picasso, RF 1973-61).

L'ouvrage *La tauromaquia o arte de torear* de José Delgado, alias Pepe Illo, se voit illustré de vingt-six gravures de Picasso. On retrouve cette fascination de la corrida, du brutal et du sanglant chez Francisco de Goya. Plus particulièrement dans ses gravures à l'eau-forte, qui, comme celles de Picasso, étaient destinées à l'illustration d'un ouvrage intitulé « Dissertation historique sur l'origine et l'évolution de la course de taureaux en Espagne », édité en 1777.

1958

AVRIL-MAI Picasso achète lors d'une exposition à la Lefevre Gallery à Londres sept des onze monotypes de maisons closes de Degas provenant de la collection Exsteens. John Richardson lui donnera le monotype de Degas qu'il possédait en échange d'un de ses dessins. Les trois autres monotypes de la collection Exsteens ont été rachetés directement au marchand d'art Paul Brame.

4 JUILLET Picasso se confronte à nouveau à Lucas Cranach le Jeune dans une linogravure en cinq couleurs, *Portrait de femme* (Paris, musée Picasso, MP 3469). L'œuvre de Cranach *Portrait de femme* de 1564 (Vienne, Kunsthistorishes Museum) l'avait frappée en 1938 lorsque Zervos lui avait offert le livre de Friedlaender et Rosenberg, consacré à Cranach. Picasso aurait travaillé d'après une carte postale de l'œuvre du maître ancien mais aussi d'après celle du *Portrait de jeune femme* de la National Gallery de Londres (Paris, musée Picasso, Archives, APPH 15712 et APPH 15880).

Picasso achète le château de Vauvenargues, construction du XIVe siècle, situé près d'Aix-en-Provence au pied de la montagne Sainte-Victoire, emblématique de l'art cézannien. Il se rapproche au plus près de son « seul et unique maître », « Monsieur Cézanne ».

1959

Une inspiration espagnole se fait sentir dans son œuvre : des natures mortes proches des *bodegones* telles que la série

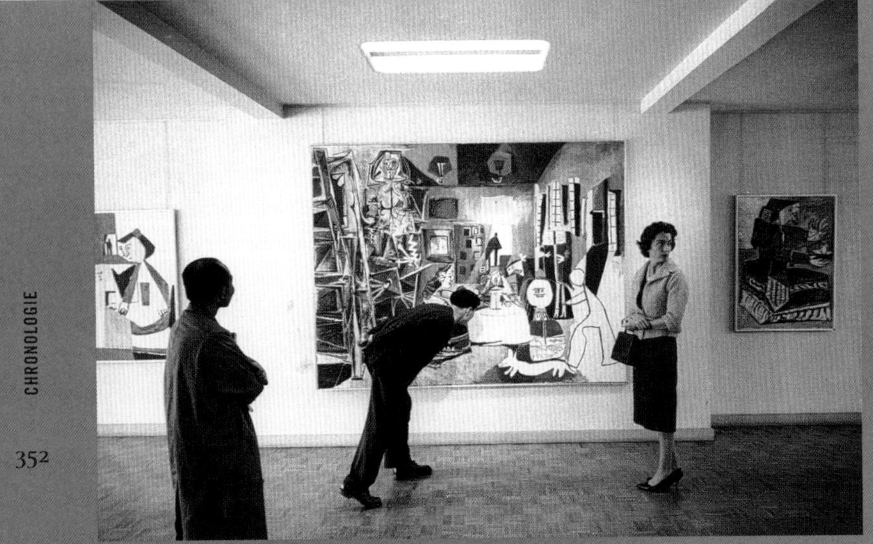

FIG. 23 **DAVID DOUGLAS DUNCAN**
Exposition « Les Ménines, 1957 », Paris, 1959
Paris, musée Picasso

FIG. 24 Anonyme, *Trois premières variations des « Déjeuners sur l'herbe »*, atelier de La Californie, 1960
Paris, musée Picasso

FIG. 25 **ROGER PIC**
Picasso présentant « L'Enlèvement des Sabines d'après Poussin »
Mougins, vers 1965
Paris, musée Picasso

de *Mandoline, cruche et verre* et surtout la parodie de *Le Jeune mendiant* de Murillo (musée du Louvre) en *El Bobo*, ce qui veut dire « sot » en espagnol (p. 181).

L'œuvre *Table de cuisine et ustensiles avec un carré de mouton* (p. 275) attribuée à Chardin apparaît sur une photographie prise par David Douglas Duncan chez Picasso.

22 MAI – 27 JUIN Exposition à la Galerie Louise Leiris où sont présentées les *Ménines* (fig. 23).

AOÛT À Vauvenargues, Picasso engage ses recherches sur les variations autour du *Déjeuner sur l'herbe* d'après Manet. Ce projet couvrira une dizaine de périodes distinctes de travail, échelonnées entre août 1959 et décembre 1961, et sera mené dans les trois différents ateliers de Vauvenargues, de La Californie et de Mougins.
Ce cycle des *Déjeuners sur l'herbe* est très riche. Il comprend 26 peintures, 139 dessins (dont 93 regroupés en cinq carnets), 6 linogravures et 16 maquettes, sculptures de carton.

1960

3 MARS – 20 AOÛT Picasso poursuit ses variations sur le tableau de Manet, le grand tableau au style baroquisant *Le Déjeuner de l'herbe* d'après Manet (p. 237), qui résume ces mois de travail marqué notamment par le grand pastel (MP 1534) [fig. 24].

2 NOVEMBRE L'influence de Poussin est toujours vive dans l'œuvre de Picasso comme dans la lithographie *Hommage à Bacchus* (Münster, Graphikmuseum Pablo Picasso) qui reprend la composition de la toile *Le Triomphe de Pan* (p. 253).

1961

24 JANVIER C'est la naissance de la première esquisse dans un carnet de *L'Enlèvement des Sabines* (non localisé, Zervos XIX, 421).

JUIN-JUILLET Nouvelle période de travail sur les *Déjeuners sur l'herbe, d'après Manet.*

1962

6 JUIN – 13 JUILLET Exposition à la galerie Louise Leiris, « Picasso. Le déjeuner sur l'herbe 1960-1961 ».

12-29 JUILLET Picasso reprend le thème de *Joseph et la Femme de Putiphar* en exécutant des linoléums (1er état, Paris, musée Picasso, MP 3502) d'après Le Tintoret (Madrid, Museo Nacional del Prado) et Rembrandt (Amsterdam, Museum het Rembrandthuis).

AOÛT Les personnages du *Déjeuner sur l'herbe* deviennent des découpages de papier plié et dessiné au crayon (Paris, musée Picasso, MP 1831 à MP 1849).

OCTOBRE-NOVEMBRE Picasso peint *Nature morte, chat et homard* (p. 281), allusion à *La Nature morte au homard* de Delacroix (p. 280).

HIVER Durant tout l'hiver de 1962-1963, Picasso s'enferme pour peindre des guerriers. Il est invité à présenter au Salon de mai une toile s'inspirant de *L'Entrée des croisés à Constantinople* de Delacroix. Ainsi il composera diverses versions de *L'Enlèvement des Sabines.* Son inspiration est triple : *Le Massacre des innocents* de Poussin (p. 255), *L'Enlèvement des Sabines* de Poussin (p. 250) et *Les Sabines* de David (p. 249). Picasso avait demandé à Hélène Parmelin de lui fournir des diapositives des œuvres *Le Massacre des innocents* de Chantilly et des *Sabines* de David. C'est dans cette « chambre à peinture » que l'appareil de projection était installé et les images flottaient sur les murs de Notre-Dame-de-Vie.

OCTOBRE-NOVEMBRE Deux cahiers nous dévoilent le travail aux thèmes de violence et de guerre autour de ce mythe romain. Le premier est réalisé entre 24 et le 25 octobre et le second entre le 26 octobre et le 3 novembre (Collection particulière).

26 OCTOBRE Il dessine *Étude pour « L'Enlèvement des Sabines d'après Poussin »* (Paris, musée Picasso, MP 1533) ainsi que l'étude [VIII] centrée sur le cavalier enlevant une femme (Collection particulière) [fig. 25].
Il peint une première toile *L'Enlèvement des Sabines* (p. 252).

2-4 NOVEMBRE *L'Enlèvement des Sabines* (p. 248).

4-8 NOVEMBRE *L'Enlèvement des Sabines* (p. 251).

1963

9 JANVIER – 7 FÉVRIER Picasso peint *L'Enlèvement des Sabines d'après David* (p. 254).

11 MARS Série d'études pour *L'Enlèvement des Sabines* d'après David autour du guerrier brandissant son glaive à droite de la composition (collection Marina Picasso, galerie Jan Krugier).

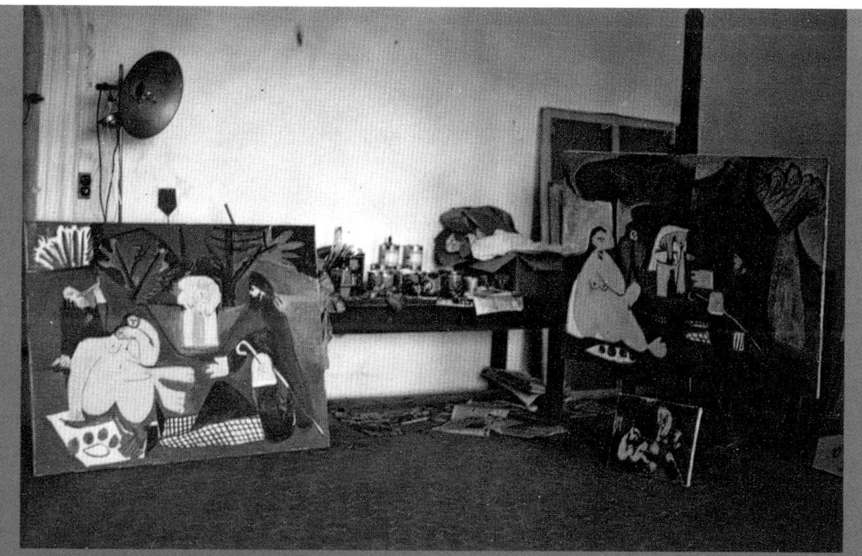

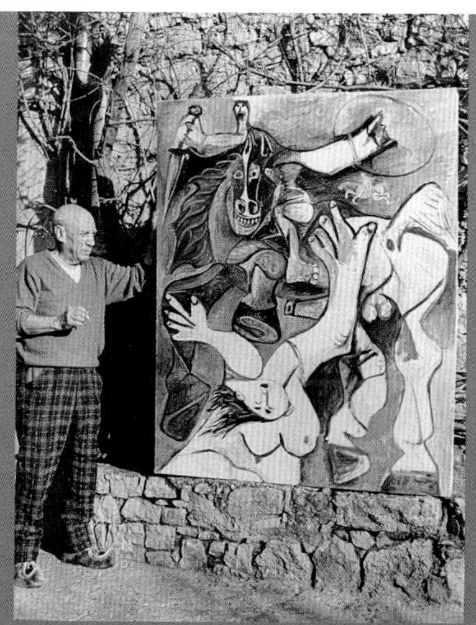

DE MAI À SEPTEMBRE Il entreprend des dessins d'après la *Bethsabée* de Rembrandt tels que *Nu assis* du 3 mai 1963 (II) et 14, 19, 20 septembre 1963 (Collection particulière), et le *Nu assis* du 2 mai 1963 (IV) et 22 septembre 1963 (Collection particulière).

1964

JANVIER-MAI Picasso peint une série d'une vingtaine de toiles inspirées par l'*Olympia* de Manet (p. 324). Une femme nue jouant avec un chat ou un oiseau y prend souvent les traits de Jacqueline tel que *Nu couché jouant avec un chat* (p. 328).

1965

16 AVRIL Il s'inspire des œuvres de Rembrandt *Femme se baignant (Hendrickje Stoffels)* [p. 338] et de la gravure *Femme pissant* (Amsterdam, Rijksmuseum) pour réaliser la grande toile provocante *La Pisseuse* (p. 339). Représentée à la grecque, elle fait référence à la fois à la peinture hollandaise mais aussi aux sources antiques.

Agrandissements en béton gravé par Carl Nesjar des maquettes (MP 1831 à 1848) des personnages du *Déjeuner sur l'herbe* et installation dans le parc du Moderna Museet de Stockholm.

1966

Dès le printemps, une armée de Mousquetaires-matadors, mi-espagnol, mi-hollandais, envahit le monde pictural de Picasso jusqu'à la fin de sa vie.

24 AVRIL Sur un même carnet (Paris, musée Picasso, MP 1990-116), Picasso, d'un trait rapide, trace neuf dessins reprenant l'œuvre *Jupiter et Thétis* d'Ingres (Aix-en-Provence, musée Granet).

NOVEMBRE 1966-FÉVRIER 1967 Exposition « Hommage à Pablo Picasso » où étaient présentés les peintures au Grand Palais et les dessins, sculptures, céramiques au Petit Palais (fig. 26).

1967

Picasso continue la série des Têtes de mousquetaires à collerette en peinture mais aussi en gravure telle que *Tête de Mousquetaire et autres études* (Paris, galerie Louise Leiris), inspirées par des œuvres de Rembrandt comme le *Portrait d'Herman Doomer* (New York, The Metropolitan Museum of Art) ainsi que des autoportraits gravés (*Études : autoportrait, mendiant et têtes d'hommes et de femmes*, Amsterdam, Museum het Rembrandthuis).

10 JUIN Son tableau *Le Couple* (p. 196) fait écho à l'œuvre de Rembrandt *Autoportrait avec Saskia* (p. 194). Picasso reprendra le motif de ce tableau pour des gravures en 1967 avec *Mousquetaire* et *Nu assis* (Paris, Galerie Louise Leiris) et en 1971 *Homme avec un verre et nu féminin* (Bilbao, Collection particulière) [fig. 27].

14 JUIN Il peint *Nu couché* (p. 326) qui fait partie d'une séquence de nus en raccourci de face débutée le 21 mai et qui se prolonge jusqu'en octobre. Cette position lascive fait écho à celle de la *Maja desnuda* de Goya (p. 325).

1968

JANVIER Picasso réalise des tableaux sur le thème du *Nu à l'oiseau* tel que *Nu couché à l'oiseau* (p. 329) dont le geste de la main rappelle étrangement celui de la *Danaë* de Rembrandt (Saint-Pétersbourg, The State Hermitage Museum) Ce geste est repris dans des gravures comme *Nu allongé avec Cupidon* (Barcelone, Museu Picasso) [fig. 32].

13 FÉVRIER À la mort de Jaime Sabartés, et pour honorer sa mémoire, Picasso fait don de l'ensemble des *Ménines* (58 toiles) et d'un portrait de Sabartés de la période bleue, contribuant ainsi à constituer le fonds initial du Museu Picasso de Barcelone.

16 MARS – 5 OCTOBRE Durant ces sept mois, Picasso réalise un véritable tour de force en exécutant 347 gravures aux thèmes variés du cirque, de la corrida, du théâtre, de la *Commedia dell'Arte*, mais aussi des scènes érotiques teintées d'humour, inspirées des tableaux d'Ingres, *Raphaël et la Fornarina* (p. 334) et *Paolo et Francesca* (Angers, musée des Beaux-Arts). Picasso a pu voir la version de Colombus lors de la rétrospective Ingres du 27 octobre 1967 au 29 janvier 1968 au Petit Palais. D'autres gravures de la Série 347 sont directement inspirées du *Bain turc* d'Ingres (Paris, Bibliothèque nationale de France). Des dessins reprennent à leur tour le thème sensuel du harem comme *La Piscine* (Berlin, Neue Nationalgalerie, Sammlung Heinz Berggruen).

8 OCTOBRE Il peint *Nu couché au collier* (p. 322).

1969

Le trois-centième anniversaire de Rembrandt est commémoré. De nombreuses expositions sont montées

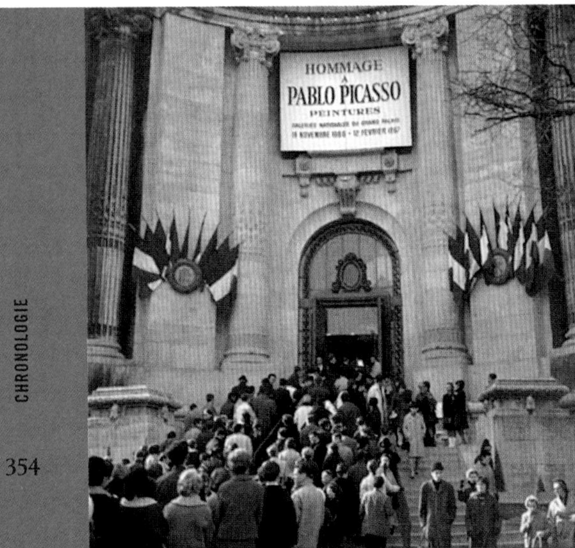

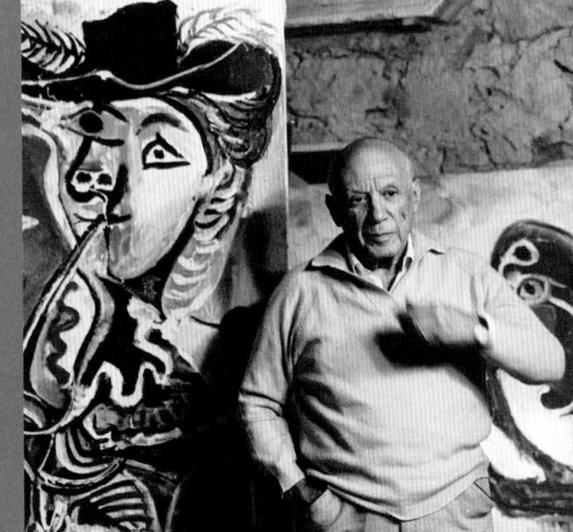

FIG. 26 Entrée de l'exposition « Hommage à Pablo Picasso », Grand Palais, 1966.
FIG. 27 **KURT WYSS**
Portrait de Picasso, Mougins, 21 décembre 1967. Paris, Musée Picasso

ainsi que des ouvrages publiés qui auraient pu apporter à Picasso de nouvelles images.

FÉVRIER Une série de quatre peintures nous dévoile le thème du mousquetaire fumant accompagné d'un cupidon comme *Personnage rembranesque et Amour* (Lucerne, Picasso Ammlung der Staaf Luzerni, donation Rosengart) et *Mousquetaire et cupidon* (p. 195). Ces œuvres prennent leur source dans une œuvre de Rembrandt, *Portrait de Jan Pellicorne et son fils Caspar* (Londres, Wallace Collection).

ÉTÉ D'après le *Portrait du nain Sebastián de Morra* de Vélasquez (p. 186), le bouffon de la cour du roi Philippe IV, Picasso peint diverses variations : *Homme assis à l'épée et à la fleur* (p. 187), *Le Nain* (p. 188), *Adolescent* (p. 189).

JUILLET-SEPTEMBRE Les grands hommes des toiles *Homme à l'épée assis* (Collection particulière) et *Mousquetaire à l'épée assis* (p. 192) semblent sortir de l'immense toile de Rembrandt *La Ronde de nuit* (Amsterdam, Rijksmuseum).

25 OCTOBRE *El Entierro del Conde de Orgaz* est publié par Gustavo Gili et les Ediciones de la Cometa avec un prologue de Rafaël Alberti. Il donne à son poème rédigé du 6 janvier 1957 au 20 août 1959 le nom du chef-d'œuvre du Greco qu'il détourne et parodie dans son texte. Interviennent dans le récit les personnages des *Ménines*, Vélasquez ainsi que Goya, Courbet et Picasso lui-même.

1970

FÉVRIER Picasso rend hommage au *Ecce Homo* de Rembrandt (Amsterdam, Museum het Rembrandthuis) en exécutant dans la Suite 156 une série de gravures (Paris, musée Picasso, MP 1990-216, MP 3092 à MP 3095).

OCTOBRE Picasso continue à peindre avec *Le Matador* (Paris, musée Picasso, MP 223) que l'on peut rapprocher du *Matador saluant* de Manet (p. 193) et du *Nu couché et homme jouant de la guitare* (p. 320) reprenant le thème de la sérénade comme l'œuvre du Titien *Vénus se divertissant avec l'Amour et la Musique* (p. 321).

1971

L'influence de Rembrandt est de plus en plus envahissante dans l'œuvre de Picasso : la toile *Homme à l'oiseau* (Zurich, Thomas Ammann Fine Arts) est inspirée du *Fauconnier* de Rembrandt (Gothenburg, Konstmuseum) et *Buste d'homme écrivant* (p. 201) est étrangement proche du *Saint Paul en prison* (Stuttgart, Staatsgalerie) et le *Saint Mathieu et l'Ange* (Paris, musée du Louvre).

MARS-JUIN Treize ans après l'acquisition des monotypes de Degas, Picasso réalise une série d'eaux-fortes directement inspirée de ces œuvres (p. 336-337).

21-31 OCTOBRE À l'occasion du quatre-vingt dixième anniversaire de Picasso, une sélection d'œuvres des collections publiques françaises, aujourd'hui conservées au musée national d'Art moderne, centre Georges Pompidou, est présentée dans la Grande Galerie du Louvre : *Nu assis* (AM 3306 P), *Femme assise* (AM 4391 P), *Fillette au cerceau* (AM 4312 P), *Arlequin* (AM 4313 P), *Nature morte à la tête antique* (AM 2596 P), *Confidences* (AM 4210 P), *Le Rocking-chair* (AM 2731 P), *La Casserole émaillée* (AM 2734 P) [fig. 28]. Cet hommage rendu par le gouvernement français est exceptionnel puisque aucun artiste de son vivant n'avait exposé dans la Grande Galerie du Louvre (fig. 29).

1972

26 MAI Il exécute *Musicien* (p. 191).

1973

8 AVRIL Picasso meurt au mas Notre-Dame-de-Vie à Mougins.

11 OCTOBRE 1979 – 7 JANVIER 1980 Exposition au Grand Palais des œuvres de la dation des héritiers Picasso, préfiguration du futur musée Picasso qui ouvrira ses portes en 1985.

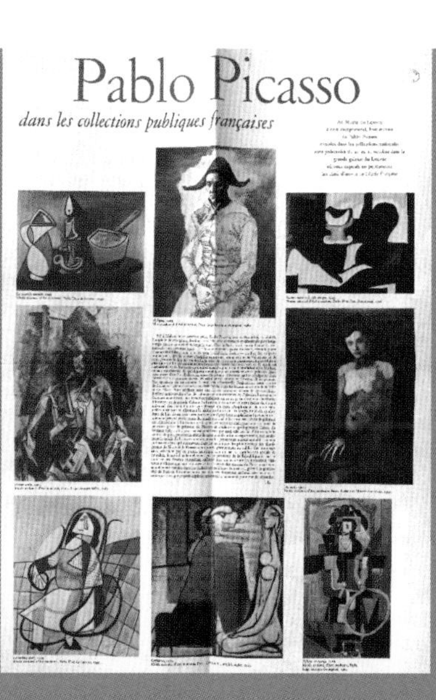

Pablo Picasso

dans les collections publiques françaises

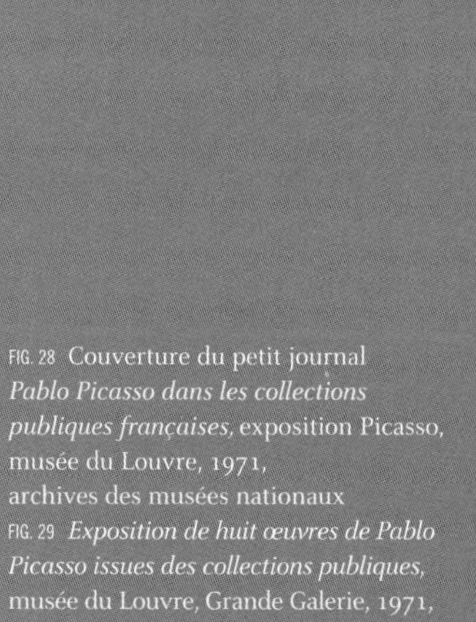

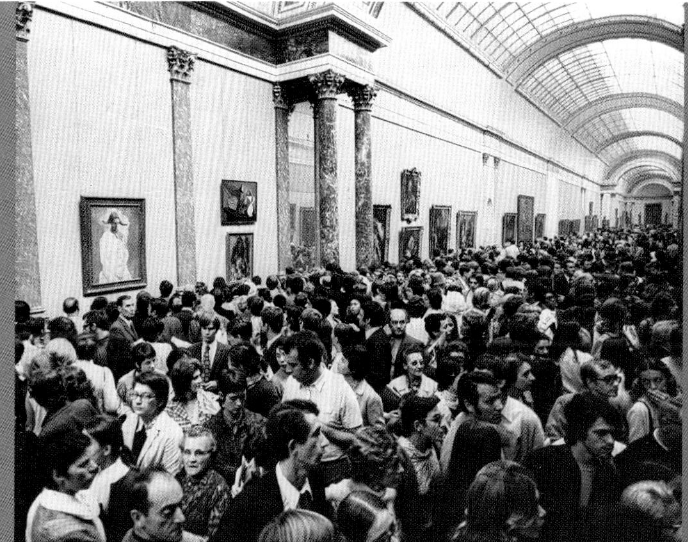

FIG. 28 Couverture du petit journal *Pablo Picasso dans les collections publiques françaises*, exposition Picasso, musée du Louvre, 1971, archives des musées nationaux
FIG. 29 *Exposition de huit œuvres de Pablo Picasso issues des collections publiques*, musée du Louvre, Grande Galerie, 1971, Paris, musée du Louvre

LISTE DES ŒUVRES EXPOSÉES

Paul Cézanne
(Aix-en-Provence, 1839 – Aix-en-Provence, 1906)

Paul Cézanne
Nature morte, poire et pommes vertes, vers 1873
Huile sur toile
H. 22 cm ; L. 32 cm
Paris, musée de l'Orangerie, collection Jean Walter et Paul Guillaume, RF 1963-10

Paul Cézanne
Autoportrait, 1880-1881
Huile sur toile
H. 34,7 cm ; L. 27 cm
Londres, The National Gallery, NG 4135

Paul Cézanne
Baigneur aux bras écartés, 1883-1885
Huile sur toile
H. 73 cm ; L. 60 cm
Collection particulière

Cézanne Paul
Autoportrait à la palette, 1884
Huile sur toile
H. 92,5 cm ; L. 73 cm
Zurich, Stiftung Sammlung E. G. Bührle

Paul Cézanne
Femme nue debout, 1898-1899
Huile sur toile
H. 92,7 cm ; L. 71,1 cm
Collection particulière, Courtesy Jacques Ranc

Paul Cézanne
Trois crânes, 1898-1900
Huile sur toile
H. 34 cm ; L. 60 cm
Detroit, Detroit Institute of Fine Arts, Tannahill Collection, inv. 70.163

Jean-Baptiste-Siméon Chardin
(Paris, 1699 – Paris, 1779)

Jean-Baptiste-Siméon Chardin
Le Gobelet d'argent, vers 1768
Huile sur toile
H. 33 cm ; L. 41 cm
Paris, musée du Louvre, legs du Dr Louis La Caze, 1869, MI 1042

Jean-Baptiste-Siméon Chardin
Poires, noix et verre de vin, vers 1768
Huile sur toile
H. 33 cm ; L. 41 cm
Paris, musée du Louvre, legs du Dr Louis La Caze, 1869, MI 1041

Jean-Baptiste-Siméon Chardin
Table de cuisine et ustensiles avec un carré de mouton
(répétition ou copie ancienne d'un tableau peint vers 1732)
Huile sur toile
H. 34 cm ; L. 46 cm
Paris, musée Picasso, donation Pablo Picasso 1973, RF 1973-62

Gustave Courbet
(Ornans, 1819 – La Tour-de-Peilz, Suisse, 1877)

Gustave Courbet
Les Demoiselles des bords de la Seine, 1857
Huile sur toile
H. 174 cm ; L. 200 cm
Paris, musée du Petit Palais, PPP00377

Lucas Cranach l'Ancien
(Kronach, 1472 – Weimar, 1553)

Lucas Cranach l'Ancien
Portrait de femme, 1525
Huile sur bois de hêtre
H. 37,6 cm ; L. 26,6 cm
Londres, National Gallery, NG 291

Lucas Cranach l'Ancien
David et Bethsabée, 1526
Huile sur bois
H. 38,8 cm ; L. 25,7 cm
Berlin, Gemäldegalerie, inv. 567B

Edgar Degas
(Paris, 1834 – Paris, 1917)

Edgar Degas
L'Absinthe, 1875
Huile sur toile
H. 92 cm ; L. 68,5 cm
Paris, musée d'Orsay, RF 1984

Edgar Degas
Les Repasseuses, 1884-1886
Huile sur toile
H. 76 cm ; L. 81,5 cm
Paris, musée d'Orsay, RF 1985

Edgar Degas
La Fête de la patronne, 1878-1879
Monotype à l'encre rehaussé de pastel
H. 26,6 cm ; L. 29,6 cm
Paris, musée Picasso, donation Pablo Picasso 1973, RF 35791

Edgar Degas
Repos sur le lit, 1878-1879
Monotype à l'encre noire sur papier de Chine
H. 12,1 cm ; L. 16,4 cm
Paris, musée Picasso, donation Pablo Picasso 1973, RF 35783

Edgar Degas
Au Salon, 1879
Monotype à l'encre noire sur épais papier blanc
H. 16,4 cm ; L. 21,5 cm
Paris, musée Picasso, Donation Pablo Picasso 1973, RF 35785

Edgar Degas
Le Client, 1879
Monotype à l'encre noire sur papier blanc
H. 22 cm ; L. 16,4 cm
Paris, musée Picasso, donation Pablo Picasso 1973, RF 35788

Eugène Delacroix
(Saint Maurice, près de Paris, 1798 – Paris, 1863)

Eugène Delacroix
Nature morte aux homards, 1827
Huile sur toile
H. 80 cm ; L. 106 cm
Paris, musée du Louvre, donation Etienne Moreau-Nélaton, 1906, RF 1661

Eugène Delacroix
Femmes d'Alger dans leur appartement, 1834
Huile sur toile
H. 180 cm ; L. 229 cm
Paris, musée du Louvre, inv. 3824

Eugène Delacroix
Autoportrait, vers 1837
Huile sur toile
H. 65 cm ; L. 54 cm
Paris, musée du Louvre, RF 25

Ambroise Dubois (Ambrosius Bosschaert Dubois, dit)
(Anvers, vers 1542-1543 – Fontainebleau, 1614)

Ambroise Dubois (d'après)
La Toilette de Psyché, 1er quart du XVIIe siècle
Huile sur toile
H. 178,l cm ; L. 183,5 cm
Fontainebleau, musée national du Château, F 3243 C

Paul Gauguin
(Paris, 1848 – Atuona, iles Marquises, 1903)

Paul Gauguin
Portrait de Gauguin à la palette, hiver 1893-1894
Huile sur toile
H. 92 cm ; L. 73 cm
Collection particulière

Francisco de Goya y Lucientes
(Fuendetodos, près de Saragosse, 1746 – Bordeaux, 1828)

Francisco de Goya
Autoportrait, 1783
Huile sur toile
H. 86 cm ; L. 60 cm
Agen, musée des Beaux-Arts, 274 CH

Francisco de Goya
La Comtesse del Carpio, marquise de la Solana, 1794-1795
Huile sur toile
H. 181 cm ; L. 122 cm
Paris, musée du Louvre, donation Carlos de Beistegui, sous réserve d'usufruit, 1942, RF 1942-23

Francisco de Goya
Maja desnuda, 1797-1800
Huile sur toile
H. 98 cm ; L. 191 cm
Madrid, Museo Nacional del Prado, P 742

Francisco de Goya
Nature morte à la tête de mouton, 1808-1812
Huile sur toile

H. 45 cm ; L. 62 cm
Paris, musée du Louvre, RF 1937-120

El Greco (Domênikos Theotokopoulos, dit)
(Candie, 1541 – Tolède, 1614)

El Greco
Le Songe de Philippe II,1579
Huile sur bois
H. 55,1 cm ; L. 33,8 cm
Londres, The National Gallery,
NG 6260

El Greco
Saint Jérome en cardinal, 1590-1600
Huile sur toile
H. 59 cm ; L. 48 cm
Londres, The National Gallery,
NG 1122

El Greco
La Vierge Marie, dit *Mater Dolorosa*,
vers 1590-1600
Huile sur toile
H. 53 cm ; L. 37 cm
Strasbourg, musée des Beaux-Arts

El Greco
Saint Martin et le Mendiant, 1597-1599
Huile sur toile
H. 193,5 cm ; L. 103 cm
Washington, The National Gallery
of Art,
Widener Collection, 1942, 1942.9.25

El Greco
Portrait d'un artiste (Jorge Manuel Theotokopoulos),
vers 1600-1605
Huile sur toile
H. 75 cm ; L. 50,5 cm
Séville, Museo de Bellas Artes,
CE 0097P

El Greco
Portrait d'un jeune gentilhomme,
1600-1610
Huile sur toile
H. 65 cm ; L. 49 cm
Madrid, Museo Nacional del Prado,
P 811

El Greco
La Visitation, 1607-1614
Huile sur toile
H. 96,5 cm ; L. 71,4 cm
Washington, Dumbarton Oaks,
House Collection

Madame Gustave Héquet
(1845 – 1865)

Madame Gustave Héquet (attribué à)
Copie d'après l'Autoportrait de 1804 de Jean-Auguste-Dominique Ingres,
vers 1850-1860
Huile sur toile
H. 86,4 cm ; L. 69,9 cm
New York, The Metropolitan
Museum of Art,
legs Grace Rainey Rogers, 1943,
inv. 43.85.1

Jean-Auguste-Dominique Ingres
(Montauban, 1790 – Paris, 1867)

Jean-Auguste-Dominique Ingres
Portrait de Mademoiselle Caroline Rivière, 1793-1807
Huile sur toile
H. 100 cm ; L. 70 cm
Paris, musée du Louvre,
legs Mme Paul Rivière, née Sophie
Robillard, belle-soeur du modèle,
1870, MI 1447

Jean-Auguste-Dominique Ingres
Éliézer et Rébecca d'après Poussin,
vers 1805
Huile sur toile
H. 46 cm ; L. 38 cm
Marseille, musée des Beaux-Arts,
BA 458

Jean-Auguste-Dominique Ingres
Paolo et Francesca, 1819
Huile sur toile
H. 50,3 cm ; L. 40,7 cm
Angers, musée des Beaux-Arts,
MTC 19

Jean-Auguste-Dominique Ingres
Odalisque en grisaille, 1824-1834
Huile sur toile
H. 83,2 cm ; L. 109,2 cm
New York, The Metropolitan
Museum of Art,
Catharine Lorillard Wolfe Collection,
Wolfe Fund, 1938, inv. 38.65

Jean-Auguste-Dominique Ingres
Raphaël et la Fornarina, 1840
Huile sur toile
H. 35,6 cm ; L. 27,3 cm
Columbus Museum of Art, legs
Frederick W. Schumacher, 1957,
inv. 1957.013

Jean-Auguste-Dominique Ingres
Madame Moitessier, 1856
Huile sur toile
H. 120 cm ; L. 92,1 cm
London, The National Gallery,
NG 4821

Louis Le Nain ou Antoine Le Nain
(Laon, vers 1600-1610 –
Paris, 1648)

Louis (ou Antoine ?) Le Nain
La Famille heureuse ou Le retour du baptême, 1642
Huile sur toile
H. 61 cm ; L. 78 cm
Paris, musée du Louvre,
legs Paul Jamot, 1941, RF 1941-20

Édouard Manet
(Paris, 1832 – Paris, 1883)

Édouard Manet
Le Déjeuner sur l'herbe, 1863
huile sur toile
H. 208 cm ; L. 264,5 cm
Paris, musée d'Orsay, RF 1668

Édouard Manet
Olympia, 1863
Huile sur toile
H. 130,5 cm ; L. 190 cm
Paris, musée d'Orsay, RF 644

Édouard Manet
Combat de taureaux, 1865-1866
Huile sur toile
H. 90 cm ; L. 110,5 cm
Paris, musée d'Orsay, RF 1976-8

Édouard Manet
Matador saluant, 1866-1867
Huile sur toile
H. 171,1 cm ; L. 113 cm
New York, The Metropolitan
Museum of Art,
legs Mme H. O. Havemeyer, 1929,
inv. 29.100.52

Édouard Manet
Nana, 1877
Huile sur toile
H. 150 cm ; L. 116 cm
Hambourg, Hamburger Kunsthalle,
inv. 2376

Édouard Manet
L'Automne (Méry Laurent), 1881
Huile sur toile
H. 73 cm ; L. 51 cm
Nancy, musée des Beaux-Arts,
MPR 5225

Juan Bautista Martínez Mazo
(Cuenca, vers 1612-1616 – Madrid,
1667)

Juan Bautista Martínez Mazo
Don Adrián Pulido Pareja, 1647
Huile sur toile
H. 203,8 cm ; L. 114,3 cm
London, The National Gallery,
NG 1315

Luis Eugenio Meléndez
(Naples, 1716 – Madrid, 1780)

Luis Meléndez
Nature morte avec citrons et oranges,
1760
Huile sur toile
H. 48 cm ; L. 35,5 cm
Londres, The National Gallery,
NG 6602

Bartolomé Esteban Murillo
(Séville, 1618 – Séville, 1682)

Bartolomé Esteban Murillo
Le Jeune Mendiant, vers 1645-1650
Huile sur toile
H. 134 cm ; L. 110 cm
Paris, musée du Louvre, inv. 933

Pablo Ruiz y Picasso
(Málaga, 1881 – Mougins, 1973)

Peintures
Pablo Picasso
Portrait d'un vieil espagnol
La Corogne, 1895
Huile sur toile
H. 58,5 cm ; L. 42,8 cm
Barcelone, Museu Picasso,
MPB 110.014

Pablo Picasso
Autoportrait à la perruque
Barcelone, 1897
Huile sur toile
H. 55,8 cm ; L. 46 cm
Barcelone, Museu Picasso,
MPB 110.053

Pablo Picasso
Portrait de Philippe IV (copie de Velázquez)
Madrid, 1897-1898
Huile sur toile
H. 54,2 cm ; L. 46,7 cm
Barcelone, Museu Picasso,
MPB 110.017

Pablo Picasso
Visage à la manière du Greco
Barcelone, 1899
Huile sur toile
H. 34,7 cm ; L. 31,2 cm
Barcelone, Museu Picasso,
MPB 110.034

Pablo Picasso
Portrait d'un inconnu
Barcelone, 1899
Huile sur toile
H. 47,5 cm ; L. 35,2 cm
Barcelone, Museu Picasso,
MPB 110.026

Pablo Picasso
Portrait de face de Carles Casagemas
Barcelone, 1899-1900
Huile sur toile
H. 55 cm ; L. 45 cm
Barcelone, Museu Picasso,
MPB 110.022

Pablo Picasso
Yo, Picasso, 1901
Huile sur toile
H. 73,5 cm ; L. 60,5 cm
Collection particulière

Pablo Picasso
Autoportrait, 1901
Huile sur carton parqueté
H. 54 cm ; L. 31,8 cm
New York, The Museum of Modern
Art, Collection Mme John Hay
Whitney

Pablo Picasso
Scène de corrida (Les Victimes), 1901
Huile sur carton montée sur bois
H. 49,5 cm ; L. 64,8 cm
Collection particulière

Pablo Picasso
La Nana, Paris, 1901
Huile sur carton
H. 102 cm ; L. 60 cm
Barcelone, Museu Picasso,
MPB 4.274

Pablo Picasso
Buveuse accoudée (La Buveuse d'absinthe),Paris, 1901
Huile sur carton
H. 65,5 cm ; L. 51 cm
Collection particulière

Pablo Picasso
La Buveuse d'absinthe, Paris, 1901
Huile sur toile
H. 73 cm ; L. 54 cm
Saint-Pétersbourg, The State
Hermitage Museum, GE 9045

Pablo Picasso
L'Enterrement de Casagemas (ou Évocation), 1901
Huile sur toile
H. 150,5 cm ; L. 90,5 cm
Paris, musée d'Art moderne
de la Ville de Paris, don, 1950,
AMVP 1133

Pablo Picasso
Portrait de Jaime Sabartés (Le Bock),
Paris, 1901
Huile sur toile
H. 82 cm ; L. 66 cm
Moscou, The Pushkin State Museum
of Fine Arts

Pablo Picasso
Le Vieux juif, Barcelone, 1903
Huile sur toile
H. 125 cm ; L. 92 cm
Moscou, The Pushkin State Museum of Fine Arts, inv. 3318

Pablo Picasso
Portrait de Madame Soler, Barcelone, 1903
Huile sur toile
H. 100 cm ; L. 70 cm
Munich, Neue Pinakothek

Pablo Picasso
Portrait de Benet Soler, Barcelone, 1903
Huile sur toile
H. 100 cm ; L. 70 cm
Saint-Pétersbourg, The State Hermitage Museum, GE 6528

Pablo Picasso
La Famille Soler, 1903
Huile sur toile
H. 150 cm ; L. 200 cm
Liège, musée d'Art moderne et d'Art contemporain, inv. AM 441/249

Pablo Picasso
La Repasseuse, Paris, 1904
Huile sur toile
H. 116,2 cm ; L. 72,7 cm
New York, The Solomon R. Guggenheim Museum, don Justin K. Thannhauser, 1978, inv. 78.2514.41

Pablo Picasso
Garçon conduisant un cheval, Paris, 1905-1906
Huile sur toile
H. 220,6 cm ; L. 131,2 cm
New York, The Museum of Modern Art, The William S. Paley Collection, inv. 575.64

Pablo Picasso
Fernande à la mantille noire, 1905-1906
Huile sur toile
H. 100 cm ; L. 81 cm
New York, The Solomon R. Guggenheim Museum, legs Hilde Thannhauser, 1991, inv. 91.3914

Pablo Picasso
Les Adolescents, 1906
Huile sur toile
H. 157 cm ; L. 117 cm
Paris, musée de l'Orangerie, collection Jean Walter et Paul Guillaume, RF 1960.35

Pablo Picasso
Autoportrait à la palette, Paris, été-automne 1906
Huile sur toile
H. 92 cm ; L. 73 cm
Philadelphie, The Philadelphia Museum of Art, Collection A. E. Gallatin, 1950, inv. 1950-1-1

Pablo Picasso
La Coiffure, Paris ou Gósol, 1906
Huile sur toile
H. 174,9 cm ; L. 99,7 cm
New York, The Metropolitan Museum of Art, Catharine Lorillard Wolfe Collection, Wolfe Fund, 1951, inv. 53.140.3

Pablo Picasso
Grand nu debout, Gósol, 1906
Huile sur toile
H. 153 cm ; L. 94 cm
New York, The Museum of Modern Art, The William S. Paley Collection

Pablo Picasso
Étude pour « Les Demoiselles d'Avignon » : nu de face aux bras levés, Printemps 1907
Gouache, fusain et crayon de graphite sur papier marouflé sur toile
H. 131 cm ; L. 75,5 cm
Paris, musée Picasso, dation Pablo Picasso 1979, MP 13

Pablo Picasso
Vase, bol et citron, Paris, été 1907
Huile sur panneau de bois
H. 63,5 cm ; L. 49,5 cm
Bâle, Fondation Beyeler, inv. 90.16

Pablo Picasso
Carafon et trois bols, printemps-été 1908
Huile sur carton
H. 66 cm ; L. 50,5 cm
Saint-Pétersbourg, The State Hermitage Museum, GE 8986

Pablo Picasso
Bol vert et flacon noir, printemps-été 1908
Huile sur toile
H. 61 cm ; L. 51 cm
Saint-Pétersbourg, The State Hermitage Museum, GE 7702

Pablo Picasso
Cruche, bol et compotier, printemps-été 1908
Huile sur toile
H. 81,9 cm ; L. 65,7 cm
Philadelphie, The Philadelphia Museum of Art, Collection A. E. Gallatin, 1952, inv. 1952-61-93

Pablo Picasso
Compotier aux poires et pommes
Paris, automne 1908
Peinture à l'essence sur panneau de bois
H. 27 cm ; L. 21 cm
Berlin, Neue Nationalgalerie, Sammlung Heinz Berggruen

Pablo Picasso
Nature morte au chapeau, hiver 1908-1909
Huile sur toile
H. 60 cm ; L. 73 cm
Collection particulière

Pablo Picasso
Portrait d'Ambroise Vollard, Paris, 1910
Huile sur toile
H. 92 cm ; L. 65 cm
Moscou, The Pushkin State Museum of Fine Art, inv. 3401

Pablo Picasso
Homme à la guitare, automne 1911-1913
Huile sur toile
H. 154 cm ; L. 77,5 cm
Paris, musée Picasso, dation Pablo Picasso 1979, MP 34

Pablo Picasso
Le Retour du baptême ou *La Famille heureuse*
Paris, automne 1917
Huile sur toile
H. 162 cm ; L. 118 cm
Paris, musée Picasso, dation Pablo Picasso 1979, MP 56

Pablo Picasso
Les Amoureux, 1919
Huile sur toile
H. 185 cm ; L. 140 cm
Paris, musée Picasso, dation Pablo Picasso 1979, MP 62

Pablo Picasso
Portrait d'Olga, 1921
Pastel et fusain sur papier marouflé sur toile
H. 127 cm ; L. 96,5 cm
Paris, musée Picasso, dation Jacqueline Picasso 1990, MP 1990-70
Dépôt à Grenoble, musée de Grenoble

Pablo Picasso
Trois femmes à la fontaine, Fontainebleau, été 1921
Sanguine sur toile
H. 200 cm ; L. 161 cm
Paris, musée Picasso, dation Pablo Picasso 1979, MP 74

Pablo Picasso
Grande baigneuse, 1921
Huile sur toile
H. 182 cm ; L. 101 cm
Paris, musée de l'Orangerie, collection Jean Walter et Paul Guillaume, RF 1963-77

Pablo Picasso
La Danse villageoise, Paris, 1922
Pastel fixé et huile sur toile
H. 139,5 cm ; L. 85,5 cm
Paris, musée Picasso, dation Pablo Picasso 1979, MP 73

Pablo Picasso
L'Entretien, Cap d'Antibes, été 1923
Huile et crayon gras sur toile
H. 150 cm ; L. 150 cm
Collection Jan Krugier et Marie-Anne Krugier-Poniatowski, CP 2983

Pablo Picasso
Olga au col de fourrure, 1923
Huile sur toile
H. 116 cm ; L. 80,5 cm
Paris, musée Picasso, dation Jacqueline Picasso 1990, MP 1990-9
Dépôt à Lille, Palais des Beaux-Arts

Pablo Picasso
Olga, Paris, 1923
Huile sur toile
H. 130 cm ; L. 97 cm
Collection particulière

Pablo Picasso
La Femme au voile bleu, Paris, 1923
Huile sur toile
H. 100,3 cm ; L. 81,3 cm
Los Angeles, The Los Angeles County Museum of Art, Mr et Mrs George Gard De Sylva Collection, M.46.8.1

Pablo Picasso
Grand nu au fauteuil rouge
Paris, 5 mai 1929
Huile sur toile
H. 195 cm ; L. 129 cm
Paris, musée Picasso, dation Pablo Picasso 1979, MP 113

Pablo Picasso
Portrait de Lee Miller en Arlésienne, 1937
Huile sur toile
H. 81 cm ; L. 65 cm
Paris, musée Picasso, dation Jacqueline Picasso 1990, MP 1990-18
Dépôt à Arles, musée Réattu

Pablo Picasso
L'Artiste devant sa toile, Paris, 22 mars 1938
Fusain sur toile
H. 130 cm ; L. 94 cm
Paris, musée Picasso, dation Pablo Picasso 1979, MP 172

Pablo Picasso
Buste de femme au chapeau rayé, Paris, 3 juin 1939
Huile sur toile
H. 81 cm ; L. 54 cm
Paris, musée Picasso, dation Pablo Picasso 1979, MP 180

Pablo Picasso
Femme au fauteuil, au chapeau rouge et bleu, sur fond rose à étoiles jaunes, 17 juin 1939
Huile sur toile
H. 92 cm ; L. 73 cm
Collection particulière

Pablo Picasso
Tête de mouton écorchée, Royan, 4 octobre 1939
Huile sur toile
H. 50 cm ; L. 61 cm
Paris, musée Picasso, dation Jacqueline Picasso 1990, MP 1990-20
Dépôt à Lyon, musée des Beaux-Arts

Pablo Picasso
Nature morte au crâne de mouton, Royan, 6 octobre 1939
Huile sur toile
H. 50,2 cm ; L. 61 cm
Mexico, Vicky and Marcos Micha Collection

Pablo Picasso
Trois crânes
Royan, 17 octobre 1939
Huile sur toile
H. 65 cm ; L. 89 cm
Madrid, Museo Nacional Centro de Arte Reina Sofia, AD 01716

Pablo Picasso
Portrait de Jaime Sabartés, Royan, 22 octobre 1939
Huile sur toile
H. 46 cm ; L. 38 cm
Barcelone, Museu Picasso, MPB 70.241

Pablo Picasso
Nusch Éluard, 19 août 1941
Huile sur toile
H. 73 cm ; L. 60 cm
Paris, Centre Pompidou, musée national d'Art moderne, AM 2745P
Dépôt à Paris, musée Picasso

Pablo Picasso
Tête de mort à la cruche,
15 août 1943
Huile sur toile
H. 65 cm ; L. 54 cm
Londres, Nahmad Collection

Pablo Picasso
Les Demoiselles des bords de la Seine d'après Courbet
1950
Huile sur contre plaqué
H. 100,5 cm ; L. 201 cm
Bâle, Kunstmuseum, G 1955.2

Pablo Picasso
Les Femmes d'Alger (Version A),
Paris, 13 décembre 1954
Huile sur toile
H. 61,5 cm ; L. 72.2 cm
Hartford, Wadsworth Atheneum Museum of Art,
CT. Don Carey Walker Foundation, inv. 1994.2.2

Pablo Picasso
Les Femmes d'Alger (Version C),
Paris, 28 décembre 1954
Huile sur toile
H. 54 cm ; L. 65 cm
Londres, Nahmad Collection

Pablo Picasso
Les Femmes d'Alger (Version E),
Paris, 16 janvier 1955
Huile sur toile
H. 46,1 cm ; L. 55 cm
San Francisco, The Museum of Modern Art, don Wilbur D. May, inv. 64.4

Pablo Picasso
Les Femmes d'Alger (Version H),
Paris, 24 janvier 1955
Huile sur toile
H. 130,2 cm ; L. 162,3 cm
Londres, Nahmad Collection

Pablo Picasso
Les Femmes d'Alger (Version J),
26 janvier 1955
Huile sur toile
H. 114 cm ; L. 146 cm
Londres, Nahmad Collection

Pablo Picasso
Les Femmes d'Alger (Version M,)
11 février 1955
Huile sur toile
H. 130,2 cm ; L. 195 cm
Collection particulière

Pablo Picasso
Les Femmes d'Alger (Version N),
Paris, 13 février 1955
Huile sur toile
H. 114 cm ; L. 146 cm
Saint Louis, Washington University, Mildred Lane Kemper Art Museum, WU 3898

Picasso Pablo
Les Femmes d'Alger (Version O),
Paris, 14 février 1955
Huile sur toile
H. 114 cm ; L. 146,4 cm
Collection Libby Howie

Pablo Picasso
Portrait de Jacqueline en costume turc, 20 novembre 1955
Huile sur toile
H. 100 cm ; L. 81 cm
Collection particulière

Pablo Picasso
Femme nue au bonnet turc,
1er décembre 1955
Huile sur toile
H. 116 cm ; L. 89 cm
Paris, Centre Pompidou, musée national d'Art moderne,
donation Louise et Michel Leiris, 1984, AM 1984-637

Pablo Picasso
Femmes à la toilette,
Cannes, 4 janvier 1956
Huile sur toile
H. 195,5 cm ; L. 130 cm
Paris, musée Picasso, dation Pablo Picasso 1979, MP 210

Pablo Picasso
L'Infante Marie Marguerite,
Cannes, 21 juillet 1957
Huile sur toile
H. 100 cm ; L. 81 cm
Barcelone, Museu Picasso, MPB 70.436

Pablo Picasso
Les Ménines d'après Velázquez,
Cannes, 17 août 1957
Huile sur toile
H. 194 cm ; L. 260 cm
Barcelone, Museu Picasso, MPB 70.433

Pablo Picasso
L'Infante Marie Marguerite, Cannes,
14 septembre 1957
Huile sur toile
H. 100 cm ; L. 81 cm
Barcelone, Museu Picasso, MPB 70.459

Pablo Picasso
Les Ménines d'après Velázquez,
Cannes, 15 septembre 1957
Huile sur toile
H. 129 cm ; L. 161cm
Barcelone, Museu Picasso, MPB 70.460

Pablo Picasso
Les Ménines d'après Velázquez,
Cannes, 18 septembre 1957
Huile sur toile
H. 129 cm ; L. 161 cm
Barcelone, Museu Picasso, MPB 70.463

Pablo Picasso
Les Ménines d'après Velázquez,
Cannes, 19 septembre 1957
Huile sur toile
H. 161 cm ; L. 129 cm
Barcelone, Museu Picasso, MPB 70.464

Pablo Picasso
Les Ménines d'après Velázquez,
Cannes, 3 octobre 1957
Huile sur toile
H. 129 cm ; L. 161cm
Barcelone, Museu Picasso, MPB 70.466

Pablo Picasso
El Bobo, Vauvenargues,
14-15 avril 1959
Huile sur toile
H. 92 cm ; L. 73 cm
Collection particulière

Pablo Picasso
Le Déjeuner sur l'herbe d'après Manet,
Vauvenargues, 27 février 1960
Huile sur toile
H. 114 cm ; L. 146 cm
Londres, Nahmad Collection

Pablo Picasso
Le Déjeuner sur l'herbe d'après Manet
Vauvenargues, 29 février 1960
Huile sur toile
H. 130 cm ; L. 95 cm
Collection particulière

Pablo Picasso
Le Déjeuner sur l'herbe d'après Manet,
Vauvenargues, 3 mars – 20 août 1960
Huile sur toile
H. 130 cm ; L. 195 cm
Paris, musée Picasso,
dation Pablo Picasso 1979, MP 215

Pablo Picasso
Le Déjeuner sur l'herbe d'après Manet,
Vauvenargues, 4 mars – 30 juillet 1960
Huile sur toile
H. 60,3 cm ; L. 73 cm
Londres, Nahmad Collection

Pablo Picasso
Le Déjeuner sur l'herbe d'après Manet,
Vauvenargues, 19 avril 1961
Huile sur toile
H. 50,2 cm ; L. 61 cm
Londres, Nahmad Collection

Pablo Picasso
Le Déjeuner sur l'herbe d'après Manet,
Mougins, 17 juin 1961
Huile sur toile
H. 60 cm ; L. 73 cm
Cologne, Museum Ludwig

Pablo Picasso
Le Déjeuner sur l'herbe d'après Manet,
Mougins, 10 juillet 1961
Huile sur toile
H. 114 cm ; L. 146 cm
Stuttgart, Staatgalerie

Pablo Picasso
Le Déjeuner sur l'herbe d'après Manet, Mougins, 13 juillet 1961
Huile sur toile
H. 60 cm ; L. 73 cm
Paris, musée Picasso, dation Pablo Picasso 1979, MP 217

Pablo Picasso
Le Déjeuner sur l'herbe d'après Manet,
Mougins, 27 juillet 1961
Huile sur toile
H. 65 cm ; L. 81 cm
Paris, musée Picasso, dation Jacqueline Picasso 1990, MP 1990-30

Pablo Picasso
Le Déjeuner sur l'herbe d'après Manet,
Mougins, 30 juillet 1961
Huile sur toile
H. 130 cm ; L. 97 cm
Humblebaek, Louisiana Museum of Modern Art,
donation : The Picasso Foundation and The Louisiana Foundation

Pablo Picasso
Le Déjeuner sur l'herbe d'après Manet,
Mougins, 31 juillet 1961
Huile sur toile
H. 100 cm ; L. 81 cm
Londres, Nahmad Collection

Pablo Picasso
Le Déjeuner sur l'herbe d'après Manet,
Mougins, 31 juillet 1961
Huile sur toile
H. 130 cm ; L. 97 cm
Londres, Nahmad Collection

Pablo Picasso
Le Déjeuner sur l'herbe d'après Manet,
Mougins, 10 août 1961
Huile sur toile
H. 46 cm ; L. 55 cm
Collection particulière

Pablo Picasso
Le Déjeuner sur l'herbe d'après Manet,
Mougins, 19 août 1961
Huile sur toile
H. 64,8 cm ; L. 81,3 cm
Londres, Nahmad Collection

Pablo Picasso
L'Enlèvement des Sabines,
Mougins, 24 octobre 1962
Huile sur toile
H. 46,5 cm ; L. 55 cm
Prague, Narodni Galerie

Pablo Picasso
Chat et homard,
Mougins, 25 octobre – 1er novembre 1962
Huile sur toile
H. 130 cm ; L. 162 cm
Hakone, The Hakone Open-Air Museum, inv. 30/A-2

Pablo Picasso
L'Enlèvement des Sabines,
Mougins, 2-4 novembre 1962
Huile sur toile
H. 161,5 cm ; L. 130 cm
Bâle, Fondation Beyeler

Pablo Picasso
L'Enlèvement des Sabines,
Mougins, 4-8 novembre 1962
Huile sur toile
H. 97 cm ; L. 130 cm

Paris, Centre Pompidou, musée national d'Art moderne, don Daniel-Henry Kahnweiler, 1964, AM 4248 P

Pablo Picasso
L'Enlèvement des Sabines,
Mougins, 4 janvier – 9 février 1963
Huile sur toile
H. 195,4 cm ; L. 131 cm
Boston, The Museum of Fine Arts, Juliana Cheney Edwards Collection, Tompkins Collection – Arthur Gordon Tompkins Fund, and Fanny P. Mason Fund in memory of Alice Thevin,
inv. 64.709

Pablo Picasso
Nu couché jouant avec un chat,
Mougins, 10-11 mai 1964
Huile sur toile
H. 114 cm ; L. 194,5 cm
Bâle, Fondation Beyeler

Pablo Picasso
La Pisseuse,
Mougins, 16 avril 1965
Huile sur toile
H. 194,8 cm ; L. 96,5 cm
Paris, Centre Pompidou, musée national d'Art moderne, donation Louise et Michel Leiris, 1984, AM 1984-641

Pablo Picasso
Le Couple,
Mougins, 10 juin 1967
Huile sur toile
H. 195 cm ; L. 130 cm
Bâle, Kunstmuseum,
inv. G 1967.13

Pablo Picasso
Nu couché,
Mougins, 14 juin 1967
Huile sur toile
H. 195 cm ; L. 130 cm
Paris, Musée Picasso,
dation Pablo Picasso 1979, MP 219

Pablo Picasso
Nu couché à l'oiseau,
Mougins, 17 janvier 1968
Huile sur toile
H. 130 cm ; L. 195 cm
Cologne, Museum Ludwig

Pablo Picasso
Nu couché au collier,
Mougins, 8 octobre 1968
Huile et peinture laquée sur toile
H. 113,5 cm ; L. 161,7 cm
Londres, Tate Gallery, achat 1983,
T 03670

Pablo Picasso
Mousquetaire et cupidon,
Mougins, 18 février 1969
Huile sur toile
H. 195 cm ; L. 130 cm
Cologne, Museum Ludwig, ML 1019

Pablo Picasso
Homme au casque d'or,
Mougins, 10 juin 1969
Huile sur toile
H. 146 cm ; L. 114 cm
Collection particulière

Pablo Picasso
Femme à l'oreiller,
Mougins, 10 juillet 1969
Huile sur toile
H. 194 cm ; L. 130 cm
Paris, musée Picasso,
dation Jacqueline Picasso 1990,
MP 1990-35

Pablo Picasso
Mousquetaire à l'épée assis,
Mougins, 19 juillet 1969
Huile sur toile
H. 195 cm ; L. 130 cm
Collection particulière

Pablo Picasso
Le Nain,
Mougins, 27 juillet 1969
Huile sur toile
H. 146 cm ; L. 114 cm
Collection particulière

Pablo Picasso
Adolescent,
Mougins, 2 août 1969
Huile sur toile
H. 130 cm ; L. 97 cm
Collection particulière

Pablo Picasso
Homme assis à l'épée et à la fleur,
Mougins, 2 août –
27 septembre 1969
Huile sur toile
H. 146 cm ; L. 114 cm
Collection particulière, Courtesy Fundación Almine y Bernard Ruiz Picasso para el Arte

Pablo Picasso
Nu couché,
Mougins, 2 novembre 1969
Huile sur toile
H. 130 cm ; L. 195 cm
Collection particulière

Pablo Picasso
Le Matador,
Mougins, 1970
Huile sur toile
H. 145,5 cm ; H. 114 cm
Paris, musée Picasso, dation Pablo Picasso 1979, MP 223

Pablo Picasso
Couple,
Mougins, 9 octobre 1970
Huile sur toile
H. 195 cm ; L. 130 cm
Collection particulière, Courtesy Fundación Almine y Bernard Ruiz Picasso para el Arte

Pablo Picasso
Nu couché et homme jouant de la guitare,
Mougins, 27 octobre 1970
Huile sur toile
H. 130 ; L. 195 cm
Paris, musée Picasso, donation Pablo Picasso 1979, MP 224

Pablo Picasso
Buste d'homme écrivant,
Mougins, 7 juillet 1971
Huile sur toile
H. 100 cm ; L. 81 cm
Paris, musée Picasso, dation Jacqueline Picasso 1990, MP 1990-42
Dépôt à Castres, musée Goya

Pablo Picasso
Tête d'homme,
Mougins, 31 juillet 1971
Huile sur toile
H. 73 cm ; L. 60 cm
Collection particulière

Pablo Picasso
Le Vieil homme assis,
Mougins, 26 septembre 1970 –
14 novembre 1971
Huile sur toile
H. 145,5 cm ; L. 114 cm
Paris, musée Picasso, dation Pablo Picasso 1979, MP 221

Pablo Picasso
Nu couché,
Mougins, 14-15 novembre 1971
Huile sur toile
H. 130 cm ; L. 195 cm
Collection particulière

Pablo Picasso
Musicien,
Mougins, 26 mai 1972
Huile sur toile
H. 194,5 cm ; L. 129,5 cm
Paris, musée Picasso, dation Pablo Picasso 1979, MP 229

Dessins

Pablo Picasso
Étude académique de main,
La Corogne, 1893-1894
Fusain sur papier
H. 23 cm ; L. 33,5 cm
Collection particulière

Pablo Picasso
Étude académique de jambe,
La Corogne, 1893-1894
Fusain sur papier
H. 62,5 cm ; L. 32,6 cm
Collection particulière

Pablo Picasso
Étude académique de pied,
La Corogne, 1894
Crayon Conté sur papier
H. 52 cm ; L. 36,5 cm
Collection particulière

Pablo Picasso
Étude académique de bras,
La Corogne, 1894
Fusain et crayon sur papier
H. 45 cm ; L. 34 cm
Barcelone, Museu Picasso,
MPB 110.843

Pablo Picasso
Étude académique de tête de faune,
La Corogne, 1894
Fusain et crayon Conté sur papier
H. 50,5 cm ; L. 48,3 cm
Barcelone, Museu Picasso,
MPB 110.875

Pablo Picasso
Étude académique d'un plâtre d'après l'antique (fragment d'homme allongé, fronton ouest du Parthénon),Barcelone, 1895
Fusain, crayon Conté et crayon graphite sur papier
H. 47,4 cm ; L. 61 cm
Barcelone, Museu Picasso,
MPB 110.886

Pablo Picasso
Étude académique d'un plâtre d'après l'antique, Barcelone, 1895
Fusain, estompe et touches de craie sur papier
H. 63 cm ; L. 47,3 cm
Barcelone, Museu Picasso,
MPB 110.873

Pablo Picasso
Étude académique d'un plâtre d'après l'antique (*Vénus de Milo*, musée du Louvre),
Barcelone, 1895-1896
Fusain et touches de crayon noir sur papier vergé ivoire
H. 61,8 cm ; L. 47,7 cm
Barcelone, Museu Picasso,
MPB 110.876

Pablo Picasso
Étude académique d'un plâtre d'après l'antique (*Faune au chevreau*, Museo Nacional del Prado),
Barcelone, 1895-1896
Fusain sur papier
H. 63 cm ; L. 47,5 cm
Barcelone, Museu Picasso,
MPB 110.598

Pablo Picasso
Manuscrit autographe, (1932)
Crayon sur une enveloppe de la Galerie Simon
H. 11,5 cm ; L. 14,5 cm
Paris, musée Picasso, archives Picasso, B1-4

Pablo Picasso
La Crucifixion, Boisgeloup,
17 septembre 1932
Encre de Chine sur papier
H. 34 cm ; L. 51 cm
Paris, musée Picasso, dation Pablo Picasso 1979, MP 1071

Pablo Picasso
La Crucifixion, Boisgeloup,
17 septembre 1932
Encre de Chine sur papier
H. 34 cm ; L. 51 cm
Paris, musée Picasso, dation Pablo Picasso 1979, MP 1072

Pablo Picasso
La Crucifixion, Boisgeloup,
19 septembre 1932
Encre de Chine sur papier
H. 34,5 cm ; L. 51 cm
Paris, musée Picasso, dation Pablo Picasso 1979, MP 1076

Pablo Picasso
La Crucifixion, Boisgeloup,
4 octobre 1932
Encre de Chine sur papier
H. 34 cm ; L. 51 cm
Paris, musée Picasso, dation Pablo Picasso 1979, MP 1078

Pablo Picasso
Crâne de mouton, Royan,
1er octobre 1939
Huile et encre de Chine sur papier
H. 46,2 cm ; L. 65 cm
Paris, musée Picasso, dation Pablo Picasso 1979, MP 1223

Pablo Picasso
Carnet, Royan, 10 janvier – 26 mai 1940
Crayon de graphite, plume et encre de Chine, aquarelle, gouache sur papier à petits carreaux
H. 16 cm ; L. 10,5 cm
Paris, musée Picasso, dation Pablo Picasso 1979, MP 1879

Pablo Picasso
Carnet,
Paris, 15 novembre – 5 décembre 1954
Plume et lavis d'encre de Chine, crayon graphite sur papier Ingres
H. 27 cm ; L. 21 cm
Paris, musée Picasso, dation Pablo Picasso 1979, MP 1883

Pablo Picasso
Étude pour « Les Femmes d'Alger d'après Delacroix »,
21 décembre 1954
Plume et encre de Chine sur papier vergé
H. 34,8 cm ; L. 43,5 cm
Paris, musée Picasso, dation Pablo Picasso 1979, MP 1431

Pablo Picasso
Étude pour « Les Femmes d'Alger d'après Delacroix »,
26 décembre 1954
Plume, encre de Chine sur papier quadrillé
H. 21 cm ; L. 27 cm
Paris, musée Picasso, dation Pablo Picasso 1979, MP 1441

Pablo Picasso
Étude pour « Les Femmes d'Alger d'après Delacroix »,
26 décembre 1954
Plume, encre de Chine sur papier quadrillé
H. 21 cm ; L. 27 cm
Paris, musée Picasso, dation Pablo Picasso 1979, MP 1443

Pablo Picasso
Étude pour « Les Femmes d'Alger d'après Delacroix »,
28 décembre 1954
Plume, encre de Chine sur papier quadrillé
H. 21 cm ; L. 27 cm
Paris, musée Picasso, dation Pablo Picasso 1979, MP 1447

Pablo Picasso
Étude pour « Les Femmes d'Alger d'après Delacroix »,
28 décembre 1954
Plume, encre de Chine sur papier quadrillé
H. 21 cm ; L. 27 cm
Paris, musée Picasso, dation Pablo Picasso 1979, MP 1450

Pablo Picasso
Étude pour « Les Femmes d'Alger d'après Delacroix »,
8 janvier 1955
Plume et encre de Chine au verso d'un carton d'invitation
H. 10 cm ; L. 12,5 cm
Paris, musée Picasso, dation Pablo Picasso 1979, MP 1491

Pablo Picasso
Étude pour « Les Femmes d'Alger d'après Delacroix »
8 janvier 1955
Plume et encre de Chine au verso d'un carton d'invitation
H. 10 cm ; L. 12,5 cm
Paris, musée Picasso, dation Pablo Picasso 1979, MP 1492

Pablo Picasso
Étude pour « Les Femmes d'Alger d'après Delacroix »,
8 janvier 1955
Plume et encre de Chine au verso d'un carton d'invitation
H. 10 cm ; L. 12,5 cm
Paris, musée Picasso, dation Pablo Picasso 1979, MP 1493

Pablo Picasso
Étude pour « Les Femmes d'Alger d'après Delacroix »,
8 janvier 1955
Plume et encre de Chine au verso d'un carton d'invitation
H. 10 cm ; L. 12,5 cm
Paris, musée Picasso, dation Pablo Picasso 1979, MP 1494

Pablo Picasso
Étude pour « Les Femmes d'Alger d'après Delacroix »,
8 janvier 1955
Plume et encre de Chine au verso d'un carton d'invitation
H. 10 cm ; L. 12,5 cm
Paris, musée Picasso, dation Pablo Picasso 1979, MP 1495

Pablo Picasso
Étude pour « Les Femmes d'Alger d'après Delacroix »,
8 janvier 1955
Plume et encre de Chine au verso d'un carton d'invitation
H. 10 cm ; L. 12,5 cm
Paris, musée Picasso, dation Pablo Picasso 1979, MP 1496

Pablo Picasso
Étude pour « Les Femmes d'Alger d'après Delacroix »,
23 janvier 1955
Plume, encre de Chine sur papier vélin Whatman
H. 42,5 cm ; L. 55,2 cm
Paris, musée Picasso, dation Pablo Picasso 1979, MP 1498

Pablo Picasso
Étude pour « Les Femmes d'Alger d'après Delacroix »,
7 février 1955
Plume, encre de Chine sur papier
H. 35 cm ; L. 43,5 cm
Paris, musée Picasso, dation Pablo Picasso 1979, MP 1500

Pablo Picasso
Le Déjeuner sur l'herbe d'après Manet,
Mougins, 17 juin 1962
Crayons gras et crayon graphite sur papier
H. 42,5 cm ; L. 52 cm
Paris, musée Picasso, dation Pablo Picasso 1979, MP 1534

Gravures

Pablo Picasso
David et Bethsabée, 30 mars 1947
Lithographie, 1er état
H. 65,5 cm ; L. 49,8 cm
Paris, musée Picasso, dation Pablo Picasso 1979, MP 3419

Pablo Picasso
David et Bethsabée, 30 mars 1947
Lithographie, 2e état
H. 65 cm ; L. 50 cm
Paris, musée Picasso, dation Pablo Picasso 1979, MP 3420

Pablo Picasso
David et Bethsabée, 30 mars 1947
Lithographie, 4e état
H. 65 cm ; L. 49 cm
Paris, musée Picasso, dation Pablo Picasso 1979, MP 3424

Pablo Picasso
David et Bethsabée, 9 mai 1949
Lithographie, 6e état
H. 75,6 cm ; L. 56,8 cm
Paris, musée Picasso, dation Pablo Picasso 1979, MP 3432

Pablo Picasso
Portrait de jeune fille d'après Lucas Cranach l'Ancien,
Cannes, 4 juillet 1958
Linogravure en cinq couleurs, épreuve sur vélin d'Arches
H. 77 cm ; L. 57,4 cm
Paris, musée Picasso, dation Pablo Picasso 1979, MP 3469

Pablo Picasso
Le Déjeuner sur l'herbe d'après Manet,
Mougins, 4 juillet 1961
Gravure à la gouge en deux couleurs sur deux linoléums
H. 53 cm ; L. 64 cm
Paris, musée Picasso, dation Pablo Picasso 1979, MP 3486

Pablo Picasso
Le Déjeuner sur l'herbe d'après Manet,
Mougins, 4 juillet 1961
Linogravure en deux couleurs, plateau principal, 1er état
H. 62,1 cm ; L. 75,2 cm
Paris, musée Picasso, dation Pablo Picasso 1979, MP 3487

Pablo Picasso
Le Déjeuner sur l'herbe d'après Manet,
Mougins, 26 janvier – 13 mars 1962
Linogravure en six couleurs sur un linoleum
H. 62,1 cm ; L. 75,4 cm
Paris, musée Picasso, dation Pablo Picasso 1979, MP 3488

Pablo Picasso
Le Déjeuner sur l'herbe d'après Manet,
Mougins, 26 janvier – 13 mars 1962
Linogravure en six couleurs sur un linoleum
H. 62,1 cm ; L. 75,4 cm
Paris, musée Picasso, dation Pablo Picasso 1979, MP 3489

Pablo Picasso
Le Déjeuner sur l'herbe d'après Manet,
27 janvier 1962
Lithographie
H. 25 cm ; L. 32 cm
Paris, Bibliothèque nationale de France, département des Estampes

Pablo Picasso
Femme nue cueillant des fleurs. Variation sur « Le Déjeuner sur l'herbe » d'après Manet
Mougins, 20 avril 1962
Gravure sur linoléum en quatre couleurs sur un linoléum daté au dos par l'artiste
H. 62,7 cm ; L. 44,2 cm
Paris, musée Picasso, dation Pablo Picasso 1979, MP 3493

Pablo Picasso
« Petit déjeuner sur l'herbe », d'après Manet, 2e état
Mougins, 22 avril 1962
Gravure en quatre couleurs sur un linoléum, épreuve sur vélin d'Arches
H. 62,7 cm ; L. 44,2 cm
Paris, musée Picasso, dation Pablo Picasso 1979, MP 3494

Pablo Picasso
« Le Déjeuner sur l'herbe », d'après Manet, 2e état
Mougins, 23 avril 1962
Gravure à la gouge en quatre couleurs sur un linoléum
H. 52,5 cm ; L. 63,7 cm
Paris, Bibliothèque nationale de France, département des Estampes

Pablo Picasso
Raphaël et la Fornarina,
29 août 1968
Eau-forte sur cuivre
H. 27,9 cm ; L. 38,9 cm
Collection particulière

Pablo Picasso
Raphaël et la Fornarina,
31 août 1968
Eau-forte sur cuivre
H. 16,7 cm ; L. 20,8 cm
Collection particulière

Pablo Picasso
Raphaël et la Fornarina,
31 août 1968
Eau-forte sur cuivre
H. 23,2 cm ; L. 33,1 cm
Collection particulière

Pablo Picasso
Raphaël et la Fornarina,
31 août 1968
Eau-forte sur cuivre
H. 41,4 cm ; L. 49,5 cm
Collection particulière

Pablo Picasso
Raphaël et la Fornarina,
1er septembre 1968
Eau-forte sur cuivre
H. 14,8 cm ; L. 20,9 cm
Collection particulière

Pablo Picasso
Raphaël et la Fornarina,
2 septembre 1968
Eau-forte sur cuivre
H. 14,8 cm ; L. 20,9 cm
Collection particulière

Pablo Picasso
Raphaël et la Fornarina,
3 septembre 1968
Eau-forte sur cuivre
H. 14,8 cm ; L. 20,9 cm
Collection particulière

Pablo Picasso
Raphaël et la Fornarina,
9 septembre 1968
Eau-forte sur cuivre
H. 14,8 cm ; L. 20,9 cm
Collection particulière

Pablo Picasso
Ecce Homo : le théâtre de Picasso
Mougins, 3 février 1970
Aquatinte, eau-forte grattoir et pointe sèche sur cuivre, 1er état
H. 57,9 cm ; L. 50 cm
Paris, musée Picasso, dation
Pablo Picasso 1979, MP 3092

Pablo Picasso
Ecce Homo : le théâtre de Picasso
Mougins, 3 février 1970
Aquatinte, eau-forte grattoir et pointe sèche sur cuivre, 2e état
H. 57,9 cm ; L. 50 cm
Paris, musée Picasso, dation
Pablo Picasso 1979, MP 3093

Pablo Picasso
Ecce Homo : le théâtre de Picasso
Mougins, 3 février 1970
Aquatinte, eau-forte grattoir et pointe sèche sur cuivre, 3e état
H. 57,9 cm ; L. 50 cm
Paris, musée Picasso, dation
Pablo Picasso 1979, MP 3094

Pablo Picasso
Ecce Homo : le théâtre de Picasso
Mougins, 3 février 1970
Aquatinte, eau-forte grattoir et pointe sèche sur cuivre, 4e état
H. 57,9 cm ; L. 50 cm
Paris, musée Picasso, dation
Pablo Picasso 1979, MP 3095

Pablo Picasso
Sans Titre (Artiste peignant *Le Déjeuner sur l'herbe d'après Manet*),
Mougins, 9 avril 1970
Eau-forte
H. 22 cm ; L. 28 cm
Paris, musée Picasso, dation
Jacqueline Picasso 1990,
MP 1990-234
Dépôt à Saint-Étienne, musée d'Art moderne

Pablo Picasso
Degas chez les filles. Repos et intimité, Mougins, mars 1971
Eau-forte, pointe sèche, épreuve sur vélin de Rives, 1er état
H. 50 cm ; L. 65 cm
Paris, musée Picasso, dation
Pablo Picasso 1979, MP 3126

Pablo Picasso
Filles au repos avec Degas songeur,
13 mars 1971
Eau-forte et pointe sèche sur cuivre, épreuve sur vélin de Rives, 1er état
H. 28 cm ; L. 37,9 cm
Paris, musée Picasso, dation
Pablo Picasso 1979, MP 3130

Pablo Picasso
La Patronne faiseuse d'anges, avec trois filles.
Degas aux mains dans le dos
Mougins, mai 1971
Pointe sèche, grattoir sur cuivre, épreuve sur vélin de Rives, 1er état
H. 50 cm ; L. 65,3 cm
Paris, musée Picasso,dation
Pablo Picasso 1979, MP 3133

Pablo Picasso
La Patronne faiseuse d'anges, avec trois filles.
Degas aux mains dans le dos
(1834-1917)
Mougins, mai 1971
Pointe sèche et grattoir sur cuivre, épreuve sur vélin de Rives, 2e état
H. 50 cm ; L. 65,3 cm
Paris, musée Picasso, dation
Pablo Picasso 1979, MP 3134

Pablo Picasso
Degas paie et s'en va.
Les filles ne sont pas tendres,
Mougins, mai 1971
Aquatinte au sucre, grattoir et pointe sèche sur cuivre, épreuve sur vélin de Rives, 1er état
H. 50,2 cm ; L. 65,3 cm
Paris, musée Picasso, dation
Pablo Picasso 1979, MP 3141

Céramique
Pablo Picasso
Fragment d'une plaque décorée du « Déjeuner sur l'herbe », d'après Manet,
Mougins-Vallauris, 15 mai 1962
Terre blanche ; plaque estampée sur une matrice en plâtre, en surmoulage d'une gravure sur linoleum du 13 mars 1962, décor à l'engobe sous couverte au pinceau
H. 48,5 cm ; L. 33,5 cm ; P. 1,8 cm
Paris, musée Picasso, dation
Jacqueline Picasso 1990,
MP 1990-376

Pliages
Pablo Picasso
« Le Déjeuner sur l'herbe » d'après Manet : Femme assise,
Mougins, 26 août 1962
Carton découpé et plié avec crayon de graphite
H. 34,3 cm ; L. 25 cm
Paris, musée Picasso, dation
Pablo Picasso 1979, MP 1831

Pablo Picasso
« Le Déjeuner sur l'herbe » d'après Manet : Homme assis accoudé,
Mougins, 26 août 1962
Carton découpé et plié avec crayon de graphite
H. 21,5 cm ; L. 27 cm
Paris, musée Picasso, dation
Pablo Picasso 1979, MP 1832

Pablo Picasso
« Le Déjeuner sur l'herbe », d'après Manet : Homme assis accoudé,
Mougins, 26 août 1962
Carton découpé et plié avec crayon de graphite
H. 21,5 cm ; L. 26 cm
Paris, musée Picasso, dation
Pablo Picasso 1979, MP 1833

Pablo Picasso
« Le Déjeuner sur l'herbe », d'après Manet : Femme au bain,
Mougins, 26 août 1962
Carton découpé et plié avec crayon de graphite
H. 23 cm ; L. 21,5 cm
Paris, musée Picasso, dation
Pablo Picasso 1979, MP 1834

Pablo Picasso
« Le Déjeuner sur l'herbe », d'après Manet : Homme assis accoudé,
Mougins, 26 août 1962
Carton découpé et plié avec crayon de graphite
H. 21,5 cm ; L. 25,5 cm
Paris, musée Picasso, dation
Pablo Picasso 1979, MP 1835

Pablo Picasso
« Le Déjeuner sur l'herbe », d'après Manet : Homme assis accoudé,
Mougins, 26 août 1962
Carton découpé et plié avec crayon de graphite
H. 10,5 cm ; L. 17 cm
Paris, musée Picasso, dation
Pablo Picasso 1979, MP 1836

Pablo Picasso
« Le Déjeuner sur l'herbe », d'après Manet : Homme assis accoudé,
Mougins, 26 août 1962
Carton découpé et plié avec crayon de graphite
H. 13 cm ; L. 17,5 cm
Paris, musée Picasso, dation
Pablo Picasso 1979, MP 1837

Pablo Picasso
« Le Déjeuner sur l'herbe », d'après Manet : Femme assise,
Mougins, 27 août 1962
Carton découpé et plié avec crayon de graphite
H. 26,2 cm ; L. 20 cm
Paris, musée Picasso, dation
Pablo Picasso 1979, MP 1838

Pablo Picasso
« Le Déjeuner sur l'herbe », d'après Manet : Homme assis accoudé,
Mougins, 27 août 1962
Carton découpé et plié avec crayon de graphite
H. 28 cm ; L. 37,5 cm
Paris, musée Picasso, dation
Pablo Picasso 1979, MP 1841

Pablo Picasso
« Le Déjeuner sur l'herbe », d'après Manet : Homme assis accoudé,
Mougins, 27 août 1962
Carton découpé et plié avec crayon de graphite
H. 8,5 cm ; L. 17 cm
Paris, musée Picasso, dation
Pablo Picasso 1979, MP 1842

Pablo Picasso
« Le Déjeuner sur l'herbe », d'après Manet : Homme assis accoudé,
Mougins, 27 août 1962
Carton découpé et plié avec crayon de graphite
H. 9 cm ; L. 14, 5 cm
Paris, musée Picasso, dation
Pablo Picasso 1979, MP 1843

Pablo Picasso
« Le Déjeuner sur l'herbe », d'après Manet : Homme assis accoudé,
Mougins, 28 août 1962
Carton découpé et plié avec crayon de graphite
H. 20 cm ; L. 26 cm
Paris, musée Picasso, dation
Pablo Picasso 1979, MP 1844

Pablo Picasso
« Le Déjeuner sur l'herbe », d'après Manet : Homme assis accoudé,
Mougins, 28 août 1962
Carton découpé et plié avec crayon de graphite
H. 24,5 cm ; L. 33 cm
Paris, musée Picasso, dation
Pablo Picasso 1979, MP 1845

Pablo Picasso
« Le Déjeuner sur l'herbe », d'après Manet : Homme assis accoudé,
Mougins, 28 août 1962
Carton découpé et plié avec crayon de graphite
H. 22 cm ; L. 34 cm
Paris, musée Picasso, dation
Pablo Picasso 1979, MP 1846

Pablo Picasso
« Le Déjeuner sur l'herbe », d'après Manet : Homme assis accoudé,
Mougins, 31 août 1962
Carton découpé et plié avec crayon de graphite
H. 25 cm ; L. 32 cm
Paris, musée Picasso, dation
Pablo Picasso 1979, MP 1847

Pablo Picasso
« Le Déjeuner sur l'herbe », d'après Manet : Homme assis accoudé,
Mougins, août 1962
Carton découpé et plié avec crayon de graphite
H. 20 cm ; L. 29 cm
Paris, musée Picasso, dation
Pablo Picasso 1979, MP 1848

José Ponce Puente
José Ponce Puente
Portrait de José Ruiz-Blasco,
vers 1895
Huile sur toile
H. 79 cm ; L. 61 cm
Collection particulière

Nicolas Poussin
(Villers, près des Andelys, 1594 – Rome, 1665)

Nicolas Poussin
Le Triomphe de Pan, 1636
Huile sur toile

H. 135,9 cm ; L. 146 cm
Londres, The National Gallery, NG 6477

Nicolas Poussin
L'Enlèvement des Sabines, 1637-1638
Huile sur toile
H. 159 cm ; L. 206 cm
Paris, musée du Louvre, inv. 7290

Nicolas Poussin
Portrait de l'artiste, 1650
Huile sur toile
H. 98 cm ; L. 74 cm
Paris, musée du Louvre, inv. 7302

Pierre Cécil Puvis de Chavannes
(Lyon 1824 – Paris, 1898)

Pierre Puvis de Chavannes
Jeunes filles au bord de la mer, vers 1879
Huile sur toile
H. 61 cm ; L. 47 cm
Paris, musée d'Orsay, RF 2015

Rembrandt Harmenszoon van Rijn
(Leyde 1606 – Amsterdam, 1669)

Rembrandt van Rijn
Femme se baignant dans une rivière (Hendrickje Stoffels), 1654
Huile sur bois
H. 61,8 cm ; L. 47 cm
Londres, The National Gallery, NG 54

Rembrandt van Rijn
Rembrandt au chevalet, 1660
Huile sur toile
H. 111 cm ; L. 85 cm
Paris, musée du Louvre, inv. 1747

Le Suiveur de Rembrandt
Homme assis, vers 1675-1725
Huile sur toile
H. 137,5 cm ; L. 104,8 cm
Londres, The National Gallery, NG 51

Rembrandt van Rijn
Le Christ montré au peuple, 1655
Pointe sèche sur papier, 8e état
H. 35,8 cm ; L. 45,5 cm
Amsterdam, Museum het Rembrandthuis, 60.002 / B 76 b

Pierre-Auguste Renoir
(Limoges, 1841 – Cagnes, 1919)

Pierre-Auguste Renoir
Danse à la campagne, 1883
Huile sur toile
H. 180 cm ; L. 90 cm
Paris, musée d'Orsay, RF 1979 64

Pierre-Auguste Renoir
Baigneuse assise dans un paysage, dite *Eurydice*, 1885-1896
Huile sur toile
H. 116 cm ; L. 89 cm
Paris, musée Picasso, donation Pablo Picasso 1973, RF 1973-87

Pierre-Auguste Renoir
La Coiffure, 1900-1901
Sanguine et craie blanche sur papier marouflé sur toile
H. 145,5 cm ; L. 103 cm
Paris, musée Picasso, donation Pablo Picasso 1973, RF 35793

José (ou Jusepe) de Ribera
(Játiva, 1591 – Naples, 1652)

José de Ribera
Démocrite, 1630
Huile sur toile
H. 125 cm ; L. 81 cm
Madrid, Museo Nacional del Prado, P 1121

Le Douanier Rousseau (Henri Rousseau, dit)
(Laval, 1844 – Paris, 1910)

Le Douanier Rousseau
Portrait de femme, 1895
Huile sur toile
H. 160 cm ; L. 105 cm
Paris, musée Picasso, donation Pablo Picasso 1973, RF 1973-90

Titien (Tiziano Vecellio, dit)
(Pieve di Cadore, vers 1490 – Venise, 1576)

Titien
Vénus se divertissant avec l'Amour et la Musique, vers 1548
Huile sur toile
H. 149 cm ; L. 217,7 cm
Madrid, Museo Nacional del Prado, P 421

Henri de Toulouse-Lautrec
(Albi, 1864 – Château de Malromé, Gironde, 1901)

Henri de Toulouse-Lautrec
En Cabinet particulier (Au Rat mort), 1899
Huile sur toile
H. 55,1 cm ; L. 46 cm
Londres, Courtauld Institute Galleries, P.1948.SC.466

Henri de Toulouse-Lautrec
Deux Femmes demi-nues de dos
Huile sur carton
H. 54 cm ; L. 39 cm
Albi, musée Toulouse-Lautrec, inv. 179

Vincent van Gogh
(Groot-Zundert, Brabant, 1853 – Auvers-sur-Oise, 1890)

Vincent van Gogh
L'Arlésienne (Madame Ginoux),1888
Huile sur toile
H. 92,3 cm ; L. 73,5 cm
Paris, musée d'Orsay, RF 1952-6

Vincent van Gogh
Autoportrait, 1888
Huile sur toile
H. 65,5 cm ; L. 50,5 cm
Amsterdam, Van Gogh Museum, F 522

Vincent van Gogh
Autoportrait, 1889
Huile sur toile
H. 65 cm ; L. 54,5 cm
Paris, musée d'Orsay, don Paul et Marguerite Gachet, RF 1949 17

Diego Rodríguez de Silva y Velázquez
(Séville, 1599 – Madrid, 1660)

Diego Velázquez
Francisco Pacheco, 1621-1622
Huile sur toile
H. 40 cm ; L. 36 cm
Madrid, Museo Nacional del Prado, P 1209

Diego Velázquez
Portrait du nain Sebastián de Morra, 1644
Huile sur toile
H. 106 cm ; L. 81 cm
Madrid, Museo Nacional del Prado, P 1202

Diego Velázquez
L'Infante Marie Marguerite, vers 1653
Huile sur toile
H. 70 cm ; L. 58 cm
Paris, musée du Louvre, inv. 941

Francisco de Zurbarán
(Fuente de Cantos, Estrémadure, 1598 – Madrid, 1664)

Francisco de Zurbarán
Verre d'eau et rose sur un plateau d'argent, 1630
Huile sur toile
H. 21,2 cm ; L. 30,1 cm
Londres, The National Gallery, NG 6566

Francisco de Zurbarán
Saint Francois d'Assise dans sa tombe, 1630-1634
Huile sur toile
H. 204,2 cm ; L. 113,3 cm
Milwaukee, Milwaukee Art Museum, M1958.70

Francisco de Zurbarán
Agnus Dei, vers 1635-1640
Huile sur toile
H. 38 cm ; L. 62 cm
Madrid, Museo Nacional del Prado, P 7293

Francisco de Zurbarán
Nature morte (pots), vers 1635-1664
Huile sur toile
H. 46 cm ; L. 84 cm,
Barcelone, Museu Nacional d'Art de Catalunya, MNAC/MAC 64994

Moulages d'après l'Antique
Buste et tête de la Vénus de Milo. Copie d'après l'antique (*Vénus de Milo*, musée du Louvre)
Moulage en plâtre, tirage intégral
H. 107 cm ; L. 54 cm ; P. 44 cm
Paris, musée du Louvre, département des Antiquités grecques, étrusques et romaines, GY 1537

Figure masculine allongée accoudée. Copie d'après l'antique (*Ilissos allongé*, fronton ouest du Parthénon)
Moulage en plâtre, tirage intégral
H. 90 cm ; L. 190 cm
Paris, musée du Louvre, département des Antiquités grecques, étrusques et romaines, GY 0144

Faune au chevreau. Copie d'après l'antique (*Faune au chevreau*, Museo Nacional del Prado)
Moulage en plâtre, tirage intégral
H. 150 cm ; L. 60 cm
Paris, musée du Louvre, département des Antiquités grecques, étrusques et romaines, GY 0201

BIBLIOGRAPHIE

A

Anderson (John), « Faustus / Vélasquez / Picasso », *Arts Canada*, n° 106, mars 1976, repris in Schiff, (Gert) [éd.], *Picasso in perspective*, Englewoods Cliffs, Prentice Hall, 1976, p. 158-162.

Anglin-Burgard (Thimothy), « Picasso and Appropriation », *The Art Bulletin*, vol. 72, n° 3, 1991, p. 479-494.

Apollinaire (Guillaume), « Propos de Pablo Picasso », *in Picasso / Apollinaire*, Correspondance, Paris, Gallimard, coll. « Art et Artistes », 1992.

Ashton (Dore) [éd.], *Picasso on Art : A Selection of Views*, Documents of 20th Century Art, New York, Viking, 1972.

B

Baer (Brigitte), « Picasso : emprunts et citations », *Nouvelles de l'Estampe*, n° 112-113, octobre 1990, p. 24-34.

Baer (Brigitte), « Picasso et les Citations libres », *in Pablo Picasso gli ultimi anni*, Rome, Accademia di Francia a Roma, Bibliothèque nationale de France, Edizioni Carte Segrete, 1987.

Baer (Brigitte), « Sept années de gravure : le théâtre et ses limites », *in Le Dernier Picasso, 1953-1973*, Paris, Centre Pompidou, musée national d'Art moderne, 1988.

Baldassari (Anne), « Photographisme », *in Picasso et la Photographie. « À plus grande vitesse que les images »*, Paris, musée Picasso, 1995, Paris, Réunion des musées nationaux, 1995.

Bantens (Robert James), *Eugène Carrière, his Work and his Influence*, UMI, Research Press, Michigan, 1983.

Barbé Coquelin de Lisle (Geneviève), « Goya y Picasso : la Inspiración goyesca en *Sueño y mentira de Franco* y en *Guernica* », *Conversaciones sobre Goya y el arte ccontemporáneo, Seminario de arte aragones*, XXXII, Saragosse, Institución Fernando el Católico (C.S.I.C.), 1980.

Barbé Coquelin de Lisle (Geneviève), « Semiótica del toro y del caballo en la obra de Picasso : el caso de Sueño y mentira de Franco (1937) », *in Teoría semiótica. Lenguajes y textos hispanicos, vol. I de las Actas del Congreso Internacional sobre Semiótica e Hispanismo*, Madrid, Consejo superior de investigaciones cientificas, 1983.

Barousse (Pierre), « Ingres tel qu'en lui-même », *in Ingres et sa postérité jusqu'à Matisse et à Picasso*, Montauban, musée Ingres, 1980.

Bernadac (Marie-Laure) et Michael (Androula), *Picasso. Propos sur l'art*, Paris, Gallimard, 1998.

Bernadac (Marie-Laure), « De Manet à Picasso : l'éternel retour », *in Bonjour monsieur Manet*, Paris, Centre Pompidou, musée national d'Art moderne, 1983.

Bernadac (Marie-Laure), « L'Aubade », *in La Collection du musée national d'Art moderne*, Paris, Centre Pompidou, musée national d'Art moderne, 1986, p. 452-483.

Bernadac (Marie-Laure), « Picasso et les Peintres du passé », *Picasso*, Paris, Nouvelles Éditions Françaises, 1985.

Bernadac (Marie-Laure), « Picasso, 1953-1973 : la peinture comme modèle », *in Le Dernier Picasso, 1953-1973*, Paris, Musée national d'Art moderne, Centre Georges Pompidou, 1988.

Bernadac (Marie-Laure), *Picasso e il Mediterraneo*, Rome, Accademia di Francia a Roma (Villa Medici), 1982.

Bernadac (Marie-Laure), *Picasso et les Maîtres anciens*, Alger, musée national des Beaux-Arts, 1987.

Bernier (Georges) et Bernier (Rosamond) [éds.], « Altdorfer vu par Picasso », *L'Œil*, n° 5, 15 mai 1955, p. 37-39.

Blunt (Anthony), « Picasso's Classical Period (1917-25) », *Burlington Magazine*, n° 781, vol. CX, avril 1968, p. 187-191.

Blunt (Anthony), Pool (Phoebe), *Picasso. The Formative Years. A Study of his Sources*, Londres, Studio Books, 1962.

Boehm (Gottfried), « Une autre modernité », *in Canto d'amore. Modernité et classicisme dans la musique et les Beaux-Arts entre 1914 et 1935*, Bâle, Kunstmuseum, Fondation Paul Sacher, Paris, Flammarion, 1996, p. 15-38.

Boehm (Gottfried), *Cézanne und die Moderne*, Bâle, Fondation Beyeler, 2000.

Boudaille (Georges), *Picasso*, Paris, Nouvelles Éditions Françaises, 1985.

Bouiller (Jean-Roch), « Probité de l'art, rappel à l'ordre et retour à Ingres au début du XXe siècle », *in* Madeline (Laurence), *Picasso Ingres*, musée Picasso, Réunion des musées nationaux, Paris, Fayard, 2004.

Brassaï (Georges), « Crucifixions – Dessins de Picasso, d'après la *Crucifixion* de Grünewald », *Minotaure*, n° 1, 15 février 1933, p. 30-32.

Brassaï (Georges), *Conversations avec Picasso*. Paris, Gallimard, 1964 ; rééd. 1986.

Brown (Jonathan), *Picasso and the Spanish Tradition*, New Haven et Londres, Yale University Press, 1996.

Bryson (Norman), *Tradition and Desire*, Cambridge, 1987.

C

Cabanne (Pierre), « Degas chez Picasso », *Connaissances des Arts*, Paris, n° 262, décembre 1973, p. 146-151.

Calvo Serraller (Francisco), « El Bodegón español », *in El Bodegón español [De Zurbarán a Picasso]*, Bilbao, Museo de Bellas Artes, 1999.

Calvo Serraller (Francisco), « Picasso frente a la historia », *in Picasso Tradición y vanguardia*, Madrid, Museo Nacional del Prado, Museo Nacional Centro de Arte Reina Sofía, 2006.

Camon Aznar (José) « *Las Meninas* de Velázquez, segun Picasso », *Goya*, n° 86, septembre-octobre 1986, p. 88-93.

Campo y Francés (Angel del), Azcárate Ristori (José María de), *La Magia de Las Meninas : una iconologia Velazqueña*, Madrid, Colegio de Ingenieros de Caminos, Canales y Puertos, 1978.

Carrà (Carlo), « Da Cézanne a noi futuristi », 15 mai 1913, *in Tutti gli scritti*, Milan, 1978, p. 14, cité par Claudio Pizzorusso, « Puvis dans la tourmente : une histoire italienne », *in De Puvis de Chavannes à Matisse et Picasso*, Venise, Palazzo Grassi, 2002 ; Paris, Flammarion, 2002, p. 220-222.

Casado Alcade (Esteban), « Picasso como copista del Prado », *Goya*, n° 245, mars-avril 1995, p. 281.

Ceysson (Bernard), « La Copie destructive », *Revue de l'art*, n° 11, 1973, p. 119-124.

Cirici (Alexandre), *Una lectura de les Menines de Picasso*, Montserrat, Serra d'Or, VIII, 1970.

Cirlot (Juan Eduardo), « El Informalismo de *Las Meninas* de Picasso », *Revista*, Barcelone, 13 juin 1959, p. 16-23.

Clair (Jean) [éd.], *Picasso 1917-1924. Le voyage d'Italie*, Venise, Paris, Gallimard, 1998.

Clair (Jean), « Cette chose admirable, le péché... », « Eros et Nomos », *in Une leçon d'abime, neuf approches de Picasso*, Paris, Gallimard, 2005.

Clair (Jean), « Picasso Figuren. Eine Rhetorik der Geschwindigkeit », *in Picasso. Malen gegen die Zeit*, Vienne, Albertina, Düsseldorf, Kunstsammlung, 2006, Ostfildern, Hatje Cantz Verlag, 2006.

Cohen (Janie), « Picasso's Dialogue with Rembrandt's Art », *in Etched on the Memory. The Presence of Rembrandt in the Prints of Goya and Picasso*, Amsterdam, The Rembrandt House Museum, 2000, p. 80-122.

Cohen (Janie), « Picasso's Exploration of Rembrandt's Art 1967-1972 », *Arts Magazine*, New York, octobre 1983, p. 119-127.

Cohen (Janie), *Picasso inside the Image. Prints from the Ludwig Museum*, Cologne, Robert Hull Fleming Museum, University of Vermont, 1995.

Cohen (Janie), *Picasso, Rembrandt, Picasso*, Amsterdam, Museum het Rembrandthuis, 1990.

Cohen (Janie), Rose-de Viejo (Isadora), *Etched on the Memory. The Presence of Rembrandt in the Prints of Goya and Picasso*, Amsterdam, The Rembrandt House Museum, 2000.

Cooper (Douglas), « Les Déjeuners, un changement à vue », *in Picasso. Le Déjeuner sur l'herbe 1960-1961*, Paris, Galerie Louise Leiris, 1962.

Cooper (Douglas), *Pablo Picasso. Les Déjeuners*, Paris, Éditions Cercle d'Art, 1962.

Cordova (Ruben Charles), *Primitivism and Picasso's early Cubism*, Ph. D., University of California, Berkeley, 1998.

Cortenova (Giorgio), *Picasso in Italia*, Vérone, Galleria d'Arte Moderna e Contemporanea, Palazzo Forti, Mazzotta, 1990.

Cossio Del Pomar (Felipe), *Con las Buscadores del Camino*, Madrid, Ediciones Ulises, 1932, p. 109.

Cousin (Christophe), Bouvier (Yves), *Picasso / Delacroix, Influences, Résurgence*, Belfort, donation Maurice Jardot, 2001.

Cowling (Elizabeth), « Pablo Picasso », *in On Classic Ground : Picasso, Léger, De Chirico and The New Classicism 1910-1930*, Londres, The Tate Gallery, 1990, p. 200-223.

Cowling (Elizabeth), « The Passage of Time in Picasso's "Neo-classical" Paintings. Permanence, Transcience and Continuity », *Apollo*, octobre 1998, p. 3-10.

Cowling (Elizabeth), *Style and Meaning*, Londres, Phaidon Press Limited, 2002.

Cuzin (Jean-Pierre), *Copier, créer. De Turner à Picasso. 300 œuvres inspirées par les maîtres du Louvre*, Paris, Musée du Louvre, 1993.

Cuzin (Jean-Pierre), Salmon (Dimitri), *Ingres / Regards croisés*, Paris, Mengès, Réunion des musées nationaux, 2006.

D

Dagen (Philippe), « "L'Exemple égyptien" : Matisse, Derain et Picasso entre fauvisme et cubisme (1905-1908) », *Bulletin de la Société de l'Histoire de l'Art Français*, 1984.

Daix (Pierre), « La Tauromachie vue par Goya et Picasso », *L'Œil*, n° 324-325, juillet-août 1982, p. 72-77.

Daix (Pierre), *Dictionnaire Picasso*, Paris, Robert Laffont, 1995.

Daix (Pierre), *Picasso à La Californie. Picasso. L'Atelier de La Californie*, Cannes, La Malmaison, 1994, p. 11-15.

Daix (Pierre), *Picasso créateur, la vie intime et l'œuvre*, Paris, Seuil, 1987.

Desnos (Robert), *Écrits sur les peintres*, Paris, Flammarion, 1984.

Dupuis-Labbé (Dominique), « El Rapto de las sabinas », *in Picasso. Las Grandes Series*, Madrid, Museo Nacional Centro de Arte Reina Sofia, 2001, p. 176-184.

Dupuis-Labbé (Dominique), « Raphaël et la Fornarina », *in Picasso érotique*, Paris, Galerie nationale du Jeu de Paume, Réunion des musées nationaux, 2001, p. 118-137.

E

Esteban (Claude), *La Dormition du comte d'Orgaz et autres essais*, Tours, Farrago, L. Scheer, 2002.

Esteban (Claude), *Trois espagnols : Vélasquez, Goya, Picasso*, Tours, Farrago, 2000.

Esteban Leal (Paloma), « Las grandes series, el artista frente al proceso de creacion », *in Picasso. Las Grandes Series*, Madrid, Museo Nacional Centro de Arte Reina Sofia, 2001.

F

Fabre (Gladys), « Antiguitat / Modernitat en l'art de 1914-1939 », *in Antiguitat / Modernitat en l'art del segle xx*, Barcelone, Fundació Joan Miró, 1990, p. 18-93.

Feeser Van Laer (Andrea), *The Recuperated Radical : Pablo Picasso and the Debate on Art and Politics in France, 1942-1962*, Ph. D., City University of New York, 1996.

Fels (Florent), *Propos d'artistes*, Paris, La Renaissance du Livre, 1925.

Fitzgerald (Michael C.), « Le Dilemme des Modernistes. Le Néoclassicisme et les Portraits d'Olga Kokhlova », *in Picasso et le Portrait*, Paris, Réunion des musées nationaux, Flammarion, 1996, p. 296-335.

Florman (Lisa), *Myth and Metamorphosis. Picasso's Classical Prints of the 1930s*, Massachusetts Institute of Technology, 2000.

Foucault (Michel), *Les Mots et les Choses*, Paris, Gallimard, 1966.

G

Gagnebin (Murielle), « Picasso Iconoclaste », *L'Arc*, 1981, n° 82, p. 39-43.

Galassi (Susan Grace), *« Games of wit » : Picasso's Variations on the Old Masters*, Ph. D., New York University, 1991.

Galassi (Susan Grace), « Picasso en el harén de Delacroix », *in Picasso. Las grandes series*, Madrid, Museo Nacional Centro de Arte Reina Sofía, 2001, p. 101-120.

Galassi (Susan Grace), « Picasso in the Studio of Velázquez », *in* Brown (Jonathan) [éd.], *Picasso and the Spanish Tradition*, New Haven et Londres, Yale University Press, 1996, p. 119-161.

Galassi (Susan Grace), « Picasso's *Odalisque* », *Source, Notes in the History of Art*, vol. XI, n° 3-4, printemps-été 1992, p. 32-38.

Galassi (Susan Grace), *Picasso's Variations on the Masters. Confrontations with the Past*, New York, Harry N. Abrams, 1996.

Gállego (Julián), « Picasso y *Las Meninas* », *in Goya*, n° 31, juillet-août 1959, p. 38-44.

Gállego (Julián), Andrade (José Manuel Pita), *Cinq siècles d'art espagnol. De Greco à Picasso*, Paris, Musée du Petit Palais, 1987-1988.

Gállego (Julián), *El Cuadro dentro del cuadro*, Madrid, Catedra, 1984.

Gallwitz (Klaus), *Picasso Laureatus, son œuvre depuis 1945*, avec un essai de José Bergamin, Lausanne, Paris, La Bibliothèque des Arts, 1971.

Galy-Carles (Henry), « Les Sources Classiques », *in xxe siècle*, n° spécial, « Hommage à Picasso », 1971, p. 62-66.

Gasman Csató (Lydia), *Mystery, Magic and Love in Picasso 1925-1938 : Picasso and the Surrealist Poets*, Ph. D, Columbia University, Ann Arbor Michigan, UMI, 1981.

Gaya Nuno (Juan Antonio), « Velázquez, *Las Meninas* y Picasso », *Mundo Hispanico*, n° 155, février 1961, P. 54-56.

Gedo Mathews (Mary), *Picasso : Art as an Autobiography*, Chicago, University of Chicago Press, 1980.

Geelhaar (Christian), « Themen 1964-1972 », *in* Geelhaar (Christian) *et al.*, *Pablo Picasso. Das Spätwerk*, Bâle, Kunstmuseum, 1981, p. 11-56.

Gilot (Françoise), Lake (Carlton), *Vivre avec Picasso*, Paris, Calmann-Levy, 1965.

Giménez (Carmen), Calvo Serraller (Francisco), *Picasso : Tradición y vanguardia*, Madrid, Museo Nacional del Prado, Museo Nacional Centro de Arte Reina Sofia, 2006.

Giménez (Carmen), Calvo Serraller (Francisco), *Spanish Painting from El Greco to Picasso, Time, Truth, and History*, New York, The Solomon R. Guggenheim, 2006.

Giraudy (Danièle), « Pablo Picasso : *La Flûte de Pan* », *in Canto d'amore. Modernité et classicisme dans la musique et les Beaux-Arts entre 1914 et 1935*, Bâle, Kunstmuseum, Fondation Paul Sacher, Paris, Flammarion, 1996.

Giraudy (Danièle), *Picasso, la Mémoire du regard*, Éditions Cercle d'Art, Paris, 1986.

Glaesemer (Jürgen), *Der junge Picasso. Frühwerk und blaue Periode*, Berne, Kunstmuseum, 1984.

Guegan (Stéphane), « Les Habits neufs de monsieur Ingres », *in* Madeline (Laurence), *Picasso Ingres*, Musée Picasso, Réunion des musées nationaux, Fayard, 2004.

H

Haverkamp-Begemann (Egbert), Logan (Carolyn), *Creative Copies : Interpretative Drawings from Michel-Angelo to Picasso*, New York, The Drawing Center, 1988.

Heck (Christian), « Entre le mythe et le modèle formel : les *Crucifixions* de Grünewald et l'art du xxe siècle », *in Corps crucifiés*, Paris, Réunion des musées nationaux, 1993, p. 84-107.

Hoffeld (Jeffrey), « Picasso's Endgame », *in Picasso. The Late Drawings*, New York, Hirschl & Adler Galleries, 1988 ; New York, Harry N. Abrams, 1988, p. 5-15.

Hütter (Heribert), *Cranach & Picasso*, Nüremberg, Kunsthalle, 1968.

Immenga (Silke), *Picasso und Spanien : kulturen Identität als Strategie*, Frankfurt, Lang, 2000.

Jenkins Fraser (David), « Baigneuses and Demoiselles, Bathers in Cezanne, Picasso and Matisse », *in Apollo*, mars 1997, p. 39-44.

Judson-Clark (Robert), Burleight-Motley (Marian), « New sources for Picasso's *Pipes of Pan* », *Arts Magazine*, vol. 55, n° 2, octobre 1980.

K

Kahnweiler (Daniel-Henry) *et al.*, *Picasso 1881-1973*, Londres, Paul Elek, 1973.

Kahnweiler (Daniel-Henry), « Entretiens avec Picasso », *in Quadrum*, novembre 1956.

Kahnweiler (Daniel-Henry), « Entretiens avec Picasso au sujet des *Femmes d'Alger* », *in Aujourd'hui, art et architecture*, n° 4, Boulogne-sur-Seine, Paris, septembre 1955, p. 12-13.

Kahnweiler (Daniel-Henry), « Huit entretiens avec Picasso », *in Le Point*, Mulhouse, n° XLII, octobre 1952, p. 22-30.

Kahnweiler (Daniel-Henry), « Vorwort », *in* Hütter (Heribert), *Cranach & Picasso*, Nüremberg, Kunsthalle, 1968.

Kahnweiler (Daniel-Henry), *Confessions esthétiques*, Paris, Gallimard, 1963.

Kahnweiler (Daniel-Henry), *Mes galeries et mes peintres. Entretiens avec Francis Crémieux*, Paris, Gallimard, 1961.

Kaufmann (Ruth), « La *Crucifixion* de Picasso, de 1930 », *in Corps crucifiés*, Paris, Réunion des musées nationaux, 1993, p. 74-83.

Kaufmann (Ruth), « Picasso's *Crucifixion* of 1930 », *in The Burlington Magazine*, septembre 1969, p. 553-561.

Kleinfelder (Karen), *The Artist, his Model, her Image, his Gaze : Picasso's Pursuit of the Model*, Chicago et Londres, University of Chicago Press, 1993.

Knirim (Helmut), « Pablo Picasso, ein akademischer "Revolutionär" », *in Picasso Imaginäres Museum*, Münster, Graphikmuseum Pablo Picasso, Ostfildern-Ruit, Hatje Cantz Verlag, 2001.

Krauss (Rosalind), *The Picasso Papers*, Londres, Thames and Hudson, 1998.

Krauss (Rosalind), *L'Inconscient optique*, Paris, Au même titre, 2002.

Kuenzi (André), « Picasso et les Maîtres anciens », *in Picasso. Estampes 1904-1972*, Martigny, Fondation Pierre Gianadda, 1981, p. 78-81.

L

Lassalle (Hélène), « Picasso et le Mythe antique », *Antiquités imaginaires. La référence antique dans l'art occidental de la Renaissance à nos jours*, Paris, Presses de l'École normale supérieure, 1996.

Leal (Brigitte), Piot (Christine), Bernadac (Marie-Laure), *Picasso, 1881-1973. La Monographie*, Paris, La Martinière, 2000.

Lecoq-Ramond (Sylvie) *et al.*, *Variations autour de la Crucifixion. Regards contemporains sur Grünewald*, Colmar, Musée d'Unterlinden, 1993.

Leiris (Michel), « Picasso et *Les Ménines* de Vélasquez », *in Picasso : les Ménines – 1957*, Paris, Galerie Louise Leiris, 1959.

Leiris (Michel), « Picasso et *Les Ménines* de Vélasquez », *in Jardin des arts*, n° 75, février 1961, p. 28-33.

Leiris (Michel), *Un génie sans piédestal et autres écrits sur Picasso*, Paris, Fourbis, 1992.

Lemoine (Serge) [éd.], *De Puvis de Chavanne à Matisse et Picasso : vers l'art moderne*, Venise, Palazzo Grassi, 2002 ; Paris, Flammarion, 2002.

Lubar (Robert S.), « Narrating the Nation : Picasso and the Myth of El Greco », *in Picasso and the Spanish Tradition*, New Haven et Londdres, Yale University Press, 1996, p. 27-60.

Lucas (John), « Picasso as a Copist », *in Art News*, vol. 54, n° 7, novembre 1955.

M

Madeline (Laurence), « *Fast so gut wie Picasso.* Einblick in das Archiv von Picasso », *in Picasso Imaginäres Museum*, Münster, Graphikmuseum Pablo Picasso, Ostfildern-Ruit, Hatje Cantz Verlag, 2001.

Madeline (Laurence), *Picasso Ingres*, musée Picasso, Réunion des musées nationaux, Fayard, 2004.

Madeline (Laurence), *Van Gogh Picasso*, Paris, La Martinière, 2006.

Malraux (André), *La Tête d'obsidienne*, Paris, Gallimard, 1974.

Mantura (Bruno) *et al.*, *Picasso 1937-1953. Gli anni dell'apogeo in Italia*, Rome, Galleria Nazionale d'Arte Moderna, 1998.

Marin (Juan), *Guernica ou le Rapt des Ménines*, Paris, Lagune, 1994.

Marrinan (Michael), « Picasso as an "Ingres" Young Cubist », *Burlington Magazine*, novembre 1977.

Martin (Kurt), « Picasso und Cranach. Bemerkungen zu Drei im Jahre 1947 Enstanden Lithographien von Picasso », *Das Kunstwerk*, n° 3, 1949, p. 10-15.

Mayer (Susan), « Greco-Roman and Egyptian Sources in the Works of Picasso », *in Art International*, vol. 53, n° 10, 1979.

Mayer (Susan), « Greco-Roman Iconography and Style in Picasso's Illustrations for Ovid's *Metamorphoses* », *in Art International*, décembre 1979.

Mayer (Susan), *Ancient Mediterranean Sources in the Works of Picasso : 1892-1937*, thèse, Ann Arbor, University of Michigan Press, 1989.

Mc Cully (Marilyn), *A Picasso Anthology : Documents, Criticism, Reminiscences*, Londres, The Arts Council of Great Britain, Thames and Hudson, 1981.

Mc Kinzey (Joan Connie), *Conversations with the Master : Picasso's Dialogues with Vélasquez*, M. A., University of North Texas, 1997.

Mekten (Günter), « Pablo Picasso : l'*Italienne* », *in Canto d'amore. Modernité et classicisme dans la musique et les Beaux-Arts entre 1914 et 1935*, Bâle,

Kunstmuseum, Fondation Paul Sacher, Paris, Flammarion, 1996, p. 164-167.
Miller (Norbert), « *Théâtre minute*. Zum ersten Blatt von Pablo Picassos *347 Gravures*, 16.3.68-5.10.68 » *in Picasso. Malen gegen die Zeit*, Vienne, Albertina, Düsseldorf, Kunstsammlung, 2006 ; Ostfildern, Hatje Cantz Verlag, 2006.
Moulin (Raoul-Jean), « Picasso et son musée imaginaire », *in* Jean Cassou, *Pablo Picasso*, Paris, Somogy, 1975.
Moutashar (Michèle), « Autoportait en Mousquetaire », *in Picasso e o Mosqueteiro 1967-1972. Le Final des Mousquetaires*, Lisbonne, Museu do Chiado, 1998.
Müller (Markus), « Kreative Raubzüge auf dem Felde des Kunstgeschichte Picasso Variationsfolgen », *in Picasso Imaginäres Museum*, Münster, Graphikmuseum Pablo Picasso, Ostfildern-Ruit, Hatje Cantz Verlag, 2001, p. 34-44.
Müller (Markus), « Picasso und Rembrandt. Eine Künstlerfreundschaft », *in Picasso Imaginäres Museum*, Münster, Graphikmuseum Pablo Picasso, Ostfildern-Ruit, Hatje Cantz Verlag, 2001, p. 56-62.

O
Olivier (Fernande), *Picasso et ses amis*, Paris, Stock, 1933.
Ors (Eugenio d'), *Goya, Picasso, Zabaleta*, Madrid, Aguilar, 1964.
Otero (Roberto), *Lejos de España, encuentros y conversaciones con Picasso*, Barcelone, Dopesa, 1975.

P
Palau i Fabre (Josep), *El secreto de* Las Meninas *de Picasso*, Barcelona, Polígrafa, 1982.
Parmelin (Hélène), « Picasso ou le Collectionneur qui n'en est pas un », *in L'Œil*, n° 230, septembre 1974, p. 6-9.
Parmelin (Hélène), *Picasso dit…*, Paris, Gonthier, 1966.
Parmelin (Hélène), *Picasso sur la place*, Paris, René Julliard, 1959.
Parmelin (Hélène), *Voyage en Picasso*, Paris, Robert Laffont, 1980.
Passeron (René), « Quand Picasso s'attaque aux chefs-d'œuvre », *in Jardin des arts*, n° 200-201, juillet-août 1971, p. 58-65.
Penrose (Roland), *Picasso*, trad. par Jacques Chavy et Paul Peyrelevade, Paris, Flammarion, 1982.
Picasso (Pablo), « Lettre sur l'art », *in Ogoniok*, n° 20, Moscou, 16 mai 1926 ; trad. par C. Motchoulsky, *in Formes*, Paris, février 1930.
Picasso (Pablo), *Écrits*, Paris, Réunion des musées nationaux, Gallimard, 1989.
Picasso (Pablo), *L'Enterrement du Comte d'Orgaz*, trad. par Alejo Carpentier, Paris, Gallimard, 1978.
Pool (Phoebe), « Picasso's Neo-Classicism : First Period, 1905-1906 », *in Apollo*, février 1965, p. 122-127.
Pool (Phoebe), « Picasso's Neo-Classicism : Second Period, 1917-1925 », *in Apollo*, mars 1967, p. 198-207.
Pool (Phoebe), « Sources and Background of Picasso's Art 1900-1906 », *in Burlington Magazine*, CI, n° 674, mai 1959, p. 176-182.
Prince (Sue Ann), *Figuring Sexual Difference: Paul Cezanne's Bathers (1870-1906) and Pablo Picasso's Nudes (1906-1907)*, Ph. D., University of Pennsylvania, 1997.

R
Rafart i Planas (Claustre), *Las Meninas de Picasso*, Barcelona, Meteora, 2001.
Richardson (John), « L'Époque Jacqueline », *in Le Dernier Picasso. 1953-1973*, Paris, Centre Pompidou, musée national d'Art moderne, 1988, p. 55-74.
Richardson (John), « Picasso's Apocalyptic Whorehouse », *in The New York Review of Books*, XXXIV, n° 7, 23 avril 1987, p. 42.
Richardson (John), « The Catch in the Late Picasso », *in The New York Review of Books*, 19 juillet 1984.
Richardson (John), *Vie de Picasso*, t. I : 1881-1906, Paris, Chêne, 1991.
Rosemblum (Robert), « Le Grotesque et le Beau : deuxième rencontre de Picasso avec Ingres », *in* Madeline (Laurence), *Picasso Ingres*, musée Picasso, Réunion des musées nationaux, Fayard, 2004.
Rosemblum (Robert), « *Les Demoiselles d'Avignon* et le Théâtre érotique de Picasso », *in Picasso érotique*, Paris, Galerie nationale du Jeu de Paume, Réunion des musées nationaux, 2001, p. 94-99.
Rosemblum (Robert), « The Spanishness of Picasso's still Lifes », *in Picasso and the Spanish Tradition*, New Haven et Londres, Yale University Press, 1996, p. 61-93.
Roy (Claude), *L'Amour de la peinture : Goya, Picasso et autres peintres*, Paris, Gallimard, 1956.
Rubin (William) [éd.], *Picasso et le portrait*, New York, Museum of Modern Art ; Paris, Grand Palais, Réunion des musées nationaux, Flammarion, 1996.
Rubin (William), « The Genesis of *Les Demoiselles d'Avignon* », *in Studies in Modern Art : « Les Demoiselles d'Avignon »*, New York, Museum of Modern Art, 1994, p. 13-144.

S
Sabartés (Jaime), *Picasso : « Les Ménines » et la vie*, Paris, Éditions Cercle d'Art, 1958.
Sabartés (Jaime), *Picasso. Documents iconographiques*, trad. par Félia Leal et Alfred Rosset, Genève, Pierre Cailler, 1954.
Sabartés (Jaime), *Picasso. Portraits et souvenirs*, Paris, Louis Carré et Maximilien Vox, 1946.
Salas (Xavier de), « Somes Notes on a Letter », *in The Burlington Magazine*, Londres, novembre 1960.
Salmon (André), *L'Art vivant*, Artistes d'hier et d'aujourd'hui, Paris, G. Crès et cie, 1920.
Schiff (Gert) [éd.], *Picasso in Perspective*, Englewood Cliffs, New Jersey, Prentice Hall, 1976.
Schiff (Gert), « El Mosquetero y su *theatrum mundi* », *in Picasso. 1963-1973. Su ultima decada*, Mexico, Museo RufinoTamayo, 1984.
Schiff (Gert), « *Les Sabines*, carnet de dessins n° 163, 1962 », *in* Glimcher (Arnold), *Je suis le cahier. Les carnets de Picasso*, Paris, Grasset, 1986.
Schiff (Gert), *Picasso : the Last Years, 1963-1973*, New York, The Solomon R. Guggenheim Museum, George Braziller, 1984, p. 11-69.
Schmidt (Katharina), « Le Sentier vers les sources : la toile de Picasso : *Trois Femmes à la fontaine* », *in Canto d'amore. Modernité et classicisme dans la musique et les Beaux-Arts entre 1914 et 1935*, Bâle, Kunstmuseum, Fondation Paul Sacher, Paris, Flammarion, 1996, p. 245-267.
Seckel-Klein (Hélène), *Picasso collectionneur*, Paris, Réunion des musées nationaux, 1998.
Seckler (Jérôme), « Picasso explique, 1945 », *in Picasso. Propos sur l'art*, Paris, Gallimard, 1998.
Silver (Kenneth Eric), *Esprit de Corps : The Great War And French Art 1914-1925*, Ph. D., Yale University, 1981.
Silver (Kenneth Eric), *Vers le retour à l'ordre. L'avant-garde parisienne et la première guerre mondiale, 1914-1925*, Paris, Flammarion, 1991.
Sircoulomb-Müller (Valerie), « Picasso und Ingres : die Poetik des weiblichen Körpers », *in Picasso Imaginäres Museum*, Münster, Graphikmuseum Pablo Picasso, Ostfildern-Ruit, Hatje Cantz Verlag, 2001.
Spies (Werner) [éd.], *Picasso. Malen gegen die Zeit*, Vienne, Albertina, Düsseldorf, Kunstsammlung, 2006 ; Ostfildern, Hatje Cantz Verlag, 2006.
Stein (Gertrude), *Autobiographie d'Alice Toklas*, Paris, Gallimard, coll. « L'Imaginaire », 1934.
Stein (Gertrude), Picasso (Pablo), *Correspondance*, Paris, Gallimard, 2005.
Stein (Gertrude), *Picasso*, Paris, Floury, 1938.
Steinberg (Léo), « Drawing as if to Possess », *in Major European Art Movements, 1900-1945*, New York, E. P. Dutton, 1977.
Steinberg (Léo), « In the Algerian Room », *in* Fitzgerald (Michael) [éd.], *A Life of Collecting : Victor and Sally Ganz*, New York, Christie's, 1997.
Steinberg (Léo), « Resisting Cezanne : Picasso's *Three Women* », *in Art in America*, n° 6, novembre-décembre 1978.
Steinberg (Léo), « *The Algerian Women* and Picasso at Large », *in Other Criteria. Confrontation with Twentieth-Century Art*, Londres, New York, Oxford University Press, 1972, p. 125-134.
Steinberg (Léo), « Velasquez, *Las Meninas* », *in October*, n° 19, hiver 1981.
Sweeney (James Johnson), « Picasso and Iberian Sculpture », *in Art Bulletin*, XXIII, n° 3, septembre 1941, p. 191-198.

T
Ténèze (Annabelle), « Picasso, été 1921 », *in Picasso à Fontainebleau, été 1921*, Fontainebleau, château de Fontainebleau, 2007 ; Paris, Beaux Arts, 2007, p .43-53.
Thimme (Jürgen), *Picasso und die Antike*, Karlsruhe, Badisches Landesmuseum ; Frankfurt am Main, Städische Galerie, 1974.
Tinterow (Gary), *Picasso Clásico*, Málaga, Palacio Episopal, 1992.
Touret (Michel), *Les Ménines : un cas d'analyse par Picasso*, thèse de doctorat du 3e cycle, Université de Rennes 2, 1987.
Trione (Debra J.), *Las Meninas again in 1957 : Picasso's Variations on a Theme*, S. Simmons éd., Ann Arbor, University of Michigan Press, 1985.

U
Uhde (Wilhelm), *Picasso et la Tradition française : notes sur la peinture actuelle*, Paris, Éditions des Quatre-Chemins, 1928.
Utley (Gertje), « *Las Meninas* in Twentieth-Century Art », *in* Stratton (S.) [éd.], *Vélasquez's Las Meninas*, Cambridge, 2003, p. 170-202.

W
Warncke (Carsten-Peter), « Imitation, Zitat, Variante. Der Kunstler und die Kunstgeschichte », *in Picasso Imaginäres Museum*, Münster, Graphikmuseum Pablo Picasso, Ostfildern-Ruit, Hatje Cantz Verlag, 2001.
Warnke (Martin), « *Sub specie aeternitatis*. Produktionsmotive des späten Picasso », *in Picasso. Malen gegen die Zeit*, Vienne, Albertina, Düsseldorf, Kunstsammlung, 2006 ; Ostfildern, Hatje Cantz Verlag, 2006.
Warnod (André), « "En peinture tout n'est que signe", nous dit Picasso », *in Arts*, n° 22, Paris, 29 juin 1945.
Weisner (Ulrich), *Picassos Klassizismus. Werke 1914-1934*, Bielefeld, Kunsthalle Bielefeld, Stuttgart, Cantz, 1988.

Z
Zayas (Marius de), « Picasso Speaks », *in The Arts*, vol. III, n° 5, New York, 1923.
Zervos (Christian), « Confrontations de Picasso avec les œuvres d'art d'autrefois », *in Cahiers d'art*, 1960, p. 9-52.
Zervos (Christian), « Conversation avec Picasso », *in Cahiers d'art*, n° spécial, *Picasso 1930-1935*, vol. VII-X, Paris, 1936, p. 173-178.
Zervos (Christian), *Les Œuvres du Greco en Espagne*, Paris, Cahiers d'Art, 1939.
Zervos (Christian), *Nus de Lucas Cranach*, Paris, Cahiers d'Art, 1950.

CRÉDITS PHOTOGRAPHIQUES

AGEN / Musée des Beaux-Arts d'Agen / © Photo Hugo Maertens, Bruges : p. 116. **ARLES** / © musée Réattu : p. 309. **BÂLE** / © Kunstmuseum Basel, Martin Bühler : p. 196, p. 312. **BÂLE** / © Sammlung Beyeler, Basel : p. 248, p. 265, p. 328. **BARCELONE** / © MNAC – Museu nacional d'Art de Catalunya. Barcelona Fotograf: Calveras, Mérida, Sagristà : p. 261. **BARCELONE** / © Museu Picasso. Barcelona : p. 45, p. 129 ; AHCB-AF / Ramon Muro : p. 170, p. 291 ; AHCB-AF / J. Calafell : p. 343 ; Ramon Muro : p. 128, p. 132, p. 133, p. 179 ; Gasull Fotografia : p. 36, p. 41, p. 71, p. 105, p. 169, p. 171, p. 172, p. 222, p. 224, p. 226. **BERLIN** / © Blauel / Gnamm / ARTOTHEK : p. 164. **BERLIN** / © BPK, Berlin, Dist RMN / © Dietmar Katz : p. 93 ; © Elke Walford : p. 78, p. 94 ; © Jens Ziehe : p. 81 ; © Jörg P. Anders : p. 96 ; © Photographe inconnu : p. 269. **BOSTON** / © Museum of Fine Arts, Boston : p. 254. **BRUXELLES** / Musées royaux des Beaux-Arts de Belgique (Photo Cussac) : p. 150. **CHICAGO** / © Chicago, The Art Institute : p. 47. **CLEVELAND** / © Cleveland, The Cleveland Museum of Art, DR : p. 142. **COLMAR** / © Musée d'Unterlinden, Colmar : p. 88. **COLUMBUS** / Columbus Museum of Art, Ohio: Bequest of Frederick W. Schumacher. **COLOGNE** / © Museum Ludwig Köln : p. 329. **COLOGNE** / © Rheinisches Bildarchiv, Köln : p. 236. **DETROIT** / © 1987 The Detroit Institute of Arts : p. 279. **FLORENCE** / © 1990 Photo Scala, Florence : p. 67 ; © 1990 Photo Scala, Florence – courtesy of the Ministero Beni e Att. Culturali : p. 56 ; © 1994 Photo Scala, Florence : p. 223 ; © 1995 Photo Scala, Florence : p. 173, p. 178. **HAKONE** / The Hakone Open-Air Museum, Japan : p. 281. **HARTFORD** / © Wadsworth Atheneum Museum of Art : p. 208. **HARVARD** / Imaging Department © president and Fellows of Harvard College : p. 81. **HUMLEBAECK** / © Louisiana, Humlebaek : p. 240. **LIÈGE** / © Musée d'art moderne et contemporain de la Ville de Liège : p. 165. **LONDRES** / Helly Nahmad Gallery : p. 209, p. 211, p. 212, p. 234, p. 278. **LONDRES** / © National Gallery, London : p. 162, p. 190, p. 198, p. 253, p. 260, p. 264 ; The Bridgeman Art Library : p. 161, p. 168, p. 338. **LONDRES** / © Tate Gallery : p. 322. **MADRID** / Prado © 1990. Photo Scala, Florence : p. 325 ; © 1994. Photo Scala, Florence : p. 175 ; © 1995. Photo Scala, Florence : p. 273. **MARSEILLE** / musée des Beaux-Arts / © Jean Bernard : p. 144. **MILWAUKEE** / Milwaukee Art Museum : p. 176. **NANCY** / musée des beaux-arts, cliché Hugo Maertens : p. 311. **NEW YORK** / © Estate of Pablo Picasso / Artists Rights Society (ARS), New York : p. 210. **NEW YORK** / © Metropolitan Museum of Art, Dist. RMN / © Image of the MMA : p. 63, p. 137, p. 193, p. 330. **NEW YORK** / © 2008 The Museum of Modern Art, New York : p. 44 ; Scala, Florence : p. 55, p. 57, p. 62, p. 75, p. 79, p. 109, p. 135, p. 141. **NEW YORK** / Tannhauser Coll. © 1990 Photo Scala, Florence : p. 288. **PARIS** / © ADAGP 2008 Photo RMN © Thierry Le Mage : p. 354. **PARIS** / Collection Erro © ADAGP, Paris 2008 : p. 50. **PARIS** / © AKG-images : p. 60, p. 69, p. 76, p. 159, p. 297, p. 298, p. 301, p. 323. **PARIS** / © Erich Lessing / AKG-images : p. 45, p. 65, p. 66, p. 67, p. 163, p. 174, p. 186, p. 194, p. 306. **PARIS** / © Archives succession Picasso : p. 130, p. 131, p. 181, p. 216. **PARIS** / © Photo CNAC/MNAM Dist. RMN / © Béatrice Hatala : p. 217 ; © Jacqueline Hyde : p. 343 ; © Philippe Migeat : p. 84 ; © Christian Bahier / Philippe Migeat : p. 68, p. 251 ; © Droits réservés : p. 339. **PARIS** / © Galerie Louise Leiris, Paris : p. 334. **PARIS** / © Musée d'Art Moderne / Roger-Viollet : p. 160. PARIS / © Petit Palais / Roger-Viollet : p. 78, p. 313. **PARIS** / Photo RMN / © Daniel Arnaudet : p. 94 ; © Martine Beck-Coppola : p. 95 ; © Michèle Bellot : p. 352, p. 353 ; © Jean-Gilles Berizzi : p. 20, p. 23, p. 25, p. 30, p. 39, p. 44, p. 49, p. 67, p. 83, p. 121, p. 123, p. 136, p. 191, p. 237, p. 238, p. 239, p. 268, p. 280, p. 307, p. 320, p. 327, p. 348, p. 349, p. 350 ; © Philipp Bernard : p. 206 ; © Gérard Blot : p. 72, p. 92, p. 108, p. 117, p. 148, p. 201, p. 225, p. 302, p. 304, p. 308, p. 345 ; © Harry Bréjat : p. 255 ; © Droits réservés : p. 27, p. 28, p. 29, p. 30, p. 33, p. 57, p. 104, p. 106, p. 242, p. 305, p. 344, p. 353 ; © Béatrice Hatala : p. 43, p. 47, p. 65, p. 90, p. 92, p. 145, p. 347 ; © Thierry Le Mage : p. 43, p. 92, p. 114, p. 115, p. 207, p. 250, p. 336 ; © Hervé Lewandowski : p. 52, p. 122, p. 139, p. 143, p. 166, p. 180, p. 232, p. 266, p. 270, p. 289, p. 294, p. 296, p. 324, p. 348, p. 349 ; © René-Gabriel Ojéda : p. 40, p. 54, p. 77, p. 80, p. 146, p. 177, p. 249, p. 275, p. 299, p. 300, p. 303, p. 337, p. 346 ; © Franck Raux : p. 24, p. 27, p. 147, p. 274, p. 345, p. 346. **PASADENA** / © The Norton Simon Foundation, Pasadena, CA Gift of Mr. Norton Simon, 1983 : p. 97. **PHILADELPHIE** / © Philadelphia Museum of Art : A.E. Gallatin Collection : p. 113 ; Photo by Lynn Rosenthal : p. 267. **PRAGUE** / © National Gallery in Prague : p. 252. **SAINT PETERSBOURG** / The State Hermitage Museum: p. 164, p. 262, p. 263. **SARAGOSSE** / © Zaragosse, Museo del grabado de Goya : p. 64. **SEVILLE** / Museo de Bellas Artes © 1990 Photo Scala, Florence : p. 119. **STUTTGART** / © Stuttgart, Staatgalerie : p. 243. **VIENNE** / © 2007 Kunsthistorisches Museum, Wien : p. 95. **WASHINGTON** / © Dumbarton Oaks, House Collection, Washington, DC : p. 158. **WASHINGTON** / © Washington DC, National Gallery of Art / Bridgeman Art Library : p. 134. **ZÜRICH** / © Kunsthaus, Zürich : p. 69. **ZÜRICH** / Stiftung E. G. Bürlhe : p. 112.

COLLECTIONS PARTICULIÈRES / © Collection particulière : p. 46, p. 48, p. 107, p. 110, p. 138, p. 140, p. 167, p. 188, p. 189, p. 200, p. 241, p. 292, p. 321, p. 310, p. 333 ; Photo : Francisco Armando Kochen Beristain : p. 276 ; via Belvédère Asset Management AG, Zürich : p. 235. © Fundacion Almine y Berbard Ruiz-Picasso para el Arte / Photo Marc Domage : p. 187 ; Photo Eric Baudouin : p. 197. © Galerie Jan Krugier & Cie : p. 149. © Libby Howie : p. 215.

DIRECTEUR DES ÉDITIONS
Pierre Vallaud

CHEF DU DÉPARTEMENT DU LIVRE
Catherine Marquet

RESPONSABLE D'ÉDITION
Nicolas Chirat

CONCEPTION GRAPHIQUE
Bernard Lagacé

RESPONSABLE DE FABRICATION
Hugues Charreyron

RELECTURE
Yseult Pelloso

ICONOGRAPHIE
Consuelo Crulci

PHOTOGRAVURE
IGS, Angoulême

Les textes ont été composés en Celeste et Trade Gothic.

Cet ouvrage a été achevé d'imprimer en France, sur les presse de l'imprimerie Aubin à Poitiers.

Dépôt légal : septembre 2008

ISBN : 978-2-7118-5524-7
EC 10 5524